All-Kill

KBS 기출 유형
완벽 분석한
테마형
단기완성 수험서

올킬
KBS
한국어능력시험

김철민 감수
김현실·장지민·이승하 공편저

한 권으로 끝내는
KBS한국어능력시험

듣기·말하기/ 어휘/ 문법/ 어문 규정/
쓰기/ 창안/ 읽기/ 국어 문화

QMG 박문각

All-Kill

KBS 기출 유형
완벽 분석한
테마형
단기완성 수험서

올킬
KBS
한국어능력시험

이 책의 머리말

〈올킬! KBS한국어능력시험〉은 국어능력 검정을 주관하는 국립국어원이 공식 인증한 시험인 국가공인 자격 KBS한국어능력시험을 위한 책으로, 대학교 및 대학원의 학점 부여 또는 졸업 요건, 공사·공기업·정부 기관의 채용과 승진 가산점, 언론사·기업의 채용 가산점, 군간부 가산점 부여 등에 두루 활용되고 있습니다. 본서를 통해서라면 언어 사용 능력 향상과 더불어 진학, 취업 및 승진에서 충분히 활용하여 여러분들이 원하는 결과를 얻는 데 큰 도움이 될 것입니다.

〈올킬! KBS한국어능력시험〉은 문법 능력, 이해 능력, 표현 능력, 창안 능력, 국어 문화 능력 등 언어능력 평가에 완벽하게 대비한 책으로, 본서는 출제 영역에 따라 8개의 파트로 구분하고, KBS한국어능력시험에 출제되는 문제와 이론의 성격에 따라 영역 안에서 다시 35개의 테마로 분류하여 학습하는 데 드는 부담감을 덜어 주면서 결코 내용은 가볍지 않도록 알차게 구성하였습니다.

〈올킬! KBS한국어능력시험〉은 KBS한국어능력시험 유형을 완벽하게 분석한 테마형 단기 완성책으로, 시험에 어떻게 나오는지 출제 경향을 분석하고, 기출 동형을 제시한 후 그에 대비한 이론학습과 함께 이론을 문제에 바로 적용할 수 있도록 실전 문제를 제공하였습니다. 또한 최근 출제된 KBS한국어능력시험의 철저한 기출 분석을 통해 KBS한국어능력시험의 특징을 정확히 파악하고, 최고의 학습 방안을 제시하여 본서만으로 단기간에 고득점이 가능하도록 하였습니다.

〈올킬! KBS한국어능력시험〉은 KBS한국어능력시험의 전문 수험서로서 부족함이 없도록 계속해서 걸음을 내딛고 앞으로 나아갈 것이며, 여러분이 꿈을 향해 더 높이 날 수 있도록 우리말이라는 든든한 날개를 달아 드리겠습니다.

편저자 드림

이 책의 구성과 특징

① Theme

본서는 어휘, 어법, 듣기, 읽기, 쓰기, 말하기, 창안, 국어 문화 등의 8가지 영역에 대한 문법 능력, 이해 능력, 표현 능력, 창안 능력, 국어 문화 능력 등의 5가지의 언어 능력 평가에 대비하기 위한 책으로, 출제 유형에 따라 시험 대비에 최적화된 35개의 테마로 분류하였다. 이 책의 테마 자체가 시험에 빈출되는 출제 유형이다.

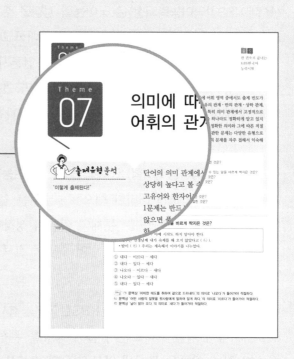

② 출제 유형 분석 –'이렇게 출제된다!'

해당 테마가 KBS한국어능력시험에서 어떻게 출제되는지 출제 유형을 상세히 분석하고, 실제 시험 문제의 발문 형태를 함께 제시하였다.

❸ 기출 유형 맛보기
–'이런 문제가 나온다!'

KBS한국어능력시험은 실제로 어떤 문제가 출제되는지 바로 보여 주기 위해 최근 기출문제와 가장 유사한 동형 문제를 대표 문제로 제시하여 한눈에 출제 스타일을 파악할 수 있도록 하였다.

❹ 핵심 내용 다지기

KBS한국어능력시험에 출제되는 이론 내용을 정리하여 학습하도록 하였다. 특히 어휘, 어법, 어문 규정 등은 관련 어휘와 이론을 최대한 상세히 분석하여 수록하였다. 부수적으로 필요한 내용은 '더 알아보기'를 통해 제시하였다.

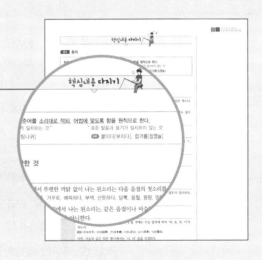

❺ 실전 능력 기르기

실전 능력을 기르게 하기 위해 가급적 기출 유형과 유사한 문제들을 수록하였으며, 변형 문제도 일부 수록하여 문제를 해결하는 힘을 기르도록 하였다. 또한 친절하고 명쾌한 해설을 제시함으로써 문제 풀이를 통해 관련 이론을 다질 수 있도록 하였다.

시험 가이드

1
___
국가공인자격
자격 정보

1. **자격명:** KBS한국어능력시험
2. **자격의 종류:** 공인민간자격(1급, 2+급, 2-급, 3+급, 3-급, 4+급)
3. **공인 번호:** 제2019-01호
4. **자격 발급 기관:** 한국방송공사(KBS)
5. **검정(응시)료:** 33,000원(자격증 및 성적표 발급 비용은 신청자 별도 부담)
6. **국가공인의 유효 기간:** 성적발표일로부터 2년간 유효

2
___
응시 대상
및 절차

| 지원서 작성 (고사장 선택) | 응시료 결제 (고사장 선택) | 수험표 출력 | 응시 | 성적 발표 |

① **온라인 접수:** KBS한국어능력시험은 본 홈페이지에서만 지원서를 접수받으며 방문 접수, 우편 접수 등 오프라인 접수는 실시하지 않습니다.

② **응시 대상:** KBS한국어능력시험은 대한민국 국적을 가진 국민이라면 누구나 응시할 수 있습니다.

- 단, 외국인의 경우 외국인등록증 또는 국내거소신고증 중 한 가지를 소지하고 있는 외국인은 응시할 수 있습니다.

- 장애인도 누구나 KBS한국어능력시험에 응시할 수 있도록 장애인을 위한 별도 "장애인 응시 기준"을 마련하고 있습니다

③ **응시 지역:** 서울, 인천, 수원, 고양, 부산, 울산, 창원, 대구, 광주, 전주, 대전, 청주, 춘천, 강릉, 제주 등 15개 권역에서 실시하며, 응시자는 접수 시 고사장을 선택해야 합니다. (사정에 따라 취소되는 지역이 발생할 수 있습니다.)

④ **응시료:** KBS한국어능력시험의 응시료는 33,000원입니다.

자격증 및 성적표 발급 수수료는 응시료에 포함되지 않으며, 신청자에 한해 비용이 별도로 부과됩니다.

- **자격증 발급 수수료:** 5,000원(등기 우편)
- **성적표 발급 수수료:** 4,000원(등기 우편), 2,000원(일반 우편)

⑤ **접수 일정:** 접수 기간은 접수 시작일 09:00부터 접수 마감일 18:00까지이며 일정은 본 홈페이지에서 확인이 가능합니다.

★ 모든 시험은 접수 기간 외에 추가 접수는 없으니 지원자는 반드시 접수 기간 내 응시하시기 바랍니다.

⑥ KBS한국어능력시험 일정: 연 4회(2021 기준)

회차	시험일	접수 기간	성적 발표일
61회	2021년 02월 20일(토)	2021.01.04.(월)~2021.01.29.(금)	2021년 03월 04일(목)
62회	2021년 05월 16일(일)	2021.04.05.(월)~2021.04.30.(금)	2021년 05월 27일(목)
63회	2021년 08월 22일(일)	2021.07.05.(월)~2021.08.06.(금)	2021년 09월 02일(목)
64회	2021년 10월 17일(일)	2021.08.30.(월)~2021.10.01.(금)	2021년 10월 28일(목)

★ 접수 시작일 09:00부터, 접수 마감일 18:00까지 온라인 접수만 가능

⑦ **시험 시간:** 총 120분(쉬는시간 없음.)

시험 당일 09:30 ~ 12:00
- 듣기·말하기 평가 25분(10:00 ~ 10:25)
- 읽기 평가 95분(10:25 ~ 12:00)

⑧ **성적 유효 기간:** 성적발표일로부터 2년간 유효

<table>
<tr><td>

3
출제 기준

</td><td>

1. **출제 방식:** 객관식 5지 선다형, 80~100문항
2. **출제 배점:** 문항당 균일 배점이 원칙이나 필요시 차등 배점
3. **출제 수준:** 한국의 고교 수준의 국어교육을 정상적으로 받은 사람이 풀 수 있는 수준
4. **문항 배분:** 듣기·말하기(1~15번) / 어휘·어법(16~45번) / 쓰기(46~50번) / 창안(51~60번) / 읽기(61~90번) / 국어 문화(91~100번)

</td></tr>
</table>

4
출제 방향

1. **효과성과 유창성:** 다양한 교육과 경험을 통하여 습득한 듣기, 말하기, 읽기, 쓰기 등의 언어 사용 능력을 범교과적인 제재를 활용하여 측정
2. **정확성:** 유창한 언어 사용, 창의적 언어 사용의 기반이 되는 정확한 언어 사용 능력을 측정
3. **창의성:** '창안 능력'과 '국어 문화 능력'을 별도의 영역으로 설정하여 우리 언어문화에 대한 교양적인 능력을 측정

5
출제 영역

1. 문법 능력(어휘, 어법)

① **어휘:** 어휘력은 고유어, 한자어, 외래어에 대한 이해 및 표현 능력을 측정하며, 또한 외국어가 범람하는 오늘날 외국어 및 전문 용어들의 순화 능력을 측정한다. 한자어와 관련하여 한자에 대한 이해 및 사용 능력도 측정한다.

② **어법:** 어법 능력은 단어와 문장의 바른 사용법, 즉 문법에 대한 이해력을 측정하는 것으로 단어나 문장의 오류를 바르게 찾아내고 고치는 비문(非文) 교정 능력 등을 측정한다. 또한 한글 맞춤법, 표준어 규정, 외래어 표기법, 로마자 표기법 등 어문 규정에 대한 이해 능력도 측정한다.

2. 이해 능력(듣기, 읽기)

① **듣기**: 듣기 능력은 강의, 강연, 뉴스, 토론, 대화, 인터뷰 자료 등의 담화 지문을 듣고 시험지 문제를 풀어 가는 방식이다. 듣는 과정에서 중심 내용을 확인하고 말의 구조를 파악하며 시각 자료를 활용하면서 정보를 수용해야 한다.

② **읽기**: 읽기 능력은 다양한 글에 대한 사실적 이해, 추론적 이해, 비판적 이해 능력을 측정한다. 시험에 출제되는 글은 문예 텍스트(문학 작품), 학술 텍스트(비문학), 실용 텍스트(실용문)로 구성되어 있다.

3. 표현 능력(쓰기, 말하기)

① **쓰기**: 쓰기 능력은 다양한 글을 쓸 때 거치는 일련의 과정인 '주제 선정 → 자료 수집 → 개요 작성 → 집필 → 퇴고'를 이해하고, 각 과정을 거치면서 글쓰기 능력을 측정하도록 한다.

② **말하기**: 말하기 능력은 발표, 토론, 협상, 설득, 논증, 언어예절, 호칭어와 지칭어 사용 등의 다양한 말하기 상황과 관련된 능력이다.

4. 창안 능력(창의적 언어 능력)

창안 능력은 넓게 보면 쓰기나 말하기 능력에서 창의적, 독창적 아이디어를 만들어 내는 능력을 말한다. 창의적인 표어를 제작하는 능력, 인상적인 제목을 만들거나 추출할 수 있는 능력, 창의적 사고를 통해 아이디어를 창안하는 능력, 비유법과 관련한 창의적 수사법 등을 활용한 표현 능력 등을 측정한다.

5. 국어 문화 능력(국어 교과의 교양적 지식)

국어 문화 능력은 기존 국어 시험들에서 배제되어 온 국어와 관련된 교양 상식에 대한 이해 능력 이다. 국어 능력의 고급문화 능력의 함양을 위해 국어학이나 국문학에 대한 지식들을 측정한다.

시험 가이드

6 채택 기관

1. 공사·공기업·정부 기관

KBS, 경찰청, 국민건강보험공단, 국민체육진흥공단, 근로복지공단, 도로교통공단, 동작구청, 마포구청, 한국고전번역원, 한국공항공사, 한국교육방송공사, 한국남동발전, 한국농어촌공사, 한국농촌경제연구원, 한국생산성본부, 한국석유관리원, 한국수자원공사, 한국자산공사, 한국전력, 한국지도자육성장학, 한국지역난방공사, 한국토지주택공사

2. 언론사·기업

GS홈쇼핑, 경향신문, 국악방송, 농수산 홈쇼핑, 농심기획, 머니투데이, 서울신문사, 세계일보, 스포츠서울, 우리은행, 전주방송JTV, 파워킹시스템, 한겨레신문, 한국일보, 해외한국어방송인턴십

3. 대학교

경기대, 경인교대, 경희대, 공주영상대, 군산대, 대구가톨릭대, 대구대, 대진대, 덕성여대 법학과, 동신대, 동아대, 서울대, 성균관대, 순천향대, 신라대, 아주대 대학원, 안양대, 위덕대, 전주대, 청주대, 춘천교육대, 한국외대, 한양대

4. 군간부

간부사관, 민간부사관, 여군부사관, 헌병부사관, 법무부사관, 군종부사관, 군악부사관, 현역부사관, 학사사관, 여군사관, 육군부사관, 군국기무사령부 부사관

7 _____
등급표
[검정 기준]

등급	검정 기준
1급	– 전문가 수준의 뛰어난 한국어 사용 능력을 가지고 있음. – 창조적인 언어 사용 능력의 소유자로서 언론인, 방송인, 저술가, 작가, 국어 관련 교육자, 기획 및 홍보 업무 책임자로서 갖추어야 할 언어 능력을 충분히 갖추고 있음.
2+급	– 일반인으로서 매우 뛰어난 수준의 한국어 사용 능력을 가지고 있음. – 언론인, 방송인, 저술가, 작가, 국어 관련 교육자, 기획 및 홍보 업무를 수행할 언어 사용 능력을 갖추고 있음.
2-급	– 일반인으로서 뛰어난 수준의 한국어 사용 능력을 가지고 있음. – 언론인, 방송인, 저술가, 작가, 국어 관련 교육자, 기획 및 홍보 업무를 수행할 기본적인 언어 사용 능력을 갖추고 있음.
3+급	– 일반인으로서 보통 수준 이상의 한국어 사용 능력을 가지고 있음. – 일반 업무를 수행할 수 있는 언어 사용 능력을 갖추고 있음.
3-급	– 국어교육을 정상적으로 이수한 일정 수준 이상의 한국어 사용 능력을 가지고 있음. – 일정 범위 내에서 일반 업무를 수행할 수 있는 언어 사용 능력을 갖추고 있음.
4+급	– 국어교육을 정상적으로 이수한 수준의 한국어 사용 능력을 가지고 있음. – 일정 범위 내에서 일반 업무를 수행할 수 있는 기초적인 언어 사용 능력을 갖추고 있음.
4-급	– 고교 교육을 이수한 수준의 한국어 사용 능력을 가지고 있음. – 일정 범위 내에서 기본 업무를 수행할 수 있는 기초적인 언어 사용 능력을 갖추고 있음.
무급	국어 사용 능력을 위해 노력해야 함.

이 책의 차례

🔷 어떻게 출제되나?

KBS한국어능력시험의 듣기·말하기 영역에서는 총 15문항이 출제되는데, 단독 듣기 문제 5문항, 2문제씩 5세트로 구성된 듣기-말하기 연계 문제 10문항으로 구성된다.

듣기·말하기 영역에서는 지문을 듣고 사실적인 정보를 파악하는 유형의 문제, 듣기 자료 속에 숨겨진 뜻을 파악하는 유형의 문제, 말하기 전략·방식·계획을 파악하는 유형의 문제 등이 주로 출제된다. 이 중에서 듣기-말하기 연계 문제는 다른 듣기 문제에 비해 난도가 높은 편이다.

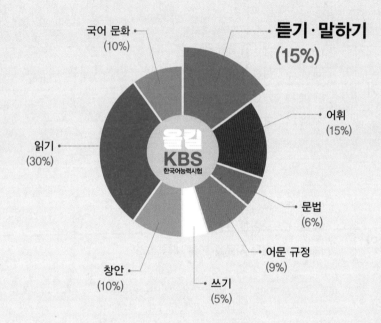

📖 어떻게 공부할까?

듣기·말하기 영역은 말을 통해 정보를 수용하고 표현하는 언어 활동으로, 한 번 듣고 나면 정보를 다시 들을 수 없다는 음성 언어의 특성상 수험생들에게 큰 부담으로 느껴질 수 있다. 모든 듣기 지문은 한 번씩만 들려주므로 순간적인 집중력이 요구된다. 따라서 실제로 녹음된 내용을 듣고 문제를 풀어 보는 실전 연습이 무엇보다 중요하다. 듣기 문제를 풀 때는 먼저 선택지를 보고 내용을 미리 짐작해 보는 것이 좋고, 들을 때 중요 단어나 내용을 간단히 메모하면서 듣는 것이 문제 해결에 큰 도움이 된다.

📁 이 단원은? KBS한국어능력시험의 듣기·말하기 영역은 사실적 이해력, 추론적 이해력, 비판적 이해력 등 다양한 사고 영역을 유기적으로 통합하여 평가하는 영역으로, 쓰기 영역에 비해 내용을 파악하기 쉬운 문항들이 출제되기는 하지만 듣기 영역의 특성상 한 번 놓친 문제는 다시 풀 수 없기 때문에 부담으로 다가올 수 있는 단원이기도 하다.

〰 이 책에서는 듣기 대본을 부록으로 별도 수록하고 있으며, MP3 파일을 에듀스파 박문각 홈페이지(www.pmg.co.kr)에서 다운로드 받을 수 있습니다.

1

듣기·말하기

KBS한국어능력시험
기출 유형 완벽 분석한
테마형 단기완성 수험서

사실적 이해와 듣기

출제유형 분석

"이렇게 출제된다!"

사실적 이해와 듣기는 지문을 듣고 사실적인 정보를 파악하는 유형이다. 사실적 듣기 영역에서 가장 자주 등장하는 발화 유형은 뉴스 보도와 강좌(강연), 토론 등으로, 주로 발화의 핵심 내용이 무엇인지, 발화 내용과의 일치 여부나 사실과 의견의 구분, 발화의 전개방식 등을 묻는다.

또한, 설명을 듣고 정보와 일치하지 않는 그림을 찾는 문제, 그림과 관계없는 내용을 찾는 문제, 강좌·토론·설명·뉴스 보도 등의 내용과 일치하지 않는 것을 고르는 문제 등이 자주 출제된다.

사실적 이해를 요하는 문제는 듣기 전에 문제와 답지를 먼저 읽어 보고, 발화의 중심 내용과 직결되는 주요 단어나 핵심 내용을 메모하면서 들어야 한다.

Q • 그림에 대한 설명과 일치하는 것은?
• 그림에 대한 해설로 적절하지 <u>않은</u> 것은?
• 그림에 대한 설명에서 묘사되지 <u>않은</u> 것은?
• 강연(강좌)의 내용과 일치하지 <u>않는</u> 것은?
• 토론자의 발언 내용과 일치하지 <u>않는</u> 것은?
• 토론자의 주장과 일치하지 <u>않는</u> 것은?
• 설명(뉴스 해설)을 통해 알 수 있는 내용이 <u>아닌</u> 것은?
• 설명의 내용과 일치하지 <u>않는</u> 것은?
• 뉴스 보도에 대한 설명으로 적절한 것은?
• 뉴스 보도의 내용에 비추어 볼 때 실제 방송에서 사용했을 장면이 <u>아닌</u> 것은?
• 뉴스 해설의 내용과 일치하지 <u>않는</u> 것은?
• 작품에서 확인할 수 있는 인물의 행동으로 볼 수 있는 것은?
• 뉴스 해설에서 강조한 ○○의 방안으로 볼 수 <u>없는</u> 것은?

기출유형 맛보기

"이런 문제가 나온다!"

▷ 1. 먼저 그림에 대한 설명을 들려 드립니다.

[물음] 그림에 대한 설명으로 적절하지 않은 것은?

🎧 듣기 대본 P. 466

① 셰익스피어의 희곡 ≪햄릿≫의 한 장면을 묘사하였다.
② 라파엘 전파의 화가들은 셰익스피어의 문학에서 많은 영감을 얻었다.
③ 밀레이는 작품의 배경을 작업실이 아니라 야외에서 그렸다.
④ 작품에 그려진 팬지는 허무한 사랑을 암시한다.
⑤ 오필리아가 죽은 이유에 작가의 상상력이 더해져 작품에 더욱 현실감이 느껴진다.

해설 방송이 나오기 전에 문제를 빠르게 훑고 각 선택지마다 집중해서 들어야 할 내용을 파악해 두어야 한다. 선택지의 핵심 단어에 표시를 해 두고 해당 단어가 나올 경우 빠르게 선택지의 내용과 맞춰 보는 것이 빠르게 문제를 해결하는 데 도움이 될 것이다.
①은 2번째 문장("이 작품은 셰익스피어의 희곡 ≪햄릿≫의 한 장면을 묘사한 것으로,")에, ②은 6번째 문장("라파엘 전파의 화가들은 셰익스피어의 문학에서 많은 영감을 얻었는데,")에, ③은 9번째 문장("밀레이는 이 작품을 위해 잉글랜드 서리(Surrey) 근교의 호그스밀(Hogsmill) 강가에서 넉 달 동안 머무르며 그림의 배경을 그렸다고 합니다.")에, ④은 16번째 문장("데이지는 순수, 팬지는 허무한 사랑, 제비꽃은 충절을 암시합니다.")에 나타나 있다. 그러나 ⑤의 경우 ≪햄릿≫의 여주인공인 오필리아가 왜 죽었는지 그 이유에 대한 설명은 언급되지 않았다.

▷ 2. 이번에는 인터넷 통신 언어에 관한 좌담을 들려 드립니다.

🎧 듣기 대본 P. 466

[물음] 다음 좌담의 내용과 일치하지 않는 것은?
① 통신 언어는 빠르고 간결한 의사 교환을 가능하게 한다.
② 통신 언어 중에는 우리말 문법에 어긋나는 것들이 있다.
③ 통신 언어는 우리말의 어휘를 풍부하게 하는 데 기여할 수 있다.
④ 통신 언어를 실생활에 사용하기 위해서 연구가 진행되고 있다.
⑤ 통신 언어 때문에 세대 간의 의사소통에 장애가 발생할 수 있다.

해설 좌담의 내용을 잘 듣고 정보를 개괄적으로 파악하는 문제로, 선택지를 하나하나 체크하며 세부 정보를 확인해야 한다.
①과 ③은 이 선생님의 말에서, ②과 ⑤은 김 선생님의 말에서 확인할 수 있다. 실생활에 사용하기 위해서 연구가 진행되고 있다는 ④의 말은 언급되지 않았다.

ANSWER ▶ 1. ⑤ 2. ④

알아보기 듣기 핵심 전략 7

1. 화자가 말하고자 하는 의도를 파악하는 것이 듣기의 핵심이다. 무엇을 설명하기 위한 것인지 설득하기 위한 것인지, 대화 상대방과 의견 차이가 있는지 없는지 파악해야 한다.

2. 듣기 문제는 우선 제시된 선택지부터 읽고 녹음 내용을 들어야 문제에서 필요로 하는 정보를 제대로 파악할 수가 있다. 단, 미리 답을 예견하여 선입견을 가지고 대화 내용을 들어서는 안 된다.

3. 듣고 있는 내용의 흐름과 주요 내용을 기억하기 쉽게 핵심어를 메모하며 듣는 연습을 한다. 이때 모든 내용을 메모할 수는 없으므로 메모는 되도록 짧게 하도록 한다.

4. 듣기 문제에서 거론되지 않은 내용을 찾으라는 문제는 들으면서 관련이 없는 선택지를 하나씩 지워 나가도록 해야 한다.

5. 혼자 말하기의 형식은 핵심 파악이 중요하다. 말하고자 하는 바가 무엇인지 주의해서 듣되, 객관적인 사실인지 주관적인 의견이나 주장인지를 따져가며 들어야 한다.

6. 발화 과정에서 드러나는 화자의 태도나 화자가 처해 있는 상황을 파악해 가며 듣는다. 특히 둘 이상의 화자가 대화를 나누는 말하기에서는 각 화자의 입장에 어떤 차이가 있는지를 명확히 파악하는 것이 중요하다.

7. 발화의 제재가 생소한 것이면 지레 겁을 먹게 된다. 그러나 특이한 제재가 나오는 경우 세부 정보 파악을 묻는 경우가 많고 질문의 난도도 오히려 낮을 수 있으므로 긴장하지 말고 자연스럽게 듣는다.

01_ 먼저 전통 건축물의 지붕에 대한 설명을 들려 드립니다.

🎧 듣기 대본 P. 467

[물음] 이 설명으로 볼 때, '팔작지붕'의 모양으로 가장 적절한 것은?

①

②

③

④

⑤

오답해설 ②은 사각지붕, ③은 우진각지붕, ④은 맞배지붕, ⑤은 팔각지붕이다.

01_ 대본을 듣고 내용에 부합하는 시각 자료를 통해 상세한 정보를 파악하는 유형의 문제이다. 내용을 들으며 설명에 부합하는 그림을 하나하나 지워 나가도록 한다.
설명을 들어 보면, 팔작지붕은 맞배지붕과 우진각지붕을 혼합한 형태라고 하였다. 따라서, 전면과 후면은 맞배지붕처럼 되어 있고, 측면의 윗부분은 맞배지붕처럼 벽면이며, 아랫부분은 기와를 얹은 지붕이어야 한다. 이러한 설명에 부합하는 그림은 ①이다.

02_ 뉴스를 들려 드립니다. 잘 듣고 물음에 답하세요.

🎧 듣기 대본 P. 467

[물음] 뉴스의 내용과 일치하지 않는 것은?

① '느린 경제 성장'을 문제로 보는 의식은 1년 사이에 8.5% 감소하였다.

② '부정부패 척결'에 대한 의식은 1년 사이에 3.7% 감소하였다.

③ 대학생들은 '부유층 대 빈곤층의 갈등'을 가장 심각한 갈등 구조로 보고 있다.

④ 지난해 '부유층 대 빈곤층의 갈등'은 55.2%였다.

⑤ 이번 해 '심각한 빈부 격차'에 대한 의식은 33.3% 정도이다.

오답해설 ① '느린 경제 성장'에 대한 의식 : 29.1% ➡ 20.6%로 8.5% 감소하였다.
③ 심각한 갈등 구조의 순서 : 부유층과 빈곤층 간의 갈등이 보수 세력과 개혁 세력 간의 갈등보다 크다.
④ 지난해 '부유층 대 빈곤층의 갈등' : 올해(45.2%)는 작년(55.2%)보다 10% 줄어들었다.
⑤ 이번 해 '빈부 격차'에 대한 의식 : 대학생 열 명 가운데 세 명이 우리 사회의 가장 시급한 과제로 '심각한 빈부 격차'를 들었으므로, 33.3% 정도가 맞다.

02_ 뉴스 내용을 사실적으로 이해할 수 있는지를 평가하기 위한 문제이다.
② '부정부패 척결'에 대한 의식은 12.2% ➡ 15.9%로 3.7% 증가하였다.

ANSWER
01. ①   02. ②

03. 강연을 듣고 세부 정보를 제대로 이해했는지 확인하는 문제이다. ②의 경우는 강연 내용을 통해 해결하기 어려운 의문이다. 강연 중반부의 "그러면, 얼마만큼의 전류가 우리 몸에 흘러야 위험할까요? 개인에 따라 차이는 있겠지만, 보통 50밀리암페어 이상의 전류가 흐르면 위험하다고 합니다."를 통해 우리 몸에 피해를 주는 전류의 세기를 알 수 있을 것이다. 그러나 전압의 크기에 대해서는 언급된 바가 없다.

03_ 이번에는 감전에 관한 강연의 일부를 들려 드립니다.

> 🎧 듣기 대본 P. 468

[물음] 강연을 듣고 해결할 수 있는 의문으로 적절하지 **않은** 것은?

① 감전되었을 때 특히 위험한 신체 부위는 어디일까?

② 감전 시 전압이 몇 볼트나 되어야 우리 몸이 피해를 입을까?

③ 정전기로 심각한 부상이 발생하지 않는 이유는 무엇일까?

④ 젖은 손으로 전기 제품을 만지면 위험한 이유는 무엇일까?

⑤ 9볼트 건전지를 혀에 대면 찌릿함을 느끼는 이유는 무엇일까?

오답해설 ①은 대본의 마지막 부분에 제시된 "또 전류가 우리 몸의 어느 부분으로 흐르느냐에 따라 감전됐을 때 부상을 입는 정도가 달라지기도 합니다. 특히 뇌와 심장에 전류가 흐르게 되면 매우 위험합니다."라는 내용을 통해 해결할 수 있다.
③은 "일상생활에서 자주 정전기를 느끼는데, ～ 정전기 감전으로 인해 심각한 부상이 발생하지는 않습니다."라는 내용을 통해 확인할 수 있다.
④은 "그것은 마른 손에 비해 젖은 손에서 전기 저항이 더 작기 때문입니다. 저항이 작으면 전류가 세지게 되고, 따라서 감전의 위험성이 커지게 됩니다."를 통해 해결할 수 있다.
⑤은 강연 앞부분에서 9볼트의 건전지를 혀끝에 대면 찌릿함을 느끼는 이유는 건전지의 전류가 혀로 흐르면서 혀의 신경을 자극하기 때문이라고 언급하였으므로, 이 내용을 통해 해결이 가능하다.

04_ 민요의 내용을 사실적으로 이해할 수 있는지를 평가하기 위한 문제이다.
노래에서 까치는 '대목(大木)'이라고 했으므로 대장장이와 관련된 ⑤의 그림은 잘못된 것이다.
★ 대목(大木) : 큰 건축물을 잘 짓는 목수

04_ 우리나라의 민요인 '새타령'을 들려 드립니다.

> 🎧 듣기 대본 P. 468

[물음] 다음 노래에서 언급하지 **않은** 것은?

①   ②

③   ④

⑤

오답해설 이 노래에서 ① 제비는 '기생아씨', ② 앵무새는 '재판관', ③ 황새는 '우편배달부', ④ 꿩은 '도둑'에 비유되고 있다.

05_ 다음은 기내 상영 영화에 대한 이야기를 들려 드립니다.

🎧 듣기 대본 P. 468

[물음] 이 이야기의 내용으로 보아 '기내 상영 영화가 갖춰야 할 조건'에 대해 잘못 이해한 것은?

① '전체 관람가'나 '12세 이상' 등급 위주로 상영한다.
② 특정 국가와 종교를 비하하거나 모독하는 영화는 피한다.
③ 비행기 여행의 특성상 승객들이 가벼운 마음으로 즐길 수 있는 오락 영화를 상영한다.
④ 비행기의 안전한 운항을 위하여 2시간이 넘는 영화의 상영은 자제한다.
⑤ 비행기 공중 납치와 같은 소재의 영화는 상영하지 않는다.

오답해설 ① 첫째 조건으로 탑승객의 다양한 연령층을 고려해야 한다고 했으므로, '전체 관람가', '12세 이상' 등급 위주로 상영할 것이다.
② 둘째 조건으로 국적이나 종교가 다른 승객임을 고려한다고 했다.
③ 셋째 조건으로 예술 영화보다는 오락 영화를 튼다고 하였다.
⑤ 마지막 조건으로 비행기 추락 등 불길한 영화는 절대로 상영하지 않는다고 하였다.

06_ 다음은 민화 전시회에서 나눈 두 사람의 대화를 들려 드립니다.

🎧 듣기 대본 P. 469

[물음] 이 전시회에서 두 사람이 감상하고 있는 민화를 순서대로 연결한 것은?

① ㉠ - ㉡
② ㉠ - ㉣
③ ㉡ - ㉢
④ ㉡ - ㉣
⑤ ㉢ - ㉣

05_ 이야기를 듣고 질문에 제시된 '기내 상영 영화가 갖춰야 할 조건'이라는 주제에서 벗어나는 정보를 파악하는 문제로, 선택지 하나하나와 이야기의 핵심 정보를 대응시키며 들어야 한다.
④의 경우 기내에서 80~110분대 영화를 많이 트는 것은 식사, 면세품 판매, 취침 시간 등을 고려했기 때문이지 비행기의 안전한 운항 때문이 아니다.

06_ 정보의 내용을 사실적으로 이해하고 그에 부합하는 그림을 선택할 수 있는가를 묻는 문제이다.
이 대화에서 남학생은 민화의 특징으로 '다시점 기법'과 '상호 비례 관계 무시'를 들고 있다. ㉠은 다시점 기법이 나타나 있고, ㉣은 사물의 비례 관계가 무시되어 있다.

ANSWER ‖‖‖‖‖‖‖‖‖‖‖‖‖
05. ④ 06. ②

07. 요가에 대한 강좌를 잘 듣고 설명에 해당하는 요가 동작 그림을 선택하는 문제이다. 들려준 내용을 사실적으로 이해하고 시각 자료와 연결할 수 있어야 한다.

①은 '소 얼굴 자세'를 나타내는 그림으로, 이 동작은 두 다리를 꼬고 앉은 상태에서 오른손을 어깨 뒤로 넘기고 동시에 왼손은 등 뒤에서 위로 올려 양손을 마주 잡는 것이다. 하지만 들려준 건강 강좌 프로그램에서는 이 동작에 대해 언급한 바가 없다.

07. 다음은 건강 강좌 프로그램을 들려 드립니다.

🎧 듣기 대본 P. 469

[물음] 이 프로그램에서 설명하고 있는 동작이 <u>아닌</u> 것은?

① ② ③ ④ ⑤

08_ 다음은 교양 강좌를 들려 드립니다.

🎧 듣기 대본 P. 470

[물음] 강사가 제시한 숯의 효능이 <u>아닌</u> 것은?

① 나쁜 냄새를 제거한다.
② 주위의 습도를 조절한다.
③ 병균의 활동을 억제한다.
④ 우물물을 맑고 깨끗하게 해 준다.
⑤ 발효를 촉진하는 환경을 조성한다.

(오답해설) ② 팔만대장경 경판이 썩지 않고 오랫동안 보관된 비결이 숯의 습도 조절 능력에 있음을 언급하였다.
③ 강사는 금줄에 꽂은 숯의 경우를 예로 들어 숯이 병균의 활동을 억제하는 효능이 있음을 말하였다.
④ 우물을 만들 때 우물 바닥에 숯을 깔면 숯이 이물질을 흡착하여 우물물을 맑고 깨끗하게 해 준다고 말하고 있다.
⑤ 장을 담글 때 장독에 숯을 넣어 유익한 미생물의 서식지를 제공함으로써 발효를 촉진할 수 있는 환경을 조성함을 제시하고 있다.

08_ 들려주는 강좌의 사실적 정보들을 이해하고 종합적으로 파악하는 유형의 문제이다.
우리 조상들이 활용한 숯의 여러 가지 효능에 대해서 설명하였지만, 숯의 냄새 제거 효능에 대해서는 언급하지 않았다.

ANSWER
08. ①

Theme 02 추론적 이해와 듣기

올 킬
한 권으로 끝내는
KBS한국어
능력시험

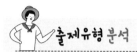

출제유형 분석
"이렇게 출제된다!"

추론적 이해와 듣기는 화자의 입장이 되어서 듣기 자료 속에 숨겨진 가정이나 전제, 발화자가 이야기하고자 하는 목적, 의도 등을 파악하며 들어야 한다. 또한 구체적인 사례나 상황을 추리하고, 적용하는 능력을 필요로 한다.

KBS한국어능력시험에서는 이야기를 듣고 등장인물의 생각을 추론하는 문제, 시를 듣고 중심 소재가 무엇인지 추론하는 문제, 뉴스나 강연 등을 듣고 이어질 말을 추론하는 문제, 내용을 바르게 이해했는지를 추론하여 평가하는 문제 등이 주로 출제되고 있다.

Q • 등장인물의 생각으로 적절하지 않은 것은?
  • 강연자가 가진 문제의식으로 가장 적절한 것은?
  • 이 시의 제목으로 가장 알맞은 것은?
  • 이 시의 이것으로 가장 적절한 것은?
  • 이 시의 '○○'으로 볼 수 있는 것은?
  • 강연의 뒷부분(마지막)에 이어질 내용으로 가장 적절한 것은?
  • 뉴스 해설의 마지막에 이어질 내용으로 가장 적절한 것은?
  • 토론의 마지막에 이어질 남자의 '최종 정리 발언'으로 가장 적절한 것은?
  • 방송 인터뷰를 들은 청취자가 보일 수 있는 반응으로 가장 적절한 것은?
  • 대화의 끝부분에서 ○○가 ○○에게 낸 문제의 답으로 가장 적절한 것은?
  • 설명을 듣고 다음과 같이 반응을 보였다고 할 때, 빈칸에 들어갈 말을 바르게 짝지은 것은?
  • 토론의 내용으로 볼 때 토론자들이 공통적으로 인정하고 있는 것은?
  • 〈보기〉의 ○○에 대해 보인 반응으로 적절하지 않은 것은?

기출유형 맛보기
"이런 문제가 나온다!"

▷ **1. 뉴스를 들려 드립니다. 잘 듣고 물음에 답하세요.**

🎧 듣기 대본 P. 470

[물음] 뉴스를 듣고 청취자가 보인 반응으로 적절하지 않은 것은?
① 인터넷 통신 언어는 긍정적인 기능도 있어.
② 통신 언어의 사용이 사회 통합에 도움이 될 거야.
③ 통신상의 언어 파괴는 국어의 규범을 깨뜨릴 위험이 있어.
④ 통신 언어에는 우리말임에도 전혀 이해할 수 없는 것도 있어.
⑤ 배포된 자료집이 널리 활용되어 일상 언어까지도 순화되었으면 좋겠어.

해설 뉴스의 내용을 바르게 이해하고 이후 청취자가 보일 수 있는 반응을 추론하는 유형의 문제이다. 뉴스 해설 마지막 부분에서 통신 언어 사용의 부정적인 측면으로 '세대 간의 단절'을 언급하고 있다. 따라서 통신 언어의 사용은 사회 통합의 저해 요인이 됨을 알 수 있다.

▷ 2. 청소년들의 진로 문제를 다룬 대담 방송을 들려 드립니다.

🎧 듣기 대본 P. 470

[물음] 이 방송 대담을 예고하기 위한 광고 문안을 만들고자 한다. 적절하지 않은 것은?

① 각광 받는 이공계 대학, 원인을 분석한다.

② 이공계 대학은 살아남을 수 없는 것인가?

③ 이공계 대학 기피 현상, 과연 바람직한가?

④ 이공계 대학 출신도 최고 경영자가 될 수 있다.

⑤ 바이오 혁명 시대, 이공계 대학 출신을 손짓한다.

(해설) 이야기에 담긴 중심 정보를 파악하고 이를 광고 문구에 적용할 수 있는지를 평가하는 문제이다.

이 대담은 사회적 문제로 부각된 '이공계 대학 기피 현상'과 관련하여, 일반인들의 오해를 해소하고, 청소년들의 진로 선택에 도움이 되는 지식을 제공하는 내용으로 구성되어 있다. 대담자들은 '이공계 대학 기피 현상'이 합리적 이유가 없다는 점을 지적하고, 오히려 이공계 대학 출신자들이 사회적으로 우대 받고 있다는 점을 구체적 예를 들어 밝히고 있다. 그리고 대담에 참가한 사람들은 모두 학생의 적성과 능력이 진로 선택 기준이 되어야 한다고 말하고 있다. 따라서 이공계 대학이 각광받는 원인을 분석한다는 내용의 광고 문안은 적절하지 않다.

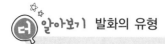 알아보기 발화의 유형

1. 토의와 토론

① 토의는 두 사람 이상이 모여 의견을 나눈 후 주어진 문제를 해결할 수 있는 최선의 방안을 찾고자 하는 말하기 유형이고, 토론은 어떤 의견이나 제안에 대해 찬성과 반대의 뚜렷한 의견 대립을 가진 사람들이 논리적으로 사람을 설득하는 형태의 말하기이다.

② 토의나 토론을 면밀히 구별할 필요는 없으나, 토의가 여러 사람들이 공동의 문제를 협의하여 문제를 해결하는 과정인 반면, 토론은 입장이 상반된 화자들이 자신의 주장을 논리적으로 밝혀 가는 과정으로 쟁점에 대한 주장과 반론 위주로 진행된다는 점을 알아 두어야 한다.

③ 한편 토의와 토론은 둘 이상의 화자가 모여 협의 또는 논쟁을 통해 문제의 해결을 모색하는 말하기라는 입장에서 공통된 성격의 발화로 볼 수도 있다.

④ 토의나 토론 자료를 들을 때에는 토의 및 토론의 주제, 화자의 태도, 전개 방법 등에 유의하며 들어야 한다.

2. 광고와 뉴스

① 광고는 상품이나 서비스에 대한 정보를 여러 가지 매체를 통하여 소비자에게 널리 알리는 의도적인 활동으로, 상품 광고, 공익 광고, 홍보성 광고 등이 있다. 광고하고자 하는 내용, 대상, 효과 등을 두루 파악하며 듣도록 한다.

② 방송 매체를 통해 일상에서 가장 자주 접하는 발화 상황이 바로 뉴스이다. 뉴스는 우리가 정보를 전달받는 가장 보편적인 형태의 말하기로, 사실을 전달하는 뉴스에서 신문 사설에 해당하는 논평까지 있다. 뉴스를 통해 정보를 받아들이기 위해서는 사실적인 정보를 구체적으로 파악할 수 있어야 하며, 논평의 경우에는 전달하고자 하는 논평자의 의도를 잘 파악해야 한다.

3. 대담과 인터뷰

① 대담, 인터뷰 등에서는 주로 의견이나 주장을 제시하는 주동적 발화자와, 그를 보조하며 대화를 이끌어 가는 보조적 진행자가 등장한다. 대담이나 인터뷰에서는 주로 보조적 진행자가 묻고, 주동적인 발화자가 대답을 하는 형식으로 진행된다.

② 방송을 통해 대담 및 인터뷰를 자주 접하게 되는데, 전문가의 식견이나 시사 문제가 자주 대두되며 그 난이도가 높은 편이다. 방송 대담, 인터뷰의 경우 방송의 특성상 계획성 있게 특정 내용을 끌어내는 질문이 나오고 준비된 대답이 이어지게 되므로, 주고받는 대화 속에서 사실적인 정보 및 발화자의 관점과 태도를 잘 파악해야 한다.

4. 강연과 강의

① 강연, 강의는 학교 교육 및 사회 교육을 통해 접하게 되는 발화 유형으로, 전문적·학술적인 성격이 강하다. 보통 강연은 불특정 다수를 대상으로 이루어지는 반면, 강의는 학교 수업처럼 동료 의식이나 소속감 또는 동질감이 비교적 강한 집단을 대상으로 이루어진다.

② 강연과 강의를 굳이 구별할 필요는 없다. 다수의 대상에게 새로운 사실을 전달하는 것을 목적으로 하는 말하기로 이해하고, 강의 및 강연의 내용을 잘 파악함으로써 자신의 지식과 사고의 기반을 다질 수 있도록 하면 된다.

③ 강의나 강연은 일차적으로 내용의 사실적 판단 위주로 듣는 것이 효과적이며, 강의 및 강연의 주제와 방법, 내용의 구조 등을 이해하는 것이 중요하다.

5. 이야기

이야기는 듣기의 가장 기본 형태에 해당하는데, 줄거리가 있는 이야기를 듣고 교훈을 파악하거나 등장인물을 평가하는 것이 가능하다.

실전능력 기르기

01_ 다음은 컴퓨터 게임과 관련된 강연을 들려 드립니다.

> 🎧 듣기 대본 P. 471

[물음] 이 강연의 취지를 잘못 이해한 반응을 보인 청중은?

① 첫째 청중: 우선 게임 중독에 빠질 수 있는 위험한 환경을 만든 기성세대가 반성해야 하지 않을까요?

② 둘째 청중: 게임 중독을 예방할 수 있는 교육 프로그램을 개발하고 운영하는 노력이 필요하다는 생각이 들었습니다.

③ 셋째 청중: 게임 산업 운영자에게는 수익성이 중요하겠지만, 그것이 청소년들에게 미칠 영향도 고려해야 하지 않을까요?

④ 넷째 청중: 게임을 통한 창조적·주체적 경험을 무시할 수는 없으므로, 게임의 폐해를 최소화하는 방안을 마련해 나가야 합니다.

⑤ 다섯째 청중: 중독 가능성이 높은 게임도 문제지만, 청소년들 스스로가 중독을 경계하는 태도가 무엇보다 중요하다고 봅니다.

02_ 시 한 편을 낭송해 드립니다. 잘 듣고 물음에 답하세요.

> 🎧 듣기 대본 P. 472

[물음] 이 시의 마지막 2행의 의미로 가장 적절한 것은?

① 눈에 들어간 비눗물을 씻기 위해서

② 눈물을 보이지 않기 위해서

③ 때를 밀기 위해서

④ 거울이 잘 보이지 않아서

⑤ 아버지를 기다리기 위해서

01_ 강연의 취지를 이해하고 적절하게 반응할 수 있는지를 평가하는 문제이다.
강연자는 게임 중독은 사회적인 문제이며, 청소년들 스스로가 해결하기는 어렵다고 하였다. 따라서 다섯째 청중의 발언은 이러한 취지와는 상반된 반응이다.

02_ 시를 듣고 감상할 수 있는지를 평가하기 위한 문제이다.
이 시에서, '둥글게 말린 영롱한 위태로움들'과 '천장에 맺힌 물방울'은 '눈물방울'을 비유한 것으로, 아버지와 함께 목욕탕에 긴 '그날' 시적 화자인 아들은 아버지의 겹게 굽은 등과 배꼽 위의 커다란 수술 자국을 보고 아버지에 대한 연민과 사랑, 그로 인한 슬픔을 느끼게 된다. 따라서 "눈에 들어간 비눗물이 씻기지 않아 / 한참이나 샤워기 앞에 서 있었습니다."는 시적 화자가 실제로 눈에 들어간 비눗물이 씻기지 않아 샤워기 앞에 한참이나 서 있는 것이 아니라, 늙고 야윈 데다가 수술 자국까지 가득한 아버지의 몸을 보고 슬퍼진 화자가 한참이나 샤워기 앞에서 눈물을 흘리며 서 있었던 것을 시적 여운을 살려 표현한 것으로 볼 수 있다.

ANSWER ‖‖‖‖‖‖‖‖‖‖‖‖‖‖‖‖‖‖‖‖

01. ⑤　　02. ②

03. 방송 대담을 듣고 대담의 정보를 사실적으로 이해한 후, 청중의 반응으로 가장 적절한 것을 선택하는 문제이다.

의약품 공급 정보망 사업 관계자 (김 과장)가 언급한 "한정된 예산으로 운영되는 복지 시설이나 봉사 단체에서는 의료 보험이 적용되지 않는 영양제나 아토피 치료제 같은 의약품을 무상으로 지원받을 수 있습니다."라는 말에 주목할 때, 의료 보험이 적용되는 의약품 관련 내용은 의약품을 필요로 하는 복지 시설이나 봉사 단체에서 할 수 있는 말이므로 ②은 적절하지 않다. 대담 내용에 의하면 의약품 기탁자는 대체로 약국이나 제약 회사임을 알 수 있는데, 이들 입장에서 의약품을 부담 없이 기탁하는 문제와 의료 보험이 적용되는 의약품이 늘어나는 것은 별 상관관계가 없다.

03_ 다음은 방송 대담을 들려 드립니다.

> 🎧 듣기 대본 P. 472

[물음] 대담을 들은 청취자들의 반응으로 적절하지 않은 것은?

① 일반인 : 의약품을 취급할 수 없는 일반인들도 참여할 수 있는 방법이 있다면 좋을 것 같아요.
② 기탁자 : 저희가 부담 없이 의약품을 기탁할 수 있도록 의료 보험이 적용되는 의약품이 늘어났으면 좋겠어요.
③ 봉사 단체 관계자 : 방송을 듣고 지원 받고 싶은 단체가 더 늘어날 텐데 의약품이 골고루 지원되어야 할 거예요.
④ 기탁 의약품 사용자 : 기탁하는 의약품의 유통 과정이 잘 관리되어야 저희가 안심하고 의약품을 사용할 수 있을 것 같아요.
⑤ 다른 지방 자치 단체의 장 : 의약품 공급 정보망 사업의 이점과 시행상의 문제점을 검토하여 우리도 실시할 수 있는지 생각해 봐야겠어요.

04. 주어진 대담 내용을 듣고 두 대담자의 의견이 다른 이유를 파악할 수 있는가를 묻는 문제이다.

남자는 영화에서 비과학적 요소를 찾아내고 있는데, 이것은 영화의 현실적 진실성에 주목하기 때문이고, 여자는 영화 고유의 특성은 허구와 상상력을 바탕으로 하기 때문에 비과학적인 설정도 얼마든지 가능하다고 말한다.

04_ 다음은 영화에 대한 두 사람의 대담을 들려 드립니다.

> 🎧 듣기 대본 P. 473

[물음] 여자의 의견이 남자와 다른 이유로 알맞은 것은?

① 영화 고유의 특성에 주목하기 때문에
② 감독과 관객의 관계를 중시하기 때문에
③ 영화가 만들어지는 과정에 주목하기 때문에
④ 영화는 사실에 바탕을 두어야 한다고 생각하기 때문에
⑤ 영화의 성공 여부는 흥행 정도에 달려 있다고 보기 때문에

ANSWER ⫶⫶⫶⫶⫶⫶⫶⫶⫶⫶⫶⫶⫶⫶⫶⫶⫶⫶⫶⫶⫶
03. ② 04. ①

05_ 이번에는 텔레비전 뉴스를 들려 드립니다.

🎧 듣기 대본 P. 474

[물음] 이 뉴스의 의도를 살려 제작한 공익 광고로 가장 적절한 것은?

①

먹는 데 10분
소화시키는 데 100년

②

정확한 문전 처리,
축구에서만 필요한 것이 아닙니다.

③

자랑스런 성형 수술
모으면 돈이 되어 돌아옵니다.

④

돈이라면 남기시겠습니까?

⑤

한 번 닦아 주면 한 마리가 옵니다.
폐식용유를 버릴 때 휴지로 한 번 닦아주세요.

05_ 뉴스를 잘 듣고 내용에 부합하는 광고를 찾는 문제로, 뉴스를 듣는 동시에 그에 적합한 광고 그림과 카피 문구를 동시에 파악해야 한다.
기자는 옷을 재활용한 경우를 예로 들면서 생활 주변에서 재활용할 수 있는 자원들이 많다는 것에 초점을 맞추어 보도하고 있다. 따라서 자원을 재활용하자는 취지가 잘 드러난 ③이 정답이 된다.

ANSWER

05. ③

06. 대담 내용을 잘 듣고 청자가 보이는 반응의 적절성을 평가하는 문제이다. 먼저 대담의 핵심 정보를 정확히 이해할 수 있어야 한다. ③과 같이 맛있는 고기를 원한다는 것은 육식에 대한 찬반이라는 대담의 주요 내용과 관계가 없으므로 적절한 반응이라고 볼 수 없다.

06_ 이번에는 방송 프로그램의 대담 장면을 들려 드립니다.

> 🎧 듣기 대본 P. 474

[물음] 다음 반응 중 대담 내용을 바르게 이해하지 **못한** 것은?

① 맞습니다. 집에서 기르는 애완동물처럼, 사육되는 소나 돼지도 소중한 생명입니다.

② 동물끼리도 서로 잡아먹는데 왜 인간만 동물을 잡아먹어서는 안 되죠?

③ 맛있는 고기를 원한다면 좁은 축사에서 사육하기보다는 방목을 해야 합니다.

④ 식물도 생명을 지닌 존재인데 동물만 먹지 말라는 것은 논리적으로 모순이 아닌가요?

⑤ 자신의 배려로 동물들이 고통과 죽음을 면할 수 있다면 먹는 즐거움 정도는 포기해야 합니다.

오답해설 나채식 선생님은 동물도 사람과 똑같이 고통 받는 것을 싫어하므로 동물 학대를 막자는 차원에서 육식을 피해야 한다고 말하고 있다. 따라서 ①, ⑤과 같이 반응할 수 있을 것이다. 또, 범위를 넓혀서 생각한다면 ②이나 ④과 같은 반응도 가능할 것이다.

07_ 음악과 미술 방면의 감상법에 대한 대담을 잘 듣고 마지막에 이어질 내용을 추리하는 유형의 문제로, 두 예술 장르를 올바르게 감상하기 위해서 필요한 것이 무엇인지 핵심 정보를 파악해야 해결할 수 있다.
음악 선생님은 판소리를 이해하는 데 성악의 입장(지식)에서 이해하고 감상하는 것이 불가능하다는 점을 자신의 경험담을 통해서 이야기함으로써 예술 작품의 감상에서 지식의 필요성을 강조하고 있다. 한편, 미술 선생님은 동양화법과 서양화법의 차이를 이해하기 위해서는 산점투시와 고정 시점이라는 개념을 이해하고 감상해야 올바른 감상을 할 수 있다고 서술하고 있다. 따라서 사회자는 이 말들을 종합한 대답으로서, '예술 작품의 올바른 감상에는 예술에 대한 예비지식이 필요하다.'는 점을 말할 것이다.

07_ 이번에는 좌담회의 일부를 들려 드립니다.

> 🎧 듣기 대본 P. 474

[물음] 사회자의 마지막 말에 이어질 내용으로 가장 적절한 것은?

① 올바른 인격이 갖추어져야 한다는 말씀이군요.

② 주관적인 관점으로 바라보아야 한다는 말씀이군요.

③ 예술에 대한 타고난 재능이 필요하다는 말씀이군요.

④ 다른 예술 양식에 대한 비판이 필요하다는 말씀이군요.

⑤ 예술을 이해하기 위한 예비지식이 필요하다는 말씀이군요.

ANSWER

06. ③ 07. ⑤

08_ 이번에는 '다문화주의'에 관한 인터뷰를 들려 드립니다.

> 🎧 듣기 대본 P. 475

[물음] 인터뷰에서 교수의 마지막 답변으로 가장 적절한 것은?

> 제가 생각하기에는 무엇보다도 (   )

① 단일성에 대한 정의가 선행되어야 합니다.
② 각 문화의 가치와 의의를 인정해야 합니다.
③ 사회 구성원 간의 이해와 합의가 필요합니다.
④ 새로운 문화의 육성에 중점을 두어야 합니다.
⑤ 각 문화 집단 간의 경제적 차이를 좁혀야 합니다.

(오답해설) ② 교수는 각 문화가 나름대로 가치와 의의를 가진다는 것을 부정하는 사람은 없다고 하였다.
⑤ 교수는 다문화주의의 목적이 문화 차이에 따른 사회적·정치적·경제적 갈등을 해소하는 데 있다고 하였다. 이것은 '각 문화 집단 간의 경제적 차이를 좁혀야 한다.'는 것과 그 의미가 다르다.

08_ 인터뷰 내용을 듣고 인터뷰의 끝에 이어질 내용을 추리하는 문제이다.
교수는 '다문화주의'가 지향하는 바가 문화 차이에 따른 사회적·정치적·경제적 갈등을 해소하는 데 있다고 했고, 다문화주의를 수용해야 사회 구성원 간의 갈등이나 분열도 완화되고 사회가 발전할 수 있다고 하였다. 이로 보아 교수는 다문화주의를 정책으로 마련해 나가는 데 가장 중요한 짐으로 '사회 구성원 간의 이해와 합의'를 들 것으로 추리할 수 있다.

Theme 03 말하기

올 킬
한 권으로 끝내는
KBS한국어
능력시험

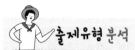

출제유형 분석

"이렇게 출제된다!"

KBS한국어능력시험에서 '말하기' 문제는 듣기와 관련되어 출제되는데, 1개의 지문을 들려주고 '듣기 1문항 + 말하기 1문항'이 세트로 구성된다.

말하기 문제는 말하기 전략, 말하기 방식, 말하기 계획을 묻는 형태로 출제되는데, 듣기 문제에 비해 대체로 난도가 높은 편이다.

Q • 진행자의 말하기 방식에 대한 설명으로 적절하지 <u>않은</u> 것은?
• 강연자가 사용한 말하기 전략에 대한 설명으로 가장 적절한 것은?
• 뉴스 해설에 사용된 말하기 계획으로 적절하지 <u>않은</u> 것은?
• 설명에서 사용한 말하기 방식에 대한 설명으로 적절하지 <u>않은</u> 것은?
• 교양 강좌의 내용 전개 방식에 대한 설명으로 가장 적절한 것은?
• 두 사람의 말하기 방식에 대한 설명으로 적절하지 <u>않은</u> 것은?

기출유형 맛보기

"이런 문제가 나온다!"

▷ **1. 다음은 라디오 방송 대담을 들려 드립니다.**

🎧 듣기 대본 P. 476

[물음] 사회자의 말하기 방식에 대한 설명으로 가장 적절한 것은?

① 청취자의 질문을 바탕으로 대담을 진행하고 있다.
② 전문가와는 다른 관점에서 의문을 제기하고 있다.
③ 전문가의 답변을 요약하면서 대담을 진행하고 있다.
④ 사회자 개인의 궁금증을 중심으로 대담을 진행하고 있다.
⑤ 전문가의 대답에 설명을 덧붙여 청취자의 이해를 돕고 있다.

(해설) 대담을 진행하는 사회자의 말하기 방식을 파악하는 문제이다.

사회자(남)는 대담의 앞부분에서, '오늘은 청취자들의 질문이 많다.'고 말한 뒤 그 질문의 사례들을 제시하고 있으며, 이후에는 그 질문들을 하나씩 던지고 있다. 따라서 이 사회자는 청취자의 질문을 바탕으로 대담을 진행하고 있다고 볼 수 있다.

▷ 2. 이번에는 토론의 일부를 들려 드립니다.

🎧 듣기 대본 P. 476

[물음] 남자와 여자의 발언에 대한 설명으로 가장 적절한 것은?

① 남자는 현재의 상황을 비관적으로, 여자는 낙관적으로 평가하고 있다.

② 남자는 종합적인 태도로, 여자는 분석적인 태도로 문제에 접근하고 있다.

③ 남자는 통계 수치를 통해, 여자는 개인적 경험을 통해 주장을 뒷받침하고 있다.

④ 남자는 이론적인 측면에서, 여자는 현실적인 측면에서 상대방 의견을 비판하고 있다.

⑤ 남자는 신속한 문제 해결이 필요함을, 여자는 문제 해결이 불가능함을 강조하고 있다.

(해설) 토론 과정에서 드러나는 말하기 방식의 차이를 파악할 수 있는지를 묻는 문제이다.
남자는 각종 설문의 통계를 통해 조속히 학교 경찰 제도를 도입해야 한다는 주장을 뒷받침하고 있으며, 여자는 자신의 개인적인 상담 경험을 통해 학교 경찰 제도는 효과가 없으며 교육적인 해결책이 바람직하다고 주장하고 있다.

실전능력 기르기

01_ 이제 여러분은 인터넷 저작권 분쟁에 대한 토론을 듣게 됩니다.

🎧 듣기 대본 P. 477

[물음] 이 토론에서 드러난 사회자의 말하기 방식의 특징을 바르게 설명한 것은?
① 대립적인 의견을 절충하여 새로운 의견을 제기하고 있다.
② 두 입장의 문제점을 각각 지적한 후 해결책을 제안하고 있다.
③ 중심 화제와 관련하여 인과 관계에 따라 자신의 주장을 제기하고 있다.
④ 문제시되는 현상이 초래할 수 있는 부정적 상황을 제시하면서 논의를 심화하고 있다.
⑤ 토론 참가자 양측의 의견이 지닌 장단점을 설명하여 청자의 판단을 유도하고 있다.

02_ 다음은 방송 인터뷰의 일부를 들려 드립니다.

🎧 듣기 대본 P. 478

[물음] 인터뷰에 적용된 진행자의 역할을 〈보기〉에서 모두 고른 것은?

┌─ 보기 ┐
㉠ 청취자의 입장에서 궁금해 할 만한 점을 질문한다.
㉡ 오해의 여지가 있는 부분에 대해 보충 설명할 기회를 준다.
㉢ 화제를 의도적으로 전환하려는 상대방의 주의를 환기한다.
㉣ 편안한 분위기를 조성하기 위해 일상적인 화제로 인터뷰를 시작한다.

① ㉠, ㉡   ② ㉠, ㉢
③ ㉡, ㉢   ④ ㉡, ㉣
⑤ ㉢, ㉣

오답해설 진행자는 인터뷰 시작 부분에서 김 교수와 인사를 나누고 나서, 바로 "교수님, 먼저 국내에 체류하고 있는 외국인 현황에 대해 간략하게 알려 주시죠."라고 말하면서 중심 화제에 대한 답변을 요청하고 있다. 즉, 일상적인 화제로 인터뷰를 시작한 것은 아니므로 ㉣은 적절하지 않다. 그리고 김 교수가 화제를 의도적으로 전환하려고 한다든가, 진행자가 주의를 환기하는 내용은 드러나지 않는다는 점에서 ㉢도 적절하지 않다.

03_ 이번에는 '사이버 교육'에 대한 대담을 들려 드립니다.

🎧 듣기 대본 P. 478

[물음] 이 대담에 대한 청중들의 평가로 적절하지 않은 것은?
① 남자는 대조의 방식으로 설명하고 있다.
② 여자는 귀납적 방식으로 논지를 전개하고 있다.
③ 여자는 물음을 던지는 방식으로 설득력을 높이고 있다.
④ 여자는 통계 자료를 인용하여 주장을 뒷받침하고 있다.
⑤ 여자는 남자와는 다른 측면에서 대상을 바라보고 있다.

04_ 다음은 역사 드라마 제작에 대한 토론의 일부를 들려 드립니다.

🎧 듣기 대본 P. 479

[물음] 다음은 토론의 절차에 따라 사용한 토론 전략이다. 적절하지 않은 것은?

토론 절차		토론 전략
입론	찬성 측	자료를 활용하여 자신의 입장을 밝힌다. ················· ①
	반대 측	구체적 사례를 들어 상대방 입장에 대해 반박하고 자신의 주장을 밝힌다. ················· ②
반론	찬성 측	상대방의 주장을 일부 인정하고 질문을 통해 논리적 허점을 드러낸다. ················· ③
	반대 측	자료 활용 방식의 문제점을 지적하여 상대방 주장의 근거를 약화시킨다. ················· ④
최종 발언	찬성 측	전문가의 의견을 들어 자신의 주장을 강화한다. ················· ⑤
	반대 측	자신이 밝힌 입장을 명료화하여 주장을 강화한다.

오답해설 ① 설문 조사 결과를 활용하여 입장을 밝혔다.
② 방영되었던 드라마를 사례로 제시하여 반박하고 주장을 밝혔다.
④ 설문 내용 중 자신에게 유리한 항목만 제시했음을 밝혀서 주장의 근거를 약화시켰다.
⑤ 미디어 비평가의 말을 인용하여 자신의 주장을 강화했다.

03. 대담을 듣고 말하기 방식을 평가하는 문제이다.
'귀납적 전개'는 여러 가지 사례나 근거들을 제시하면서, 이를 종합하여 일반화된 원리나 주장을 이끌어 내는 방식을 말한다. 그러나 이 대담에서 '여자'는 사이버 교육의 문제점 두 가지를 열거하고 있을 뿐, 귀납적 방식으로 논지를 전개하고 있지는 않다.

04. 토론을 듣고 토론의 절차와 전략을 파악하는 문제로, 이런 유형의 문제에서는 선택지에 제시된 내용을 대본을 듣기 전에 미리 눈으로 익혀 두어야 정보를 빨리 파악할 수 있다.
반론을 할 때 찬성 측에서는 역사 드라마의 시청률이 높다는 것을 인정했다. 그런데 역사 드라마의 시청률이 높다는 것은, 하나의 현상이지 주장이라고 볼 수는 없다. 그리고 질문을 통해 반대 측 주장의 논리적 허점이 드러나도록 하지도 않았다.

ANSWER
03. ② 04. ③

05_ 진행자는 대담을 부드럽게 진행하기 위한 의도로 농담 비슷한 이야기를 했겠지만, 너무 지나쳐서 화제에 벗어나고 있다. '국지성'이라는 용어를 듣고는 '김지성', '박지성'을 언급한다든가, 산 쪽에 사는 사람들은 평야로 내려오라는 등의 발언이 이에 해당한다.

05_ 이번에는 라디오 프로그램에서 '기상 예보관'과 나눈 대담을 들려 드립니다.

🎧 듣기 대본 P. 480

[물음] '진행자'의 태도에 대한 비판으로 적절한 것은?
① 대담자를 아랫사람 대하듯 하는군.
② 너무 경직된 태도로 진행을 하고 있군.
③ 자신의 유식함을 은근히 과시하고 있군.
④ 쉬운 내용을 너무 어렵게 설명하고 있군.
⑤ 화제에서 벗어난 이야기를 너무 많이 하는군.

오답해설 ① 예보관에게 항상 정중한 높임말을 쓰고 있으므로, 아랫사람 대하듯 한다고 판단할 수 없다.
② 농담이 너무 많은 것이 오히려 흠이 될 정도이다.
③ 진행자는 농담을 한다거나 내용을 요약하는 발언을 한 것 외에는 모두 물어보는 입장을 취하고 있으므로 유식함을 과시한 적이 없다.
④ 진행자가 어떤 내용을 설명하지는 않았다.

06_ 화자의 말하기 방식을 파악하는 능력을 평가하는 문제이다. 진행자의 발언 중에서는 개인적 경험에 대한 언급을 찾아볼 수 없다.

06_ 이번에는 '윈도 효과'에 대한 대담을 들려 드립니다.

🎧 듣기 대본 P. 480

[물음] 두 사람의 말하기 특징으로 적절하지 않은 것은?
① 진행자는 개인적인 경험을 들어 화제를 제시하고 있다.
② 진행자는 용어의 개념 설명과 그 사례 제시를 유도하고 있다.
③ 교수는 비유적 표현을 활용하여서 내용을 쉽게 전달하고 있다.
④ 교수는 구체적인 수치 자료를 들어 내용의 신뢰도를 높이고 있다.
⑤ 교수는 대상의 효용성을 강조하여 관련자들의 분발을 촉구하고 있다.

ANSWER ‖‖‖‖‖‖‖‖‖‖‖‖‖‖‖‖‖‖‖‖‖
05. ⑤   06. ①

07_ 다음은 라디오 방송 대담을 들려 드립니다.

🎧 듣기 대본 P. 481

[물음] 사회자의 말하기에 나타난 문제점을 적절하게 비판한 것은?
① 감독들 사이의 의견 대립을 조장하고 있군.
② 대화 내용을 자신의 관점에서 제멋대로 요약하고 있군.
③ 감독과의 개인적인 친분 관계를 과시하며 대담을 진행하고 있군.
④ 감독들이 말하는 도중에 끼어들어 대화의 맥을 끊어 버리고 있군.
⑤ 특정 감독이 구사할 전략에 치중하여 대화를 이끌어 가고 있군.

2

3

4

5

6

7

8

07_ 사회자의 말하기 방식을 통해 대담의 문제점을 비판할 수 있어야 한다.
이 대담의 사회자는 특정 감독의 전략에 치중하여 대화를 이끌어 감으로써 형평성을 잃고 있다. 즉, 축구 결승에 오른 두 팀의 감독과 자리를 함께하며 소감을 묻는 과정에서 주로 작년 우승 팀 감독의 각오와 구사할 전략에 치중하여 대화를 전개함으로써 문제점을 드러내고 있는 것이다.

08_ 다음은 방송 뉴스를 들려 드립니다.

🎧 듣기 대본 P. 482

[물음] 이 뉴스에 나오는 기자의 말하기 방식에 대한 설명으로 가장 적절한 것은?
① 권위적인 어조로 대안을 제시하고 있다.
② 반복적인 질문을 통해 보충 설명을 요구하고 있다.
③ 외래어를 사용하여 자신의 전문성을 과시하고 있다.
④ 화제와 대조되는 사례를 들어 원인을 규명하고 있다.
⑤ 자신의 의견을 제시하고 전문가의 견해로 뒷받침하고 있다.

08_ 뉴스 내용을 전달하는 기자의 말하기 방식을 파악하는 문제이다. 기자는 고구려 유적의 세계 문화유산 등재에 대해 그 의미를 밝히고 이에 따른 문제점을 언급하면서 소수림 교수의 말을 계속하여 추가 보도하고 있다. 이는 권위 있는 전문가의 견해를 통해 자신을 의견을 뒷받침하고 있는 것이다.

ANSWER ⅢⅢⅢⅢⅢⅢⅢⅢⅢⅢⅢⅢⅢⅢⅢⅢ
07. ⑤   08. ⑤

🔷 어떻게 출제되나?

KBS한국어능력시험의 어휘 영역에서는 총 15문항 정도가 출제되는데, 보통 고유어의 의미와 쓰임을 묻는 문제 2문항, 한자어의 사전적 뜻과 올바른 쓰임 및 병기를 묻는 문제 5문항, 한자 성어·속담·관용어와 같은 관용 표현의 뜻과 의미적 유사성을 묻는 문제 2문항, 동음이의어·다의어·유의 관계·반의 관계·상하 관계·고유어와 한자어의 대응 등 단어의 의미 관계에 관련된 문제 5문항 등으로 구성된다. 특히 어휘 영역에서는 기존에 출제되었던 어휘가 반복적으로 출제될 확률이 높다.

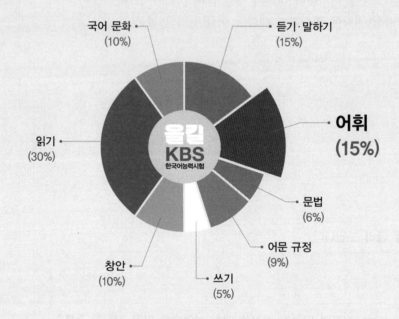

📖 어떻게 공부할까?

어휘 영역은 다른 어떤 영역보다 기출에서 다룬 부분을 중점으로 학습해야 할 영역이다. 한번 출제된 어휘는 반복해서 다음 시험에 출제될 가능성이 높기 때문에 기출 어휘를 우선순위로 여기고 학습하도록 한다. 즉, 빈출 어휘 중심으로 점점 어휘 학습의 범위를 넓혀 가는 것이 좋다. 또한 사전적 뜻풀이와 함께 문맥상 어휘의 올바른 쓰임을 묻는 유형이 주로 출제되므로, 어휘를 학습할 때 예문과 함께 익혀 두어야 한다.

📁 **이 단원은?** KBS한국어능력시험에서의 어휘 영역은 단어의 뜻을 정확하게 이해하고, 단어를 문맥과 쓰임에 맞게 적절히 활용할 수 있어야 하는 영역으로, 주로 고유어, 한자어, 관용 표현(한자 성어·속담·관용어), 순화어 등에 대한 이해 및 표현 능력을 측정한다.

2

어휘

KBS한국어능력시험
기출 유형 완벽 분석한
테마형 단기완성 수험서

Theme 04 고유어

한 권으로 끝내는
KBS한국어
능력시험

"이렇게 출제된다!"

고유어의 뜻과 쓰임을 묻는 문제는 2문제 정도 출제된다. 고유어의 뜻풀이에 관한 문제는 문장에서 고유어의 사전적 의미를 직접적으로 묻고, 고유어의 쓰임에 관한 문제는 문장에서 고유어가 적절하게 사용되었는지를 묻는다. 특히 고유어의 쓰임에 관한 문제에서는 주로 고유어로 된 의성어·의태어가 출제되므로 이를 별도로 익혀 두는 것이 좋다. 한 번 출제된 고유어는 반복적으로 출제되니 기출 어휘 중심으로 어휘의 학습 범위를 확장해 나가는 것이 좋다. 특히 KBS한국어능력시험에서는 문장에서 사용된 고유어의 사전적 의미를 묻고 있으므로, 고유어의 여러 가지 의미와 적절한 예문을 함께 익혀 두는 것이 도움이 될 것이다.

주제별 어휘는 최근 들어서 출제 빈도가 높지는 않지만, 고유어와 한자어의 관련 문제와도 연관되어 있기 때문에 별도로 알아 두면 좋다. 주제별 어휘는 '시간', '자연', '사람' 등과 같이 우리의 생활 속에서 자주 접할 수 있는 주제로 구성된 어휘들이 출제된다. 특히 주제별 어휘에서 자주 출제되는 단위 명사는 범위도 한정되어 있기 때문에 반드시 암기해야 한다.

Q · 밑줄 친 고유어의 의미를 바르게 풀이하지 못한 것은?
· 밑줄 친 고유어의 기본형이 지닌 의미를 바르게 풀이하지 못한 것은?
· 밑줄 친 고유어의 뜻풀이로 옳지 않은 것은?
· 밑줄 친 고유어의 쓰임이 적절하지 않은 것은?
· 밑줄 친 시간을 나타내는 말의 의미가 옳지 않은 것은?
· 밑줄 친 말 중에서 신체와 관련이 없는 것은?
· 밑줄 친 말의 쓰임과 뜻풀이가 적절하지 않은 것은?
· 밑줄 친 단위의 뜻풀이가 틀린 것은?
· ㉠~㉤ 중 'ㅇㅇ'의 의미를 갖고 있는 것을 모두 고른 것은?
· 〈보기〉의 ㉠, ㉡에 들어갈 말을 바르게 짝지은 것은?

기출유형 맛보기

"이런 문제가 나온다!"

[고유어]

1. 밑줄 친 고유어의 의미를 바르게 풀이하지 못한 것은?

① 근래 내가 읽었던 소설은 사건이 흥미롭게 진행되는 듯 했으나 결말이 너무 <u>싱겁게</u> 끝났다. ➡ 어떤 행동이나 말, 글 따위가 흥미를 끌지 못하고 흐지부지하게
② 그의 몰골이 너무 <u>추레해서</u> 차마 똑바로 못 볼 지경이었다. ➡ 겉모양이 깨끗하지 못하고 생기가 없는
③ 그는 내가 이 상황을 받아들이지 못하자 <u>마뜩하지</u> 않은 표정으로 나를 응시하였다. ➡ 제법 마음에 들 만하지
④ 어머니의 가족에 대한 자상함에서 <u>살뜰한</u> 마음을 느낄 수 있다. ➡ 일이나 살림을 매우 정성스럽고 규모 있게 하여 빈틈이 없는
⑤ 울며 애원하는 그녀의 손을 매몰차게 뿌리치는 그의 <u>야멸찬</u> 모습을 보고 있자니 그에 대한 알 수 없는 분노가 차올랐다. ➡ 자기만 생각하고 남의 사정을 돌볼 마음이 거의 없다.

해설 ④ '살뜰하다'는 「1」 일이나 살림을 매우 정성스럽고 규모 있게 하여 빈틈이 없다. 「2」 사랑하고 위하는 마음이 자상하고 지극하다.'의 두 가지의 뜻을 가진 단어로, ④에서는 어머니의 가족을 '사랑하고 위하는 마음이 지극하다.'의 의미로 사용되었다.

① 싱겁다: 「1」 음식의 간이 보통 정도에 이르지 못하고 약하다. 「2」 술이나 담배나 한약 따위의 맛이 약하다. 「3」 사람의 말이나 행동이 상황에 어울리지 않고 다소 엉뚱한 느낌을 주다.

② 추레하다: 「1」 겉모양이 깨끗하지 못하고 생기가 없다. 「2」 태도 따위가 너절하고 고상하지 못하다.

③ 마뜩하다: 제법 마음에 들 만하다.

⑤ 야멸차다: 「1」 자기만 생각하고 남의 사정을 돌볼 마음이 거의 없다. 「2」 태도가 차고 야무지다.

2. 밑줄 친 고유어의 쓰임이 적절하지 않은 것은?

① 나는 매번 그날의 할 일을 <u>미적미적</u> 뒤로 미루다가 후회하곤 한다.

② 폐가에 다다르자 그는 알 수 없는 한기를 느끼며 목덜미가 <u>선득선득</u>해지는 것을 느꼈다.

③ 어색한 분위기 속에서 그들은 <u>데면데면</u>하게 서로 떨어져 앉아 있었다.

④ 가을이 다가오고 있는지 아침, 저녁으로는 <u>삼삼하다</u>.

⑤ 그때의 고통스러웠던 기억들이 <u>얼핏얼핏</u> 생각이 나면서 그는 다시 괴로워하기 시작했다.

해설 ④의 '삼삼하다'는 「1」 음식 맛이 조금 싱거운 듯하면서 맛이 있다. 「2」 사물이나 사람의 생김새나 됨됨이가 마음이 끌리게 그럴듯하다.'의 두 가지 뜻을 지닌 단어로, '아침, 저녁으로 기온이 떨어져서 서늘한 느낌이 든다.'는 의미로 쓰일 때는 문맥상 적절하지 않다. '시원한 느낌이 들 정도로 서늘하다.'는 의미로 쓰일 때는 '선선하다'가 적절하다.

① 미적미적: 「1」 무거운 것을 조금씩 앞으로 자꾸 내미는 모양 「2」 미루적미루적(해야 할 일이나 날짜 따위를 미루어 자꾸 시간을 끄는 모양) 「3」 자꾸 꾸물대거나 망설이는 모양 ➡ ①에서는 '해야 할 일이나 날짜 따위를 미루어 시간을 끄는 모양'의 의미로 쓰였다.

② 선득선득: 「1」 갑자기 서늘한 느낌이 자꾸 드는 모양 「2」 갑자기 놀라서 마음에 서늘한 느낌이 자꾸 드는 모양 ➡ ②에서는 '서늘한 느낌이 자꾸 드는 모양'의 의미로 쓰였다.

③ 데면데면: 「1」 사람을 대하는 태도가 친밀감이 없이 예사로운 모양 「2」 성질이 꼼꼼하지 않아 행동이 신중하거나 조심스럽지 않은 모양 ➡ ③에서는 '사람을 대하는 태도가 친밀감이 없이 예사로운 모양'의 의미로 쓰였다.

⑤ 얼핏얼핏: 「1」 지나는 결에 잇따라 잠깐씩 나타나는 모양 「2」 생각이나 기억 따위가 잇따라 문득문득 떠오르는 모양 ➡ ⑤에서는 '생각이나 기억 따위가 잇따라 문득문득 떠오르는 모양'의 의미로 쓰였다.

[주제별 어휘]

3. 〈보기〉의 ㉠, ㉡, ㉢에 들어갈 말로 옳게 짝지어진 것은?

보기

중기: 혜교야, 너 시험 이번 주 화요일에 끝났지? 이번 주 주말에 같이 영화 보러 갈래? 일요일에 '거미인간'이 개봉한대.

혜교: 응, 나 (㉠) 시험이 끝났어. 오늘이 목요일이니까 (㉡)에 영화가 개봉하네. 그래, 같이 보러 가자. 넌 시험이 이번 주 월요일에 끝났지?

중기: 응, 난 (㉢) 시험이 끝났어. 그럼 내가 일요일로 영화를 예매할게.

	㉠	㉡	㉢		㉠	㉡	㉢
①	그끄제	글피	그저께	②	글피	어저께	그끄제
③	그저께	글피	그끄제	④	글피	그끄제	그저께
⑤	글피	그저께	어저께				

해설 ㉠ 오늘은 '목요일'이고, 혜교가 시험이 끝난 날은 '화요일'이므로 어제의 전날을 뜻하는 '그저께'가 적절하다.

㉡ 오늘은 '목요일'이고, 영화가 개봉하는 날은 '일요일'이므로 모레의 다음 날을 뜻하는 '글피'가 적절하다.

㉢ 오늘은 '목요일'이고, 중기가 시험이 끝난 날은 '월요일'이므로 그저께의 전날을 의미하는 '그끄제'가 적절하다.

www.pmg.co.kr

4. 밑줄 친 단위어의 쓰임과 뜻풀이가 적절하지 않은 것은?

① 잔칫날 손님이 많이 온다는 소식에 어머니가 장에 가서 북어 <u>두 쾌</u>를 사오셨다.
　➡ 40마리

② 아버지께서 퇴근길에 시장에 들러 굴비 <u>한 갓</u>을 사오셨다. ➡ 20마리

③ 아주머니, 김 <u>한 톳</u>만 주세요. ➡ 100장

④ 장작 <u>세 강다리</u>면 올 겨울을 따뜻하게 날 수 있겠구나. ➡ 300개비

⑤ 얘야, 시장에 가서 달걀 <u>세 꾸러미</u>와 고등어 한 손만 사오너라. ➡ 30개

(해설) ② '갓'은 비웃, 굴비 따위 10마리, 또는 고사리, 고비 따위의 10모숨을 가리키는 단위이다. 따라서 굴비 한 갓은 굴비 10마리를 뜻한다.
① '쾌'는 북어 20마리, 또는 엽전 10냥을 뜻하는 단위이다. 따라서 북어 두 쾌는 북어 40마리를 뜻한다.
③ '톳'은 김 100장씩을 한 묶음으로 세는 단위이다. 따라서 김 한 톳은 김 100장을 뜻한다.
④ '강다리'는 쪼갠 장작 100개비를 한 단위로 이르는 말이다. 따라서 장작 세 강다리는 쪼갠 장작 300개비를 이른다.
⑤ '꾸러미'는 달걀 10개를 꾸리어 싼 것을 세는 단위이다. 따라서 달걀 세 꾸러미는 달걀 30개를 이른다.

ANSWER ▶ 4. ②

01 필수 기출 고유어

★ 빈출 어휘는 색 글씨로 표시함.

ㄱ

가녘	가장자리
가늠	① 목표나 기준에 맞고 안 맞음을 헤아려 봄. 또는 헤아려 보는 목표나 기준 　예 그곳까지 이동하는 데 시간이 얼마나 걸릴지 <u>가늠</u>할 수가 없었다. ② 사물을 어림잡아 헤아림.
가리다	① 여럿 가운데서 하나를 구별하여 고르다. ② 낯선 사람을 대하기 싫어하다. ③ 잘잘못이나 좋은 것과 나쁜 것 따위를 따져서 분간하다. ④ 똥오줌을 눌 곳에 누다. ⑤ 치러야 할 셈을 따져서 갚아 주다. ⑥ 음식을 골라서 먹다. ⑦ 머리를 대강 빗다. ⑧ 자기 일을 알아서 스스로 처리하다. 　예 그는 자기 앞도 못 <u>가리는</u> 처지라 결혼은커녕 연애도 꿈도 못 꾼다.
가스러지다	① 잔털 따위가 좀 거칠게 일어나다. 예 당나귀의 목뒤털이 <u>가스러졌다</u>. ② 성질이 온순하지 못하고 좀 거칠어지다. 　예 자식들까지 속을 썩이자 그녀는 더욱 <u>가스러졌다</u>.

가탈	① 일이 순조롭게 나아가는 것을 방해하는 조건 예 처음 하는 일이라 여기저기서 <u>가탈</u>이 많이 생긴다. ② 이리저리 트집을 잡아 까다롭게 구는 일 예 시집에서 <u>가탈</u>이 많아서 결혼이 쉽지 않다.
간드러지다	목소리나 맵시 따위가 마음을 녹일 듯이 예쁘고 애교가 있으며, 멋들어지게 보드랍고 가늘다. 예 그녀의 <u>간드러진</u> 웃음소리에 녹아나지 않는 남자가 없었다.
갈무리	① 물건 따위를 잘 정리하거나 간수함. ② 일을 처리하여 마무리함. 예 옆 사람에게 일의 <u>갈무리</u>를 부탁하다.
갈피	① 겹치거나 포갠 물건의 하나하나의 사이. 또는 그 틈 예 책의 갈피에 말린 나뭇잎을 꽂아 넣었다. ② 일이나 사물의 갈래가 구별되는 어름 예 <u>갈피</u>를 못 잡다.
감돌다	① 어떤 둘레를 여러 번 빙빙 돌다. 예 그는 그녀의 주위를 <u>감돌고</u> 떠나지 않았다. ② 어떤 기체나 기운이 가득 차서 떠돌다. 예 섬 전체에 갑자기 이상한 긴장이 <u>감돌기</u> 시작했다. ③ 생각 따위가 눈앞이나 마음속에서 사라지지 않고 자꾸 아른거리다. 예 귓가에 <u>감도는</u> 아름다운 그녀의 목소리
감투	① 예전에, 머리에 쓰던 의관(衣冠)의 하나. 말총, 가죽, 헝겊 따위로 탕건과 비슷하나 턱이 없이 밋밋하게 만들었다. ≒ 소모자 ② 벼슬이나 직위를 속되게 이르는 말 예 <u>감투</u>를 둘러싸고 싸움이 끊이질 않았다.
걷잡다	((주로 '없다'와 함께 쓰여)) ① 한 방향으로 치우쳐 흘러가는 형세 따위를 붙들어 잡다. 예 <u>걷잡을</u> 수 없는 사태 ② 마음을 진정하거나 억제하다. 예 <u>걷잡을</u> 수 없이 흐르는 눈물
걸다	① 흙이나 거름 따위가 기름지고 양분이 많다. 예 밭이 <u>걸다</u>. ② 액체 따위가 내용물이 많고 진하다. 예 콩국수의 국물이 <u>걸다</u>. ③ 음식 따위가 가짓수가 많고 푸짐하다. 예 이 음식점은 맛있는 반찬이 <u>걸게</u> 나온다. ④ 말씨나 솜씨가 거리낌이 없고 푸지다. 예 그 친구는 말이 <u>걸다</u>. ⑤ (('-게'의 꼴로 쓰여)) 푸짐하고 배부르다. 예 잔칫집에 가서 <u>걸게</u> 먹고 왔다.
겨를	어떤 일을 하다가 생각 따위를 다른 데로 돌릴 수 있는 시간적인 여유 예 일거리가 쌓여 잠시도 쉴 <u>겨를</u>이 없다.
견주다	둘 이상의 사물을 질(質)이나 양(量) 따위에서 어떠한 차이가 있는지 알기 위하여 서로 대어 보다. 예 나는 그와 실력을 <u>견주기</u>에는 부족함이 있다.
결딴	① 어떤 일이나 물건 따위가 아주 망가져서 도무지 손을 쓸 수 없게 된 상태 ② 살림이 망하여 거덜 난 상태 예 이젠 집안을 아주 <u>결딴</u>을 내려고 하는군.
고깝다	섭섭하고 야속하여 마음이 언짢다. 예 나를 모르는 체하는 것이 <u>고까운</u> 생각이 들었다.
고다	① 고기나 뼈 따위를 무르거나 진액이 빠지도록 끓는 물에 푹 삶다. 예 소뼈를 푹 <u>고다</u>. ② 졸아서 진하게 엉기도록 끓이다. 예 엿을 <u>고아</u> 강정을 만들다. ③ 술 따위를 얻기 위하여 김을 내어 증류하다.
골치	'머리' 또는 '머릿골'을 속되게 이르는 말 예 이 일은 <u>골치</u>를 썩는다고 해결될 일이 아니다.

곰살궂다	① 태도나 성질이 부드럽고 친절하다. ② 꼼꼼하고 자세하다. **예** 곰살궂게 굴다.
괴괴하다	쓸쓸한 느낌이 들 정도로 아주 고요하다. **예** 집 안이 온통 썰렁하고 <u>괴괴하다</u>.
굴레	① 말이나 소 따위를 부리기 위하여 머리와 목에서 고삐에 걸쳐 얽어매는 줄 ② 베틀에서, 바디집비녀 옆에 바디집을 걸쳐 매는 끈 ③ 부자연스럽게 얽매이는 일을 비유적으로 이르는 말 **예** 삶의 <u>굴레</u>에서 벗어나지 못하고 있다.
글눈	글을 보고 이해하는 능력 **예** <u>글눈</u>을 뜨다.
글피	모레의 다음 날

기슭	① 산이나 처마 따위에서 비탈진 곳의 아랫부분
	   예 이 동네 산의 서쪽 <u>기슭</u>에는 겨울철에 많은 양의 눈이 내린다.
	② 바다나 강 따위의 물과 닿아 있는 땅
	   예 어렸을 때는 개울 <u>기슭</u>에서 물장난을 하곤 했다.

길처	가는 길의 근처 **예** 내 고향은 남도 가는 <u>길처</u>에 있다.
깜냥	스스로 일을 헤아림. 또는 헤아릴 수 있는 능력
꿈적하다	몸이 둔하고 느리게 움직이다. 또는 몸을 둔하고 느리게 움직이다. **예** 어머니가 심부름을 시키시려고 아이를 불렀지만, 아이는 <u>꿈적하지</u> 않았다.

ㄴ

남우세스럽다	남에게 놀림과 비웃음을 받을 듯하다. **예** 처녀가 애를 배도 할 말이 있다지만 소문이 <u>남우세스러워</u> 바깥출입을 어찌할꼬?
낫잡다	금액, 나이, 수량, 수효 따위를 계산할 때에, 조금 넉넉하게 치다. **예** 혹시 몰라서 음식을 <u>낫잡아</u> 준비했으니 편하게 갖다 드셔도 됩니다.
내처	① 어떤 일 끝에 더 나아가 **예** 가는 김에 <u>내처</u> 집까지 바래다주었다. ② 줄곧 한결같이 **예** 같은 증세가 <u>내처</u> 계속되다.
너스레	수다스럽게 떠벌려 늘어놓는 말이나 짓 **예** <u>너스레</u>를 떨다.
너울가지	남과 잘 사귀는 솜씨. 붙임성이나 포용성 따위를 이른다. **예** <u>너울가지</u>가 있다.
널브러지다	① 너저분하게 흐트러지거나 흩어지다. **예** 방에는 잡동사니들이 <u>널브러져</u> 있다. ② 몸에 힘이 빠져 몸을 추스르지 못하고 축 늘어지다. **예** 소대원들은 땅바닥에 아무렇게나 <u>널브러져</u> 앉아 있었다.
노량으로	어정어정 놀면서 느릿느릿 **예** 땅에 웅숭그리고 시적시적 <u>노량으로</u> 땅만 판다.
노상	언제나 변함없이 한 모양으로 줄곧 **예** 그녀는 <u>노상</u> 웃고 다닌다.

뇌까리다	① 아무렇게나 되는대로 마구 지껄이다. **예** 그는 뚱딴지같은 소리를 <u>뇌까렸다</u>.
	② 불쾌하다고 생각되는 상대편의 말이나 행동, 태도에 대하여 불쾌하다는 뜻을
	   담은 말을 거듭해서 자꾸 말하다.
	   예 그는 만나는 사람마다 불평을 늘어놓았고 심지어는 혼잣말로 똑같은 말을 <u>뇌까리기도</u>
	   했다.

ㄷ

다락같이	① 물건값이 매우 비싸게 **예** 지금 <u>다락같이</u> 물가 뛰는 거 봐라. ② 덩치나 규모 정도가 매우 크고 심하게 **예** 그의 입맛은 <u>다락같이</u> 까다롭다.

닦달하다	① 남을 단단히 억박질러서 혼을 내다.
	  예 손님은 종업원에게 당장 주인을 불러오라고 <u>닦달하였다</u>.
	② 물건을 손질하고 매만지다.
	  예 그는 나뭇가지를 <u>닦달하던</u> 손을 멈추고 하늘을 쳐다보았다.
	③ 음식물로 쓸 것을 요리하기 좋게 다듬다.
	  예 이 닭을 깨끗이 <u>닦달해서</u> 푹 고아 상에 올리도록 하여라.

단출하다	① 식구나 구성원이 많지 않아서 홀가분하다. **예** 살림이 <u>단출하다</u>. ② 일이나 차림차림이 간편하다. **예** 이번 출장은 며칠 안 되기 때문에 세면도구만 들고 <u>단출하게</u> 떠나기로 했다.
달이다	① 액체 따위를 끓여서 진하게 만들다. **예** 간장을 <u>달이다</u>. ② 약재 따위에 물을 부어 우러나도록 끓이다. **예** 보약을 <u>달이다</u>.
달포	한 달이 조금 넘는 기간 **예** 그가 그곳으로 떠난 지 <u>달포가량</u> 시간이 흘렀다.

데면데면하다	① 사람을 대하는 태도가 친밀감이 없이 예사롭다.
	  예 그들의 시선은 서로 전혀 모르는 사이처럼 <u>데면데면하다</u>.
	② 성질이 꼼꼼하지 않아 행동이 신중하거나 조심스럽지 아니하다.
	  예 그는 <u>데면데면하여</u> 자주 실수를 저지른다.

되뇌다	같은 말을 되풀이하여 말하다. **예** 그녀는 입속으로 그 말을 몇 번이고 <u>되뇌었다</u>.

되바라지다	① 그릇이 운두가 낮고 위가 벌어져 쉽사리 바닥이 드러나 보이다.
	  예 <u>되바라진</u> 접시
	② 튀어져 나오고 벌어져서 아늑한 맛이 없다.
	  예 그 사람은 늘 뻣뻣한 어깨에 <u>되바라진</u> 가슴팍으로 사뭇 남을 압박하는 듯하다.
	③ 사람됨이 남을 너그럽게 감싸 주지 아니하고 적대적으로 대하다.
	  예 그는 실수로 당황해 하는 부하 직원을 <u>되바라지게</u> 비웃었다.
	④ 차림이 얌전하지 않아 남의 눈에 잘 띄다.
	  예 <u>되바라진</u> 차림새를 보아하니 얌전한 학생은 아니로군.
	⑤ 어린 나이에 어수룩한 데가 없고 얄밉도록 지나치게 똑똑하다.
	  예 어른들은 고개를 뻣뻣이 들고 <u>되바라지게</u> 묻는 나를 귀엽다는 듯이 쳐다보았다.

둔덕	가운데가 솟아서 불룩하게 언덕이 진 곳 **예** 달을 좀 더 가까이 보고 싶어서 <u>둔덕</u>에 올라섰다.
득달같이	잠시도 늦추지 아니하게 **예** 맡은 일을 <u>득달같이</u> 해치웠다.
들머리	들어가는 맨 첫머리 **예** 철수와 동네 <u>들머리</u>에서 만나기로 약속했다.

ㅁ

마뜩하다	제법 마음에 들 만하다. **예** 나는 그의 행동이 <u>마뜩하지</u> 않았다.
마루	① 등성이를 이루는 지붕이나 산 따위의 꼭대기 **예** 서산 <u>마루</u>에 걸린 해를 보면서 일어났다. ② 파도가 일 때 치솟은 물결의 꼭대기 ③ 일이 한창인 고비

마름질	옷감이나 재목 따위를 치수에 맞도록 재거나 자르는 일 **예** 보통 디자인을 다 하고 난 다음에 <u>마름질</u>을 시작한다.
말미	일정한 직업이나 일 따위에 매인 사람이 다른 일로 말미암아 얻는 겨를 **예** 일간 <u>말미</u>를 내어 찾아뵙겠습니다.
맨드리	① 옷을 입고 매만진 맵시 **예** <u>맨드리</u>가 곱다. ② 물건이 만들어진 모양새 　**예** 한 손으로 잡고 지그시 힘을 주었더니 <u>맨드리</u>가 곱던 바리가 헤벌쭉하게 쭈그러졌다. ③ 이미 만들어 놓은 물건
맵짜다	① 음식의 맛이 맵고 짜다. **예** <u>맵짠</u> 반찬으로 밥을 먹었더니 물이 많이 먹힌다. ② 바람 따위가 매섭게 사납다. **예** 한겨울에 바람이 <u>맵짜게</u> 몰아친다. ③ 성미가 사납고 독하다. **예** 여자는 사내를 <u>맵짠</u> 눈으로 흘겨보았다. ④ 성질 따위가 야무지고 옹골차다. **예** 그녀의 살림 솜씨는 <u>맵짜다</u>.
머쓱하다	① 어울리지 않게 키가 크다. **예** 키만 <u>머쓱하게</u> 큰 사람 ② 무안을 당하거나 흥이 꺾여 어색하고 열없다. 　**예** 그는 자신의 마음을 들킨 것이 <u>머쓱해서</u> 웃고 말았다.
멀거니	정신없이 물끄러미 보고 있는 모양 **예** 그녀는 내 이야기를 <u>멀거니</u> 듣고만 있었다.
모꼬지	놀이나 잔치 또는 그 밖의 일로 여러 사람이 모이는 일 **예** 이번 <u>모꼬지</u>는 전 학년이 모두 다 참석한다.
못내	① 자꾸 마음에 두거나 잊지 못하는 모양 **예** <u>못내</u> 그리워하다. ② 이루 다 말할 수 없이 **예** 부모님은 나의 대학 합격 소식에 <u>못내</u> 기뻐하였다.
무릇	대체로 헤아려 생각하건대 **예** <u>무릇</u> 실패는 성공의 어머니이다.
물큰	냄새 따위가 한꺼번에 확 풍기는 모양 **예** 뚜껑을 여는 순간 고약한 냄새가 <u>물큰</u> 코를 찔렀다.
뭉뚱그리다	① 되는대로 대강 뭉쳐 싸다. **예** 그는 외투를 <u>뭉뚱그려</u> 든 채 급히 뛰었다. ② 여러 사실을 하나로 포괄하다. 　**예** 의장이 자꾸 나의 의견을 그의 의견과 <u>뭉뚱그리려고</u> 해서 화가 났다.
미쁘다	믿음성이 있다. **예** 여기저기 눈치를 살피는 모습이 도무지 <u>미쁘게</u> 보이지 않는다.
미처	((흔히 '못하다', '않다', '없다' 따위와 함께 쓰여)) 아직 거기까지 미치도록 **예** <u>미처</u> 거기까지는 전혀 생각하지 못했다.

ㅂ

바투	① 두 대상이나 물체의 사이가 썩 가깝게 　**예** 어머니는 아들에게 <u>바투</u> 다가가 두 손을 움켜쥐었다. ② 시간이나 길이가 아주 짧게 **예** 머리를 <u>바투</u> 깎다.
발치	① 누울 때 발이 가는 쪽 　**예** 어머니는 잠이 덜 깬 상태에서 <u>발치</u>를 더듬어 버선을 찾았다. ② 발이 있는 쪽 **예** 그는 대화를 할 때 항상 시선을 <u>발치</u>에다 떨어뜨린다. ③ 사물의 꼬리나 아래쪽이 되는 끝부분 　**예** 할머니는 늘 물컵을 침대 <u>발치</u>에 두고 주무신다.

버젓이	① 남의 시선을 의식하여 조심하거나 굽히는 데가 없이 예 큰 죄를 짓고도 그는 백주에 버젓이 대중 앞에 나섰다. ② 남의 축에 빠지지 않을 정도로 번듯하게 예 버젓이 개업한 의사가 월급쟁이 앞에서 엄살을 떨다니.
벼랑	낭떠러지의 험하고 가파른 언덕 예 지금 그는 벼랑 끝에 서 있는 기분이다.
부산하다	급하게 서두르거나 시끄럽게 떠들어 어수선하다. 예 시장은 아침부터 장사꾼들로 부산하였다.
부아	노엽거나 분한 마음 예 나는 끓어오르는 부아를 꾹 참았다.
부추기다	① 남을 이리저리 들쑤셔서 어떤 일을 하게 만들다. 예 어머니는 그의 아들에게 하루라도 빨리 장가를 가라고 부추기곤 했다. ② 감정이나 상황 따위가 더 심해지도록 영향을 미치다. 예 경쟁심을 부추기다.
빌미	재앙이나 탈 따위가 생기는 원인 예 빌미를 잡히다.
뻐기다	얄미울 정도로 매우 우쭐거리며 자랑하다. 예 그는 우등상을 탔다고 무척 뻐기고 다닌다.

ㅅ

사그라들다	삭아서 없어져 가다. 예 부모님의 노여움은 사그라들지 않았다.
사달	사고나 탈 예 그 문제에 대해서 모두 해결책을 내지 않고 방치하더니 결국 사달이 났다.
사뭇	① 거리낌 없이 마구 예 그는 선생님 앞에서 사뭇 술을 마셨다. ② 내내 끝까지 예 이번 겨울 방학은 사뭇 바빴다. ③ 아주 판판으로 예 사뭇 다르다. ④ 마음에 사무치도록 매우 예 그녀의 마음에는 사뭇 슬픔이 밀려왔다.
산뜻하다	① 기분이나 느낌이 깨끗하고 시원하다. 예 기분이 산뜻하다. ② 보기에 시원스럽고 말쑥하다. 예 머리를 깎으니 모습이 아주 산뜻해 보이는군요.
사르다	① 불에 태워 없애다. 예 성냥불을 켜서 그동안 그에게 받았던 모든 편지를 살랐다. ② 어떤 것을 남김없이 없애 버리다. 예 용기가 앞날에 대한 그의 염려를 사르고 말았다.
사리다	① 국수, 새끼, 실 따위를 동그랗게 포개어 감다. 예 다음에 쓰기 좋게 술을 잘 사려 두어야 한다. ② 뱀 따위가 몸을 똬리처럼 동그랗게 감다. 예 구렁이가 몸을 둥글게 사리고 있다. ③ 짐승이 겁을 먹고 꼬리를 다리 사이에 구부려 끼다. ④ 박아서 나온 못을 꼬부려 붙이다. ⑤ 어떤 일에 적극적으로 나서지 않고 살살 피하며 몸을 아끼다. 예 이럴 때일수록 몸을 사리는 것이 좋다. ⑥ 정신을 바짝 가다듬다.
사부작거리다	별로 힘들이지 않고 계속 가볍게 행동하다. 예 나는 아침에 일찍 일어나 사부작거리다 동네 근처에 있는 공원에 다녀왔다.
살갑다	① 집이나 세간 따위가 겉으로 보기보다는 속이 너르다. ② 마음씨가 부드럽고 상냥하다. 예 그녀는 나에게 다가와 살갑게 먼저 말을 걸어 주었다. ③ 닿는 느낌 같은 것이 가볍고 부드럽다. 예 살가운 봄바람이 내 얼굴을 스친다. ④ 물건 따위에 정이 들다. 예 오래된 물건들을 버리려고 정리하며 보니 살가운 것도 많았다.

살뜰하다	① 일이나 살림을 매우 정성스럽고 규모 있게 하여 빈틈이 없다. 예 아내는 규모 있고 <u>살뜰하게</u> 살림을 꾸려 나간다. ② 사랑하고 위하는 마음이 자상하고 지극하다. 예 그는 아내를 <u>살뜰하게도</u> 아껴 준다.
살피다	① 두루두루 주의하여 자세히 보다. 예 주위를 <u>살피며</u> 낮은 목소리로 말했다. ② 형편이나 사정 따위를 자세히 알아보다. 예 민심을 <u>살피다</u>. ③ 자세히 따지거나 헤아려 보다. 예 상대와의 관계를 <u>살피다</u>.
삼삼하다	① 음식 맛이 조금 싱거운 듯하면서 맛이 있다. 예 국물이 <u>삼삼하다</u>. ② 사물이나 사람의 생김새나 됨됨이가 마음이 끌리게 그럴듯하다. 예 얼굴이 <u>삼삼하게</u> 생기다.
설멍하다	① 아랫도리가 가늘고 어울리지 아니하게 길다. 예 그는 키가 <u>설멍하게</u> 크다. ② 옷이 몸에 맞지 않고 짧다. 예 <u>설멍한</u> 바지를 입고 나타난 그의 모습이 너무나 우스꽝스러웠다.
설핏하다	① 사이가 촘촘하지 않고 듬성듬성하다. 예 길가에 민들레가 <u>설핏하게</u> 피었다. ② 해의 밝은 빛이 약하다. 예 그 사람들은 아침 일찍 집을 나섰지만 길이 막혀서 해가 <u>설핏할</u> 무렵에야 겨우 그 곳에 도착할 수 있었다. ③ 잠깐 나타나거나 떠오르는 듯하다. 예 그런데도 어머니는 <u>설핏한</u> 웃음만 입가에 흘릴 뿐 소상한 내막에 대해선 입을 열지 않았다. ④ 풋잠이나 얕은 잠에 빠진 듯하다. 예 그는 <u>설핏한</u> 잠에 빠졌다.
섬뜩하다	갑자기 소름이 끼치도록 무섭고 끔찍하다. 예 등골이 <u>섬뜩하다</u>.
성기다	① 물건의 사이가 뜨다. 예 <u>성긴</u> 가지 사이로 그녀의 모습이 보였다. ② 반복되는 횟수나 도수(度數)가 뜨다. 예 매일같이 만나던 두 사람이 요즘 들어서는 만남이 <u>성기다</u>. ③ 관계가 깊지 않고 서먹하다. 예 그 사건으로 양국 간 교류가 <u>성기어졌다</u>.
손방	아주 할 줄 모르는 솜씨 예 그는 아는 것이 많은 것 같지만, 실제로는 매사에 아주 <u>손방</u>이다.
손사래	어떤 말이나 사실을 부인하거나 남에게 조용히 하라고 할 때 손을 펴서 휘젓는 일 예 지나친 칭찬에 그녀는 부끄러워하며 <u>손사래</u>를 쳤다.
솔다	① 물기가 있던 것이나 상처 따위가 말라서 굳어지다. 예 상처가 <u>솔아</u> 진물이 나지 않는다. ② 흐르는 물이 세차게 굽이쳐 용솟음치다. ③ 땅에 습기가 많아서 푸성귀 따위가 물러서 썩다. 예 진 밭에 조를 심으면 <u>솔아서</u> 자라질 못한다. ④ 공간이 좁다. 예 살이 쪄서 양복의 품이 <u>솔다</u>. ⑤ 긁으면 아프고 그냥 두자니 가렵다. 예 벌레에 물린 곳이 자꾸 <u>솔다</u>. ⑥ 시끄러운 소리나 귀찮은 말을 자꾸 들어서 귀가 아프다. 예 그 말은 귀가 <u>솔도록</u> 들었다.
송아리	① 꽃이나 열매 따위가 잘게 모여 달려 있는 덩어리 예 포도 <u>송아리</u> ② 꽃이나 열매 따위가 잘게 모여 달려 있는 덩어리를 세는 단위 예 꽃 세 <u>송아리</u>
수더분하다	성질이 까다롭지 아니하여 순하고 무던하다. 예 그녀는 <u>수더분해</u> 보인다.

숫제	① 순박하고 진실하게 **예** 그도 이제는 숫제 착실한 생활을 한다.
	② 처음부터 차라리. 또는 아예 전적으로
	예 하다가 말 것이라면 숫제 안 하는 것이 낫다.
슬기	사리를 바르게 판단하고 일을 잘 처리해 내는 재능
시나브로	모르는 사이에 조금씩 조금씩
	예 가을이 되자 길가에 시나브로 낙엽이 쌓이기 시작했다.
시루	떡이나 쌀 따위를 찌는 데 쓰는 둥근 질그릇 **예** 시루에 떡을 찌다.
실랑이	이러니저러니, 옳으니 그르니 하며 남을 못살게 굴거나 괴롭히는 일
	예 그 둘은 누구의 잘못인가를 놓고서 한참이고 실랑이를 벌였다.
실마리	① 감겨 있거나 헝클어진 실의 첫머리 **예** 실타래에서 실마리를 찾다.
	② 일이나 사건을 풀어 나갈 수 있는 첫머리 **예** 해결의 실마리가 보이다.
실팍하다	사람이나 물건 따위가 보기에 매우 실하다.
	예 그는 실팍한 몸집인데도 쌀 한 가마를 제대로 못 옮겼다.
싱겁다	① 음식의 간이 보통 정도에 이르지 못하고 약하다.
	예 물을 많이 넣어 국이 싱겁다.
	② 술이나 담배나 한약 따위의 맛이 약하다. **예** 싱거운 막걸리
	③ 사람의 말이나 행동이 상황에 어울리지 않고 다소 엉뚱한 느낌을 주다.
	예 그런 싱거운 소리는 그만해라.
	④ 어떤 행동이나 말, 글 따위가 흥미를 끌지 못하고 흐지부지하다.
	예 무슨 소설이 이렇게 싱겁게 끝나니?
	⑤ 물건이나 그림의 배치에 빈 곳이 많아 야물지 못하고 엉성하다.
	예 집안 분위기가 싱거운 것 같으니 화분을 좀 놓아야겠다.
싹수	어떤 일이나 사람이 앞으로 잘될 것 같은 낌새나 징조
	예 그는 사업으로 성공할 싹수가 보인다.

ㅇ

아귀	① 사물의 갈라진 부분
	예 문짝의 아귀가 잘 맞질 않는지 밖에서 부는 바람에 문이 덜컹거린다.
	② 두루마기나 속곳의 옆을 터 놓은 구멍 **예** 아귀를 트다.
	③ 씨앗이나 줄기에 싹이 트는 곳
	④ 활의 줌통과 오금이 닿는 오긋한 부분
아름	① 두 팔을 둥글게 모아서 만든 둘레
	② 둘레의 길이를 나타내는 단위 **예** 두 아름 가까이 되는 느티나무
	③ 두 팔을 둥글게 모아 만든 둘레 안에 들 만한 분량을 세는 단위
	예 꽃을 한 아름 사 오다.
야멸차다	① 자기만 생각하고 남의 사정을 돌볼 마음이 거의 없다.
	예 집세가 밀리자 집주인은 야멸차게 그를 내쫓았다.
	② 태도가 차고 야무지다.
	예 그는 자신의 성공을 위해서는 물불을 가리지 않는 야멸찬 인물이다.
애오라지	① '겨우'를 강조하여 이르는 말 **예** 주머니엔 애오라지 동전 두 닢뿐이다.
	② '오로지'를 강조하여 이르는 말 **예** 애오라지 자식을 위하는 부모 마음

어깃장	① 짐짓 어기대는 행동
	예 그는 일이 마무리되기 직전에 갑자기 지금까지 했던 일을 무르자면서 어깃장을 놓기 시작했다.
	② 널문을 짤 때 널쪽을 맞추어서 띳장을 대고 못을 박은 뒤, 그 문짝이 일그러지지 아니하게 대각선으로 붙인 띳장
언저리	① 둘레의 가 부분 예 장터 언저리는 제법 붐비고 있었다.
	② 어떤 나이나 시간의 전후 예 그녀의 나이는 서른 언저리이다.
	③ 어떤 수준이나 정도의 위아래
	예 금년 우리 회사의 매출은 500억 달러 언저리에 머물 것으로 보인다.
연신	잇따라 자꾸 예 연신 눈물을 닦아 낸다.
오금	무릎의 구부러지는 오목한 안쪽 부분
	예 구석에 앉은 소년은 오금이 저린지 자꾸 자세를 바꾸었다.
옴팡지다	① 보기에 가운데가 좀 오목하게 쏙 들어가 있다.
	예 우리를 안내해 준 안내원은 광대뼈가 튀어나온 데다 눈이 옴팡져서 더 매섭게 보였다.
	② 아주 심하거나 지독한 데가 있다. 예 옴팡지게 술값을 뒤집어쓰다.
옹골차다	매우 옹골지다. 예 씨가 옹골차게 영글다.
우리다	① 더운 볕이 들다. 예 마루에 볕이 우린다.
	② 달빛이나 햇빛 따위가 희미하게 비치다.
	예 짙은 구름 속에서 햇빛이 우리고 있다.
	③ 어떤 물건을 액체에 담가 맛이나 빛깔 따위의 성질이 액체 속으로 빠져나오게 하다. 예 멸치와 다시마를 우려 국물을 만들면 깊은 맛이 난다.
	④ 꾀거나 위협하거나 하여 물품 따위를 취하다.
	예 사기꾼들이 돈을 우려 도망갔다.
우수리	① 물건값을 제하고 거슬러 받는 잔돈
	예 만 원을 내고 우수리로 천 원을 받았다.
	② 일정한 수나 수량에 차고 남는 수나 수량
	예 한 사람당 5개씩 주어도 우수리가 7개나 된다.
욱하다	앞뒤를 헤아림 없이 격한 마음이 불끈 일어나다.
	예 욱하고 치밀어 오르는 감정
울력다짐	여러 사람이 힘을 합하여 일을 빠르고 시원스럽게 끝냄. 또는 그런 기세
	예 울력다짐으로 하는 바람에 능률이 올랐다.
을러대다	위협적인 언동으로 을러서 남을 억누르다.
	예 그 여자가 너무 앙칼지고 영악해서 공갈을 치거나 을러대도 아무 소용이 없었다.
을씨년스럽다	① 보기에 날씨나 분위기 따위가 몹시 스산하고 쓸쓸한 데가 있다.
	예 날씨가 을씨년스러운 게 곧 눈이라도 쏟아질 것 같다.
	② 보기에 살림이 매우 가난한 데가 있다.
	예 을씨년스럽던 살림살이가 나아졌다.
이바지	① 도움이 되게 함. 예 나라에 이바지하다.
	② 물건들을 갖추어 바라지함.

ㅈ

자못	생각보다 매우 **예** 이번 프로젝트의 성과에 대한 기대가 <u>자못</u> 크다.
자취	어떤 것이 남긴 표시나 자리 **예** <u>자취</u>를 남기다.
잔챙이	① 여럿 가운데 가장 작고 품이 낮은 것 　　**예** 그 많던 물고기가 어디 갔는지 <u>잔챙이</u>조차 보이지 않는다. ② 지지리 못난 사람을 낮잡아 이르는 말
재다	① 잘난 척하며 으스대거나 뽐내다. 　　**예** 그는 돈푼깨나 있다고 주위 사람에게 <u>재고</u> 다닌다. ② 자, 저울 따위의 계기를 이용하여 길이, 너비, 높이, 깊이, 무게, 온도, 속도 따위의 정도를 알아 보다. **예** 길이를 <u>재다</u>. ③ 여러모로 따져 보고 헤아리다. 　　**예** 일을 너무 <u>재다가는</u> 아무것도 못한다. ④ 물건을 차곡차곡 포개어 쌓아 두다. 　　**예** 아버지는 장작 다발을 마당에 가득 <u>재어</u> 놓았다. ⑤ 고기 따위의 음식을 양념하여 그릇에 차곡차곡 담아 두다. 　　**예** 고기를 양념에 <u>재어</u> 놓았다. ⑥ 총, 포 따위에 화약이나 탄환을 넣어 끼우다. **예** 총에 실탄을 <u>재</u> 놓아라. ⑦ 담뱃대에 연초를 넣다. **예** 곰방대에 담배를 <u>재다</u>. ⑧ 동작이 재빠르다. **예** 손놀림이 <u>재다</u>. ⑨ 참을성이 모자라 입놀림이 가볍다. 　　**예** 이렇게나 입을 <u>재게</u> 놀리니 내가 너에게 어떻게 털어놓을 수가 있겠니? ⑩ 온도에 대한 물건의 반응이 빠르다. **예** 양은솥은 <u>재서</u> 물이 금방 끓는다.
재우	매우 재게 **예** 발걸음을 <u>재우</u> 놀리다.
재주	① 무엇을 잘할 수 있는 타고난 능력과 슬기 　　**예** 그는 어릴 적부터 미술에 뛰어난 <u>재주</u>를 보였다. ② 어떤 일에 대처하는 방도나 꾀 　　**예** 그는 갖은 <u>재주</u>를 부려 위기 상황에서 교묘히 빠져나갔다.
저미다	① 여러 개의 작은 조각으로 얇게 베어 내다. **예** 고기를 <u>저미다</u>. ② 칼로 도려내듯이 쓰리고 아프게 하다. **예** 바람이 칼날처럼 뺨을 <u>저민다</u>. ③ 마음을 몹시 아프게 하다. **예** 가슴을 <u>저미는</u> 그 이야기에 모두 눈물을 흘렸다.
적이	꽤 어지간한 정도로 **예** <u>적이</u> 놀라다.
제치다	① 거치적거리지 않게 처리하다. 　　**예** 그 선수는 양옆에서 달려드는 상대 선수들을 <u>제치고</u> 골을 넣었다. ② 일정한 대상이나 범위에서 빼다. 　　**예** 어떻게 나를 <u>제쳐</u> 두고 너희들끼리 놀러 갈 수 있니? ③ 경쟁 상대보다 우위에 서다. 　　**예** 신생 중소기업이 선두를 유지하던 대기업을 <u>제쳤다</u>. ④ 일을 미루다. **예** 그는 제집 일을 <u>제쳐</u> 두고 남의 집 일에 발 벗고 나선다.
좀체	((주로 부정적인 의미를 가진 단어와 호응하여)) 여간하여서는 늘 좀처럼 **예** 그의 분노는 <u>좀체</u> 가라앉지 않았다.
종요롭다	없어서는 안 될 정도로 매우 긴요하다. **예** 이번 기술 제휴는 우리 회사를 키우는 데 <u>종요로운</u> 일이므로 모두가 성심으로 이 일에 임해 주기 바랍니다.

주눅	① 기운을 제대로 펴지 못하고 움츠러드는 태도나 성질 **예** 주눅이 들다. ② 부끄러움이 없이 언죽번죽한 태도나 성질 **예** 저 녀석은 남들이 욕을 하거나 말거나 주눅이 좋게 얼렁뚱땅 넘긴다.
지레	어떤 일이 일어나기 전 또는 어떤 기회나 때가 무르익기 전에 미리 **예** 감독은 시합도 하기 전에 지레 포기하려는 선수들을 독려했다.
지지재재하다	이러니저러니 하고 자꾸 지껄이다. **예** 더 이상 지지재재할 것도 없다.
지피다	아궁이나 화덕 따위에 땔나무를 넣어 불을 붙이다. **예** 장작불을 지피다.
진득하다	① 성질이나 행동이 검질기게 끈기가 있다. **예** 그렇게 조바심 내지 말고 진득하게 앉아서 기다려라. ② 잘 끊어지지 아니할 정도로 녹진하고 차지다. **예** 밥이 진득하다.
짐짓	① 마음으로는 그렇지 않으나 일부러 그렇게 **예** 언니는 이미 다 알면서도 동생의 얘기에 짐짓 놀라는 표정을 지었다. ② 아닌 게 아니라 정말로 = 과연 **예** 먹어 보니. 짐짓 기가 막힌 음식이더라.
짜장	과연 정말로 **예** 그는 짜장 사실인 것처럼 말한다.
짬짜미	남모르게 자기들끼리만 짜고 하는 약속이나 수작 **예** 아내의 밤늦게 돌아오는 그 일에 분명 노파의 짬짜미가 있으리라.
짬짬이	짬이 나는 대로 그때그때 **예** 언니는 회사에 다니면서도 짬짬이 부모님의 가게에 나가 일을 도왔다.
쪼개다	① 둘 이상으로 나누다. **예** 장작을 반으로 쪼개다. ② 시간이나 돈 따위를 아끼다. **예** 내일 갈 수 있게 시간을 좀 쪼개 볼게. ③ (속되게) 소리 없이 입을 벌리고 웃다. **예** 그녀는 해죽해죽 쪼개기만 했다.

ㅊ ~ ㅍ

차리다	① 음식 따위를 장만하여 먹을 수 있게 상 위에 벌이다. **예** 음식을 차리다. ② 기운이나 정신 따위를 가다듬어 되찾다. **예** 기운을 차리다. ③ 마땅히 해야 할 도리, 법식 따위를 갖추다. **예** 예의를 차리다. ④ 어떤 조짐을 보고 짐작하여 알다. **예** 낌새를 차리다. ⑤ 해야 할 일을 준비하거나 그 일의 방법을 찾다. **예** 이제 그만 떠날 준비를 차리자. ⑥ 살림, 가게 따위를 벌이다. **예** 반찬 가게를 차리다. ⑦ 자기의 이익을 따져 챙기다. **예** 너는 너무 자기 실속만 차려서 주변 사람들이 떠나가는 거야.
참눈	사물을 올바로 볼 줄 아는 눈
천연덕스럽다	① 생긴 그대로 조금도 거짓이나 꾸밈이 없고 자연스러운 느낌이 있다. ② 시치미를 뚝 떼어 겉으로는 아무렇지 않은 체하는 태도가 있다. **예** 천연덕스럽게 거짓말을 하다.
추레하다	① 겉모양이 깨끗하지 못하고 생기가 없다. **예** 옷차림도 영 추레한 것이 부잣집 아들처럼 보이지는 않는다. ② 태도 따위가 너절하고 고상하지 못하다. **예** 그의 추레한 꼴을 보자 경멸에 앞서 동정심이 생겼다.
추렴	모임이나 놀이 또는 잔치 따위의 비용으로 여럿이 각각 얼마씩의 돈을 내어 거둠. **예** 그들은 일이 끝나면 막걸리 추렴을 자주 벌이었다.

추리다	섞여 있는 것에서 여럿을 뽑아내거나 골라내다. **예** 생선에서 뼈를 추려 내다.
치근덕거리다	성가실 정도로 끈덕지게 자꾸 귀찮게 굴다. **예** 그녀가 싫다는데 그만 치근덕거리는 게 어떻겠니?
터울	한 어머니로부터 먼저 태어난 아이와 그 다음에 태어난 아이와의 나이 차이. 또는 먼저 아이를 낳은 때로부터 다음 아이를 낳은 때까지의 사이 **예** 형과 나는 두 살 터울이다.

털다	① 달려 있는 것, 붙어 있는 것 따위가 떨어지게 흔들거나 치거나 하다.
	   예 이불을 털다.
	② 자기가 가지고 있는 것을 남김없이 내다. **예** 그는 전 재산을 털어 사업에 투자했다.
	③ 남이 가진 재물을 몽땅 빼앗거나 그것이 보관된 장소를 모조리 뒤지어 훔치다.
	   예 금품을 털다.
	④ 일, 감정, 병 따위를 완전히 극복하거나 말끔히 정리하다.
	   예 근심과 걱정은 훌훌 털어 버리자.

푸네기	가까운 제살붙이를 낮잡아 이르는 말 **예** 나는 사촌 동생에 조카에 일가 푸네기가 대여섯 명이나 되었다.
풀무질	풀무로 바람을 일으키는 일 **예** 그 아이는 열심히 풀무질을 하고 있다.

ㅎ

하릴없이	① 달리 어떻게 할 도리가 없이 **예** 굳게 닫힌 대문만 하릴없이 바라보았다. ② 조금도 틀림이 없이
함초롬하다	젖거나 서려 있는 모습이 가지런하고 차분하다. **예** 비에 젖은 그녀의 모습이 함초롬하다.
해사하다	① 얼굴이 희고 곱다랗다. **예** 해사한 그녀의 얼굴 ② 표정, 웃음소리 따위가 맑고 깨끗하다. **예** 아이는 해사하게 웃었다. ③ 옷차림, 자태 따위가 말끔하고 깨끗하다. **예** 정신없는 와중에도 그녀는 해사한 면모를 풍기고 있었다.
해찰하다	① 마음에 썩 내키지 아니하여 물건을 부질없이 이것저것 집적거려 해치다. ② 일에는 마음을 두지 아니하고 쓸데없이 다른 짓을 하다. **예** 아이들이란 자칫 한눈팔고 해찰하기 일쑤라서 가끔 주의를 환기할 필요가 있다.
호젓이	① 후미져서 무서움을 느낄 만큼 고요하게 **예** 그녀의 집은 길가에서 멀리 떨어진 곳에 호젓이 있다. ② 매우 홀가분하여 쓸쓸하고 외롭게 **예** 그 노인은 자식도 없이 호젓이 지낸다.
홀몸	배우자나 형제가 없는 사람 **예** 그는 어렸을 적에 사고로 부모를 잃고 홀몸이 되었다.
화수분	그 안에 온갖 물건을 담아 두면 재물이 계속 나오는 보물단지

후줄근하다	① 옷이나 종이 따위가 약간 젖거나 풀기가 빠져 아주 보기 흉하게 축 늘어져
	   있다. **예** 옷이 비에 젖어 후줄근하다.
	② 몹시 지치고 고단하여 몸이 축 늘어질 정도로 아주 힘이 없다.
	   예 장마철에 계속되는 비로 기분이 후줄근했다.

흰소리	터무니없이 자랑으로 떠벌리거나 거드럭거리며 허풍을 떠는 말 **예** 흰소리를 늘어놓다.

의성어는 사람이나 사물의 소리를 흉내 낸 말이고, 의태어는 사람이나 사물의 모양이나 움직임을 흉내 낸 말이다.

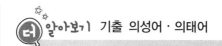 알아보기 기출 의성어 · 의태어

★ 빈출 어휘는 색 글씨로 표시함.

ㄱ

가닥가닥	여러 가닥으로 갈라진 모양 예 가닥가닥 꼰 새끼줄
갈팡질팡	갈피를 잡지 못하고 이리저리 헤매는 모양 예 나의 마음은 갈팡질팡 혼란스러웠다.
갉작갉작	① 날카롭고 뾰족한 끝으로 자꾸 바닥이나 거죽을 문지르는 모양 예 눈가를 새끼손가락으로 갉작갉작 긁는다. ② 되는대로 자꾸 글이나 그림 따위를 쓰거나 그리는 모양 예 아이가 도화지에 갉작갉작 그림을 그리고 있다.
경중경중	긴 다리를 모으고 계속 힘 있게 솟구쳐 뛰는 모양 예 그는 뭐가 그리 좋은지 경중경중 뛰었다.
고분고분	말이나 행동이 공손하고 부드러운 모양 예 내 말을 고분고분 잘 따르면 네가 갖고 싶은 것을 하나 사 줄게.
그득그득	① 분량이나 수효 따위가 어떤 범위나 한도에 여럿이 다 또는 몹시 꽉 찬 모양 예 밥그릇에 밥이 그득그득 담겨 있다. ② 여럿이 다 빈 데가 없을 만큼 사람이나 물건 따위가 몹시 많은 모양 예 주말에는 경기장마다 관람객이 그득그득 앉아 있다. ③ 냄새나 빛 따위가 넓은 공간에 매우 널리 퍼져 있는 상태 예 난초의 향기가 방안에 그득그득 퍼져 있다. ④ 감정이나 정서, 생각 따위가 몹시 많거나 강한 모양
꼬들꼬들	밥알 따위가 물기가 적거나 말라서 속은 무르고 겉은 조금 굳은 상태 예 꼬들꼬들 말라 버린 밥으로 누룽지를 끓여 먹으면 맛있다.

ㄷ

다닥다닥	① 자그마한 것들이 한곳에 많이 붙어 있는 모양 예 바위틈에 따개비들이 다닥다닥 붙어 있다. ② 보기 흉할 정도로 지저분하게 여기저기 기운 모양 예 남은 천 조각으로 옷을 다닥다닥 기워 입었다.
담상담상	드물고 성긴 모양 예 턱에 담상담상 수염이 돋았다.
대롱대롱	작은 물건이 매달려 가볍게 잇따라 흔들리는 모양 예 감나무에 감이 대롱대롱 달려 있다.
데면데면	① 친밀감이 없이 예사롭게 사람을 대하는 모양 예 그는 누구를 만나도 데면데면 대한다. ② 행동이 신중하거나 조심스럽지 않은 모양 예 일을 데면데면 하면 꼭 탈이 생기게 마련이다.
둘레둘레	사방을 이리저리 살피는 모양 예 이 집 저 집 둘레둘레 돌아다닌다.
드문드문	① 시간적으로 잦지 않고 드문 모양 예 드문드문 찾아드는 손님 ② 공간적으로 배지 않고 사이가 드문 모양 예 드문드문 서 있는 나무
듬성듬성	매우 드물고 성긴 모양 예 나무가 듬성듬성 심어져 있다.

딸깍딸깍 /딸각딸각	'딸까닥딸까닥(작고 단단한 물건이 자꾸 맞부딪치는 소리)'의 준말 예 굽 높은 구두를 신은 여자가 딸깍딸깍 계단을 내려왔다.
미적미적	① 무거운 것을 조금씩 앞으로 자꾸 내미는 모양 예 농부가 달구지를 <u>미적미적</u> 밀고 간다. ② 미루적미루적(해야 할 일이나 날짜 따위를 미루어 자꾸 시간을 끄는 모양) 예 그는 일이 하기 싫어 <u>미적미적</u> 미루고 있다. ③ 자꾸 꾸물대거나 망설이는 모양 예 그는 내 쪽으로 <u>미적미적</u> 다가앉았다.

ㅂ ~ ㅅ

바득바득	① 악지를 부려 자꾸 우기거나 조르는 모양 예 <u>바득바득</u> 우기고 있다. ② 악착스럽게 애쓰는 모양 예 그 영감은 <u>바득바득</u> 오래 살겠다고 몸에 좋은 음식이라면 닥치는 대로 사들였다.
바락바락	① 성이 나서 잇따라 기를 쓰거나 소리를 지르는 모양 예 <u>바락바락</u> 대들다. ② 빨래 따위를 가볍게 조금씩 주무르는 모양
부둑부둑	물기가 있는 물건의 거죽이 거의 말라 약간 뻣뻣하게 굳어진 모양 예 빗물에 젖었던 구두가 <u>부둑부둑</u> 말라 있다.
부득부득	억지를 부려 제 생각대로만 하려고 자꾸 우기거나 조르는 모양 예 동생은 지금 당장 집에 가겠다고 <u>부득부득</u> 우기고 있다.
부슬부슬	눈이나 비가 조용히 성기게 내리는 모양 예 봄비가 <u>부슬부슬</u> 내리다.
비리비리	비틀어질 정도로 여위고 연약한 모양 예 아이가 입이 짧아서 <u>비리비리</u> 약하다.
비실비실	① 흐느적흐느적 힘없이 자꾸 비틀거리는 모양 예 그는 정신이 나간 듯이 <u>비실비실</u> 걷고 있었다. ② 비굴하게 눈치를 보며 행동하는 모양 예 그는 자신에게 상황이 불리하자 <u>비실비실</u> 도망쳤다.
상글상글	눈과 입을 귀엽게 움직이며 소리 없이 정답게 자꾸 웃는 모양 예 아주머니는 언제나 <u>상글상글</u> 웃고 있었다.
새근새근	① 고르지 아니하고 가쁘게 자꾸 숨 쉬는 소리. 또는 그 모양 예 그녀는 <u>새근새근</u> 숨을 쉬었다. ② 어린아이가 곤히 잠들어 조용하게 자꾸 숨 쉬는 소리 예 아기가 <u>새근새근</u> 잠이 들다.
선득선득	① 갑자기 서늘한 느낌이 자꾸 드는 모양 예 목도리를 하지 않았더니 목이 <u>선득선득</u> 시려 왔다. ② 갑자기 놀라서 마음에 서늘한 느낌이 자꾸 드는 모양 예 분위기가 <u>선득선득</u> 감돌았다.
섬벅섬벅	크고 연한 물건이 잘 드는 칼에 쉽게 자꾸 베어지는 소리. 또는 그 모양 예 무를 <u>섬벅섬벅</u> 썰다.
성큼성큼	다리를 잇따라 높이 들어 크게 떼어 놓는 모양 예 그는 <u>성큼성큼</u> 내 쪽으로 다가오고 있었다.

ㅇ

아귀아귀	음식을 욕심껏 입 안에 넣고 마구 씹어 먹는 모양 **예** 그는 밥을 <u>아귀아귀</u> 먹어 대며 내심 화를 삭이고 있었다.
어슷비슷	① 큰 차이가 없이 서로 비슷비슷한 모양 　　**예** 그 둘은 오래 사귄 사이어서 그런지 <u>어슷비슷</u> 많이 닮았다. ② 이리저리 쏠리어 가지런하지 아니한 모양　**예** <u>어슷비슷</u> 감자를 쓸다.
어슷어슷	① 힘없이 천천히 거니는 모양 ② 여럿이 다 한쪽으로 조금 비뚤어진 모양　**예** 무를 <u>어슷어슷</u> 썰고 있다.
얼핏얼핏	① 지나는 결에 잇따라 잠깐씩 나타나는 모양 　　**예** 차창으로 낯선 풍경이 <u>얼핏얼핏</u> 지나간다. ② 생각이나 기억 따위가 잇따라 문득문득 떠오르는 모양 　　**예** 불안한 생각이 <u>얼핏얼핏</u> 스친다.
엉기정기	질서 없이 여기저기 벌여 놓은 모양 **예** 그는 책상 위에 책들을 <u>엉기정기</u> 벌여 놓고 나가 버렸다.
오들오들	춥거나 무서워서 몸을 잇따라 심하게 떠는 모양 **예** 추위에 <u>오들오들</u> 떨고 있다.
와들와들	춥거나 무서워서 몸을 잇따라 아주 심하게 떠는 모양 **예** 추워서 온몸이 <u>와들와들</u> 떨린다.
우럭우럭	① 불기운이 세차게 일어나는 모양　**예** 모닥불이 <u>우럭우럭</u> 피어오르다. ② 술기운이 얼굴에 나타나는 모양 　　**예** 워낙 술을 못하는지라 그는 술이 한 잔만 들어가도 술기운이 얼굴에 <u>우럭우럭</u> 나타난다. ③ 병세가 점점 더하여 가는 모양 　　**예** 방치하는 사이에 그녀의 병세가 <u>우럭우럭</u> 더해졌다. ④ 심술이나 화가 점점 치밀어 오르는 모양　**예** 분노가 <u>우럭우럭</u> 치밀어 올랐다.
우물우물	① 말을 시원스럽게 하지 아니하고 입 안에서 자꾸 중얼거리는 모양 　　**예** 그녀는 <u>우물우물</u> 말을 한다. ② 음식물을 입 안에 넣고 시원스럽지 아니하게 자꾸 씹는 모양 　　**예** 이가 없어 <u>우물우물</u> 떡을 먹는다. ③ 입술이나 근육 따위가 자꾸 우므러지는 모양 　　**예** 안면 근육이 <u>우물우물</u> 오른쪽으로 실그러진다. ④ 행동을 제대로 하지 못하고 흐리멍덩하게 하거나 머뭇거리는 모양 　　**예** <u>우물우물</u> 망설이다.

ㅈ

자근자근	① 조금 성가실 정도로 자꾸 은근히 귀찮게 구는 모양 **예** 외판원은 <u>자근자근</u> 나를 따라다니며 책을 권했다. ② 자꾸 가볍게 누르거나 밟는 모양 **예** 나는 아버지의 다리를 <u>자근자근</u> 주물러 드렸다. ③ 자꾸 가볍게 씹는 모양 **예** 풀을 <u>자근자근</u> 씹다.
자글자글	① 적은 양의 액체나 기름 따위가 걸쭉하게 잦아들면서 자꾸 끓는 소리. 또는 그 모양 **예** 찌개가 <u>자글자글</u> 끓고 있다. ② 걱정스럽거나 조바심이 나거나 못마땅하여 마음을 졸이는 모양 ③ 어린아이가 아파서 열이 자꾸 나며 몸이 달아오르는 모양 **예** 아이의 이마가 <u>자글자글</u> 끓어오르고 있다. ④ 햇볕이 지질 듯이 내리쪼이는 모양 **예** 강한 햇볕이 아스팔트를 <u>자글자글</u> 태우고 있었다.
조롱조롱	① 작은 열매 따위가 많이 매달려 있는 모양 **예** <u>조롱조롱</u> 매달린 방울토마토는 놀랍도록 싱싱했다. ② 아이가 많이 딸려 있는 모양 **예** 그는 아이 다섯을 <u>조롱조롱</u> 데리고 나타났다.
찌릿찌릿	① 뼈마디나 몸의 일부가 매우 또는 자꾸 저린 느낌 **예** 벌을 받느라 무릎을 꿇고 오래 앉아 있었더니 다리가 <u>찌릿찌릿</u> 저리다. ② 가슴이나 마음이 매우 저린 느낌 **예** 내 실수로 당신이 고생을 하게 되어서 가슴이 <u>찌릿찌릿</u> 아프다.

ㅊ ~ ㅎ

추적추적	① 비나 진눈깨비가 축축하게 자꾸 내리는 모양 **예** 창밖에는 가을비가 <u>추적추적</u> 내렸다. ② 자꾸 물기가 축축하게 젖어 드는 모양
토닥토닥	잘 울리지 않는 물체를 잇따라 가볍게 두드리는 소리. 또는 그 모양 **예** 친구는 울고 있는 나에게 다가와 어깨를 <u>토닥토닥</u> 두드리며 위로해 주었다.
티적티적	남의 흠이나 트집을 잡으면서 자꾸 비위를 거스르는 모양
펄럭펄럭	바람에 잇따라 빠르고 힘차게 나부끼는 소리. 또는 그 모양 **예** 깃발이 <u>펄럭펄럭</u> 나부끼다.
한들한들	가볍게 자꾸 이리저리 흔들리거나 흔들리게 하는 모양 **예** 가는 바람에도 나무가 <u>한들한들</u> 흔들린다.
할금할금	곁눈으로 살그머니 계속 할겨 보는 모양 **예** 그는 <u>할금할금</u> 내 눈치를 살핀다.
허겁지겁	조급한 마음으로 몹시 허둥거리는 모양 **예** <u>허겁지겁</u> 도망치다.
허둥지둥	정신을 차릴 수 없을 만큼 갈팡질팡하며 다급하게 서두르는 모양 **예** 지민이는 늦잠을 잤기 때문에 <u>허둥지둥</u> 책가방을 들고 학교로 뛰어가고 있다.
흐슬부슬	차진 기가 없고 부스러져 헤어질 듯한 모양 **예** 마른 흙벽에서 모래가 <u>흐슬부슬</u> 흘러내렸다.

02 주제별 어휘

★ 기출 어휘는 색 글씨로 표시함.

1. 시간을 나타내는 말

갓밝이	날이 막 밝을 무렵
달구리	이른 새벽의 닭이 울 때
동트기	동쪽 하늘이 밝아 오는 새벽녘
미명(未明)	날이 채 밝지 않음. 또는 그런 때
어스름	조금 어둑한 상태. 또는 그런 때
낮때	한낮을 중심으로 한 한동안
낮참	① 낮에 일을 하다가 잠시 먹는 간단한 음식 ② 일을 하다가 점심 전후에 쉬는 동안
낮곁	한낮부터 해가 저물 때까지의 시간을 둘로 나누었을 때 그 전반(前半)
해동갑	해가 질 때까지의 동안
해거름	해가 서쪽으로 넘어가는 일. 또는 그런 때
땅거미	해가 진 뒤 어스레한 상태. 또는 그런 때
들마	가게 문을 닫을 무렵
나절	① 하룻낮의 절반쯤 되는 동안 ② 낮의 어느 무렵이나 동안
한나절	하루 낮의 반
반나절	① 한 나절의 반 = 한겻 ② 하룻낮의 반 = 한나절
상오/하오	오전/오후
날포	하루가 조금 넘는 기간
달포	한 달이 조금 넘는 기간
해포	한 해가 조금 넘는 동안
해거리	한 해를 거름. 또는 그런 간격
동짓날	음력 11월
섣달	음력 12월
정월	음력 1월
초하루, 초하룻날	매달 1일
삼짇날	음력 삼월 초사흗날
백중(伯仲)	음력 칠월 보름
삭망(朔望)	음력 초하룻날과 보름날을 아울러 이르는 말
어제, 어저께	오늘의 바로 하루 전날
엊그제, 엊그저께	바로 며칠 전
그끄제, 그끄저께	그저께의 전날. 오늘로부터 사흘 전의 날
그제, 그저께	어제의 전날
모레, 내일모레	내일의 다음 날
글피	모레의 다음 날
그러께	재작년. 지난해의 바로 전 해

2. 사물의 단위를 나타내는 말　　　　　　　　　　　　　　　　★ 빈출

의	벌	옷이나 그릇 따위가 2개 또는 여러 개 모여 갖추는 덩어리
	켤레	신, 양말, 버선, 방망이 따위의 둘을 한 벌로 세는 단위
	쌈	바늘 24개 ⓒ 금 100냥쭝
	가마	갈모나 쌈지 따위를 셀 때 100개를 이르는 말
	땀	실을 꿴 바늘로 한 번 뜬 자국을 세는 단위
	모	모시실을 묶어 세는 단위 ★ 한 모 : 모시실 10올
	죽	옷, 그릇 따위의 10벌을 묶어 세는 단위
	타래	사리어 뭉쳐 놓은 실이나 노끈 따위의 뭉치를 세는 단위
식	손	조기 · 고등어 따위의 생선 2마리, 배추는 2통 ⓒ 미나리 · 파 따위는 한 줌씩을 이름.
	갓	비웃 · 굴비 따위의 10마리, 또는 고사리 · 고비 따위의 10모숨
	뭇	생선 10마리나 미역 10장을 이르는 단위
	두름	조기, 청어 따위의 생선을 10마리씩 두 줄로 엮은 20마리, 또는 산나물을 10모숨 정도로 엮은 것
	쾌	북어 20마리, 또는 엽전 10냥
	축	말린 오징어 20마리를 이르는 말
	톳	김 100장씩을 한 묶음으로 세는 단위
	꾸러미	달걀 10개를 묶어 세는 단위
	판	달걀 30개를 묶어 세는 단위
	거리	오이, 가지 따위의 50개를 이르는 단위
	접	과일, 무, 배추, 마늘 따위의 100개를 이르는 말
	채	가공하지 아니한 인삼을 묶어 세는 단위
	가리	곡식이나 장작 따위의 더미를 세는 단위 ★ 한 가리 : 20단
	담불	벼 100섬을 한 단위로 이르는 말
	강다리	쪼갠 장작 100개비를 한 단위로 이르는 말
	제	한약의 분량을 나타내는 단위 ★ 한 제 : 탕약 20첩
주	우리	기와 2,000장을 이르는 말

☆ 알아보기 1동*

10	붓 10자루, 생강 10접, 먹 10정
50	피륙 50필
100	백지 100권, 볏짚 100단, 곶감 100접
2000	한지 100권*(2,000장), 청어(비웃) 2,000마리 등

* 동 : 물건을 묶어 세는 단위

* 권 : 한지 20장을 묶어 세는 단위

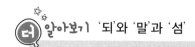
알아보기 '되'와 '말'과 '섬'

되	곡식, 가루, 액체 따위의 부피를 잴 때 쓴다. 한 되는 한 말의 10분의 1, 한 홉의 열 배로 약 1.8리터에 해당한다.
10되 = 1말 = 18L	**예** 쌀 한 되, 막걸리 한 되, 콩 넉 되
말	곡식, 액체, 가루 따위의 부피를 잴 때 쓴다. 한 말은 한 되의 열 배로 약 18리터에 해당한다.
	예 쌀 두 말, 보리 서 말
10말 = 1섬 = 180L	곡식, 가루, 액체 따위의 부피를 잴 때 쓴다. 한 섬은 한 말의 열 배로 약 180리터에 해당한다.
섬	**예** 벼 한 섬

3. 길이, 무게, 부피를 나타내는 말

(1) 길이

발	두 팔을 양옆으로 펴서 벌렸을 때 한쪽 손끝에서 다른 쪽 손끝까지의 길이
뼘	한 뼘은 엄지손가락과 다른 손가락을 한껏 벌린 길이
자	한 자는 한 치의 열 배. 약 30.3cm = 척(尺)
치	한 치는 한 자의 10분의 1 또는 약 3.03cm = 촌(寸)
리	약 400미터쯤 되는 거리
길	① 약 2.4미터 또는 3미터 ② 사람의 키 정도의 길이

(2) 무게

관	한 관은 한 근의 열 배. 3.75kg
근	① 한 근은 고기나 한약재의 무게 600그램 ② 과일이나 채소 따위의 무게 375그램(한 관의 10분의 1)
푼	① 귀금속이나 한약재의 무게로 약 0.375그램(한 돈의 10분의 1) ② 옛날 엽전을 세던 단위. 한 푼은 돈 한 닢
돈	① 귀금속이나 한약재의 무게 3.75그램(한 냥의 10분의 1) ② 옛날 엽전을 세던 단위. 한 돈은 한 푼의 10배
냥	① 귀금속이나 한약재의 무게 37.5그램 ② 옛날 엽전을 세던 단위. 한 냥은 한 돈의 10배

(3) 부피

홉, 되, 말, 섬	곡식, 액체, 가루 따위의 부피의 단위. 한 되는 한 홉(약 180밀리리터)의 10배, 한 말은 한 되(약 1.8리터)의 10배(약 18리터), 한 섬은 한 말의 10배(약 180리터)
아름	두 팔을 둥글게 모아서 만든 둘레의 길이를 나타내는 단위
짐	한 사람이 한 번 지어 나를 만한 분량의 꾸러미를 세는 단위

4. 바람과 관련된 말

강쇠바람	첫가을에 부는 동풍
건들바람	초가을에 선들선들 부는 바람
고추바람	살을 에는 듯 매섭게 부는 차가운 바람
남실바람	가볍게 솔솔 부는 바람
높새바람	'동북풍'을 달리 이르는 말. 주로 봄부터 초여름에 걸쳐 태백산맥을 넘어 영서 지방으로 부는 고온 건조한 바람
된바람	① 매섭게 부는 바람 ≒ 높바람 ② 뱃사람들의 말로, '북풍(北風)'을 이르는 말
마파람	뱃사람들의 은어로, '남풍(南風)'을 이르는 말
산들바람	시원하고 가볍게 부는 바람
살바람	① 좁은 틈으로 새어 들어오는 찬 바람 ② 초봄에 부는 찬 바람
색바람	이른 가을에 부는 선선한 바람
왜바람	방향이 없이 이리저리 함부로 부는 바람
샛바람	뱃사람들의 은어로, '동풍(東風)'을 이르는 말
소소리바람	이른 봄에 살 속으로 스며드는 듯한 차고 매서운 바람
싹쓸바람	풍력 계급 12의 몹시 강한 바람
하늬바람	서쪽에서 부는 바람. 주로 농촌이나 어촌에서 이르는 말
흔들바람	건들바람보다 조금 강한 초속 8.0~10.7미터로 부는 바람

5. 비, 눈, 안개, 서리와 관련된 말

는개	안개보다는 조금 굵고 이슬비보다는 가는 비
도둑눈	밤사이에 사람들이 모르게 내린 눈
된서리	늦가을에 아주 되게 내리는 서리
마른눈	비가 섞이지 않고 내리는 눈
길눈	한 길이 될 만큼 많이 쌓인 눈
먼지잼	비가 겨우 먼지나 날리지 않을 정도로 조금 옴.
무서리	늦가을에 처음 내리는 묽은 서리
물안개	강이나 호수, 바다 따위에서 피어오르는 안개
설눈	설날에 내리는 눈
숫눈	눈이 와서 쌓인 상태 그대로의 깨끗한 눈
여우비	볕이 나 있는 날 잠깐 오다가 그치는 비
웃비	아직 우기(雨氣)는 있으나 좍좍 내리다가 그친 비
자국눈	겨우 발자국이 날 만큼 적게 내린 눈
산돌림	① 산기슭으로 내리는 소나기 ② 여기저기 옮겨 다니면서 한 줄기씩 내리는 소나기
작달비	장대처럼 굵고 거세게 좍좍 내리는 비 = 장대비

6. 길과 관련된 말

고샅	시골 마을의 좁은 골목길. 또는 골목 사이 늑 고샅길
길섶	길의 가장자리 늑 길가
난달	길이 여러 갈래로 통한 곳
도린곁	사람이 별로 가지 않는 외진 곳
숫눈길	눈이 와서 쌓인 뒤에 아직 아무도 지나가지 않은 길
에움길	굽은 길. 또는 에워서 돌아가는 길
자드락길	나지막한 산기슭의 비탈진 땅에 난 좁은 길
조롱목	조롱 모양처럼 된 길목

7. 사람을 가리키는 말

가납사니	① 쓸데없는 말을 지껄이기 좋아하는 수다스러운 사람 ② 말다툼을 잘하는 사람
간실쟁이	간살스럽게 몹시 아양을 떠는 사람
개차반	언행이 더럽고 막된 사람
고림보	① 몸이 약하여 늘 골골거리며 앓는 사람 ② 마음이 너그럽지 못하고 옹졸하며, 하는 짓이 푼푼하지 못한 사람
고명딸	아들 많은 집의 외딸
고삭부리	① 음식을 많이 먹지 못하는 사람 ② 몸이 약하여서 늘 병치레를 하는 사람
구나방	말이나 행동이 모질고 거칠고 사나운 사람
궁도련님	부유한 집에서 자라나 세상의 어려운 일을 잘 모르는 사람
노라리	건달처럼 건들건들 놀며 세월만 허비하는 사람
노박이	한곳에 붙박이로 있는 사람
논다니	웃음과 몸을 파는 여자를 속되게 이르는 말
눈엣가시	① 몹시 밉거나 싫어 늘 눈에 거슬리는 사람 ② 남편의 첩을 이르는 말
늦깍이	① 나이가 많이 들어서 승려가 된 사람 ② 남보다 늦게 사리를 깨치는 사람
대갈마치	온갖 어려운 일을 겪어서 아주 야무진 사람
두루치기	한 사람이 여러 방면에 능통함. 또는 그런 사람
만무방	① 염치가 없이 막된 사람 ② 아무렇게나 생긴 사람
망석중	남이 부추기는 대로 따라 움직이는 사람을 비유적으로 이르는 말
모도리	빈틈없이 아주 여무진 사람
무녀리*	말이나 행동이 좀 모자란 듯이 보이는 사람을 비유적으로 이르는 말
바닥쇠	그 지방에 오래전부터 사는 사람을 낮잡아 이르는 말

* '무녀리'는 한 태에 낳은 여러 마리 새끼 가운데 가장 먼저 나온 새끼를 뜻한다.

범강장달이	키가 크고 우락부락하게 생긴 사람
벽창호	고집이 세며 완고하고 우둔하여 말이 도무지 통하지 아니하는 무뚝뚝한 사람
불목하니	절에서 밥을 짓고 물을 긷는 일을 맡아서 하는 사람 ≒ 불목한
안달재신	몹시 속을 태우며 여기저기로 다니는 사람
안잠자기	여자가 남의 집에서 먹고 자며 그 집 일을 도와주는 일. 또는 그런 여자 = 안잠
알개	야살스러운 짓을 하는 아이
어리보기	말이나 행동이 다부지지 못하고 어리석은 사람 ≒ 머저리
윤똑똑이	자기만 혼자 잘나고 영악한 체하는 사람
책상물림	책상 앞에 앉아 글공부만 하여 세상일을 잘 모르는 사람
청맹과니	① 겉으로 보기에는 눈이 멀쩡하나 앞을 보지 못하는 사람 ② 사리에 밝지 못하여 눈을 뜨고도 사물을 제대로 분간하지 못하는 사람
트레바리	이유 없이 남의 말에 반대하기를 좋아함. 또는 그런 성격을 지닌 사람
팔난봉	가지각색의 온갖 난봉을 부리는 사람

8. 사람의 태도나 성격과 관련된 말

객쩍다	행동이나 말, 생각이 쓸데없고 싱겁다.
곰살갑다	성질이 보기보다 상냥하고 부드럽다.
곰살궂다	① 태도나 성질이 부드럽고 친절하다. ② 꼼꼼하고 자세하다.
괄괄하다	① 성질이 세고 급하다. ② 풀 따위가 세다. ③ 목소리 따위가 굵고 거세다.
궤란쩍다	① 행동이 건방지거나 주제넘다. ② 얼굴이 붉어지도록 부끄러운 느낌이 있다. = 괴란쩍다
꼼바르다	마음이 좁고 지나치게 인색하다.
끌밋하다	① 모양이나 차림새 따위가 매우 깨끗하고 헌칠하다. ② 손끝이 여물다.
몰강스럽다	인정이 없이 억세며 성질이 악착같고 모질다.
무람없다	예의를 지키지 않으며 삼가고 조심하는 것이 없다.
사박스럽다	성질이 보기에 독살스럽고 야멸친 데가 있다.
살천스럽다	쌀쌀하고 매섭다.
새살스럽다	성질이 차분하지 못하고 가벼워 말이나 행동이 실없고 부산한 데가 있다.
성마르다	참을성이 없고 성질이 조급하다.
수더분하다	성질이 까다롭지 아니하여 순하고 무던하다.
실없이	말이나 하는 짓이 실답지 못하게
야무지다	사람의 성질이나 행동, 생김새 따위가 빈틈이 없이 꽤 단단하고 굳세다.

야살스럽다	보기에 얄망궂고 되바라진 데가 있다.
얄망궂다	성질이나 태도가 괴상하고 까다로워 얄미운 데가 있다.
얍삽하다	사람이 얕은꾀를 쓰면서 자신의 이익만을 챙기려는 태도가 있다.
억척같이	몹시 모질고 끈덕지게
엄전하다	태도나 행실이 정숙하고 점잖다.
열없다	① 좀 겸연쩍고 부끄럽다. ② 담이 작고 겁이 많다. / 성질이 다부지지 못하고 묽다. / 어설프고 짜임새가 없다.
웅숭깊다	① 생각이나 뜻이 크고 넓다. ② 사물이 되바라지지 아니하고 깊숙하다.
의뭉하다	겉으로는 어리석은 것처럼 보이면서 속으로는 엉큼하다.
자발없다	행동이 가볍고 참을성이 없다.
잔망스럽다	① 보기에 몹시 약하고 가냘픈 데가 있다. ② 보기에 태도나 행동이 자질구레하고 가벼운 데가 있다. ③ 얄밉도록 맹랑한 데가 있다.
주뼛하다	① 물건의 끝이 차차 가늘어지면서 뾰죽하게 솟다. 또는 그렇게 되게 하다. ② 무섭거나 놀라서 머리카락이 꼿꼿하게 일어서는 듯한 느낌이 들다. / 어줍거나 부끄러워서 머뭇거리거나 주저하다. ③ 입술 끝을 비죽 내밀다.
텁텁하다	① 입안이 시원하거나 깨끗하지 못하다. / 눈이 흐릿하고 깨끗하지 못하다. ② 음식 맛 따위가 시원하거나 깨끗하지 못하다. / 까다롭지 아니하여 무던하고 소탈하다. / 날씨가 몹시 후터분하다.
희떱다	① 실속은 없어도 마음이 넓고 손이 크다. ② 말이나 행동이 분에 넘치며 버릇이 없다. ≒ 희다

9. 사람의 신체와 관련된 말

면목(面目)	얼굴의 생김새 관 면목이 없다.
골치	'머리' 또는 '머릿골'을 속되게 이르는 말 관 골치가 아프다. 골치를 썩다.
부아	① 노엽거나 분한 마음 관 부아가 치밀다. ② = 허파
오금	무릎의 구부러지는 오목한 안쪽 부분 관 오금이 저리다.
덜미	① 목의 뒤쪽 부분과 그 아래 근처 ② 몸과 아주 가까운 뒤쪽 관 덜미를 잡히다.
복장	① 가슴의 한복판 ② 속으로 품고 있는 생각 관 복장이 터지다. 복장이 뒤집히다.

10. 잠과 관련된 말

갈치잠	비좁은 방에서 여럿이 모로 끼어 자는 잠
나비잠	갓난아이가 두 팔을 머리 위로 벌리고 자는 잠
노루잠	깊이 들지 못하고 자꾸 놀라 깨는 잠
등걸잠	옷을 입은 채 아무것도 덮지 아니하고 아무 데나 쓰러져 자는 잠
사로잠	염려가 되어 마음을 놓지 못하고 조바심하며 자는 잠
새우잠	새우처럼 등을 구부리고 자는 잠. 주로 모로 누워 불편하게 자는 잠을 의미한다.
시위잠	활시위 모양으로 웅크리고 자는 잠
토끼잠	깊이 들지 못하고 자주 깨는 잠

알아보기 '안목, 능력'과 관련된 기출 어휘

글눈	글을 보고 이해하는 능력
참눈	사물을 올바로 볼 줄 아는 눈
장사눈	장사의 잇속에 대한 안목

실전능력 기르기

[고유어]

01_ 밑줄 친 고유어의 사전적 의미로 적절하지 <u>않은</u> 것은?

① 서울 살림을 <u>파방</u> 치고 고향에 가서 우선 자리를 잡았다.

➡ 지난날, 과거에 급제한 사람의 발표를 취소하던 일

② 빌려 준 돈 대신 쌀을 <u>대봉</u> 쳐서 받기로 했다.

➡ 꾸어 준 돈이나 물건 대신에 다른 것으로 받다.

③ 그녀의 동작은 <u>오금</u>을 박는 어떤 악랄한 것이 있었다.

➡ 무릎이 구부러지는, 다리의 뒤쪽 부분

④ 그는 <u>배알</u>이 꼴리고 열이 올랐다.

➡ '위(胃)'를 속되게 이르는 말

⑤ 보름쯤 지나니 이 일에도 <u>난든집</u>이 난다.

➡ 손에 익어서 생긴 재주

(오답해설) ① 파방(을) 치다 : 살던 살림을 그만 집어치우다.
② 대봉 치다 : 다른 것으로 대신 채우다.
③ 오금(을) 박다 : 큰소리치며 장담하던 사람이 그와 반대되는 말이나 행동을 할 때에, 장담하던 말을 빌미로 삼아 몹시 논박하다. / 다른 사람에게 함부로 말이나 행동을 하지 못하게 단단히 이르거나 으르다.
⑤ 난든집(이) 나다 : 손에 익숙하여지다.

02_ 밑줄 친 단어의 사전적 의미를 제대로 제시하지 <u>못한</u> 것은?

① 그녀가 아무것도 모르겠다고 <u>시치미</u>를 떼면 그것으로 어쩔 도리가 없는 것이었다.

➡ 매 꽁지 위의 털 속에 매어 두는 네모진 뿔

② 그 가게를 뺏기고서 여덟 식구가 하릴없이 <u>쪽박</u>을 찰 수밖에 없는 신세가 되었다.

➡ 작은 바가지

③ 얼마나 <u>오지랖</u>이 넓기에 남의 일에 그렇게 참견하는 거냐.

➡ 웃옷이나 윗도리에 입는 겉옷의 앞자락

④ 귀찮게 꼬치꼬치 캐묻는 바람에 아주 <u>학</u>을 뗐다.

➡ 절구의 아가리로부터 밑바닥까지의 부분

⑤ 그는 승부에 <u>쐐기</u>를 박았다.

➡ 사개가 물러나지 못하게 하거나 물건들의 틈을 벌리는 데 쓰는 물건

(오답해설) ① 시치미(를) 떼다 : 자기가 하고도 하지 아니한 체하거나 알고 있으면서도 모르는 체하다.
② 쪽박(을) 차다 : 거지가 되다.
③ 오지랖(이) 넓다 : 쓸데없이 지나치게 아무 일에나 참견하는 면이 있다. / 염치없이 행동하는 면이 있다.
⑤ 쐐기(를) 박다 : 뒤탈이 없도록 미리 단단히 다짐을 두다. / 남을 이간하기 위하여 훼방을 놓다. / 두 사람의 이야기에 끼어들어 방해를 하다. / 서로 관련되어 있는 사물의 연계를 끊어지게 하거나 순조롭지 못하게 하다.

01_ ④ 배알 : '창자'를 속되게 이르는 말. '배알이 꼴리다.'는 '비위에 거슬려 아니꼽다.'는 뜻이다.

02_ ④ 학 : '학질'의 줄임말. '학을 떼다.'는 '괴롭거나 어려운 상황을 벗어나느라고 진땀을 빼거나, 그것에 거의 질려 버리다.'는 의미이다.
★ 확 : 절구의 아가리로부터 밑바닥까지의 부분

03_ 다음 밑줄 친 고유어의 쓰임이 적절하지 않은 것은?

① 그는 뼈 없는 해파리처럼 <u>흐늘흐늘</u> 주저앉았다.

② 전에는 <u>간들간들</u> 까불던 애가 요즘은 점잖아졌다.

③ 간간이 부는 가는 바람에도 나무 끝은 <u>곰실곰실</u> 흔들린다.

④ 바람에 커다란 잎사귀가 <u>너울너울</u> 흔들리고 있다.

⑤ 우리를 향해 사내 하나가 <u>우줅우줅</u> 걸어온다.

오답해설 ① 흐늘흐늘 : 물체가 매우 무르거나 단단하지 못하여 자꾸 뭉크러지거나 흔들리는 모양

② 간들간들 : 사람이 간드러진 태도로 조금 되바라지게 행동하는 모양

④ 너울너울 : 물결이나 늘어진 천, 나뭇잎 따위가 부드럽고 느릿하게 굽이져 자꾸 움직이는 모양

⑤ 우줅우줅 : 몸이 큰 사람이나 짐승이 가볍게 율동적으로 자꾸 움직이는 모양

03_ ③ '곰실곰실'은 '작은 벌레 따위가 한데 어우러져 조금씩 자꾸 굼뜨게 움직이는 모양'으로 문맥상 적합하지 않다.

예 벌레가 곰실곰실 움직인다.

③에는 문맥상 '가볍게 자꾸 이리저리 흔들리거나 흔들리게 하는 모양'의 의미를 가진 '한들한들'이 적절하다.

04_ 다음 밑줄 친 부분이 문맥에 자연스럽게 어울리지 <u>않는</u> 것은?

① 성준이는 10,000원을 내고 <u>우수리</u>로 2,000원을 받았다.

② 현진이는 하는 짓이 워낙 <u>곱살끼어</u> 귀엽지 않다.

③ 영숙이는 수업 시간에 집중하지 못하고 종종 <u>깨단한다.</u>

④ 효정이가 그제서야 <u>아기똥거리며</u> 내려오고 있다.

⑤ 주원이는 <u>실팍한</u> 몸집인데도 쌀 한 가마를 제대로 못 옮겼다.

오답해설 ① 우수리 : 물건값을 제하고 거슬러 받은 잔돈

② 곱살끼다 : 몹시 보채거나 짓궂게 굴다.

④ 아기똥거리다 : 작은 몸을 좌우로 둔하게 움직이며 느리게 걷다.

⑤ 실팍하다 : 사람이나 물건 따위가 보기에 매우 실하다.

04_ ③ 깨단한다 ➡ 해찰한다

• 깨단하다 : 오랫동안 생각해 내지 못하던 일 따위를 어떠한 실마리로 말미암아 깨닫거나 분명히 알다.

• 해찰하다 : 마음에 썩 내키지 아니하여 물건을 부질없이 이것저것 집적거려 해치다. / 일에는 마음을 두지 아니하고 쓸데없이 다른 짓을 한다.

ANSWER

03. ③　04. ③

05_ 〈보기〉의 ( ) 안에 공통으로 들어갈 말로 적절한 것은?

┌ 보기 ┐
• 아기는 혼자 잘 놀다가 (   ) 울기 시작했다.
• 그녀는 우리가 잊을 만하면 (   ) 찾아오곤 했다.
• 커튼을 내리고 침대 위로 기어오르는 순간에 그는 (   ) 가슴이 콱 멤을 느꼈다.

① 예제없이   ② 맥없이
③ 느닷없이   ④ 시나브로
⑤ 바야흐로

오답해설 ① 예제없이 : 여기나 저기나 구별이 없이
② 맥없이 : 아무 까닭도 없이
④ 시나브로 : 모르는 사이에 조금씩 조금씩
⑤ 바야흐로 : 이제 한창. 또는 지금 바로

06_ 다음 〈보기〉의 ㉠~㉢에 들어갈 말의 기본형을 바르게 짝지은 것은?

┌ 보기 ┐
청신한 5월의 새벽, 우리는 오랜만에 뒷산에 올랐다. 고요한 오솔길을 따라 (㉠) 풀꽃들이 한들거리고 새벽 공기는 신선한 꽃냄새로 가득 차 있었다. 나란히 걷던 언니가 문득 내 손을 꼭 잡는다. 병치레가 잦아 자신의 시집갈 밑천까지 (㉡) 다 써버리게 했던 못난 동생에게 유난히 (㉢) 구는 우리 큰언니. 착하디착한 언니의 두 볼 위에 새벽 별빛이 내려앉는다.

	㉠	㉡	㉢
①	시나브로	살갑다	잗다랗다
②	잗다랗다	시나브로	살갑다
③	시나브로	잗다랗다	살갑다
④	살갑다	잗다랗다	시나브로
⑤	살갑다	시나브로	잗다랗다

[주제별 어휘]

07_ 〈보기〉의 (　) 안에 쓰이는 단위어가 올바르게 짝지어진 것은?

┌─ 보기 ┐
- 그는 마늘 한 (　　)이 얼마인지 모른다.
- 모레 장날에는 조기라도 한 (　　) 사야겠다.
- 어머니께서는 시집갈 언니를 위해 은수저 두 (　　)을 사셨다.
└─────────┘

① 접 – 뭇 – 벌　　　　　　② 축 – 손 – 갓

③ 채 – 쾌 – 두름　　　　　④ 단 – 사리 – 아름

⑤ 톳 – 꾸러미 – 섬

오답해설 ② • 축 : 말린 오징어 20마리를 이르는 말
- 손 : 조기 · 고등어 따위의 생선 2마리, 배추는 2통을 이르는 말
  참 미나리 · 파 따위는 한 줌씩을 이름.
- 갓 : 비웃 · 굴비 따위의 10마리, 또는 고사리 · 고비 따위의 10모숨을 이르는 말
③ • 채 : 가공하지 아니한 인삼을 묶어 세는 단위
- 쾌 : 북어 20마리, 또는 엽전 10냥을 이르는 말
- 두름 : 조기, 청어 따위의 생선을 10마리씩 두 줄로 엮은 20마리, 또는 산나물을 10모숨 정도로 엮은 것을 이르는 말
④ • 단 : 짚, 땔나무, 채소 따위의 묶음을 세는 단위
- 사리 : 국수, 새끼, 실 따위의 뭉치를 세는 단위
- 아름 : 두 팔을 둥글게 모아 만든 둘레 안에 들 만한 분량을 세는 단위
⑤ • 톳 : 김 100장씩을 한 묶음으로 세는 단위
- 꾸러미 : 달걀 10개를 꾸리어 싼 것, 또는 꾸리어 싼 것을 세는 단위
- 섬 : 곡식, 가루, 액체 따위의 부피를 잴 때 쓰는 단위. 한 섬은 한 말의 열 배로 약 180리터를 이름.

07_ ① • 접 : 마늘, 과일 100개를 한 단위로 이르는 말
- 뭇 : 장작이나 채소, 짚이나 볏단 따위의 묶음을 세는 단위. 생선 10마리를 묶어 세는 단위
- 벌 : 옷이나 그릇 따위가 짝을 이루거나 여러 개가 모여서 갖추어진 덩어리를 세는 단위

08_ 다음 단어 중 '사람'을 가리키는 말이 <u>아닌</u> 것은?

① 간나위　　　　　　　② 만무방

③ 모도리　　　　　　　④ 모롱이

⑤ 벽창호

오답해설 ① 간나위 : '간사스러운 사람'을 뜻한다.
② 만무방 : '예의나 염치가 없는 사람', '아무렇게나 생긴 사람'을 뜻한다.
③ 모도리 : '조금도 빈틈없이 아주 야무진 사람'을 뜻한다.
⑤ 벽창호 : '고집이 세고 성질이 무뚝뚝한 사람'을 뜻한다.

08_ ④ '모롱이'는 '산모퉁이의 휘어 둘린 곳'을 뜻한다.

ANSWER
07. ①　 08. ④

09 ㉠ 덜미가 잡히다 : 못된 일 따
└→ 목덜미(목의 뒤쪽 부분과
그 아래 근처)
위를 꾸미다가 발각되다.
㉢ 면목이 없다 : 부끄러워 남을 대
└→ ① 얼굴의 생김새
② 남을 대할 만한 체면 ≒ 낯
할 용기가 나지 않다.
㉣ 부아가 뒤집히다 : 분한 마음이
└→ ① 노엽거나 분한 마음
② = 허파
강하게 일어나다.

09 〈보기〉의 ㉠~㉣ 중 밑줄 친 '사람의 신체'와 관련된 단어가 바르게 쓰인 문장을 모두 고른 것은?

> ┌ 보기 ┐
> ㉠ 몇 년간 회사 자금을 몰래 **빼돌리**고 있던 직원은 마침내 **덜미**가 잡혔다.
> ㉡ 공부를 하다가 밖에서 놀고 있는 친구를 보자니 아이는 친구들과 함께 놀고 싶어 **오금**이 저려 왔다.
> ㉢ 아들이 시도 때도 없이 학교에서 사고를 치는 바람에 어머니는 선생님을 뵐 **면목**이 없었다.
> ㉣ 아버지의 사업이 망해 이사를 가는 친구에게 집 자랑을 하고 있는 그 애를 보니 **부아**가 뒤집혔다.

① ㉠, ㉡   ② ㉠, ㉡, ㉢

③ ㉠, ㉢, ㉣   ④ ㉡, ㉢, ㉣

⑤ ㉠, ㉡, ㉢, ㉣

오답해설 ㉡ 오금이 저리다 : 저지른 잘못이 들통이 나거나 그 때문에 나쁜 결과가 있지 않을까 마음을
└→ 무릎의 구부러지는 오목한 안쪽 부분 ≒ 곡추·뒷무릎
졸이다. ➡ 잘못이 들통 난 경우가 아니므로 문맥상 적절하지 않다.

10 ③ 대갈마치 : 온갖 어려운 일
을 겪어서 아주 야무진 사람
'여러 방면에 능통한 사람'을 이르
는 말은 '두루치기'이다.

10 다음 밑줄 친 '사람'을 가리키는 말 중에서 말의 쓰임과 뜻풀이가 적절하지 **않은** 것은?

① 툭하면 술 마시고, 물건을 집어던지는 꼴을 보니 성질이 <u>개차반</u>이군.
➡ 언행이 몹시 더러운 사람

② 수상 못 한 사람들 앞에서 자기 혼자 상 받았다고 하루 종일 어찌나 잘난 척을 하는지 아주 <u>윤똑똑이</u>야. ➡ 자기만 혼자 잘나고 영악한 체하는 사람

③ 어렸을 때부터 혼자 밥 벌어 먹고 커서 그런지 빠릿빠릿한 것이 아주 <u>대갈마치</u>가 다 되었어. ➡ 여러 방면에 능통한 사람

④ 손에 굳은살이 박이고, 몸이 햇볕에 그을린 것이 <u>책상물림</u> 같아 뵈지는 않는다.
➡ 책상 앞에 앉아 글공부만 하여 세상일을 잘 모르는 사람

⑤ 한시도 입놀림을 쉬지 않는 것을 보니 <u>가납사니</u> 같구나.
➡ 쓸데없는 말을 지껄이기 좋아하는 수다스러운 사람

11_ 다음 글은 내일 날씨에 대한 일기 예보이다. 밑줄 친 부분을 고유어로 적절하게 바꾼 것으로 묶인 것은?

> 오후까지 곳곳에 ㉠안개보다는 조금 굵고 이슬비보다는 가는 비가 내리겠습니다. 낮 기온 서울 11도 월요일 출근길 나오실 때는 휴대하기 편한 우산 하나 챙기시는 게 좋겠습니다.
>
> 현재 전국적으로 흐린 가운데 제주도와 남해안을 중심으로 가을비가 내리고 있는데요, 늦은 오후에는 비가 그치고, ㉡이른 가을에 부는 선선한 바람이 불 것으로 예상됩니다. 이후에는 가을 황사가 날아들 가능성이 있는데요, 어제 오후 내몽골 고원과 고비 사막에서 만들어진 황사가 서풍을 타고 우리나라로 유입될 가능성이 있고요, 미세 먼지도 따라 들어오면서 전국적으로 공기가 탁해지겠습니다.
>
> 화요일인 내일과 모레는 반짝 추위도 찾아오는데요, ㉢겨우 발자국이 날 만큼 적게 내린 눈이 내릴 것으로 예상됩니다. 아침 기온이 오늘보다 10도가량 뚝 떨어지겠지만 다행히 수능 날부터는 추위가 차츰 수그러들겠습니다.
>
> 이상 날씨였습니다.

	㉠	㉡	㉢
①	여우비	색바람	길눈
②	작달비	산들바람	숫눈
③	는개	색바람	자국눈
④	작달비	색바람	자국눈
⑤	는개	산들바람	길눈

오답해설 ㉠ • 작달비 : 장대처럼 굵고 거세게 좍좍 내리는 비 = 장대비
 • 여우비 : 볕이 나 있는 날 잠깐 오다가 그치는 비
㉡ 산들바람 : 시원하고 가볍게 부는 바람
㉢ • 길눈 : 한 길이 될 만큼 많이 쌓인 눈
 • 숫눈 : 눈이 와서 쌓인 상태 그대로의 깨끗한 눈

11_ ㉠ 는개 : 안개비보다는 조금 굵고 이슬비보다는 가는 비
㉡ 색바람 : 이른 가을에 부는 선선한 바람
㉢ 자국눈 : 겨우 발자국이 날 만큼 적게 내린 눈

Theme 05

한자어

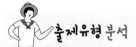

"이렇게 출제된다!"

한자어에 관한 문제는 매회 5문제 정도가 출제된다. 한자어의 사전적 뜻풀이와 한자 병기를 묻는 문제가 출제되고 있어, 문맥상 한자어의 정확한 사전적 의미뿐만 아니라 해당 한자어의 정확한 표기까지 알아야 풀 수 있기 때문에 한자어를 반드시 정확하게 알고 넘어가야 한다. 특히 문맥상 한자어의 올바른 쓰임을 묻는 문제에서는 문장에서 사용된 한자어의 어울림에 대한 판단력을 요구하기 때문에 한자어의 정확한 의미뿐만 아니라 문장에 대한 이해 역시 필요하다. 따라서 한자어를 학습할 때는 단순히 표기, 의미, 한자의 음과 뜻으로만 암기하는 것이 아니라, 그에 맞는 예문과 함께 공부하면 더 효율적인 학습이 이뤄질 것이다. 이와 더불어 동음이의어 한자어를 문맥에 따라 구분하는 문제는 매회 1문제는 반드시 출제되기 때문에 별도의 암기가 필요하다.

최근 시험에서 과거에 출제되었던 한자어가 다시 출제되는 추세이므로 기출 한자어에 대한 학습이 우선적으로 이루어져야 할 것이다.

Q • 밑줄 친 한자어의 사전적 뜻풀이로 옳지 않은 것은?
• 밑줄 친 말의 한자 병기가 잘못된 것은?
• 밑줄 친 한자어가 문맥에 어울리지 않는 것은?
• 밑줄 친 한자어의 쓰임이 적절하지 않은 것은?
• 〈보기〉의 ㉠~㉢에 해당하는 한자로 올바르게 묶인 것은?

"이런 문제가 나온다!"

1. 밑줄 친 한자어의 사전적 뜻풀이로 옳지 않은 것은?

① 나는 간발(間髮)의 차로 윤희를 이기고 학급 반장에 당선되었다. ➡ 아주 잠시 또는 아주 적음을 이르는 말

② 이번 안건에 대한 결정은 재고(再考)하기로 했기 때문에 다시 한 번 더 회의를 하도록 하겠습니다. ➡ 어떤 일이나 문제 따위에 대하여 다시 생각함.

③ 이번 건설 공사를 수주(受注)하기 위해 기업들 간의 경쟁이 치열하다. ➡ 주문을 받음. 주로 물건을 생산하는 업자가 제품의 주문을 받는 것을 이르는 말

④ 누군가의 모략(謀略)으로 인해 그는 위험한 처지에 놓이게 되었다. ➡ 따끔한 충고나 경고

⑤ 이번 사건에는 많은 사회적 문제들이 개재(介在)해 있다. ➡ 어떤 것들 사이에 끼여 있음.

(해설) ④에 사용된 '모략(謀略)'은 문맥상 '계책이나 책략 / 사실을 왜곡하거나 속임수를 써 남을 해롭게 함. 또는 그런 일'을 의미한다. '따끔한 충고나 경고'를 뜻하는 단어는 '일침(一鍼)'이다.

2. 밑줄 친 한자어가 문맥에 어울리지 않는 것은?

① 경제적 불황 여파로 인해 실업자가 대거 양산(量産)되었다.

② 그는 범죄에 대한 모든 증거를 사멸(死滅)하여 경찰의 수사망에서 벗어났다.

③ 그는 이번 문제에 대한 해결사를 자청(自請)하여 자신이 직접 이 일에 뛰어들겠다고 선언하였다.

④ 우리나라는 다른 나라에 유례(類例)가 없을 정도의 빠른 경제적 성장을 이루었다.

⑤ 이번 일을 통해 오랜 세월이 흘렀음에도 불구하고 그가 건재(健在)함을 재확인할 수 있었다.

해설 ② '사멸(死滅)'은 '죽어 없어짐.'을 의미하는 것으로, 생명이 있는 것에 대한 죽음을 의미하고, 목적어를 취하는 문장에는 쓰이지 않는다. ②은 문맥상 '증거를 지우다.'는 의미로 쓰였으므로, '자취도 없이 모두 없어짐. 또는 그렇게 없앰.'의 의미를 가진 '인멸(湮滅/堙滅)'이 적절하다.
① 양산(量産) : 많이 만들어 냄.
③ 자청(自請) : 어떤 일에 나서기를 스스로 청함.
④ 유례(類例) : 「1」 같거나 비슷한 예 「2」 이전부터 있었던 사례 ＝ 전례(前例)
⑤ 건재(健在) : 힘이나 능력이 줄어들지 않고 여전히 그대로 있음.

3. 밑줄 친 말의 한자 병기가 잘못된 것은?

① 그 단체는 누구보다 체계적인 조직망을 <u>구축(構築)</u>하고 있다.
② 참전 용사의 죽음을 <u>추모(追慕)</u>하는 행렬이 길게 줄을 드리웠다.
③ 정치적 이해관계에 충돌이 생기자 경제적 <u>제재(題材)</u>를 가하기 시작하였다.
④ 대중의 의혹을 <u>불식(拂拭)</u>시키기 위해 그들은 확실한 증거를 내세워 언론에 내보내기도 하였다.
⑤ 그는 오랜 <u>칩거(蟄居)</u> 생활을 통해 그동안 그가 형성해 온 인간관계의 단절을 맛보았다.

해설 ③ • 제재(題材) : 예술 작품이나 학술 연구의 바탕이 되는 재료
• 제재(制裁) : 「1」 일정한 규칙이나 관습의 위반에 대하여 제한하거나 금지함. 또는 그런 조치 「2」 법이나 규정을 어겼을 때 국가가 처벌이나 금지 따위를 행함. 또는 그런 일
➡ 문맥상 경제적으로 제한을 가한다는 의미로 사용되었기 때문에 '재료'의 의미로 사용하는 '題材'가 아닌, '제한'의 의미로 사용하는 '制裁'가 옳은 표기이다.
① • 구축(構築) : 「1」 어떤 시설물을 쌓아 올려 만듦. 「2」 체제, 체계 따위의 기초를 닦아 세움.
• 구축(驅逐) : 어떤 세력 따위를 몰아서 쫓아냄.
② • 추모(追慕) : 죽은 사람을 그리며 생각함.
• 추모(醜貌) : 보기 흉한 용모. 또는 못생긴 용모
④ • 불식(拂拭) : 먼지를 떨고 훔친다는 뜻으로, 의심이나 부조리한 점 따위를 말끔히 떨어 없앰을 이르는 말
• 불식(不息) : 쉬지 아니함.
⑤ 칩거(蟄居) : 나가서 활동하지 아니하고 집 안에만 틀어박혀 있음.

4. 〈보기〉의 ㉠~㉢에 해당하는 한자로 올바르게 묶인 것은?

보기
• 다윈㉠<u>주의</u>는 자연 선택과 적자생존을 바탕으로 진화의 원리를 규명한 이론이다.
• 이 물건을 다루기 전에 ㉡<u>주의</u> 사항을 반드시 숙지해야 한다.
• 이 글의 ㉢<u>주의</u>를 파악하는 데 오랜 시간이 걸렸다.

	㉠	㉡	㉢
①	注意	主義	主意
②	注衣	呪醫	注意
③	注擬	注意	主意
④	主義	注意	主意
⑤	主意	注擬	呪醫

해설 ㉠ 주의(主義) : 「1」 굳게 지키는 주장이나 방침 「2」 체계화된 이론이나 학설
㉡ 주의(注意) : 「1」 마음에 새겨 두고 조심함. 「2」 어떤 한 곳이나 일에 관심을 집중하여 기울임. 「3」 경고나 훈계의 뜻으로 일깨움.
㉢ 주의(主意) : 「1」 주장이 되는 요지나 근본이 되는 중요한 뜻 「2」 주된 의미

ANSWER ▶ 1. ④ 2. ② 3. ③
4. ④

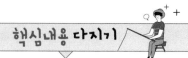

핵심내용 다지기

01 필수 기출 한자어

★ 빈출 어휘는 색 글씨로 표시함.

ㄱ

可觀	옳을 가 볼 관	① 꼴이 볼만하다는 뜻으로, 남의 언행이나 어떤 상태를 비웃는 뜻으로 이르는 말 예 잘난 체하는 꼴이 정말 可觀이다. ② 경치 따위가 꽤 볼 만함. 예 내장산의 단풍은 참으로 可觀이지.
看過	볼 간 지날 과	큰 관심 없이 대강 보아 넘김. 예 그 사건의 진실한 내막을 결코 看過해서는 안 된다.
間髮	사이 간 터럭 발	아주 잠시 또는 아주 적음을 이르는 말 예 벌써 그의 가슴으로 間髮의 틈을 노린 칼끝이 닿고 있었다.
看做	볼 간 지을 주	상태, 모양, 성질 따위가 그와 같다고 봄. 또는 그렇다고 여김. 예 형사들은 이미 그를 범죄자로 看做하고 문초하기 시작했다.
甘受	달 감 받을 수	책망이나 괴로움 따위를 달갑게 받아들임. 예 이 정도의 비난은 甘受하고 있다.
講究	외울 강 연구할 구	좋은 대책과 방법을 궁리하여 찾아내거나 좋은 대책을 세움. 예 대책을 講究하다.
降等	내릴 강 무리 등	등급이나 계급 따위가 낮아짐. 또는 등급이나 계급 따위를 낮춤. 예 계급의 降等
強制	강할 강 절제할/지을 제	권력이나 위력으로 남의 자유의사를 억눌러 원하지 않는 일을 억지로 시킴. 예 強制 동원
概念	대개 개 생각 념	어떤 사물이나 현상에 대한 일반적인 지식 예 어린 아이는 아직 돈에 대한 概念이 없다.
改良	고칠 개 어질 량	나쁜 점을 보완하여 더 좋게 고침. 예 농사 방법의 改良에 힘쓰다.
開發	열 개 필 발	① 토지나 천연자원 따위를 유용하게 만듦. 예 유전 開發 / 수자원 開發 ② 지식이나 재능 따위를 발달하게 함. 예 자신의 능력 開發 ③ 산업이나 경제 따위를 발전하게 함. 예 산업 開發 ④ 새로운 물건을 만들거나 새로운 생각을 내어놓음. 예 신제품 開發
改善	고칠 개 착할 선	잘못된 것이나 부족한 것, 나쁜 것 따위를 고쳐 더 좋게 만듦. 예 관계 改善을 위하여 노력하다. / 改善 방안을 알아보다.
介在	낄 개 있을 재	어떤 것들 사이에 끼여 있음. 예 사적 감정의 介在가 이 일의 변수이다.
更新	다시 갱 새 신	① 이미 있던 것을 고쳐 새롭게 함. 예 기록 更新 ② 법률관계의 존속 기간이 끝났을 때 그 기간을 연장하는 일 예 계약 更新 ③ 기존의 내용을 변동된 사실에 따라 변경·추가·삭제하는 일 예 시스템의 更新

据置	근거 거
	둘 치
		① 그대로 둠.
		② 공채(公債), 사채(社債) 따위의 상환 또는 지급을 일정 기간 하지
		  않는 일
		  예 3년 据置 5년 상환 조건으로 대출받다.

健在	굳셀 건 있을 재	힘이나 능력이 줄어들지 않고 여전히 그대로 있음. **예** 그 회사는 업계에서 健在하다.
檢收	검사할 검 거둘 수	물건의 규격, 수량, 품질 따위를 검사한 후 물건을 받음. **예** 檢收를 받다.
檢針	검사할 검 바늘 침	전기, 수도, 가스 따위의 사용량을 알기 위하여 계량기의 숫자를 검사함. **예** 가스 檢針
揭示	높이 들/걸 게 보일 시	여러 사람에게 알리기 위하여 내붙이거나 내걸어 두루 보게 함. 또는 그런 물건 **예** 일정표를 揭示하다.
見積	볼 견 쌓을 적	어떤 일을 하는 데 필요한 비용 따위를 미리 어림잡아 계산함. 또는 그 런 계산 **예** 見積을 내다.
決裂	결단할 결 찢을 렬	① 갈래갈래 찢어짐. ② 교섭이나 회의 따위에서 의견이 합쳐지지 않아 각각 갈라서게 됨. **예** 회담의 決裂
潔癖	깨끗할 결 버릇 벽	① 유난스럽게 깨끗한 것을 좋아하는 성질이나 버릇 **예** 그녀는 潔癖이 심하다. ② 악하고 그릇된 일을 극단적으로 미워하는 성질
結付	맺을 결 줄 부	일정한 사물이나 현상을 서로 연관시킴. **예** 그는 언제나 이론을 현실과 結付한다.
結緣	맺을 결 인연 연	인연을 맺음. 또는 그런 관계 **예** 학교와 봉사 단체의 結緣을 추진했다.
決濟	결단할 결 건널 제	① 일을 처리하여 끝을 냄. ② 증권 또는 대금을 주고받아 매매 당사자 사이의 거래 관계를 끝맺 는 일 **예** 어음의 決濟

警戒	깨우칠/경계할 경
	경계할 계
		① 뜻밖의 사고가 생기지 않도록 조심하여 단속함. **예** 警戒를 늦추다.
		② 옳지 않은 일이나 잘못된 일들을 하지 않도록 타일러서 주의하
		  게 함.
		③ 적의 기습이나 간첩 활동 따위와 같은 예기치 못한 침입을 막기 위
		  하여 주변을 살피면서 지킴. **예** 警戒 근무를 서다.

經過	지날 경 지날 과	① 시간이 지나감. **예** 시일의 經過 ② 어떤 단계나 시기, 장소를 거침. ③ 일이 되어 가는 과정 **예** 사건 經過
景氣	볕 경 기운 기	매매나 거래에 나타나는 호황·불황 따위의 경제 활동 상태 **예** 景氣 침체
經綸	지날 경 벼리 륜	① 일정한 포부를 가지고 일을 조직적으로 계획함. 또는 그 계획이나 포부 **예** 그의 말은 모두 오랜 인생 經綸에서 우러나오는 것이다. ② 세상을 다스림. 또는 그런 능력 **예** 높은 經綸을 쌓다.
慶事	경사 경 일 사	축하할 만한 기쁜 일 **예** 慶事를 치르다.

競選	다툴 경 가릴 선	둘 이상의 후보가 경쟁하는 선거 **예** 대통령 후보 競選에 나서다.
輕視	가벼울 경 볼 시	대수롭지 않게 보거나 업신여김. **예** 생명의 가치를 輕視하는 현상이 만연해 있다.
競走	다툴 경 달릴 주	사람, 동물, 차량 따위가 일정한 거리를 달려 빠르기를 겨루는 일. 또는 그런 경기 **예** 자동차 競走
境地	지경 경 땅 지	① 일정한 경계 안의 땅 ② 학문, 예술, 인품 따위에서 일정한 특성과 체계를 갖춘 독자적인 범 　주나 부분 ③ 몸이나 마음, 기술 따위가 어떤 단계에 도달해 있는 상태 　　**예** 그의 몸짓은 이미 예술적인 境地에 이르렀다.
更迭	고칠 경 갈마들 질	어떤 직위에 있는 사람을 다른 사람으로 바꿈. **예** 이번 사고에 대한 문책으로 장관이 전격 更迭되었다.
鷄肋	닭 계 갈빗대 륵	닭의 갈비라는 뜻으로, 그다지 큰 소용은 없으나 버리기에는 아까운 것 을 이르는 말
啓發	열 계 필 발	슬기나 재능, 사상 따위를 일깨워 줌. **예** 외국어 능력의 啓發
階梯	섬돌 계 사다리 제	① 사다리라는 뜻으로, 일이 되어 가는 순서나 절차를 비유적으로 이르 　는 말 ② 어떤 일을 할 수 있게 된 형편이나 기회
考慮	생각할/살필 고 생각할 려	생각하고 헤아려 봄. **예** 그 문제를 진지하게 考慮하고 있다.
告示	고할 고 보일 시	글로 써서 게시하여 널리 알림. 주로 행정 기관에서 일반 국민들을 대상 으로 어떤 내용을 알리는 경우를 이른다. **예** 문화 체육 관광부 告示
考證	생각할/살필 고 증거 증	예전에 있던 사물들의 시대, 가치, 내용 따위를 옛 문헌이나 물건에 기초 하여 증거를 세워 이론적으로 밝힘. **예** 왕궁은 문헌의 考證에 의해 밝혀진 사실들을 토대로 복원되었다.
固着	굳을 고 붙을 착	① 물건 같은 것이 굳게 들러붙어 있음. ② 어떤 상황이나 현상이 굳어져 변하지 않음. ③ 특정한 대상이나 생각에 집착하여 벗어나지 못함. 또는 그런 상태
共感	함께 공 느낄 감	남의 감정, 의견, 주장 따위에 대하여 자기도 그렇다고 느낌. 또는 그렇 게 느끼는 기분 **예** 이 책은 독자들에게 많은 共感을 불러일으켰다.
空想	빌 공 생각 상	현실적이지 못하거나 실현될 가망이 없는 것을 막연히 그리어 봄. 또는 그런 생각 **예** 그녀는 空想에 빠져 있는 경우가 많다.
恭遜	공손할 공 겸손할 손	말이나 행동이 겸손하고 예의 바르다. **예** 恭遜한 태도
公正	공평할 공 바를 정	공평하고 올바름. **예** 법관은 법과 양심에 따라 자신의 판결에 최대한 公正을 기해야 한다.
公知	공평할 공 알 지	세상에 널리 알림. **예** 公知 사항

公布	공평할 공 펼 포	일반 대중에게 널리 알림. **예** 칙령을 <u>公布</u>하다.
敎唆	가르칠 교 부추길 사	남을 꾀거나 부추겨서 나쁜 짓을 하게 함. **예** 살인을 <u>敎唆</u>하다.
膠着	갖풀 교 붙을 착	① 아주 단단히 달라붙음. ② 어떤 상태가 굳어 조금도 변동이나 진전이 없이 머묾. **예** <u>膠着</u> 상태에 빠지다.
過程	지날 과 한도 정	일이 되어 가는 경로 **예** 발달 <u>過程</u>, 진행 <u>過程</u>
光復	빛 광 회복할 복	빼앗긴 주권을 도로 찾음. **예** 조국 <u>光復</u>
廣義	넓을 광 뜻 의	어떤 말의 개념을 정의할 때에, 넓은 의미 **예** <u>廣義</u>로 해석하다.
掛念	걸 괘 생각 념	마음에 두고 걱정하거나 잊지 않음. **예** 이 일에 대해서 더 이상 <u>掛念</u>하지 마세요.
謳歌	노래 구 노래 가	① 여러 사람이 입을 모아 칭송하여 노래함. **예** 태평성대를 <u>謳歌</u>하다. ② 행복한 처지나 기쁜 마음 따위를 거리낌 없이 나타냄. 또는 그런 소리 **예** 전성기를 <u>謳歌</u>하다.
拘禁	잡을 구 금할 금	피고인 또는 피의자를 구치소나 교도소 따위에 가두어 신체의 자유를 구속하는 강제 처분 **예** 교도소에 <u>拘禁</u>되다.
究明	궁구할 구 밝을 명	사물의 본질, 원인 따위를 깊이 연구하여 밝힘. **예** 문제에 대한 답을 <u>究明</u>하다.
具備	갖출 구 갖출 비	있어야 할 것을 빠짐없이 다 갖춤. **예** <u>具備</u>해야 할 서류들을 꼭 챙겨주세요.
拘束	잡을 구 묶을 속	행동이나 의사의 자유를 제한하거나 속박함. **예** 우리는 아무런 <u>拘束</u>이 없는 자유로운 분위기에서 일한다.
驅除	몰 구 덜 제	해충 따위를 몰아내어 없앰. **예** 해충 <u>驅除</u> 사업
救濟	구원할 구 건널 제	자연적인 재해나 사회적인 피해를 당하여 어려운 처지에 있는 사람을 도와줌. **예** 난민 <u>救濟</u>
構築	얽을 구 쌓을 축	① 어떤 시설물을 쌓아 올려 만듦. **예** 방공호 <u>構築</u> ② 체제, 체계 따위의 기초를 닦아 세움. **예** 광범위한 정보를 데이터 베이스로 <u>構築</u>하다.
局限	핀 국 한할 한	범위를 일정한 부분에 한정함. **예** 오염 문제는 이제는 도시에만 <u>局限</u>된 것이 아니다.
闕位	대궐 궐 자리 위	어떤 직위나 관직 따위가 빔. 또는 그런 자리 **예** 대통령의 <u>闕位</u> 시에는 국무총리가 대통령직을 대행한다.
歸着	돌아갈 귀 붙을 착	① 다른 곳에서 어떤 곳으로 돌아오거나 돌아가 닿음. **예** 열차가 정시에 서울역에 <u>歸着</u>했다. ② 의논이나 의견 따위가 여러 경로를 거쳐 어떤 결론에 다다름. **예** 서글프게도 내 삶의 목표가 돈벌이로 <u>歸着</u>되었다.
糾彈	얽힐 규 탄알 탄	잘못이나 옳지 못한 일을 잡아내어 따지고 나무람. **예** 부정 선거를 <u>糾彈</u>하다.

襟度	옷깃 금 법도 도	다른 사람을 포용할 만한 도량 **예** 병사들은 장군의 장수다운 배포와 <u>襟度</u>에 감격하였다.
起居	일어날 기 살 거	① 일정한 곳에서 먹고 자고 하는 따위의 일상적인 생활을 함. 또는 그 　생활 **예** 나는 대학 시절에 자취방에서 그와 <u>起居</u>를 같이 했다. ② 앉아 있다가 손님을 영접하려고 일어섬. ③ 몸을 뜻대로 움직이며 생활함. 　　**예** 그는 아직 <u>起居</u>를 못해서 밖에 나갈 수 없다.
起稿	일어날 기 원고 고	원고를 쓰기 시작함. **예** 그는 매달 시를 잡지에 <u>起稿</u>하고 있다.
記述	기록할 기 펼 술	대상이나 과정의 내용과 특징을 있는 그대로 열거하거나 기록하여 서술 함. 또는 그런 기록 **예** 역사 <u>記述</u>

ㄴ

難澁	어려울 난 떫을 삽	글이나 말이 매끄럽지 못하면서 어렵고 까다로움. **예** 문장이 <u>難澁</u>하다.
老婆	늙을 노 할머니 파	늙은 여자 **예** <u>老婆</u>는 지팡이를 짚고 허공을 바라보고 있었다.
壟斷/ 隴斷	밭두둑 농 끊을 단 / 고개 이름 농 끊을 단	① 깎아 세운 듯한 높은 언덕 ② 이익이나 권리를 독차지함을 이르는 말 　　**예** 나랏돈을 <u>壟斷/隴斷</u>하다.
漏落	샐 누 떨어질 락	기입되어야 할 것이 기록에서 빠짐. 또는 그렇게 되게 함. **예** 명부에 <u>漏落</u>이 생기다.

ㄷ

團束	둥글 단 묶을 속	① 주의를 기울여 다잡거나 보살핌. 　　**예** 집 안팎 <u>團束</u>을 끝내고 잠자리에 들다. ② 규칙이나 법령, 명령 따위를 지키도록 통제함. 　　**예** 음주운전 <u>團束</u>을 강화하다.
斷然	끊을 단 그럴 연	확실히 단정할 만하게 **예** 개인기로 보나 체력으로 보나 우리 편이 <u>斷然</u> 앞선다.
對應	대할 대 응할 응	① 어떤 일이나 사태에 맞추어 태도나 행동을 취함. **예** 법적 <u>對應</u> ② 어떤 두 대상이 주어진 어떤 관계에 의하여 서로 짝이 되는 일 　　**예** <u>對應</u> 관계를 이르는 어구
到來	이를 도 올 래	어떤 시기나 기회가 닥쳐옴. **예** 이제 새 시대가 <u>到來</u>할 것이다.
塗炭	진흙 도 숯 탄	진구렁에 빠지고 숯불에 탄다는 뜻으로, 몹시 곤궁하여 고통스러운 지경 을 이르는 말 **예** 심한 세금 수탈로 백성들이 <u>塗炭</u>에 빠졌다.
督勵	감독할 독 힘쓸 려	감독하며 격려함. **예** 친구의 <u>督勵</u> 덕분에 이번 일을 무사히 마칠 수 있었다.

獨言	홀로 독 말씀 언	말을 하는 상대가 없이 혼자서 하는 말 = 혼잣말 예 내가 獨言을 자주 한다는 것을 친구들의 지적을 받고 나서야 알았다.
突發	갑자기 돌 필 발	뜻밖의 일이 갑자기 일어남. 예 突發 행동
突然	갑자기 돌 그럴 연	예기치 못한 사이에 급히 예 그때 나는 예상 못했던 일과 突然 마주치게 되었다.
棟梁/ 棟樑	마룻대 동 들보 량	① 기둥과 들보를 아울러 이르는 말 예 棟梁/棟樑을 잘 세워야 집의 균형이 바로잡힌다. ② 기둥과 들보로 쓸 만한 재목이라는 뜻으로, 집안이나 나라를 떠받치는 중대한 일을 맡을 만한 인재를 이르는 말 = 동량지재 예 장차 나라의 棟梁/棟樑이 될 어린이들
動搖	움직일 동 흔들 요	① 물체 따위가 흔들리고 움직임. 예 지진으로 인한 건물의 動搖 ② 생각이나 처지가 확고하지 못하고 흔들림. 예 신념의 動搖 ③ 어떤 체제나 상황 따위가 혼란스럽고 술렁임. 예 그 정책 발표 이후에 부동산 시장이 크게 動搖하기 시작했다.
動靜	움직일 동 고요할 정	① 물질의 운동과 정지 ② 사람이 일상적으로 하는 일체의 행위 ③ 일이나 현상이 벌어지고 있는 낌새 예 적의 動靜을 살피다.
動向	움직일 동 향할 향	① 사람들의 사고, 사상, 활동이나 일의 형세 따위가 움직여 가는 방향 예 학계의 연구 動向 / 여론의 動向 ② 어떤 특정한 사람이나 사물의 낱낱의 움직임 예 그 사람의 動向을 낱낱이 파악하여 수시로 보고하도록 하라.
同化	한가지 동 될 화	① 성질, 양식, 사상 따위가 다르던 것이 서로 같게 됨. 예 그곳을 여행한 후에 그들의 삶에 완전히 同化되었다. ② 밖으로부터 얻어 들인 지식 따위를 완전히 자기 것으로 만듦.
頭緒	머리 두 실마리 서	일의 차례나 갈피 예 頭緒가 잡히다.
鈍化	둔할 둔 될 화	느리고 무디어짐. 예 경제 성장의 鈍化
登記	오를 등 기록할 기	① 국가 기관이 법정 절차에 따라 등기부에 부동산에 관한 일정한 권리 관계를 적는 일. 또는 적어 놓은 것 예 登記 서류 ② 등기 우편(우편물 특수 취급의 하나) 예 편지를 登記로 부쳤다.

⬜ ㅁ ~ ㅂ

滿喫	찰 만 먹을 끽	① 마음껏 먹고 마심. 예 별미를 滿喫하다. ② 욕망을 마음껏 충족함. 예 자유를 滿喫하다.
網羅	그물 망 그물 라	물고기나 새를 잡는 그물이라는 뜻으로, 널리 받아들여 모두 포함함을 이르는 말 예 이번 전시회는 그의 생애를 網羅하고 있다.
謀略	꾀할 모 다스릴 략	① 계책이나 책략 ② 사실을 왜곡하거나 속임수를 써 남을 해롭게 함. 또는 그런 일 예 누군가의 못된 謀略으로 김 이사는 매우 어려운 처지에 놓이게 되었다.

默認	잠잠할 묵 알 인	모르는 체하고 하려는 대로 내버려 둠으로써 슬며시 인정함. **예** 상급자의 <u>默認</u> 아래 부정을 저지르다.
物議	물건 물 의논할 의	(대개 부정적인 뜻으로 쓰여) 어떤 사람 또는 단체의 처사에 대하여 많은 사람이 이러쿵저러쿵 논평하는 상태 **예** <u>物議</u>를 빚다. <u>物議</u>를 일으키다.
未遂	아닐 미 드디어 수	목적한 바를 시도하였으나 이루지 못함. **예** 살인 <u>未遂</u> 혐의
薄命	엷을 박 목숨 명	① 복이 없고 팔자가 사나움. **예** 그는 자신의 <u>薄命</u>한 삶을 원망했다. ② 수명이 짧음. **예** <u>薄命</u>한 미인
返戾	돌이킬 반 어그러질 려	주로 윗사람이나 상급 기관에 제출한 문서를 처리하지 않고 되돌려줌. **예** 사표 <u>返戾</u>
反應	돌이킬 반 응할 응	① 자극에 대응하여 어떤 현상이 일어남. 또는 그 현상 　　**예** 민감하게 <u>反應</u>하다. ② 이편을 배반하고 다른 편에 응함.
反芻	돌아올/돌이킬 반 꼴 추	① 한번 삼킨 먹이를 다시 게워 내어 씹음. 또는 그런 일 　　**예** 소는 먹이를 <u>反芻</u>하는 동물이다. ② 어떤 일을 되풀이하여 음미하거나 생각함. 또는 그런 일 　　**예** 지나온 삶을 <u>反芻</u>하다.
拔群	뽑을 발 무리 군	여럿 가운데에서 특별히 뛰어남. **예** 그 학생은 여러 학생 가운데 <u>拔群</u>의 성적을 보였다.
發掘	필 발 팔 굴	① 땅속이나 큰 덩치의 흙, 돌 더미 따위에 묻혀 있는 것을 찾아서 파냄. 　　**예** 유적 <u>發掘</u> ② 세상에 널리 알려지지 않거나 뛰어난 것을 찾아 밝혀냄. 　　**예** 시험을 통해 인재를 <u>發掘</u>하다.
發達	필 발 통달할 달	① 신체, 정서, 지능 따위가 성장하거나 성숙함. 　　**예** 운동 신경의 <u>發達</u> / 음악은 아이의 정서적 <u>發達</u>에 좋다. ② 학문, 기술, 문명, 사회 따위의 현상이 보다 높은 수준에 이름. 　　**예** 과학 기술의 <u>發達</u> / 통신 산업의 <u>發達</u>로 원거리 통신이 훨씬 편리해졌다. ③ 지리상의 어떤 지역이나 대상이 제법 크게 형성됨. 또는 기압, 태풍 　　따위의 규모가 점차 커짐. **예** 고기압의 <u>發達</u>
發令	필 발 하여금 령	① 명령을 내림. 또는 그 명령. 흔히 직책이나 직위와 관계된 경우를 　　이른다. **예** 인사 <u>發令</u> ② 긴급한 상황에 대한 경보를 발표함. **예** 공습경보 <u>發令</u>
勃發	노할 발 필 발	전쟁이나 큰 사건 따위가 갑자기 일어남. **예** 6·25 전쟁 <u>勃發</u>
發付	필 발 줄 부	증명서 따위를 발행하여 줌 = 발급 **예** 영장 <u>發付</u>를 받다.
發散	필 발 흩을 산	① 감정 따위를 밖으로 드러내어 해소함. 또는 분위기 따위를 한껏 드 　　러냄. **예** 감정의 <u>發散</u> ② 냄새, 빛, 열 따위가 사방으로 퍼져 나감. **예** 향기의 <u>發散</u>
發展	필 발 필 전	① 더 낫고 좋은 상태나 더 높은 단계로 나아감. 　　**예** 자기 <u>發展</u>을 위해 노력하다. ② 일이 어떤 방향으로 전개됨. **예** 이야기가 이제 <u>發展</u> 단계로 접어들었다.

發進	필 발 나아갈 진	출발하여 나아감. 주로, 엔진의 힘으로 배나 비행기 따위가 기지에서 출발하는 것을 이른다. **예** 항공기가 <u>發進</u>을 위해 대기 중이다.
發現	필 발 나타날 현	속에 있거나 숨은 것이 밖으로 나타나거나 그렇게 나타나게 함. 또는 그런 결과 **예** 사랑은 갖가지 형태로 <u>發現</u>된다.
發效	필 발 본받을 효	조약, 법, 공문서 따위의 효력이 나타남. 또는 그 효력을 나타냄. **예** 지금 총동원령이 <u>發效</u> 중이다.
防止	막을 방 그칠 지	어떤 일이나 현상이 일어나지 못하게 막음. **예** 병충해 <u>防止</u>
傍證	곁 방 증거 증	사실을 직접 증명할 수 있는 증거가 되지는 않지만, 주변의 상황을 밝힘으로써 간접적으로 증명에 도움을 줌. 또는 그 증거 **예** 포괄적인 강의는 선생님의 해박한 지식을 <u>傍證</u>하는 듯하다.
放出	놓을 방 날 출	비축하여 놓은 것을 내놓음. **예** 은행의 자금 <u>放出</u>로 기업의 숨통이 조금 트였다.
配列/ 排列	나눌/짝 배 벌일 열 / 밀칠/풀무 배 벌일 열	① 일정한 차례나 간격에 따라 벌여 놓음. **예** 책을 책장에 가지런히 <u>配列/排列</u>해 놓았다. ② 동일한 성격의 데이터를 관리하기 쉽도록 하나로 묶는 일
背馳	등 배 달릴 치	서로 반대로 되어 어그러지거나 어긋남. **예** 말과 행동의 <u>背馳</u>
變動	변할 변 움직일 동	바뀌어 달라짐. **예** 여행 계획에 <u>變動</u> 사항이 있으면 알려 주세요.
變質	변할 변 바탕 질	성질이 달라지거나 물질의 질이 변함. 또는 그런 성질이나 물질 **예** 식료품의 <u>變質</u>을 막기 위해서는 냉동 보관이 필요하다.
變形	변할 변 모양 형	모양이나 형태가 달라지거나 달라지게 함. 또는 그 달라진 형태 **예** 그 물건은 심하게 <u>變形</u>를 겪어서 원래 형태를 찾아볼 수 없었다.
病魔	병 병 마귀 마	병을 악마에 비유하여 이르는 말 **예** <u>病魔</u>를 물리치다.
病弊	병 병 폐단 폐	병통과 폐단을 아울러 이르는 말 **예** 사회의 부조리와 <u>病弊</u>를 고발하다.

竝行	나란히 병
	다닐 행
		① 둘 이상의 사물이 나란히 감.
		  예 두 기업을 여러 가지 측면에서 <u>竝行</u>하기로 합의를 했다.
		② 둘 이상의 일을 한꺼번에 행함.
		  예 학업과 일을 <u>竝行</u>하다.

補强	기울 보 강할 강	보태거나 채워서 본디보다 더 튼튼하게 함. **예** 시설 <u>補强</u> / 그는 체력 <u>補强</u>에 힘썼다.
補缺	기울 보 이지러질 결	① 결원이 생겼을 때에 그 빈자리를 채움. 늑 보궐(補闕) **예** <u>補缺</u> 입학 / 그는 학교에 <u>補缺</u>로 들어갔다. ② 결점을 고쳐서 보충함.
報道	갚을/알릴 보 길 도	대중 전달 매체를 통하여 일반 사람들에게 새로운 소식을 알림. 또는 그 소식 **예** <u>報道</u> 내용
堡壘	작은 성 보 보루 루	① 적의 침입을 막기 위하여 돌이나 콘크리트 따위로 튼튼하게 쌓은 구축물 **예** 최후의 <u>堡壘</u> ② 지켜야 할 대상을 비유적으로 이르는 말 **예** 인생의 마지막 <u>堡壘</u>

保留	지킬 보 머무를 류	어떤 일을 당장 처리하지 아니하고 나중으로 미루어 둠. 예 이번 계획안은 保留되었다.
補完	기울 보 완전할 완	모자라거나 부족한 것을 보충하여 완전하게 함. 예 문제점 補完을 위하여 최선을 다하였다.
保全	지킬 보 온전할 전	온전하게 보호하여 유지함. 예 환경 保全
補助	기울 보 도울 조	① 보태어 도움. 예 국가에서 補助를 받다. ② 주되는 것에 상대하여 거들거나 도움. 또는 그런 사람 예 주방에 補助를 두 명 두고 일했다.
保存	지킬 보 있을 존	잘 보호하고 간수하여 남김. 예 유물 保存
補充	기울 보 채울 충	부족한 것을 보태어 채움. 예 학교 공부의 補充으로 학원에 다닌다.
復棋/ 復碁	돌아올 복 바둑 기	바둑에서, 한 번 두고 난 바둑의 판국을 비평하기 위하여 두었던 대로 다시 처음부터 놓아 봄. 예 바둑을 復棋/復碁해 보니 나의 패인을 알 수 있었다.
逢變	만날 봉 변할 변	뜻밖의 변이나 망신스러운 일을 당함. 또는 그 변 예 逢變을 당하다.
賦課	부세 부 공부할 과	① 세금이나 부담금 따위를 매기어 부담하게 함. 예 관세 賦課 ② 일정한 책임이나 일을 부담하여 맡게 함. 예 책임 賦課
敷衍/ 敷演	펼 부 넘칠 연/ 펼 부 멀리 흐를 연	① 이해하기 쉽도록 설명을 덧붙여 자세히 말함. 예 敷衍/敷演 설명 ② 늘려서 널리 폄.
不在	아닐 부 있을 재	그곳에 있지 아니함. 예 질서의 不在
復興	다시 부 일 흥	쇠퇴하였던 것이 다시 일어남. 또는 그렇게 되게 함. 예 경제 復興
拂拭	떨칠 불 씻을 식	먼지를 떨고 훔친다는 뜻으로, 의심이나 부조리한 점 따위를 말끔히 떨어 없앰을 이르는 말 예 의혹을 拂拭하다.
崩壞	무너질 붕 무너질 괴	무너지고 깨어짐. 예 사회주의 崩壞
沸騰	끓을 비 오를 등	물이 끓듯 떠들썩하게 일어남. 예 각계의 여론이 沸騰하다.
鄙陋	더러울 비 좁을 루	행동이나 성질이 너절하고 더럽다. 예 鄙陋한 태도
庇護	덮을 비 도울 호	편들어서 감싸 주고 보호함. 예 그와 같은 엄청난 사건은 권력의 庇護를 받지 않고서는 일어날 수 없다.
憑藉	기댈 빙 깔 자	① 남의 힘을 빌려서 의지함. ② 말막음을 위하여 핑계로 내세움. 예 범인은 사기 및 혼인 憑藉 간음 혐의로 구속됐다.

ㅅ

死境	죽을 사 지경 경	죽을 지경. 또는 죽음에 임박한 경지 예 死境을 헤매다.
思考	생각 사 생각할 고	① 생각하고 궁리함. 예 진보적 思考 ② 심상이나 지식을 사용하는 마음의 작용 ③ 개념, 구성, 판단, 추리 따위를 행하는 인간의 이성 작용
師事	스승 사 일 사	스승으로 섬김. 또는 스승으로 삼고 가르침을 받음. 예 그는 김 선생에게서 춤을 師事하였다.
死藏	죽을 사 감출 장	사물 따위를 필요한 곳에 활용하지 않고 썩혀 둠. 예 그는 시대를 잘못 타고 태어나서인지 뛰어난 재능을 死藏하고 있다.
蛇足	뱀 사 발 족	뱀을 다 그리고 나서 있지도 아니한 발을 덧붙여 그려 넣는다는 뜻으로, 쓸데없는 군짓을 하여 도리어 잘못되게 함을 이르는 말
産室	낳을 산 집 실	① 해산하는 방 예 이 병원에는 産室이 모자란다. ② 어떤 일을 꾸미거나 이루어 내는 곳. 또는 그런 바탕 예 우리 연구부를 기술 개발의 産室로 키우겠다.
商街	장사 상 거리 가	상점들이 죽 늘어서 있는 거리 예 간판이 즐비한 商街를 걷다.
想念	생각 상 생각 념	마음속에 품고 있는 여러 가지 생각 예 그는 의자에 앉아 한동안 想念에 잠겨 있었다.
商道	장사 상 길 도	상업 활동에서 지켜야 할 도덕 ≒ 상도덕 예 商道를 어기다.
上手	윗 상 손 수	남보다 뛰어난 수나 솜씨. 또는 그런 수나 솜씨를 가진 사람 예 바둑에서는 上手가 백을 잡고 두어야 한다.
相異	서로 상 다를 이	서로 다름. 예 동생과 나는 성격 면에서 매우 相異하다.
上程	윗 상 한도/길 정	토의할 안건을 회의 석상에 내어놓음. 예 의제를 본회의에 上程하다.
常住	항상 상 살 주	늘 일정하게 살고 있음. 예 이 마을에는 군대가 常住해 있다.
相衝	서로 상 찌를 충	맞지 아니하고 서로 어긋남. 예 친구와 나의 의견은 相衝한다.
償還	갚을 상 돌아올 환	① 갚거나 돌려줌. 예 원리금 償還 ② 실질적으로 남이 부담하여야 할 출연(出捐)을 자기가 했을 경우에 그 사람에게 자기의 부담을 보상하게 하는 일
生硬	날 생 굳을/가로막을 경	① 세상 물정에 어둡고 완고함. 예 生硬한 이데올로기 ② 글의 표현이 세련되지 못하고 어설프다. 예 生硬한 문장 ③ 익숙하지 않아 어색하다. 예 너무나도 生硬한 풍경들에 나도 모르게 주춤했다.
徐行	천천히 할 서 다닐 행	사람이나 차가 천천히 감. 예 徐行 운전
席卷/ 席捲	자리 석 책 권/ 자리 석 말 권	돗자리를 만다는 뜻으로, 빠른 기세로 영토를 휩쓸거나 세력 범위를 넓힘을 이르는 말 예 중국 대륙의 席卷/席捲

善處	먼저 선 곳 처	형편에 따라 잘 처리함. **예** 아무쪼록 善處를 바랍니다.
旋風	돌 선 바람 풍	돌발적으로 일어나 세상을 뒤흔드는 사건을 비유적으로 이르는 말 **예** 그의 대하소설이 일대 旋風을 일으켰다.
成員	이룰 성 인원 원	① 모임이나 단체를 구성하는 인원 **예** 사회의 成員 ② 회의 성립에 필요한 인원 **예** 이제 成員이 되었으니, 회의를 시작합시다.

細說	가늘 세
	말씀 설
		① 쓸데없이 자질구레하게 늘어놓는 말 = 잔말
		   예 細說은 그만하고 요점만 말해 보시오.
		② 자세히 설명함. 또는 그런 설명
		③ 소인의 참소 따위와 같이 문제가 되지도 않는 너절한 말을 함. 또는
		   그 말

疏開	소통할 소
	열 개
		① 땅을 파서 물이 흐르도록 함.
		② 공습이나 화재 따위에 대비하여 한곳에 집중되어 있는 주민이나 시
		   설물을 분산함.
		   예 가스 폭발에 대비하여 인근 시설 근로자들을 안전 지역으로 疏開하고 있다.

召喚	부를 소 부를 환	법원이 피고인, 증인, 변호인, 대리인 따위의 소송 관계인에게 소환장을 발부하여, 공판 기일이나 그 밖의 일정한 일시에 법원 또는 법원이 지정 한 장소에 나올 것을 명령하는 일 **예** 召喚에 불응하다.
疏忽	소통할 소 소홀히 할 홀	대수롭지 아니하고 예사로움. 또는 탐탁하지 아니하고 데면데면함. **예** 관리가 疏忽하다.

送致	보낼 송
	이를/빽빽할 치
		① 수사 기관에서 검찰청으로, 또는 한 검찰청에서 다른 검찰청으로 피
		   의자와 서류를 넘겨 보내는 일
		   예 검찰에 送致되다.
		② 서류나 물건 따위를 보내어 정해진 곳에 이르게 함.

收納	거둘 수 들일 납	돈이나 물품 따위를 받아 거두어들임. **예** 조세 收納
修了	닦을 수 마칠 료	일정한 학과를 다 배워 끝냄. **예** 석사 과정 修了
秀麗	빼어날 수 고울 려	빼어나게 아름다움. **예** 그녀는 이목구비가 秀麗하다.
收斂	거둘 수 거둘 렴	의견이나 사상 따위가 여럿으로 나뉘어 있는 것을 하나로 모아 정리함. **예** 여론 收斂
受賂	받을 수 뇌물 뢰	뇌물을 받음. **예** 검찰은 受賂 혐의로 전직 경찰 총장을 기소했다.
修理	닦을 수 다스릴 리	고장 나거나 허름한 데를 손보아 고침. **예** 자전거 修理
隨伴	따를 수 짝 반	① 붙좇아서 따름. ② 어떤 일과 더불어 생김. **예** 개발에는 어느 정도의 환경 파괴가 隨伴된다.
受發	받을 수 필 발	받음과 보냄. **예** 공문서 受發
授與	줄 수 더불 여	증서, 상장, 훈장 따위를 줌. **예** 졸업장 授與

酬酌	갚을 수 술 부을 작	① 술잔을 서로 주고받음. 예 자네와 酬酌이라도 해 볼 심산으로 여기까지 왔네. ② 서로 말을 주고받음. 또는 그 말 예 酬酌을 붙이다. ③ 남의 말이나 행동, 계획을 낮잡아 이르는 말 예 뻔한 酬酌
受注	받을 수 부을 주	주문을 받음. 주로 물건을 생산하는 업자가 제품의 주문을 받는 것을 이르는 말 예 受注가 늘다.
肅然	엄숙할 숙 그럴 연	고요하고 엄숙함. 예 肅然한 분위기
宿患	잘 숙 근심 환	① 오래 묵은 병 예 아버님께서는 宿患으로 고생하시다가 별세하셨다. ② 오래된 걱정거리
順理	순할 순 다스릴 리	순한 이치나 도리. 또는 도리나 이치에 순종함. 예 順理를 따르다.
順延	순할 순 늘일 연	차례로 기일을 늦춤. 예 경기 불황으로 투자 계획을 順延하다.
承服	이을 승 옷 복	① 납득하여 따름. 예 적에게 承服하다. ② 죄를 스스로 고백함.
信念	믿을 신 생각 념	굳게 믿는 마음 예 信念을 지키다.
信奉	믿을 신 받들 봉	사상이나 학설, 교리 따위를 옳다고 믿고 받듦. 예 그의 그 이론에 대한 信奉은 신앙과도 같았다.
身手	몸 신 손 수	① 용모와 풍채를 통틀어 이르는 말 예 身手가 번듯하다. ② 얼굴에 나타난 건강 색 예 身手가 피다.
實力	열매 실 힘 력	① 실제로 갖추고 있는 힘이나 능력 예 수학 實力 ② 강제력이나 무력 예 實力을 행사하다.
失言	잃을 실 말씀 언	실수로 잘못 말함. 또는 그렇게 한 말 예 잦은 失言으로 신임을 잃다.

ㅇ

壓縮	누를 압 줄일 축	① 물질 따위에 압력을 가하여 그 부피를 줄임. 예 공기 壓縮 ② 문장 따위를 줄여 짧게 함. 예 시의 표현이 지닌 특징은 생략과 壓縮이다. ③ 일정한 범위나 테두리를 줄임. 예 포위선을 壓縮하다.
逆情	거스릴 역 뜻 정	몹시 언짢거나 못마땅하여서 내는 성 예 그는 이 소식을 듣자마자 逆情을 내기 시작했다.
歷任	지날 역 맡길 임	여러 직위를 두루 거쳐 지냄. 예 그는 대학총장을 歷任한 이력이 있다.
念願	생각 염 원할 원	마음에 간절히 생각하고 기원함. 또는 그런 것 예 우리 겨레의 念願
領袖	거느릴 영 소매 수	여러 사람 가운데 우두머리 예 여야 領袖 회담
領有	거느릴 영 있을 유	자기의 것으로 차지하여 가짐. 예 우리나라가 독도를 領有하는 것은 정당하다.

營爲	경영할 영 할 위	일을 꾸려 나감. **예** 삶을 <u>營爲</u>하다.
完璧	완전할 완 구슬 벽	① 흠이 없는 구슬이라는 뜻으로, 결함이 없이 완전함을 이르는 말 **예** <u>完璧</u>에 가까운 묘기 / 행사 준비에 <u>完璧</u>을 기하다. ② 빌린 물건을 정중히 돌려보냄.
憂愁	근심 우 근심 수	근심과 걱정을 아울러 이르는 말 **예** <u>憂愁</u>에 젖은 눈
韻致	운 운 이를/빽빽할 치	고상하고 우아한 멋 **예** <u>韻致</u> 있는 풍경
遺憾	남길 유 섭섭할 감	마음에 차지 아니하여 섭섭하거나 불만스럽게 남아 있는 느낌 **예** <u>遺憾</u>의 뜻을 표하다.
遺棄	남길 유 버릴 기	내다 버림. **예** 관 내에 장치한 물건을 손괴, <u>遺棄</u>, 은닉, 또는 영득한 자는 7년 이하의 징역에 처한다.
誘致	꾈 유 이를 치	① 꾀어서 데려옴. ② 행사나 사업 따위를 이끌어 들임. **예** 시설 <u>誘致</u>
潤色	붙을/윤택할 윤 빛 색	① 윤이 나도록 매만져 곱게 함. ② 사실을 과장하거나 미화함을 비유적으로 이르는 말 **예** 드라마를 제작하다보면 <u>潤色</u>의 과정이 필요하다.
隆盛	높을 융 성할 성	기운차게 일어나거나 대단히 번성함. **예** 그 시대에 문화가 크게 <u>隆盛</u>하였다.
議決	의논할 의 결단할 결	의논하여 결정함. 또는 그런 결정 **예** 헌법은 국회의 <u>議決</u>을 거쳐 국민 투표로 개정된다.
疑惑	의심할 의 미혹할 혹	의심하여 수상히 여김. 또는 그런 마음. **예** <u>疑惑</u>을 품다.
引渡	끌 인 건널 도	사물이나 권리 따위를 넘겨줌. **예** 면세품 <u>引渡</u>
湮滅	잠길 인 멸망할 멸	자취도 없이 모두 없어짐. 또는 그렇게 없앰. **예** 자료를 삭제하여 증거를 <u>湮滅</u>하였다.
認容	알 인 얼굴 용	인정하여 용납함. **예** 좋은 구절을 뽑아 <u>認容</u>하다.
認知	알 인 알 지	어떤 사실을 인정하여 앎. **예** 사실을 <u>認知</u>하다.
賃貸	품삯 임 빌릴 대	돈을 받고 자기의 물건을 남에게 빌려줌. **예** <u>賃貸</u> 아파트 / <u>賃貸</u> 가격이 싸다. / <u>賃貸</u> 조건이 좋다.
臨終	임할 임 마칠 종	① 죽음을 맞이함. **예** 할머니는 편안하게 <u>臨終</u>을 하셨다. ② 부모가 돌아가실 때 그 곁에 지키고 있음. **예** 아들은 어머님의 <u>臨終</u>을 지키지 못한 것이 못내 한이 되었다.
入選	들 입 가릴 선	출품한 작품이 심사에 합격하여 뽑힘. **예** 신춘문예에 <u>入選</u>되다.
入札	들 입 편지/뽑을 찰	상품의 매매나 도급 계약을 체결할 때 여러 희망자들에게 각자의 낙찰 희망 가격을 서면으로 제출하게 하는 일 **예** 건설 <u>入札</u>에서 우리 기업이 낙찰을 받았다.

ㅈ

刺戟	찌를 자 창 극	어떠한 작용을 주어 감각이나 마음에 반응이 일어나게 함. 또는 그런 작용을 하는 사물 예 그 일은 나에게 큰 刺戟을 주는 사건 중 하나였다.
雌雄	암컷 자 수컷 웅	① 암컷과 수컷을 아울러 이르는 말 = 암수 예 雌雄 동체 ② 승부, 우열, 강약 따위를 비유적으로 이르는 말 예 雌雄을 다투다.
自請	스스로 자 청할 청	어떤 일에 나서기를 스스로 청함. 예 그는 그 일을 맡겠다고 自請을 하고 나섰다.
作黨	지을 작 무리 당	떼를 지음. 또는 무리를 이룸. 예 作黨하여 비리를 저지르는군.
灼熱	불사를 작 더울 열	① 불 따위가 이글이글 뜨겁게 타오름. 예 灼熱하는 태양 ② 몹시 흥분하거나 하여 이글거리듯 들끓음을 비유적으로 이르는 말
作態	지을 작 모습 태	① 의도적으로 어떠한 태도나 표정을 지음. 또는 그 태도나 표정 예 아양스러운 作態 ② 하는 짓거리 예 몰지각한 作態를 보이다.
潛跡/ 潛迹	잠길 잠 발자취 적	종적을 아주 숨김. 예 공직자들에게는 潛跡/潛迹이나 도피보다 떳떳하게 나서서 사태를 감당하는 자세가 필요하다.
雜技	섞일 잡 재주 기	① 잡다한 놀이의 기술이나 재주 예 그는 雜技에 능하다. ② 잡스러운 여러 가지 노름
長考	길/어른 장 생각할/살필 고	오랫동안 깊이 생각함. 예 바둑은 아직도 포석 단계였고, 그들은 長考에 長考를 거듭했다.
將來	장차 장 올 래	① 다가올 앞날 예 졸업생들은 將來를 걱정하느라 삼삼오오 모여 있다. ② 앞으로의 가능성이나 전망 예 기왕이면 將來가 보장되는 직업을 선택해라. ③ 앞으로 닥쳐옴.
長足	길 장 발 족	① 기다랗게 생긴 다리 ② 사물의 발전이나 진행이 매우 빠름. 예 長足의 발전 / 그의 독일어 실력은 長足으로 진보했다.
裝着	꾸밀 장 붙을 착	의복, 기구, 장비 따위에 장치를 부착함. 예 운전석에 에어백을 裝着하다.
再考	두 재 생각할/살필 고	어떤 일이나 문제 따위에 대하여 다시 생각함. 예 결정을 再考하다.
才氣	재주 재 기운 기	재주가 있는 기질 예 才氣 발랄한 젊은이
再燃	다시 재 탈 연	① 꺼졌던 불이 다시 탐. 예 산불을 겨우 진압하기는 했으나 再燃을 경계해야 한다. ② 한동안 잠잠하던 일이 다시 문제가 되어 시끄러워짐. 예 일이 이렇게 된 이상 그 문제의 再燃은 이제 막을 수가 없다.
才媛	재주 재 여자 원	재주가 뛰어난 젊은 여자 예 그 처녀는 이 지방에서 이름난 才媛이다.
爭奪	다툴 쟁 빼앗을 탈	서로 다투어 빼앗음. 예 왕위 爭奪

積弊	쌓을 적 폐단 폐	오랫동안 쌓이고 쌓인 폐단 **예** 관민이 협심하여 <u>積弊</u>를 일소했다.
展望	펼 전 바랄 망	① 넓고 먼 곳을 멀리 바라봄. 또는 멀리 내다보이는 경치 　**예** 탁 트인 <u>展望</u> ② 앞날을 헤아려 내다봄. 또는 내다보이는 장래의 상황 　**예** 이 회사의 <u>展望</u>은 밝다.
專貰	오로지 전 세낼 세	계약에 의하여 일정 기간 동안 그 사람에게만 빌려주어 다른 사람의 사용을 금하는 일 **예** <u>專貰</u> 버스
專用	오로지 전 쓸 용	① 남과 공동으로 쓰지 아니하고 혼자서만 씀. **예** <u>專用</u> 전화 ② 특정한 부류의 사람만이 씀. **예** 군인 <u>專用</u> ③ 특정한 목적으로 일정한 부문에만 한하여 씀. **예** 버스 <u>專用</u> 차선 ④ 오로지 한 가지만을 씀. **예** 한글 <u>專用</u>
全治	온전할 전 다스릴 치	병을 완전히 고침. **예** 그 선수는 <u>全治</u> 4주의 부상을 당했다.
絶好	끊을 절 좋을 호	무엇을 하기에 기회나 시기 따위가 더할 수 없이 좋음. **예** <u>絶好</u>의 기회
占有	점령할 점 있을 유	물건이나 영역, 지위 따위를 차지함. **예** 시장 <u>占有</u>율
整備	가지런할 정 갖출 비	① 흐트러진 체계를 정리하여 제대로 갖춤. **예** 교육 제도 <u>整備</u> ② 기계나 설비가 제대로 작동하도록 보살피고 손질함. 　**예** 자동차 <u>整備</u> ③ 도로나 시설 따위가 제 기능을 하도록 정리함. **예** 가로수 <u>整備</u>
情緒	뜻 정 실마리 서	사람의 마음에 일어나는 여러 가지 감정. 또는 감정을 불러일으키는 기분이나 분위기 **예** <u>情緒</u> 불안 상태
淨水	깨끗할 정 물 수	물을 깨끗하고 맑게 함. 또는 그 물 **예** <u>淨水</u> 과정을 거친 물이라 그런지 깨끗하고 맑다.
定住	정할 정 살 주	일정한 곳에 자리를 잡고 삶. **예** 그들은 이곳에 들어와 오랫동안 <u>定住</u>하게 되었다.
停滯	머무를 정 막힐 체	사물이 발전하거나 나아가지 못하고 한자리에 머물러 그침. **예** 경제의 <u>停滯</u>로 불황이 지속되고 있다.
精緻	정할/찧을 정 빽빽할/이를 치	정교하고 치밀하다. **예** <u>精緻</u>한 논리
提示	끌 제 보일 시	① 어떠한 의사를 말이나 글로 나타내어 보임. 　**예** 이 문제에 대한 근본적인 해결책은 아직까지 <u>提示</u>되지 않고 있다. ② 검사나 검열 따위를 위하여 물품을 내어 보임. 　**예** 영장 <u>提示</u>
制裁	절제할/지을 제 마를 재	① 일정한 규칙이나 관습의 위반에 대하여 제한하거나 금지함. 또는 그런 조치 **예** 경제적 <u>制裁</u>를 가하다. ② 법이나 규정을 어겼을 때 국가가 처벌이나 금지 따위를 행함. 또는 그런 일 **예** 도발국 <u>制裁</u> 방안
題材	제목 제 재목 재	예술 작품이나 학술 연구의 바탕이 되는 재료 **예** 그는 나무를 <u>題材</u>로 하여 작품을 만들기 시작했다.
制定	절제할/지을 제 정할 정	제도나 법률 따위를 만들어서 정함. **예** 법 <u>制定</u>

提請	끌 제 청할 청	어떤 안건을 제시하여 결정하여 달라고 청구함. 예 국무총리의 提請으로 장관이 임명된다.
眺望	바라볼 조 바랄 망	먼 곳을 바라봄. 또는 그런 경치 예 이 집은 眺望이 좋다.
照明	비출 조 밝을 명	① 광선으로 밝게 비춤. 또는 그 광선 예 照明 시설 ② 어떤 대상을 일정한 관점으로 바라봄. ③ 무대의 예술적인 효과 또는 촬영 효과를 높이기 위하여 빛을 비춤. 또는 그 빛 예 이번 연극에서 나는 照明을 맡았다.
造成	지을 조 이룰 성	① 무엇을 만들어서 이룸. 예 기금 造成 ② 분위기나 정세 따위를 만듦. 예 면학 분위기 造成
助長	도울 조 길/어른 장	바람직하지 않은 일을 더 심해지도록 부추김. 예 사행비 助長
調停	고를 조 머무를 정	분쟁을 중간에서 화해하게 하거나 서로 타협점을 찾아 합의하도록 함. 예 실무자 간의 이견 調停을 위한 회의가 열렸다.
拙稿	졸할 졸 원고 고	① 내용이 보잘것없는 원고 예 이런 拙稿를 우리 잡지에 실어 달라고? ② 자기나 자기와 관련된 사람의 원고를 겸손하게 이르는 말 예 拙稿에서도 선생님의 주장과 같은 지적을 한 적이 있습니다.
主演	임금 주 펼 연	연극이나 영화에서 주인공 역을 맡아 연기하는 일. 또는 그렇게 하는 사람 예 드라마 主演 배우
主宰	임금 주 재상 재	어떤 일을 중심이 되어 맡아 처리함. 예 국무총리 主宰로 회의가 열렸다.
周知	두루 주 알 지	여러 사람이 두루 앎. 예 周知의 사실
主唱	임금 주 부를 창	① 주의나 사상을 앞장서서 주장함. 예 민주주의를 主唱하다. ② 노래나 시 따위를 앞장서서 부름. 예 한 학생이 主唱하면 다른 학생들이 따라 불렀다.
主軸	임금 주 굴대 축	전체 가운데서 중심이 되어 영향을 미치는 존재나 세력 예 팀의 主軸인 그의 부상으로 전력에 차질이 생겼다.
準據	법 준 의거할 거	전례나 명령 따위에 의거하여 따름. 예 법 조항에 準據하여 판결을 내렸다.
遵守	좇을 준 지킬 수	전례나 규칙, 명령 따위를 그대로 좇아서 지킴. 예 안전 수칙 遵守
重建	무거울 중 세울 건	절이나 왕궁 따위를 보수하거나 고쳐 지음. 예 대웅전 重建
仲裁	버금 중 마를 재	① 분쟁에 끼어들어 쌍방을 화해시킴. 예 仲裁를 받다. ② 제삼자가 분쟁 당사자 사이에 들어 분쟁을 조정하고 해결하는 일
中和	가운데 중 화할 화	① 서로 다른 성질을 가진 것이 섞여 각각의 성질을 잃거나 그 중간의 성질을 띠게 함. 또는 그런 상태 예 암모니아는 독성을 中和시키는 역할을 한다. ② 감정이나 성격이 치우치지 아니하고 바른 상태
增便	더할 증 편할 편	정기적인 교통편의 횟수를 늘림. 예 增便 운행

指數	가리킬 지 셈 수	① 어떤 수나 문자의 오른쪽 위에 덧붙여 쓰여 그 거듭제곱을 한 횟수를 나타내는 문자나 숫자 ② 물가나 임금 따위와 같이, 해마다 변화하는 사항을 알기 쉽도록 보이기 위해 어느 해의 수량을 기준으로 잡아 100으로 하고, 그것에 대한 다른 해의 수량을 비율로 나타낸 수치 예 물가 指數
遲延	더딜 지 늘일 연	무슨 일을 더디게 끌어 시간을 늦춤. 또는 시간이 늦추어짐. 예 기술 개발의 遲延으로 산업 발전에 많은 차질을 빚고 있다.
支持	지탱할 지 가질 지	① 어떤 사람이나 단체 따위의 주의·정책·의견 따위에 찬동하여 이를 위하여 힘을 씀. 또는 그 원조 예 정부의 정책에 支持를 보내다. / 그는 대중의 전폭적인 支持를 얻었다. ② 무거운 물건을 받치거나 버팀. 예 허물어진 담을 버팀목으로 支持하다.
遲滯	더딜 지 막힐 체	① 때를 늦추거나 질질 끎. 예 잠시도 遲滯 말고 어서 가시오. ② 의무 이행을 정당한 이유 없이 지연하는 일
地軸	땅 지 굴대 축	① 지구의 자전축 ② 대지의 중심 예 地軸을 뒤흔들다.
診斷	진찰할 진 끊을 단	의사가 환자의 병 상태를 판단하는 일 예 의사가 診斷을 하다.
眞相	참 진 서로 상	사물이나 현상의 거짓 없는 모습이나 내용 예 眞相을 규명하다.
眞髓	참 진 골수 수	사물이나 현상의 가장 중요하고 본질적인 부분 예 이것이 바로 문학의 眞髓이다.
進陟	나아갈 진 오를 척	① 일이 목적한 방향대로 진행되어 감. 예 빠른 進陟을 보이다. ② 벼슬이 높아짐.
桎梏	차꼬 질 쇠고랑 곡	몹시 속박하여 자유를 가질 수 없는 고통의 상태 예 고통의 桎梏에서 벗어나야 한다.
秩序	차례 질 차례 서	혼란 없이 순조롭게 이루어지게 하는 사물의 순서나 차례 예 동물의 세계에도 엄격한 秩序가 있다.
質疑	바탕 질 의심할 의	의심나거나 모르는 점을 물음. 예 質疑 응답
徵發	부를 징 필 발	① 남에게 물품을 강제적으로 모아 거둠. ② 국가에서 특별한 일에 필요한 사람이나 물자를 강제로 모으거나 거둠. 예 국가에서 전쟁에 필요한 물자를 徵發하였다.
徵收	부를 징 거둘 수	① 나라, 공공 단체, 지주 등이 돈, 곡식, 물품 따위를 거두어들임. 예 세금 徵收 ② 행정 기관이 법에 따라서 조세, 수수료, 벌금 따위를 국민에게서 거두어들이는 일
徵候	부를 징 기후 후	겉으로 나타나는 낌새 예 태풍이 닥칠 徵候

ㅊ

着工	붙을 **착** 장인 **공**	공사를 시작함. 예 개발 사업 **着工**
着想	붙을 **착** 생각 **상**	어떤 일이나 창작의 실마리가 되는 생각이나 구상 따위를 잡음. 또는 그 생각이나 구상 예 기발한 **着想**이 떠올랐다.
着手	붙을 **착** 손 **수**	어떤 일에 손을 댐. 또는 어떤 일을 시작함. 예 작업에 본격적으로 **着手**하다.
贊同	도울 **찬** 한가지 **동**	어떤 행동이나 견해 따위가 옳거나 좋다고 판단하여 그에 뜻을 같이함. 예 그의 의견에 **贊同**의 뜻을 표했다.
簒奪	빼앗을 **찬** 빼앗을 **탈**	왕위, 국가 주권 따위를 억지로 빼앗음. 예 정권을 **簒奪**하다.
刹那	절 **찰** 어찌 **나**	어떤 일이나 사물 현상이 일어나는 바로 그때 예 **刹那**의 순간
參加	참여할 **참** 더할 **가**	모임이나 단체 또는 일에 관계하여 들어감. 예 **參加**에 의의가 있다.
參見	참여할 **참** 볼 **견**	자기와 별로 관계없는 일이나 말 따위에 끼어들어 쓸데없이 아는 체하거나 이래라저래라 함. 예 쓸데없는 **參見**
參觀	참여할 **참** 볼 **관**	어떤 자리에 직접 나아가서 봄. 예 수업 **參觀** / 대회 **參觀**
參席	참여할 **참** 자리 **석**	모임이나 회의 따위의 자리에 참여함. 예 **參席** 인원 / 선약이 있어서 그 모임에 **參席**이 어렵게 되었다.
參與	참여할 **참** 더불 **여**	어떤 일에 끼어들어 관계함. 예 홍보 부족인지 사람들의 **參與**가 너무 적었다.
猖獗	미쳐 날뛸 **창** 날뛸 **궐**	못된 세력이나 전염병 따위가 세차게 일어나 걷잡을 수 없이 퍼짐. 예 그 무렵 사이비 종교가 전염병처럼 **猖獗**하고 있었다.
暢達	화창할 **창** 통달할 **달**	① 의견, 주장, 견해 따위를 거리낌이나 막힘이 없이 자유롭게 표현하고 전달함. 예 언론 **暢達** ② 거침없이 쑥쑥 뻗어 나감. 또는 그렇게 되게 함. 예 민족 문화의 **暢達**
剔抉	바를 **척** 도려낼 **결**	나쁜 부분이나 요소들을 깨끗이 없애 버림. 예 부정부패 **剔抉**에 나섰다.
穿鑿	뚫을 **천** 뚫을 **착**	① 구멍을 뚫음. ② 어떤 원인이나 내용 따위를 따지고 파고들어 알려고 하거나 연구함. 예 다양한 실험을 통해 우리 것에 대한 **穿鑿**을 계속하다. ③ 억지로 이치에 닿지 아니한 말을 함.
請託	청할 **청** 부탁할 **탁**	청하여 남에게 부탁함. 예 **請託**을 받다.
滯拂	막힐 **체** 떨칠 **불**	마땅히 지급하여야 할 것을 지급하지 못하고 미룸. 예 **滯拂** 노임
滯症	막힐 **체** 증세 **증**	① 먹은 음식이 잘 소화되지 아니하는 증상 예 **滯症**이 가시지 않아 소화제를 먹었다. ② 교통의 흐름이 순조롭지 아니하여 길이 막히는 상태 예 도로의 극심한 **滯症**
抄錄	뽑을 **초** 기록할 **록**	필요한 부분만을 뽑아서 적음. 또는 그런 기록 예 문헌의 색인과 **抄錄**

囑託	부탁할 촉 부탁할 탁	① 일을 부탁하여 맡김. **예** 그 선배는 나에게 들어온 **囑託** 업무까지 도와주곤 했다. ② 정부 기관이나 공공 단체에서 임시로 어떤 일을 맡아보는 사람 ③ 대등한 지위에 있는 관청 사이에서 필요한 사무를 다른 관청에 위임하는 일 ④ 특정인이 특정한 국가 사무를 수행하고, 이에 대하여 국가가 그 사람에게 반대급부를 제공하는 일
推戴	밀 추 일 대	윗사람으로 떠받듦. **예** **推戴**를 받다.
追突	쫓을 추 부딪칠 돌	자동차나 기차 따위가 뒤에서 들이받음. **예** 버스 한 대와 승용차 두 대가 부딪치는 이중 **追突**이 일어났다.
追慕	쫓을 추 그릴 모	죽은 사람을 그리며 생각함. **예** 고인을 **追慕**하다.
追敍	쫓을 추 줄 서	죽은 뒤에 관등을 올리거나 훈장 따위를 줌. **예** 훈장 **追敍**
追認	쫓을 추 알 인	지나간 사실을 소급하여 추후에 인정함. **예** 합의안을 만장일치로 **追認**하다.
追從	쫓을 추 좇을 종	① 남의 뒤를 따라서 좇음. **예** 그는 이 분야에서만큼은 타의 **追從**을 불허한다. ② 권력이나 권세를 가진 사람이나 자신이 동의하는 학설 따위를 별 판단 없이 믿고 따름. **예** **追從** 세력
追徵	쫓을 추 부를 징	① 부족한 것을 뒤에 추가하여 징수함. ② 형법상 몰수하여야 할 물건을 몰수할 수 없을 때에 몰수할 수 없는 부분에 해당하는 값의 금전을 징수하는 일 **예** 탈루 세금 **追徵**
逐出	쫓을 축 날 출	쫓아내거나 몰아냄. **예** 강제 **逐出**
祝賀	빌 축 하례할 하	남의 좋은 일을 기뻐하고 즐거워한다는 뜻으로 인사함. 또는 그런 인사 **예** 생일 **祝賀**
出現	날 출 나타날 현	나타나거나 또는 나타나서 보임. **예** 신생 국가의 **出現**
恥部	부끄러울 치 거느릴 부	남에게 드러내고 싶지 아니한 부끄러운 부분 **예** 그는 자신의 **恥部**까지 솔직히 말할 만큼 나를 신뢰했다.
蟄居	숨을 칩 살 거	나가서 활동하지 아니하고 집 안에만 틀어박혀 있음. **예** **蟄居** 생활을 하다. / 고향에서 나는 당분간 **蟄居**를 각오했다.

ㅋ ~ ㅍ

快擲	쾌할 쾌 던질 척	금품을 마땅히 쓸 자리에 시원스럽게 내놓음. **예** 고아원에 거금을 **快擲**하다.
打開	칠 타 열 개	매우 어렵거나 막힌 일을 잘 처리하여 해결의 길을 엶. **예** 현실 **打開**
妥結	온당할 타 맺을 결	의견이 대립된 양편에서 서로 양보하여 일을 마무름. **예** **妥結**을 보다.

特記	특별할 **특** 기록할 **기**	특별히 다루어 기록함. 또는 그런 기록 예 <u>特記</u> 사항
派遣	갈래 **파** 보낼 **견**	일정한 임무를 주어 사람을 보냄. 예 <u>派遣</u> 근무
波長	물결 **파** 길/어른 **장**	① 파동에서, 같은 위상을 가진 서로 이웃한 두 점 사이의 거리 ② 충격적인 일이 끼치는 영향. 또는 그 영향이 미치는 정도나 동안을 비유적으로 이르는 말 예 사회적으로 이 기사의 <u>波長</u>은 매우 컸다.
澎湃/ 彭湃	물 소리 **팽** 물결 칠 **배**/ 성씨 **팽** 물결 칠 **배**	① 큰 물결이 맞부딪쳐 솟구침. ② 어떤 기세나 사조 따위가 매우 거세게 일어남. 　예 지금 우리 사회는 이기주의가 <u>澎湃</u>/<u>彭湃</u>하다.
風潮	바람 **풍** 밀물 **조**	① 바람과 조수(潮水)를 아울러 이르는 말. 또는 바람에 따라 흐르는 조수 ② 시대에 따라 변하는 세태 예 과소비 <u>風潮</u>
披瀝	헤칠 **피** 쏟을 **력**	생각하는 것을 털어놓고 말함. 예 그는 자신의 견해를 <u>披瀝</u>했다.

ㅎ

緘口	봉할 **함** 입 **구**	입을 다문다는 뜻으로, 말하지 아니함을 이르는 말 예 그 일에 대해서는 아직까지도 일체 <u>緘口</u>하고 있다.
涵養	젖을 **함** 기를 **양**	능력이나 품성 따위를 길러 쌓거나 갖춤. 예 의식 <u>涵養</u>
亢進	높을 **항** 나아갈 **진**	① 위세 좋게 뽐내고 나아감. ② 병세 따위가 심하여짐. ③ 기세나 기능 따위가 높아짐. 예 췌장 기능의 <u>亢進</u>
虛言	빌 **허** 말씀 **언**	① 실속이 없는 빈말 　예 그의 머리가 뛰어나다는 말은 과연 <u>虛言</u>이 아니었다. ② 사실이 아닌 것을 사실인 것처럼 꾸며 대어 말을 함. 또는 그런 말 　예 너 이놈, 여기가 어디라고 여전히 <u>虛言</u>이냐?
效驗	본받을 **효** 시험 **험**	일의 좋은 보람. 또는 어떤 작용의 결과 예 약을 먹은 지 꽤 되었는데도 <u>效驗</u>은 나타날 기미조차 보이지 않았다.
確率	굳을 **확** 비율 **률**	일정한 조건 아래에서 어떤 사건이나 사상이 일어날 가능성의 정도. 또는 그런 수치 예 이번 경기에서는 우리나라가 이길 <u>確率</u>이 크다.
擴張	넓힐 **확** 베풀 **장**	범위, 규모, 세력 따위를 늘려서 넓힘. 예 사업을 <u>擴張</u>하다.
歡談	기쁠 **환** 말씀 **담**	정답고 즐겁게 서로 이야기함. 또는 그런 이야기 예 <u>歡談</u>을 나누다.
歡喜	기쁠 **환** 기쁠 **희**	매우 기뻐함. 또는 큰 기쁨 예 <u>歡喜</u>로 들끓다.
活用	살 **활** 쓸 **용**	충분히 잘 이용함. 예 공터를 꽃밭으로 <u>活用</u>하다.
膾炙	회 **회** 고기 구울 **자**	회와 구운 고기. 칭찬을 받으며 사람의 입에 자주 오르내림. 예 그 노래는 오늘날까지 널리 <u>膾炙</u>되고 있다.
詰難	물을/꾸짖을 **힐** 어려울 **난**	트집을 잡아 거북할 만큼 따지고 듦. 예 그는 친구의 잘못을 크게 <u>詰難</u>하였다.

02 기출 3음절 한자어

橋頭堡 교 두 보	① 다리를 엄호하기 위하여 쌓은 보루 ② 상륙·도하 작전에서 적군이 점령하고 있는 강기슭이나 해안선의 한 모퉁이를 점거하고 그곳에 마련한 작은 진지 ③ 어떤 일을 하기 위해 마련한 발판을 비유적으로 이르는 말 예 일제는 한반도를 중국 침략의 橋頭堡로 삼았다.
金字塔 금 자 탑	길이 후세에 남을 뛰어난 업적을 비유적으로 이르는 말 예 역사에 길이 남을 金字塔을 이룩하다.
彌縫策 미 봉 책	눈가림만 하는 일시적인 계책 예 언론에서는 정부의 정책이 彌縫策에 머물고 있을 뿐 근본적인 해결책은 될 수 없다고 지적했다.
未曾有 미 증 유	지금까지 한 번도 있어 본 적이 없음. 예 역사 이래 未曾有의 사건 / 未曾有의 파문을 일으키다.
賻儀金 부 의 금	부의로 보내는 돈 예 회사에서 賻儀金을 보내오다.
試金石 시 금 석	가치, 능력, 역량 따위를 알아볼 수 있는 기준이 되는 기회나 사물 예 이번 총선은 민주주의의 발전 정도를 한 단계 높이거나 떨어뜨릴 수 있는 중요한 試金石이다.
牛骨塔 우 골 탑	가난한 농가에서 소를 팔아 마련한 학생의 등록금으로 세운 건물이라는 뜻으로, '대학'을 속되게 이르는 말
自充手 자 충 수	스스로 행한 행동이 결국에 가서는 자신에게 불리한 결과를 가져오게 됨을 이르는 말 예 그는 실언을 해서 自充手를 두는 꼴이 되었다.

03 최신 기출 동음이의어 한자어

★2회 이상 출제 어휘는 색 글씨로 표시함.

경기	驚氣	놀랄 경 기운 기	어린아이에게 나타나는 증상의 하나로, 풍(風)으로 인해 갑자기 의식을 잃고 경련을 일으키는 것 예 막내가 驚氣를 일으키자 부모님은 재빨리 119에 신고했다.
	競技	다툴 경 재주 기	일정한 규칙 아래 기량과 기술을 겨룸. 또는 그런 일 예 이번 競技에 출전하는 선수들은 모두 기량이 뛰어나다.
	景氣	볕 경 기운 기	매매나 거래에 나타나는 호황·불황 따위의 경제 활동 상태 예 景氣 침체
고사	告祀	고할 고 제사 사	액운(厄運)은 없어지고 풍요와 행운이 오도록 집안에서 섬기는 신(神)에게 음식을 차려 놓고 비는 제사 예 告祀를 지내다. / 터주에게 告祀를 드리다.
	考查	생각할 고 조사할 사	① 자세히 생각하고 조사함. 예 길쌈을 겨루고 그 공의 다소를 考查하여 진 편이 이긴 편에 사례하도록 하였다. ② 학생들의 학업 성적을 평가하는 시험 예 학기마다 두 번씩 考查를 치른다.
	姑捨	시어머니 고 버릴 사	어떤 일이나 그에 대한 능력, 경험, 지불 따위를 배제함. 앞에 오는 말의 내용이 불가능하여 뒤에 오는 말의 내용 역시 기대에 못 미침을 나타냄. 예 요즘 남편 회사 사정이 어려워 상여금은 姑捨하고 월급도 제 날짜에 받지 못하고 있다.

고수	固守	굳을 고 지킬 수	차지한 물건이나 형세 따위를 굳게 지킴. 예 그는 여전히 같은 입장을 固守하고 있다.
	高手	높을 고 손 수	① 바둑이나 장기 따위에서 수가 높음. 또는 그런 사람 예 그는 바둑의 高手이다. ② 어떤 분야나 집단에서 기술이나 능력이 매우 뛰어난 사람
	鼓手	북 고 손 수	북이나 장구 따위를 치는 사람 예 북채를 든 鼓手
공사	工事	장인 공 일 사	토목이나 건축 따위의 일 예 신축 工事
	公社	공평할 공 모일 사	국가적 사업을 수행하기 위하여 설립된 공공 기업체의 하나 예 나는 公社에 지원해서 최종 합격을 하였다.
	公私	공평할 공 사사로울 사	① 공공의 일과 사사로운 일을 아울러 이르는 말 예 그는 公私를 철저하게 구분한다. ② 정부와 민간을 아울러 이르는 말 ③ 사회와 개인을 아울러 이르는 말
구제	救濟	구원할 구 건널 제	자연적인 재해나 사회적인 피해를 당하여 어려운 처지에 있는 사람을 도와줌. 예 불법 사기로 피해를 본 사람들을 救濟하기 위한 위원회가 구성될 것으로 예상된다.
	舊製	옛 구 지을 제	옛적에 만듦. 또는 그런 물건 예 그는 舊製 의류를 이용한 독특한 패션을 선보이고 있다.
	驅除	몰 구 덜 제	해충 따위를 몰아내어 없앰. 예 기생충 驅除
동기	同氣	한가지 동 기운 기	형제와 자매, 남매를 통틀어 이르는 말 예 同氣끼리 사이좋게 지내다.
	動機	움직일 동 틀 기	어떤 일이나 행동을 일으키게 하는 계기 예 動機 부여
	同期	한가지 동 기약할 기	① 같은 시기. 또는 같은 기간 예 올해 수출액은 전년 同期보다 훨씬 높은 수치를 웃돌고 있다. ② 학교나 훈련소 따위에서의 같은 기 예 입사 同期 ③ 같은 시기에 같은 곳에서 교육이나 강습을 함께 받은 사람 예 그는 同期 중에 나와 가장 친밀한 사이이다.
사주	社主	모일 사 주인 주	회사나 결사(結社)의 주인 예 회사의 社主가 바뀌다.
	使嗾	하여금 사 부추길 주	남을 부추겨 좋지 않은 일을 시킴. 예 그는 아내의 살인을 使嗾한 혐의로 구속되었다.
	四柱	넉 사 기둥 주	사람이 태어난 연월일시의 네 간지(干支). 또는 이에 근거하여 사람의 길흉화복을 알아보는 점 예 그녀는 四柱를 보러 점집을 자주 다닌다.

수령	首領	머리 수 거느릴 령	한 당파나 무리의 우두머리 **예** 그는 이 고을의 <u>首領</u>이다.
	樹齡	나무 수 나이 령	나무의 나이 **예** 이 마을의 소나무는 <u>樹齡</u>이 500년 정도 된다고 한다.
	受領	받을 수 거느릴 령	돈이나 물품을 받아들임. **예** 물품을 <u>受領</u>하지 못한 고객은 홈페이지로 문의 바랍니다.
수리	修理	닦을 수 다스릴 리	고장 나거나 허름한 데를 손보아 고침. **예** 차량 <u>修理</u>
	數理	셈 수 다스릴 리	① 수학의 이론이나 이치 **예** 그는 <u>數理</u>에 밝다. ② 수학과 자연 과학을 아울러 이르는 말 **예** 올해 수능에서 <u>數理</u> 영역이 가장 어렵게 출제되었다.
	水利	물 수 이로울 리	① 수상 운송상의 편리 ② 식용, 관개용, 공업용 따위로 물을 이용하는 일 **예** 지역 주민의 농사를 위해 <u>水利</u> 시설을 확충하려고 한다.
수정	修正	닦을 수 바를 정	바로잡아 고침. **예** 원고를 보니 전반적인 <u>修正</u>이 필요할 것 같다.
	受精	받을 수 정할 정	암수의 생식 세포가 하나로 합쳐져 접합자가 됨. 또는 그런 현상 **예** 나비와 벌의 도움을 통해 식물은 <u>受精</u>된다.
	水晶	물 수 맑을 정	무색투명한 석영의 하나 **예** 그녀의 눈은 <u>水晶</u>과 같이 맑고 깨끗하다.
시가	市街	저자 시 거리 가	① 도시의 큰 길거리 **예** 버스는 어느새 <u>市街</u>를 빠져나와 국도를 향해 달렸다. ② 인가(人家)나 상가가 많이 늘어선 거리 **예** 폭염 탓인지 <u>市街</u>가 한산했다.
	市價	저자 시 값 가	시장에서 상품이 매매되는 가격 **예** 이 집은 <u>市價</u>가 1억 원 정도 된다.
	時價	때 시 값 가	일정한 시기의 물건값 **예** 증권 거래소에 상장이 이루어지려면 매출이나 자산, <u>時價</u> 총액 등 이 일정 규모에 도달해야 한다.
양식	糧食	양식 양 먹을 식	① 생존을 위하여 필요한 사람의 먹을거리 **예** <u>糧食</u>이 다 떨어졌으니 마트를 다녀와야겠다. ② 지식이나 물질, 사상 따위의 원천이 되는 것을 비유적으로 이르는 말 **예** 책은 마음의 <u>糧食</u>이다.
	良識	어질 양 알 식	뛰어난 식견이나 건전한 판단 **예** 쓰레기를 길거리에 버리는 것은 <u>良識</u>이 있는 행동이 아니다.
	樣式	모양 양 법 식	① 일정한 모양이나 형식 **예** 정해진 <u>樣式</u>에 맞게 서류를 작성해야 한다. ② 오랜 시간이 지나면서 자연히 정하여진 방식 **예** 행동 <u>樣式</u> ③ 시대나 부류에 따라 각기 독특하게 지니는 문학, 예술 따위 의 형식 **예** 고딕 <u>樣式</u>

	延期	끌 연 기약할 기	정해진 기한을 뒤로 물려서 늘림. 예 시험이 한 달 뒤로 <u>延期</u>되었다.
연기	煙氣	연기 연 기운 기	불에 탈 때에 생겨나는 흐릿한 기체나 기운 예 굴뚝에서 <u>煙氣</u>가 났다.
	演技	펼 연 재주 기	배우가 배역의 인물, 성격, 행동 따위를 표현해 내는 일 예 나이가 어린데도 불구하고 그녀는 <u>演技</u>가 뛰어나다.
	臟器	오장 장 그릇 기	내장의 여러 기관 예 <u>臟器</u> 기증
장기	長技	길 장 재주 기	가장 잘하는 재주 예 그의 <u>長技</u>는 오랫동안 물구나무서기이다.
	長期	길 장 기약할 기	장기간(긴 기간) 예 <u>長期</u> 투숙 고객
	潮水	조수 조 물 수	① 밀물과 썰물을 통틀어 이르는 말 예 <u>潮水</u> 간만의 차 ② 아침에 밀려들었다가 나가는 바닷물 ③ 달, 태양 따위의 인력에 의하여 주기적으로 높아졌다 낮아졌다 하는 바닷물 예 <u>潮水</u>가 밀려 들어오다.
조수	鳥獸	새 조 짐승 수	새와 짐승을 아울러 이르는 말 예 이 곳에 출입하기 전에 유해 <u>鳥獸</u>에 대비해 안전 장비를 모두 갖추고, 지시 사항을 잘 따라야 한다.
	助手	도울 조 손 수	어떤 책임자 밑에서 지도를 받으면서 그 일을 도와주는 사람 예 그는 나의 밑에서 <u>助手</u> 노릇을 톡톡히 하고 있다.

01_ ④에서 쓰인 '혼동(混同)'의 사전적 의미는 '구별하지 못하고 뒤섞어서 생각함.'이다. '뒤죽박죽이 되어 어지럽고 질서가 없음.'을 의미하는 단어는 '혼란(混亂)'이다.

01_ 밑줄 친 한자어의 사전적 뜻풀이로 옳지 않은 것은?

① 일기 예보를 정확하게 하기 위해서는 각종 기상 정보에 대한 정확한 <u>계측(計測)</u>이 필요하다.

   ➡ 시간이나 물건의 양 따위를 헤아리거나 잼.

② 한국 팀은 전반에 다섯 골을 넣어 공격 축구의 <u>진수(眞髓)</u>를 보여 주었다.

   ➡ 사물이나 현상의 가장 중요하고 본질적인 부분

③ 그는 학교에 <u>보결(補缺)</u>로 들어갔다. ➡ 결원이 생겼을 때에 그 빈자리를 채움.

④ 그의 작품은 모두 비슷해서 어떤 경우에는 작품명을 <u>혼동(混同)</u>할 때도 있었다.

   ➡ 뒤죽박죽이 되어 어지럽고 질서가 없음.

⑤ 생긴 것도 험상궂은 사내가 <u>난잡(亂雜)</u>한 짓만 골라서 한다.

   ➡ 행동이 막되고 문란함.

02_ ④의 문맥상 병의 증세가 점차 나아진다는 의미를 가진 한자어가 자연스러우므로, 「1」 일의 형세가 좋은 쪽으로 바뀜. 「2」 병의 증세가 나아짐.'을 뜻하는 '호전(好轉)'이 적절하다. '와전(訛傳)'은 '사실과 다르게 전함.'을 의미한다.

02_ 밑줄 친 한자어가 문맥에 어울리지 않는 것은?

① 이번에 대대적으로 발생한 사회적 움직임은 우리 사회에 만연한 물질주의에 <u>경종(警鐘)</u>을 울리는 사건으로 보아야 할 것이다.

② 딸이 학교 친구들에게 따돌림을 당하는 것을 본 어머니는 <u>억장(億丈)</u>이 무너지는 듯 가슴이 미어졌다.

③ 후보자 간에 서로를 견제하기 시작하면서, 후보자들에 대한 유언비어가 <u>난무(亂舞)</u>하기 시작했다.

④ 그의 병세가 <u>와전(訛傳)</u>되기 시작하면서, 그의 표정도 점차 밝아지고 얼굴에는 웃음기가 맴돌았다.

⑤ 타인을 비방하거나 <u>폄훼(貶毁)</u>하는 게시물은 명예 훼손죄로 법적 처벌을 받을 수 있습니다.

오답해설 ① 경종(警鐘) : 「1」 위급한 일이나 비상사태를 알리는, 종이나 사이렌 따위의 신호 「2」 잘못된 일이나 위험한 일에 대하여 경계하여 주는 주의나 충고를 비유적으로 이르는 말
② 억장(億丈) : 썩 높은 것. 또는 그런 높이
③ 난무(亂舞) : 「1」 엉킨 듯이 어지럽게 추는 춤. 또는 그렇게 춤을 춤. 「2」 함부로 나서서 마구 날뜀을 비유적으로 이르는 말
⑤ 폄훼(貶毁) : 남을 깎아내려 헐뜯음.

ANSWER

01. ④   02. ④

03_ 밑줄 친 한자어의 쓰임이 적절하지 <u>않은</u> 것은?

① 그는 자동차 운전면허 <u>갱신(更新)</u>을 거부한다.

② 요즘 옷은 남녀의 <u>구별(區別)</u>이 없는 경우가 많다.

③ 남의 사생활에 <u>관여(關與)</u>해서는 안 된다.

④ 그의 까만 얼굴과 흰 이가 선명한 <u>대조(對照)</u>를 보인다.

⑤ 교장 선생님께서 졸업하는 학생들에게 졸업장을 <u>수여(授與)</u>하기 위해 강단에 서 계신다.

오답해설 ① 갱신(更新) : 법률관계의 존속 기간이 끝났을 때 그 기간을 연장하는 일
예 계약 <u>갱신</u> / 면허 <u>갱신</u>
② 구별(區別) : 성질이나 종류에 따라 나타나는 차이. 또는 그것을 갈라놓음.
예 신분의 <u>구별</u> / 공과 사의 <u>구별</u>
④ '대조(對照)'는 「1」둘 이상의 내용을 서로 맞대어 비교하여 같고 다름을 검토함. 「2」서로 반대되거나 상대적으로 대비됨.'의 뜻을 가지고 있다. 이 문장에서는 두 번째 의미로 쓰이고 있다.
★ 대비(對比) : 「1」서로 맞대어 비교함. 「2」서로 대립되는 감각이나 감정. 또는 그 밖의 심적 활동이 시간적·공간적으로 접근하여 나타날 때 대립된 성질이 뚜렷하게 드러나 그 차이가 두드러지게 느껴지는 현상
⑤ 수여(授與) : 증서, 상장, 훈장 따위를 줌.
★ 수상(受賞) : 상을 받음.

04_ 밑줄 친 한자어가 문맥상 적절하지 <u>않은</u> 것은?

① 이 음식은 쉽게 <u>변질(變質)</u>되므로 냉장고에 보관하여야 한다.

② 이번 사고에 대한 문책으로 장관이 전격 <u>경질(更迭)</u>되었다.

③ 나는 그 쌍둥이 자매를 <u>변별(辨別)</u>하지 못한다.

④ 설악산의 단풍은 참으로 <u>가관(可觀)</u>이다.

⑤ 버스 한 대와 승용차 두 대가 부딪치는 이중 <u>추돌(追突)</u>이 일어났다.

오답해설 ① 변질(變質) : 성질이 달라지거나 물질의 질이 변함.
② 경질(更迭) : 어떤 직위에 있는 사람을 다른 사람으로 바꿈.
④ 가관(可觀) : 「1」경치 따위가 꽤 볼 만함. 「2」꼴이 볼만하다는 뜻으로, 남의 언행이나 어떤 상태를 비웃는 뜻으로 쓰는 말
⑤ 추돌(追突) : 자동차나 기차 따위가 뒤에서 들이받음.

05_ 다음 중 ㉠~㉢에 들어갈 낱말들을 바르게 짝지은 것은?

> • 마라톤의 기록 (㉠)은 인간 한계에 대한 도전이다.
> • 민주 국가에서는 권력의 (㉡)을 견제하는 장치가 필요하다.
> • 위헌 법률 조항의 (㉢)을 통해 선의의 피해자를 구제해야 한다.

	㉠	㉡	㉢
①	경신(更新)	오용(誤用)	개정(改正)
②	경신(更新)	남용(濫用)	개정(改正)
③	경신(更新)	남용(濫用)	개선(改善)
④	갱신(更新)	남용(濫用)	개정(改正)
⑤	갱신(更新)	오용(誤用)	개선(改善)

03_ ③ 관여 ➡ 간여

• 관여(關與) : 어떤 일에 관계하여 참여함. 예 아버지는 인사 문제에는 관여를 마십시오.

• 간여(干與) : 어떤 일에 간섭하여 참견함. 예 군인들이 민간인 일에는 <u>간여</u>를 못 하게 되었다.

04_ '변별(辨別)'은 '사물의 옳고 그름이나 좋고 나쁨을 가림.'이라는 뜻인데, 쌍둥이 자매의 좋고 나쁨을 가린다는 표현은 적절하지 않다. '성질이나 종류에 따라 차이가 남. 또는 성질이나 종류에 따라 갈라놓음.'이라는 뜻의 '구별(區別)'을 쓰는 것이 적절하다.

05_ ㉠ '경신'과 '갱신'은 한자가 '更新'으로 동일하나, 그 의미는 다르다. '경신'은 '종전의 기록을 깨뜨림.'의 의미이나, '갱신'은 '법률관계의 존속 기간이 끝났을 때 그 기간을 연장하는 일'을 뜻하는 말로 '비자 <u>갱신</u>, 면허 <u>갱신</u>' 등에 주로 사용된다.
㉡ '남용(濫用)'은 「1」일정한 기준이나 한도를 넘어서 함부로 씀. 「2」권리나 권한 따위를 본래의 목적이나 범위를 벗어나 함부로 행사함.'의 의미로, '약물 <u>남용</u>, 공권력 <u>남용</u>' 등으로 쓰고, '오용(誤用)'은 '잘못 사용함.'의 뜻으로, '단어의 <u>오용</u>' 등에 쓰인다.
㉢ '개정(改正)'은 '주로 문서의 내용 따위를 고쳐 바르게 함.'의 뜻으로 '헌법 <u>개정</u>, 회칙 <u>개정</u>, 악법의 <u>개정</u>' 등에 쓰인다. 이에 비해 '개선(改善)'은 '잘못된 것이나 부족한 것, 나쁜 것 따위를 고쳐 더 좋게 만듦.'의 의미이므로 '입시 제도 <u>개선</u>, 유통 구조 <u>개선</u>, 관계 <u>개선</u>' 등에 주로 쓰인다.

ANSWER

03. ③ 04. ③ 05. ②

06 다음 ㄱ~ㄹ의 (   ) 안 어느 곳에도 사용될 수 없는 단어는?

> ㄱ 나침반과 종이는 중국에서 (   )되었다.
> ㄴ 그가 만든 비밀 조직이 이번에 (   )되었다.
> ㄷ 과학 기술의 (   )(으)로 산업 사회가 앞당겨졌다.
> ㄹ 국회의원 선거에 대비해 감시단을 (   )시켰다.

① 발굴(發掘) 　　　　　② 발각(發覺)

③ 발달(發達) 　　　　　④ 발족(發足)

⑤ 발명(發明)

오답해설 ② '발각(發覺)'은 '숨기던 것이 드러남.'의 의미로, ㄴ의 '비밀 조직'과 연관 지어 사용할 수 있다.
③ '발달(發達)'은 '학문, 기술, 문명, 사회 따위의 현상이 보다 높은 수준에 이름.'의 의미로, ㄷ의 '과학 기술'과 연관 지어 사용할 수 있다.
④ '발족(發足)'은 '어떤 조직체가 새로 만들어져 활동을 시작함.'의 의미로, ㄹ의 '감시단'과 연관 지어 사용할 수 있다.
⑤ '발명(發明)'은 '전에 없던 것을 새로 생각해 내거나 만들어 냄.'의 의미로, ㄱ의 '나침반과 종이'와 연관 지어 사용할 수 있다.

07 다음 중 한자어의 병기가 잘못된 것은?

① 고마운 제의였지만 정중하게 사양(辭讓)하기로 마음먹었다.

② 지연에 연고를 둔 연고주의는 지역감정을 조장(組長)시킬 수 있다.

③ 그는 누구에게도 아첨(阿諂)하기를 싫어하였다.

④ 그 보도는 우리나라의 척박한 교육 현실을 시사(示唆)하고 있다.

⑤ 그는 새로운 항공 노선 개척(開拓)을 위해 노력했다.

오답해설 ① 사양(辭讓): 겸손하여 받지 아니하거나 응하지 아니함. 또는 남에게 양보함.
③ 아첨(阿諂): 남의 환심을 사거나 잘 보이려고 알랑거림. 또는 그런 말이나 짓
④ 시사(示唆): 어떤 것을 미리 간접적으로 표현해 줌.
⑤ 개척(開拓): 「1」 거친 땅을 일구어 논이나 밭과 같이 쓸모 있는 땅으로 만듦. 「2」 새로운 영역, 운명, 진로 따위를 처음으로 열어 나감.

08 다음 글의 밑줄 친 한자의 병기가 잘못된 것은?

> 풍자란 사회도덕이 이념과 인간의 행동 ① 규범(規範)이 와해되어 현실이 불합리한 국면에 빠져들 때에 그에 대한 분노와 항거에서 비롯된다. 풍자가 ② 지향(志向)하는 목적은 비리와 모순에 가득 차 있는 현실을 보여 줌으로써 그 ③ 병폐(病弊)의 근원을 인식시키고 그 ④ 시정(施政)을 촉구하는 데에 있다. 그러므로 풍자는 본질적으로 도덕적 명제를 ⑤ 내포(內包)한다.

오답해설 ① 규범(規範): 인간이 행동하거나 판단할 때에 마땅히 따르고 지켜야 할 가치 판단의 기준
② 지향(志向): 어떤 목표로 뜻이 쏠리어 향함. 또는 그 방향이나 그쪽으로 쏠리는 의지
③ 병폐(病弊): 병통과 폐단을 아울러 이르는 말
⑤ 내포(內包): 어떤 성질이나 뜻 따위를 속에 품음.

09_ 다음 중 ( ) 안에 들어갈 한자어가 잘못 제시된 것은?

① 태풍 때문에 쓰러진 나무가 ( )하다.

➡ 즐비(櫛比) : 빗살처럼 줄지어 빽빽하게 늘어서 있음.

② 소문난 구두쇠 노인이 고아원에 거금을 ( )했다.

➡ 기부(寄附) : 자선 사업이나 공공사업을 돕기 위하여 돈이나 물건 따위를 대가 없이 내놓음.

③ 논설문을 쓸 때는 자신의 주장을 당당하게 ( )해야 한다.

➡ 피력(披瀝) : 생각하는 것을 털어놓고 말함.

④ 고려청자는 우리 민족 예술의 ( )이다.

➡ 정수(精髓) : 사물의 중심이 되는 골자 또는 요점

⑤ 지금 상황은 목적과 수단이 ( )된 느낌을 준다.

➡ 전환(轉換) : 다른 방향이나 상태로 바뀌거나 바꿈.

09_ ⑤의 경우에는 '전환(轉換)'이 아니라 '차례, 위치, 이치, 가치관 따위가 뒤바뀌어 원래와 달리 거꾸로 됨.'의 의미를 지닌 '전도(顚倒)'가 들어가야 알맞다.

10_ 다음 중 ㉠~㉢의 한자를 바르게 나열한 것은?

> • 지금은 ㉠현상을 유지하는 데 최선을 다해야 한다.
> • 그는 디자인 ㉡현상 공모전에 도전하기로 했다.
> • 어젯밤에는 열대야 ㉢현상으로 잠을 설쳤다.

	㉠	㉡	㉢
①	現象	現想	懸賞
②	顯賞	現狀	現想
③	現狀	懸賞	現象
④	懸賞	現象	現狀
⑤	現象	懸賞	現狀

10_ ㉠ 현상(現狀) : 나타나 보이는 현재의 상태
㉡ 현상(懸賞) : 무엇을 모집하거나 구하거나 사람을 찾는 일 따위에 현금이나 물품 따위를 내걺. 또는 그 현금이나 물품
㉢ 현상(現象) : 인간이 지각할 수 있는, 사물의 모양과 상태

ANSWER
09. ⑤ 10. ③

Theme 06

한자 성어 / 속담 / 관용어

올킬
한 권으로 끝내는
KBS한국어
능력시험

출제유형 분석

"이렇게 출제된다!"

한자 성어 관련 문제는 매회 1문제가 출제된다. 한자 성어의 의미를 단독으로 묻는 유형과 한자 성어와 속담을 묶어서 주어진 속담과 유사한 의미를 가진 한자 성어를 묻는 두 가지 유형이 있다. 최근에는 한자 성어가 단독으로 출제되기보다는 의미가 비슷한 속담과 연계하여 출제되는 추세이다. 그렇기 때문에 문제에 바로 적용할 수 있도록 의미가 통하는 한자 성어와 속담을 묶어서 함께 암기해 두는 것이 효율적인 학습 방법이다. 최근에는 우리가 일상생활에서 많이 쓰는 속담들이 주로 출제되기 때문에 속담을 학습하는 데 있어서 큰 어려움은 없을 것이다.

이 외에 관용구의 뜻풀이가 잘못된 것을 고르는 문제가 매회 반드시 1문제씩 출제되기 때문에 관용구의 정확한 의미를 익혀 두어야 한다.

Q
- "○○"을 비유적으로 이르는 말은?
- "○○"의 의미를 지닌 사자성어는?
- 〈보기〉에 제시된 선생님의 물음에 대한 답으로 적절한 것은?
- 〈보기〉의 ┌ ㉠ ┐에 들어갈 한자 성어로 가장 적절한 것은?(한자 성어와 속담 연계)
- 비슷한 의미를 지닌 말끼리 묶인 것은?(한자 성어와 속담 연계)
- 유사한 의미를 지닌 말끼리 연결한 것으로 가장 적절한 것은?(한자 성어와 속담 연계)
- 다음 중 "○○"와 의미가 가장 유사한 것은?(한자 성어와 속담 연계)
- "○○"와 의미가 가장 유사한 속담은?
- 다음 관용구의 의미가 적절하지 <u>않은</u> 것은?

기출유형 맛보기

"이런 문제가 나온다!"

1. '냉수 먹고 이 쑤시기'와 의미가 가장 유사한 한자 성어는?

① 견마지로(犬馬之勞)　　　　　② 낭중지추(囊中之錐)
③ 사고무친(四顧無親)　　　　　④ 허장성세(虛張聲勢)
⑤ 괄목상대(刮目相對)

해설

④ '냉수 먹고 이 쑤시기'는 잘 먹은 체하며 이를 쑤신다는 뜻으로, 실속은 없으면서 무엇이 있는 체함을 이르는 말이다. '실속은 없으면서 큰소리치거나 허세를 부림.'을 뜻하는 한자 성어 '허장성세(虛張聲勢)'와 의미가 상통한다.
① 견마지로(犬馬之勞) : 개나 말 정도의 하찮은 힘이라는 뜻으로, 윗사람에게 충성을 다하는 자신의 노력을 낮추어 이르는 말
② 낭중지추(囊中之錐) : 주머니 속의 송곳이라는 뜻으로, 재능이 뛰어난 사람은 숨어 있어도 저절로 사람들에게 알려짐을 이르는 말
③ 사고무친(四顧無親) : 의지할 만한 사람이 아무도 없음.
⑤ 괄목상대(刮目相對) : 눈을 비비고 상대편을 본다는 뜻으로, 남의 학식이나 재주가 놀랄 만큼 부쩍 늚을 이르는 말

2. 〈보기〉의 ⟨ ㉠ ⟩에 들어갈 한자 성어로 가장 적절한 것은?

┌─ 보기 ───┐
│ '음지가 양지 된다.'라는 속담은 한자 성어 '새옹지마(塞翁之馬)'와 유사한 의미를 가지고 있다. │
│ 이처럼 속담과 한자 성어가 서로 유사한 의미를 가지고 있는 경우가 많은데, 속담 '언 발에 오줌 │
│ 누기' 또한 한자 성어 '⟨ ㉠ ⟩'와(과) 유사한 의미를 가지고 있다. │
└───┘

① 주마간산(走馬看山)　　　　　② 동족방뇨(凍足放尿)
③ 견강부회(牽强附會)　　　　　④ 금란지의(金蘭之誼)
⑤ 면종복배(面從腹背)

해설 ② '동족방뇨(凍足放尿)'는 속담 '언 발에 오줌 누기'와 의미가 같은 한자 성어로, 잠시 동안만 효력이 있을 뿐 효력이 바로 사라짐을 비유적으로 이르는 말이다.
① 주마간산(走馬看山) : 말을 타고 달리며 산천을 구경한다는 뜻으로, 자세히 살피지 아니하고 대충대충 보고 지나감을 이르는 말
③ 견강부회(牽强附會) : 이치에 맞지 않는 말을 억지로 끌어 붙여 자기에게 유리하게 함.
④ 금란지의(金蘭之誼) : 친구 사이의 매우 두터운 정을 이르는 말 = 금란지계(金蘭之契)
⑤ 면종복배(面從腹背) : 겉으로는 복종하는 체하면서 내심으로는 배반함.

3. 다음 관용구의 의미가 적절하지 <u>않은</u> 것은?

① '눈에서 황이 나다' ➡ 몹시 억울하거나 질투가 날 때 이르는 말
② '발이 잦다' ➡ 어떤 곳에 자주 다니다.
③ '새가 뜨다' ➡ 사람 사이의 관계가 벌어져 소원해지다.
④ '목에 힘을 주다' ➡ 주로 울거나 부르짖을 때에 참거나 삼가지 않고 소리를 크게 내다.
⑤ '김이 식다' ➡ 재미나 의욕이 없어지다.

해설 ④ '목에 힘을 주다.'는 '거드름을 피우거나 남을 깔보는 듯한 태도를 취하다.'는 의미이다. '주로 울거나 부르짖을 때에 참거나 삼가지 않고 소리를 크게 내어'의 의미로 쓰이는 관용어는 '목(을) 놓아(놓고)'이다.

ANSWER ▶ 1. ④　2. ②　3. ④

핵심내용 다지기

01 필수 기출 한자 성어

★빈출 어휘는 색 글씨로 표시함.

肝膽相照 간 담 상 조	서로 속마음을 털어놓고 친하게 사귐.
甘呑苦吐 감 탄 고 토	달면 삼키고 쓰면 뱉는다는 뜻으로, 자신의 비위에 따라서 사리의 옳고 그름을 판단함을 이르는 말
去頭截尾 거 두 절 미	① 머리와 꼬리를 잘라 버림. ② 어떤 일의 요점만 간단히 말함.
乾坤一擲 건 곤 일 척	주사위를 던져 승패를 건다는 뜻으로, 운명을 걸고 단판걸이로 승부를 겨룸을 이르는 말
牽强附會 견 강 부 회	이치에 맞지 않는 말을 억지로 끌어 붙여 자기에게 유리하게 함.

犬馬之勞 견마지로	개나 말 정도의 하찮은 힘이라는 뜻으로, 윗사람에게 충성을 다하는 자신의 노력을 낮추어 이르는 말
犬馬之心 견마지심	개나 말이 주인을 위하는 마음이라는 뜻으로, 신하나 백성이 임금이나 나라에 충성하는 마음을 낮추어 이르는 말
見蚊拔劍 견문발검	모기를 보고 칼을 뺀다는 뜻으로, 사소한 일에 크게 성내어 덤빔을 이르는 말
結草報恩 결초보은	죽은 뒤에라도 은혜를 잊지 않고 갚음.
姑息之計 고식지계	우선 당장 편한 것만을 택하는 꾀나 방법. 한때의 안정을 얻기 위하여 임시로 둘러맞추어 처리하거나 이리저리 주선하여 꾸며 내는 계책
苦肉之計 고육지계	자기 몸을 상해 가면서까지 꾸며 내는 계책이라는 뜻으로, 어려운 상태를 벗어나기 위해 어쩔 수 없이 꾸며 내는 계책을 이르는 말 늑 苦肉之策(고육지책)
孤掌難鳴 고장난명	외손뼉만으로는 소리가 울리지 아니한다는 뜻으로, 혼자의 힘만으로 어떤 일을 이루기 어려움을 이르는 말 = 獨掌難鳴(독장난명)
管鮑之交 관포지교	관중과 포숙의 사귐이란 뜻으로, 우정이 아주 돈독한 친구 관계를 이르는 말
刮目相對 괄목상대	눈을 비비고 상대편을 본다는 뜻으로, 남의 학식이나 재주가 놀랄 만큼 부쩍 늚을 이르는 말
矯角殺牛 교각살우	소의 뿔을 바로잡으려다가 소를 죽인다는 뜻으로, 잘못된 점을 고치려다가 그 방법이나 정도가 지나쳐 오히려 일을 그르침을 이르는 말
捲土重來 권토중래	① 땅을 말아 일으킬 것 같은 기세로 다시 온다는 뜻으로, 한 번 실패하였으나 힘을 회복하여 다시 쳐들어옴을 이르는 말 ② 어떤 일에 실패한 뒤에 힘을 가다듬어 다시 그 일에 착수함을 비유하여 이르는 말
金蘭之誼 금란지의	친구 사이의 매우 두터운 정을 이르는 말
囊中之錐 낭중지추	주머니 속의 송곳이라는 뜻으로, 재능이 뛰어난 사람은 숨어 있어도 저절로 사람들에게 알려짐을 이르는 말
多岐亡羊 다기망양	① 달아난 양을 찾으려 할 때 갈림길이 많아 끝내는 양을 잃는다는 뜻으로, 학문의 길이 여러 갈래로 나뉘어 있어서 진리를 얻기 어려움을 이르는 말 ② 방침이 많아서 도리어 갈 바를 모름.
多聞博識 다문박식	보고 들은 것이 많고 아는 것이 많음.
堂狗風月 당구풍월	서당에서 기르는 개가 풍월을 읊는다는 뜻으로, 그 분야에 대하여 경험과 지식이 전혀 없는 사람이라도 오래 있으면 얼마간의 경험과 지식을 가짐을 이르는 말
螳螂拒轍 당랑거철	제 역량을 생각하지 않고, 강한 상대나 되지 않을 일에 덤벼드는 무모한 행동거지를 비유적으로 이르는 말 = 螳螂之斧(당랑지부)
冬溫夏凊 동온하정	겨울에는 따뜻하게, 여름에는 서늘하게 한다는 뜻으로, 부모를 잘 섬기어 효도함을 이르는 말
凍足放尿 동족방뇨	언 발에 오줌 누기라는 뜻으로, 잠시 동안만 효력이 있을 뿐 효력이 바로 사라짐을 비유적으로 이르는 말

杜門不出 두 문 불 출	① 집에만 있고 바깥출입을 아니함. ② 집에서 은거하면서 관직에 나가지 아니하거나 사회의 일을 하지 아니함을 비유적으로 이르는 말
燈火可親 등 화 가 친	등불을 가까이할 만하다는 뜻으로, 서늘한 가을밤은 등불을 가까이 하여 글 읽 기에 좋음을 이르는 말
萬頃蒼波 만 경 창 파	만 이랑의 푸른 물결이라는 뜻으로, 한없이 넓고 넓은 바다를 이르는 말
萬古絶色 만 고 절 색	세상에 비길 데 없이 뛰어난 미인
亡羊補牢 망 양 보 뢰	양을 잃고 우리를 고친다는 뜻으로, 이미 어떤 일을 실패한 뒤에 뉘우쳐도 아무 소용이 없음을 이르는 말
望雲之情 망 운 지 정	자식이 객지에서 고향에 계신 어버이를 생각하는 마음
麥秀之嘆 맥 수 지 탄	고국의 멸망을 한탄함을 이르는 말. 기자(箕子)가 은(殷)나라가 망한 뒤에도 보 리만은 잘 자라는 것을 보고 한탄하였다는 데서 유래함.
面從腹背 면 종 복 배	겉으로는 복종하는 체하면서 내심으로는 배반함.
明若觀火 명 약 관 화	불을 보듯 분명하고 뻔함.
目不識丁 목 불 식 정	아주 간단한 글자인 'ㅜ' 자를 보고도 그것이 '고무래'인 줄을 알지 못한다는 뜻 으로, 아주 까막눈임을 이르는 말
拍掌大笑 박 장 대 소	손뼉을 치며 크게 웃음.
反哺之孝 반 포 지 효	까마귀 새끼가 자라서 늙은 어미에게 먹이를 물어다 주는 효(孝)라는 뜻으로, 자식이 자란 후에 어버이의 은혜를 갚는 효성을 이르는 말
傍若無人 방 약 무 인	곁에 사람이 없는 것처럼 아무 거리낌 없이 함부로 말하고 행동하는 태도가 있음.
白眉 백 미	흰 눈썹이라는 뜻으로, 여럿 가운데에서 가장 뛰어난 사람이나 훌륭한 물건을 비유적으로 이르는 말
夫唱婦隨 부 창 부 수	남편이 주상하고 아내가 이에 질 따름. 또는 부부 사이의 그런 도리
附和雷同 부 화 뇌 동	줏대 없이 남의 의견에 따라 움직임.
四面楚歌 사 면 초 가	아무에게도 도움을 받지 못하는, 외롭고 곤란한 지경에 빠진 형편을 이르는 말
三旬九食 삼 순 구 식	삼십 일 동안 아홉 끼니밖에 먹지 못한다는 뜻으로, 몹시 가난함을 이르는 말
桑田碧海 상 전 벽 해	뽕나무밭이 변하여 푸른 바다가 된다는 뜻으로, 세상일의 변천이 심함을 비유적 으로 이르는 말

塞翁之馬 새옹지마	인생의 길흉화복은 변화가 많아서 예측하기가 어려움.
小貪大失 소탐대실	작은 것을 탐하다가 큰 것을 잃음.
首丘初心 수구초심	여우가 죽을 때에 머리를 자기가 살던 굴 쪽으로 둔다는 뜻으로, 고향을 그리워하는 마음을 이르는 말 = 狐死首丘(호사수구)
守株待兎 수주대토	한 가지 일에만 얽매여 발전을 모르는 어리석은 사람을 비유적으로 이르는 말
惡戰苦鬪 악전고투	매우 어려운 조건을 무릅쓰고 힘을 다하여 고생스럽게 싸움.
魚魯不辨 어로불변	어(魚) 자와 노(魯) 자를 구별하지 못한다는 뜻으로, 아주 무식함을 비유적으로 이르는 말
易地思之 역지사지	처지를 바꾸어서 생각하여 봄.
緣木求魚 연목구어	나무에 올라가서 물고기를 구한다는 뜻으로, 도저히 불가능한 일을 굳이 하려함을 비유적으로 이르는 말
煙霞痼疾 연하고질	자연의 아름다운 경치를 몹시 사랑하고 즐기는 성벽
烏飛梨落 오비이락	까마귀 날자 배 떨어진다는 뜻으로, 아무 관계도 없이 한 일이 공교롭게도 때가 같아 억울하게 의심을 받거나 난처한 위치에 서게 됨을 이르는 말
吳越同舟 오월동주	서로 적의를 품은 사람들이 한자리에 있게 된 경우나 서로 협력하여야 하는 상황을 비유적으로 이르는 말
臥薪嘗膽 와신상담	거북한 섶에 몸을 눕히고 쓸개를 맛본다는 뜻으로, 원수를 갚거나 마음먹은 일을 이루기 위하여 온갖 어려움과 괴로움을 참고 견딤을 비유적으로 이르는 말
愚公移山 우공이산	우공이 산을 옮긴다는 뜻으로, 어떤 일이든 끊임없이 노력하면 반드시 이루어짐을 이르는 말
類類相從 유유상종	같은 무리끼리 서로 사귐.
以卵投石 이란투석	달걀로 돌을 친다는 뜻으로, 아주 약한 것으로 강한 것에 대항하려는 어리석음을 비유적으로 이르는 말
日就月將 일취월장	나날이 다달이 자라거나 발전함.
臨時變通 임시변통	갑자기 터진 일을 우선 간단하게 둘러맞추어 처리함.
自家撞着 자가당착	같은 사람의 말이나 행동이 앞뒤가 서로 맞지 아니하고 모순됨.
賊反荷杖 적반하장	도둑이 도리어 매를 든다는 뜻으로, 잘못한 사람이 아무 잘못도 없는 사람을 나무람을 이르는 말
前代未聞 전대미문	이제까지 들어 본 적이 없음.

前途遙遠 전 도 요 원	① 가야 할 길이 아득히 멂. ② 장래가 창창하게 멂.
前無後無 전 무 후 무	이전에도 없었고 앞으로도 없음.
前人未踏 전 인 미 답	① 이제까지 그 누구도 가 보지 못함. ② 이제까지 그 누구도 손을 대어 본 일이 없음.
井底之蛙 정 저 지 와	우물 밑의 개구리. 소견이나 견문이 몹시 좁은 것 = 井中之蛙(정중지와)
坐井觀天 좌 정 관 천	우물 속에 앉아서 하늘을 본다는 뜻으로, 사람의 견문(見聞)이 매우 좁음을 이르는 말 = 井中觀天(정중관천)
走馬加鞭 주 마 가 편	달리는 말에 채찍질한다는 뜻으로, 잘하는 사람을 더욱 장려함을 이르는 말
走馬看山 주 마 간 산	말을 타고 달리며 산천을 구경한다는 뜻으로, 자세히 살피지 아니하고 대충대충 보고 지나감을 이르는 말
衆口鑠金 중 구 삭 금	뭇사람의 말은 쇠도 녹인다는 뜻으로, 여론의 힘이 큼을 이르는 말
針小棒大 침 소 봉 대	작은 일을 크게 불리어 떠벌림.
抱腹絶倒 포 복 절 도	배를 그러안고 넘어질 정도로 몹시 웃음.
風樹之嘆 풍 수 지 탄	효도를 다하지 못한 채 어버이를 여읜 자식의 슬픔을 이르는 말
風前燈火 풍 전 등 화	① 바람 앞의 등불이라는 뜻으로, 사물이 매우 위태로운 처지에 놓여 있음을 비유적으로 이르는 말 ② 사물이 덧없음을 비유적으로 이르는 말
下石上臺 하 석 상 대	아랫돌 빼서 윗돌 괴고 윗돌 빼서 아랫돌 괸다는 뜻으로, 임시변통으로 이리저리 둘러맞춤을 이르는 말
鶴首苦待 학 수 고 대	학의 목처럼 목을 길게 빼고 간절히 기다림.
虛張聲勢 허 장 성 세	실속은 없으면서 큰소리치거나 허세를 부림.
虛虛實實 허 허 실 실	허를 찌르고 실을 꾀하는 계책
狐假虎威 호 가 호 위	남의 권세를 빌려 위세를 부림.
昏定晨省 혼 정 신 성	밤에는 부모의 잠자리를 보아 드리고 이른 아침에는 부모의 밤새 안부를 묻는다는 뜻으로, 부모를 잘 섬기고 효성을 다함을 이르는 말
畵龍點睛 화 룡 점 정	무슨 일을 하는 데에 가장 중요한 부분을 완성함을 비유적으로 이르는 말
興盡悲來 흥 진 비 래	즐거운 일이 다하면 슬픈 일이 닥쳐온다는 뜻으로, 세상일은 순환되는 것임을 이르는 말

02 필수 기출 속담

우물에 가 숭늉 찾는다	모든 일에는 질서와 차례가 있는 법인데 일의 순서도 모르고 성급하게 덤빔을 이르는 말 = 싸전에 가서 밥 달라고 한다.
원님 덕에 나팔[나발] 분다	원님을 따르면서 원님이 받는 후한 대접을 같이 받는다는 뜻으로, 남의 덕에 분에 넘치는 호강을 함을 이르는 말
비 온 뒤에 땅이 굳어진다	비에 젖어 질척거리던 흙도 마르면서 단단하게 굳어진다는 뜻으로, 어떤 시련을 겪은 뒤에 더 강해짐을 비유적으로 이르는 말
백지장*도 맞들면 낫다	쉬운 일이라도 협력하여 하면 훨씬 쉽다는 말
쥐구멍에도 볕 들 날이 있다	몹시 고생을 하는 삶도 좋은 운수가 터질 날이 있다는 말
가갸 뒷다리[뒤 자]도 모른다	반절본문의 첫 글자인 '가'와 '갸'의 세로획조차도 쓸 줄 모른다는 뜻으로, 글자를 전혀 깨치지 못하여 무식하거나, 사리에 몹시 어두운 사람을 놀림조로 이르는 말
가난이 소 아들이라	소처럼 죽도록 일해도 가난에서 벗어날 수 없음을 이르는 말
가는 말에 채찍질	① 열심히 하고 있는데도 더 빨리하라고 독촉함을 비유적으로 이르는 말 ② 형편이나 힘이 한창 좋을 때라도 더욱 마음을 써서 힘써야 함을 비유적으로 이르는 말
가랑비에 옷 젖는 줄 모른다	가늘게 내리는 비는 조금씩 젖어 들기 때문에 여간해서도 옷이 젖는 줄을 깨닫지 못한다는 뜻으로, 아무리 사소한 것이라도 그것이 거듭되면 무시하지 못할 정도로 크게 됨을 이르는 말
가마 타고 옷고름 단다	미리 준비를 해 놓지 않아서 임박해서야 허둥지둥하게 되는 경우를 이르는 말 = 말 태우고 버선 깁는다.
가재는 게 편이요 초록은 한빛이라	모양이나 형편이 서로 비슷하고 인연이 있는 것끼리 서로 잘 어울리고, 사정을 보아주며 감싸 주기 쉬움을 비유적으로 이르는 말
간에 붙었다 쓸개에 붙었다 한다	자기에게 조금이라도 이익이 되면 지조 없이 이편에 붙었다 저편에 붙었다 함을 비유적으로 이르는 말
개 발에 (주석) 편자*	옷차림이나 지닌 물건 따위가 제격에 맞지 아니하여 어울리지 않음을 비유적으로 이르는 말
거미줄에 목을 맨다	칼도 아닌 송편으로 목을 딸 노릇이라는 뜻으로, 어처구니없는 일로 몹시 억울하고 원통함을 이르는 말
걱정이 많으면 빨리 늙는다	쓸데없는 잔걱정을 하지 말라는 말
구멍 보아 가며 말뚝 깎는다	무슨 일이고 간에 조건과 사정을 보아 가며 거기에 알맞게 일을 하여야 함을 비유적으로 이르는 말
까마귀 날자 배 떨어진다	아무 관계없이 한 일이 공교롭게도 때가 같아 어떤 관계가 있는 것처럼 의심을 받게 됨을 비유적으로 이르는 말
꾸어다 놓은 보릿자루	여럿이 모여 이야기하는 자리에서 아무 말도 하지 않고 한옆에 가만히 있는 사람을 비유적으로 이르는 말
꿀 먹은 벙어리	속에 있는 생각을 나타내지 못하는 사람을 비유적으로 이르는 말

*백지장 : 하얀 종이의 낱장

*편자 : 말굽에 대어 붙이는 'U' 자 모양의 쇳조각

낙숫물이 댓돌을 뚫는다	작은 힘이라도 꾸준히 계속하면 큰일을 이룰 수 있음을 비유적으로 이르는 말
나무 끝의 새 같다	① 오래 머물러 있지 못할 위태로운 곳에 있음을 비유적으로 이르는 말 ② 남의 다 된 일을 악랄한 방법으로 방해하는 것을 비유적으로 이르는 말
남의 말도 석 달	소문은 시일이 지나면 흐지부지 없어지고 만다는 말
남의 잔치에 감 놓아라 배 놓아라 한다	남의 일에 공연히 간섭하고 나섬을 비유적으로 이르는 말
낫 놓고 기역 자도 모른다	기역 자 모양으로 생긴 낫을 보면서도 기역 자를 모른다는 뜻으로, 아주 무식함을 비유적으로 이르는 말
누워서 떡 먹기	하기가 매우 쉬운 것을 비유적으로 이르는 말
다 가도 문턱 못 넘기	애써 일을 하였으나 끝맺음을 못하여 보람이 없게 됨을 비유적으로 이르는 말
다 된 농사에 낫 들고 덤빈다	일이 다 끝난 뒤에 쓸데없이 참견하고 나섬을 비유적으로 이르는 말
다 된 죽에 코 빠졌다	① 거의 다 된 일을 망쳐 버리는 주책없는 행동을 비유적으로 이르는 말 ② 남의 다 된 일을 악랄한 방법으로 방해하는 것을 비유적으로 이르는 말
다 된 죽에 코 풀다	거의 다 된 일을 망쳐 버리는 주책없는 행동을 비유적으로 이르는 말
단솥*에 물 붓기	① 형편이 이미 기울어 아무리 도와주어도 보람이 없음을 비유적으로 이르는 말 ② 조금의 여유도 없이 버쩍버쩍 없어짐을 비유적으로 이르는 말
닫는 말에도 채를 친다	① 기세가 한창 좋을 때 더 힘을 가한다는 말 ② 힘껏 하는데도 자꾸 더 하라고 한다는 말 ≒ 달리는 말에 채찍질
될성부른 나무는 떡잎부터 알아본다	잘될 사람은 어려서부터 남달리 장래성이 엿보인다는 말
도둑질을 해도 손발이 맞아야 한다	① 무슨 일이든지 두 편에서 서로 뜻이 맞아야 이루어질 수 있다는 말 ② 서로 똑같기 때문에 말다툼이나 싸움이 된다는 말 ≒ 두 손뼉이 맞아야 소리가 난다.
두부 먹다 이 빠진다	① 전혀 그렇게 될 리가 없음에도 일이 안되거나 꼬이는 경우를 비유적으로 이르는 말 ② 쉽게 생각했던 일이 뜻밖에 어려워 힘이 많이 들거나 실패한 경우를 이르는 말 ③ 마음을 놓으면 생각지 아니하던 실수가 생길 수 있으니 항상 조심하라는 말
두부살에 바늘뼈	바늘처럼 가는 뼈에 두부같이 힘없는 살이란 뜻으로, 몸이 아주 연약한 사람을 비유적으로 이르는 말
두 소경 한 막대 짚고 걷는다	어리석은 두 사람이 같은 잘못을 저지르는 경우를 비유적으로 이르는 말

* 단솥 : 불에 달아 뜨거운 솥

떡 줄 사람은 꿈도 안 꾸는데 김칫국부터 마신다	해 줄 사람은 생각지도 않는데 미리부터 다 된 일로 알고 행동한다는 말
마른논에 물 대기	일이 매우 힘들거나 힘들여 해 놓아도 성과가 없는 경우를 이르는 말
망건 쓰고 세수한다	세수를 하고 머리를 빗고 그 다음에 망건을 쓰는 법인데 망건을 먼저 쓰고 세수를 한다는 뜻으로, 일의 순서를 바꾸어 함을 놀림조로 이르는 말
모기 보고 칼[환도] 빼기[뽑기]	① 시시한 일로 소란을 피움을 비유적으로 이르는 말 ② 보잘것없는 작은 일에 어울리지 않게 엄청나게 큰 대책을 씀을 이르는 말
바늘 가는 데 실 간다	바늘이 가는 데 실이 항상 뒤따른다는 뜻으로, 사람의 긴밀한 관계를 비유적으로 이르는 말
바늘구멍으로 코끼리를 몰라 한다	작은 바늘구멍으로 엄청나게 큰 코끼리를 몰라고 한다는 뜻으로, 전혀 가능성이 없는 일을 하라고 강요하는 경우를 비유적으로 이르는 말
바늘구멍으로 하늘 보기	조그만 바늘구멍으로 넓디넓은 하늘을 본다는 뜻으로, 전체를 포괄적으로 보지 못하는 매우 좁은 소견이나 관찰을 비꼬는 말
바늘구멍으로 황소바람 들어온다	추울 때에는 바늘구멍 같은 작은 구멍에도 엄청나게 센 찬 바람이 들어온다는 뜻으로, 작은 것이라도 때에 따라서는 소홀히 하여서는 안 됨을 비유적으로 이르는 말
밥 위에 떡	좋은 일에 더욱 좋은 일이 겹침을 비유적으로 이르는 말
부자는 망해도 삼 년 먹을 것이 있다	본래 부자이던 사람은 망했다 하더라도 얼마 동안은 그럭저럭 살아 나갈 수 있음을 비유적으로 이르는 말
붉고 쓴 장	빛이 좋아서 맛있을 듯한 간장이 쓰다는 뜻으로, 겉모양은 그럴듯하게 좋으나 실속은 흉악하여 안팎이 서로 다름을 비유적으로 이르는 말
비 오기 전에 집이다	비 오기 전에 집에 와 있다는 뜻으로, 미리 마련하거나 갖추었음을 비유적으로 이르는 말
비 오는 것은 밥 짓는 부엌에서 먼저 안다	비가 오려고 기압이 낮아지면 아궁이에 불이 잘 안 붙으므로 부엌의 아낙네들이 비 오는 것을 먼저 알게 된다는 말
비 오는 날 소꼬리 같다	몹시 귀찮게 구는 것을 비유적으로 이르는 말
비 오는 날 장독 덮었다	비 오는 날 먼저 해야 할 일 중에 하나는 장독을 덮는 일인데 그것을 했다고 자랑한다는 뜻으로, 당연히 할 일을 하고 유세하는 경우를 비꼬는 말
비 틈으로 빠져나가겠다	행동이나 동작이 매우 민첩함을 비유적으로 이르는 말
빈대 잡으려고 초가삼간 태운다 [빈대 미워 집에 불 놓는다]	손해를 크게 볼 것을 생각지 아니하고 자기에게 마땅치 아니한 것을 없애려고 그저 덤비기만 하는 경우를 비유적으로 이르는 말
빛 좋은 개살구	겉보기에는 먹음직스러운 빛깔을 띠고 있지만 맛은 없는 개살구라는 뜻으로, 겉만 그럴듯하고 실속이 없는 경우를 비유적으로 이르는 말

사공이 많으면 배가 산으로 간다	여러 사람이 저마다 제 주장대로 배를 몰려고 하면 결국에는 배가 물로 못 가고 산으로 올라간다는 뜻으로, 주관하는 사람 없이 여러 사람이 자기주장만 내세우면 일이 제대로 되기 어려움을 비유적으로 이르는 말
사람과 산은 멀리서 보는 게 낫다	사람을 가까이 사귀면 멀리서 볼 때 안 보이던 결점이 다 드러나 실망하게 됨을 비유적으로 이르는 말
사흘 굶어 도둑질 아니 할 놈 없다	아무리 착한 사람이라도 몹시 궁하게 되면 못하는 짓이 없게 됨을 비유적으로 이르는 말
산 개 새끼가 죽은 정승보다 낫다	① 아무리 천하더라도 살아 있는 것이 죽은 것보다는 낫다는 뜻으로, 세상을 비관하지 말고 살아가라는 말 ② 아무리 존귀했던 몸이라도 한번 죽으면 거들떠보지 않는 것이 세상인심임을 비유적으로 이르는 말
새 발의 피	새의 가느다란 발에서 나오는 피라는 뜻으로, 아주 하찮은 일이나 극히 적은 분량임을 비유적으로 이르는 말
소 잃고 외양간 고친다	소를 도둑맞은 다음에서야 빈 외양간의 허물어진 데를 고치느라 수선을 떤다는 뜻으로, 일이 이미 잘못된 뒤에는 손을 써도 소용이 없음을 비꼬는 말
수박 겉 핥기	맛있는 수박을 먹는다는 것이 딱딱한 겉만 핥고 있다는 뜻으로, 사물의 속 내용은 모르고 겉만 건드리는 일을 이르는 말
숭어가 뛰니까 망둥이도 뛴다	① 남이 한다고 하니까 분별없이 덩달아 나섬을 비유적으로 이르는 말 ② 제 분수나 처지는 생각하지 않고 잘난 사람을 덮어놓고 따름을 비유적으로 이르는 말
십 년이면 강산도 변한다	세월이 흐르게 되면 모든 것이 다 변하게 됨을 비유적으로 이르는 말
썩어도 준치*	본래 좋고 훌륭한 것은 비록 상해도 그 본질에는 변함이 없음을 이르는 말 = 물어도 준치 썩어도 생치
아는 것이 병	정확하지 못하거나 분명하지 않은 지식은 오히려 걱정거리가 될 수 있음을 이르는 말
아닌 밤중에 홍두깨	별안간 엉뚱한 말이나 행동을 함을 비유적으로 이르는 말
아랫길도 못 가고 윗길도 못 가겠다	이것도 저것도 다 믿을 수 없고 어찌하여야 할지 모름을 비유적으로 이르는 말
아비만 한 자식 없다	① 자식이 부모에게 아무리 잘해도 부모가 자식 생각하는 것만은 못함을 이르는 말 ② 자식이 아무리 훌륭하게 되더라도 부모만큼은 못함을 이르는 말
언 발에 오줌 누기	언 발을 녹이려고 오줌을 누어 봤자 효력이 별로 없다는 뜻으로, 임시변통은 될지 모르나 그 효력이 오래가지 못할 뿐만 아니라 결국에는 사태가 더 나빠짐을 이르는 말
옥에 티	나무랄 데 없이 훌륭하거나 좋은 것에 있는 사소한 흠을 이르는 말
욕심이 사람 죽인다	욕심이 너무 지나치면 사리를 분별하지 못하고 위태로운 일까지 거리낌 없이 하게 됨을 비유적으로 이르는 말

* 준치 : 준칫과의 바닷물고기

우물에 든 고기	함정에 든 범
우물에 가 숭늉 찾는다	모든 일에는 질서와 차례가 있는 법인데 일의 순서도 모르고 성급하게 덤빔을 비유적으로 이르는 말
자기 낯[얼굴]에 침 뱉기	① 남을 해치려고 하다가 도리어 자기가 해를 입게 된다는 것을 비유적으로 이르는 말 ② 하늘을 향하여 침을 뱉어 보아야 자기 얼굴에 떨어진다는 뜻으로, 자기에게 해가 돌아올 짓을 함을 비유적으로 이르는 말
자라 보고 놀란 가슴 솥뚜껑 보고도 놀란다	어떤 사물에 몹시 놀란 사람은 비슷한 사물만 보아도 겁을 냄을 이르는 말
젊은이 망령은 몽둥이로 고친다	노인들은 그저 잘 위해 드려야 하고, 아이들이 잘못했을 경우에는 엄하게 다스려 교육해야 한다는 말
제 논에 물 대기	자기에게만 이롭도록 일을 하는 경우를 비유적으로 이르는 말
쥐면 꺼질까 불면 날까	어린 자녀를 애지중지하여 기르는 부모의 사랑을 비유적으로 이르는 말
차돌*에 바람 들면 석돌*보다 못하다	오달진 사람일수록 한번 타락하면 걷잡을 수 없게 된다는 말
책력 보아 가며 밥 먹는다	매일 밥을 먹을 수가 없어 책력을 보아 가며 좋은 날만 택하여 밥을 먹는다는 뜻으로, 가난하여 끼니를 자주 거른다는 말
콩 볶아 먹다가 가마솥 깨뜨린다	작은 재미를 보려고 어떤 일을 하다가 큰일을 저지름을 비유적으로 이르는 말
큰북에서 큰 소리 난다	크고 훌륭한 데서라야 무엇이나 좋은 일이 생길 수 있음을 비유적으로 이르는 말
타고난 재주 사람마다 하나씩은 있다	사람은 누구나 한 가지씩의 재주는 가지고 있어서 그것으로 먹고 살아가게 마련이라는 말
토끼 둘을 잡으려다가 하나도 못 잡는다	욕심을 부려 한꺼번에 여러 가지 일을 하려 하면 그 가운데 하나도 이루지 못한다는 말
하나는 열을 꾸려도 열은 하나를 못 꾸린다	① 한 사람이 잘되면 여러 사람을 돌보아 줄 수 있으나 여러 사람이 힘을 합하여 한 사람을 돌보아 주기는 힘들다는 말 ② 자식이 많아도 부모는 잘 거느리고 살아가나 자식들은 그렇지 못하다는 말
호랑이 굴에 가야 호랑이 새끼를 잡는다	뜻하는 성과를 얻으려면 그에 마땅한 일을 하여야 함을 비유적으로 이르는 말

* 차돌 : 석영
* 석돌 : 푸석돌. 풍화 작용을 받아 푸석푸석하여진 돌

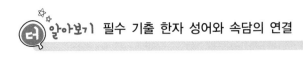

더 알아보기 | 필수 기출 한자 성어와 속담의 연결

★ 빈출 어휘는 색 글씨로 표시함.

牽强附會(견강부회)	제 논에 물 대기
孤掌難鳴(고장난명)	손바닥도 마주쳐야 소리가 난다. 외손뼉이 울랴. 외손뼉이 못 울고 한 다리로 가지 못한다.
苦盡甘來(고진감래)	태산을 넘으면 평지를 본다.
矯角殺牛(교각살우)	빈대 잡으려고 초가삼간 태운다.
金枝玉葉(금지옥엽)	쥐면 꺼질까 불면 날까.
囊中之錐(낭중지추)	주머니에 들어간 송곳이라.
螳螂拒轍(당랑거철), 以卵投石(이란투석)	하룻강아지 범 무서운 줄 모른다.
凍足放尿(동족방뇨), 姑息之計(고식지계), 臨機應變(임기응변), 臨時變通(임시변통)	언 발에 오줌 누기
亡羊補牢(망양보뢰), 晩時之歎(만시지탄)	소 잃고 외양간 고친다.
三旬九食(삼순구식)	책력 보아 가며 밥 먹는다.
桑田碧海(상전벽해)	십 년이면 강산도 변한다.
塞翁之馬(새옹지마)	음지가 양지 된다.
雪上加霜(설상가상)	엎친 데 덮친 격이다.
烏飛梨落(오비이락)	까마귀 날자 배 떨어진다.
類類相從(유유상종)	가재는 게 편이요, 초록은 한빛이라.
臨時變通(임시변통)	아랫돌 빼서 윗돌 괸다.
井底之蛙(정저지와)	우물 안 개구리
走馬加鞭(주마가편)	달리는 말에 채찍질한다.
走馬看山(주마간산)	수박 겉 핥기
靑出於藍(청출어람)	나중 난 뿔이 우뚝하다.
漢江投石(한강투석)	밑 빠진 독에 물 붓기. 시루에 물 퍼붓기
虛張聲勢(허장성세)	냉수 먹고 이 쑤시기
狐假虎威(호가호위)	원님 덕에 나팔 분다.

03 필수 기출 관용어

★ 빈출 어휘는 색 글씨로 표시함.

* 가리 : 가리새. 일의 갈피와 조리
(條理)

가리*(를) 틀다	① 잘되어 가는 일을 안 되도록 방해하다. **예** 너는 왜 우리가 하는 일마다 <u>가리를 틀려고</u> 하니? ② 남의 횡재에 대하여 무리하게 한몫을 청하다. **예** 노름판에서 모처럼 돈을 따면 꼭 <u>가리를 틀려는</u> 사람이 나타난다.
가슴이 뜨끔하다	자극을 받아 마음이 깜짝 놀라거나 양심의 가책을 받다. **예** 거짓말을 했다는 사실에 <u>가슴이 뜨끔했지만</u> 그는 아무렇지 않은 척 행동했다.
간(에) 불붙다	① 당한 일이 몹시 다급하여 간장이 타는 것 같다. **예** 그는 <u>간에 불붙은</u> 사람 모양 이리저리 뛰어다녔다. ② 몹시 울화가 나다. **예** 그때 내가 속은 걸 생각하면 <u>간에 불붙는다</u>.
경종을 울리다	잘못이나 위험을 미리 경계하여 주의를 환기시키다. **예** 다시는 이런 일이 생기지 않도록 <u>경종을 울리는</u> 뜻에서라도 꼭 언급해야 한다.
공기가 팽팽하다	분위기가 몹시 긴장되어 있다. **예** 아까 전의 그 사건 때문인지 이곳의 <u>공기가 팽팽하다</u>.
귀가 가렵다[간지럽다]	남이 제 말을 한다고 느끼다. **예** 이렇게 자기 이야기를 하고 있으니 그는 지금 <u>귀가 가려울 거야</u>.
그림의 떡	아무리 마음에 들어도 이용할 수 없거나 차지할 수 없는 경우를 이르는 말 **예** 무일푼인 우리에게 그 물건은 <u>그림의 떡이다</u>.
기(가) 차다	하도 어이가 없어 말이 나오지 않다. **예** 지금 이 상황을 보고 있자니 매우 <u>기가 차는군</u>.
기름을 끼얹다	감정이나 행동을 부추겨 정도를 심하게 만들다. **예** 안 그래도 험악한 분위기에 <u>기름을 끼얹는</u> 언행을 자꾸 하면 어떡하니?
길을 열다	방도를 찾아내거나 마련하다. **예** 이 지역 단체는 장학 제도를 통해 어려운 가정 환경으로 인해 공부가 힘든 학생들에게 배움의 <u>길을 열어</u> 주고 있다.
김이 식다	재미나 의욕이 없어지다. **예** 나는 그 일에 대한 <u>김이 식어서</u> 아무것도 하고 싶지 않은 상태이다.
나발(을) 불다	당치 않은 말을 함부로 하다. **예** 당분간 <u>나발을 불지</u> 말고 잠자코 있는 게 좋을 거다.
날(을) 받다[잡다]	① 결혼식 날짜를 정하다. ② 어떤 일에 대비하여 미리 날을 정하다.
낯을 못 들다	창피하여 남을 떳떳이 대하지 못하다. **예** 도저히 <u>낯을 못 들고</u> 다닐 만큼 부끄러운 일을 저지르고 말았다.
눈에서 황이 나다	몹시 억울하거나 질투가 날 때 이르는 말 **예** 남편이 다른 여자를 만나는 것을 본 그녀는 <u>눈에서 황이 났다</u>.
눈(을) 뒤집다	주로 좋지 않은 일에 열중하여 제정신을 잃다.
다리가 길다	음식 먹는 자리에 우연히 가게 되어 먹을 복이 있다. **예** 뭐 먹을 때마다 부르지도 않는데 오는 것을 보면 저 친구 참 <u>다리가 길지</u>.
다리(를) 놓다	상대편과 관련을 짓기 위하여 중간에 다른 사람을 넣다. **예** 그가 중간에서 <u>다리를 놓아</u> 일을 쉽게 해결했다.

달이 차다	아이를 배어 낳을 달이 되다. 예) 달이 차서 아이가 나올 때까지는 몸을 조심해야 한다.
돌(을) 던지다	① 남의 잘못을 비난하다. 예) 모두가 너에게 돌을 던질지라도 나는 너의 곁에 끝까지 남겠다. ② 바둑을 두는 도중에 자기가 졌음을 인정하고 그만두다. 예) 흑은 20수 정도 더 두다가 돌을 던졌다.
딴죽*(을) 치다[걸다]	동의하였던 일을 딴전을 부려 어기다. 예) 약속해 놓고 이제 와서 딴죽을 치면 어떻게 하니?
막이 오르다	무대의 공연이나 어떤 행사가 시작되다. 예) 예술제의 막이 오르다.
말꼬리(를) 잡다	남의 말 가운데서 잘못 표현된 부분의 약점을 잡다. 예) 말꼬리를 잡아 시비를 걸다.
말(이) 아니다	① 말이 이치에 맞지 아니하다. 예) 말이 아닌 소리는 하지도 마라. ② 사정·형편 따위가 몹시 어렵거나 딱하다. 예) 형편이 말이 아니지 뭐야.
목(을) 놓아[놓고]	주로 울거나 부르짖을 때에 참거나 삼가지 않고 소리를 크게 내어 예) 목 놓아 울다.
바닥을 기다	정도나 수준이 형편없다. 예) 학업 성적이 바닥을 기다.
바람을 일으키다	① 사회적으로 많은 사람에게 영향을 미치다. 예) 복구풍이 다시 젊은 층에서 바람을 일으키고 있다. ② 사회적 문제를 만들거나 소란을 일으키다. 예) 부동산 투기 바람을 일으키다.
발(을) 구르다	매우 안타까워하거나 다급해 하다. 예) 그녀는 그녀가 타고 가야 할 기차를 놓칠까봐 동동 발을 굴렀다.
발(을) 빼다	어떤 일에서 관계를 완전히 끊고 물러나다. 예) 폭력단에 한번 들어서면 발을 빼기 어렵다고 한다.
발이 잦다	어떤 곳에 자주 다니다. 예) 초등학교에 들어간 아이가 요즘 들어 전자오락실에 발이 잦다.
배(가) 아프다	남이 잘되어 심술이 나다. 예) 그는 남 잘되는 걸 보고 무척이나 배 아팠다.
배알*이 꼴리다[뒤틀리다]	비위에 거슬려 아니꼽다. 예) 그가 빈정대던 소리를 생각하면 배알이 꼴리고 열이 올랐다.
벽(을) 쌓다	서로 사귀던 관계를 끊다. 예) 그는 주변 사람들과 벽을 쌓고 시낸 시도 어언 오 년이 지났다.
변죽*(을) 울리다	바로 집어 말을 하지 않고 둘러서 말을 하다. = 변죽을 치다. 예) 그는 초점을 때리지 않고 변죽을 울려서 주로 표현을 하였다.
별이 보이다	충격을 받아서 갑자기 정신이 아득하고 어지럽다. 예) 그는 회사가 망했다는 소식을 듣자 별이 보이면서 휘청거렸다.
사람 죽이다	① 너무 힘겨운 경우를 당하여 매우 힘들고 고달프다. 예) 돈 없으면 집에서 나가라고 난리고, 정말 돈이 사람 죽이는구나! ② 사람을 어이없게 만들다. ③ 사람의 마음을 황홀하게 하거나 녹이다.

* 딴죽 : 발로 상대편의 다리를 옆으로 치거나 끌어당겨 넘어뜨리는 기술

* 배알 : '창자'를 비속하게 이르는 말

* 변죽 : 그릇이나 세간, 과녁 따위의 가장자리

산통*(을) 깨다	다 잘되어 가던 일을 이루지 못하게 뒤틀다. 예 다 된 일이었는데 네가 <u>산통을 깨</u> 버렸구나.
살(을) 붙이다	바탕에 여러 가지를 덧붙여 보태다. 예 그는 마을에 떠도는 이야기에 <u>살을 붙여</u> 소설을 썼다.
살이 끼다*	① 사람이나 물건 따위를 해치는 불길한 기운이 들러붙다. 예 이달에 안 좋은 소식이 많이 들리는 것을 보니 <u>살이 끼었나보다</u>. ② 띠앗 없게 하는 기운이 들러붙다.
상투(를) 틀다	총각이 장가들어 어른이 되다. 예 옛날 같았으면 아직 <u>상투도 안 틀</u> 나이에 벌써부터 담배를 피우면 어떡하니?
새*가 뜨다	사람 사이의 관계가 벌어져 소원해지다. 예 유학 간 이후에 서로의 연락이 뜸해지더니 결국 <u>새가 뜨고</u> 말았다.
서막을 올리다	어떤 일이 시작되다. 예 그 운동은 인권 평등의 <u>서막을 올린</u> 사건이었다.
속(을) 긁다	남의 속이 뒤집히게 비위를 살살 건드리다. 예 아침부터 <u>속을 긁는</u> 소리를 듣자니 입맛이 떨어지고 말았다.
속(을) 차리다	① 지각 있게 처신하다. 예 그는 이제 <u>속을 차릴</u> 나이이다. ② 자기의 실속을 꾸리다. 예 남 좋은 일만 하지 말고 이제는 <u>속 좀 차려라</u>.
손(을) 거치다	① 어떤 사람을 경유하다. ② 어떤 사람의 노력으로 손질되다. 예 낡은 의자도 그의 <u>손을 거치자</u> 마치 새 의자와 같이 말끔해졌다.
손(을) 끊다	교제나 거래 따위를 중단하다. 예 그 무리와는 이제 <u>손을 끊어라</u>.
손(이) 뜨다	일하는 동작이 매우 굼뜨다. 예 그렇게 <u>손이 떠서야</u> 정시에 일을 끝낼 수 있겠니?
손(을) 뻗치다	① 이제까지 하지 아니하던 일까지 활동 범위를 넓히다. 예 대기업들이 온갖 사업에 <u>손을 뻗쳤다</u>. ② 적극적인 도움, 요구, 침략, 간섭 따위의 행위가 멀리까지 미치게 하다. 예 마침 외가에서 도움의 <u>손을 뻗쳤다</u>.
아귀*가 맞다	① 앞뒤가 빈틈없이 들어맞다. 예 그의 이야기는 앞뒤 <u>아귀가 맞는다</u>. ② 일정한 수량 따위가 들어맞다. 예 <u>아귀가 맞는</u> 돈
아귀(를) 맞추다	일정한 기준에 들어맞게 하다. 예 이번 달 총 지출액의 <u>아귀를</u> 맞추어 보거라.
오지랖*(이) 넓다	① 쓸데없이 지나치게 아무 일에나 참견하는 면이 있다. ② 염치없이 행동하는 면이 있다. 예 넌 얼마나 <u>오지랖이 넓기</u>에 남의 일에 그렇게 미주알고주알 캐는 거냐?
입(을) 맞추다	서로의 말이 일치하도록 하다. 예 그 일이 탄로 나지 않으려면 우리가 <u>입을 맞춰야만 해</u>.
자라목*이 되다	사물이나 기세 따위가 움츠러들다. 예 그가 호통을 치자 떠들던 사람들은 금방 <u>자라목이 되고</u> 말았다.
장난에 팔리다	장난에 온 정신이 쏠려서 무엇이 어떻게 되어 가는지 모르다. 예 친구와의 <u>장난에 팔려서</u> 선생님이 부르는 소리는 듣지도 못했다.
장단을 맞추다	남의 기분이나 비위를 맞추기 위하여 말이나 행동을 하다. 예 보복을 할까 두려워 그의 <u>장단을 맞추곤</u> 한다.

* 산통 : 맹인(盲人)이 점을 칠 때 쓰는, 산가지를 넣은 통

* 살이 끼다 ≒ 살(이) 붙다 · 살이 뻗치다 · 살이 서다 · 살(이) 오르다

* 새 : '사이'의 준말

* 아귀 : 사물의 갈라진 부분

* 오지랖 : 웃옷이나 윗도리에 입는 겉옷의 앞자락

* 자라목 : 춥거나 주눅이 들어 잔뜩 움츠린 목을 비유적으로 이르는 말

장단(이) 맞다	① 가락이 잘 맞다. ② 같이 일하는 데에 있어 서로 잘 조화되다. 예 우리는 <u>장단이 너무 잘 맞아</u> 일을 진행하는 데에 있어서 어려움이 거의 없다.
주머니가 가볍다	가지고 있는 돈이 적다. 예 이번 달은 외식비 지출이 평소보다 증가해서 <u>주머니가 가볍다</u>.
주판[수판]을 놓다	어떤 일에 대하여 이해득실을 계산하다. 예 개인주의가 만연하면서 자신의 이익을 위하여 <u>주판을 놓는</u> 사람이 많아졌다.
죽(을) 쑤다	어떤 일을 망치거나 실패하다. 예 오늘 치른 시험은 <u>죽을 쑤었다</u>.
줄(을) 대다	① 끊임없이 계속하여 잇대다. 예 그는 새들이 전깃줄 위에서 <u>줄을 대고</u> 앉아 있는 모습을 한참을 바라보고 있었다. ② 자신에게 이익이 될 만한 사람과 관계를 맺다. 예 그 사람은 <u>줄을 잘 대어</u> 빠르게 승진한 것이라고 사람들은 수군대었다.
줄(을) 타다	힘이 될 만한 사람과 관계를 맺어 그 힘을 이용하다. 예 이 세계에서 살아남기 위해서는 <u>줄을 잘 타야한다는</u> 말이 있다.
치(를) 떨다	① 매우 인색하여 내놓기를 꺼리다. ② 몹시 분해하거나 지긋지긋해하다. 예 재단의 잇단 비리에 모두가 <u>치를 떨고</u> 있다.
침(을) 놓다(주다)	강하게 알리거나 요구를 나타내면서 꼼짝 못 하게 하다. 예 그는 다시 한 번 더 똑같은 잘못을 저지르면 그때는 가만두지 않겠다고 사람들에게 <u>침을 놓았다</u>.
침 발라 놓다	자기 소유임을 표시하다. 예 이 땅은 내가 <u>침 발라 놓았으니</u> 허튼 생각일랑 하지 마라.
코 큰 소리	잘난 체하는 소리 예 공부 좀 한다고 <u>코 큰 소리</u> 하지 마라.
코가 꿰이다	약점이 잡히다. 예 그는 옆 사람에게 무슨 <u>코가 꿰이었는지</u> 꼼작도 못한다.
코가 높다	잘난 체하고 뽐내는 기세가 있다. 예 그녀는 <u>코가 높아서</u> 상대하기 쉽지 않다.
코(가) 빠지다	근심에 싸여 기가 죽고 맥이 빠지다. 예 마을 사람들 모두 <u>코가 빠져</u> 아무 일도 하지 못했다.
코를 떼다	무안을 당하거나 핀잔을 맞다. 예 괜히 나섰다가 <u>코를 뗐다</u>.
코(를) 빠뜨리다	못 쓰게 만들거나 일을 망치다. 예 다 된 일에 <u>코 빠뜨리자</u>는 속셈이냐.
태깔(이) 나다	맵시 있는 태도가 보이다. 예 그녀는 이제 숙녀로 성장하여 제법 <u>태깔이 난다</u>.
파리(를) 날리다	영업이나 사업 따위가 잘 안되어 한가하다. 예 이 가게는 개업할 때는 손님이 줄을 서더니, 가격을 올린 후로는 <u>파리를 날리고</u> 있다.
학*을 떼다	괴롭거나 어려운 상황을 벗어나느라고 진땀을 빼거나, 그것에 거의 질려 버리다. 예 나는 수학이라면 거의 <u>학을 뗐다</u>.
혀(가) 굳다	놀라거나 당황하여 말을 잘하지 못하다. 예 갑자기 나를 찾아온 그를 보고 <u>혀가 굳어</u> 아무 말도 할 수 없었다.

* 학 : 말라리아

01_ ③ 순망치한(脣亡齒寒): 입술이 없으면 이가 시리다는 뜻으로, 서로 이해관계가 밀접한 사이에 어느 한쪽이 망하면 다른 한쪽도 그 영향을 받아 온전하기 어려움을 이르는 말

01_ 다음 중 한자 성어와 속담의 연결이 틀린 것은?

① 망양보뢰(亡羊補牢) ➡ 소 잃고 외양간 고친다.
② 청출어람(靑出於藍) ➡ 나중 난 뿔이 우뚝하다.
③ 순망치한(脣亡齒寒) ➡ 이가 없으면 잇몸으로 산다.
④ 당랑거철(螳螂拒轍) ➡ 하룻강아지 범 무서운 줄 모른다.
⑤ 고장난명(孤掌難鳴) ➡ 외손뼉이 못 울고 한 다리로 못 간다.

오답해설 ① 망양보뢰(亡羊補牢): 양을 잃고 우리를 고친다는 뜻으로, 이미 어떤 일을 실패한 뒤에 뉘우쳐도 아무 소용이 없음을 이르는 말
② 청출어람(靑出於藍): 쪽에서 뽑아낸 푸른 물감이 쪽보다 더 푸르다는 뜻으로, 제자나 후배가 스승이나 선배보다 나음을 비유적으로 이르는 말
④ 당랑거철(螳螂拒轍): 제 역량을 생각하지 않고, 강한 상대나 되지 않을 일에 덤벼드는 무모한 행동거지를 비유적으로 이르는 말
⑤ 고장난명(孤掌難鳴): 「1」 외손뼉만으로는 소리가 울리지 아니한다는 뜻으로, 혼자의 힘만으로 어떤 일을 이루기 어려움을 이르는 말 「2」 맞서는 사람이 없으면 싸움이 일어나지 아니함을 이르는 말

02_ ㉠ 제 논에 물대기: 자기에게만 이롭도록 일을 하는 경우를 비유적으로 이르는 말 ≒ 견강부회(牽强附會): 이치에 맞지 않는 말을 억지로 끌어 붙여 자기에게 유리하게 함.
㉡ 소 잃고 외양간 고친다: 소를 도둑맞은 다음에서야 빈 외양간의 허물어진 데를 고치느라 수선을 떤다는 뜻으로, 일이 이미 잘못된 뒤에는 손을 써도 소용이 없음을 비꼬는 말 ≒ 만시지탄(晩時之歎): 시기에 늦어 기회를 놓쳤음을 안타까워하는 탄식

02_ 〈보기〉의 ㉠과 ㉡에 들어갈 한자 성어가 적절하게 묶인 것은?

┌ 보기 ┐
'엎친 데 덮친 격'이라는 속담은 한자 성어 '설상가상(雪上加霜)'과 유사한 의미를 가지고 있다. 이처럼 속담과 한자 성어가 서로 유사한 의미를 드러내는 경우가 많다. 속담 '제 논에 물대기' 역시 한자 성어 '㉠'와(과) 유사한 의미를 드러내고, 속담 '소 잃고 외양간 고친다' 역시 한자 성어 '㉡'와(과) 유사한 의미를 지닌다.

	㉠	㉡
①	동족방뇨(凍足放尿)	감탄고토(甘呑苦吐)
②	각골난망(刻骨難忘)	오비이락(烏飛梨落)
③	자가당착(自家撞着)	당랑거철(螳螂拒轍)
④	견강부회(牽强附會)	만시지탄(晩時之歎)
⑤	절차탁마(切磋琢磨)	상전벽해(桑田碧海)

오답해설 • 동족방뇨(凍足放尿): 언 발에 오줌 누기라는 뜻으로, 잠시 동안만 효력이 있을 뿐 효력이 바로 사라짐을 비유적으로 이르는 말
• 감탄고토(甘呑苦吐): 달면 삼키고 쓰면 뱉는다는 뜻으로, 자신의 비위에 따라서 사리의 옳고 그름을 판단함을 이르는 말
• 각골난망(刻骨難忘): 남에게 입은 은혜가 뼈에 새길 만큼 커서 잊히지 아니함.
• 오비이락(烏飛梨落): 까마귀 날자 배 떨어진다는 뜻으로, 아무 관계도 없이 한 일이 공교롭게도 때가 같아 억울하게 의심을 받거나 난처한 위치에 서게 됨을 이르는 말
• 자가당착(自家撞着): 같은 사람의 말이나 행동이 앞뒤가 서로 맞지 아니하고 모순됨.
• 당랑거철(螳螂拒轍): 제 역량을 생각하지 않고, 강한 상대나 되지 않을 일에 덤벼드는 무모한 행동거지를 비유적으로 이르는 말
• 절차탁마(切磋琢磨): 옥이나 돌 따위를 갈고 닦아서 빛을 낸다는 뜻으로, 부지런히 학문과 덕행을 닦음을 이르는 말
• 상전벽해(桑田碧海): 뽕나무밭이 변하여 푸른 바다가 된다는 뜻으로, 세상일의 변천이 심함을 비유적으로 이르는 말

ANSWER
01. ③ 02. ④

03_ 다음 중 의미가 나머지 한자 성어와 가장 이질적인 것은?

① 임시변통(臨時變通)

② 고식지계(姑息之計)

③ 고장난명(孤掌難鳴)

④ 임기응변(臨機應變)

⑤ 동족방뇨(凍足放尿)

(오답해설) 나머지 한자 성어는 모두 '임시방편'을 의미한다.

03_ ③ 고장난명(孤掌難鳴): 외손
뼉만으로는 소리가 울리지 아니한
다는 뜻으로, 혼자의 힘만으로 어떤
일을 이루기 어려움을 이르는 말

04_ 〈보기〉에 제시된 '우주'와 '혜나'의 대화에서 '우주'의 물음에 대한 '혜나'의 답변으로 (   )
안에 들어갈 적절한 말은?

┌─ 보기 ┐

우주: 혜나야, ㉠~㉤에서 '겉과 속이 다름.'을 의미하는 한자 성어를 있는 대로 골라 줄 수 있어?

혜나: 그래, 우주야. 어디 볼까? 여기서는 (   )가 있겠네.

우주: 역시, 혜나 너는 똑똑하다니까.

㉠ 구밀복검(口蜜腹劍)	㉡ 전전반측(輾轉反側)
㉢ 양두구육(羊頭狗肉)	㉣ 표리부동(表裏不同)
㉤ 교외별전(敎外別傳)	

① ㉠

② ㉠, ㉡

③ ㉠, ㉡, ㉣

④ ㉠, ㉢, ㉣

⑤ ㉠, ㉢, ㉣, ㉤

(오답해설) ㉡ 전전반측(輾轉反側): 누워서 몸을 이리저리 뒤적이며 잠을 이루지 못함.
㉤ 교외별전(敎外別傳): 선종에서, 부처의 가르침을 말이나 글에 의지하지 않고 바로 마음에서 마음으로
전하여 진리를 깨닫게 하는 법

04_ ㉠ 구밀복검(口蜜腹劍): 입에
는 꿀이 있고 배 속에는 칼이 있다는
뜻으로, 말로는 친한 듯하나 속으로
는 해칠 생각이 있음을 이르는 말
㉢ 양두구육(羊頭狗肉): 양의 머리
를 걸어 놓고 개고기를 판다는 뜻으
로, 겉보기만 그럴듯하게 보이고
속은 변변하지 아니함을 이르는 말
㉣ 표리부동(表裏不同): 겉으로 드
러나는 언행과 속으로 가지는 생각
이 다름.
따라서 '겉과 속이 다름.'을 의미하
는 한자 성어는 ㉠, ㉢, ㉣이다.

ANSWER
03. ③   04. ④

05_ 다음 중 속담 '하룻강아지 범 무서운 줄 모른다'와 같은 의미를 가진 한자 성어로만 묶인 것은?

① 한강투석(漢江投石) – 이란투석(以卵投石)
② 고장난명(孤掌難鳴) – 형설지공(螢雪之功)
③ 다기망양(多岐亡羊) – 수주대토(守株待兔)
④ 당랑거철(螳螂拒轍) – 이란투석(以卵投石)
⑤ 자강불식(自强不息) – 낭중지추(囊中之錐)

(오답해설) • 한강투석(漢江投石) : 한강에 돌 던지기라는 뜻으로, 지나치게 미미하여 아무런 효과를 미치지 못함을 이르는 말
• 고장난명(孤掌難鳴) : 외손뼉만으로는 소리가 울리지 아니한다는 뜻으로, 혼자의 힘만으로 어떤 일을 이루기 어려움을 이르는 말
• 형설지공(螢雪之功) : 반딧불·눈과 함께 하는 노력이라는 뜻으로, 고생을 하면서 부지런하고 꾸준하게 공부하는 자세를 이르는 말
• 다기망양(多岐亡羊) : 갈림길이 많아 잃어버린 양을 찾지 못한다는 뜻으로, 두루 섭렵하기만 하고 전공하는 바가 없어 끝내 성취하지 못함을 이르는 말
• 수주대토(守株待兔) : 한 가지 일에만 얽매여 발전을 모르는 어리석은 사람을 비유적으로 이르는 말
• 자강불식(自强不息) : 스스로 힘써 몸과 마음을 가다듬어 쉬지 아니함.
• 낭중지추(囊中之錐) : 주머니 속의 송곳이라는 뜻으로, 재능이 뛰어난 사람은 숨어 있어도 저절로 사람들에게 알려짐을 이르는 말

06_ 밑줄 친 관용 표현의 쓰임이 적절하지 않은 것은?

① 부모님의 낯을 깎을 만한 행동은 하지 마라.
② 그 범인은 입술을 깨물며 자신의 죄를 뉘우치지 않았다.
③ 그는 승진을 위해서 상사에게 입에 발린 소리만 한다.
④ 그 즈음은 우리가 산꼭대기에 올라 땀을 들이고 있을 때였다.
⑤ 한 그릇을 둘이 먹어도 될 만큼 그 설렁탕집 아주머니는 손이 크다고 소문이 났다.

(오답해설) ① 낯을 깎다 : 체면이나 위신을 손상시키다. = 얼굴을 깎다.
③ 입에 발린 소리 : 마음에도 없이 겉치레로 하는 말
④ 땀을 들이다 : 「1」 나던 땀이 안 나게 몸을 식히다. 「2」 잠시 휴식하다.
⑤ 손이 크다 : 「1」 씀씀이가 후하고 크다. 「2」 수단이 많다.

07_ 다음 관용구의 뜻풀이가 적절하지 <u>않은</u> 것은?

① '나발을 불다' ➡ 당치 않은 말을 함부로 하다.

② '산통을 깨다' ➡ 바로 집어 말을 하지 않고 둘러서 말을 하다.

③ '줄을 타다' ➡ 힘이 될 만한 사람과 관계를 맺어 그 힘을 이용하다.

④ '간에 불붙다' ➡ 당한 일이 몹시 다급하여 간장이 타는 것 같다.

⑤ '입을 씻다' ➡ 이익 따위를 혼자 차지하거나 가로채고서는 시치미를 떼다.

07_ ② '산통을 깨다'는 '다 잘되어 가던 일을 이루지 못하게 뒤틀다.' 의 의미를 가진 관용구이다. '바로 집어 말을 하지 않고 둘러서 말을 하다.'의 의미를 가진 관용구는 '변죽을 울리다'이다.

1
2
3
4
5
6
7
8

ANSWER

07. ②

Theme 07

의미에 따른
어휘의 관계

올 킬
한 권으로 끝내는
KBS한국어
능력시험

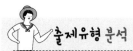 **출제유형 분석**

"이렇게 출제된다!"

단어의 의미 관계에서는 5문제 정도가 출제되기 때문에 어휘 영역 중에서도 출제 빈도가 상당히 높다고 볼 수 있다. 주로 동음이의어와 다의어, 유의 관계·반의 관계·상하 관계, 고유어와 한자어의 대응에 대해 묻는 문제가 출제된다. 특히 의미 관계에서 고정적으로 1문제는 반드시 출제되는 '십자말 풀이'는 묻고 있는 것을 하나라도 정확하게 알고 있지 않으면 풀기 어려운 난도가 높은 문제이기 때문에 어휘의 정확한 의미와 그에 따른 적절한 예문을 함께 알아 두는 것이 중요하다. 어휘의 관계에 관한 문제는 다양한 유형으로 계속해서 변형되고 있기 때문에 최근 시험에 출제된 유형의 문제를 자주 접해서 익숙해지는 것이 큰 도움이 될 것이다.

Q • ㉠~㉢에 들어갈 단어의 기본형을 바르게 짝지은 것은?
• 〈보기〉의 빈칸에 공통으로 들어갈 단어의 기본형으로 가장 적절한 것은?
• '세로 2번'에 들어갈 단어의 반의어로 가장 적절한 것은?
• 단어 간의 의미 관계를 고려할 때, 〈보기〉의 ㉠과 ㉡에 들어갈 수 있는 말을 바르게 짝지은 것은?
• 〈보기〉의 ⓐ와 ⓑ에 들어갈 자음자를 유추하여 바르게 짝지은 것은?
• 〈보기〉의 ㉠과 ㉡에 해당하는 반의어의 예를 바르게 제시한 것은?
• 〈보기〉에 제시된 두 단어의 의미 관계와 <u>다른</u> 것은?
• 제시된 두 단어의 의미 관계가 나머지 넷과 <u>다른</u> 것은?
• 〈보기〉의 밑줄 친 ㉠~㉣을 품사에 따라 바르게 분류한 것은?
• 〈보기〉와 동일한 방식으로 만들어진 단어로 가장 적절한 것은?

기출유형 맛보기

"이런 문제가 나온다!"

1. ㉠~㉢에 들어갈 단어의 기본형을 바르게 짝지은 것은?

> • 그런 태도로 (㉠) 아예 시작도 하지 말아야 한다.
> • 친구는 선생님께 내가 숙제를 해 오지 않았다고 (㉡).
> • 밤이 (㉢) 우리는 계속해서 이야기를 나누었다.

① 내다 - 이르다 - 세다
② 내다 - 일다 - 세다
③ 나오다 - 이르다 - 새다
④ 나오다 - 일다 - 새다
⑤ 내다 - 일다 - 세다

해설 ㉠ 문맥상 '어떠한 태도를 취하여 겉으로 드러내다.'의 의미로 '나오다'가 들어가야 적절하다.
㉡ 문맥상 '어떤 사람의 잘못을 윗사람에게 말하여 알게 하다.'의 의미로 '이르다'가 들어가야 적절하다.
㉢ 문맥상 '날이 밝아 오다.'의 의미로 '새다'가 들어가야 적절하다.

2. '가로 2번'에 들어갈 단어의 반의어로 적절한 것은?

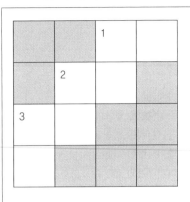

〈가로 열쇠〉
1. 부동산이나 동산을 채무의 담보로 잡거나 담보로 잡힘. '○○을 잡히다.'
3. 다른 방향이나 상태로 바뀌거나 바꿈. '기분 ○○'

〈세로 열쇠〉
1. 사람이 죽은 뒤에 그 혼이 가서 산다고 하는 세상. '○○사자'
2. 집안에 복잡한 일이나 환자가 생겨서 나는 걱정이나 근심. '○○이 들다.'
3. 한 사람의 일생 동안의 행적을 적은 기록. '위인 ○○'

① 판별(判別)　　　　② 패배(敗北)　　　　③ 폐쇄(閉鎖)
④ 병합(倂合)　　　　⑤ 발현(發現)

〈해설〉
〈가로 열쇠〉
1. 저당(抵當) : 부동산이나 동산을 채무의 담보로 잡거나 담보로 잡힘. '저당을 잡히다.'
3. 전환(轉換) : 다른 방향이나 상태로 바뀌거나 바꿈. '기분 전환'

〈세로 열쇠〉
1. 저승 : 사람이 죽은 뒤에 그 혼이 가서 산다고 하는 세상. '저승사자'
2. 우환(憂患) : 집안에 복잡한 일이나 환자가 생겨서 나는 걱정이나 근심. '우환이 들다.'
3. 전기(傳記) : 한 사람의 일생 동안의 행적을 적은 기록. '위인 전기'
따라서 '가로 2번'에 들어가는 단어는 '경기, 경주 따위에서 이겨 첫째를 차지함.'을 의미하는 '우승(優勝)'이다.
'우승(優勝)'의 반의어로는 '겨루어서 짐.'을 의미하는 ② '패배(敗北)'가 적절하다.

3. 〈보기〉의 ㉠과 ㉡에 들어갈 말을 바르게 짝지은 것은?

┌─ 보기 ─
│ ㉠자극에 대한 ㉡반응으로 자동적으로 나타나는 것을 본능적 동작 언어라고 한다.
└─

① 사람 : 동물　　　　② 고통 : 비명　　　　③ 음성 : 몸짓
④ 선천 : 후천　　　　⑤ 학습 : 모방

〈해설〉 '자극 : 반응'의 의미 관계는 '원인 : 결과'의 관계이다. 이와 유사한 관계에 있는 것은 ②이다.

4. 〈보기〉의 밑줄 친 ㉠~㉣을 품사에 따라 바르게 분류한 것은?

┌─ 보기 ─
│ • 나는 그와 만난 적이 ㉠있다.　　　　• 딴 데 한눈팔지 말고 그 회사에 그냥 ㉡있어라.
│ • 나는 무엇이든지 잘할 수 ㉢있다.　　• 그는 내일 집에 ㉣있는다고 했다.
└─

① ㉠ / ㉡, ㉢, ㉣　　　② ㉠, ㉡ / ㉢, ㉣　　　③ ㉠, ㉡, ㉢ / ㉣
④ ㉠, ㉢ / ㉡, ㉣　　　⑤ ㉡ / ㉠, ㉢, ㉣

〈해설〉 ㉠의 '있다'는 '어떤 사실이나 현상이 현실로 존재하는 상태이다.'라는 뜻의 형용사, ㉡의 '있다'는 '사람이 어떤 직장에 계속 다니다.'라는 뜻의 동사, ㉢의 '있다'는 '어떤 일을 이루거나 어떤 일이 발생하는 것이 가능함을 나타내는 말'이라는 뜻의 형용사, ㉣의 '있다'는 '사람이나 동물이 어느 곳에서 떠나거나 벗어나지 아니하고 머물다.'라는 뜻의 동사이다. 따라서 ㉠, ㉢은 형용사, ㉡, ㉣은 동사이다.

ANSWER ▶ **1.** ③　**2.** ②　**3.** ②
　　　　4. ④

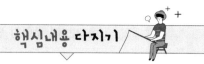

핵심내용 다지기

01 고유어와 한자어의 대응

★ 기출 어휘는 색 글씨로 표시함.

값	① 가격(價格) 예 배추 값이 싸다.
	② 가치(價値) 예 값진 희생
	③ 수치(數値) 예 평균 값을 구하시오.
	④ 금액(金額) 예 물건 값을 치렀다.
	⑤ 대가(代價) 예 일한 값을 주시오.
	⑥ 역할(役割) 예 나이값 좀 해라.
나가다	① 참석(參席)하다. 예 모임에 꼭 나갈게.
	② 출연(出演)하다. 예 그는 TV 퀴즈 프로에 나갔다.
	③ 누설(漏泄)되다. 예 소문이 밖으로 나가면 안 된다.
	④ 지급(支給)하다. 예 인건비가 너무 많이 나간다.
	⑤ 진행(進行)하다. 예 수학 진도가 너무 빨리 나갔다.
	⑥ 정지(停止)되다. 예 전기가 나가서 어둡다.
	⑦ 출근(出勤)하다. 예 회사에 나가서 집에 없다.
	⑧ 판매(販賣)되다. 예 이번 시즌에 가장 잘 나가는 상품이다.
	⑨ 파손(破損)되다. 예 접촉 사고로 범퍼가 나갔다.
	⑩ 발간(發刊)되다. 예 이 잡지는 격월로 나간다.
나누다	① 분류(分類)하다. 예 그릇을 용도별로 나누었다.
	② 분할(分割)하다. 예 무를 네 토막으로 나누었다.
	③ 분석(分析)하다. 예 이 약의 성분을 나누어 보시오.
	④ 분배(分配)하다. 예 상금을 공평하게 나누었다.
	⑤ 제산(除算)하다. 예 450을 3으로 나누시오.
내놓다	① 공개(公開)하다. 예 그 커플은 내놓고 사귀기로 했다.
	② 노출(露出)하다. 예 배를 내놓고 자면 탈이 난다.
	③ 제시(提示)하다. 예 모처럼 좋은 의견을 내놓았다.
	④ 희생(犧牲)하다. 예 목숨을 내놓고 싸웠다.
	⑤ 출간(出刊)하다. 예 드디어 전집을 내놓았다.
	⑥ 기부(寄附)하다. 예 수재민을 위해 거액을 내놓았다.
	⑦ 대접(待接)하다. 예 손님이 오셔서 차를 내놓았다.
떨어지다	① 탈락(脫落)하다. 예 면접 시험에서 떨어졌다.
	② 추락(墜落)하다. 예 비행기가 떨어졌다.
	③ 하락(下落)하다. 예 가격이 떨어졌다.
	④ 실추(失墜)되다. 예 뇌물 사건으로 위신이 떨어졌다.
	⑤ 감퇴(減退)하다. 예 시력이 갑자기 떨어졌다.
	⑥ 부족(不足)하다. 예 영희는 창의성이 떨어진다.
	⑦ 분리(分離)되다. 예 어머니와 떨어져 지냈다.

막다	① 방지(防止)하다. 예 테러를 막아야 한다.
	② 저해(沮害)하다. 예 발전을 막는 사람들이 있다.
	③ 제지(制止)하다. 예 팬들이 그 가수의 은퇴를 막으려 한다.
	④ 차단(遮斷)하다. 예 공사 때문에 도로를 막았다.
	⑤ 금지(禁止)하다. 예 미성년자 취업을 법으로 막고 있다.
	⑥ 방어(防禦)하다. 예 적의 공격을 끝까지 막았다.
	⑦ 억제(抑制)하다. 예 물가 상승을 막았다.
	⑧ 밀봉(密封)하다. 예 국물이 안 새게 입구를 막아라.
만들다	① 작성(作成)하다. 예 밤새 보고서를 만들었다.
	② 결성(結成)하다. 예 등산 동호회를 만들기로 했다.
	③ 제조(製造)하다. 예 정약용이 거중기를 만들었다.
	④ 조성(造成)하다. 예 교실 환경을 쾌적하게 만들자.
	⑤ 건설(建設)하다. 예 두 달 만에 다리를 만들었다.
	⑥ 제정(制定)하다. 예 환경 관련 법을 더 만들었다.
맞다	① 적중(的中)하다. 예 네 예상이 맞았다.
	② 정확(正確)하다. 예 시간에 맞게 왔다.
	③ 적당(適當)하다. 예 음악이 내 수준에 맞는다.
	④ 조화(調和)되다. 예 옷과 구두가 맞는다.
	⑤ 상통(相通)하다. 예 그는 나와 마음이 맞는다.
먹다	① 복용(服用)하다. 예 아이가 한약을 먹고 있다.
	② 흡수(吸水)하다. 예 백합이 이슬을 먹고 있다.
	③ 결정(決定)하다. 예 열심히 공부하기로 마음을 먹었다.
	④ 소요(所要)되다. 예 이 작업은 시간을 많이 먹는다.
	⑤ 흡연(吸煙)하다. 예 호랑이 담배 먹던 시절 얘기다.
	⑥ 실점(失點)하다. 예 우리 팀이 먼저 한 골 먹었다.
바꾸다	① 교체(交替)하다. 예 기계를 새것으로 바꿨다.
	② 교환(交換)하다. 예 달러를 원화로 바꿨다.
	③ 변경(變更)하다. 예 계획을 바꾸기로 했다.
	④ 전환(轉換)하다. 예 분위기를 바꿀 작정이다.
	⑤ 경질(更迭)하다. 예 사장을 바꿀 방침이다.
	⑥ 번역(飜譯)하다. 예 이 문장을 영어로 바꾸시오.
버리다	① 폐기(廢棄)하다. 예 고장난 선풍기를 버렸다.
	② 포기(抛棄)하다. 예 네 꿈을 버리지 마라.
	③ 유기(遺棄)하다. 예 애완동물을 버리는 사람들이 많다.
	④ 근절(根絶)하다. 예 계획 없이 쇼핑하는 습관을 버려라.
	⑤ 훼손(毁損)하다. 예 폐수를 방류하면 환경을 버리게 된다.
보다	① 관람(觀覽)하다. 예 연극을 보러 갈 것이다.
	② 구독(購讀)하다. 예 시사 잡지를 보기로 했다.
	③ 예상(豫想)하다. 예 주가가 더 떨어질 것으로 본다.
	④ 간주(看做)하다. 예 연락이 없으면 포기한 것으로 보겠다.
	⑤ 고려(考慮)하다. 예 점수를 보고 판단해라.
	⑥ 처리(處理)하다. 예 일을 보고 가겠다.
	⑦ 진료(診療)하다. 예 의사가 환자를 보고 있다.

살다	① 거주(居住)하다. 예 너는 어디 사니?
	② 생존(生存)하다. 예 오래 사는 사람이 많다.
	③ 영위(營爲)하다. 예 그는 호화로운 삶을 살았다.
	④ 유효(有效)하다. 예 그 법은 아직도 살아 있다.
	⑤ 생동(生動)하다. 예 그림의 색이 살아 있다.
서다	① 기립(起立)하다. 예 모두 서서 연설을 들었다.
	② 직립(直立)하다. 예 인류는 서서 다니기 시작했다.
	③ 확립(確立)되다. 예 조직은 위계질서가 서야 한다.
	④ 건립(建立)되다. 예 우리 동네에 박물관이 선다.
	⑤ 수립(樹立)되다. 예 드디어 민주 정부가 서게 되었다.
	⑥ 개장(開場)되다. 예 내일 아파트에 장이 선다.
	⑦ 정지(停止)하다. 예 아침에 갑자기 시계가 섰다.
알다	① 인지(認知)하다. 예 이것은 내가 아는 한자어이다.
	② 이해(理解)하다. 예 네 말이 무슨 말인지 알겠다.
	③ 명심(銘心)하다. 예 선생님 말씀 잘 알겠습니다.
	④ 중시(重視)하다. 예 그는 돈만 아는 사람이다.
	⑤ 감지(感知)하다. 예 사람 속을 알 수가 없다.
	⑥ 관여(關與)하다. 예 네가 알 바가 아니다.
잡다	① 포착(捕捉)하다. 예 드디어 좋은 기회를 잡았다.
	② 장악(掌握)하다. 예 군부가 다시 정권을 잡았다.
	③ 만류(挽留)하다. 예 떠나는 그녀를 잡고 애원했다.
	④ 체포(逮捕)하다. 예 드디어 유괴범을 잡았다.
	⑤ 결정(決定)하다. 예 목적지를 부산으로 잡았다.

02 다의어(多義語)와 동음이의어(同音異議語)

하나의 낱말이 두 가지 이상의 관련된 의미로 쓰이는 단어들을 다의어(多義語)라고 하고, 소리는 같지만 의미가 다른 두 개 이상의 단어를 동음이의어(同音異議語)라고 한다. 다의어는 여러 의미 사이에 유사성이 존재하나, 동음이의어는 소리만 같을 뿐 의미 사이에 전혀 관련성이 없으므로, 어휘 사이에 상호 연관성이 있고 없음에 따라 다의어와 동음이의어로 구별된다고 볼 수 있다. 또한 사전에서 단어를 분류할 때, 다의어는 같은 항목으로 묶어 주지만, 동음이의어는 별개 항목으로 분류한다는 점에서 차이가 있다.

★ 빈출 어휘는 색 글씨로 표시함.

가다	① 한 곳에서 다른 곳으로 장소를 이동하다. 예 산에 <u>간다</u>. ② 수레, 배, 자동차, 비행기 따위가 운행하거나 다니다. 예 유럽으로 <u>가는</u> 비행기 ③ 모임에 참석하기 위하여 이동하다. 예 시사회에 <u>가는</u> 길이다. ④ 목적을 가지고 다른 곳으로 옮기다. 예 밥을 먹으러 식당에 <u>가다</u>. ⑤ 직업이나 학업 따위로 해서 다른 곳으로 옮기다. 예 군대에 <u>가다</u>. ⑥ 직책이나 자리를 옮기다. 예 이번에 영업부로 <u>가게</u> 됐어. ⑦ 물건이나 권리가 옮겨지다. 예 책상 위에 있던 돈이 어디에 <u>갔지</u>? ⑧ 관심이나 눈길이 쏠리다. 예 그에게 무척 호감이 <u>간다</u>. ⑨ 어떤 상태나 상황을 향하여 나아가다. 예 복지 국가로 <u>가는</u> 길은 험하다. ⑩ 동력원으로 하여 작동하다. 예 이 차는 전기로만 <u>간다</u>. ⑪ 금, 줄, 주름살, 흠집 따위가 생기다. 예 벽에 금이 <u>가서</u> 위험하다. ⑫ 시간 따위가 지나거나 흐르다. 예 좋은 시절도 다 <u>갔다</u>. ⑬ 기계 따위가 제대로 작동하다. 예 싸구려 시계가 잘 <u>간다</u>. ⑭ 어떤 일에 대하여 납득이나 이해, 짐작 따위가 되다. 예 그 설명은 수긍이 <u>간다</u>. ⑮ 원래의 상태를 잃고 상하거나 변질되다. 예 김치찌개가 시큼하게 맛이 <u>갔어</u>. ⑯ 어떤 현상이나 상태가 유지되다. 예 담배를 끊겠다는 결심이 결국 사흘도 못 <u>갔다</u>.
갈다¹	① 이미 있는 사물을 다른 것으로 바꾸다. 예 이번에 냉장고를 <u>갈아야겠어</u>. ② 어떤 직책에 있는 사람을 다른 사람으로 바꾸다. 예 책임자를 전문가로 <u>갈다</u>.
갈다²	날카롭게 날을 세우거나 표면을 매끄럽게 하기 위하여 다른 물건에 대고 문지르다. 예 무를 썰기 전에 칼을 <u>갈았다</u>.
갈다³	쟁기나 트랙터 따위의 농기구나 농기계로 땅을 파서 뒤집다. 예 밭을 <u>갈다</u>.
거리¹	① 내용이 될 만한 재료 예 이 주제는 충분히 토의할 <u>거리</u>가 된다. ② 제시한 시간 동인 해낼 만한 일 예 밥나절 거리도 안 되는 일을 종일 하고 있구나. ③ 제시한 수가 처리할 만한 것 예 그 일은 한 사람 <u>거리</u>의 일이다.

거리²	① 두 개의 물건이나 장소 따위가 공간적으로 떨어진 길이
	    예 집에서 학교까지의 <u>거리</u>는 500미터이다.
	② 일정한 시간 동안에 이동할 만한 공간적 간격
	    예 집에서 학교까지는 20분 <u>거리</u>이다.
	③ 사람과 사람 사이에 느껴지는 간격 예 그 친구와는 왠지 <u>거리</u>가 느껴진다.
	④ 비교하는 두 대상 사이의 차이 예 이상과 현실 사이에는 <u>거리</u>가 있기 마련이다.

거리³	'비하'의 뜻을 더하는 접미사 예 패거리, 짓거리

걸다¹	① 흙이나 거름 따위가 기름지고 양분이 많다. **예** 퇴비로 땅을 걸게 만들었다. ② 액체 따위가 내용물이 많고 진하다. **예** 풀을 너무 걸게 쑤어서 풀질하기가 어렵다. ③ 음식 따위가 가짓수가 많고 푸짐하다. **예** 이 식당은 반찬이 걸게 나온다. ④ 말씨나 솜씨가 거리낌이 없고 푸지다. 　　**예** 이웃집 아낙은 입이 어찌나 건지 아무도 못 당한다. ⑤ 푸짐하고 배부르다. **예** 잔칫집에 가서 걸게 먹고 왔다.
걸다²	① 벽이나 못 따위에 어떤 물체를 떨어지지 않도록 매달아 올려놓다. 　　**예** 벽에 그림을 걸다. ② 자물쇠, 문고리를 채우거나 빗장을 지르다. **예** 대문에 빗장을 걸다. ③ 솥이나 냄비 따위를 이용할 수 있도록 준비하여 놓다. **예** 아궁이에 냄비를 걸다. ④ 기계 따위가 작동하도록 준비하여 놓다. **예** 물레에 솜을 걸다. ⑤ 어느 단체에 속한다고 이름을 내세우다. 　　**예** 문단에 이름을 걸어 놓은 작가는 많지만 작품 활동을 하는 작가는 그렇게 많지 않다. ⑥ 기계 장치가 작동되도록 하다. **예** 차에 시동을 걸다. ⑦ 돈 따위를 계약이나 내기의 담보로 삼다. **예** 노름에 돈을 걸다. ⑧ 의논이나 토의의 대상으로 삼다. **예** 회사에 소송을 걸었다. ⑨ 앞으로의 일에 대한 희망 따위를 품거나 기대하다. **예** 아들에게 기대를 걸다. ⑩ 목숨, 명예 따위를 담보로 삼거나 희생할 각오를 하다. **예** 그에게 운명을 걸다. ⑪ 다른 사람을 향해 먼저 어떤 행동을 하다. **예** 싸움을 걸다. ⑫ 다리나 발 또는 도구 따위를 이용하여 상대편을 넘어뜨리려는 동작을 하다. 　　**예** 지나가는 친구에게 발을 걸어 넘어뜨렸다.
끄르다	① 맺은 것이나 맨 것을 풀다. **예** 보따리를 끄르다. ② 잠긴 것이나 채워져 있는 것을 열다. **예** 자물쇠를 끄르다.
나다	[Ⅰ] 동사 ① 신체 표면이나 땅 위에 솟아나다. **예** 사춘기가 된 아들의 턱에 수염이 나기 시작했다. ② 길, 통로, 창문 따위가 생기다. **예** 우리 마을에 길이 났다. ③ 어떤 사물에 구멍, 자국 따위의 형체 변화가 생기거나 작용에 이상이 일어나다. 　　**예** 양말에 구멍이 나다. ④ 신문, 잡지 따위에 어떤 내용이 실리다. **예** 기사가 신문에 났다. ⑤ 홍수, 장마 따위의 자연재해가 일어나다. 　　**예** 남부 지방에 홍수가 나서 많은 수재민이 생겼다. ⑥ 농산물이나 광물 따위가 산출되다. **예** 이 지역에는 금이 난다. ⑦ 어떤 현상이나 사건이 일어나다. **예** 축대가 무너져 온 동네에 난리가 났다. ⑧ 인물이 배출되다. **예** 어머니는 우리 집에 천재가 났다면서 좋아하셨다. ⑨ 이름이나 소문 따위가 알려지다. **예** 신문에 합격자 발표가 나다. ⑩ 문제 따위가 출제되다. **예** 기말고사에 난 문제는 어려웠다. ⑪ 흥미, 짜증, 용기 따위의 감정이 일어나다. **예** 일에 짜증이 나다. ⑫ 구하던 대상이 나타나다. **예** 빨리 형에게 혼처가 나야 할 텐데. ⑬ 돈, 물건 따위가 생기다. **예** 이 돈 어디에서 났니? ⑭ 생명체가 태어나다. **예** 나는 부산에서 나서 서울에서 자랐다. ⑮ 소리, 냄새 따위가 밖으로 드러나다. **예** 청국장에서는 구수한 냄새가 난다. ⑯ 신체에서 땀, 피, 눈물 따위의 액체 성분이 흐르다. **예** 손에서 피가 나다. ⑰ 어떤 나이에 이르다. **예** 우리 큰애는 이제 겨우 세 살 났어요. ⑱ 병 따위가 발생하다. **예** 멀미가 심하게 나는지 그 승객은 도중에서 내려 달라고 했다. ⑲ 생각, 기억 따위가 일다. **예** 그는 그제야 멋진 생각이 났는지 무릎을 쳤다. ⑳ 시간적 여유가 생기다. **예** 나는 내일이면 시간이 난다.

㉑ 기풍, 멋 따위가 더 나아지다. 예 그는 스카프를 매고 나서 한결 멋이 <u>났</u>다.
㉒ 어떤 작용에 따른 효과, 결과 따위의 현상이 이루어져 나타나다.
　　예 이제야 광고 효과가 <u>나기</u> 시작했다.
㉓ 속도, 열, 빛 따위의 속성이 드러나다. 예 그의 그림은 볼수록 더욱 빛이 <u>났</u>다.
㉔ 맛이 생기다. 예 조미료를 잘 써야 음식이 더욱 맛이 <u>난</u>다.
㉕ 햇빛 따위가 나타나다. 예 햇빛이 <u>나</u>면 경기를 계속 진행할 것이다.
㉖ 사람 됨됨이나 생김새가 뛰어나다. 예 모든 면에서 볼 때 그는 틀림없이 <u>난</u> 인물이다.
㉗ 밖으로 나오거나 나가다. 예 든 자리는 몰라도 <u>난</u> 자리는 표가 <u>난</u>다.
㉘ 철이나 기간을 보내다.
　　예 그는 전쟁 기간 동안 시골에서 3년을 <u>나고</u> 다시 서울로 올라왔다.
㉙ 살림, 세간 따위를 따로 차리다.
　　예 부모와 따로 세간을 <u>나</u>면 아무래도 생활비가 많이 든다.

[II] 보조 동사
㉚ 앞말이 뜻하는 행동을 끝내어 이루었음을 나타내는 말 예 겪어 <u>나</u>다. / 먹어 <u>나</u>다.
㉛ 앞말이 뜻하는 행동이 끝났음을 나타내는 말
　　예 일을 마치고 <u>나</u>니 기분이 상쾌해졌다.

나오다

① 안에서 밖으로 오다. 예 어머니는 길에 <u>나오</u>셔서 아들을 기다리셨다.
② 속에서 바깥으로 솟아나다. 예 벌써 가지 끝에 새순이 <u>나왔</u>다.
③ 일정한 목적으로 어떠한 곳에 오다. 예 그는 약속 장소에 <u>나오</u>지 않았다.
④ 책, 신문 따위에 글, 그림 따위가 실리다. 예 이 글은 논어에 <u>나온</u>다.
⑤ 어떠한 분야에 투신하다. 예 그 사람은 정계에 <u>나온</u> 후 많은 변신을 했다.
⑥ 새 상품이 시장에 나타나다. 예 이 상품은 시장에 <u>나온</u> 후에 바로 큰 인기를 끌었다.
⑦ 소속된 단체나 직장 따위에 일하러 오다. 예 과장님은 곧 회사에 <u>나오</u>실 겁니다.
⑧ 어떠한 곳에 모습이 나타나다. 예 공식 석상에 <u>나오</u>다.
⑨ 액체나 기체 따위가 밖으로 흐르다.
　　예 얼마 전에는 수도에서 녹물이 <u>나오</u>는 바람에 세상이 들썩거렸다.
⑩ 어떠한 물건이 발견되다. 예 하루 종일 찾던 지갑이 세탁물 속에서 <u>나왔</u>다.
⑪ 상품이나 인물 따위가 산출되다. 예 이 공장에서 <u>나오</u>는 제품은 믿을 만하다.
⑫ 어떤 곳을 벗어나다. 예 그는 책을 들고 방에서 <u>나왔</u>다.
⑬ 소속된 단체나 직장 따위에서 물러나다.
　　예 개인 사업을 하기 위해 회사에서 <u>나왔</u>습니다.
⑭ 어떠한 태도를 취하여 겉으로 드러내다.
　　예 만일 그가 비협조적인 태도로 <u>나온</u>다면 상대하지 마라.
⑮ 처리나 결과로 이루어지거나 생기다. 예 맑은 날보다 흐린 날에 사진이 잘 <u>나온</u>다.
⑯ 받을 돈 따위가 주어지거나 세금 따위가 물리어지다. 예 월급이 <u>나오</u>다
⑰ 어떤 일을 알리거나 요구·명령하는 서류가 전해지다. 예 고지서가 <u>나오</u>다.
⑱ 음식 따위가 차려지다. 예 오늘 점심으로는 국수가 <u>나왔</u>다.
⑲ 목적한 곳이 눈에 띄게 되다. 예 이 길로 가면 바다가 <u>나온</u>다.
⑳ 무엇을 살 만한 돈이 되다. 예 그렇게 해서 담뱃값이라도 <u>나오</u>겠나?
㉑ 방송을 듣거나 볼 수 있다. 예 이 마을은 산으로 둘러싸여 라디오가 잘 안 <u>나온</u>다.
㉒ 앞으로 내밀어지다. 예 아버지는 배가 많이 <u>나오</u>셨다.
㉓ 감정 표현이나 생리 작용 따위가 나타나다. 예 나는 자꾸 울음이 <u>나와</u>서 혼났다.
㉔ 교육 기관의 일정한 과정을 끝내고 졸업하다. 예 기술 학원을 <u>나오</u>다.
㉕ 어떠한 목적으로 오다. 예 마중을 <u>나오</u>다.

내다

[I] 동사

① '나다(길, 통로, 창문 따위가 생기다.)'의 사동사 예 숲 속에 산책로를 냈다.

② '나다(어떤 사물에 구멍, 자국 따위의 형체 변화가 생기거나 작용에 이상이 일어나다.)'의 사동사 예 양말에 구멍을 내다.

③ '나다(신문, 잡지 따위에 어떤 내용이 실리다.)'의 사동사 예 신문에 광고를 내다.

④ '나다(살림, 세간 따위를 따로 차리다.)'의 사동사
예 우리는 신접살림을 시골에 내고 싶습니다.

⑤ 가게 따위를 새로 차리다. 예 번화가에 가게를 새로 내다.

⑥ 거름 따위를 논밭에 가져가다. 예 밭에 거름을 내다.

⑦ 모나 모종을 옮겨 심다. 예 논에 모를 내다.

⑧ 예술 작품을 출품하다. 예 국전에 그림을 내다.

⑨ 안에서 밖으로 옮기다. 예 교실 안에 있는 청소 도구를 복도로 내다.

⑩ 선거에 후보를 추천하다. 예 우리 당은 이번 선거에는 후보자를 내지 않기로 했다.

⑪ '나다(이름이나 소문 따위가 알려지다.)'의 사동사 예 동네에 소문을 내다.

⑫ '나다(문제 따위가 출제되다.)'의 사동사 예 시험에 문제를 내다.

⑬ '나다(흥미, 짜증, 용기 따위의 감정이 일어나다.)'의 사동사 예 친구에게 화를 내다.

⑭ 문서, 서류, 편지 따위를 제출하거나 보내다. 예 회사에 지원서를 내다.

⑮ 곡식이나 음식물 따위를 팔려고 내놓다. 예 시장에 쌀을 내다.

⑯ 먹을 것이나 마실 것을 대접하려고 제공하다.
예 그는 동료들에게 승진 기념으로 한턱을 냈다. /
어머니는 손님들에게 차를 내고 함께 이야기를 나누셨다.

⑰ 돈이나 물건 따위를 주거나 바치다. 예 집주인에게 보증금을 내다.

⑱ '나다(어떤 현상이나 사건이 일어나다.)'의 사동사 예 사고를 내다.

⑲ '나다(인물이 배출되다.)'의 사동사 예 우리 마을에서 이번 사법 시험 합격자를 냈다.

⑳ '나다(소리, 냄새 따위가 밖으로 드러나다.)'의 사동사
예 그는 인기척을 내고 방문을 열었다.

㉑ '나다(시간적 여유가 생기다.)'의 사동사 예 나는 요즘 쉴 틈을 내기도 어려운 지경이다.

㉒ '나다(기풍, 멋 따위가 더 나아지다.)'의 사동사 예 딸이 요즘 부쩍 멋을 내려고 한다.

㉓ '나다(어떤 작용에 따른 효과, 결과 따위의 현상이 이루어져 나타나다.)'의 사동사
예 강경책이 오히려 역효과를 내고 말았다.

㉔ 출판물을 발행하다. 예 시집을 내다.

㉕ 말미를 얻다. 예 특별 휴가를 내서 신혼여행을 갔다.

㉖ 성적을 처리하다. 예 시험이 끝나고 곧바로 성적을 내다.

㉗ 다른 사람의 모양이나 행동을 따라 하다. 예 시늉을 내다.

㉘ 돈을 얻다. 예 은행에서 빚을 내다.

[II] 보조 동사

㉙ (동사 뒤에서 '-어 내다' 구성으로 쓰여) 앞말이 뜻하는 행동이 스스로의 힘으로 끝내 이루어짐을 나타내는 말. 주로 그 행동이 힘든 과정임을 보일 때 쓴다.
예 끝까지 참아 내다.

놓다

[I] 동사

① 손으로 무엇을 쥐거나 잡거나 누르고 있는 상태에서 손을 펴거나 힘을 빼서 잡고 있던 물건이 손 밖으로 빠져나가게 하다. **예** 잡고 있던 멱살을 <u>놓다</u>.

② 계속해 오던 일을 그만두고 하지 아니하다. **예** 건강이 좋지 않아 일을 <u>놓고</u> 있다.

③ 걱정이나 근심, 긴장 따위를 잊거나 풀어 없애다.

　예 제가 다 알아서 할 테니 마음 푹 <u>놓으세요</u>.

④ 노름이나 내기에서 돈을 걸다. **예** 돈 <u>놓고</u> 돈 먹기

⑤ 논의의 대상으로 삼다. **예** 동문회에서 학교 이전 문제를 <u>놓고</u> 의견이 분분했다.

⑥ 수판이나 산가지 따위를 이용하여 셈을 하다.

⑦ 빨리 가도록 힘을 더하다. **예** 동구 밖으로 줄달음을 <u>놓다</u>.

⑧ 병에서 벗어나 몸이 회복되다.

　예 할아버지께서 심기를 편하게 가지시고 마음을 비우셔야 하루라도 빨리 병줄을 <u>놓게</u> 됩니다.

⑨ 잡거나 쥐고 있던 물체를 일정한 곳에 두다. **예** 책상 위에 책을 <u>놓다</u>.

⑩ 일정한 곳에 기계나 장치, 구조물 따위를 설치하다. **예** 개울에 다리를 <u>놓다</u>.

⑪ 짐승이나 물고기를 잡기 위하여 일정한 곳에 무엇을 장치하다.

　예 그녀는 집 안 여기저기에 쥐약을 <u>놓았다</u>.

⑫ 무늬나 수를 새기다. **예** 베갯잇에 오색실로 수를 <u>놓다</u>.

⑬ 불을 지르거나 피우다. **예** 아궁이에 불을 <u>놓다</u>.

⑭ 옷이나 이불, 방석 따위를 꾸밀 때 속에 솜이나 털과 같은 내용물을 넣다.

　예 이불에 솜을 <u>놓다</u>.

⑮ 주되는 음식에 다른 것을 섞어 한 음식으로 만들다. **예** 밥에 콩을 <u>놓다</u>.

⑯ 심어서 가꾸거나 키우다. **예** 시루에 콩나물을 <u>놓아</u> 먹는다.

⑰ 수에 수를 보태다. **예** 하나에 둘을 <u>놓으면</u> 셋이 된다.

⑱ 어떤 목적을 위하여 사람이나 짐승을 내보내다.

　예 경찰은 들판에 개를 <u>놓아</u> 범인을 추적했다.

⑲ 치료를 위하여 주사나 침을 찌르다. **예** 팔에 예방 주사를 <u>놓다</u>.

⑳ 상대에게 어떤 행동을 하다. **예** 어머니는 나에게 핀잔을 <u>놓았다</u>.

㉑ 집이나 돈, 쌀 따위를 세나 이자를 받고 빌려 주다. **예** 신혼부부에게 전세를 <u>놓다</u>.

㉒ 값을 셈하여 매기다. **예** 과일이 굵어서 시내 상인에게 좋은 값을 <u>놓기가</u> 어렵겠다.

㉓ 장기나 바둑에서 돌이나 말을 두다.

　예 아버지와 바둑을 둘 때 두 점을 <u>놓고</u> 둬도 질 때가 많다.

㉔ 총이나 대포를 쏘다. **예** 순사들이 상가에 총을 <u>놓아</u> 수십 명이 다치고 죽었다고 한다.

㉕ 어떠한 내용을 편지 따위를 통하여 알리다. **예** 고향에 편지를 <u>놓다</u>.

㉖ 말을 존대하지 않고 맞상대하거나 낮춰서 말하다.

　예 그는 만나자마자 나에게 대뜸 말을 <u>놓으면서</u> 건방을 떨었다.

㉗ 기계 장치를 조작하여 원하는 상태가 되게 하다. **예** 자동차를 120km로 <u>놓고</u> 달렸다.

[II] 보조 동사

㉘ ((동사 뒤에서 '-어 놓다' 구성으로 쓰여)) 앞말이 뜻하는 행동을 끝내고 그 결과를 유지함을 나타내는 말

　예 더우니 문을 열어 <u>놓아라</u>.

다루다	① 일거리를 처리하다. **예** 무역 업무를 <u>다루다</u>.
	② 어떤 물건을 사고파는 일을 하다. **예** 이 상점은 주로 전자 제품만을 <u>다룬다</u>.
	③ 기계나 기구 따위를 사용하다. **예** 그는 공장에서 기계를 <u>다룬다</u>.
	④ 가죽 따위를 매만져서 부드럽게 하다. **예** 가죽을 <u>다루다</u>.
	⑤ 어떤 물건이나 일거리 따위를 어떤 성격을 가진 대상 혹은 어떤 방법으로 취급하다.
	예 그는 외과 수술을 전문으로 <u>다룬다</u>.
	⑥ 사람이나 짐승 따위를 부리거나 상대하다.
	예 무고한 사람을 범인으로 <u>다루다니</u> 가만 있지 않겠다.
	⑦ 어떤 것을 소재나 대상으로 삼다. **예** 회의에서 물가 안정을 당면 과제로 <u>다루었다</u>.

다리¹	① 사람이나 동물의 몸통 아래 붙어 있는 신체의 부분
	예 뱀은 <u>다리</u>가 없지만 빨리 움직인다.
	② 물체의 아래쪽에 붙어서 그 물체를 받치거나 직접 땅에 닿지 아니하게 하거나 높이 있도록 버티어 놓은 부분 **예** 이 의자는 <u>다리</u>가 하나 부러졌다.
	③ 오징어나 문어 따위의 동물의 머리에 여러 개 달려 있어, 헤엄을 치거나 먹이를 잡거나 촉각을 가지는 기관 **예** 그는 술안주로 오징어 <u>다리</u>를 씹었다.
	④ 안경의 테에 붙어서 귀에 걸게 된 부분 **예** <u>다리</u>가 부러진 안경

다리²	① 물을 건너거나 또는 한편의 높은 곳에서 다른 편의 높은 곳으로 건너다닐 수 있도록 만든 시설물 **예** <u>다리</u>를 건너다.
	② 둘 사이의 관계를 이어 주는 사람이나 사물을 비유적으로 이르는 말
	예 나는 그 사람을 잘 모르니 자네가 <u>다리</u>가 되어 주게나.
	③ 중간에 거쳐야 할 단계나 과정
	예 이 물건은 우리에게 오는 데 <u>다리</u>를 여럿 거친 것이다.
	④ 지위의 등급 **예** 그는 삼 년 만에 벼슬이 한 <u>다리</u> 올랐다.

달다¹	① 타지 않는 단단한 물체가 열로 몹시 뜨거워지다.
	예 그는 불 속에서 빨갛게 <u>단</u> 인두를 꺼내 들었다.
	② 물기가 많은 음식이나 탕약 따위에 열을 가하여 물이 졸아들다.
	③ 열이 나거나 부끄러워서 몸이나 몸의 일부가 뜨거워지다. **예** 얼굴이 화끈 <u>달았다</u>.
	④ 입안이나 코안이 마르고 뜨거워지다.
	⑤ 안타깝거나 조마조마하여 마음이 몹시 조급해지다.
	예 애가 <u>달아서</u> 어쩔 줄을 모르다.

달다²	① 물건을 일정한 곳에 걸거나 매어 놓다. **예** 배에 돛을 <u>달다</u>.
	② 물건을 일정한 곳에 붙이다. **예** 옷에 단추를 <u>달다</u>.
	③ 어떤 기기를 설치하다. **예** 자동차에 에어컨을 달고 싶지만 돈이 없다.
	④ 글이나 말에 설명 따위를 덧붙이거나 보태다. **예** 본문에 각주를 달다.
	⑤ 이름이나 제목 따위를 정하여 붙이다. **예** 작품에 제목을 <u>달다</u>.
	⑥ 장부에 적다. **예** 오늘 술값은 장부에 <u>달아</u> 두세요.
	⑦ 윷판에서 처음으로 말을 놓다. **예** 우리 편이 먼저 막동을 <u>달았다</u>.
	⑧ 물건을 잇대어 붙이다. **예** 기관차에 객차를 <u>달다</u>.
	⑨ 사람을 동행하거나 거느리다. **예** 그는 꼭 친구를 달고 다닌다.

| 달다³ | 저울로 무게를 헤아리다. **예** 돼지고기 세 근만 <u>달아</u> 주세요. |

| 달다⁴ | 말하는 이가 듣는 이에게 어떤 것을 주도록 요구하다. |
| | **예** 아이가 용돈을 <u>달라고</u> 한다. |

달다⁵	① 꿀이나 설탕의 맛과 같다. **예** 초콜릿이 <u>달다</u>.
	② 입맛이 당기도록 맛이 있다. **예** 밥을 <u>달게</u> 먹고 잠을 푹 잤다.
	③ 흡족하여 기분이 좋다. **예** 낮잠을 <u>달게</u> 자다.
	④ 마땅하여 기껍다. **예** 충고를 <u>달게</u> 받아들이다.

대다	① 정해진 시간에 닿거나 맞추다. **예** 기차 시간에 <u>대도록</u> 서두르자.
	② 어떤 것을 목표로 삼거나 향하다. **예** 하늘에 <u>대고</u> 하소연을 했다.
	③ 무엇을 어디에 닿게 하다. **예** 수화기를 귀에 <u>대다</u>.
	④ 어떤 도구나 물건을 써서 일을 하다. **예** 그림에 붓을 <u>대다</u>.
	⑤ 차, 배 따위의 탈것을 멈추어 서게 하다.
	예 그는 어제 집 앞에 차를 <u>대다가</u> 접촉 사고를 냈다.
	⑥ 돈이나 물건 따위를 마련하여 주다.
	예 그는 그동안 남몰래 가난한 이웃에게 양식을 <u>대</u> 왔다.
	⑦ 무엇을 덧대거나 뒤에 받치다. **예** 벽에 등을 <u>대고</u> 앉았다.
	⑧ 어떤 것을 목표로 하여 총, 호스 따위를 겨냥하다.
	예 그는 차마 같은 동포에게 총부리를 <u>댈</u> 수가 없었다.
	⑨ 노름, 내기 따위에서 돈이나 물건을 걸다.
	예 그들은 한 판에 천 원씩을 <u>대고</u> 노름을 시작하였다.
	⑩ 사람을 구해서 소개해 주다. **예** 건설 현장에 인부를 <u>대는</u> 일은 결코 쉽지 않다.
	⑪ 어떤 곳에 물을 끌어 들이다. **예** 논에 물을 <u>대다</u>.
	⑫ 잇닿게 하거나 관계를 맺다. **예** 실력자에게 연줄을 <u>대려는</u> 사람들이 너무 많다.
	⑬ 다른 사람과 신체의 일부분을 닿게 하다.
	예 그녀는 자신의 애인에게 어깨를 <u>대고</u> 편안하게 앉아 있었다.
	⑭ 서로 견주어 비교하다. **예** 그의 솜씨에 내 실력을 <u>댈</u> 수는 없다고 생각한다.
	⑮ 이유나 구실을 들어 보이다. **예** 나는 굳이 친구에게 핑계를 <u>대고</u> 싶지 않다.
	⑯ 어떤 사실을 드러내어 말하다. **예** 아무리 고문을 해도 독립군의 명단을 <u>댈</u> 수는 없었다.

되다¹	① 새로운 신분이나 지위를 가지다. **예** 커서 의사가 <u>되고</u> 싶다.
	② 다른 것으로 바뀌거나 변하다. **예** 얼음이 물이 <u>되다</u>.
	③ 어떤 때나 시기, 상태에 이르다. **예** 이제는 계절이 봄이 <u>되었다</u>.
	④ 사람으로서의 품격과 덕을 갖추다.
	예 그런 행동을 한 것은 그가 인격이 <u>된</u> 사람이라는 증거이다.
	⑤ 작물 따위가 잘 자라다. **예** 곡식이 알차게 <u>되다</u>.
	⑥ 어떤 사물이 제 기능을 다 하거나 수명이 다하다. **예** 기계가 못 쓰게 <u>되다</u>.
	⑦ 어떤 특별한 뜻을 가지는 상태에 놓이다. **예** 입에 쓴 것이 몸에는 약이 <u>된다</u>.

되다⁴	① 반죽이나 밥 따위가 물기가 적어 **빡빡**하다. **예** 밥이 너무 <u>되다</u>.
	② 줄 따위가 단단하고 팽팽하다. **예** 새끼줄로 <u>되게</u> 묶어라.
	③ 일이 힘에 벅차다. **예** 일이 <u>되면</u> 쉬어 가면서 해라.
	④ 몹시 심하거나 모질다. **예** 집안 어른한테 <u>된</u> 꾸중을 들었다.

두다	[I] 동사

[I] 동사

① 일정한 곳에 놓다. **예** 쌀가마를 창고에 <u>두었다</u>.

② 어떤 상황이나 상태 속에 놓다. **예** 식품을 필요 이상으로 고온에 <u>두지</u> 마라.

③ 가져가거나 데려가지 않고 남기거나 버리다.

　예 집에 <u>두고</u> 온 어린 자식을 생각하면 가슴이 미어진다.

④ 기본 음식에 딴 재료를 섞어 넣다. **예** 백설기에 건포도를 <u>두었다</u>.

⑤ 이부자리나 옷 따위에 솜 따위를 넣다.

　예 요즘에는 이불에 오리털을 <u>두어서</u> 누비기도 한다.

⑥ 사람을 머물거나 묵게 하다.

　예 너 같은 놈을 집에 <u>두었다가는</u> 얼마 못 가서 살림이 거덜 나겠다.

⑦ 진영 따위를 설치하다. **예** 산 밑에 본진을 <u>두다</u>.

⑧ 직책이나 조직, 기구 따위를 설치하다. **예** 세계 각지에 지사를 <u>두다</u>.

⑨ 중요성이나 가치 따위를 부여하다. **예** 경제 문제에 초점을 <u>두다</u>.

⑩ 생각 따위를 가지다. **예** 이번 일을 염두에 <u>두지</u> 마라.

⑪ 인정, 사정 따위를 헤아려 주다. **예** 우리는 그런 비열한 짓에는 인정을 <u>두지</u> 않는다.

⑫ 공식적인 직장으로 가지다. **예** 대학에 적을 <u>두다</u>.

⑬ 행위의 준거점, 목표, 근거 따위를 설정하다.

　예 기준을 어디에 <u>두느냐</u>에 따라 결과는 달라진다.

⑭ 어떤 것을 일정한 방향으로 향하게 하다. **예** 강을 앞에 <u>두다</u>.

⑮ 사용하지 않고 보관하거나 간직하다. **예** 그것을 잘 <u>두었다가</u> 요긴할 때 써라.

⑯ 어떤 일을 처리하지 않고 미루다. **예** 그 사건은 <u>두었다가</u> 나중에 처리합시다.

⑰ 시간적 여유나 공간적 간격 따위를 주다. **예** 간격을 <u>두고</u> 말을 하다.

⑱ 어떤 상황이 어떤 시간이나 기간에 걸치다. **예** 며칠을 <u>두고</u> 끙끙 앓았다.

⑲ 사람을 데리고 쓰다. **예** 난쟁이를 <u>두는</u> 곡예 단체는 많았다.

⑳ 어떤 사람을 가족이나 친인척으로 가지다. **예** 자식을 셋 <u>두었다</u>.

㉑ 어떤 것을 논쟁이나 감정, 언급의 대상으로 삼다.

　예 황소 한 마리를 <u>두고</u> 씨름판을 벌이다.

㉒ 앞의 것을 부정하고 뒤의 것을 긍정하거나 선택할 때 쓴다.

　예 큰길을 <u>두고</u> 샛길로 가다.

㉓ 바둑이나 장기 따위의 놀이를 하다. 또는 그 알을 놓거나 말을 쓰다.

　예 바둑을 <u>두다</u>.

㉔ 세상이나 사람들과 밀접한 관계를 갖지 않고 얼마간 떨어져 있다.

　예 그는 그녀를 좀 더 객관적으로 지켜보기 위해서 일부러 그녀에게 일정한 거리를 <u>두었다</u>.

㉕ 어떤 대상을 일정한 상태로 있게 하다.

　예 아이를 절대로 그 상태로 <u>두어서는</u> 안 됩니다.

[II] 보조 동사

㉖ 앞말이 뜻하는 행동을 끝내고 그 결과를 유지함을 나타내는 말. 주로 그 행동이 어떤 다른 일에 미리 대비하기 위한 것임을 보일 때 쓴다.

　예 불을 켜 <u>두고</u> 잠이 들었다. / 기계는 세워 <u>두면</u> 녹이 슬어요. / 편지를 써 <u>둔</u> 지가 오래 되었는데 아직 부치지 않았다. / 내일 경기를 위해 잘 먹고 잘 쉬어 <u>둬라</u>.

들다¹	① 밖에서 속이나 안으로 향해 가거나 오거나 하다.
	예 숲 속에 드니 공기가 훨씬 맑았다.
	② 빛, 볕, 물 따위가 안으로 들어오다. 예 이 방에는 볕이 잘 든다.
	③ 방이나 집 따위에 있거나 거처를 정해 머무르게 되다.
	예 하숙집에 든 지도 벌써 삼 년이 지났다.
	④ 길을 택하여 가거나 오다. 예 컴컴한 골목길에 들고부터는 그녀의 발걸음이 빨라졌다.
	⑤ 수면을 취하기 위한 장소에 가거나 오다. 예 그는 자리에 들어서도 책을 보았다.
	⑥ 어떤 일에 돈, 시간, 노력, 물자 따위가 쓰이다. 예 잔치 음식에는 품이 많이 든다.
	⑦ 물감, 색깔, 물기, 소금기가 스미거나 배다. 예 속옷에 파란 물이 들었다.
	⑧ 어떤 범위나 기준, 또는 일정한 기간 안에 속하거나 포함되다.
	예 반에서 5등 안에 들다.
	⑨ 안에 담기거나 그 일부를 이루다. 예 그 글에는 이런 내용이 들어 있다.
	⑩ 어떤 처지에 놓이다. 예 고생길에 들었구나.
	⑪ 어떤 물건이나 사람이 좋게 받아들여지다.
	예 일단 마음에 드는 사람이 있으면 적극적으로 나설 작정이다.
	⑫ 어떤 일이나 기상 현상이 일어나다. 예 남부 지방에 가뭄이 들다.
	⑬ 어떠한 시기가 되다. 예 4월에 들어서만 이익금이 두 배로 늘었다.
	⑭ 어떤 조직체에 가입하여 구성원이 되다.
	예 그는 알찬 대학 생활을 위해 사진 동호회에 들기로 했다.
	⑮ 적금이나 보험 따위의 거래를 시작하다. 예 집을 장만하기 위해 주택 적금을 들었다.
	⑯ 어떤 때, 철이 되거나 돌아오다. 예 밤이 들자 기온이 떨어졌다.
	⑰ 잠이 생기어 몸과 의식에 작용하다. 예 나는 기차에서 잠깐 풋잠이 들었다.
	⑱ 나이가 많아지다. 예 아이는 나이가 들수록 병치레가 잦아졌다.
	⑲ 과일, 음식의 맛 따위가 익어서 알맞게 되다. 예 김치가 맛이 들다.
	⑳ 몸에 병이나 증상이 생기다. 예 가축이 병이 들어 걱정이 크다.
	㉑ 의식이 회복되거나 어떤 생각이나 느낌이 일다.
	예 그는 자꾸 잡념이 들어서 괴롭다고 한다.
	㉒ 버릇이나 습관이 몸에 배다. 예 그 아이는 거짓말을 하는 나쁜 버릇이 들었다.
	㉓ 아이나 새끼를 가지다. 예 며느리가 아이가 들어서 거동이 불편하다.
	㉔ 식물의 뿌리나 열매가 속이 단단한 상태가 되다. 예 벼의 알이 알차게 들었다.
	㉕ 남을 위하여 어떤 일을 하다. 예 아무래도 나는 어머니 편을 들 수밖에 없었다.
	㉖ 돈을 내고 셋집을 얻어 살다. 예 선배 집에 월세를 들어 살고 있다.
들다²	① 비나 눈이 그치고 날이 좋아지다. 예 날이 들면 떠납시다.
	② 흐르던 땀이 그치다. 예 땀이 들다.
들다³	날이 날카로워 물건이 잘 베어지다. 예 칼이 잘 든다.
들다⁴	① 손에 가지다. 예 차표를 손에 들다.
	② 아래에 있는 것을 위로 올리다. 예 고개를 들다.
	③ 설명하거나 증명하기 위하여 사실을 가져다 대다. 예 증거를 들다.
	④ '먹다'의 높임말 예 진지 드세요.
마르다	① 물기가 다 날아가서 없어지다. 예 날씨가 맑아 빨래가 잘 마른다.
	② 입이나 목구멍에 물기가 적어져 갈증이 나다.
	예 뜨거운 태양 아래서 달리기를 했더니 목이 몹시 마른다.
	③ 살이 빠져 야위다. 예 공부를 하느라 몸이 많이 말랐다.
	④ 강이나 우물 따위의 물이 줄어 없어지다. 예 가뭄에도 이 우물은 마르지 않는다.
	⑤ 돈이나 물건 따위가 다 쓰여 없어지다.
	⑥ 감정이나 열정 따위가 없어지다. 예 애정이 마르다.

맞다[1]	① 문제에 대한 답이 틀리지 아니하다. 예 과연 그 답이 맞는지는 더 생각해 보기로 하자. ② 말, 육감, 사실 따위가 틀림이 없다. 예 엄마는 항상 맞는 말씀만 하신다. ③ '그렇다' 또는 '옳다'의 뜻을 나타내는 말 예 다시 생각해 보니 네 말이 맞는다. ④ 어떤 대상이 누구의 소유임이 틀림이 없다. 예 이것도 네 것이 맞니? ⑤ 어떤 대상의 내용, 정체 따위의 무엇임이 틀림이 없다. 예 우리 집 전화번호가 방금 말씀하신 번호가 맞습니다. ⑥ 어떤 대상의 맛, 온도, 습도 따위가 적당하다. 예 이 정도 습도이면 아이들에게 딱 맞을 것이다. ⑦ 크기, 규격 따위가 다른 것의 크기, 규격 따위와 어울리다. 예 반지가 손가락에 맞다. ⑧ 어떤 행동, 의견, 상황 따위가 다른 것과 서로 어긋나지 아니하고 같거나 어울리다. 예 나의 의견이 그의 생각과 맞을 것이라고 확신한다. ⑨ 모습, 분위기, 취향 따위가 다른 것에 잘 어울리다. 예 그것은 나의 분위기와는 절대로 맞지 않는다.
맞다[2]	① 오는 사람이나 물건을 예의로 받아들이다. 예 현관에서 방문객을 맞다. ② 적이나 어떤 세력에 대항하다. ③ 시간이 흐름에 따라 오는 어떤 때를 대하다. 예 인생의 황혼기를 맞다. ④ 자연 현상에 따라 내리는 눈, 비 따위의 닿음을 받다. 예 갑자기 쏟아진 우박을 맞다. ⑤ 점수를 받다. 예 만점을 맞다. ⑥ 어떤 좋지 아니한 일을 당하다. 예 선생님께 야단을 맞다. ⑦ 가족의 일원으로 예를 갖추어 데려오다. 예 그는 친구의 여동생을 아내로 맞았다.
맞다[3]	① 외부로부터 어떤 힘이 가해져 몸에 해를 입다. 예 회초리로 선생님께 손바닥을 맞았다. ② 침, 주사 따위로 치료를 받다. 예 팔에 예방 주사를 맞다. ③ 쏘거나 던지거나 한 물체가 어떤 물체에 닿다. 또는 그런 물체에 닿음을 입다. 예 화살이 과녁에 정확하게 맞았다.
맺다	① 물방울이나 땀방울 따위가 생겨나 매달리다. 예 이마에 땀방울이 맺다. ② 열매나 꽃망울 따위가 생겨나거나 그것을 이루다. 예 나무에 열매가 맺다. ③ 끄나풀, 실, 노끈 따위를 얽어 매듭을 만들다. 예 단단히 매듭을 맺었다. ④ 하던 일을 끝내다. 예 그녀는 목이 메어서 말끝을 맺지 못했다. ⑤ 관계나 인연 따위를 이루거나 만들다. 예 거래처와 관계를 맺다.
메다[1]	① 뚫려 있거나 비어 있는 곳이 막히거나 채워지다. 예 밥을 급히 먹으면 목이 멘다. ② 어떤 장소에 가득 차다. 예 운동장이 메어 터지게 사람들이 줄지어 서 있었다. ③ 어떤 감정이 북받쳐 목소리가 잘 나지 않다. 예 감동적인 장면을 보고 나서 목이 메었다.
메다[2]	① 어깨에 걸치거나 올려놓다. 예 배낭을 메다. ② 어떤 책임을 지거나 임무를 맡다. 예 젊은이는 나라의 장래를 메고 나갈 사람이다.

묻다¹	① 가루, 풀, 물 따위가 그보다 큰 다른 물체에 들러붙거나 흔적이 남게 되다. **예** 손에 기름이 <u>묻다</u>. ② 함께 팔리거나 섞이다. **예** 가는 김에 나도 좀 <u>묻어</u> 타자.
묻다²	① 물건을 흙이나 다른 물건 속에 넣어 보이지 않게 쌓아 덮다. **예** 야산에 시체를 <u>묻다</u>. ② 일을 드러내지 아니하고 속 깊이 숨기어 감추다. **예** 가슴속에 비밀을 <u>묻다</u>. ③ 얼굴을 수그려 손으로 감싸거나 다른 물체에 가리듯 기대다. **예** 아이는 어머니의 가슴에 얼굴을 <u>묻었다</u>. ④ 의자나 이불 같은 데에 몸을 깊이 기대다. **예** 지친 몸을 침대에 <u>묻다</u>.
묻다³	① 무엇을 밝히거나 알아내기 위하여 상대편의 대답이나 설명을 요구하는 내용으로 말하다. **예** 그는 나에게 이곳에서 빠져나갈 방법을 <u>물었다</u>. ② 어떠한 일에 대한 책임을 따지다. **예** 사장은 이 일에 실패하는 날에는 지난 일의 책임까지 한꺼번에 <u>묻겠다</u>고 했다.
밀다	① 일정한 방향으로 움직이도록 반대쪽에서 힘을 가하다. **예** 어머니가 머뭇거리면서 파출소 문을 <u>밀고</u> 들어왔다. ② 바닥이나 거죽의 지저분한 것을 문질러서 깎거나 닦아 내다. **예** 대패로 통나무를 <u>밀다</u>. ③ 허물어 옮기거나 깎아 없애다. **예** 불도저로 야산을 <u>밀다</u>. ④ 뒤에서 보살피고 도와주다. **예** 누군가 그를 강력하게 <u>밀고</u> 있다. ⑤ 바닥이 반반해지도록 연장을 누르면서 문지르다. **예** 구겨진 바지를 다리미로 한 번 <u>밀어라</u>. ⑥ 눌러서 얇게 펴다. **예** 어머니는 칼국수를 만들기 위해 밀가루 반죽을 밀개로 <u>밀고</u> 계셨다. ⑦ 등사기로 인쇄하다. ⑧ 특정한 지위를 차지하도록 내세우거나 지지하다. **예** 당원들은 당 총재를 대통령 후보로 <u>밀었다</u>.
부치다¹	모자라거나 미치지 못하다. **예** 그 일은 힘에 <u>부친다</u>.
부치다²	① 편지나 물건 따위를 일정한 수단이나 방법을 써서 상대에게로 보내다. **예** 편지를 <u>부치다</u>. ② 어떤 문제를 다른 곳이나 다른 기회로 넘기어 맡기다. **예** 안건을 회의에 <u>부치다</u>.
부치다³	논밭을 이용하여 농사를 짓다. **예** <u>부쳐</u> 먹을 내 땅 한 평 없다.
부치다⁴	번철이나 프라이팬 따위에 기름을 바르고 빈대떡, 저냐, 전병(煎餅) 따위의 음식을 익혀서 만들다. **예** 전을 <u>부치다</u>.
부치다⁵	부채 따위를 흔들어서 바람을 일으키다. **예** 부채를 <u>부치다</u>.
붓다¹	① 살가죽이나 어떤 기관이 부풀어 오르다. **예** 편도선이 <u>부어서</u> 말하기가 어렵다. ② 성이 나서 뾰로통해지다. **예** 왜 잔뜩 <u>부어</u> 있니?
붓다²	① 액체나 가루 따위를 다른 곳에 담다. **예** 어머니는 냄비에 물을 <u>붓고</u> 끓였다. ② 모종을 내기 위하여 씨앗을 많이 뿌리다. **예** 모판에 배추씨를 <u>붓다</u>. ③ 불입금, 이자, 곗돈 따위를 일정한 기간마다 내다. **예** 은행에 적금을 <u>붓다</u>. ④ 시선을 한곳에 모으면서 바라보다. **예** 소년은 수평선에 눈을 <u>부은</u> 채 움직이지 않았다.

부르다¹	① 말이나 행동 따위로 다른 사람의 주의를 끌거나 오라고 하다.
	  예 어머니가 아이를 손짓하여 <u>부른다</u>.
	② 이름이나 명단을 소리 내어 읽으며 대상을 확인하다. 예 출석을 <u>부르다</u>.
	③ 남이 자신의 말을 받아 적을 수 있게 또박또박 읽다.
	  예 내가 <u>부르는</u> 대로 받아 적어라.
	④ 곡조에 맞추어 노래의 가사를 소리 내다. 예 유행가를 <u>부르다</u>.
	⑤ 값이나 액수 따위를 얼마라고 말하다. 예 그 가게에서는 값을 비싸게 <u>불렀다</u>.
	⑥ 구호나 만세 따위를 소리 내어 외치다. 예 그는 속으로 쾌재를 <u>불렀다</u>.
	⑦ 어떤 방향으로 따라오거나 동참하도록 유도하다. 예 조국이 우리를 <u>부른다</u>.
	⑧ 어떤 행동이나 말이 관련된 다른 일이나 상황을 초래하다.
	  예 화는 또 다른 화를 <u>부른다</u>.
	⑨ 청하여 오게 하다. 예 생일에 친구들을 집으로 <u>불렀다</u>.
	⑩ 무엇이라고 가리켜 말하거나 이름을 붙이다.
	  예 사람들은 그를 불운한 천재라고 <u>부른다</u>.

부르다²	① ((주로 '배'와 함께 쓰여)) 먹은 것이 많아 속이 꽉 찬 느낌이 들다. 예 배가 <u>부르다</u>. ② 불룩하게 부풀어 있다. 예 아이를 가져 배가 <u>부르다</u>.
빚다	① 흙 따위의 재료를 이겨서 어떤 형태를 만들다. 예 흙으로 독을 <u>빚다</u>. ② 가루를 반죽하여 만두, 송편, 경단 따위를 만들다. 예 만두를 <u>빚다</u>. ③ 지에밥과 누룩을 버무리어 술을 담그다. 예 찹쌀로 술을 <u>빚다</u>. ④ 어떤 결과나 현상을 만들다. 예 물의를 <u>빚어</u> 죄송하다는 사과문이 신문에 실렸다.

뽑다	① 박힌 것을 잡아당기어 빼내다. 예 밭에서 풀을 <u>뽑다</u>.
	② 속에 들어 있는 기체나 액체를 밖으로 나오게 하다.
	  예 공이 너무 딴딴해서 바람을 조금 <u>뽑았다</u>.
	③ 무엇에 들인 돈이나 밑천 따위를 도로 거두어들이다.
	  예 노름에서 본전을 <u>뽑고</u> 나간 사람을 아직 보지 못하였다.
	④ 원료나 재료로 길게 생긴 물건을 만들다. 예 누에고치에서 명주실을 <u>뽑다</u>.
	⑤ 여럿 가운데에서 골라내다.
	  예 예년에 비해 실력이 너무 떨어져서 참가자들 중에서 장원을 <u>뽑을</u> 수가 없었다.
	⑥ 길게 늘이어 솟구다. 예 목을 길게 <u>뽑아</u> 창밖을 살피다.
	⑦ 힘이나 기운 따위를 드러내어 쓰다. 예 공연히 힘 <u>뽑다가</u> 낭패 볼라.
	⑧ 소리를 길게 내다. 예 노래를 한 곡조 <u>뽑다</u>.
	⑨ 운동 경기 따위에서 점수를 얻다. 예 4번 선수의 우전 안타로 가볍게 선취점을 <u>뽑았다</u>.
	⑩ 나쁜 생각이나 버릇을 털어 없애다. 예 말 나온 김에 게으른 근성을 <u>뽑아</u> 버려야지.

살다	① 생명을 지니고 있다. 예 그는 백 살까지 <u>살았다</u>.
	② 불 따위가 타거나 비치고 있는 상태에 있다. 예 잿더미에 불씨가 아직 <u>살아</u> 있다.
	③ 본래 가지고 있던 색깔이나 특징 따위가 그대로 있거나 뚜렷이 나타나다.
	  예 개성이 <u>살아</u> 있는 글
	④ 성질이나 기운 따위가 뚜렷이 나타나다.
	  예 칭찬 몇 마디 해 주었더니 기운이 <u>살아서</u> 잘난 척이다.
	⑤ 마음이나 의식 속에 남아 있거나 생생하게 일어나다.
	  예 어렸을 때 배운 노래 한 구절이 머릿속에 아직도 <u>살아</u> 있다.

	⑥ 움직이던 물체가 멈추지 않고 제 기능을 하다. **예** 그렇게 세게 부딪혔는데도 시계가 <u>살아</u> 있다. ⑦ 경기나 놀이 따위에서, 상대편에게 잡히지 않고 제 기능을 하다. **예** 포는 죽고 차만 <u>살아</u> 있다. ⑧ 글이나 말, 또는 어떤 현상의 효력 따위가 현실과 관련되어 생동성이 있다. **예** <u>살아</u> 있는 규범 ⑨ 어느 곳에 거주하거나 거처하다. **예** 그는 하루 종일 연구실에서 <u>산다</u>. ⑩ 어떤 직분이나 신분의 생활을 하다. **예** 벼슬을 <u>살다</u>. ⑪ 어떤 생활을 영위하다. **예** 정의로운 삶을 <u>살다</u>. ⑫ 어떤 사람과 결혼하여 함께 생활하다. **예** 우리는 연애할 때는 그렇게 싸웠지만 지금은 결혼하여 잘 <u>산다</u>.
살피다¹	① 두루두루 주의하여 자세히 보다. **예** 사방을 <u>살피다</u>. ② 형편이나 사정 따위를 자세히 알아보다. **예** 민심을 <u>살피다</u>. ③ 자세히 따지거나 헤아려 보다. **예** 감정을 헤아리는 것은, 자기의 위치를 잡아, 상대방과의 관계를 <u>살피는</u> 일이다.
살피다²	짜거나 엮은 것이 거칠고 성기다. **예** 목도리가 <u>살피어서</u> 바람이 송송 들어온다.
삶다	① 물에 넣고 끓이다. **예** 국수를 <u>삶다</u>. ② 달래거나 꾀어서 자기 말을 잘 듣게 만들다. **예** 우선 그 집 하인을 잘 <u>삶아서</u> 내 편을 만들어야지. ③ 논밭의 흙을 써레로 썰고 나래로 골라 노글노글하게 만들다. **예** 밭을 <u>삶다</u>. ④ 날씨가 몹시 무덥고 찌는 듯하여 뜨거운 열기로 가득함을 비유적으로 이르는 말 **예** 살인적인 무더위가 교실 안을 푹푹 <u>삶고</u> 있다.
새다¹	① 기체, 액체 따위가 틈이나 구멍으로 조금씩 빠져 나가거나 나오다. **예** 지붕에서 비가 <u>샌다</u>. ② 어떤 소리가 일정 범위에서 빠져나가거나 바깥으로 소리가 들리다. **예** 바로 옆방에서 시끄러운 노랫소리가 <u>새어</u> 나온다. ③ 모임, 대열, 집단 따위에서 슬그머니 빠지거나 다른 곳으로 나가다. **예** 그는 모임에서 슬그머니 딴 데로 <u>샜다</u>.
새다²	날이 밝아 오다. **예** 그날 밤 <u>새도록</u>, 그는 친구와 그간 못다 한 이야기를 나누었다.
생기다	① 없던 것이 새로 있게 되다. **예** 옷에 얼룩이 <u>생기다</u>. ② 자기의 소유가 아니던 것이 자기의 소유가 되다. **예** 나에게 공짜로 집이 <u>생겼다</u>. ③ 어떤 일이 일어나다. **예** 계획에 지장이 <u>생기다</u>. ④ 사람이나 사물의 생김새가 어떠한 모양으로 되다. **예** 그녀는 아주 이국적으로 <u>생겼다</u>.

솟다	① 연기와 같은 물질이나 비행기와 같은 물체가 아래에서 위로, 또는 속에서 겉으로 세차게 움직이다. 예 불길이 하늘 높이 솟는다. ② 물가, 성적 따위의 수치화할 수 있는 지표가 이전보다 갑자기 올라가다. 예 기름값이 갑자기 솟았다. ③ 해나 달이 땅 위에서 모습을 드러내 하늘의 한가운데로 올라가다. 예 해가 벌써 중천에 솟았는지 방 안이 환했다. ④ 건물과 같은 구조물이나 산과 같은 지형물이 바닥에서 위로 나온 상태가 되다. 예 서울에는 남산이 우뚝 솟아 있다. ⑤ 땀이나 눈물 따위가 몸 밖으로 다소 많이 나오다. 예 가만 있어도 땀이 송송 솟을 만큼 무덥다. ⑥ 식물의 싹이나 새순이 돋다. 예 나뭇가지에 새순이 솟는다. ⑦ 샘물이나 온천이 땅 위로 퐁퐁 올라오다. 예 이 지역에 온천이 솟는다. ⑧ 사람의 몸이나 마음속에 힘이나 의욕 따위가 생겨나다. 예 이 음악을 들으면 저절로 흥이 솟는다.
싣다	① 물체를 운반하기 위하여 차, 배, 수레, 비행기, 짐승의 등 따위에 올리다. 예 빨리 물건을 배에 실어 보내라. ② 사람이 어떤 곳을 가기 위하여 차, 배, 비행기 따위의 탈것에 오르다. 예 가마에 몸을 싣는 순간, 그의 눈에서는 아직껏 악물고 참고 있던 눈물이 마침내 터져 나왔다. ③ 글, 그림, 사진 따위를 책이나 신문 따위의 출판물에 내다. 예 이 사건을 특집 기사로 꼭 실어 주세요. ④ 다른 기운을 함께 품거나 띠다. 예 그는 얼굴에 웃음을 가득 싣고 있었다. ⑤ 보나 논바닥에 물이 괴게 하다. 예 머슴에게 논에 물을 실으라고 시켰다.
쓰다¹	① 붓, 펜, 연필과 같이 선을 그을 수 있는 도구로 종이 따위에 획을 그어서 일정한 글자의 모양이 이루어지게 하다. 예 연습장에 붓글씨를 쓰다. ② 원서, 계약서 등과 같은 서류 따위를 작성하거나 일정한 양식을 갖춘 글을 쓰는 작업을 하다. 예 지금 그는 계약서를 쓰고 있다.
쓰다²	① 모자 따위를 머리에 얹어 덮다. 예 삿갓을 쓰다. ② 우산이나 양산 따위를 머리 위에 펴 들다. 예 비가 오니 우산을 쓰고 가거라.
쓰다³	① 어떤 일을 하는 데에 재료나 도구, 수단을 이용하다. 예 빨래하는 데에 합성 세제를 쓰다. ② 다른 사람에게 베풀거나 내다. 예 취직 기념으로 한턱 쓸게.
쓰다⁴	시체를 묻고 무덤을 만들다. 예 공원묘지에 묘를 쓰다.
쓰다⁵	장기나 윷놀이 따위에서 말을 규정대로 옮겨 놓다. 예 윷놀이는 말을 잘 쓰는 것이 제일 중요하다.
쓰다⁶	① 혀로 느끼는 맛이 한약이나 소태, 씀바귀의 맛과 같다. 예 약이 쓰다. ② 몸이 좋지 않아서 입맛이 없다. 예 며칠을 앓았더니 입맛이 쓰다.
오르다	① 사람이나 동물 따위가 아래에서 위쪽으로 움직여 가다. 예 옥상에 올라 하늘을 바라보았다. ② 지위나 신분 따위를 얻게 되다. 예 왕위에 오르다. ③ 탈것에 타다. 예 기차에 오른 것은 한밤중이 되어서였다. ④ 어떤 정도에 달하다. 예 사업이 비로소 정상 궤도에 올랐다. ⑤ 길을 떠나다. 예 다 잊어버리고 여행길에나 오르지그래.

	⑥ 몸 따위에 살이 많아지다. **예** 얼굴에 살이 <u>오르니</u> 귀여워 보인다.
	⑦ 남의 이야깃거리가 되다. **예** 남의 입에 <u>오르지</u> 않도록 조심해라.
	⑧ 기록에 적히다. **예** 그런 단어는 사전에 올라 있지도 않다.
	⑨ 값이나 수치, 온도, 성적 따위가 이전보다 많아지거나 높아지다. **예** 등록금이 <u>오르다</u>.
	⑩ 실적이나 능률 따위가 높아지다. **예** 판매 실적이 <u>오르도록</u> 연구해 봅시다.
	⑪ 어떤 감정이나 기운이 퍼지다. **예** 술기운이 <u>올랐는지</u> 얼굴이 벌겋게 되었다.
이기다¹	① 내기나 시합, 싸움 따위에서 재주나 힘을 겨루어 우위를 차지하다. **예** 우리나라는 축구 결승전에서 일본에 <u>이기고</u> 우승을 차지했다. ② 감정이나 욕망, 흥취 따위를 억누르다. **예** 슬픔을 <u>이겨</u> 내다. ③ 고통이나 고난을 참고 견디어 내다. **예** 병을 <u>이기다</u>. ④ 몸을 곧추거나 가누다. **예** 술에 취해 제 몸을 <u>이기지</u> 못하다.
이기다²	① 가루나 흙 따위에 물을 부어 반죽하다. **예** 진흙을 물에 <u>이기다</u>. ② 짓찧어 다지다. **예** 마늘을 <u>이겨</u> 국에 넣었다.
일다¹	① 없던 현상이 생기다. **예** 논란이 <u>일다</u>. ② 희미하거나 약하던 것이 왕성하여지다. **예** 불길이 <u>일다</u>. ③ 겉으로 부풀거나 위로 솟아오르다. **예** 거품이 <u>일다</u>.
일다²	① 곡식이나 사금 따위를 그릇에 담아 물을 붓고 이리저리 흔들어서 쓸 것과 못 쓸 것을 가려내다. **예** 그녀는 조리로 쌀을 <u>일어</u> 밥을 지었다. ② 곡식 따위를 키나 체에 올려놓고 흔들거나 까불러서 쓸 것과 못 쓸 것을 가려내다. **예** 어머니는 종일 키로 참깨를 <u>일고</u> 계셨다.
있다	[Ⅰ] 동사 ① 사람이나 동물이 어느 곳에서 떠나거나 벗어나지 아니하고 머물다. **예** 그는 내일 집에 <u>있는다</u>고 했다. ② 사람이 어떤 직장에 계속 다니다. **예** 딴 데 한눈팔지 말고 그 직장에 그냥 <u>있어라</u>. ③ 사람이나 동물이 어떤 상태를 계속 유지하다. **예** 떠들지 말고 암전하게 <u>있어라</u>. ④ 얼마의 시간이 경과하다. **예** 배가 아팠는데 조금 <u>있으니</u> 곧 괜찮아지더라. [Ⅱ] 보조 동사 ⑤ 앞말이 뜻하는 행동이나 변화가 끝난 상태가 지속됨을 나타내는 말 **예** 꽃이 피어 <u>있다</u>. ⑥ 앞말이 뜻하는 행동이 계속 진행되고 있거나 그 행동의 결과가 지속됨을 나타내는 말 **예** 아이를 안고 <u>있다</u>. [Ⅲ] 형용사 ⑦ 사람, 동물, 물체 따위가 실제로 존재하는 상태이다. **예** 날지 못하는 새도 <u>있다</u>. ⑧ 어떤 사실이나 현상이 현실로 존재하는 상태이다. **예** 나는 그와 만난 적이 <u>있다</u>. ⑨ 어떤 일이 이루어지거나 벌어질 계획이다. **예** 오늘 회식이 <u>있으니</u> 모두 참석하세요. ⑩ 재물이 넉넉하거나 많다. **예** 그는 <u>있는</u> 집 자손이다. ⑪ 어떤 일을 이루거나 어떤 일이 발생하는 것이 가능함을 나타내는 말 **예** 네게도 그런 일이 일어날 수 <u>있으니</u> 조심해라. ⑫ 어떤 대상이나 사실을 강조·확인하는 뜻을 나타내는 말 **예** 그 사람 <u>있잖아</u> 엄청난 부자래.

☺ '있다'는 동사와 형용사로 쓰인다. 동사 '있다'는 '있는다', '있어라', '있자'로 활용을 하며, 높임말로는 '계시다'를 쓴다. 형용사 '있다'는 높임말로 '있으시다'를 쓴다.

	⑬ 사람이나 사물 또는 어떤 사실이나 현상 따위가 어떤 곳에 자리나 공간을 차지하고 존재하는 상태이다. **예** 방 안에 사람이 있다.
	⑭ 사람이나 동물이 어느 곳에 머무르거나 사는 상태이다. **예** 그는 한동안 이 집에 있었다.
	⑮ 사람이 어떤 직장에 다니는 상태이다. **예** 그는 철도청에 있다.
	⑯ 어떤 처지나 상황, 수준, 단계에 놓이거나 처한 상태이다. **예** 그 일은 현재 진행 중에 있다.
	⑰ 개인이나 물체의 일부분이 일정한 범위나 전체에 포함된 상태이다. **예** 이 차에는 각종 첨단 장비들이 있다.
	⑱ 어떤 물체를 소유하거나 자격이나 능력 따위를 가진 상태이다. **예** 나에게 1000원이 있다. / 그는 실력이 있다.
	⑲ 일정한 관계를 가진 사람이 존재하는 상태이다. **예** 나에게는 아내와 자식들이 있다.
	⑳ 어떤 사람에게 무슨 일이 생긴 상태이다. **예** 만일 너에게 무슨 일이 있게 되면 바로 연락해라.
	㉑ 앞에 오는 명사를 화제나 논의의 대상으로 삼은 상태를 나타내는 말. 문어적 표현으로, '에', '에게', '에서'의 뜻을 나타낸다. **예** 인간에게 있어서 가장 중요한 것은 사랑이다.
	㉒ 사람이 어떤 지위나 역할로 존재하는 상태이다. **예** 그는 지금 대기업의 과장으로 있다.
	㉓ 이유나 가능성 따위로 성립된 상태이다. **예** 이런 사업은 실패할 가능성이 있다.
잘다	① 알곡이나 과일, 모래 따위의 둥근 물건이나 글씨 따위의 크기가 작다. **예** 알약이 너무 커서 잘게 부순 다음 삼켰다.
	② 길이가 있는 물건의 몸피가 가늘고 작다. **예** 무를 잘게 썰다.
	③ 일이 작고 소소하다.
	④ 세밀하고 자세하다. **예** 소설을 잘게 분석하다.
	⑤ 생각이나 성질이 대담하지 못하고 좀스럽다. **예** 그는 사람 됨됨이가 잘고 경망스러워 보인다.
	⑥ 시끄럽거나 수다스러운 소리가 더할 수 없을 정도로 매우 잦고 좀스럽다.
잡다	① 손으로 움키고 놓지 않다. **예** 밧줄을 잡고 올라가다.
	② 붙들어 손에 넣다. **예** 도둑을 잡다.
	③ 짐승을 죽이다. **예** 할아버지는 돼지를 잡아 잔치를 베푸셨다.
	④ 권한 따위를 차지하다. **예** 주도권을 잡다.
	⑤ 돈이나 재물을 얻어 가지다. **예** 한밑천을 잡다.
	⑥ 실마리, 요점, 단점 따위를 찾아내거나 알아내다. **예** 일의 가닥을 잡다.
	⑦ 자동차 따위를 타기 위하여 세우다. **예** 택시를 잡다.
	⑧ 어떤 순간적인 장면이나 모습을 확인하거나 찍다. **예** 경찰이 범행 현장을 잡았다.
	⑨ 일, 기회 따위를 얻다. **예** 기회를 잡다.
	⑩ 말 따위를 문제로 삼다. **예** 말꼬리를 잡다.
	⑪ 사람을 떠나지 못하게 말리다. **예** 그는 떠나려는 손님을 잡았다.
	⑫ 어떤 상태를 유지하다. **예** 몸의 균형을 잡다.
	⑬ 계획, 의견 따위를 정하다. **예** 계획을 잡아 실행에 옮기다.
	⑭ 사람이 어떤 자세를 다른 사람 앞에서 취하다. **예** 사진기 앞에서 포즈를 잡다.
	⑮ 기세를 누그러뜨리다. **예** 치솟는 물가를 잡다.

⑯ 흥분되거나 들뜬 마음을 가라앉히다.
　예 형은 한동안 방황하였지만 이제는 마음을 잡고 열심히 산다.
⑰ 어느 한쪽으로 기울거나 굽거나 잘못된 것을 바르게 만들다. 예 기강을 잡다.
⑱ 담보로 맡다. 예 은행에서는 고객의 집을 담보로 잡고 돈을 빌려주었다.
⑲ 어림하거나 짐작하여 헤아리다.
　예 이 책들을 권당 5,000원으로 잡아도 100권이면 50만 원이다.
⑳ 자리, 방향, 날짜 따위를 정하다. 예 어머니는 누나의 결혼식 날짜를 가을로 잡았다.
㉑ 주름 따위를 만들다. 예 바지에 주름을 잡다.

재다¹	잘난 척하며 으스대거나 뽐내다. 예 돈푼깨나 있다고 너무 재고 다니지 말게.
재다²	여러모로 따져 보고 헤아리다. 예 일을 너무 재다가는 아무것도 못한다.
재다³	① 물건을 차곡차곡 포개어 쌓아 두다. 예 마당에는 장작 다발을 가득 재어 놓았다. ② 고기 따위의 음식을 양념하여 그릇에 차곡차곡 담아 두다. 예 인삼을 꿀에 쟀다.
재다⁴	① 총, 포 따위에 화약이나 탄환을 넣어 끼우다. 예 총에 실탄을 재 놓아라. ② 담뱃대에 연초를 넣다. 예 그는 곰방대에 담배를 재서 불을 댕긴다.
재다⁵	① 동작이 재빠르다. 예 발걸음이 재다. ② 참을성이 모자라 입놀림이 가볍다. 　예 그토록 입을 재게 놀려 대니 무슨 말을 하겠니? ③ 온도에 대한 물건의 반응이 빠르다. 　예 양은솥은 가마솥에 비해 무척 재서 물이 금방 끓는다.

지다¹	젖이 불어 저절로 나오다. 예 젖이 지다.
지다²	① 해나 달이 서쪽으로 넘어가다. 예 해가 지다. ② 꽃이나 잎 따위가 시들어 떨어지다. 예 꽃이 지다. ③ 묻었거나 붙어 있던 것이 닦이거나 씻겨 없어지다. 　예 옷에 묻은 얼룩이 잘 안 진다. ④ 불이 타 버려 사위어 없어지거나 빛이 희미하여지다. 　예 모닥불이 지면서 조금씩 한기를 느끼기 시작했다. ⑤ 목숨이 끊어지다. 예 구급차가 달려왔지만 환자는 이미 숨이 져 있었다. ⑥ 이슬 따위가 사라져 없어지다. 예 아침 이슬이 지기 전에 밖으로 나갔다.
지다³	① 내기나 시합, 싸움 따위에서 재주나 힘을 겨루어 상대에게 꺾이다. 　예 전쟁에 지다. ② 어떤 요구에 대하여 마지못해 양보하거나 들어주다. 　예 그 애는 어찌나 고집이 센지 내가 그 애에게 지고 말았다.
지다⁴	① 어떤 현상이나 상태가 이루어지다. 예 서산에 노을이 지다. ② ((동사, 형용사 뒤에서 '-어지다' 구성으로 쓰여)) 앞말이 뜻하는 상태로 됨을 나타내는 말 예 방이 깨끗해진다.
지다⁵	① 물건을 짊어서 등에 얹다. 예 배낭을 등에 지다. ② 무엇을 뒤쪽에 두다. 예 해를 지고 걷다. ③ 신세나 은혜를 입다. 예 나는 선생님께 신세를 졌다. ④ 책임이나 의무를 맡다. 예 당신은 당신이 한 말에 책임을 져야 합니다. ⑤ 빌린 돈을 갚아야 할 의무가 있다. 예 김 사장에게 300만 원의 빚을 지고 있다.

짓다	① 재료를 들여 밥, 옷, 집 따위를 만들다. **예** 누에가 고치를 <u>짓고</u> 있다.
	② 여러 가지 재료를 섞어 약을 만들다. **예** 몸이 허한 것 같아서 보약을 <u>지어</u> 먹었다.
	③ 시, 소설, 편지, 노래 가사 따위와 같은 글을 쓰다. **예** 그 시인이 요즘에는 소설을 <u>짓고</u> 있다는 소문을 들었다.
	④ 한데 모여 줄이나 대열 따위를 이루다. **예** 군인들이 대열도 <u>짓지</u> 않고 아무렇게나 몰려다닌다.
	⑤ 논밭을 다루어 농사를 하다. **예** 부모님은 농사를 <u>지어</u> 우리를 대학까지 보냈다.
	⑥ 거짓으로 꾸미다. **예** 그런 식으로 말을 <u>지어</u> 하지 마라.
	⑦ 어떤 표정이나 태도 따위를 얼굴이나 몸에 나타내다. **예** 그는 혼자서 한숨을 <u>짓고</u> 무언가를 곰곰이 생각하고 있었다.
	⑧ 죄를 저지르다. **예** 그는 중죄를 <u>짓고</u> 숨어 산다.
	⑨ 묶거나 꽂거나 하여 매듭을 만들다. **예** 바느질을 하고 나서 실의 매듭을 잘 <u>지어야</u> 풀어지지 않는다.
	⑩ 이어져 온 일이나 말 따위의 결말이나 결정을 내다. **예** 나는 주위의 도움을 받지 않고 그 일을 마무리를 <u>짓고</u> 싶었다.
	⑪ 이름 따위를 정하다. **예** 할아버지께서 아이의 이름을 무엇으로 <u>지어</u> 주실지 궁금하다.
	⑫ 관계를 맺거나 짝을 이루다. **예** 너는 그런 사람들과 동업 관계를 <u>짓지는</u> 마라.

치다¹	바람이 세차게 불거나 비, 눈 따위가 세차게 뿌리다. **예** 눈보라가 <u>치다</u>.
치다²	손이나 손에 든 물건이 세게 닿거나 부딪게 하다. **예** 날아오는 공을 <u>치다</u>.
치다³	붓이나 연필 따위로 점을 찍거나 선이나 그림을 그리다. **예** 난을 <u>치다</u>.
치다⁴	적은 분량의 액체를 따르거나 가루 따위를 뿌려서 넣다. **예** 국에 간장을 <u>치다</u>.
치다⁵	막이나 그물, 발 따위를 펴서 벌이거나 늘어뜨리다. **예** 발을 <u>치다</u>.
치다⁶	가축이나 가금 따위를 기르다. **예** 양을 <u>치다</u>.
치다⁷	불필요하게 쌓인 물건을 파내거나 옮기어 깨끗이 하다. **예** 눈을 <u>치다</u>.
치다⁸	차나 수레 따위가 사람을 강한 힘으로 부딪고 지나가다. **예** 트럭이 사람을 <u>치다</u>.
치다⁹	셈을 맞추거나 계산에 넣다. **예** 일당을 후하게 <u>쳐서</u> 지급했다.

트다¹	① 너무 마르거나 춥거나 하여 틈이 생겨서 갈라지다. **예** 손이 <u>트다</u>.
	② 식물의 싹, 움, 순 따위가 벌어지다. **예** 움이 <u>트다</u>.
	③ 날이 새면서 동쪽 하늘이 환해지다. **예** 동이 <u>트기</u> 시작한다.
	④ 더 기대할 것이 없는 상태가 되다. **예** 이번 시험은 <u>튼</u> 것 같다.
트다²	① 막혀 있던 것을 치우고 통하게 하다. **예** 마을까지 들어오는 길을 <u>트다</u>.
	② 서로 스스럼없이 사귀는 관계가 되다. **예** 친구와 마음을 <u>트고</u> 지내다.
	③ 서로 거래하는 관계를 맺다. **예** 은행과 거래를 <u>트다</u>.
	④ 어떤 사람과 해라체나 반말을 하는 상태가 되다. **예** 나이도 동갑이니 우리 말을 <u>트고</u> 지내자.

흐르다

① 시간이나 세월이 지나가다. **예** 오랜 시간이 흐르다.

② 걸치거나 두른 것이 미끄러지거나 처지다.

　　예 달리기를 하는데 고무줄이 끊어져서 체육복 바지가 흘러 버렸다.

③ 액체 따위가 낮은 곳으로 내려가거나 넘쳐서 떨어지다.

　　예 우리 동네를 지나가는 시냇물은 바로 강 하류로 흐르고 있다.

④ 어떤 한 방향으로 치우쳐 쏠리다. **예** 이야기가 엉뚱한 방향으로 흐르고 있다.

⑤ 공중이나 물 위에 떠서 미끄러지듯이 움직이다.

　　예 방 안에는 무거운 공기가 흐르고 있었다.

⑥ 기운이나 상태 따위가 겉으로 드러나다.

　　예 꽃이 만발한 화원에는 봄기운이 완연히 흐르고 있었다.

⑦ 윤기, 광택 따위가 번지르르하게 나다. **예** 잎사귀에 윤기가 흐르다.

⑧ 빛, 소리, 향기 따위가 부드럽게 퍼지다. **예** 밤하늘에 흐르는 달빛

⑨ 피, 땀, 눈물 따위가 몸 밖으로 넘쳐서 떨어지다. **예** 온몸에 땀이 흐르다.

⑩ 전기나 가스 따위가 선이나 관을 통하여 지나가다.

　　예 이 전신주에는 고압 전류가 흘러 매우 위험하다.

⑪ 새어서 빠지거나 떨어지다. **예** 장독에서 간장이 흐르다.

⑫ 물줄기, 피 따위와 같은 액체 성분이 어떤 장소를 통과하여 지나가다.

　　예 여기에 흐르는 강물은 지역 주민에게 어머니 같은 존재이다.

03 유의 / 반의 관계

1. 유의 관계

의미가 비슷하면서 그 용법이나 쓰이는 문맥적 환경이 다른 어휘의 관계

- **예** 친구 – 벗,(한자어와 고유어), 항용 – 늘(한자어와 고유어), 간혹 – 이따금(한자어와 고유어), 백부 – 큰아버지(한자어와 고유어), 작야 – 지난밤(한자어와 고유어), 옥수수 – 강냉이(고유어와 고유어), 얼우다 – 결혼하다(고어와 현대어), 매니저 – 관리인(외래어와 한자어), 소금 – 염화나트륨(고유어와 전문어)

- **cf** 동의 관계 : 의미가 동일한 단어 간의 관계로 모든 문장에서 교환하여 사용이 가능하다. 종래에는 '동의 관계'와 '유의 관계'로 나누어서 보았지만, 완벽하게 일대일 동의 관계를 보이는 단어는 없기 때문에 현재는 유의 관계에 포함시켰다.

> ✦ **빈출 유의어**
>
> - 규탄(糾彈) – 성토(聲討) : 잘못을 나무람.
> - 두둔(斗頓)하다 – 편(便)들다 – 비호(庇護)하다 – 역성들다 – 끼고돌다
> - 얄밉다 – 잔밉다 – 얄망궂다 – 밉살맞다 – 뇌꼴스럽다
> - 옹골차다 – 실하다 – 알차다 – 야물다 – 실팍하다
> - 기부(寄附) – 희사(喜捨) – 쾌척(快擲) – 시여(施輿) – 사철(捨撤) : 기꺼이 돈이나 물건을 내놓음.
> - 비호(庇護) – 비우(庇佑) – 보호(保護) : 잘 보살펴 감싸주다.
> - 타계(他界) – 작고(作故) – 서거(逝去) – 운명(殞命) – 별세(別世) : 사람의 죽음

2. 반의 관계

단어와 단어 사이에 의미가 서로 대립되는 관계

- **예** 분분하다 – 합치하다, 겸손 – 오만, 결미 – 모두(글의 끝 부분과 첫머리)

(1) 반의어는 그 성격에 따라 세분할 수 있다.

① 상보 반의어 : 각 의미 사이에 중간항이 없음. ➡ 모순 관계

- **예** 남성 – 여성, 알다 – 모르다

② 등급(정도) 반의어 : 각 의미 사이에 중간항이 있음. ➡ 반대 관계

- **예** 높다 – 낮다, 빠르다 – 느리다, 밝다 – 어둡다

③ 방향 반의어 : 관계나 이동의 측면에서 대립을 이룸. ➡ 공간적 대립, 인간관계 대립, 이동적 대립 등

- **예** 아래 – 위, 부모 – 자식, 주다 – 받다, 가다 – 오다

(2) 여러 의미를 가진 다의어의 경우, 하나의 단어에 여러 개의 반의어가 존재하기도 한다.

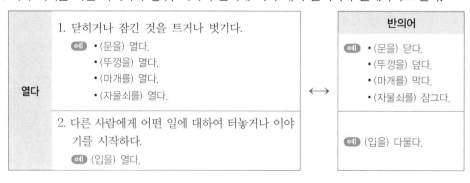

열다	1. 닫히거나 잠긴 것을 트거나 벗기다. **예** • (문을) 열다. • (뚜껑을) 열다. • (마개를) 열다. • (자물쇠를) 열다. 2. 다른 사람에게 어떤 일에 대하여 터놓거나 이야기를 시작하다. **예** • (입을) 열다.	↔	**반의어** **예** • (문을) 닫다. • (뚜껑을) 덮다. • (마개를) 막다. • (자물쇠를) 잠그다. **예** (입을) 다물다.

✦ **빈출 반의어**

- **개강**(開講) : 강의나 강습 따위를 시작함. ↔ **종강**(終講) : 한 학기의 강의가 끝나거나 강의를 끝마침. 또는 한 학기의 마지막 강의
- **개선**(改善) : 잘못된 것이나 부족한 것, 나쁜 것 따위를 고쳐 더 좋게 만듦. ↔ **개악**(改惡) : 고치어 도리어 나빠지게 함.
- **거역**(拒逆) : 윗사람의 뜻이나 지시 따위를 따르지 않고 거스름. ↔ **순종**(順從) : 순순히 따름.
- **격감**(激減) : 수량이 갑자기 줆. ↔ **급증**(急增) : 갑작스럽게 늘어남.
- **경감**(輕減) : 부담이나 고통 따위를 덜어서 가볍게 함. ↔ **가중**(加重) : 부담이나 고통 따위를 더 크게 하거나 어려운 상태를 심해지게 함.
- **눌변**(訥辯) : 더듬거리는 서툰 말솜씨 ↔ **능변**(能辯), **달변**(達辯) : 말을 능숙하게 잘함. 또는 그 말
- **배척**(排斥) : 따돌리거나 거부하여 밀어 내침. = 배빈, 척빈 ↔ **포용**(包容) : 남을 너그럽게 감싸 주거나 받아들임.
- **소집**(召集) : 단체나 조직체의 구성원을 불러서 모음. ↔ **해산**(解散) : 모였던 사람이 흩어짐. 또는 흩어지게 함.
- **실명**(實名) : 실제의 이름 ↔ **가명**(假名) : 실제의 자기 이름이 아닌 이름
- **영겁**(永劫) : 영원한 세월 ↔ **찰나**(刹那) : 매우 짧은 시간
- **종전**(終戰) : 전쟁이 끝남. 또는 전쟁을 끝냄. ↔ **개전**(開戰) : 전쟁을 시작함.
- **진보**(進步) : 정도나 수준이 나아지거나 높아짐. ↔ **퇴보**(退步) : 정도나 수준이 이제까지의 상태보다 뒤떨어지거나 못하게 됨.
- **폭서**(暴暑) : 매우 심한 더위 ↔ **혹한**(酷寒) : 몹시 심한 추위
- **협의**(狹義) : 어떤 말의 개념을 정의할 때에, 좁은 의미 ↔ **광의**(廣義) : 어떤 말의 개념을 정의할 때에, 넓은 의미
- **희박**(稀薄) : 어떤 일이 이루어질 가능성이 적음. ↔ **농후**(濃厚) : 어떤 경향이나 기색 따위가 뚜렷함.

알아보기 상하 관계(상위어/하위어)

한 쪽이 의미상 다른 쪽을 포함하거나, 다른 쪽에 포함되는 의미 관계. 상위어(포함하는 단어)와 하위어(포함되는 단어)로 나뉘며, 하위어는 상위어가 가진 의미적 특성을 자동적으로 가진다. 단, 상위어와 하위어의 구분은 상대적이다.

예 웃음 - 미소(상위어와 하위어), 예술 - 문학(상위어와 하위어)

실전능력 기르기

01_ 선택지에 주어진 단어를 활용하여 알맞은 문장을 만들면 다음과 같다.
㉠ 밤새 추위와 두려움에 떨면서 먼동이 (트기를) 기다렸다(④).
㉡ 가지 많은 나무에 바람 잘 (날) 없다더니 자식이 많은 사람도 마찬가지다(⑤).
㉢ 하루의 일이 끝나자, 그 사람은 잠시 허리를 펴고 노을이 (지는) 서쪽 하늘을 바라보았다(②).
㉣ 달이 (차서) 아이가 나올 때까지는 잘 먹고 잘 쉬어야 한다(③).

01_ 단어를 알맞은 꼴로 고쳐 문장을 만들고자 할 때, 다음 (   ) 안에 들어갈 수 없는 것은?

㉠ 밤새 추위와 두려움에 떨면서 먼동이 (   ) 기다렸다.
㉡ 가지 많은 나무에 바람 잘 (   ) 없다더니, 자식이 많은 사람도 마찬가지다.
㉢ 하루의 일이 끝나자, 그 사람은 잠시 허리를 펴고 노을이 (   ) 서쪽 하늘을 바라보았다.
㉣ 달이 (   ) 아이가 나올 때까지는 잘 먹고 잘 쉬어야 한다.

① 긋다   ② 지다
③ 차다   ④ 트다
⑤ 날다

02_ 가로 2번에 들어갈 단어는 '산중(山中)'이다. '산중'은 '산속'과 같은 말이며, 이와 유사한 의미를 지니는 한자어는 '산내(山內)'이다. 세로 1번에는 '확산(擴散)', 3번에는 '중위(中位)', 4번에는 '확장(擴張)', 6번에는 '촉진제(促進劑)'가 들어가야 한다. 가로 5번에는 '위촉장(委囑狀)'이 들어가야 한다.

02_ '가로 2번'에 들어갈 단어와 유사한 의미를 지니는 한자어로 가장 적절한 것은?

	1			
2		3		4
		5	6	

〈가로 열쇠〉
5. 위촉을 나타내는 문서

〈세로 열쇠〉
1. 흩어져 널리 퍼짐.
3. 중간 정도의 위치나 지위
4. 범위, 규모, 세력 따위를 늘려서 넓힘.
6. 어떤 일이 빨리 이루어지도록 돕는 것을 비유적으로 이르는 말

① 산내(山內)   ② 서첩(書帖)
③ 서고(書庫)   ④ 초빙(招聘)
⑤ 석산(石山)

ANSWER
01. ①   02. ①

03_ 다음 밑줄 친 '보다'와 그 쓰임이 같은 것은?

> 너를 <u>보아</u> 내가 참아야지.

① 그의 사정을 <u>보니</u> 딱하게 되었다.
② 나는 40세가 다 되어서 맞선을 <u>보았다</u>.
③ 잡지에서 난생처음 <u>보는</u> 단어를 발견하였다.
④ 그녀는 아이를 <u>봐</u> 줄 사람을 구하였다.
⑤ 아버님 진짓상을 <u>보아야죠</u>.

(오답해설) ②은 '일정한 목적 아래 만나다.'의 의미로 사용되었다.
③은 '눈으로 대상의 존재나 형태적 특징을 알다.'의 의미로 사용되었다.
④은 '맡아서 보살피거나 지키다.'의 의미로 사용되었다.
⑤은 '음식상이나 잠자리 따위를 채비하다.'의 의미로 사용되었다.

03_ 제시문의 '보다'는 '상대편의 형편 따위를 헤아리다.'의 의미로, ①과 그 쓰임이 같다.

04_ 〈보기〉의 밑줄 친 고유어에 대응하는 한자어로 가장 적절한 것은?

> ┤ 보기 ├
> 식물을 형태에 따라 몇 가지로 <u>나누었다</u>.

① 분류(分類)
② 분할(分割)
③ 분석(分析)
④ 분배(分配)
⑤ 분산(分散)

(오답해설) ② 분할(分割) : 나누어 쪼갬.
③ 분석(分析) : 얽혀 있거나 복잡한 것을 풀어서 개별적인 요소나 성질로 나눔.
④ 분배(分配) : 몫몫이 별러 나눔.
⑤ 분산(分散) : 갈라져 흩어짐. 또는 그렇게 되게 함.

04_ '종류에 따라서 가르다.'라는 뜻을 가진 한자어는 '분류(分類)'이다.

05_ 밑줄 친 부분의 의미 관계가 나머지와 다른 것은?

① 세 시간이 흐르도록 분분했던 의견들이 마침내 하나로 합치하였다.

② 주문받은 옷을 밤새 바느질하시던 어머니는 때때로 옷감을 내 몸에 걸쳐 보고는 시침질을 하셨다.

③ 사회적 지위가 높은 사람이 보여 주는 겸손은 가끔 오만으로 비칠 수도 있다.

④ 결미에 제시된 결론이 모두에서 진술한 내용과 관련을 맺는다면 좀 더 긴밀한 구성이 될 것이다.

⑤ 농부들이 벼를 수확하고 보리를 파종한다.

오답해설 ① • 분분(紛紛): 「1」 떠들썩하고 뒤숭숭함. 「2」 여럿이 한데 뒤섞여 어수선함. 「3」 소문, 의견 따위가 많아 갈피를 잡을 수 없음.
• 합치(合致): 의견이나 주장 따위가 서로 맞아 일치함.
③ • 겸손(謙遜): 남을 존중하고 자기를 내세우지 않는 태도가 있음.
• 오만(傲慢): 태도나 행동이 건방지거나 거만함. 또는 그 태도나 행동
④ • 결미(結尾): 글이나 문서 따위의 끝부분
• 모두(冒頭): 말이나 글의 첫머리
⑤ • 수확(收穫): 「1」 익은 농작물을 거두어들임. 또는 거두어들인 농작물 「2」 어떤 일을 하여 얻은 성과를 비유적으로 이르는 말
• 파종(播種): 곡식이나 채소 따위를 키우기 위하여 논밭에 씨를 뿌림.

06_ 〈보기〉의 ⓐ와 ⓑ에 들어갈 자음자를 바르게 짝지은 것은?

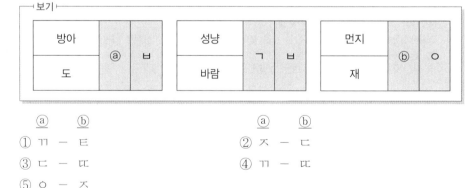

	ⓐ	ⓑ		ⓐ	ⓑ
①	ㄲ	ㅌ	②	ㅈ	ㄷ
③	ㄷ	ㄸ	④	ㄲ	ㄸ
⑤	ㅇ	ㅈ			

07_ 〈보기〉의 ㉠~㉤ 중, 나머지와 품사가 <u>다른</u> 것은?

┌─ 보기 ─────────────────────────────────────┐
│ • 우리 가족은 지금 집보다 ㉠큰 집으로 이사를 간다. │
│ • 그 사람이 음주운전을 했다는 소식에 나는 ㉡큰 충격을 받았다. │
│ • 음치인 미영이가 ㉢큰 소리로 노래를 부르는 바람에 나는 귀를 막았다. │
│ • 할머니는 착하고 바르게 ㉣큰 나를 자랑스러워 하셨다. │
│ • 이렇게 ㉤큰 액수의 돈이 내 통장에 있다니 믿어지지가 않는다. │
└──┘

① ㉠

② ㉡

③ ㉢

④ ㉣

⑤ ㉤

07_ '크다'는 동사와 형용사 두 가지 품사로 쓸 수 있는 단어이다. ㉣에 쓰인 '크다'는 '사람이 자라서 어른이 되다.'라는 의미의 동사이고, ㉠의 '크다'는 '사람이나 사물의 외형적 길이, 넓이, 높이, 부피 따위가 보통 정도를 넘다.'라는 의미의 형용사, ㉡의 '크다'는 '몸이나 마음으로 느끼는 어떤 일의 영향, 충격 따위가 보통 정도를 넘다.'라는 의미의 형용사, ㉢의 '크다'는 '소리가 귀에 거슬릴 정도로 강하다.'라는 의미의 형용사, ㉤의 '크다'는 '돈의 액수나 단위가 높다.'라는 의미의 형용사이다. 따라서 나머지와 품사가 다른 것은 ㉣이다.

순화어

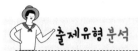

출제유형 분석

"이렇게 출제된다!"

순화어는 크게 '일본어', '서구어', '한자어'로 구분되며, 순화어에 관한 문제는 매회 반드시 1문제가 출제된다. KBS한국어능력시험에서는 '순화해야 할 말'을 바르게 '순화어'로 고쳐 썼는지를 보여 주고 이에 대한 옳고 그름을 판단하는 유형으로 출제된다.

Q • 밑줄 친 말의 순화어로 적절하지 않은 것은?
　 • 밑줄 친 단어를 바르게 순화하지 못한 것은?
　 • 밑줄 친 일본어식 표현을 바르게 수정하지 못한 것은?
　 • 제시된 한자어의 순화어를 바르게 나타내지 못한 것은?
　 • 〈보기〉에 제시된 단어를 바르게 순화한 것끼리 묶은 것은?
　 • 〈보기〉에 제시된 외래어의 순화어가 적절한 것끼리 바르게 묶인 것은?

기출유형 맛보기

"이런 문제가 나온다!"

1. 밑줄 친 말의 순화어로 적절하지 않은 것은?

① 그 가게에서 파는 아나고(➡ 붕장어) 튀김은 바삭하고, 정말 맛이 좋다.
② 그가 다른 곳으로 새지 않도록 단도리(➡ 단속)를 잘 해야 한다.
③ 지금 보고 계시는 이 곳은 공장 부지(➡ 터전)로 사용될 예정입니다.
④ 공사장에서는 안전을 위해 화이바(➡ 안전모)를 반드시 착용해야 한다.
⑤ 아내가 선물해 준 마후라(➡ 머플러)는 정말 따뜻하고 보드랍다.

(해설) '부지'는 '터', '대지'로 순화해야 한다.

2. 〈보기〉에 제시된 단어를 바르게 순화한 것끼리 묶은 것은?

┌─ 보기 ──────────────────────────────────┐
│ ㉠ 매뉴얼(manual) ➡ 설명서, 지도서　　㉡ 뉘앙스(nuance) ➡ 어감
│ ㉢ 르포(reportage) ➡ 신문 기사　　　　㉣ 가이드 라인(guide line) ➡ 지침
│ ㉤ 스캔들(scandal) ➡ 평판
└──────────────────────────────────────┘

① ㉠, ㉡, ㉢　　　　　　　　　　② ㉠, ㉡, ㉣
③ ㉡, ㉣, ㉤　　　　　　　　　　④ ㉡, ㉢, ㉣
⑤ ㉢, ㉣, ㉤

(오답해설) ㉢ 르포(reportage) ➡ 현장 보고(서), 보고 기사
㉤ 스캔들(scandal) ➡ 뒷소문, 추문

ANSWER ▶ **1.** ③ **2.** ②

핵심내용 다지기

01 일본어의 순화

★ 기출 어휘는 색 글씨로 표시함.

순화 대상어	순화어	순화 대상어	순화어
가라	가짜	뗑뗑가라	물방울 무늬
가라오케	녹음 반주, 노래방	뜬뜬	본전치기
가봉	시침질	레자	인조 가죽
겐뻬이	편 가르기	마호병	보온병
고로케	크로켓	마후라	목도리, 머플러
고바이	물매, 기울기, 오르막	만땅	가득
고뿌	잔, 컵	몸빼	일바지, 왜바지
곤로	풍로, 화로	무데뽀	막무가내
곤색	감색(紺色), 검남색, 진남색	미싱	재봉틀
곤조	본성, 심지	바께스	양동이
구가타	낡은 모양, 구형	바자회	자선장
구루마[車]	수레	보루박스	골판지 상자 / 종이 상자
기스	흠(집), 생채기	부지	터 / 대지
기지	천	분빠이	노느매기
꼬붕	부하	비까번쩍하다	번쩍번쩍하다
낑깡	금귤	비니루	비닐
나가리	깨짐 / 유찰	뺑끼	페인트
나베우동	냄비국수	뽀록나다	들통나다, 드러나다
나시	민소매	사라[皿]	접시
노가다[土方]	막일, 막일꾼	사라다	샐러드
다대기	다진 양념	사시미	생선회
다마	구슬 / 전구 / 당구	센베	전병 과자
다마네기	양파	소라색	하늘색
다시	줄표	소바면	메밀국수
다이	받침(대)	쇼부	흥정 / 결판
단도리	채비, 단속	스라브	바닥판 / 평판 / 슬래브
단스	장롱, 옷장	스시	초밥
닭도리탕	닭볶음탕	시다	밑일꾼 / 보조원
도란스	변압기	시마이	마감, 마무리
돈까스	돼지고기(너비) 튀김(밥)	쓰봉	양복 바지
따불	곱 / 겹 / 갑절	아나고	붕장어
땡깡	생떼	앙꼬[餡子]	팥소

순화 대상어	순화어	순화 대상어	순화어
야끼만두	군만두	조로	물뿌리개
에리	깃	지라시	낱장 광고
오뎅	어묵	짬뽕	초마면 / 뒤섞기
와사비	고추냉이	추리닝	운동복 / 연습복
요지	이쑤시개	칠부바지[七分]	칠푼 바지
우와기[上衣]	윗옷, (양복) 저고리	쿠사리	면박, 핀잔, 꾸중
유토리(유도리)	늘품 / 여유분 / 융통 / 여유	타이루	타일
잇빠이	가득, 한껏	하꼬방	판잣집, 쪽방
잉꼬부부[鸚哥夫婦]	원앙 부부	화이바	안전모

02 한자어의 순화

★ 기출 어휘는 색 글씨로 표시함.

순화 대상어	순화어	순화 대상어	순화어
가가호호(家家戶戶)	집집마다	계출(屆出)	신고
가건물(假建物)	임시 건물	고사(固辭)	끝내 사양함
가검물(可檢物)	검사 대상물	고수부지(高水敷地)	둔치(마당), 강턱
가도(假道)	임시 도로, 임시 통로	고지(告知)	알림
가두	길거리	고참(古參)	선임(자)
가료(加療)	치료, (병)고침	공급원(供給源)	공급처
가전(加錢)	웃돈	공란(空欄)	빈칸
가접수(假接受)	임시접수	공상자(空箱子)	빈 상자
가처분(假處分)	임시 처분	공석(空席)	빈자리
각선미(脚線美)	다리맵시	공수표(空手票)	부도 수표
각설(却說)하고	화제를 돌려서	과년도(過年度)	지난해
간극(間隙)	틈	괄목(刮目)할	놀랄 만할
간선 도로(幹線道路)	중심 도로, 주요 도로	괘도(掛圖)	걸그림
감안(勘案)	고려, 생각	구락부(俱樂部)	단체
거래선(去來先)	거래처	구실(口實)	핑계
거마비(車馬費)	교통비	권두언(卷頭言)	머리말
건폐율(建蔽率)	대지 건물 비율	급기야(及其也), 필경(畢竟)에	마침내, 끝내는
게양(揭揚)하다	달다, 걸다	기라성(綺羅星)	빛나는 별
견본(見本)	본(보기)	기부채납(寄附採納)	기부 받음, 기부 받기
견습(見習)	수습	기장(記帳)하다	장부에 적다, 장부에 써 넣다
결석계(缺席屆)	결석 신고서	긴요(緊要)하다	매우 중요하다
결손(缺損)	모자람	나대지(裸垈地)	빈 집터

순화 대상어	순화어	순화 대상어	순화어
나포(拿捕)하다	붙잡다	성수기(盛需期)	한철
납득(納得)	이해(理解)	수순(手順)	순서, 차례
노견(路肩)	갓길	숙박계(宿泊屆)	숙박부
노변(路邊)	길가	순치(馴致)	길들이기
노임(勞賃)	품삯	시건(施建) 장치	잠금 장치
담수어(淡水魚)	민물고기	시말서(始末書)	경위서
담합(談合)	짬짜미	시방서(示方書)	설명서, 세부 지침서
대금(代金)	값	심방(尋訪)하다	찾아뵙다
대절(貸切)	전세	양식(樣式)	서식
대하(大鰕)	큰새우, 왕새우	양체(兩替)	환전
대합실(待合室)	맞이방, 기다리는 곳	역할(役割)	소임, 구실, 할 일
독거노인(獨居老人)	홀로 사는 노인	예인(曳引)하다	끌다
만개(滿開)	만발(滿發), 활짝 핌	오지(奧地)	두메(산골)
망년회	송년 모임, 송년회	오찬(午餐)	점심(모임)
매점(買占)	사재기	은닉(隱匿)하다	숨기다
미상불(未嘗不)	아닌게 아니라	이면 도로(裏面道路)	뒷길
미연(未然)에	미리	이서(裏書)	뒷보증, 배서(背書)
미제(未濟)	처리 안 된	이왕지사(已往之事)	이미 지나간 일
방불(彷佛)하다	거의 비슷하다	익월(翌月)	다음 달
백묵(白墨)	분필(粉筆)	익일(翌日)	이튿날
법에 저촉(抵觸)되다	법에 걸리다	잔고(殘高)	잔액, 잔량
별첨(別添)	붙임	잔반(殘飯)	음식 찌꺼기
보정(補正)하다	바로잡다	저간(這間)	요즈음
복명(復命)하다	결과를 보고하다	적치(積置)하다	쌓아 놓다
부득불(不得不)	아니할 수 없어	제조원(製造元)	제조 회사
부락(部落)	마을	조서(調書)	조사서
부지불식간(不知不識間)에	생각하지도 못하고 알지도 못하는 사이에	좌지우지(左之右之)하는	마음대로 하는
불가결(不可缺)한	없어서는 아니 되는	준(準)하다	따르다
불가분(不可分)의	나누려 하여도 나눌 수 없는	진로(進路)	나갈 길
불가피(不可避)한	피하려야 피할 수 없는	차면시설(遮面施設)	가리는 시설
불입(拂入)하다	납입하다	참작(參酌)	헤아림
불하(拂下)하다	팔아버리다, 매각하다	철회(撤回)	거두어들임
비산(飛散) 먼지	날림 먼지	취사(炊事)	밥짓기, 부엌일
사면 보호(斜面保護)	비탈 보호	취조(取調)	문초
사양서(仕樣書)	세부 설명서	(난국을) 타개(打開)해 나갑시다	(어려운 고비를) 헤쳐 나갑시다

순화 대상어	순화어	순화 대상어	순화어
투기(投棄)하다	버리다	할증료(割增料)	웃돈, 추가금
특이(特異)한	독특한	해소(解消)되다	없어지다
패용(佩用)하다	달다, 차다	홀대(忽待)	푸대접
하명(下命)	지시	흑태(黑太)	검정콩
하시(何時)라도	언제라도, 언제든지, 어느 때든지	흑판(黑板)	칠판

03 서구어의 순화

★ 기출 어휘는 색 글씨로 표시함.

순화 대상어	순화어	순화 대상어	순화어
가든(garden)	뜰, 정원	더블딥(double-dip)	이중 침체
가드레일(guard rail)	보호 난간	덤핑(dumping)	헐값 판매 / 팔기
가십(gossip)	소문, 뒷공론	데드라인(deadline)	한계선, 최종 한계, 마감, 기한
가이드 라인(guide line)	지침, 지표	데뷔(début)	등단, 등장, 첫등장, 첫무대, 첫등단
가이드 북(guide book)	안내 책자, 안내서	데빗카드(debit card)	직불 카드
갤러리(gallery)	화랑, 그림방	데생(dessin)	소묘
갭(gap)	간격, 차이, 틈	데코레이션(decoration)	장식(품)
게놈(Genom)	유전체	데탕트(détente)	화해, 긴장 완화
그랑프리(grand prix)	대상(大賞), 최우수상	도어맨(doorman)	(현관) 안내인
글로벌(global)	세계적, 세계화	도킹(docking)하다	만나다
글로벌 소싱 (global sourcing)	국외 조달	드라이브(drive) 정책	주도 정책
내비게이션(navigation)	길도우미	디스카운트(discount)	에누리, 할인
네티즌(netizen)	누리꾼	디폴트(default)	채권 / 채무 불이행
노블레스 오블리주 (noblesse oblige)	지도층 의무	라벨(label)	상표, 꼬리표
노이로제(Neurose)	신경쇠약	라이프 가드(life guard)	안전 요원
노하우(knowhow)	기술, 방법, 비결, 비법	라이프 스타일 (life style)	생활 양식
뉘앙스(nuance)	어감, 말맛, 느낌	랠리(rally)	자동차 경주, 주고받기
뉴스레터(newsletter)	소식지	랭크(rank)되다	(순위가) 매겨지다
닉네임(nickname)	별명, 애칭	러닝타임(running time)	상영 시간
님비(NIMBY)	지역 이기주의	러시(rush)	붐빔
다운타운(downtown)	중심가, 번화가	레귤러 멤버 (regular member)	정식 회원, 정규 회원
더그아웃(dugout)	선수 대기석	레드존(red zone)	청소년 금지 구역

순화 대상어	순화어	순화 대상어	순화어
레시피(recipe)	조리법	모바일 뱅킹 (mobile banking)	이동 통신 은행, 이동 통신 거래
레임덕(lame duck)	권력 누수(현상)	무빙워크 (moving sidewalk)	자동길
로고송(logosong)	상징노래	미디어(media)	매체, 대중 매체
로드맵(roadmap)	단계별 이행안	미션(mission)	중요 임무
로밍(roaming)	어울통신	미팅(meeting)	모임, 모꼬지
로비(lobby)	막후 교섭 / 휴게실, 복도	바겐세일(bargain sale)	싸게 팔기, 할인 판매
로열 박스(royal box)	귀빈석	바로미터(barometer)	잣대, 척도, 지표
로열티(royalty)	사용료	바우처(voucher)	증빙 서류, 영수증
로펌(law firm)	법률 회사, 법률 사무소	바이어(buyer)	구매자, 수입상
르포(reportage)	현지 보고, 보고 기사, 현장 보고, 현장 보고서	발레파킹(valet parking)	대리 주차
리노베이션(renovation)	개보수(改補修)	발코니(balcony)	옥외 난간, (바깥) 난간
리더십(leadership)	지도력, 통솔력	방카쉬랑스 (bancassurance)	은행 보험 상품, 은행 연계 보험
리딩 뱅크(leading bank)	선도 은행	백그라운드 (background)	배경
리딩 브랜드 (leading brand)	으뜸 상표, 주도 상표	베일(veil)	장막
리베이트(rebate)	(음성) 사례비	베테랑(vétéran)	숙련자, 노련자, 전문가
리사이클링(recycling)	재활용	벤치마킹 (benchmarking)	견주기, (컴퓨터) 성능 시험
리스크(risk)	위험	벨보이(bellboy)	객실 안내(원)
리플(reply)	댓글	보이콧(boycott)	거절, 거부, 배척
마스터플랜 (master plan)	기본 계획, 종합 계획	부동산 버블(bubble)	부동산 거품
마스터피스 (masterpiece)	걸작	부킹(booking)	예약
마타도어(Matador)	흑색 선전, 모략 선전	붐(boom)	대유행, (대)성황
매뉴얼(manual)	설명서, 지도서	브랜드(brand)	상표
매스 미디어(mass media)	대중 매체	블랙리스트(blacklist)	감시 대상 명단, 요주의 명단
맨션(mansion)	아파트	블로그(blog)	누리사랑방
머니론더링 (money laundering)	돈세탁	블루 오션(blue ocean)	대안(代案) 시장
메리트 시스템 (merit system)	성과급 제도	사이버머니 (cyber money)	전자 화폐
모럴 헤저드 (moral hazard)	도덕적 해이	샘플링(sampling)	표본 뽑기
모멘트(moment)	계기, 동기	서포터스(supporters)	응원단, 후원자

순화 대상어	순화어	순화 대상어	순화어
세이프가드(safe guard)	긴급 수입 제한 조치	워밍업(warming-up)	준비(운동), 몸풀기
센서스(census)	(인구, 국세, 통계) 조사	워크아웃(workout)	기업 개선 사업
쇼윈도(show window)	전시장, 진열장	원샷(one shot)	한입털이
스캔들(scandal)	뒷소문, 추문	웰빙(well-being)	참살이
스케줄(schedule)	시간표, 일정표	위트(wit)	재치, 기지
스크린 도어(screen door)	안전문, 승강장 차단문	유비쿼터스(ubiquitous)	두루누리
스크린 쿼터(screen quota)	상영 시간 할당제	이니셔티브(initiative)	주도권, 선제권
스타일리스트(stylist)	맵시 가꿈이	이니셜(initial)	머리글자
스트라이크(strike)	파업	이머징 마켓 (emerging market)	신흥 시장
스티커(sticker)	붙임 딱지	이모티콘(emoticon)	감정 기호, 그림말
스페셜리스트(specialist)	전문가	이미테이션(imitation)	모조, 흉내, 모방
스포트라이트(spotlight)	각광, 주시	인센티브(incentive)	유인책, 조성책
스폰서(sponsor)	후원자, 광고 의뢰자	인터체인지(interchange)	나들목
스프레이(spray)	분무(기)	인테리어(interior)	실내 장식
스프링클러(sprinkler)	자동 물뿌리개	장르(genre)	분야, 갈래
스피드건(speedgun)	속도 측정기	저널(journal)	언론, 시보
슬로푸드(slow food)	여유식	제로베이스(zero base)	원점 기준
시드(seed)	우선권	제로섬(zero-sum) 게임	죽기 살기 게임
시뮬레이션(simulation)	모의 실험	제로섬(zero-sum)	합계 영
싱크 탱크(think tank)	두뇌 집단	체인(chain)	배급망, 사슬, 연쇄
아웃사이더(outsider)	문외한, 국외자	체인점(chain店)	연쇄점
아웃소싱(outsourcing)	외주(外主), 외부 용역	체크포인트(check point)	점검 사항
앰뷸런스(ambulance)	구급차	카운슬링(counseling)	상담
어젠다(agenda)	의제, 안건	카운터(counter)	계산대, 계산기
언더그라운드 (underground)	장외, 지하	카운트다운(countdown)	초읽기
업데이트(update)	수정 자료, 갱신	카탈로그(catalogue)	목록, 일람표
에티켓(étiquette)	예절, 예의, 품위	카파라치(carparazzi)	교통 신고꾼
엔트리(entry)	참가자(명단)	카풀(car pool)	(승용차) 함께 타기
엠엔에이(M&A)	인수 합병	카피라이터(copywriter)	광고 문안가
엠티(MT)	수련 모임	칼럼(column)	기고란, 시사 평론, 시평
오너(owner)	소유자	캐릭터(character)	개성, 특성
오리엔테이션(orientation)	예비 교육, 안내 (교육)	캐스팅 보트(casting vote)	결정권
오프라인(Off-line)	현실 공간	캐시 카드(cash card)	현금 카드
올인(all in)	다걸기	캐시백(cash back)	적립금(환급)
옵서버(observer)	참관인	캐주얼(casual wear)	평상(복)

순화 대상어	순화어	순화 대상어	순화어
커리어 우먼 (career woman)	전문 여성	파일(file)	서류철, 서류 묶음
커리큘럼(curriculum)	교과 과정	파트타임(part time)	시간제 근무
커미션(commission)	수수료, 구전, 중개료	팝업창(pop-up窓)	알림창
커버스토리(cover story)	표지 기사	패러다임(paradigm)	틀
커트라인(cut line)	한계선, 합격선	패밀리 레스토랑 (family restaurant)	가족 식당
컨버전(conversion)	변환	패스워드(password)	비밀 번호, 암호
컨센서스(consensus)	합의	팬시점(fancy店)	선물 가게
컨펌(confirm)	확인	펀더멘털(fundamental)	(경제) 기초 여건
컬러링(coloring)	멋울림	펀드(fund)	기금
컬렉션(collection)	수집	페스티벌(festival)	축전, (큰)잔치
코드 프리(code free)	빗장풀기	포맷(format)	양식, 체재, 서식
코멘트(comment)	의견말, 논평, 해설	포스트잇(post-it)	붙임쪽지
코스트(cost)	비용	포트폴리오(portfolio)	분산 투자
콘서트(concert)	음악회, 연주회	풋백옵션(put back option)	사후 손실 보전
콘솔 박스(console box)	정리함	프라임 레이트(prime rate)	우대 금리
콘텐츠(contents)	꾸림정보	프라임(prime) 시간대	황금 시간대
콤비(combination)	단짝, 짝	프랜차이즈(franchise)	가맹점, 연쇄점, 지역 할당
콩쿠르(concours)	경연 대회	프러포즈(propose)	제안, 청혼
퀵서비스(quick service)	늘찬배달	프로모션(promotion)	흥행사
클레임(claim)	손해 배상 청구, 이의 제기	프리미엄(premium)	웃돈
킬힐(kill heel)	까치발 구두	플래카드(placard)	현수막
태스크 포스(task force)	기획단, 전략팀	핀트(pint)	초점
테스트 베드(test bed)	시험 무대	필터(filter)	거르개, 여과기, 여과지
텔레마케팅 (telemarketing)	원거리 판매	하이브리드(hybrid)	어우름
텔레뱅킹(telebanking)	전화 은행, 전화 거래	하이테크 (high technology)	첨단 기술
토털 서비스(total service)	종합 서비스	하이틴(high teen)	청소년, 십대
톱 브랜드(top brand)	유명 상표	핫 라인(hot line)	직통 전화
트레이드 마크(trade mark)	등록 상표	핫 머니(hot money)	단기 투기성 자금
트레이드 머니 (trade money)	이적료	허브(공항)(hub-)	중심 축(공항)
트레킹(trekking)	모험 여행	호치키스(hotchkiss)	(종이) 찍개
트렌드(trend)	유행, 경향	홈 뱅킹(home banking)	안방 거래
트로이카(troika)	삼두 마차	홈 시어터(home theater)	안방 극장
티타임(teatime)	휴식 시간	화이트칼라(white-collar)	사무직 근로자
팁(tip)	도움말, 봉사료	히든 카드(hidden card)	숨긴 패, 비책

실전능력 기르기

01_ 다음 중 밑줄 친 부분을 순화한 예로 적절하지 않은 것은?
① 우리는 매주 써클 활동을 한다. ➡ 동아리
② 노견(路肩)에는 주차할 수 없다. ➡ 비탈길
③ 우리 회사에서 이번에 신인 가수가 데뷔를 한다. ➡ 등장
④ 이번 신입생(新入生)은 특히 활달하다. ➡ 새내기
⑤ 인터체인지 부근에서 차량들이 지체되고 있다. ➡ 나들목

02_ 다음 밑줄 친 말의 순화어가 옳지 않은 것은?
① 그는 화가 난 상대를 센스 있게 다루는 능력이 있다. ➡ 눈치
② 이번 사고는 시말서 한 장으로 끝날 일이 아니다. ➡ 경위서
③ 전자 제품을 사면 그 안에 매뉴얼이 들어 있다. ➡ 소책자
④ 철수는 와사비가 매웠던지 잠바를 벗었다. ➡ 고추냉이
⑤ 어머니께서 닭도리탕을 맛있게 해 주셨다. ➡ 닭볶음탕

03_ 밑줄 친 단어를 순화한 표현으로 적절하지 않은 것은?
① 고장이 난 차 한 대가 노견(➡ 길가)에 서서 견인차를 기다리고 있다.
② 그는 이번 사건을 수습하기 위한 구실(➡ 핑계)을 생각하느라 골치가 아플 것이다.
③ 한강 고수부지(➡ 둔치)에 체육공원을 만들었다.
④ 이 제품은 정상 제품인 것처럼 가짜 라벨(➡ 상표)이 붙어 있었다.
⑤ 견습기자(➡ 수습기자) 시절에는 발에 땀이 나도록 돌아다녀도 기삿거리를 찾지 못하기 일쑤다.

04_ 다음은 일본어에서 온 말로 우리가 일상 언어생활에서 자주 쓰는 것이다. 이 가운데 대체하여 쓸 말과 대체하여 쓸 수 있는 말이 잘못 연결된 것은?

> 그는 오늘 아침 새로 산 곤색 우와기를 입고 출근을 하려고 집을 나섰다. 그가 골목길을 걷고 있는데 무데뽀로 달려오는 차를 피하다 빗길에 넘어져 신삥 옷을 망치고 말았다. 그래서 옷을 갈아입고 가는 바람에 지각을 하여 상사에게 쿠사리를 들었다.

① 곤색 ➡ 감색　　　　　　② 우와기 ➡ 윗도리
③ 무데뽀 ➡ 무식　　　　　④ 신삥 ➡ 새것
⑤ 쿠사리 ➡ 핀잔

오답해설 '곤색[こん(紺)色]', '우와기[うわぎ(上着)]', '신삥[しんぴん(新品)]', '쿠사리[⇦くさ(腐)り]' 등은 모두 일본어에서 온 말로 각각 '감색', '윗도리', '새것', '핀잔' 등으로 대체하여 쓸 수 있다.

05_ 〈보기〉의 ㉠~㉤을 바르게 순화하지 못한 것은?

┌─보기─
기준 : 오늘 ㉠ 노바다야끼(➡ 일본 전골) 먹으러 갈까?
예서 : 아니. 순댓국에 ㉡ 다대기(➡ 다진 양념) 좀 많이 넣어서 먹으면 맛있겠다.
기준 : 너 원래 노바다야끼 먹으러 가기 좋아하잖아. 이상한데?
예서 : 그게. 얼마 전에 그 가게 주인한테 ㉢ 다마네기(➡ 양파) 좀 더 달라고 했더니 사람들 앞에서 ㉣ 쿠사리(➡ 면박)를 주잖아. 사람이 좀 ㉤ 유도리(➡ 융통)가 있어야지.
└─

① ㉠   ② ㉡   ③ ㉢
④ ㉣   ⑤ ㉤

05_ '노바다야끼(爐端燒, 로바다야키)'는 일본어 투 생활 용어로, '화로구이'라고 순화해서 써야 한다. '스키야키(鋤燒, 스끼야끼)'를 '왜전골' 또는 '일본 전골(찌개)'로 순화해서 써야 한다.

06_ 〈보기〉의 ㉠~㉤을 바르게 순화하지 못한 것은?

┌─보기─
A : 이 프로젝트를 위해 ㉠ 태스크 포스를 구성할 예정입니다. ㉡ 하시(何時)라도 문의 사항이 있으시면 저에게 말씀해 주십시오. 아, 여기에는 ㉢ 시건 장치가 되어 있는데 ㉣ 무데뽀로 해제하시지 마시고 ㉤ 사양서에 나온 순서에 따라주십시오.
└─

① ㉠ : 특별 전담 조직, 특별팀   ② ㉡ : 혹시라도
③ ㉢ : 잠금장치   ④ ㉣ : 막무가내
⑤ ㉤ : 설명서

06_ ㉡ '하시(何時)라도'는 '언제라도, 언제든지, 어느 때든지'라고 순화해서 써야 한다.

07_ 밑줄 친 단어를 순화한 표현으로 적절하지 않은 것은?

① 아찔한 높이의 킬힐(➡ 까치발 구두)이 유행하면서 발 건강에 대한 관심이 높아졌다.
② 갓길 운행 차량을 무더기로 사진 촬영한 카파라치(➡ 교통 신고꾼)에게 경찰이 보상금 지급을 거부해 눈길을 끌고 있다.
③ 회의에 옵서버(➡ 참관인) 자격으로 참석할 예정이다.
④ 서초 인터체인지(➡ 나들목)에 도착하는 데 대략 30분쯤 걸렸다.
⑤ 흑태(➡ 검은깨)로 만든 과자가 새로 나왔다.

07_ '흑태(黑太)'는 검은빛의 콩을 말하며, '검정콩' 또는 '검은콩'으로 순화해서 사용해야 한다. '검은깨'는 '검정깨'로도 말할 수 있다.

08_ 〈보기〉에 제시된 외래어의 순화어가 적절한 것끼리 바르게 묶은 것은?

┌─보기─
㉠ 역할(役割) ➡ 자격   ㉡ 익월(翌月) ➡ 다음 달
㉢ 팁(tip) ➡ 추가 금액   ㉣ 바께스 ➡ 양동이
㉤ 고수부지(高水敷地) ➡ 둔치
└─

① ㉠, ㉡, ㉢   ② ㉠, ㉡, ㉣
③ ㉡, ㉢, ㉣   ④ ㉡, ㉣, ㉤
⑤ ㉢, ㉣, ㉤

08_ ㉡, ㉣, ㉤ 모두 바르게 순화되어 있다.

오답해설 ㉠ 역할(役割) ➡ 소임, 할 일
㉢ 팁(tip) ➡ 봉사료

ANSWER
05. ①   06. ②   07. ⑤   08. ④

어떻게 출제되나?

KBS한국어능력시험에서는 국어 문법 관련 문제가 총 6문항이 출제되는데, 음운 현상, 단어의 형성 방법, 문장의 종류, 문장 표현 요소, 올바른 문장 표현 등과 관련된 문제들이 출제되고 있다. 특히 올바른 문장 표현은 2~3문항이 꾸준히 출제되고 있다.

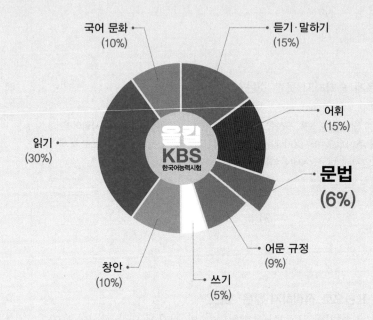

어떻게 공부할까?

출제 포인트인 음운 현상, 단어의 형성 방법, 문장의 종류, 문장 표현 요소, 올바른 문장 표현 등에 대한 세심한 학습이 필요하다. 특히 출제 비중을 더 많이 차지하는 올바른 문장 표현을 공부하는 경우, 문장 성분의 호응 관계가 적절한지, 필수 문장 성분 중에 빠진 부분은 없는지, 해석이 모호한 중의성을 가진 문장인지를 파악하는 연습을 해야 한다. 또한 1문제씩은 꼭 출제되는 음운 현상도 각 음운 현상과 적용되는 예시 단어를 함께 알아 두어야 한다.

> 🗂 이 단원은? KBS한국어능력시험에서의 문법 영역은 문법 배경 지식을 요하는 유형이 주로 출제되는데, 그중 음운 현상, 문장의 종류, 자연스러운 문장, 중의성을 가진 문장 등이 국어 문법의 출제 포인트이다.

3

문법

Theme 09 말소리

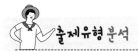

"이렇게 출제된다!"

말소리는 '음운론'으로, 음운과 음절의 개념, 음운의 종류와 분류 기준, 소리의 장단 구별, 음운 현상 등에 관한 내용을 다룬다. KBS한국어능력시험에서 매회 1문제가 출제되는데, 주로 자음과 모음 체계를 모두 명확하게 파악하고 있어야 해결할 수 있는 유형과 해당 단어에 나타난 음운 현상을 묻는 유형이 출제된다. 음운론을 비롯한 '문법' 영역은 이후 '어문 규정'과 '국어 문화' 영역의 학습에도 연계되기 때문에 이론을 확실히 익혀 두어야 한다.

Q • 밑줄 친 부분의 소리가 길게 나는 것은?
  • 〈보기〉의 조건을 모두 만족하는 단어로 가장 적절한 것은?
  • 〈보기〉에서 설명하는 음운 변동 현상이 모두 일어나는 것은?
  • 〈보기〉의 밑줄 친 음운 변동 현상이 일어나지 <u>않는</u> 것은?
  • 〈보기〉에서 밑줄 친 ㉠~㉤의 발음에 대한 이해로 적절하지 <u>않은</u> 것은?

기출유형 맛보기

"이런 문제가 나온다!"

1. 〈보기〉의 밑줄 친 음운 변동 현상이 일어나지 <u>않은</u> 것은?

> ┌ 보기 ┐
> 끝소리가 'ㄷ', 'ㅌ'인 형태소가 모음 'ㅣ'나 반모음 'ㅣ[j]'로 시작되는 형식 형태소와 만나면 구개음 'ㅈ', 'ㅊ'이 되거나, 'ㄷ' 뒤에 형식 형태소 '히'가 올 때 'ㅎ'과 결합하여 이루어진 'ㅌ'이 'ㅊ'이 되는 현상을 <u>구개음화</u>라고 한다.

① 굳이 ② 벼훑이 ③ 끝을
④ 굳히다 ⑤ 샅샅이

(해설) 끝소리 'ㅌ'이 모음 'ㅣ'나 반모음 'ㅣ[j]'로 시작되는 형식 형태소와 만나면 구개음화가 되는데, 'ㅌ'이 'ㅡ'를 만났을 때는 구개음화가 되지 않으므로 구개음화가 일어나지 않는 것은 ③ '끝을'이다.

2. 단어를 발음할 때, 〈보기〉에서 설명하는 음운 현상이 모두 일어나는 것은?

> ┌ 보기 ┐
> • 음절 끝소리 규칙은 받침 위치에 있는 자음이 'ㄱ, ㄴ, ㄷ, ㄹ, ㅁ, ㅂ, ㅇ'의 7개 자음으로만 발음되는 현상이다. '밖[박], 부엌[부억], 낮[낟], 숲[숩]'과 같은 경우를 예로 들 수 있다.
> • 비음화는 비음이 아닌 자음이 비음의 영향을 받아 비음 'ㄴ, ㅁ, ㅇ'으로 동화되는 현상이다. '닫는다[단는다], 접는다[점는다], 먹는다[멍는다]'를 예로 들 수 있다.

① 입는다 ② 돋는 ③ 낫다
④ 앞만 ⑤ 해돋이

(해설) '앞만'에서는 우선 '앞'의 받침인 'ㅍ'이 대표음인 'ㅂ'으로 바뀌는데, 이는 '음절 끝소리 규칙'에 따른 것이다. 뒤이어 'ㅂ'이 '만'의 초성이자 비음인 'ㅁ'의 영향을 받아 'ㅁ'으로 바뀌는데 이는 '비음화'가 일어난 것이다. 따라서 '음절 끝소리 규칙'과 '비음화'가 모두 일어나는 것은 ④ '앞만'이다.
단어를 발음할 때 ①, ②은 비음화, ③은 음절 끝소리 규칙과 된소리되기, ⑤은 구개음화가 일어난다.

ANSWER ▶ 1. ③ 2. ④

핵심내용 다지기

01 음운과 음절

1. 음운

사람들이 머릿속에서 같은 소리로 인식하는 추상적인 말소리로, 의미를 변별하는 최소 단위이다. 그러나 음운 자체가 의미를 갖고 있지는 않다. 예를 들면, '물'과 '불'의 첫소리 'ㅁ'과 'ㅂ'은 두 단어의 의미를 변별하는 최소 단위, 즉 음운이다. 그러나 음운인 'ㅁ'과 'ㅂ'은 그 자체가 의미를 갖고 있는 것은 아니다.

(1) 음운의 종류

분절 음운(음소)	마디를 나눌 수 ○	자음, 모음
비분절 음운(운소)	마디를 나눌 수 ×	소리의 장단, 고저, 세기

(2) 국어의 음운

자음(19개)		ㄱ, ㄲ, ㄴ, ㄷ, ㄸ, ㄹ, ㅁ, ㅂ, ㅃ, ㅅ, ㅆ, ㅇ, ㅈ, ㅉ, ㅊ, ㅋ, ㅌ, ㅍ, ㅎ
모음(21개)	단모음(10개)	ㅏ, ㅓ, ㅗ, ㅜ, ㅡ, ㅣ, ㅐ, ㅔ, ㅚ, ㅟ
	이중 모음(11개)	ㅑ, ㅕ, ㅛ, ㅠ, ㅒ, ㅖ, ㅘ, ㅙ, ㅝ, ㅞ, ㅢ
소리의 길이	장음(:)	말[言][말:], 밤[栗][밤:], 사과(謝過, 용서를 구함.)[사:과]
	단음	말[馬][말], 밤[夜][밤], 사과(沙果, 과일)[사과]

> 현대 국어에서는 소리의 장단, 즉 소리의 길이를 비분절 음운으로 보고 있으며, 모음에서만 나타나 단어의 의미 변별 기준이 된다.

더 알아보기 소리의 길이

- 간:(肝) － 간(間)[간:], 간(刊)
- 굴:(窟) － 굴[貝類(패류)]
- 눈:[雪(설)] － 눈[眼(안)]
- 말:[言語(언어)] － 말[馬(마)]
- 밤:[栗(율)] － 밤[夜(야)]
- 배:(倍) － 배[梨(이)], 배[腹(복)], 배[船(선)]
- 벌:[峰(봉)] － 벌(罰)
- 병:(病) － 병(瓶), 병(兵)
- 섬:[島(도)] － 섬(부피 단위)
- 손:(孫) － 손[手(수)]
- 가:정(苛政), 가:정(假定) － 가정(家庭)

- 감:사(感謝) － 감사(監査)
- 감:상(感傷) － 감상(鑑賞)
- 갈:다(날카롭게 하다. 흙을 파 뒤집다.) － 갈다(바꾸다)
- 걷:다(다리를 번갈아 떼어 옮기다.) － 걷다(늘어뜨린 것을 치우다. 구름이 사라지다.)
- 대:장(大將. 隊長) － 대장(臺帳)
- 말:다[禁地] － 밀다(捲)
- 묻:다[問] － 묻다[埋]
- 선:수(善手, 選手) － 선수(先手, 船首)

(3) 음운의 개수

음운의 개수는 실제 발음을 기준으로 자음의 개수와 모음의 개수를 합한 것을 말한다. 단, 초성의 'ㅇ'은 음운의 개수에 포함되지 않는다.

> 총알이 창을 <u>깨고 날아갔다</u>.

▶ 밑줄 친 부분의 발음은 [깨고 나라갇따]이므로 밑줄 친 부분에 사용된 음운은 'ㄲ, ㅐ, ㄱ, ㅗ, ㄴ, ㅏ, ㄹ, ㅏ, ㄱ, ㅏ, ㄷ, ㄸ, ㅏ'로 총 13개이다.

😊 국어의 음절 구조
1. 모음 단독 : 아, 야, 어 ……
2. 자음 + 모음 : 가, 나, 다 ……
3. 모음 + 자음 : 악, 약 ……
4. 자음 + 모음 + 자음 : 강, 날 ……

2. 음절

한 뭉치로 이루어진 소리의 덩어리, 또는 한 번에 소리 낼 수 있는 소리의 단위를 말한다. 모든 말은 음절 단위로 마디를 이루어서 발음된다. 그리고 모음이 있어야 음절을 이룰 수가 있기 때문에 국어에서 음절의 개수는 모음의 개수와 일치한다.

> 나는 밥을 먹었다. [나는 바블 머걷따]

▶ 음절의 개수 : 7개
▶ 음절 : 나, 는, 바, 블, 머, 걷, 따

02 자음과 모음

1. 자음

공기가 목청을 통과해 목안이나 입안에서 장애를 받으면서 나는 소리

조음 방법	조음 위치		입술소리	잇몸소리	센입천장 소리	여린입천장 소리	목청소리
			양순음	치조음	경구개음	연구개음	후음
안울림 소리	파열음	평음	ㅂ	ㄷ		ㄱ	
		경음	ㅃ	ㄸ		ㄲ	
		격음	ㅍ	ㅌ		ㅋ	
	파찰음	평음			ㅈ		
		경음			ㅉ		
		격음			ㅊ		
	마찰음	평음		ㅅ			ㅎ
		경음		ㅆ			
울림 소리	비음		ㅁ	ㄴ		ㅇ	
	유음			ㄹ			

더 알아보기 조음 방법(발음 방법)에 따른 자음의 분류

파열음 (破裂音)	폐에서 나오는 공기를 일단 막았다가 그 막은 자리를 터뜨리면서 내는 소리	ㅂ, ㅃ, ㅍ, ㄷ, ㄸ, ㅌ, ㄱ, ㄲ, ㅋ
마찰음 (摩擦音)	입안이나 목청 따위의 조음 기관이 좁혀진 사이로 공기가 비집고 나오면서 마찰하여 나는 소리	ㅅ, ㅆ, ㅎ
파찰음 (破擦音)	파열음과 마찰음의 두 가지 성질을 다 가지는 소리	ㅈ, ㅉ, ㅊ
비음(鼻音)	입안의 통로를 막고 코로 공기를 내보내면서 내는 소리	ㅁ, ㄴ, ㅇ
유음(流音)	혀끝을 잇몸에 가볍게 대었다가 떼거나, 잇몸에 댄 채 공기를 그 양 옆으로 흘려 보내면서 내는 소리	ㄹ

2. 모음

공기가 목안이나 입안에서 별다른 장애를 받지 않고 나는 소리

(1) 단모음(10개)

발음하는 도중에 혀나 입술이 고정되어 움직이지 않음.

혀의 높이＼혀의 앞뒤 입술모양	전설 모음		후설 모음	
	평순	원순	평순	원순
고모음(폐모음)	ㅣ	ㅟ	ㅡ	ㅜ
중모음	ㅔ	ㅚ	ㅓ	ㅗ
저모음(개모음)	ㅐ		ㅏ	

(2) 이중 모음(11개)

발음하는 도중에 혀가 일정한 자리에서 시작하여 다른 자리로 옮겨 가면서 발음되는 소리

① 반모음 'ㅣ[j]'로 시작하는 이중 모음: ㅑ, ㅕ, ㅛ, ㅠ, ㅒ, ㅖ

② 반모음 'ㅗ/ㅜ[w]'로 시작하는 이중 모음: ㅘ, ㅙ, ㅝ, ㅞ

③ 단모음 + 반모음 'ㅣ[j]': ㅢ

03 음운의 변동

어떤 형태소가 다른 형태소와 결합할 때 그 환경에 따라 발음이 달라지는 현상을 음운의 변동(變動)이라고 한다. 음운의 변동에는 교체, 동화, 축약, 탈락, 첨가 등이 있다.

1. 교체(交替)

어떤 음운이 형태소의 끝에서 다른 음운으로 바뀌는 현상

음절의 끝소리 규칙	자음이 음절 끝에 올 때에 제 음가대로 발음되지 아니하고 대표음(ㄱ, ㄴ, ㄷ, ㄹ, ㅁ, ㅂ, ㅇ)으로 발음되는 현상 예 잎 ⇨ [입], 값 ⇨ [갑], 꽃 ⇨ [꼳], 솥 ⇨ [솓], 무릎 ⇨ [무릅], 바깥 ⇨ [바깓], 부엌 ⇨ [부억]
된소리되기	예사소리였던 것이 된소리로 바뀌는 현상 ▶ 된소리되기의 환경은 항상 첫음절의 끝소리에 안울림소리가 오고 뒤 음절의 첫소리에 안울림소리가 와야 하며, 뒤 음절의 첫소리가 안울림소리에서 된소리로 바뀌어 발음된다. 안울림소리(ㅂ, ㄷ, ㅈ, ㄱ) + 안울림소리(ㅂ, ㄷ, ㅈ, ㄱ) ⇨ 안울림소리 + 된소리(ㅃ, ㄸ, ㅉ, ㄲ) 예 걷고 ⇨ [걷꼬], 국밥 ⇨ [국빱], 등불 ⇨ [등뿔], 봄바람 ⇨ [봄빠람]

2. 동화(同化)

발음할 때 한쪽의 음운이 다른 쪽 음운의 성질을 닮는 현상

자음 동화	자음과 자음이 만날 때 어느 한쪽이 다른 쪽을 닮아서 발음이 달라지는 현상 • 비음화 : 파열음이나 유음이 비음을 만나 비음(ㄴ, ㅁ, ㅇ)으로 발음되는 현상 　예 종로[종노], 국물[궁물], 밥만[밤만] • 유음화 : 비음이 유음을 만나 유음(ㄹ)으로 발음되는 현상 　예 대관령[대괄령], 물난리[물랄리], 광한루[광할루]
모음 동화	'ㅏ, ㅓ, ㅗ, ㅜ'의 뒤 음절에 전설 모음 'ㅣ'가 오면 'ㅐ, ㅔ, ㅚ, ㅟ'로 변하는 현상 ➡ 주로 비표준어이다. 예 손잡이 ⇨ [손재비](표준 발음 ×) ★ 〈표준어 규정〉 제9항 "'ㅣ' 역행 동화 현상에 의한 발음은 원칙적으로 표준 발음으로 인정하지 아니하되, 다만 다음 단어들은 그러한 동화가 적용된 형태를 표준어로 삼는다.'에 따라 표준어로 인정하지 않지만, 예외적으로 인정하는 단어도 있다. 예 풋내기(-내기), 소금쟁이(-쟁이), 냄비, 동댕이치다
모음 조화	양성 모음(ㅏ, ㅗ)은 양성 모음끼리, 음성 모음(ㅓ, ㅜ, ㅡ)은 음성 모음끼리 어울리는 현상 예 깎아 : 꺾어, 찰찰 : 철철, 졸졸 : 줄줄(의성·의태어에서 뚜렷) ★ 〈표준어 규정〉 제8항 '양성 모음이 음성 모음으로 바뀌어 굳어진 다음 단어는 음성 모음 형태를 표준어로 삼는다.'에 따라 모음 조화가 지켜지지 않은 것이 표준어로 인정되는 것도 있음을 주의한다. 예 깡충깡충, 쌍둥이, 발가숭이, 보통이, 봉죽, 뻗정다리, 아서, 아서라, 오뚝이, 주추
구개음화	끝소리가 'ㄷ', 'ㅌ'인 형태소가 모음 'ㅣ'나 반모음 'ㅣ[j]'로 시작되는 형식 형태소와 만나면 그것이 구개음 'ㅈ', 'ㅊ'이 되거나, 'ㄷ' 뒤에 형식 형태소 '히'가 올 때 'ㅎ'과 결합하여 이루어진 'ㅌ'이 'ㅊ'이 되는 현상 예 굳이 ⇨ [구지], 닫혀 ⇨ [다쳐]

알아보기 음운 동화의 분류

영향을 주는 음운의 위치에 따라	순행 동화	앞에 있는 자음이 뒤에 있는 자음을 바꿈. 예 실내(室內) ⇨ [실래]
	역행 동화	뒤에 있는 자음이 앞에 있는 자음을 바꿈. 예 먹는다 ⇨ [멍는다]
동화 결과에 따라	완전 동화	동화의 결과가 완전히 동일한 음으로 나타남. 예 찰나 ⇨ [찰라]
	부분 동화	동화의 결과가 비슷한 음으로 나타나는 데 그침. 예 국물 ⇨ [궁물]

3. 축약(縮約)

두 음운이 하나의 음운으로 줄어드는 현상

(1) 자음 축약

인접한 두 자음이 하나의 음소로 소리 나는 현상으로, 자음 'ㄱ, ㄷ, ㅂ, ㅈ'이 'ㅎ'과 만나면 'ㅋ, ㅌ, ㅍ, ㅊ'으로 소리 난다.

예 좋고 ⇨ [조:코], 낳고 ⇨ [나:코], 많다 ⇨ [만:타], 잡히다 ⇨ [자피다], 솥하고 ⇨ [솓하고] ⇨ [소타고], 끊더라 ⇨ [끈터라]

(2) 모음 축약

두 음절의 모음이 한 음절로 되는 현상으로, 모음 'ㅣ'나 'ㅗ/ㅜ'가 다른 모음과 결합하면 이중 모음이 된다.

예 가리- + -어 ⇨ 가려, 두- + -었다 ⇨ 뒀다, 오- + -아서 - ⇨ 와서

4. 탈락(脫落)

두 음운 중 어느 하나가 없어지는 현상

(1) 자음군 단순화

음절 말에서 겹받침 소리가 홑자음으로 바뀌어 소리 나는 현상

예 밝다 ⇨ [박따], 핥다 ⇨ [할따]

(2) 자음 탈락

두 개의 자음이 만났을 때 어느 한 모음이 탈락하는 현상으로, 자음 'ㅎ, ㄹ'의 탈락 현상이 있다.

예 • 'ㅎ' 탈락 : 쌓이다 ⇨ [싸이다], 많아 ⇨ [마:나], 좋은 ⇨ [조:은]
• 'ㄹ' 탈락 : 불나비 ⇨ 부나비, 달달이 ⇨ 다달이

(3) 모음 탈락

두 개의 모음이 만났을 때 어느 한 모음이 탈락하는 현상으로, 동일 모음 탈락과 'ㅡ' 모음 탈락이 있다.

예 가- + -아서 ⇨ 가서, 끄- + -어 ⇨ 꺼

5. 첨가(添加) - 사잇소리 현상

형태소가 합성될 때 그 사이에 음운이 덧붙는 현상으로, 명사와 명사가 결합하여 합성어가 될 때, 뒤의 예사소리가 된소리로 변하거나, 또는 'ㄴ' 소리나 'ㄴㄴ' 소리가 첨가된다. 표기 시에는 〈한글 맞춤법〉 규정에 따라야 하며, 대체로 합성어의 앞말이 모음으로 끝나고, 순우리말이 포함되어 있는 경우에는 사이시옷 받침을 적는다.

★ 관련 규정: 〈표준 발음법〉 제28~30항, 〈한글 맞춤법〉 제30항(사이시옷의 표기)

(1) 유형

① 울림소리(ㄴ, ㄹ, ㅁ, ㅇ) + 안울림 예사소리(ㄱ, ㄷ, ㅂ, ㅅ, ㅈ) ➡ 뒤의 예사소리가 된소리로 변화(ㄲ, ㄸ, ㅃ, ㅆ, ㅉ)

> 예 문 + 고리 = 문고리[문꼬리], 산 + 동네 = 산동네[산똥네], 보름 + 달 = 보름달[보름딸]

② 모음 + 'ㅁ, ㄴ' = 'ㄴ' 소리 첨가

> 예 이 + 몸 = 잇몸[인몸], 제사 + 날 = 제삿날[제ː산날], 코 + 물 = 콧물[콛물(교체: 음절의 끝소리 규칙)
> ⇨ 콘물(첨가)]

③ 뒷말이 모음 'ㅣ' 또는 반모음 'ĭ[j]' ➡ 'ㄴ'이나 'ㄴㄴ' 소리 첨가

> 예 • 집 + 일 = 집일[집닐(첨가) ⇨ 짐닐(동화: 비음화)]
> • 물 + 약 = 물약[물냑(첨가) ⇨ 물략(동화: 비음화)]
> • 콩 + 엿 = 콩엿[콩녇(교체: 음절의 끝소리 규칙) ⇨ 콩녇(첨가)], 논 + 일 = 논일[논닐]

(2) 사이시옷 현상의 예외: 사이시옷 현상은 동일한 음운 환경에서도 일어나지 않을 수 있는, 수의적 현상이기 때문에 예외적으로 사이시옷 현상이 일어나지 않는 단어는 암기해야 함.

> 예 김밥[김ː밥/김ː빱], 머리말[머리말], 불법(不法)[불법/불뻡], 유리잔[유리잔], 송별연[송ː벼련]

실전능력 기르기

01_ 다음 밑줄 친 단어의 장단음이 잘못 짝지어진 것은?

① 그녀의 손가락은 길고 가늘다. − 재산상의 손:해가 막심하다.

② 말은 적을수록 좋다. − 말:은 끌어야 잘 가고 소는 몰아야 잘 간다.

③ 공과 사를 분명히 하다. − 공:에 바람이 빠졌다.

④ 벌을 호되게 받았다. − 벌:에 쏘인 자리가 부어올랐다.

⑤ 컴퓨터의 부속품을 갈았다. − 경운기로 논을 갈:았다.

01_ 말(言)은 [말:]로 길게 발음해야 하고, 말(馬)은 [말]로 짧게 발음해야 한다.

02_ 〈보기〉의 조건을 모두 만족하는 단어로 가장 적절한 것은?

┌─보기─
• 이 단어에는 '유음'이 포함되어 있다.
• 이 단어에는 '두 입술'에서 나는 소리가 포함되어 있다.
└─

① 벗꽃　　　　　② 목련

③ 봉선화　　　　④ 국화

⑤ 유채꽃

02_ '유음'에 해당하는 자음은 'ㄹ'이고, '두 입술'에서 나는 소리는 'ㅁ, ㅂ, ㅃ, ㅍ'이다. 따라서 두 가지의 조건을 모두 만족하는 단어는 '목련'이다.

03_ 〈보기〉의 조건을 모두 만족하는 단어로 가장 적절한 것은?

┌─보기─
• 이 단어에는 평순 모음만 포함되어 있다.
• 이 단어에는 중모음과 저모음이 포함되어 있다.
• 이 단어에는 전설 모음만 포함되어 있다.
└─

① 베개　　　　　② 키위

③ 스키　　　　　④ 새장

⑤ 에러

03_ 전설 모음 중에 평순 모음이면서 중모음인 것은 'ㅔ'이고, 평순 모음이면서 저모음인 것은 'ㅐ'이다. 따라서 위의 조건을 모두 만족시키는 단어는 '베개'이다.

ANSWER
01. ② 　02. ② 　03. ①

04. 'ㅂ, ㄷ, ㅈ, ㄱ'과 'ㅎ'이 서로 만나면 'ㅍ, ㅌ, ㅊ, ㅋ'이 되는 것은 자음 축약이고, 끝소리가 'ㄷ, ㅌ'인 형태소가 모음 'ㅣ'나 반모음 'ㅣ'로 시작되는 형식 형태소와 만나면 그 'ㄷ, ㅌ'이 센입천장소리 'ㅈ, ㅊ'이 되는 것은 구개음화이다.
축약과 구개음화가 모두 일어나는 것은 '닫히다'이다. '닫히다 ⇨ [다티다] ⇨ [다치다]

04_ 〈보기〉에서 설명하는 음운 변동 현상이 모두 일어나는 것은?

> ──┤ 보기 ├──
> • 'ㅂ, ㄷ, ㅈ, ㄱ'과 'ㅎ'이 서로 만나면 'ㅍ, ㅌ, ㅊ, ㅋ'이 된다.
> • 끝소리가 'ㄷ, ㅌ'인 형태소가 모음 'ㅣ'나 반모음 'ㅣ'로 시작되는 형식 형태소와 만나면 'ㄷ, ㅌ' 이 센입천장소리 'ㅈ, ㅊ'이 된다.

① 놓치다　　　　　　　② 잡히다
③ 닫히다　　　　　　　④ 굳이듣다
⑤ 좁히다

오답해설 ① '놓치다'는 음절 끝소리 규칙에 따라 [녿치다]로 발음된다.
② '잡히다'는 자음 축약 현상에 따라 [자피다]로 발음된다.
④ '굳이듣다'는 구개음화에 따라 [고지듣따]로 발음된다.
⑤ '좁히다'는 자음 축약 현상에 따라 [조피다]로 발음된다.

---

05. '광한루'는 '한'의 'ㄴ'이 '루'의 'ㄹ'의 영향을 받아 유음화가 적용되어 [광:할루]로 발음된다.

05_ 〈보기〉의 밑줄 친 부분의 예에 해당하는 것은?

> ──┤ 보기 ├──
> 　자음과 자음이 만날 때 어느 한쪽이 다른 쪽을 닮아서 발음이 달라지는 현상을 동화라고 한다. 대표적인 자음 동화로는 파열음이나 유음이 비음을 만나 비음으로 발음되는 동화와 <u>비음이 유음 을 만나 유음으로 발음되는 동화</u>가 있다.

① 입원료　　　　　　　② 광한루
③ 의견란　　　　　　　④ 공권력
⑤ 이원론

오답해설 ① 입원료[이붠뇨], ③ 의견란[의:견난], ④ 공권력[공꿘녁], ⑤ 이원론[이:원논]은 모두 앞 받침 'ㄴ'의 영향을 받아 바로 뒤에 나오는 'ㄹ'이 [ㄴ]으로 발음되는 비음화가 적용되었다.

---

06. '감기'는 글자 그대로 [감:기]로 발음해야 한다.

06_ 〈보기〉의 ㉠~㉤ 중 그 예가 잘못 연결된 것은?

> ──┤ 보기 ├──
> 　파열음 계열에서 영어, 독어, 불어 등과 같은 인도 유럽 계통의 언어가 이중 체계로 되어 있는 것과는 달리 국어의 자음 체계는 삼중 체계로 되어 있다. 단모음의 수도 10개나 될 정도로 많다. 또한, 국어 음운 구조의 독특한 특질로는 ㉠<u>두음 법칙</u>, ㉡<u>음절 끝소리 규칙</u>, ㉢<u>모음 조화</u>, ㉣<u>자음 동화</u>, ㉤<u>구개음화</u> 등을 들 수 있다.

① ㉠: 신여성　　　　　　② ㉡: 헛웃음
③ ㉢: 알록달록　　　　　④ ㉣: 감기
⑤ ㉤: 벼훑이

오답해설 ① '신여성'은 접두사처럼 쓰이는 한자가 붙어서 된 말이나 합성어에서, 뒷말의 첫소리가 'ㄴ'으로 소리 나더라도 두음 법칙에 따라 적어야 하므로 [신녀성]으로 발음된다.
② '헛웃음'은 음절 끝소리 규칙에 따라 [헏웃음 ⇨ 허두슴]으로 발음된다.
③ '알록달록'은 모음 조화에 따라 양성 모음끼리 어울렸다.
⑤ '벼훑이'는 구개음화에 따라 [벼훌치]로 발음된다.

ANSWER
04. ③　05. ②　06. ④

07_ 〈보기〉에서 설명하는 음운 변동 현상이 모두 일어나는 것은?

┌─보기┐
- 파열음 'ㅂ, ㄷ, ㄱ'은 비음 'ㅁ, ㄴ' 앞에서 비음 'ㅁ, ㄴ, ㅇ'으로 바꾸어 발음한다.
- 합성어를 이룰 때, 앞말의 음운과 상관없이 뒷말이 모음 'ㅣ'나 반모음 'ㅣ'로 시작되는 경우 'ㄴ'이나 'ㄴㄴ'이 첨가된다.

① 콧날   ② 물약
③ 부엌일   ④ 논일
⑤ 콩엿

(오답해설) ① '콧날'은 앞말이 모음으로 끝나고, 뒷말이 'ㅁ, ㄴ'으로 시작될 경우 'ㄴ' 소리가 첨가된다는 사잇소리 현상에 따라 [콘날]로 발음된다.
②, ⑤ '물약'과 '콩엿'은 표준 발음법 제7장 제29항에 따라 각각 [물략]과 [콩녇]으로 발음된다.
④ '논일'은 사잇소리 현상에 따라 [논닐]로 발음된다.
★ 표준 발음법 제7장 제29항에 따라 합성어 및 파생어에서, 앞 단어나 접두사의 끝이 자음이고 뒤 단어나 접미사의 첫음절이 '이, 야, 여, 요, 유'인 경우에는 'ㄴ' 음을 첨가하여 [니, 냐, 녀, 뇨, 뉴]로 발음한다.

07. 파열음 'ㅂ, ㄷ, ㄱ'이 비음 'ㅁ, ㄴ' 앞에서 비음 'ㅁ, ㄴ, ㅇ'으로 바꾸어 발음되는 것은 자음 동화이고, 합성어를 이룰 때 앞말의 음운과 상관없이 뒷말이 모음 'ㅣ'나 반모음 'ㅣ'로 시작되는 경우 'ㄴ' 혹은 'ㄴㄴ'이 첨가되는 현상은 사잇소리 현상이다.
자음 동화와 사잇소리 현상이 모두 일어난 것은 '부엌일[부억닐 ⇨ 부엉닐]'이다.

08_ 〈보기〉에 제시된 단어에 나타난 음운 변동 현상이 모두 일어난 것은?

┌─보기┐
| 눈요기[눈뇨기] | 백미[뱅미] |

① 알약[알략]   ② 콧등[콛뜽]
③ 국민[궁민]   ④ 집일[짐닐]
⑤ 신라[실라]

(오답해설) ① '알약'은 'ㄴ' 첨가와 '유음화'에 따라 [알략]으로 발음된다.
② '콧등'은 'ㄱ, ㄷ, ㅂ, ㅅ, ㅈ'으로 시작하는 단어 앞에 사이시옷이 올 때는 이들 자음만을 된소리로 발음하는 것을 원칙으로 하되, 사이시옷을 [ㄷ]으로 발음하는 것도 허용한다는 표준 발음법 제30항에 따라 [코뜽] 또는 [콛뜽]으로 발음된다.
③ '국민'은 '비음화'에 따라 [궁민]으로 발음된다.
⑤ '신라'는 '유음화'에 따라 [실라]로 발음된다.

08. '눈요기'는 사잇소리 현상의 'ㄴ' 첨가가 일어났고, '백미'는 '비음화' 현상이 일어났다.
'ㄴ' 첨가와 '비음화' 현상이 둘 다 일어난 것은 ④ '집일[집닐 ⇨ 짐닐]'이다.

Theme 10

단어

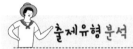

출제유형분석

"이렇게 출제된다!"

KBS한국어능력시험에서는 단어의 형성 방법이나, 단어의 종류를 묻는 문제가 나온다. 하나의 단어는 단일어와 복합어로 나뉘고, 복합어는 다시 파생어와 합성어로 나뉜다. 지문이나 선택지에 제시된 단어가 단일어인지 복합어인지 구분할 수 있어야 하고, 복합어라면 파생어인지 합성어인지 명확히 구분할 수 있어야 한다. 단어의 형성과 종류 역시 '국어 문화' 영역에 연결되기 때문에 주요 이론을 확실히 정리하고 넘어가야 한다.

이 부분에서 품사를 다루고 있으나 품사 문제는 주로 의미 관계를 묻는 문제로 출제되므로 '어휘' 영역의 '의미에 따른 어휘의 관계'에 실어 놓았다.

Q • 〈보기〉를 참고할 때, 단어의 형성 방식이 나머지와 <u>다른</u> 것은?
 • 〈보기〉를 참고할 때, 다음 합성어 중 성격이 <u>다른</u> 것은?

기출유형 맛보기

"이런 문제가 나온다!"

1. 〈보기〉를 참고할 때, 단어의 형성 방식이 나머지와 <u>다른</u> 것은?

┌─ 보기 ─────────────────────────────────────┐
 '여닫이'는 합성어 '여닫(열 + 닫)'에 접미사 '-이'가 붙어 다시 새로운 파생어를 형성한다.
└──┘

① 안갚음 ② 다달이
③ 팽이치기 ④ 되돌아가다
⑤ 병마개

해설 ⑤ '병마개'는 파생어 '마개(막- + -애)' 앞에 '병'이 붙어 합성어가 된 경우이다.
① '(안 + 갚-) + -음', ③ '(팽이 + -치) + -기', ④ '되- + (돌아- + -가다)'는 합성 동사에 접사가 결합해 다시 파생어가 된 경우이고, ② '(다 + 달) + -이'는 반복 합성어에 접사가 결합해 다시 파생어가 된 경우이다. 따라서 ⑤을 제외한 나머지 단어들이 '여닫이'와 같은 형태로 구성되어 있는 파생어이다.

2. 〈보기〉를 참고할 때, 다음 합성어 중 성격이 <u>다른</u> 것은?

┌─ 보기 ─────────────────────────────────────┐
 합성어에는 각 구성 성분들이 가지는 배열 방식이 국어의 정상적인 단어 배열법과 같은 '통사적 합성어'와, 배열 방식이 국어의 정상적인 단어 배열법에서 어긋나는 '비통사적 합성어'가 있다.
└──┘

① 새해 ② 찾아보다
③ 부슬비 ④ 작은아버지
⑤ 더욱더

해설 ③ '부슬비'는 '부슬(부사) + 비(명사)'의 배열로 정상적인 단어 배열법에 어긋나는 비통사적 합성어이다.
① '새해'는 '새(관형사) + 해(명사)'로 통사적 합성어, ② '찾아보다'는 '찾(용언 어간) + 아(연결 어미) + 보다(용언)'로 통사적 합성어, ④ '작은아버지'는 '작(용언 어간) + 은(관형사형 어미) + 아버지(명사)'로 통사적 합성어, ⑤ '더욱더'는 '더욱(부사) + 더(부사)'로 통사적 합성어에 해당한다.

ANSWER ▶ **1.** ⑤ **2.** ③

핵심내용 다지기

01 형태소와 단어

1. 형태소

일정한 뜻을 가진 가장 작은 말의 단위를 형태소(形態素)라고 한다. 예를 들면, '하늘이 맑다.'라는 문장은 '하늘', '이', '맑-', '-다'로 분석된다.

(1) 형태소의 종류

하늘이 맑다			
하늘	이	맑-	-다
명사	조사	용언 어간	종결 어미

① 자립성의 유무에 따라

자립 형태소	홀로 쓰일 수 있는 형태소 ➡ 체언, 수식언, 감탄사 예 하늘
의존 형태소	다른 말에 의존해야만 쓰일 수 있는 형태소 ➡ 용언의 어간, 어미, 조사, 접사 예 -이, 맑-, -다

② 의미의 기능에 따라

실질 형태소	구체적인 대상이나 동작, 상태 등의 실질적인 의미를 나타내는 형태소 ➡ 체언, 수식언, 용언의 어간 예 하늘, 맑-
형식 형태소	실질 형태소에 붙어 주로 말과 말 사이의 관계나 기능을 형식적으로 나타내는 형태소 ➡ 조사, 용언의 어미, 선어말 어미, 접사 예 -이, -다

2. 단어

짓밟히다				
구분　　　　형태소	짓-	밟-	-히-	-다
실질적 의미 여부	접사 (파생 접사)	어근	접사 (파생 접사)	접사 (굴절 접사)
활용 여부	어간		어미	

(1) 어근 : 단어를 분석할 때 실질적 의미를 나타내는 중심이 되는 부분

(2) 접사 : 항상 다른 어근이나 단어에 붙어 새로운 단어를 구성하는 부분. 어근에 붙어 그 의미를 보충 또는 제한하거나 품사를 바꿔 주는 부분

　▶ 접두사 : 파생어를 만드는 접사로, 어근이나 단어의 앞에 붙어 새로운 단어가 되게 하는 말
　　예 '맨손'의 '맨-', '들볶다'의 '들-', '시퍼렇다'의 '시-'

　▶ 접미사 : 파생어를 만드는 접사로, 어근이나 단어의 뒤에 붙어 새로운 단어가 되게 하는 말
　　예 '선생님'의 '-님', '먹보'의 '-보', '지우개'의 '-개', '먹히다'의 '-히-'

(3) 어간 : 용언(형용사, 동사)이 활용할 때 변하지 않는 부분. 어근과 파생 접사를 합친 것

(4) 어미 : 용언이 활용할 때 변하는 부분

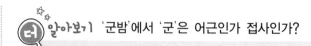 **알아보기** '군밤'에서 '군'은 어근인가 접사인가?

> 어근은 실질적 의미를 나타내는 중심적인 부분이며, 접사는 어근에 붙어서 그 의미를 보충, 제한하거
> 나 품사를 바꿔 주는 보조적인 부분이라는 것을 명심하고 단어를 분석해 보면 된다.
> '군밤'에서 '군'은 '밤'과 분리하고서도 '굽다'라는 의미가 살아 있기 때문에 어근이다. 참고로 '군'은
> '굽다'의 활용형인 '구운'이 통시적으로 변화한 형태이다.
> 그렇다면 '덮밥'에서 '덮'은 어근인가 접사인가? '덮밥'의 '덮'은 '밥'과 분리하고서도 '덮다'라는 의미
> 가 살아 있기 때문에 어근이다.

02 단어의 형성

1. 파생어

어근의 앞이나 뒤에 파생 접사가 붙어서 만들어진 단어를 파생어(派生語)라고 한다. 어
근의 앞에 붙는 파생 접사가 접두사, 뒤에 붙는 파생 접사가 접미사이다.

> 어근 + 접사
> ┌ 파생 접사 : 단어 파생에 기여하는 접사(접두사 + 어근, 어근 + 접미사)
> └ 굴절 접사 : 문법적 기능을 하는 접사

(1) 접두사에 의한 파생어

접두사는 뒤에 오는 어근의 뜻을 제한할 뿐, 품사를 바꾸는 일은 없다.

> • 뒤에서 <u>군소리</u>를 많이 하는 것은 좋은 태도가 아니다.
> • 옛날 군주들은 백성들의 자유를 <u>짓눌렀다</u>.

▶ '군소리'에서 접두사 '군-'은 '쓸데없는, 가외의'라는 뜻으로, 어근 '소리'가 나타낼 수 있는 뜻을 일부
제한할 뿐이다.
▶ '짓눌렀다'에서 접두사 '짓-'도 '함부로, 흠씬'의 뜻을 어근 '누르-'에 더해 주지만, 품사를 바꾸지는
않는다.

⑵ 접미사에 의한 파생어

접미사는 접두사와 달리 어근의 뜻만 제한하는 것이 아니라, 그 앞에 오는 어근의 품사를 바꾸는 경우도 많다.

> • 우리도 <u>놀이</u> 문화를 건전하게 키워야 한다.
> • 그는 언제나 <u>멋쟁이</u>였다.

▶ '놀이'는 동사의 어간 '놀–'을 어근으로 하고 여기에 접미사 '–이'를 붙여 파생 명사를 만들었다.
▶ '멋쟁이'는 명사 '멋'을 어근으로 하여 접미사 '–쟁이'를 붙였는데, '어떠한 특징이 있는 사람'이라는 뜻을 보탤 뿐 품사는 바뀌지 않았다.

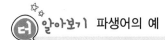 **알아보기** 파생어의 예

접두사에 의한 파생어	군살, <u>개</u>살구, 날고기, <u>돌</u>미역, <u>되</u>찾다, <u>드</u>넓다, 들볶다, 맨주먹, 빗나가다, <u>새</u>까맣다, <u>시</u>어머니, 숫총각, 중노동, 짓밟다, <u>처</u>지다, <u>치</u>솟다, 풋사과, 한겨울, 헛고생
접미사에 의한 파생어	외교<u>가</u>, 지우<u>개</u>, 사장<u>님</u>, 사냥<u>꾼</u>, 가난<u>뱅이</u>, 울<u>보</u>, 생김<u>새</u>, 도둑질, 기대<u>치</u>, 장난꾸러기

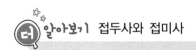 접두사와 접미사

1. 접두사 : 접두사는 주로 명사나 용언 앞에 붙어 파생어를 만든다.

접두사	뜻과 예
강-	① 다른 것이 섞이지 않고 그것만으로 이루어진 예 강굴, 강술, 강참숯, 강풀 ② 마른, 물기가 없는 예 강기침, 강모, 강서리 ③ 억지스러운 예 강울음, 강호령
강(强)-	매우 센, 호된 예 강염기, 강추위, 강타자, 강행군
군-	① 쓸데없는 예 군기침, 군말, 군살, 군침, 군불, 군것 ② 가외로 더한, 덧붙은 예 군사람, 군식구
개-	① 야생 상태의, 질이 떨어지는 예 개나리, 개살구, 개떡 ② 쓸데없는 예 개수작, 개죽음
날-	말리거나 익히거나 가공하지 않은 예 날것, 날김치, 날고기, 날두부, 날기와
돌-	품질이 낮은, 야생의 예 돌미나리, 돌배, 돌미역
되-	① 도로 예 되돌아가다, 되찾다 ② 도리어, 반대로 예 되잡다, 되잡히다 ③ 다시 예 되살리다
드-	심하게, 높이 예 드날리다, 드넓다, 드높다, 드세다, 드솟다
들-	무리하게 힘을 들여, 마구, 몹시 예 들끓다, 들볶다, 들쑤시다
들-	야생으로 자라는 예 들국화, 들개, 들장미, 들쥐
막-	① 거친, 품질이 낮은 예 막고무신, 막과자, 막국수, 막담배, 막소주 ② 닥치는 대로 하는 예 막노동, 막말, 막벌이, 막일 ③ 주저없이, 함부로 예 막가다, 막거르다, 막벌다, 막보다, 막살다
맨-	다른 것이 없는 예 맨눈, 맨땅, 맨발, 맨주먹
빗-	① 기울어지게 예 빗대다 ② 잘못 예 빗나가다, 빗디디다
선-	서툰, 충분치 않은 예 선무당, 선웃음, 선잠
숫-	더럽혀지지 않아 깨끗한 예 숫눈, 숫백성, 숫사람, 숫처녀, 숫총각
올-	빨리 자란 예 올밤, 올콩, 올벼
짓-	마구, 함부로, 몹시 예 짓누르다, 짓두들기다, 짓밟다, 짓이기다
참-	① 진실하고 올바른 예 참사랑, 참뜻 ② 품질이 우수한 예 참먹, 참숯
치-	위로 향하게 예 치뜨다, 치닫다, 치솟다
풋-	① 덜 익은 예 풋고추, 풋김치, 풋나물 ② 미숙한 예 풋사랑, 풋잠
한-	① 큰 예 한걱정, 한길, 한시름 ② 정확한, 한창인 예 한가운데, 한겨울, 한밤중, 한복판, 한잠 ③ 바깥 예 한데 ④ 끼니때 밖 예 한동자, 한음식, 한저녁
헛-	이유 없는, 보람 없는 예 헛걸음, 헛고생, 헛소문, 헛수고
홀-	짝이 없이 혼자뿐인 예 홀몸, 홀아비, 홀어미

2. **접미사** : 접미사는 주로 명사나 용언 뒤에 붙어 파생어를 만든다.

–꾸러기	그것이 심하거나 많은 사람 예 장난꾸러기, 욕심꾸러기, 잠꾸러기, 말썽꾸러기
–내기	① 그 지역에서 태어나고 자라서 그 지역 특성을 지니고 있는 사람 　예 시골내기, 서울내기 ② 그런 특성을 지닌 사람 예 신출내기, 여간내기, 풋내기
–답다	성질이나 특성이 있음. 예 사람답다, 꽃답다, 정답다, 참답다
–배기	그것이 들어 있거나 차 있음. 그런 물건 예 나이배기, 진짜배기
–성(性)	성질 예 순수성, 신축성, 적극성, 정확성, 창조성
–아치	그 일에 종사하는 사람 예 벼슬아치, 동냥아치
–장이	그것과 관련된 기술을 가진 사람 예 간판장이, 땜장이, 양복장이, 옹기장이, 칠장이
–쟁이	그것이 나타내는 속성을 많이 가진 사람 예 겁쟁이, 고집쟁이, 멋쟁이, 떼쟁이, 무식쟁이
–적(的)	그 성격을 띠는, 그에 관계된 예 가급적, 기술적, 사교적, 문화적
–투성이	그것이 너무 많은 상태. 또는 그런 상태의 사물, 사람 예 흙투성이, 피투성이

▶ 접미사는 어근의 뒤에 붙어서 의미를 더하거나, 품사를 바꾸기도 한다.

2. 합성어

(1) 합성 명사

> • 나의 **큰형**은 올해 취직을 했다.
> • 일을 할 때에는 늘 **앞뒤**를 잘 살펴야 한다.

▶ '큰형'은 형용사의 관형사형 '큰'과 명사 '형'이, '앞뒤'는 명사 '앞'과 '뒤'가 결합하여 형성된 합성 명사이다.

▶ 형성된 새 단어의 뜻은 어근 각각의 뜻이 단순하게 합쳐진 것만은 아니다. '큰형'은 형이 둘 이상 있을 경우 첫째 형을 말하므로, 키나 몸집이 커다랗다는 뜻의 '큰 형'과는 다르다.

(2) 합성 동사

> • 이제 곧 도시를 **벗어나면** 초록빛 산과 들이 펼쳐질 것이다.
> • 선생님은 운동장에서 **뛰노는** 아이들을 보며 미소를 지었다.
> • **마주선** 연인들이 음악에 맞춰 **춤추고** 있었다.

▶ '벗어나면'과 '뛰노는'은 '벗다 + 나다', '뛰다 + 놀다'와 같이 동사와 동사가 결합된 합성 동사이다.

▶ '마주선'은 부사 '마주'와 동사 '서다'가, '춤추고'는 명사 '춤'과 동사 '추다'가 결합된 합성 동사이다.

(3) 합성 형용사

> • 풀밭에 누워 **높푸른** 가을 하늘을 바라보았다.
> • 엄마가 끓여주신 된장찌개가 아주 **맛있다**.

▶ '높푸른'은 형용사의 어간 '높-'에 또 하나의 형용사 '푸르-'가 결합된 합성 형용사이다.

▶ '맛있다'는 명사 '맛'에 형용사 '있다'가 결합된 합성 형용사이다.

(4) 합성 부사

> • 이웃집에서 애지중지하던 소 한 마리가 없어졌다고 **한바탕** 난리가 났다.
> • 그들은 시간이 가는 줄도 모르고 **오래오래** 이야기를 나누었다.

▶ 관형사 '한'과 명사 '바탕'이 합성된 '한바탕'과, 부사끼리 결합된 '오래오래'는 모두 합성 부사이다.

▶ 특히, 합성 부사에는 같은 말의 형태가 반복되어 이루어진 반복 합성어가 많다.
> 예 구석구석, 깡충깡충, 살랑살랑, 퐁당퐁당

(5) 합성어의 파생

합성어에 다시 접사를 붙여 새로운 파생어를 만들기도 한다.

> 이 문은 **여닫이**로 되어 있다.

▶ '여닫이'는 합성어 '여닫(열 + 닫)'에 접미사 '-이'가 붙어 다시 새로운 파생어를 형성한다.

① 합성 동사 + 접사 ➡ 파생어
> 예 (해 + 돋-) + -이, (안 + 갚-) + -음, (팽이 + -치) + -기, (나 + 들-) + -이, 되- + (돌아- + -가다), (소금 + 굽-) + -이

② 반복 합성어 + 접사 ➡ 파생어
> 예 (다 + 달) + -이, (틈 + 틈) + -이, (골 + 골) + -이, (땀 + 땀) + -이

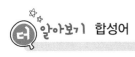 알아보기 합성어

1. 통사적 합성어와 비통사적 합성어

① **통사적 합성어** : 합성어의 각 구성 성분들이 가지는 배열 방식이 국어의 정상적인 단어 배열법과 같은 합성어

명사 + 명사	명사와 명사는 결합할 수 있다.	밤낮, 강산, 집안, 논밭, 길바닥, 이슬비, 손발
관형사 + 명사	관형사는 명사를 바로 수식한다.	첫사랑, 새해, 이승, 저승
용언 어간 + 관형사형 어미(ㄴ/ㄹ) + 명사	용언은 명사를 바로 수식할 수 없으므로, 용언 어간과 명사 사이에 관형사형 어미가 와야 한다.	굳은살, 작은집, 큰형, 열쇠, 날짐승, 늙은이, 먹을거리, 작은아버지
용언 어간 + 연결 어미 (-아/-어) + 용언	용언 어간과 용언 사이에는 연결 어미가 와야 한다.	돌아가다, 찾아보다, 뛰어가다, 벗어나다, 넘어다보다
부사 + 용언	국어에서 부사는 바로 용언을 수식한다.	못나다, 잘하다
부사 + 부사	부사는 부사를 수식할 수 있다.	곧잘, 이리저리, 더욱더
조사의 생략	특별한 경우를 제외하고는 조사 생략이 가능하다.	힘들다, 철들다, 빛나다, 낯설다, 애쓰다, 본받다, 앞서다, 손쉽다

② **비통사적 합성어** : 합성어의 각 구성 성분들이 가지는 배열 방식이 국어의 정상적인 단어 배열법에 어긋나는 합성어

용언 어간 + 명사	용언의 어간과 명사 사이에는 관형사형 어미가 와야 하는데, 어미가 생략되어 있으면 비통사적 합성어이다.	늦잠, 늦더위, 접칼, 꺾쇠, 검버섯, 누비옷
용언 어간 + 용언	용언의 어간과 용언 사이에는 연결 어미가 와야 하는데, 어미가 생략되어 있으면 비통사적 합성어이다.	굳세다, 날뛰다, 굶주리다, 늦되다, 오르내리다, 여닫다, 높푸르다
부사 + 명사	부사는 용언을 수식하고 관형사가 체언을 수식해야 하는데, 부사 뒤에 바로 명사가 오면 비통사적 합성어이다.	부슬비, 촐랑새, 껄껄웃음, 산들바람, 척척박사

2. 대등 합성어, 종속 합성어, 융합 합성어

대등 합성어	어근과 어근이 본래의 의미를 유지하면서 대등하게 결합하는 합성어 예 손발, 앞뒤, 논밭, 오가다, 검붉다
종속 합성어	한 어근이 다른 어근을 꾸며 주는 합성어로, 각각의 어근은 결합한 뒤에도 본래의 의미를 유지하고 있음. 예 책가방, 돌다리, 할미꽃, 쇠망치
융합 합성어	어근과 어근이 결합하여 형성된 합성어가 본래 의미와 다른 새로운 의미를 갖는 합성어 예 연세(나이), 춘추(나이), 손발(자기의 손이나 발처럼 마음대로 부리는 사람), 돌아가다(죽다)

03 품사

공통된 성질의 단어들을 모아 갈래를 지어 놓은 것을 품사(品詞)라고 한다. 국어의 품사는 문장 속에서 단어가 담당하는 기능, 문장 속의 일정한 자리에서 단어가 활용되는 형태, 그리고 단어가 나타내는 의미, 이 세 가지를 기준으로 하여 나눈다. 국어에는 '명사, 대명사, 수사, 조사, 동사, 형용사, 관형사, 부사, 감탄사'의 9개 품사가 있다.

체언	명사	사람이나 사물의 이름을 표현하는 단어 • 고유 명사 예 지리산, 백제, 이순신, 철수 • 보통 명사 예 과일, 어머니, 학교, 의자 • 자립 명사 예 <u>산</u>이 푸르다. / <u>수지</u>는 학생이다. • 의존 명사 예 먹을 <u>만큼</u>, 본 <u>대로</u>, 강아지 두 <u>마리</u>
	대명사	어떤 사물을 가리키면서 명사가 놓일 자리에 대신하여 쓰이는 단어 • 지시 대명사 예 이것, 그것, 저것, 무엇, 여기, 거기, 저기, 어디 • 인칭 대명사 예 나, 저, 우리, 저희, 소인, 너, 자네, 그대, 당신, 너희, 여러분, 이분, 그분, 저분, 이이, 그이, 저이, 누구, 아무
	수사	사물의 수량이나 순서를 나타내는 단어 • 양수사 예 둘, 셋, 다섯, 이, 삼, 오 • 서수사 예 첫째, 둘째, 제일, 제이
관계언	조사	체언이나 부사, 어미 따위에 붙어 문법적 관계를 나타내거나 특별한 뜻을 더해 주는 단어 • 격 조사: 주격(이, 가), 목적격(을, 를), 부사격(에, 에서, 에게), 관형격(의), 보격(이, 가), 호격(야), 서술격(이다) • 접속 조사: 와/과, 랑, 하고 • 보조사: 은/는(대조), 도(역시), 만, 뿐(단독), 까지, 마저, 조차(극단), 부터(시작, 먼저), 마다(균일), (이)야(특수), (이)나, (이)나마(불만)
용언	동사	주어의 움직임을 나타내는 단어 • 자동사: '뛰다, 걷다, 가다, 놀다, 살다'처럼 움직임이 그 주어에만 관련되는 동사 • 타동사: '잡다, 누르다, 건지다, 태우다'처럼 움직임이 다른 대상, 즉 목적어에 미치는 동사
	형용사	주어의 성질이나 상태를 나타내는 단어 • 성상 형용사 예 고요하다, 달다, 예쁘다, 향기롭다 • 지시 형용사 예 이러하다, 그러하다, 저러하다
수식언	관형사	체언 앞에 놓여서 체언의 내용을 자세하게 꾸며 주는 단어 • 성상 관형사 예 <u>새</u> 책, <u>옛</u> 모습 • 지시 관형사 예 <u>그</u> 사람, <u>이</u> 사람, <u>저</u> 사람 • 수 관형사 예 <u>세</u> 사람, <u>제삼</u> 구역
	부사	주로 용언 앞에서 용언의 내용을 자세하게 꾸며 주는 단어 • 성분(성상/지시/부정) 부사 예 <u>가장</u> 크다. / <u>이리</u> 오다. / <u>안</u> 먹다. • 문장 부사 예 <u>과연</u> 노래를 잘하는구나. • 접속 부사 예 정치, 경제 <u>및</u> 문화 / 눈이 왔다. <u>그리고</u> 날씨가 춥다.
독립언	감탄사	말하는 이의 본능적인 놀람이나 느낌, 부름, 응답 따위를 나타내는 단어 예 아이고, 휴우, 자, 아서라, 어, 말이지

알아보기 '용언 + 관형사형 전성 어미'와 '관형사'의 구별

관형사는 조사가 붙지 않고 형용사나 동사와 달리 어미 활용도 하지 않는다. 그러나 관형사 중에는 '다른'과 같이 '-ㄴ'으로 끝나는 형태가 있어서 형용사나 동사로 그 품사를 착각하기 쉽다. 그럴 때는 의미로 품사를 구별해야 한다. 형용사, 동사가 가지고 있는 의미가 그대로 유지되었다면 그 품사는 형용사 또는 동사로, 그 이외의 의미라면 관형사로 보면 된다.

다른	관형사	당장 문제되거나 해당되는 것 이외의 ≒ 딴 **예** 다른 생각 말고 공부나 해라.
다르다	형용사	① 비교가 되는 두 대상이 서로 같지 아니하다. 　　**예** 나와 다른 너 ② 보통의 것보다 두드러진 데가 있다. 　　**예** 고장 난 문을 감쪽같이 고치다니 기술자는 역시 달라.
헌	관형사	오래되어 성하지 아니하고 낡은 **예** 헌 구두
헐다	동사	① 몸에 부스럼이나 상처 따위가 나서 짓무르다. 　　**예** 피곤하면 입 안이 금방 헌다. ② 물건이 오래되거나 많이 써서 낡아지다. 　　**예** 그 천막은 너무 헐어서 쓸 수가 없다. ③ 집 따위의 축조물이나 쌓아 놓은 물건을 무너뜨리다. 　　**예** 단층집을 헌 자리에 새 건물이 들어섰다.
갖은	관형사	골고루 다 갖춘. 또는 여러 가지의 **예** 갖은 고생
갖다	동사	'가지다' 또는 '가지어다'의 준말 **예** 어린아이가 장난감을 갖고 논다. / 제자리에 갖다 놓다.
순(純)	관형사	다른 것이 섞이지 아니하여 순수하고 온전한 **예** 순 살코기
순	부사	주로 좋지 않은 성질을 나타내는 말 앞에 쓰여 '몹시' 또는 '아주'의 뜻을 나타내는 말 **예** 이런 순 거짓말쟁이 같은 놈이 다 있나!
큰	관형사	관형사 '큰'은 없음.
크다	형용사	① 사람이나 사물의 외형적 길이, 넓이, 높이, 부피 따위가 보통 정도를 넘다. 　　**예** 눈이 크다. ② 주로 '큰' 꼴로 쓰여 '중요하다', '의의가 있다'의 뜻을 니디내는 말 　　**예** 큰 결심을 하다. ③ '뛰어나다', '훌륭하다'의 뜻을 나타내는 말 　　**예** 큰 업적을 남기다.

더 알아보기 동사와 형용사의 구별

'않다'는 '-지 않다'의 구조로 쓰여 동사 뒤에 쓰이면 보조 동사가 되고, 형용사 뒤에 쓰이면 보조 형용사가 된다.

1. 기본형 + '-는다/-ㄴ다'

결합○	동사	• 날은 차차로 밝아 오다가 삽시간에 아주 훤하니 밝는다.(○) • 그는 자리에서 일어난다.(○) • 왜 이리 비가 그치지 않는가?(○)
결합×	형용사	• 꽃이 매우 아름답는다(×)/아름답다.(○) • 조명이 밝는다(×)/밝다.(○) • 그런 말이 아니지 않는가(×)/않은가?(○) ▶ '아니다'가 형용사이므로 뒤의 '않다'는 보조 형용사가 된다. 형용사는 '-는'과 결합할 수 없다.

2. 기본형 + '-는'

결합○	동사	• 산을 보는(○) 나 • 솟는(○) 피
결합×	형용사	• 맛이 달는(×)/단(○) 과일 • 매우 아름답는(×)/아름다운(○) 꽃 • 다음 빈칸에 알맞는(×)/알맞은(○) 단어를 고르시오.

3. 기본형 + '-려'(의도), '-러'(목적)

결합○	동사	• 지우는 소희를 때리려(○) 한다. • 혜민이는 공책을 사러(○) 나갔다.
결합×	형용사	• 태희는 아름다우려(×) 화장을 한다. • 윤아는 예쁘러(×) 화장을 한다.

4. 기본형 + '-어라'(명령형), '-자'(청유형)

결합○	동사	• 철수야 일어나라.(○) • 우리 심심한데 수수께끼 놀이나 하자.(○)
결합×	형용사	• 영애야, 오늘부터 착해라.(×) • 현아야, 우리 오늘부터 성실하자.(×)

5. 기본형 + '-어/-아 있다'(상태), '-고 있다'(진행), '-고 싶다'(욕구)

결합○	동사	• 앉아 있다.(○) • 앉고 있다.(○) • 앉고 싶다.(○)
결합×	형용사	• 예뻐 있다.(×) • 예쁘고 있다.(×) • 예쁘고 싶다(×)/예뻐지고 싶다.(○)

04 용언의 활용

1. 용언의 규칙 활용

갈래	내용(조건)	용례
'으' 탈락	'으'가 어말 어미 '-아/-어'로 시작되는 어미 및 선어말 어미 '-았-/-었-' 앞에서 탈락. 어미 '-아/-어' 앞에서 모음 충돌을 막기 위해 어간의 일부인 '으' 소리를 떨어뜨림.	• 쓰 + 어 ⇨ 써 • 쓰 + 었 + 고 ⇨ 썼고 • 잠그 + 아 ⇨ 잠가 예 대문을 닫아 <u>잠가</u> 버렸다.
'ㄹ' 탈락	'ㄹ'이 '-는, -ㄴ, -ㅂ, -ㅅ, -오, -ㄹ'로 된 어미 앞에서 탈락	• 울 + 는 ⇨ 우는 예 <u>우는</u> 아이 • 거칠 + ㄴ ⇨ 거친 예 <u>거친</u> 들판으로 달려가자. • 절 + ㄴ ⇨ 전 예 땀에 <u>전</u> 운동복 • 널 + ㄴ ⇨ 넌 예 빨랫줄에 <u>넌</u> 빨래 • 정들 + ㄴ ⇨ 정든 예 <u>정든</u> 고향을 바라보았다.
'으' 삽입	'-ㄴ, -ㄹ, -ㅂ, -오, -시, -며'로 된 어미가 'ㄹ' 이외의 자음과 결합하면 그 사이에 '으'가 들어감. ★ 어간의 받침이 'ㄹ'로 끝나는 용언이 활용할 때는 어미 앞에 매개 모음에 해당하는 '으'를 써서는 안 된다.	• 잡 + ㄴ ⇨ 잡은 • 살 + 렵니다 ⇨ 살으렵니다(×)/살렵니다(○) • 벌 + 므로 ⇨ 벌으므로(×)/벌므로(○)

2. 용언의 불규칙 활용

(1) 어간이 바뀌는 경우

갈래	내용(조건)	용례	규칙 활용 예
'ㅅ' 불규칙	'ㅅ'이 모음 어미 앞에서 탈락	• 잇 + 어 ⇨ 이어 예 이 줄을 <u>이어</u> 붙여라. • 짓 + 어 ⇨ 지어 예 글을 <u>지어</u> 바쳤다. • 낫 + 아 ⇨ 나아 예 둘 가운데 이것이 더 <u>나아</u> 보인다. / 감기가 다 <u>나아</u> 퇴원했다.	• 벗어 예 양말을 <u>벗어</u> 놓았다. • 씻어 예 손을 <u>씻어야</u> 한다.
'ㄷ' 불규칙	'ㄷ'이 모음 어미 앞에서 'ㄹ'로 변함.	• 듣 + 어 ⇨ 들어 예 이 노래를 <u>들어</u> 보자. • 걷 + 어 ⇨ 걸어 예 계단을 <u>걸어</u> 오르다. • 묻 + 어 ⇨ 물어 예 그는 길을 <u>물어</u> 찾아갔다. • 깨닫 + 아 ⇨ 깨달아 예 잘못을 <u>깨달았다</u>. • 싣 + 은 ⇨ 실은 예 환자를 <u>실은</u> 구급차	• 걷어 예 소매를 <u>걷어</u> 올리다. • 묻어 예 비밀로 <u>묻어</u> 두었다. • 얻어 예 용기를 <u>얻어</u> 기뻤다.

'ㅂ' 불규칙	'ㅂ'이 모음 어미 앞에서 '오/우'로 변함.	• 눕 + 어 ⇨ 누워 예 침대에 누워 있다. • 굽 + 어 ⇨ 구워 예 고기를 구워 먹다. • 돕 + 아 ⇨ 도와 예 할머니를 도와 드렸다. • 덥 + 어 ⇨ 더워 예 날이 더워 땀이 난다. • 곱 + 아 ⇨ 고와 예 제 사람 되면 다 고와 보인다.	• 굽어 예 허리가 굽어 있다. • 잡아 예 내 손을 잡아. • 뽑아 예 뿌리까지 뽑아라.
'ㄹ' 불규칙	'르'가 모음 어미 앞에서 'ㄹㄹ'로 변함.	• 흐르 + 어 ⇨ 흘러 예 강물이 흘러 들어왔다. • 이르 + 어 ⇨ 일러 예 주의 사항을 모두 일러 주었다. / 아직 좋아하기에 일러. • 빠르 + 아 ⇨ 빨라 예 따라잡기에 너무 빨라.	• 따라 예 친구를 따라 갔다. • 치러 예 값을 치러야 한다. • 우러러 예 태극기를 우러러 경례를 하였다.
'우' 불규칙	'우'가 모음 어미 앞에서 탈락	푸 + 어 ⇨ 퍼 예 밥을 퍼 담다.	• 주어(줘) 예 면박을 주어 내쫓았다. • 누어(눠) 예 오줌을 누어 버렸다.

(2) 어미가 바뀌는 경우

갈래	내용(조건)	용례	규칙 활용 예
'여' 불규칙	'하다'와 '-하다'가 붙는 모든 용언에서, '하-' 뒤에 오는 어미 '-아/-어'가 '-여'로 변함.	공부하 + 어 ⇨ 공부하여 예 열심히 공부하여 시험에 합격하자.	파 + 아 ⇨ 파 예 물이 나올 때까지 파 보았다.
'러' 불규칙	어간이 '르'로 끝나는 일부 용언에서, 어미 '-어'가 '-러'로 변함.	• 이르(至) + 어 ⇨ 이르러 예 목적지에 이르러 멈추었다. • 누르(黃) + 어 ⇨ 누르러 예 나뭇잎이 누르러 보이니 이제 겨울도 머지않았다. • 푸르 + 어 ⇨ 푸르러 예 평소보다 산이 더 푸르러 보인다.	들르 + 어 ⇨ 들러 예 술집에 들러 한잔했다.

(3) 어간과 어미가 바뀌는 경우

갈래	내용(조건)	용례	규칙 활용 예
'ㅎ' 불규칙	'ㅎ'으로 끝나는 어간에 '-아/-어'가 오면 어간의 일부인 'ㅎ'이 없어지고 어미도 변함.	• 하얗 + 아서 ⇨ 하얘서 예 얼굴이 너무 <u>하얘서</u> 아파보여. • 파랗 + 아 ⇨ 파래 예 바다가 정말 <u>파래</u>. • 노랗 + 으니 ⇨ 노라니 예 은행잎이 <u>노라니</u> 가을이 온 거야.	• 좋 + 아서 ⇨ 좋아서 예 그 노래가 <u>좋아서</u> 계속 듣는다. • 놓 + 아서 ⇨ 놓아서 예 남는 방에 세를 <u>놓아서</u> 급한 돈을 충당하자.
	'ㅎ' 불규칙 용언이 어미 '-네'와 결합할 때는 어간 끝의 'ㅎ'이 탈락하기도 하고 탈락하지 않기도 함. '그렇다, 노랗다, 동그랗다, 뿌옇다, 어떻다, 조그맣다, 커다랗다' 등등 모든 'ㅎ' 불규칙 용언의 활용형에 적용됨.	• 노랗 + 네 ⇨ 노랗네/노라네 예 생각보다 훨씬 <u>노랗네/노라네</u>. • 동그랗 + 네 ⇨ 동그랗네/동그라네 예 이 빵은 <u>동그랗네/동그라네</u>. • 조그맣 + 네 ⇨ 조그맣네/조그마네 예 건물이 아주 <u>조그맣네/조그마네</u>.	

실전능력 기르기

01_ 다음 밑줄 친 접두사의 의미가 다른 것은?

① 건강을 유지하려면 운동을 해서 군살을 빼야 한다.

② 정우는 식탁 위에 있는 치킨을 보더니 군침을 삼켰다.

③ 그는 군기침으로 목청을 가다듬었다.

④ 엄마는 군식구가 생긴 것을 마뜩해하지 않았다.

⑤ 손님이 오셨으니 사랑방에 군불을 지펴야겠다.

02_ 다음 중 합성어로만 이루어진 것은?

① 군만두, 접칼, 오르내리다, 돌다리, 책가방

② 종이컵, 이슬비, 강호령, 돌미나리, 굳은살

③ 돌아가다, 장난꾸러기, 빚쟁이, 앞서다, 덮밥

④ 부슬비, 참사랑, 작은집, 이리저리, 헛수고

⑤ 막국수, 산들바람, 누비옷, 척척박사, 빛나가다

오답해설 ② '강호령, 돌미나리'는 접두사 '강-'과 '돌-'이 어근에 붙은 파생어이다.

③ '장난꾸러기', '빚쟁이'는 접미사 '-꾸러기', '-쟁이'가 어근에 붙은 파생어이다.

④ '참사랑', '헛수고'는 접두사 '참-', '헛-'이 어근에 붙은 파생어이다.

⑤ '막국수'는 접두사 '막-'이 어근에 붙은 파생어이다.

03_ 〈보기〉를 참고할 때, 다음 합성어 중 성격이 다른 것은?

┌─ 보기 ┐

  합성어에는 각 구성 성분들이 가지는 배열 방식이 국어의 정상적인 단어 배열법과 같은 '통사적 합성어'와 배열 방식이 국어의 정상적인 단어 배열법에서 어긋나는 '비통사적 합성어'가 있다.

① 늦더위   ② 껄껄웃음

③ 곧잘   ④ 굶주리다

⑤ 높푸르다

오답해설 ① '늦더위'는 '용언의 어간 + 명사'로 관형사형 어미가 생략된 비통사적 합성어이다.

② 부사는 용언을 수식하고, 체언은 관형사의 수식을 받아야 하므로 '껄껄웃음'은 '부사 + 명사'로, 부사 뒤에 명사가 온 비통사적 합성어이다.

④, ⑤의 '굶주리다'와 '높푸르다'는 '용언의 어간 + 어간'으로 연결 어미가 생략된 비통사적 합성어이다.

04_ 다음의 밑줄 친 설명에 해당하는 예로 적절한 것은?

> 국어의 단어 형성 방식을 보면, 실질적인 의미를 갖는 어근들끼리 만나 새말을 만들기도 하지만, 특정한 뜻을 더하는 접사가 어근 앞에 붙어 새말을 만들기도 한다. 전자의 예로는 어근 '날다'가 어근 '가다'를 만나 '날아가다'를 만드는 것을 들 수 있고, 후자의 예로는 '풋'이 어근 '사과' 앞에 붙어 '덜 익은'의 뜻을 더하면서 '풋사과'를 만드는 것을 들 수 있다.

① '강'은 '마르다' 앞에 붙어 '심하게'의 뜻을 더하면서 '강마르다'를 만든다.
② '첫'은 '사랑' 앞에 붙어 '처음의'의 뜻을 더하면서 '첫사랑'을 만든다.
③ '새'는 '색시' 앞에 붙어 '새로운'의 뜻을 더하면서 '새색시'를 만든다.
④ '얕'은 '보다' 앞에 붙어 '얕게'의 뜻을 더하면서 '얕보다'를 만든다.
⑤ '군'은 '밤' 앞에 붙어 '구운'의 뜻을 더하면서 '군밤'을 만든다.

오답해설 ② '첫사랑'의 '첫'은 '맨 처음'의 뜻을 지닌 관형사이다. '첫'을 접두사로 보는 학자도 있고, 그러한 사전 풀이도 있으나 학교 문법에서는 관형사로 처리한다. '첫사랑'은 굳어진 형태로 보아 붙여 쓰나, '첫 경험, 첫 월급, 첫 시험' 등 다른 경우에는 띄어 써야 한다.
③ '새색시'의 '새'는 관형사이다.
④ '얕보다'의 '얕-'은 독립성을 가진 어휘(얕다)의 어근이므로, '얕보다'는 '어근 + 어근'의 합성어이다.
⑤ '군밤'의 '군-'은 '굽다'의 관형형인 '구운'이 줄어진 형태이고, '굽다'는 독립적인 어휘이므로 '어근 + 어근'의 '군밤'은 합성어이다.

04. '접사 + 어근'의 파생어 형성 방법에 대한 설명이다. '강(強)-'은 일부 명사 앞에 붙어 '호된, 심한'의 뜻을 더해 주는 접두사이다. 따라서 ①이 적합한 예이다.

05_ 다음 중 접두사 '맨-'의 의미가 '다른 것이 섞이지 않고 오직 그것뿐'이라고 할 때, 결합되어 쓸 수 없는 말은?

① 땅
② 주먹
③ 몸뚱이
④ 꼭대기
⑤ 바닥

05. '맨 꼭대기'의 '맨'은 접두사가 아니라 '더 할 수 없을 정도나 경지에 있음.'을 나타내는 관형사이다. 즉, '맨 꼭대기'는 접두사와 어근이 결합된 파생어가 아니라 관형사와 명사가 이어진 별개의 단어이다.

06_ 다음 글의 ㉠~㉤에 들어갈 말이 바르게 연결되지 않은 것은?

> 한자말은 음절 하나하나가 각각 녹법된 형태소이기 때문에 두 게 이상의 한자말을 모아서 만든 새말은 그것이 ㉠ 통사적 구성에 의한 것이든지, ㉡ 비통사적 구성이든지 모두 합성법에 의한 것이다. '흑백(黑白), (㉢), 수지(收支)' 같은 말들은 두 뜻이 대등하게 합성된 말이니 더 말할 것 없고, 우주선의 달 착륙 후에 생긴 '(㉣), 월인(月人), 월진(月塵)'같이 한 뜻이 다른 뜻에 종속적으로 결합된 말들은 물론, '선생(先生), 사건(事件), (㉤)'같이 이미 이 말들을 구성하고 있는 글자 하나하나의 뜻을 가려낼 수 없을 만큼 단일한 뜻을 나타내는 말들도 그 형성 과정은 합성법에 의한 것이다.

① ㉠: 날뛰다
② ㉡: 검버섯
③ ㉢: 좌우(左右)
④ ㉣: 월석(月石)
⑤ ㉤: 동생(同生)

06. '날뛰다'는 '날고 뛰다'에서 어미 '-고'가 생략되어 만들어진 비통사적 합성어이다.

Theme 11

문장의 성분과 종류

한 권으로 끝내는
KBS한국어
능력시험

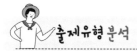

출제유형 분석

"이렇게 출제된다!"

KBS한국어능력시험에서는 문장의 성분 중 '서술어'에 대한 문제나, 주어진 문장이 홑문장인지 겹문장인지 구별하는 문제가 출제되고 있다. 문장의 성분을 알아야 문장의 종류를 구분할 수 있기 때문에 문장을 구성하고 있는 성분을 구별할 수 있는 연습을 해야 한다.

Q • 〈보기〉를 참고할 때, '이어진문장'에 해당하는 속담으로 알맞은 것은?
  • 〈보기〉와 같은 구조를 나타내는 문장에 해당하는 것은?
  • 〈보기〉를 참고할 때, 밑줄 친 서술어의 자릿수가 나머지와 다른 것은?

기출유형 맛보기

"이런 문제가 나온다!"

1. 〈보기〉를 참고할 때, '이어진문장'에 해당하는 속담으로 알맞은 것은?

┌─ 보기 ───┐
  홑문장이 이어져 겹문장이 되는 과정은 크게 두 가지로 나뉜다. 하나는 홑문장과 홑문장이 대등하거나 종속적으로 이어지는 것이고, 또 하나는 홑문장이 다른 문장 속의 한 문장 성분이 되는 것이다. 전자를 이어진문장, 후자를 안은문장이라고 한다.
└──┘

① 고양이는 발톱을 감춘다.
② 중이 제 머리를 못 깎는다.
③ 사촌이 땅을 사면 배가 아프다.
④ 쇠뿔도 단김에 빼다.
⑤ 웃는 얼굴에 침 못 뱉는다.

(해설) ③은 '사촌이 땅을 산다. 그러면 (나의) 배가 아프다.'의 두 홑문장이 종속적으로 이어진 문장이다.
①, ②, ④, ⑤은 모두 주어와 서술어가 하나뿐인 홑문장이다.

2. 〈보기〉를 참고할 때, 밑줄 친 서술어의 자릿수가 나머지와 다른 것은?

┌─ 보기 ───┐
  서술어의 자릿수는 문장이 성립하기 위해 서술어가 요구하는 문장 성분의 수를 말한다. 요구하는 문장 성분에는 주어, 보어, 목적어, 필수 부사어가 있다.
└──┘

① (영화를) <u>보다</u>.   ② (선물을) <u>주다</u>.
③ (물건을) <u>사다</u>.   ④ (선생님이) <u>되다</u>.
⑤ (나는) <u>돕다</u>.

(해설) ②의 '주다'는 '주어, 목적어, 필수 부사어'를 필요로 하는 세 자리 서술어이다.
①, ③, ⑤은 '주어, 목적어'를 필요로 하는 두 자리 서술어이고, ④은 '주어, 보어'를 필요로 하는 두 자리 서술어이다.

ANSWER ▶ **1.** ③ **2.** ②

핵심내용 다지기

01 문장의 성분

문장 성분	한 문장을 구성하는 요소

주성분	주어	•동작 또는 상태나 성질의 주체가 되는 문장 성분 •체언 + 주격 조사(이/가, 께서, 에서), 체언 + 보조사
문장의 골격이 됨.	서술어	•주어의 동작, 상태, 성질 따위를 풀이하는 기능을 하는 문장 성분 •동사, 형용사, 체언 + 서술격 조사(이다) •그 성격에 따라 필요로 하는 문장 성분의 개수가 다름(서술어의 자릿수).
	목적어	•서술어(타동사)의 동작 대상이 되는 문장 성분 •체언 + 목적격 조사(을/를), 체언 + 보조사
	보어	•'되다, 아니다'와 같은 서술어의 필수 성분으로 기능하는 문장 성분 •체언 + 보격 조사(이/가)

부속 성분	관형어	•체언을 수식하는 문장 성분 •관형사, 용언의 관형사형[용언 어간 + −는, −(으)ㄴ, −(으)ㄹ, −던], 체언 + 관형격 조사(의)
주로 주성분의 내용을 수식함.	부사어	•용언, 관형어, 부사어 등을 수식하는 문장 성분 •부사, 체언 + 부사격 조사[에, (으로)로], 용언의 부사형

독립 성분	독립어	•문장의 어느 성분과도 직접적인 관련이 없는 문장 성분 •감탄사, 체언 + 호격 조사(아, 이여)
다른 성분과 직접적으로 관련 없음.		

02 서술어와 주어

1. 서술어

주어의 동작, 상태, 성질 따위를 풀이하는 기능을 하는 문장 성분이다.

(1) 서술어의 종류

동사문	새가 <u>날아간다</u>. (어찌하다 : 동사)
형용사문	꽃이 <u>예쁘다</u>. (어떠하다 : 형용사)
명사문	그는 <u>학생이다</u>. (무엇이다 : 체언 + 서술격 조사)

(2) 서술어의 자릿수

서술어가 요구하는 문장 성분(주어, 보어, 목적어, 필수 부사어)의 수이다.

한 자리 서술어	주어 + 서술어 **예** 그녀는 예뻤다.
두 자리 서술어	• 주어 + 목적어 + 서술어 **예** 그는 연극을 보았다. • 주어 + 보어 + 서술어 **예** 물이 얼음이 되었다. • 주어 + 부사어 + 서술어 **예** 우정은 보석과 같다.
세 자리 서술어	주어 + 부사어 + 목적어 + 서술어 **예** 할아버지께서 우리들에게 세뱃돈을 주셨다.

2. 주어

문장에서 동작 또는 상태나 성질의 주체를 나타내는 문장 성분이다.

(1) 주어는 체언이나, 체언 구실을 하는 구나 절에 주격 조사 '이/가', '께서'가 붙어 나타난다.

> **예** • 철수가 집에 간다. (체언)
> • 그 소년이 무지개를 바라보았다. (구)
> • 그림 그리기가 나의 취미다. (절)
> • 정부에서 실직자들을 위한 적절한 대책을 마련 중이다. (단체 무정 명사)

(2) 때로는 주격 조사가 생략될 수도 있고 보조사가 붙을 수도 있다.

> **예** • 너 어디 가니? (주격 조사 생략)
> • 영희도 집에 간다. (보조사)
> • 할아버지께서만 그 일을 할 수 있으셔. [높임의 명사 + 주격 조사(께서) + 보조사(만)]

03 목적어와 보어

1. 목적어

타동사가 쓰인 문장에서 그 동작의 대상이 되는 문장 성분이다. 체언에 목적격 조사 '을/를'이 붙은 것이 일반적이나, 때로 '을/를'이 생략될 수도 있다. 또 '을/를'이 생략되는 대신에 특정한 의미를 더하여 주는 보조사가 붙기도 한다.

> **예** • 나는 과일을 좋아해.
> • 난 과일 좋아해. (목적격 조사 생략)
> • 나는 과일도 좋아해. (보조사)

2. 보어

보어(補語)도 서술어가 요구하는 필수적인 성분이다. '되다, 아니다'와 같은 서술어를 필요로 하는 문장 성분만을 보어로 인정한다.

> **예** • 그는 학생이 아니다.
> • 어느덧 봄이 되었습니다.

04 관형어, 부사어, 독립어

1. 관형어

체언을 수식하는 문장 성분이다. 관형사가 그대로 관형어가 되는 것이 기본이나, 체언에 관형격 조사 '의'가 결합되어 관형어로 쓰이는 경우도 흔하다. 후자는 관형격 조사 '의'가 없이 '체언 단독'으로 나타나기도 한다.

> 예 • 아기가 <u>새</u> 옷을 입었다. (관형사 단독)
> • 소녀는 <u>시골의</u> 풍경을 좋아한다. (체언 + 관형격 조사)
> • 소녀는 <u>시골</u> 풍경을 좋아한다. (체언 단독, 관형격 조사 '의' 생략)

더 알아보기 관형어의 사용

1. **수식어와 피수식어의 호응**: 꾸밈을 받는 말과 꾸미는 말이 호응하는 것으로, 그 거리가 가까울수록 좋다.

> 예 <u>한결같이</u> 어려운 이웃을 돕는 사람들이 많습니다. ➡ 어려운 이웃을 <u>한결같이</u> 돕는 사람들이 많습니다.
> ★ 수식어와 피수식어의 거리가 너무 멀어 의미가 모호해진 경우이다. 즉, '한결같이'가 '어려운'을 한정하는지, '돕는'을 한정하는지 분명하지 않다. 수식어는 피수식어 앞에 놓는 것이 바람직하다.

2. **두 개의 관형어**

> 예 우리는 그것을 <u>학생으로서의</u> 마땅한 <u>의무</u>라고 생각합니다. ➡ 학생으로서 마땅히 해야 할 의무
> ★ 명사 '의무'를 수식하는 관형어가 두 개나 되어 어색한 문장이 되었으므로 풀어서 쓰는 것이 자연스럽다.

2. 부사어

주로 용언의 의미를 한정하는 성분으로, 부사나 '체언 + 부사격 조사'에 의해서 성립된다. 형용사 어간에 '-게'가 붙어서 성립되기도 한다.

> 예 • 철수가 <u>빨리</u> 뛴다. (부사 단독)
> • 나는 <u>철수보다</u> 잘생겼다. (체언 + 부사격 조사)
> • 꽃이 <u>아름답게</u> 피었다. (형용사 어간 + -게)

(1) 필수 성분으로 쓰이는 부사어(필수 부사어)

부사어는 문장에서 반드시 필요한 성분은 아니지만, 문장을 구성하는 데 꼭 필요한 부사어도 있다. 그 예로 '다르다'나 '생기다' 같은 두 자리 서술어나 '주다'와 같은 세 자리 서술어는 필수적으로 부사어를 요구한다.

> 예 • 피망은 <u>고추와</u> 다르다.
> • 그놈 <u>멋지게</u> 생겼네.
> • 선생님께서 <u>너에게</u> 선물을 주셨다.

(2) 부사어의 갈래

① 성분 부사어: 문장 속의 특정한 성분을 수식하는 부사어

② 문장 부사어: 문장 전체를 꾸며 주는 부사어

💬 **부사어와 관형어의 비교**
부사어(副詞語)도 부속 성분이라는 점에서 관형어와 공통적이다. 차이가 있다면 관형어는 체언만을 수식하는 성분이고, 부사어는 용언뿐 아니라 관형어나 다른 부사어를 수식하고 문장이나 단어를 이어 준다는 점이다.

> 예 • 코스모스가 <u>참</u> 예쁘다. (용언 수식)
> • 그는 <u>아주</u> 새 사람이 되었다. (관형어 수식)
> • 연이 <u>매우</u> 높이 날고 있구나. (부사어 수식)

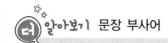 더 **알아보기** 문장 부사어

1. 문장 부사어는 대개 '과연, 설마, 모름지기, 확실히, 만일, 설령, 제발, 부디'같이 말하는 사람의 심리적 태도를 나타내는 부사들이 주류를 이루고 있다. 이러한 부사들은 특별한 말들과 호응 관계를 이루는 경우가 많다.

> **예** • <u>과연</u> 그 아이는 똑똑하<u>구나</u>.
> • <u>확실히</u> 오늘 경기는 신나는 한 판<u>이었어</u>.
> • <u>만일</u> 네가 계속 이런 식으로 나온<u>다면</u> 더 이상은 참을 수 없어.
> • <u>모름지기</u> 젊은이는 커다란 포부를 가져<u>야 한다</u>.

2. 문장 부사어에는 접속 부사어도 있다. '그러나, 그리고, 그러므로'와 같은 문장 접속 부사나 '및'과 같은 단어 접속 부사는 문장에서 이어 주는 기능을 하므로 접속 부사어로 부른다.

> **예** • <u>그러나</u> 희망이 아주 사라진 것은 아니다.
> • 정치, 경제 <u>및</u> 문화가 발달하여야 선진국이다.

(3) 부사어의 호응

부사어 중에서 어느 특정 부사어는 특정 서술어와 호응한다. 이런 것들은 다음과 같이 그 관계가 매우 고정적이라는 점이 특징이다.

결코(절대로) ~않다	과연 ~구나	그다지 ~하지 않다
도대체 ~이냐	드디어 ~하다	마치 ~같다
만약 ~라면(~ㄴ다면)	부디 ~하여라	비록 ~일지라도
아마 -ㄹ 것이다	여간 ~않다	일절 ~않다(못하다)
차라리 -ㄹ지언정	차마 ~않다	혹시 ~거든
하물며 ~랴(-ㄴ가)?	모름지기(반드시) ~해야 한다	

> **예** • 동아리에 가입하기 위해서는 <u>절대로</u> 직접 손으로 쓴 작품을 제출해야 한다. ➡ 반드시
> ★ '절대로'는 '어떤 경우에도'라는 뜻으로, 부정어와 호응하는 말이다. 따라서 삭제하거나, '절대로' 대신에 '반드시'를 넣어야 한다. '절대로'는 부정문에서만 쓰이고, '반드시'는 긍정문에서만 쓰인다.
> • 짐승도 은혜를 알거늘, 하물며 사람이 은혜를 <u>알아야 한다</u>. ➡ 모르랴(모르겠는가)
> ★ '하물며'는 '~랴(~ㄴ가)'와 호응한다.

3. 독립어(獨立語)

문장의 어느 성분과도 직접적인 관련이 없는 문장 성분이다. 일반적으로 감탄사, 체언에 호격 조사가 결합된 형태가 독립어가 된다.

> **예** • <u>야</u>! 드디어 우리들이 기다리던 소풍날이 왔다. (감탄사)
> • <u>신이시여</u>, 우리에게 은총을 내리소서. (체언 + 호격 조사)
> • <u>쯧쯧</u>, 젊은이가 시간을 낭비하면 되는가? (감탄사)

05 문장의 유형

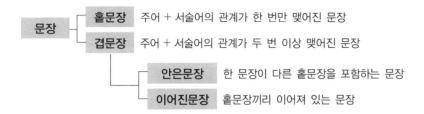

1. 홑문장

한 문장 속에 주어와 서술어가 하나씩 있어서 주술 관계가 한 번만 맺어져 있는 문장을 말한다. 절이 아닌 관형어나 부사어는 아무리 많이 나타난다 하더라도 그 문장은 홑문장이다. 물론 독립어도 아무런 영향을 끼치지 않는다.

- 꽃이 예쁘다.
- 그 집에서 오늘 돌잔치가 있어.
- 우리 집 정원에 드디어 장미꽃이 피었어.

2. 겹문장

한 문장 속에 주술 관계가 두 번 이상 맺어져 있는 문장을 말한다. 겹문장은 하나 이상의 절을 가진다.

- 꽃이 피었다. + 꽃이 예쁘다. ➡ 예쁜 꽃이 피었다.
- 이 안개만 걷히면, 비행기가 출발한다.
- 세상은 날 삼류라 하고, 이 여자는 날 사랑이라 한다.

▶ 겹문장에서 주어가 같거나 서술어가 같으면 동일한 주어나 서술어가 생략될 수 있다. 위의 '예쁜 꽃이 피었다.'라는 문장은 관형절 안에 있는 홑문장의 주어가 생략된 것이다.

3. 문장의 확대

홑문장이 이어져 겹문장이 되는 과정은 크게 두 가지로 나뉜다. 하나는 홑문장과 홑문장이 대등하거나 종속적으로 이어지는 것이고, 또 하나는 홑문장이 다른 문장 속의 한 문장 성분이 되는 것이다. 전자를 이어진문장, 후자를 안은문장이라고 한다. 이와 같이 홑문장들이 모여 하나의 겹문장이 되는 과정을 문장의 확대라고 한다.

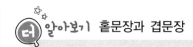 **알아보기** 홑문장과 겹문장

유형			구조
홑문장			주어 + 서술어 **예** 꽃이 예쁘다.
겹문장	**문장 속의 문장**		안은문장(안긴문장을 가진 문장)
		명사절로 안김.	• 절 전체가 문장에서 주어, 목적어, 부사어 등의 기능을 함. • 명사형 어미 : −(으)ㅁ, −기 **예** • 철수가 합격했음을 알려야지. 　　• 그 일은 하기가 쉽지 않다.
		서술절로 안김.	• 절 전체가 문장에서 서술어의 기능을 함. • 특정한 절 표지가 따로 없음. **예** • 토끼는 앞발이 짧다. 　　• 어머니는 솜씨가 좋으시다.
		관형절로 안김.	• 절 전체가 문장에서 관형어의 기능을 함. • 관형사형 어미 : −은, −는, −(은)ㄹ, −던 **예** • 그는 큰 차를 샀다. 　　• 형은 동생이 한 잘못을 감싸 주었습니다.
		부사절로 안김.	• 절 전체가 문장에서 부사어의 기능을 함. • 부사형 어미 : −이, −게, −(아)서, −도록 **예** • 그는 아는 것도 없이 학교를 떠났다. 　　• 철수는 발에 땀이 나도록 뛰었다.
		인용절로 안김.	• 다른 사람의 말을 인용한 것이 절의 형식으로 안김. • 인용 조사 '−고(간접 인용)', '−라고(직접 인용)'가 붙거나 인용 조사 없이 '하고'가 붙음. **예** • 우리는 인간이 존귀하다고 믿는다. 　　• 주인이 "많이 드세요."라고 권한다. 　　• 어른들에게는 "예" 하고 대답하도록 해라.
	이어진 문장		대등하게 이어진 문장 **예** • 바람이 불고 비가 내렸다. 　　• 공부는 잘하지만, 운동은 못한다.
			종속적으로 이어진 문장 **예** • 눈이 와서 길이 질다. 　　• 윤아는 학교에 가려고 아침 일찍 일어났다.

실전능력 기르기

01_ 〈보기〉를 참고할 때, '이어진문장'에 해당하는 속담으로 알맞은 것은?

┌─ 보기 ─
홑문장이 이어져 겹문장이 되는 과정은 크게 두 가지로 나뉜다. 하나는 홑문장과 홑문장이 대등하거나 종속적으로 이어지는 것이고, 또 하나는 홑문장이 다른 문장 속의 한 문장 성분이 되는 것이다. 전자를 이어진문장, 후자를 안은문장이라고 한다.
└─

① 개천에서 용 난다.   ② 원수는 외나무 다리에서 만난다.
③ 미운 놈 떡 하나 더 준다.   ④ 발 없는 말이 천 리 간다.
⑤ 닭 잡아먹고 오리발 내민다.

(오답해설) ①, ②, ③은 주어와 서술어가 한 번씩만 나오는 홑문장이다.
④은 '발이 없다'가 '말'을 꾸미는 관형어 역할을 하고 있는 관형절을 안은 문장이다.

01_ ⑤ '닭 잡아먹고 오리발 내민다.'는 '닭을 잡아먹다. 그리고 오리발을 내민다.'의 두 문장이 하나로 이어진 문장이므로 이어진문장이다.

02_ 〈보기〉의 ㉠~㉣을 탐구하여 얻은 결과로 적절하지 않은 것은?

┌─ 보기 ─
㉠ 찬열의 손이 크다.   ㉡ 찬열이가 손이 크다.
㉢ 얼음이 물로 되었다.   ㉣ 얼음이 물이 되었다.
└─

① ㉠의 '손이'에서 '이'는 주격 조사, ㉣의 '물이'에서 '이'는 보격 조사에 해당한다.
② ㉡의 '손이 크다'와 ㉣의 '물이 되었다'는 모두 문장에서 서술절로 기능하고 있다.
③ ㉠, ㉢은 문장에서 주어와 서술어의 관계가 한 번씩만 나타난 홑문장이다.
④ ㉢의 '물로'와 ㉣의 '물이'는 형태는 다르지만 의미는 비슷하다.
⑤ ㉢에서 부사어, ㉣에서 보어를 생략하면 문장의 의미를 온전히 전달할 수 없다.

02_ ㉡ '손이 크다.'는 '주어 + 서술어'의 형태로 서술절이나, ㉣ '물이 되었다'는 '보어 + 서술어'의 형태로 서술절이 아니다. 따라서 ②은 적절하지 않다.

03_ 〈보기〉를 참고할 때, 밑줄 친 서술어의 자릿수가 나머지와 다른 것은?

┌─ 보기 ─
문장이 성립되기 위해 서술어가 갖춰야 할 최소한의 문장 성분의 수를 서술어의 자릿수라고 한다.
└─

① (밥을) 먹다.   ② (너와) 싸우다.
③ (아빠와) 닮다.   ④ (선물을) 주다.
⑤ (벽에) 부딪치다.

(오답해설) ①의 '먹다'는 주어와 목적어가 필요한 두 자리 서술어이고, ②, ③, ⑤의 '싸우다, 닮다, 부딪치다'는 주어와 필수 부사어가 필요한 두 자리 서술어이다.

03_ ④의 '주다'는 주어, 목적어, 필수 부사어가 필요한 세 자리 서술어이다.

ANSWER
01. ⑤   02. ②   03. ④

04_ ③ '마시다'는 '주어, 목적어'를 필요로 하는 두 자리 서술어이다.

04_ 〈보기〉를 참고할 때, 필수적 부사어를 필요로 하는 서술어가 <u>아닌</u> 것은?

┌─보기┐

　부사어는 다른 성분을 수식하는 기능을 주로 하기 때문에 수의적 성분이나, 서술어가 되는 용언에 따라 필수적으로 부사어를 요구하는 경우가 있다. 이를 '필수적 부사어'라고 하고, 이는 서술어의 자릿수에 포함된다.

① 다르다　　　　　　　　　② 넣다
③ 마시다　　　　　　　　　④ 살다
⑤ 가르치다

(오답해설) ①의 '다르다'는 '체언 + 와/과'로 된 필수적 부사어를, ②, ⑤의 '넣다'와 '가르치다'는 '체언 + 에/에게'로 된 필수적 부사어를, ④의 '살다'는 '체언 + 부사격 조사(에서)'로 된 필수적 부사어를 필요로 하는 서술어이다.

05_ '길다'는 '속눈썹이'의 서술어이고, '속눈썹이 길다'가 '그녀는'의 서술절로 쓰이고 있다.

05_ 〈보기〉의 ㉠～㉤에 대한 설명으로 적절하지 <u>않은</u> 것은?

┌─보기┐

　㉠ 나는 그가 합격했다는 소식을 들었다.
　㉡ 난민들은 전쟁이 끝나기를 간절히 바랐다.
　㉢ 철수는 아무 말도 없이 전학을 갔다.
　㉣ 최영 장군은 "황금 보기를 돌같이 하라."라고 말씀하셨다.
　㉤ 그녀는 속눈썹이 길다.

① ㉠: '그가 합격했다'에 어미 '-는'이 붙어 관형절로 쓰이고 있다.
② ㉡: '전쟁이 끝나다'에 어미 '-기'가 붙어 명사절로 쓰이고 있다.
③ ㉢: '아무 말도 없다'에 어미 '-이'가 붙어 부사절로 쓰이고 있다.
④ ㉣: '황금 보기를 돌같이 하라'에 조사 '라고'가 붙어 인용절로 쓰이고 있다.
⑤ ㉤: '길다'가 '그녀는 속눈썹이'의 서술어가 되어 서술절로 쓰이고 있다.

메모

문법 요소

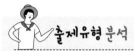

출제유형 분석

"이렇게 출제된다!"

KBS한국어능력시험에서는 문법 요소를 통해 문장 표현을 구분하는 문제가 출제되고 있다. 높임 표현 같은 경우에는 높임의 대상을 구분할 수 있어야 하고, 어떻게 높임이 실현되는지를 알아야 한다. 능동·피동·사동 표현의 경우는 각각의 차이점을 알아야 하며, 특히 피동과 사동을 구별할 수 있어야 한다. 문법 요소는 '국어 문화' 영역과도 연결되어 있으므로 이론을 잘 알아 두어야 한다.

Q • 밑줄 친 말이 '피동사'로 쓰인 경우가 아닌 것은?
  • 〈보기〉를 참고할 때, '파생적 피동문'으로 바꿀 수 없는 것은?
  • 〈보기〉의 대화에 나타난 높임 표현을 분석한 내용으로 적절하지 않은 것은?
  • 〈보기〉를 참고할 때, '간접 높임'에 해당하는 사례로 적절하지 않은 것은?

기출유형 맛보기

"이런 문제가 나온다!"

1. 밑줄 친 말이 '피동사'로 쓰인 경우가 아닌 것은?

① 토끼가 사자에게 잡아 <u>먹혔다</u>.
② 멀리서 달려오는 기차가 <u>보이기</u> 시작했다.
③ 오빠는 내게 심부름을 <u>시킨다</u>.
④ 도둑이 경찰에게 <u>잡혔다</u>.
⑤ 마이클 잭슨은 팝의 황제로 <u>불린다</u>.

(해설) ③ '시키다'는 '어떤 일이나 행동을 하게 하다, 주문하다'라는 뜻의 사동사이다.
① '먹히다'는 '먹다'의 피동사, ② '보이다'는 '보다'의 피동사, ④ '잡히다'는 '잡다'의 피동사, ⑤ '불리다'는 '부르다'의 피동사이다.

2. 〈보기〉를 참고할 때, '간접 높임'에 해당하는 사례로 적절하지 않은 것은?

> ┌ 보기 ┐
> 높임을 받는 대상과 관련된 말을 높임으로써 간접적으로 그 대상을 높이는 것을 '간접 높임'이라고 한다. 주체의 신체 일부분, 소유물, 생각 등에 '-(으)시-'를 붙여 주어를 간접적으로 높이기도 한다.

① 곧 선생님의 말씀이 있으시겠습니다.
② 아버지는 모자가 잘 어울리신다.
③ 어머니는 코에 점이 계시다.
④ 할머니께서 감기가 드셨다.
⑤ 우리 선생님은 키가 엄청 크시다.

(해설) '계시다'는 주체 높임에 쓰이는 특수한 어휘이므로 간접 높임에 쓸 수 없다. 따라서 ③은 '어머니는 코에 점이 있으시다.'로 고쳐야 한다.
①, ②, ④, ⑤은 간접 높임이 바르게 쓰였다.

ANSWER ▶ **1.** ③ **2.** ③

핵심내용 다지기

01 문장의 종결 표현

국어의 문장 종결 표현은 사용하는 종결 어미에 따라 달라지는데, 이러한 문장의 형식에는 평서문, 의문문, 명령문, 청유문, 감탄문의 다섯 가지가 있다.

평서문	• 화자가 사건의 내용을 객관적으로 진술하는 문장 • 평서형 어미(-ㅂ니다, -오, -네, -다, -아요/어요, -아/어)로 문장을 끝맺는다.	예 하얀 눈이 왔다.
의문문	• 화자가 청자에게 질문을 하여 그 해답을 요구하는 문장 • 의문형 어미(-ㅂ니까, -는가, -느냐, -니, -요)로 문장을 끝맺는다.	예 거기서 무얼 하고 있니? / 아직도 밖에 비가 오느냐?
명령문	• 화자가 청자에게 무엇을 시키거나 행동을 요구하는 문장 • 명령형 어미(-ㅂ시오, -구려, -오, -게, -아라/어라, -으라)로 끝맺는다.	예 눈을 크게 떠라.
청유문	• 화자가 청자에게 같이 행동할 것을 요청하는 문장 • 청유형 어미(-ㅂ시다, -시지요, -세, -자, -아요/어요)로 문장을 끝맺는다.	예 귀중한 투표 빠짐없이 참여하자.
감탄문	• 화자가 청자를 별로 의식하지 않거나 거의 독백 상태에서 자기의 느낌을 표현하는 문장 • 감탄형 어미(-구나, -구려, -구먼, -아라/어라)로 문장을 끝맺는다.	예 벌써 아침이 되었구나!

1. 평서문

말하는 이가 듣는 이에게 특별히 요구하는 바 없이, 하고 싶은 말을 단순하게 진술하는 문장이다.

예 태은이는 어제 시골 할머니 댁에 다녀왔다. / 우리나라는 사계절이 뚜렷하다.

2. 의문문

말하는 이가 듣는 이에게 질문하여 대답을 요구하는 문장이다.

(1) 설명 의문문: 일정한 설명을 요구하는 문장이다. 예 이 식물의 특성은 무엇이지요?

(2) 판정 의문문: 단순히 긍정이나 부정의 대답을 요구하는 문장이다.

　　예 오늘 오후에 시간 있으세요?

(3) 수사 의문문(반어 의문문): 굳이 대답을 요구하지 않고 서술이나 명령의 효과를 내는 문장이다.

　　예 그렇게만 되면 얼마나 좋을까?

3. 감탄문

말하는 이가 듣는 이를 별로 의식하지 않거나 거의 독백하는 상태에서 자기의 느낌을 표현하는 문장이다.

예 꽃이 참 <u>아름답구나</u>.

명령문과 청유문의 문법적인 제약

1. 명령문의 주어는 항상 듣는 이가 되어야 하고, 청유문의 주어는 말하는 이와 듣는 이가 함께 포함되어야 한다.
2. 명령문과 청유문의 서술어로는 동사만이 올 수 있다.

4. 명령문

말하는 이가 듣는 이에게 어떤 행동을 하도록 강하게 요구하는 문장이다.

예 날씨가 추울테니 (너는) 옷을 많이 <u>입어라</u>.

5. 청유문

말하는 이가 듣는 이에게 어떤 행동을 함께 하도록 요청하는 문장이다.

예 자, (우리) 함께 집에 <u>가자</u>.

02 시제

시제(時制)란 화자가 발화시를 기준으로 삼아 앞뒤의 시간을 구분하는 문법 범주이다.

1. 현재, 과거, 미래 시제

발화시와 사건시가 일치하면 현재, 사건시가 발화시에 선행하면 과거, 발화시가 사건시에 선행하면 미래라고 한다.

과거 시제는 '어제, 옛날'과 같은 시간을 나타내는 부사어로도 나타난다.

과거 시제	• 사건시가 발화시보다 앞서 있는 시제. 현재보다 앞선 시간 속의 사건임을 나타낸다. • 어간에 어미 '-ㄴ/-은'이나 '-았-/-었-', '-더-' 따위를 붙여 나타낸다.	예 어제 학교에 갔다. / 이 영화를 본 사람
현재 시제	• 사건시와 발화시가 일치하는 시제. 동작이나 상태가 지금 행하여지고 있거나 지속됨을 나타낸다. • 동사의 기본형에 선어말 어미 '-ㄴ/는'을 넣어서 나타내며, 형용사나 서술격 조사 '이다'는 기본형으로 나타낸다. • 현재 시제는 '지금, 요즈음, 현재' 등과 함께 쓰이면 발화시와 사건시가 더욱 분명하게 일치된다.	예 학교에 간다. / 지금은 낮잠을 자는 시간이야.
미래 시제	• 발화시가 사건시보다 앞서 있는 시제. 발화(發話) 순간이나 일정한 기준적 시간보다 나중에 오는 행동, 상태 따위를 나타낸다. • 선어말 어미 '-겠-, -리-, -는/ㄴ-'과 관형사형 어미 '-(으)ㄹ-'을 사용한다.	예 내일 학교에 갈 것이다. / 오늘 밤에 만나겠다.

보편적인 진리나 습관을 나타낼 때도 현재 시제를 쓴다.
예 지구는 태양 주위를 <u>돈다</u>.

2. 동작상

발화시를 기준으로 동작이 일어나는 모습을 표현하는 것을 동작상이라 한다. 국어에서 동작상은 특정한 선어말 어미에 의해 실현되기보다는 보조적 연결 어미 '-어'나 '-고'에 보조 용언이 이어져 실현된다.

(1) **완료상**: 동작이 막 끝난 모습을 나타내는 문법 기능으로, '-아/어 있다'로 표시한다.

> **예** 자장면을 다 <u>먹어 버렸다</u>. / 지현이는 지금 의자에 <u>앉아 있다</u>.

(2) **진행상**: 동작이 계속 이어지는 모습을 나타내는 문법 기능으로, '-고 있다' 또는 '-어 가다'로 표시한다.

> **예** 바람이 세게 <u>불고 있다</u>. / 빨래가 다 <u>말라 간다</u>.

03 높임 표현

높임법은 높임의 대상에 따라 상대 높임법, 주체 높임법, 객체 높임법으로 나뉜다. 높임법은 문장 종결 표현, 선어말 어미 '-(으)시-', 조사 '께, 께서', 특수 어휘 '계시다, 드리다'와 같은 표현을 통해서 실현된다.

1. 상대 높임법

말하는 이가 듣는 이에 대하여 높이거나 낮추어 말하는 방법이다. 상대 높임법은 종결 표현으로 실현되는데, 크게 격식체와 비격식체로 나뉜다. 격식체는 의례적 용법으로 심리적인 거리감을 나타내는 표현이고, 비격식체는 정감적이고 격식을 덜 차리는 표현이다.

구분			평서법	의문법	명령법	청유법	감탄법
격식체	하십시오체	아주 높임	가십니다	가십니까?	가십시오	(가시지요)	−
	하오체	보통 높임	가(시)오	가(시)오?	가(시)오 가구려	갑시다	가는구려
	하게체	보통 낮춤	가네 감세	가는가? 가나?	가게	가세	가는구먼
	해라체	아주 낮춤	간나	가나? 가니?	가(거)라 가렴 가려무나	가자	가는구나
비격식체	해요체	두루 높임	가요	가요?	가(세/셔)요	가(세/셔)요	가(세/셔)요
	해체(반말)	두루 낮춤	가 가지	가? 가지?	가 가지	가 가지	가 가지

☺ **하라체**

하라체는 '교과서 왜곡을 일삼는 일본은 각성하라', '동강 댐 건설 계획을 중단하라'처럼 명령법에서 구호 표현에 제한적으로 쓰인다. '각성하여라 − 각성하라', '중단하여라 − 중단하라'가 각각 구별되는 것을 이해하면 해라체와 하라체를 구별할 수 있다.

2. 주체 높임법

서술의 주체를 높이는 방법으로, 말하는 이보다 서술의 주체가 나이나 사회적 지위 등에서 상위자일 때 사용된다.

(1) 주체 높임법은 기본적으로 서술어에 선어말 어미 '-(으)시-'가 붙어 실현되나, 부수적으로 주격 조사 '이/가' 대신 '께서'가 쓰이기도 하고 주어 명사에 '-님'이 덧붙기도 한다.

> **예** • 저기 아버지가 오신다.
> • 저기 아버지<u>께서</u> 오신다.
> • 저기 <u>아버님께서</u> 오신다.

(2) 높여야 할 주체가 주어가 아닐 때(간접 높임) : 이때에는 높여야 할 주체가 주어와 밀접한 관계를 맺고 있는 경우로 '-(으)시-'를 사용하여 대신 높이기도 한다.

> **예** • 선생님의 말씀이 타당하<u>십니다</u>.
> • 곧 선생님의 말씀이 있으<u>시</u>겠습니다.
> • 할머니께서는 아직 귀가 밝으<u>십니다</u>.

(3) 특수 어휘를 통한 실현 : 주체 높임법은 '계시다', '잡수시다' 등 일부 특수 어휘를 통해 실현되기도 한다.

> • 먹다 ➡ 잡수시다   • 있다 ➡ 계시다
> • 자다 ➡ 주무시다   • 아프다 ➡ 편찮으시다
> • 죽다 ➡ 돌아가시다

▶ '있다'의 주체 높임 표현은 '-(으)시-'가 붙은 '있으시다'와 특수 어휘 '계시다'의 두 가지가 있는데, '계시다'는 말하는 이가 주어를 직접 높일 때 사용하고, '있으시다'는 주어와 관련된 대상을 통하여 주어를 간접적으로 높일 때 사용한다.

> **예** • 아버지께서는 안방에 <u>계시다</u>. (직접 높임)
> • 아버지께서는 걱정거리가 있으<u>시다</u>. (간접 높임)

3. 객체 높임법

목적어나 부사어가 지시하는 대상, 즉 서술의 객체를 높이는 방법이다.

(1) 객체 높임법에는 주로 특수 어휘, 그중 특수한 동사(드리다, 뵙다, 여쭙다, 모시다)를 사용한다.

> **예** • 나는 동생을 데리고 병원으로 갔다.
> • 나는 아버지를 <u>모시고</u> 병원으로 갔다.

(2) 객체 높임법에서는 조사 '에게' 대신 '께'를 사용하기도 한다.

> **예** • 나는 친구에게 과일을 주었다.
> • 나는 선생님께 과일을 드렸다.

04 능동 표현과 피동 표현

문장은 동작이나 행위를 누가 하느냐에 따라 능동문과 피동문으로 나뉜다.

1. 능동과 피동

주어가 동작을 제 힘으로 하는 것을 능동(能動)이라 하고, 주어가 다른 주체에 의해서 동작을 당하게 되는 것을 피동(被動)이라 한다.

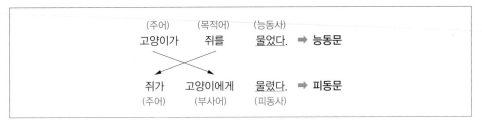

2. 피동의 실현

(1) 파생적 피동문: 동사 + 피동 접미사(-이-, -히-, -리-, -기-)

> 예
> • 기적 소리가 들리더니, 멀리서 기차가 보이기 시작했다.
> • 경찰이 추격하던 범인이 드디어 잡혔다.

(2) 통사적 피동문: 동사, 형용사 어간 + '-어지다', '-게 되다'

> 예
> • 안건이 만장일치로 가결되었다.
> • 이 펜은 글씨가 잘 써진다.
> • 새로운 사실이 밝혀졌다.

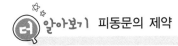 **알아보기** 피동문의 제약

> 피동문의 주어가 주체가 될 수 없는 무정 명사일 경우에는 피동문과 능동문이 대응되지 않는다.
> 예
> • 피동문: 그는 감기에 걸렸다.
> • 능동문: 감기가 그를 걸었다. (×)
> ➡ 피동문의 '감기'는 주체가 될 수 없는 무정 명사이므로 능동문의 주어가 될 수 없다.

05 사동 표현

문장은 주어가 동작이나 행위를 직접 하느냐 아니면 다른 사람에게 하도록 하느냐에 따라 주동문과 사동문으로 나뉜다.

1. 주동과 사동

주어가 동작을 직접 하는 것을 주동(主動)이라 하고, 주어가 남에게 동작을 하도록 시키는 것을 사동(使動)이라 한다.

> 예 • 철수가 옷을 입었다. (주동)
> • 어머니가 철수에게 옷을 입혔다. (사동)

2. 사동의 실현

사동사는 주동사의 어간에 사동 접미사 '-이-, -히-, -리-, -기-, -우-, -구-, -추-' 등이 붙어서 만들어진다.

사동문으로 바뀔 때에는, 주동사가 형용사나 자동사이면 주동문의 주어가 사동문의 목적어가 되고, 주동사가 타동사이면 주동문의 주어가 사동문의 부사어가 되고, 주동문의 목적어는 그대로 목적어가 된다. 물론 사동문의 주어인 사동주는 새로 도입된다. 그리고 주동문의 주어가 변한 사동문의 부사어에는 주로 조사 '에, 에게'가 붙으며, '~로 하여금'이 쓰이기도 한다.

> • 길이 넓다. ➡ 사람들이 길을 넓힌다.
> • 물이 유리잔에 가득 찼다. ➡ 친구가 물을 유리잔에 가득 채웠다.
> • 아이가 옷을 입는다. ➡ 어머니가 아이에게 옷을 입힌다.

3. 사동문의 갈래

(1) 파생적 사동

① 동사, 형용사 어근 + 사동 접미사(-이-, -히-, -리-, -기-, -우-, -구-, -추-). '서다'와 같은 일부 자동사는 두 개의 사동 접미사가 연속되어 있는 '-이우-'가 붙어서 사동사가 되기도 한다.

> | | | | |
> |---|---|---|---|
> | 속다 : 속이다 | 익다 : 익히다 | 알다 : 알리다 | 맡다 : 맡기다 |
> | 오다 : *오이다 | 가다 : *가이다 | 서다 : *세다/*서이다/세우다 | |

② 사동문은 그 밖에 접미사 '-시키다'로도 실현된다.

> 예 차를 정지시켰다.

(2) 통사적 사동

보조적 연결 어미(-게) + 보조 용언(하다)

> 예 차를 정지하게 했다.

06 부정 표현

국어에서는 부정 부사 '안, 못'과 부정 용언 '아니하다, 못하다'를 사용하여 부정 표현을 만들 수 있다.

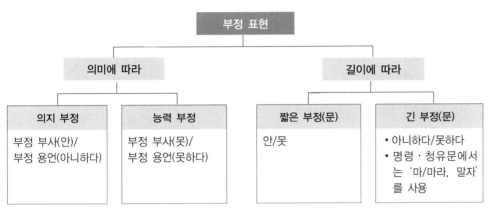

> **예** • 세상에는 하지 않는 것과 할 수 없는 것이 있다.
> • 못해서 할 수 없는 것이 아니라 하지 않아서 못한 것이다.

1. 부정문의 실현

(1) 짧은 부정문: 부정 부사 '안'과 '못' 다음에 용언을 이어 구성한다.

> **예** • 나는 그를 못 만났다.
> • 나는 그를 안 만났다.

(2) 긴 부정문: 부정 용언 '아니하다, 못하다'를 사용한다.

> **예** • 만나지 못했다.
> • 만나지 않았다.

(3) 긴 부정문은 명령문과 청유문에서 '아니하다, 못하다' 대신에 '마/마라, 말자'를 사용한다.

> **예** • 그를 만나지 마라. (*못해라/*아니해라)
> • 그를 만나지 말자. (*못하자/*아니하자)

2. 부정문의 해석

부정문에서는 부정의 범위가 어디까지인지 쉽게 확정하기 어렵다. 아래 문장에서 '안, 아니하다'가 부정하는 내용은 '철수'가 될 수도 있고, '책'이 될 수도 있으며, '읽다'가 될 수도 있다.

> **예** • 철수가 책을 안 읽었다.
> • 철수가 책을 읽지 않았다.

> ▶ 이러한 중의성은 '철수, 책, 읽다'의 어느 곳에 강세를 주어 구별하거나, 다음과 같이 보조사 '-는, -도, -만'을 넣어서 해소할 수 있다. 또한 문맥을 통해서도 중의성이 해소될 수 있다.
>
> > **예** • 철수는 책을 안 읽었다.
> > • 철수가 책은 안 읽었다.
> > • 철수가 책을 읽지는 않았다.

실전능력기르기

01_ ②은 주체인 '나'가 '드리다'라
는 높임 단어를 사용해 객체인 '선
생님'을 높이는 객체 높임법이다.

01_ 다음 중 높임의 대상이 다른 하나는?

① 할아버지께서 노인정에 가셨다.

② 내가 선생님께 책을 드렸다.

③ 어머니는 동생에게 자장가를 불러 주셨다.

④ 할머니는 귀가 밝으시다.

⑤ 선생님께서 감기에 걸리셨대.

오답해설 ①, ③, ④, ⑤은 선어말 어미 '-시-'를 사용하여 주체를 높인 주체 높임법이다.

02_ ㉠ '키우셨다'는 주체인 '형님'
을 높이는 표현이다.
㉡ '뵈었다'는 객체인 '은사님'을 높
이기 위해 '보다' 대신 쓴 객체 높임
말이다.
㉢ '들어왔어요'는 '해요체'에 해당
하는 상대 높임으로, 청자인 '할머
니'를 높이는 말이다.

02_ 다음의 ㉠~㉢에서 높임을 받고 있는 인물을 바르게 짝지은 것은?

㉠ 형님께서 아버지를 대신하여 나를 업어 키우셨다.
㉡ 나는 어제 길 가다가 우연히 은사님을 뵈었다.
㉢ 할머니, 아빠가 방금 들어왔어요.

	㉠	㉡	㉢
①	주체	객체	상대
②	객체	주체	상대
③	상대	객체	주체
④	상대	주체	객체
⑤	주체	상대	객체

03_ ①은 '먹다'에 사동 접사 '-이-'
가 붙은 사동사이다.

03_ 밑줄 친 말이 '피동사'로 쓰인 경우가 아닌 것은?

① 어머니께서 동생에게 밥을 먹이셨다.

② 나는 그 사실이 믿기지 않았다.

③ 범죄자는 징역을 살게 되었다.

④ 그의 눈에 눈물이 맺혔다.

⑤ 야심차게 내놓은 신제품이 다 팔렸다.

오답해설 ②은 '믿다'에 피동 접사 '-기-'가 붙은 피동사, ③은 '살다'에 보조 용언 '-게 되다'가 붙으면 통사적 피동문이 되므로 피동사이고, ④은 '맺다'에 피동 접사 '-히-'가 붙은 피동사, ⑤은 '팔다'에 사동 접사 '-리-'가 붙은 피동사이다.

ANSWER
01. ② 02. ① 03. ①

04_ 〈보기〉를 참고할 때, '파생적 피동문'으로 바꿀 수 없는 것은?

┌ 보기
│ 피동사는 동작을 나타내는 능동상 어근에 피동 접미사 '−이−, −히−, −리−, −기−'등을 결합하
│ 여 만들 수 있고, 피동사에 의한 피동문을 '파생적 피동문'이라고 한다.
└

① 파도가 바위에 부딪쳤다.
② 병사들이 포로를 끌고 갔다.
③ 개구리가 파리를 먹었다.
④ 길에서 우연히 동창생을 만났다.
⑤ 사람들은 철수를 대장이라고 불렀다.

(오답해설) ①은 '바위가 파도에 부딪혔다.'라는 피동문으로, ②은 '포로가 병사들에게 끌려 갔다.'라는 피동
문으로, ③은 '파리가 개구리에게 먹혔다.'라는 피동문으로, ⑤은 '철수는 사람들에게 대장이라고 불렸다.'
라는 피동문으로 바꿀 수 있다.

04_ '만나다'는 피동 접미사가 붙을
수 없어 파생적 피동문을 만들 수
없다.

05_ 〈보기〉의 밑줄 친 부분의 예로 적절하지 않은 것은?

┌ 보기
│ 발화 시점을 기준으로 동작이 일어나는 모습을 표현하는 것을 동작상이라고 한다. 동작상에는
│ 동작이 계속 이어지는 모습을 나타내는 진행상과, 동작이 막 끝난 모습을 나타내는 완료상이 있는
│ 데, 문장에 따라 진행상과 완료상의 두 가지 의미 모두로 해석되는 경우도 있다.
└

① 예리가 선물을 사고 있다.
② 청호가 모자를 쓰고 있다.
③ 수지가 구두를 신고 있다.
④ 주현이가 자동차 조수석에 타고 있다.
⑤ 지훈이가 인형을 안고 있다.

(오답해설) ②은 청호가 모자를 쓰고 있는 동작이 이어지는 진행상과, 이미 모자를 쓴 상태가 지속되는 완
료상으로 해석될 수 있다.
③은 수지가 구두를 신고 있는 동작이 이어지는 진행상과, 이미 구두를 신은 상태가 지속되는 완료상으
로 해석 될 수 있다.
④은 주현이가 조수석에 타고 있는 동작이 이어지는 진행상과, 이미 조수석에 앉아 타고 있는 상태가 지
속되는 완료상으로 해석될 수 있다.
⑤은 지훈이가 인형을 안고 있는 동작이 이어지는 진행상과, 이미 안고 있는 상태가 지속되는 완료상으
로 해석될 수 있다.

05_ ① '예리가 선물을 사고 있다.'
는 진행상으로만 해석되는 문장에
해당한다.

ANSWER
04. ④   05. ①

Theme 13
올바른 문장 표현

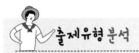 출제유형 분석

"이렇게 출제된다!"

올바른 문장 표현에 관한 문제는 KBS한국어능력시험에서 매회 2~3문항이 꾸준히 출제되고 있다. 한자와 고유어를 동시에 사용해 중복 단어를 걸러 내는 문제가 나오므로 중복되는 부분을 찾아낼 줄 알아야 한다. 또한 자연스러운 문장을 찾는 문제가 나오므로 문장 성분의 호응 관계가 적절한지, 필수 문장 성분 중에 빠진 성분은 없는지 등을 알 수 있어야 한다. 의미상 중의성을 가진 문장을 찾아내는 문제도 출제되므로 문맥을 바르게 이해할 수 있어야 한다.

Q
- 어법에 맞고 자연스러운 문장은?
- 문장을 자연스럽게 고친 것으로 옳지 <u>않은</u> 것은?
- 중복 표현이 <u>없는</u> 문장은?
- 표현의 중의성을 해소한 것으로 적절하지 <u>않은</u> 것은?
- 밑줄 친 번역 투의 표현을 <u>잘못</u> 고친 것은?

기출유형 맛보기

"이런 문제가 나온다!"

1. 중복 표현이 없는 문장은?

① 방학 기간 동안 열심히 운동을 했다.
② 계속되는 연휴에 슬슬 지루해져 갔다.
③ 떨어지는 낙엽을 보며 가을을 실감했다.
④ 엄마는 나에게 푸짐한 생일 만찬을 차려 주셨다.
⑤ 짐은 빈 공간에 두도록 해라.

해설 ④은 중복된 표현이 없다.
① '기간'과 '동안'은 '어느 일정한 시기부터 다른 어느 일정한 시기까지의 사이'를 표현하므로 중복된다.
② '연휴(連休)'의 '連(잇닿을 연)'이 '계속'과 중복된다.
③ '낙엽(落葉)'의 '落(떨어질 낙)'이 '떨어지는'과 중복된다.
⑤ '공간(空間)'의 '空(빌 공)'이 '빈'과 중복된다.

2. 표현의 중의성을 해소한 것으로 적절하지 않은 것은?

① 슬픈 곡예사의 운명은 여기서 끝나는 것인가? ➡ 슬픈, 곡예사의 운명은 여기서 끝나는 것인가?
② 마지막 공연에 관객들이 다 오지 않았다. ➡ 마지막 공연에 관객들이 모두 오지 않았다.
③ 정훈이와 희수가 결혼했다. ➡ 정훈이가 희수와 결혼했다.
④ 그녀의 그림은 화제가 되었다. ➡ 그녀가 그린 그림은 화제가 되었다.
⑤ 그는 복권에 당첨이 됐지만, 그것을 숨겼다. ➡ 그는 복권에 당첨이 됐지만, 복권이 당첨된 사실을 숨겼다.

해설 ②의 문장은 '다 오지 않았다.'는 표현이 '관객이 아무도 오지 않았다.'와 '관객이 일부만 왔다.'의 중의적인 의미가 된다. '다'를 '모두'로 바꿔도 '다'와 '모두'가 같은 의미이기 때문에 중의성이 해소되지 않았다.

ANSWER ▶ 1. ④ 2. ②

핵심내용 다지기

01 단어의 잘못된 선택

- 리보솜과 리소좀은 서로 <u>틀린</u> 거야. ➡ 다른
  ★ '틀리다'는 '맞지 않다'는 뜻이고, '다르다'는 '같지 않다'는 뜻이다.

- 그는 친한 친구의 <u>범행에 협조한</u> 죄로 기소되었다. ➡ 범행을 방조한
  ★ 범죄 행위를 돕거나 방치한 경우에는 '방조(幇助)'라는 말을 쓴다.

- 사막의 날씨는 식물의 <u>성장</u>에 적합하지 못하다. ➡ 생장
  ★ 문맥상 '자라는 과정'을 의미하는 '생장(生長)'이 적절하다.

- 저 새는 <u>꼬리</u>가 매우 길다. ➡ 꽁지
  ★ 새의 꽁무니에 달린 깃은 '꽁지'라고 한다.

- 불법 거래가 전혀 <u>개선</u>되지 않았다. ➡ 근절
  ★ '불법 거래'는 없애야 하는 것이지 개선의 대상이 아니다.

- 나는 <u>굉장히</u> 작은 사람을 보았다. ➡ 무척
  ★ '굉장하다'는 '규모가 매우 크고 으리으리하다.'는 뜻이다.

- 이산화탄소 배출을 <u>절약</u>하자는 합의 ➡ 줄이자는
  ★ '절약'에는 꼭 필요한 데에만 써서 아낀다는 의미가 들어 있으므로 적절하지 않다.

- 뜰에 핀 꽃이 여간 <u>탐스러웠다</u>. ➡ 탐스럽지 않았다.
  ★ '여간'은 주로 '아니다'와 같이 부정의 의미를 나타내는 말과 함께 쓰여서 그 상태가 보통으로 보아 넘길 만한 것이 아니라는 뜻을 나타낸다.

02 용언의 잘못된 활용

- 할아버지, <u>건강하세요</u>. ➡ 건강하게 지내세요(건강하시길 빕니다).
  ★ '건강하다'는 형용사이므로 명령형이 불가능하다.

- 신분이나 나이에 <u>걸맞는</u> 행동을 해라. ➡ 걸맞은
  ★ '걸맞다, 알맞다'는 형용사이므로 현재(진행)형이 불가능하다.

- 이 수익금은 불우한 이웃을 위해 <u>쓰여집니다</u>. ➡ 쓰입니다.
  ★ '쓰다'에 피동 접사 '-이'가 붙었는데, 또 '-어지다'를 붙이면 이중 피동이 되어 어색하다.

- 내가 친구 한 명 <u>소개시켜</u> 줄게. ➡ 소개해
  ★ '-시키다'를 남용하여 문장이 어색하다.

- 보세요, 잘 <u>날라가지</u> 않습니까? ➡ 날아가지
  ★ 기본형 '날다'에 연결 어미 '-아'가 붙으면 '날아'가 되는데, 활용 어미에 'ㄹ'을 남용한 경우이다.

- 만나 보니 사람이 <u>믿음직하지가</u> 않았다. ➡ 믿음직하지
  ★ '-지'는 용언의 어간 뒤에 붙는 연결 어미로 바로 뒤에 격 조사를 취할 수 없다.

03 조사의 잘못된 쓰임

- 원시 시대부터 <u>인간은</u> 끊임없는 발전을 거듭해 온 것은 우리가 인정해야 하는 사실이다. ➡ 인간이
  - ★ 안긴문장의 주어나 이야기의 첫머리에는 보조사 '은/는' 대신 격 조사 '이/가'가 쓰인다.

- <u>환경부는</u> 지난달 현지 조사 때 이 같은 사실을 알게 되었다. ➡ 환경부에서는
  - ★ 단체를 나타내는 주격 조사는 '에서'이다.

- 그 일의 책임은 <u>정부(政府)에게</u> 있다. ➡ 정부에
  - ★ '에'는 무정(無情) 명사에, '에게'는 유정(有情) 명사에 쓰인다.

- 회원 <u>각자의</u> 현재의 자기 상황에 최선을 다하는 것은 매우 중요한 일이다. ➡ 각자가
  - ★ 관형격 조사 '의'를 반복적으로 사용하면 어색한 문장이 된다.

- 우리는 <u>공무원으로써</u> 본분을 다해야 한다. ➡ 공무원으로서
  - ★ '로서'는 자격격 조사이고, '로써'는 기구격 조사이다.

- <u>우승하겠다라는</u> 생각을 하신 적이 있습니까? ➡ 우승하겠다는
  - ★ '라고/라는'은 직접 인용에, '고/는'은 간접 인용에 사용된다.

- 그것은 <u>대회를</u> 임하는 선수의 정신 자세에 관한 문제이다. ➡ 대회에
  - ★ ~에 임하다

- 우리나라가 <u>호주에게</u> 2 : 1로 이겼습니다. ➡ 호주를
  - ★ ~을 이기다

- 아직도 그의 생생한 목소리가 나의 <u>귓전에</u> 울린다. ➡ 귓전을
  - ★ ~을 울리다

- 서류 접수는 <u>15일까지</u> 마감한다. ➡ 15일에(서류 접수는 15일까지이다. / 서류는 15일까지 접수한다.)
  - ★ ~에 마감하다

- 바둑을 <u>인생과</u> 비유하는 데는 조금의 무리도 없다. ➡ 인생에
  - ★ ~에 비유하다

- 그 일은 <u>담당자에게</u> 상의하십시오. ➡ 담당자와
  - ★ ~와 상의하다

- 철수가 <u>영희에게</u> 관심을 끌려고 노력하고 있다. ➡ 영희의
  - ★ ~의 관심을 끌다

04 문장 성분 갖추기

1. 주어 갖추기

- 문학은 다양한 삶의 체험을 보여 주는 <u>예술의 장르로서 문학을</u> 즐길 예술적 본능을 지닌다.
  - ➡ 예술의 장르로서, 인간은 문학을
  - ★ 앞 문장의 주어와 뒤 문장의 서술어가 호응하지 않으므로, 뒤 문장의 '인간은'이라는 주어가 필요하다.
- 본격적인 공사가 언제 시작되고, <u>언제 개통될지 모른다.</u> ➡ 도로가 언제 개통될지 모른다
  - ★ '개통될지'에 해당하는 주어(도로가, 다리가, 터널이…)가 빠져 있다.

2. 서술어 갖추기

- 노래나 춤을 출 사람이 필요하다. ➡ 노래를 부르거나 춤을 출
  ★ '노래'에 호응하는 서술어를 넣어 주어야 한다.

- 김치는 맛도 영양도 많아 세계인의 사랑을 받고 있다. ➡ 맛도 좋고 영양도 많아
  ★ '맛'에 호응하는 서술어를 넣어 주어야 한다.

3. 목적어 갖추기

우리는 모두 그분을 존경하였고, 그분 또한 사랑하였다. ➡ 그분 또한 우리를 사랑하였다.
★ '사랑하다'는 타동사이므로 목적어 '우리를'을 넣어 주어야 한다.

4. 관형어 갖추기

건우가 시험에 합격한 것은 기쁨이 되었다. ➡ 우리의 기쁨이 되었다.
★ '기쁨이'에 호응하는 관형어가 생략되어 누구의 기쁨이 된 것인지 분명하지 않다.

5. 부사어 갖추기

인간은 환경을 지배하기도 하고, 때로는 순응하면서 산다. ➡ 환경에 순응하면서 살기도 한다.
★ '순응하다'에 호응하는 부사어가 빠져 있다.

05 시제의 호응

- 바야흐로 버스가 늦게 출발하였다. ➡ 출발하려 한다.
  ★ '바야흐로'는 '이제 막, 지금 바로' 등의 의미로, 가까운 미래와 호응하는 부사이다.

- 아직 그 기차가 도착하고 있지 않습니다. ➡ 도착하지 않았습니다.
  ★ '아직'은 과거와 호응되는 부사이므로, 현재 진행 시제와는 호응되지 않는다.

- 민호는 아직도 그 이야기를 믿는 중이다. ➡ 믿고 있다.
  ★ '믿다'가 상태성 동사이므로, 현재 진행형으로는 '~고 있다'를 써야 한다.

- 많은 시청 바라겠습니다. ➡ 바랍니다.
  ★ '-겠-'은 추측이나 미래의 의지와 관련된 어미이다.

06 문장 성분의 호응

- 국내 최초로 무농약으로 재배한 블루베리가 첫 수확의 기쁨을 맛보았다. ➡ 블루베리를 처음으로 수확하는
  ★ '블루베리'와 같은 무정 명사는 경험이나 동작을 나타내는 서술어와 호응할 수 없다.

- 그는 비록 체력적으로는 지쳤어서 심적으로는 편안해 했다. ➡ 지쳤더라도/지쳤을지라도
  ★ '비록'은 '~더라도/~일지라도'와 호응된다.

07 습관적 추측 표현

- 오늘 날씨는 매우 <u>좋은 것 같아요</u>. ➡ 좋아요
  ★ 명확하게 이야기할 수 있는 것에는 추측을 나타내는 '~같아요'를 사용할 수 없다.

- 이 영화는 매우 <u>재미있는 것 같습니다</u>. ➡ 재미있습니다
  ★ 자신의 의견이나 느낌을 추측의 형태로 쓰는 것은 옳지 않다.

08 어휘의 논리적 모순

- 내일은 <u>흐리면서</u> 비가 조금 오겠습니다. ➡ 흐리고
  ★ 흐린 다음에 비가 내리는 것이 논리적인데, 동시에 이루어진다고 했으니 옳지 않다.

- 우리 회사는 <u>정화시킨 오염 폐수만을</u> 내보낸다. ➡ 오염된 폐수는 꼭 정화하여
  ★ 이미 정화된 물인데 '오염 폐수'라고 한 것은 논리에 맞지 않는다.

- 커피 한 잔은 <u>괜찮지만, 한 잔 이상</u> 마시면 해로워. ➡ 괜찮지만 두 잔 이상
  ★ '이상'은 '수량이 범위에 포함되면서 그 위인 경우'를 가리킨다.

09 관형화 구성의 남용

- 우리는 <u>아름다운 우아한</u> 그녀의 모습에 놀랐다. ➡ 아름답고 우아한
  ★ '아름다운, 우아한, 그녀의'라는 세 개의 관형어가 '모습'이라는 하나의 피수식어를 수식하고 있어 어색하다.

- 교복은 <u>질긴 입기에 편한 실용적인 것이어야</u> 한다. ➡ 질기고 입기에 편하며 실용적이어야 한다.
  ★ '질긴, 편한, 실용적인'의 세 개의 관형어가 '것'을 수식하고 있어 어색하다.

- 그는 청년 실업 문제의 <u>해결책이 임금 피크제에 달려 있다고</u> 생각하지 않았다. ➡ 임금 피크제가 청년 실업 문제를 해결할 수 있다고
  ★ 관형격 조사 '의'를 사용한 관형화 구성이다. 그러나 '해결책이 ~에 달려 있다.'는 표현은 어색하며 관형화 구성으로 인해 전달하고자 하는 의미가 불분명해졌다.

10 명사화 구성의 남용

- 조선은 <u>외교적 교섭이나</u> 해양을 방어하면서 왜구 침입에 대응하였다. ➡ 외교적으로 교섭하거나
  ★ '외교적 교섭'이 명사화 구성으로 자연스럽지 못하므로 명사화 구성을 버려야 한다.

- 그가 그 문제를 명쾌하게 해결할 것으로 <u>예상되는 것이다</u>. ➡ 예상된다.
  ★ '예상되는 것이다.'에서 의존 명사 '것'은 무의미하게 사용되었다.

- 여름이 되면 <u>수해 방지 대책 마련에</u> 철저를 기해야 한다. ➡ 수해를 방지할 대책을 마련하는 데
  ★ '수해 방지 대책 마련'에서 명사가 지나치게 나열되어 있다.

- 잠실 방면으로는 <u>차량의 진행이 더딤을</u> 보입니다. ➡ 차량의 진행이 더딥니다. / 차량이 더디게 진행하고 있습니다.
  ★ 동사인 '더디다'를 군이 명사화할 필요가 없다.

11 우리말답지 않은 표현

1. ~에 있어서, ~에 대하여, ~에 의하여, ~에 의하면, ~에서의, ~으로서의, ~로의(의로의), ~있다, ~에 다름 아니다, ~에 값한다 등

> • 장애인들에 대하여 관심을 기울여야 한다. ➡ 장애인들에게 관심을 많이 두어야 한다.
> ★ '~에 대하여'뿐만 아니라 '관심을 기울이다'도 일본어식 표현이다.
>
> • 이는 높임법이 발달해 있지 않은 외국어도 많음을 보여 준다. ➡ 발달하지 않은
>
> • 그 사람은 선각자에 다름 아니다. ➡ 선각자나 다름없다. / 선각자라 할 만하다.

2. 물주 구문 / '되다, ~어지다' 등의 피동형·수동형 문장 / '~에 대하여(about), ~의(of), ~와 함께(with), ~으로부터(from), ~에 의해(by)' 등의 전치사를 번역한 문장 / '이것을 고려해 넣는다면(take account of), ~할 필요가 있다(It is necessary to), ~을 필요로 하다(be in need of), ~할 예정으로 있다(be going to), 아무리 ~해도 지나치지 않다(It is not too much to), ~에도 불구하고(in spite of), ~에 위치하고 있다(be located in)' 등의 관용구를 번역한 표현 / '~었었다' 등의 대과거 형태의 표현 / '~을 가지다(have)' 등의 어휘를 직역한 표현 등

> • 각종 교통로가 완공되면 황해안은 많은 변화를 가져오게 될 것이다. ➡ 황해안에는 많은 변화가 생길 것이다.
>
> • 학생의 수준에 맞는 교육이 실시되어야 한다. ➡ 교육을 실시해야
>
> • 춘향호의 선장과 선원들은 배 침몰과 함께 사망했습니다. ➡ 배가 침몰하면서
>
> • 이 새로운 약은 연구팀에 의하여 개발되었다. ➡ 연구팀이 개발했다.
>
> • 우리 회사는 서울에 위치하고 있다. ➡ 서울에 우리 회사가
>
> • 내일 오전 10시에 회의를 갖도록 하자. ➡ 하도록, 열도록
>
> • 최근 3D는 'DNA, 디지털, 디자인'이라는 의미를 갖는다. ➡ 을 의미한다.
> ★ '~이라는 의미를 갖는다.'는 영어 번역 투 표현이다. 이외에도 '갖다'를 남용한 표현으로는 '좋은 생각을 가진 사람', '즐거운 시간 가지시길 바랍니다.' 등이 있는데, '갖다'를 '하다', '있다', '보내다' 등으로 바꾸거나 우리말답게 문장을 재구성하는 것이 자연스럽다.
>
> • 열대식물에는 많은 양의 물을 주세요. ➡ 물을 많이
>
> • 튀김 요리를 할 때는 기름이 튀기도 해 주의가 요구된다. ➡ 주의해야 한다.
>
> • 직장 내 전화 예절은 아무리 강조해도 지나치지 않다. ➡ 매우 중요하다.
>
> • 친구로부터 사정을 듣고 집을 나섰다. ➡ 친구에게

12 중의적 문장

> • 나는 장화를 신고 있다. ➡ 신는 중이다.
> ★ '-고 있다' 때문에 중의성이 발생했고, 상태를 나타내는 경우와 상태나 행동이 진행 중인 경우를 의미하게 되었다.
>
> • 친구들이 송년회에 다 안 왔다. ➡ 아무도 오지 않았다.(전체 부정) / 회원들이 모임에 다 오지는 않았다.(부분 부정)
> ★ '다'라는 부사어로 인해 전체 부정과 부분 부정의 중의성이 발생한 부분이다.
>
> • 사과와 귤 두 개를 받았다. ➡ 사과 한 개와 귤 한 개
> ★ 조사 '와'로 인해 중의성이 생겼다.

- <u>아름다운 그녀의 동생</u>이 나에게 전화를 하였다. ➡ 그녀의 아름다운 동생이
  ★ 관형어의 수식 대상이 불분명하다.
- <u>아쉽게도</u> 시험에 떨어진 오빠를 위한 재도전의 기회는 없었다. ➡ 시험에 떨어진 오빠를 위한 재도전의 기회는 아쉽게도 없었다.
  ★ 부사의 수식 범위가 불분명하다.
- <u>그 아이는</u> 어떠한 사람이든지 만나고 싶어 한다. ➡ 그 아이가/그 아이를
  ★ '은/는'과 같은 보조사는 격 조사와 달리 주어, 목적어, 부사어 등 여러 격에 두루 쓰일 수 있기 때문에, '그 아이는'은 '그 아이가' 또는 '그 아이를'로 해석될 수 있다.
- <u>할아버지의 그림</u>을 보았다. ➡ 할아버지께서 그리신 그림
  ★ 할아버지 소유의 그림인지, 할아버지가 그리신 그림인지, 할아버지를 그린 그림인지 모호하다.

13 중복 표현

- 아버지는 은퇴 후 <u>남은 여생</u>을 고향에서 보내신다고 하셨다. ➡ 남은 생애
  ★ 餘生(남을 여, 날 생): 앞으로 남은 인생
- 구름 한 점 없는 <u>푸른 창공</u>을 날고 싶다. ➡ 푸른 하늘
  ★ 蒼空(푸를 창, 빌 공): 창천(蒼天), 맑고 푸른 하늘
- 마당을 갖는 것이야말로 우리 어머니의 <u>오랜 숙원</u>이다. ➡ 오랜 소망
  ★ 宿願(잘 숙, 원할 원): 오래전부터 품어 온 염원이나 소망
- 그에겐 <u>어려운 난관</u>이 첩첩이 쌓여 있었다. ➡ 어려운 고비
  ★ 難關(어려울 난, 관계할 관): ① 일을 하여 나가면서 부딪치는 어려운 고비 ② 지나기가 어려운 곳
- 영화표를 <u>미리 예매</u>하기로 했다. ➡ 미리 사기
  ★ 豫買(미리 예, 살 매): ① 물건을 받기 전에 미리 값을 치르고 사 둠. ② 정하여진 때가 되기 전에 미리 삼.
- <u>돌이켜 회고해</u> 보니 그와의 추억들은 아름답기만 했다. ➡ 돌이켜보니
  ★ 回顧(돌 회, 돌아볼 고): ① 뒤를 돌아다봄. ② 지나간 일을 돌이켜 생각함.
- 충주 지역 아동 5명의 <u>작은 소원(○)</u>을 들어주기 위해 뭉쳤다.
  ★ 所願(바 소, 원할 원): 바라고 원함. 또는 바라고 원하는 일. '소원'의 '소'는 작다는 의미를 가진 '小'가 아니다.

14 불필요한 피동 표현

- 내용이 너무 어려워 책이 잘 <u>읽혀지지</u> 않는다. ➡ 읽히지
  ★ 이중 피동. 피동 접사 '-히-'와 '-아/어지다'가 중복됨.
- 새로운 일들이 <u>발생되고</u> 있다. ➡ 발생하고
  ★ 피동 표현을 쓸 필요가 없다.
- 용의자가 이미 다른 지역으로 도주했을 것이라고 <u>생각되어집니다.</u> ➡ 생각됩니다.
  ★ 이중 피동. '~되다'와 '~아/어지다'가 중복됨.
- 야당이 여당과 사소한 일로 의견이 마찰하는 바람에 정국이 <u>경색되게 되었다.</u> ➡ 경색되었다.
  ★ 이중 피동. '~되다'와 '~되다'가 중복됨.

15 문맥에 맞지 않은 접속 부사와 연결 어미의 사용

- **순접(順接) 관계**: 그래서, 그리고, ~인 것처럼/것과 같이
- **역접(逆接) 관계**: 그러나, 하지만, 반면에, ~인 것에 반해
- **인과(因果) 관계**: 그러므로, 따라서

실전능력기르기

01_ 어법에 맞고 자연스러운 문장은?

① 금번 새로이 개발한 저희 회사의 신제품을 즐겨 애용해 주시기 바랍니다.

② 정직하지 못한 마음으로 시작한 일이 끝내는 잘못되고 만다는 것을 증명했다.

③ 자기가 한번 세운 목표는 반드시 이루고 말겠다는 의지와 그 의지를 뒷받침할 수 있는 체력이다.

④ 사실, 오늘날의 철학은 너무 전문화된 나머지 일반인들에게는 매우 낯설고 어려운 학문으로만 인식되고 있는 것이 현실이다.

⑤ 마치 망치로 뒤통수를 맞은 것처럼 기억이 뚜렷해졌다.

오답해설 ① '새로이 개발한'과 '신제품'의 의미가 중복되며, '애용'의 의미 속에 '즐겨'가 포함되어 있으므로 표현의 낭비이다.
② '증명했다'라는 서술어에 대한 주체가 제시되어 있지 않다.
③ '의지와'와 '체력이다'에 해당하는 주어가 없다.
⑤ '기억이 뚜렷해졌다'는 문맥상 맞지 않으므로 '기억이 흐릿해졌다'로 고쳐야 한다.

02_ 문장을 자연스럽게 고친 것으로 옳지 않은 것은?

① 학교에 원서를 접수시켰다. ➡ 학교에 원서를 접수하였다.

② 이 책은 우리 출판사에 의해 만들어졌다. ➡ 이 책은 우리 출판사가 만들었다.

③ 김성호 씨를 소개시켜 드리겠습니다. ➡ 김성호 씨를 소개하겠습니다.

④ 지금부터 주례 선생님 말씀이 계시겠습니다. ➡ 지금부터 주례 선생님 말씀이 있 겠습니다.

⑤ 어린이들을 환경오염에서 방지하지 못한다면 우리의 미래는 없다. ➡ 어린이들을 환경오염에서 보호하지 못한다면 우리의 미래는 없다.

02_ '접수하다'는 '신청이나 신고 따위를 구두(口頭)나 문서로 받다.'라는 뜻으로 받는 주체가 '학교'이므로 원서 제출자는 쓸 수 없는 말이다. 따라서 ①은 '학교에 원서를 제출하였다.' 정도로 고치는 것이 자연스럽다.

03_ 다음 중 중복 표현이 없는 문장은?

① 사방에서 들려오는 터지는 폭음 소리에 귀가 멍멍했다.

② 문소리에 달려 나가 보니 그는 아니 오고 지나가는 과객이었다.

③ 세금을 올려서는 절대로 안 된다는 주장은 다시 재고할 필요가 있다.

④ 금융 위기를 타개하기 위한 각종 묘안이 쏟아졌다.

⑤ 흡연은 옥상 위에서만 가능합니다.

오답해설 ① '폭음'은 '폭발물이 터지는 소리'라는 뜻이므로 '터지는 폭음 소리'는 중복된 표현이다.
② '과객'은 '지나가는 나그네'라는 뜻이므로 '지나가는 과객'은 중복된 표현이다.
③ '재고하다'라는 말은 '다시 생각하다'라는 뜻이므로 '다시 재고'는 중복된 표현이다.
⑤ '옥상'은 '지붕의 위'라는 뜻으로 '옥상 위'는 '위[上]'가 중복된 표현이다.

ANSWER

01. ④ 02. ① 03. ④

04. ③은 '예쁜'이 '그녀'를 수식하는 건지 '그녀의 동생'을 수식하는 건지 모호한 문장이므로 중의성을 해소하려면 '그녀의 예쁜 동생을' 또는 '예쁜 그녀의, 동생을'로 수정해야 한다.

04_ 표현의 중의성을 해소한 것으로 적절하지 않은 것은?

① 이것은 아버지의 사진이다. ➡ 이것은 아버지가 찍으신 사진이다.

② 엄마가 사과와 귤 두 개를 가방에 넣어 주셨다. ➡ 엄마가 사과와 귤 각각 한 개씩을 가방에 넣어 주셨다.

③ 길에서 예쁜 그녀의 동생을 우연히 만났다. ➡ 예쁜 그녀의 동생을 길에서 우연히 만났다.

④ 경찰은 소리를 지르며 달아나는 도둑을 쫓고 있었다. ➡ 소리를 지르며 달아나는 도둑을 경찰이 쫓고 있었다.

⑤ 나와 나의 동생이 좋아하는 사람들이 한자리에 모였다. ➡ 나와 나의 동생 두 사람이 함께 좋아하는 사람들이 한자리에 모였다.

05. '~할 필요가 있다', '~을 필요로 한다' 둘 다 우리말답지 않은 영어식 표현으로 '~이 필요하다.'로 바꾸는 것이 자연스럽다. 따라서 ②은 '준비 운동이 필요하다.'로 고쳐 써야 한다.

05_ 밑줄 친 번역 투의 표현을 잘못 고친 것은?

① 내일 오전 10시에 <u>회의를 갖도록 하자</u>. ➡ 회의하자

② 수영하기 전에 <u>준비 운동을 할 필요가 있다</u>. ➡ 준비 운동을 필요로 한다

③ 나는 아침마다 <u>한 조각의 빵을</u> 먹는다. ➡ 빵 한 조각을

④ 그는 <u>언어의 마술사에 다름 아니다</u>. ➡ 언어의 마술사라 할 만하다

⑤ 비오는 날에는 운전에 <u>주의가 요구된다</u>. ➡ 주의해야 한다

06_ 중복 표현이 포함된 문장이 <u>아닌</u> 것은?

① 수현이는 미리 예습하는 습관을 기르려고 노력 중이다.

② 정희는 주연이와 역전 앞에서 만나기로 약속했다.

③ 그 실험은 어려운 난항이 예상된다.

④ 한국 가수들은 케이팝을 널리 보급하는 데 힘썼다.

⑤ 득표수가 과반이어야 당선될 수 있다.

(오답해설) ① '예습'은 '앞으로 배울 것을 미리 익힘.'의 뜻으로 앞에 '미리'와 중복된다.
② '역전'은 '역의 앞쪽'의 뜻으로 바로 뒤에 나오는 '앞'과 중복 된다.
③ '난항'은 '여러 가지 장애 때문에 일이 순조롭게 진행되지 않음을 비유적으로 이르는 말'로 앞에 '어려운'과 중복된다.
④ '보급'은 '널리 펴서 많은 사람들에게 골고루 미치게 하여 누리게 함.'의 뜻으로 앞의 '널리'와 중복된다.

ANSWER ‖‖‖‖‖‖‖‖‖‖‖‖‖‖‖‖‖‖‖‖‖‖‖‖‖‖‖‖‖‖‖‖‖‖
04. ③   05. ②   06. ⑤

07_ 어법에 맞고 자연스러운 문장은?

① 절대로 이것은 사실이 아닙니다.

② 그는 하루의 아침을 커피로 시작한다.

③ 모름지기 우리는 환경 보호에 힘쓴다.

④ 나는 수학여행 장기자랑에서 노래와 춤을 췄다.

⑤ 그녀는 그를 좋아했고, 그 또한 사랑했다.

(오답해설) ② '커피'에 호응하는 서술어를 넣어 주어야 하므로 '커피를 마시고 시작한다.'로 고쳐야 한다.

③ '모름지기'는 '~해야 한다'와 호응하므로 '모름지기 ~ 힘써야 한다.'로 고쳐야 한다.

④ '노래'에 호응하는 서술어가 빠졌으므로 '노래를 부르고 춤을 췄다.'로 고쳐야 한다.

⑤ '사랑하다'는 타동사이므로 목적어 '그녀를'을 넣어 줘야 하므로 '그 또한 그녀를 사랑했다.'로 고쳐야
한다.

ANSWER

07. ①

🎓 어떻게 출제되나?

KBS한국어능력시험에서는 어문 규정에 관한 문제가 9문항 정도 출제된다. 표준어, 표준 발음, 단어 표기, 띄어쓰기, 문장 부호, 외래어 표기법, 로마자 표기법 등과 관련된 문제가 모두 출제되기 때문에 어문 규정에 대해 골고루 묻는 것으로 볼 수 있다.

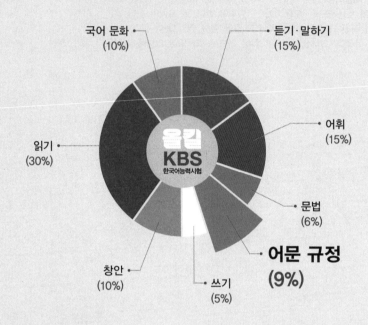

📖 어떻게 공부할까?

어문 규정 내용을 암기하기보다는 이해하는 것이 필요하다. 규정 내용을 이해한다면 규정과 관련된 단어를 쉽게 고를 수 있을 것이다. 다만 표준어 같은 경우는 비표준어와 쉽게 헷갈릴 수 있으니 틈틈이 외우는 것이 좋다. 표준어의 경우 개정 사항에 따라서 비표준어였던 단어가 표준어로 인정되는 경우도 있기 때문에 국립국어원 홈페이지를 통해 틈틈이 확인해 주어야 한다. 띄어쓰기 문제의 경우 의존 명사와 조사, 본용언과 보조 용언을 구별하는 연습을 하는 것이 필요하고, 문장 부호, 외래어 표기법, 로마자 표기법은 고정적으로 1문제씩 나오고 있으므로 규정을 숙지해 두고 해당 사례 단어들을 익혀 둘 필요가 있다.

📁 **이 단원은?** KBS한국어능력시험에서의 어문 규정 영역은 표준어 규정, 표준 발음법, 한글 맞춤법, 띄어쓰기, 문장 부호, 외래어 표기법, 로마자 표기법에서 출제되고 있다. 특히 한글 맞춤법에서 2~3문항, 나머지 부분에서도 골고루 1문항씩은 반드시 출제되므로 규정과 사례들을 정확히 숙지해 두어야 한다.

4

어문 규정

KBS한국어능력시험
기출 유형 완벽 분석한
테마형 단기완성 수험서

Theme 14 표준어 규정

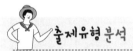

출제유형 분석

"이렇게 출제된다!"

표준어 규정에 관한 문제는 KBS한국어능력시험에서 매회 1~2문항이 나오고 있다. 보기마다 문장을 주고, 그 문장에서 밑줄 쳐진 말 중에 표준어가 아닌 것을 고르는 유형으로 출제되고 있다. 특히 표준어는 종종 개정이 되고 있으므로, 비표준어였다가 표준어로 추가된 단어들도 확인하면서 학습해야 한다.

Q • 밑줄 친 말이 표준어가 <u>아닌</u> 것은?
　　• 밑줄 친 단어의 표기가 적절한 것은?

기출유형 맛보기

"이런 문제가 나온다!"

▷ **밑줄 친 말이 표준어가 아닌 것은?**
① 뒤엉킨 <u>덩굴</u>을 뒤적거려 참외를 찾았다.
② 이사를 끝낸 후 <u>짜장면</u>을 시켜 먹었다.
③ 민지는 학교에 지각을 할까 봐 <u>안절부절못하고</u> 있다.
④ 다섯 시간 동안 <u>지리한</u> 공방이 계속되었다.
⑤ 여름에 <u>가뭄</u>이 들어 농사에 지장이 많다.

해설 '지리하다'는 '지루하다'의 비표준어이다.

ANSWER ▶ ④

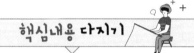

01 자음

제3항	다음 단어들은 거센소리를 가진 형태를 표준어로 삼는다. 예 끄나풀(끄나불×), 나팔꽃(나발꽃×), 살쾡이(삵괭이×), 털어먹다(떨어먹다×)
제5항	어원에서 멀어진 형태로 굳어져서 널리 쓰이는 것은, 그것을 표준어로 삼는다. 예 강낭콩(강남콩×), 사글세(월세○/삭월세×), 울력성당(위력성당×)
	다만, 어원적으로 원형에 더 가까운 형태가 아직 쓰이고 있는 경우에는, 그것을 표준어로 삼는다. 예 갈비(가리×), 갓모(갈모×), 굴젓(구젓×), 말곁(말겻×), 적이(저으기×)
제6항	다음 단어들은 의미를 구별함이 없이, 한 가지 형태만을 표준어로 삼는다. 예 돌(돐×), 둘째(두째×), 셋째(세째×), 넷째(네째×), 빌리다(빌다×)
	다만, '둘째'는 십 단위 이상의 서수사에 쓰일 때에 '두째'로 한다. 예 열두째, 스물두째 ★ 열두 개째의 뜻은 '열둘째'로, 스물두 개째의 뜻은 '스물둘째'로 쓴다.

제7항	수컷을 이르는 접두사는 '수-'로 통일한다.
	예 수꿩(수퀑×), 수나사(숫나사×), 수놈(숫놈×), 수소(황소○/숫소×), 수은행나무(숫은행나무×)
	다만 1. 다음 단어에서는 접두사 다음에서 나는 거센소리를 인정한다. 접두사 '암-'이 결합되는 경우에도 이에 준한다.
	예 수캉아지(숫강아지×), 수캐(숫개×), 수컷(숫것×), 수키와(숫기와×), 수탉(숫닭×), 수탕나귀(숫당나귀×), 수톨쩌귀(숫돌쩌귀×), 수퇘지(숫돼지×), 수평아리(숫병아리×)
	다만 2. 다음 단어의 접두사는 '숫-'으로 한다.
	예 숫양(수양×), 숫염소(수염소×), 숫쥐(수쥐×)

02 모음

제8항	양성 모음이 음성 모음으로 바뀌어 굳어진 다음 단어는 음성 모음 형태를 표준어로 삼는다.
	예 깡충깡충(깡총깡총×), 발가숭이(발가송이×), 보퉁이(보통이×), 봉죽(봉족×), 뻗정다리(뻗장다리×), 오뚝이(오똑이×), 주추(주초×)
	다만, 어원 의식이 강하게 작용하는 다음 단어에서는 양성 모음 형태를 그대로 표준어로 삼는다.
	예 부조(부주×), 사돈(사둔×), 삼촌(삼춘×)
제9항	'ㅣ' 역행 동화 현상에 의한 발음은 원칙적으로 표준 발음으로 인정하지 아니하되, 다만 다음 단어들은 그러한 동화가 적용된 형태를 표준어로 삼는다.
	예 -내기(-나기×), 냄비(남비×) 동댕이치다(동당이치다×)
	★ -내기: 서울내기, 시골내기, 신출내기, 풋내기
	[붙임 1] 다음 단어는 'ㅣ' 역행 동화가 일어나지 아니한 형태를 표준어로 삼는다.
	예 아지랑이(아지랭이×)
	[붙임 2] 기술자에게는 '-장이', 그 외에는 '-쟁이'가 붙는 형태를 표준어로 삼는다.
	예 미장이, 유기장이, 멋쟁이, 소금쟁이, 담쟁이덩굴, 골목쟁이, 발목쟁이
제10항	다음 단어는 모음이 단순화한 형태를 표준어로 삼는다.
	예 괴팍하다(괴팍하다×), 미루나무(미류나무×), 으레(으례×), 케케묵다(켸켸묵다×), 허우대(허위대×), 허우적허우적(허위적허위적×)
제11항	다음 단어에서는 모음의 발음 변화를 인정하여, 발음이 바뀌어 굳어진 형태를 표준어로 삼는다.
	예 -구려(-구료×), 깍쟁이(깍정이×), 나무라다(나무래다×), 바라다(바래다×), 상추(상치×), 주책(주착×), 지루하다(지리하다×), 튀기(트기×), 허드레(허드래×), 호루라기(호루루기×)
제12항	'웃-' 및 '윗-'은 명사 '위'에 맞추어 '윗-'으로 통일한다.
	예 윗니(웃니×), 윗도리(웃도리×), 윗목(웃목×), 윗입술(웃입술×), 윗자리(웃자리×)
	다만 1. 된소리나 거센소리 앞에서는 '위'로 한다.
	예 위쪽(웃쪽×), 위층(웃층×), 위턱(웃턱×), 위팔(웃팔×)
	다만 2. '아래, 위'의 대립이 없는 단어는 '웃-'으로 발음되는 형태를 표준어로 삼는다.
	예 웃국(윗국×), 웃돈(윗돈×), 웃비(윗비×), 웃어른(윗어른×), 웃옷(윗옷×)

03 준말

제14항	준말이 널리 쓰이고 본말이 잘 쓰이지 않는 경우에는, 준말만을 표준어로 삼는다. **예** 김(기음×), 또리(또아리×), 무(무우×), 생쥐(새앙쥐×), 솔개(소리개×), 온갖(온가지×), 장사치(장사아치×)
제15항	준말이 쓰이고 있더라도, 본말이 널리 쓰이고 있으면 본말을 표준어로 삼는다. **예** 경황없다(경없다×), 귀이개(귀개×), 뒤웅박(뒝박×), 맵자하다(맵자다×), 부스럼(부럼×), 일구다(일다×), 죽살이(죽살×), 한통치다(통치다×)

04 단수 표준어

제17항	비슷한 발음의 몇 형태가 쓰일 경우, 그 의미에 아무런 차이가 없고, 그중 하나가 더 널리 쓰이면, 그 한 형태만을 표준어로 삼는다. **예** 거든그리다(거둥그리다×), 구어박다(구워박다×), 귀지(귀에지×), 귀띔(귀틤×), 꼭두각시(꼭둑각시×), 댑싸리(대싸리×), 봉숭아(봉선화○, 봉숭화×), 상판대기(쌍판대기×), 씀벅씀벅(썸벅썸벅×), 천장(천정×)

05 복수 표준어

제18항	원칙/허용 **예** 네/예, 쇠-/소-(쇠고기/소고기), 괴다/고이다, 꾀다/꼬이다, 쐬다/쏘이다, 죄다/조이다, 쬐다/쪼이다
제19항	어감의 차이를 나타내는 단어 또는 발음이 비슷한 단어들이 다 같이 널리 쓰이는 경우에는, 그 모두를 표준어로 삼는다. **예** 거슴츠레하다/게슴츠레하다, 고까/꼬까(고까신/꼬까신), 고린내/코린내, 구린내/쿠린내, 꺼림하다/께름하다, 나부랭이/너부렁이
제26항	한 가지 의미를 나타내는 형태 몇 가지가 널리 쓰이며 표준어 규정에 맞으면, 그 모두를 표준어로 삼는다. **예** 가락엿/가래엿, 가뭄/가물, 가엾다/가엽다, 개숫물/설거지물, 갱엿/검은엿, 거위배/횟배, 게을러빠지다/게을러터지다, 고깃간/푸줏간, 교정보다/준보다, 귀퉁머리/귀퉁배기, 깃저고리/배내옷/배냇저고리, 까까중/중대가리, 꼬까/때때/고까, 꼬리별/살별, 눈대중/눈어림/눈짐작, 넝쿨/덩굴, 다달이/매달, 댓돌/툇돌, 돼지감자/뚱딴지, 되우/된통/되게, 뒷갈망/뒷감당, 들락거리다/들랑거리다, 딴전/딴청, -뜨리다/-트리다(깨뜨리다/깨트리다), 멀찌감치/멀찌가니/멀찍이, 모내다/모심다, 목화씨/면화씨, 물부리/빨부리, 벌레/버러지, 보조개/볼우물, 부침개질/부침질/지짐질, 불사르다/사르다, 뽀두라지/뽀루지, 살쾡이/삵, 생/새앙/생강, 서럽다/섧다, 성글다/성기다, 수수깡/수숫대, 씁쓰레하다/씁쓰름하다, 애꾸눈이/외눈박이, 어금버금하다/어금지금하다, 어저께/어제, 어림잡다/어림치다, 언덕바지/언덕배기, 여태/입때, 연달다/잇달다, 엿기름/엿길금, 옥수수/강냉이, 우레/천둥, 자리옷/잠옷, 자물쇠/자물통, 좀처럼/좀체, 짚단/짚뭇, 책씻이/책거리, 천연덕스럽다/천연스럽다, 추어올리다/추어주다

06 한자어

제21항	고유어 계열의 단어가 널리 쓰이고 그에 대응되는 한자어 계열의 단어가 용도를 잃게 된 것은, 고유어 계열의 단어만을 표준어로 삼는다. **예** 가루약(말약×), 구들장(방돌×), 까막눈(맹눈×), 사래논(사래답×), 마른빨래(건빨래×), 성냥(화곽×), 잎담배(잎초×), 짐꾼(부지군×), 푼돈(분전×/푼전×), 흰말(백말×/부루말×), 흰죽(백죽×)
제22항	고유어 계열의 단어가 생명력을 잃고 그에 대응되는 한자어 계열의 단어가 널리 쓰이면, 한자어 계열의 단어를 표준어로 삼는다. **예** 개다리소반(개다리밥상×), 겸상(맞상×), 단벌(홑벌×), 방고래(구들고래×), 산누에(멧누에×), 수삼(무삼×), 양파(둥근파×), 어질병(어질머리×), 총각무(알무×, 알타리무×), 칫솔(잇솔×)

07 방언

제23항	방언이던 단어가 표준어보다 더 널리 쓰이게 된 것은, 그것을 표준어로 삼는다. 이 경우, 원래의 표준어는 그대로 표준어로 남겨 두는 것을 원칙으로 한다. **예** 멍게/우렁쉥이, 물방개/선두리, 애순/어린순
제24항	방언이던 단어가 널리 쓰이게 됨에 따라 표준어이던 단어가 안 쓰이게 된 것은, 방언이던 단어를 표준어로 삼는다. **예** 귀밑머리(귓머리×), 막상(마기×), 빈대떡(빈자떡×), 생인손(생안손×), 코주부(코보×)

더 알아보기 추가 표준어(2011. 8. 31. / 2014. 12. 15. / 2015. 12. 14. / 2016. 12. 27. / 2018. 10. 16.)

★ 색 글씨가 새로 추가된 표준어임.

같은 뜻으로 인정한 것	간질이다/간지럽히다, 남우세스럽다/남사스럽다, 목물/등물, 만날/맨날, 묏자리/못자리, 복사뼈/복숭아뼈, 세간/세간살이, 쌉싸래하다/쌉싸름하다, 고운대/토란대, 허섭스레기/허접쓰레기, 토담/흙담, 구안괘사/구안와사, 굽실/굽신, 눈두덩/눈두덩이, 삐치다/삐지다, 작장초/초장초, 마을/마실, 예쁘다/이쁘다, 차지다/찰지다, −고 싶다/−고프다, 꺼림칙하다/꺼림직하다, 께름칙하다/께름직하다, 추어올리다/추켜올리다, 치켜세우다/추켜세우다, 추어올리다/추켜올리다/치켜올리다
별도의 표준어로 인정한 것	−기에/−길래, 괴발개발/개발새발, 날개/나래, 냄새/내음, 눈초리/눈꼬리, 떨어뜨리다/떨구다, 뜰/뜨락, 먹을거리/먹거리, 메우다/메꾸다, 손자/손주, 어수룩하다/어리숙하다, 연방/연신, 횡허케/휭하니, 거치적거리다/걸리적거리다, 끼적거리다/끄적거리다, 두루뭉술하다/두리뭉실하다, 맨송맨송/맨숭맨숭(맹숭맹숭), 바동바동/바둥바둥, 새치름하다/새초롬하다, 아옹다옹/아웅다웅, 야멸치다/야멸지다, 오순도순/오손도손, 찌뿌듯하다/찌뿌둥하다, 치근거리다/추근거리다, 개개다/개기다, 꾀다/꼬시다, 장난감/놀잇감, 딴죽/딴지, 사그라지다/사그라들다, 섬뜩/섬찟, 속병/속앓이, 허접스럽다/허접하다, 가오리연/꼬리연, 의논/의론, 이키/이크, 잎사귀/잎새, 푸르다/푸르르다, 거방지다/걸판지다, 건울음/겉울음, 까다롭다/까탈스럽다, 실몽당이/실뭉치
두 가지 표기를 인정한 것	태견/택견, 품세/품새, 자장면/짜장면
복수 표준 활용형	마/말아, 마라/말아라, 마요/말아요, 노라네/노랗네, 동그라네/동그랗네, 조그마네/조그맣네
추가 표준 활용형	엘랑/에는, 주책없다/주책이다

더 알아보기 비표준어로 착각하기 쉬운 표준어

멀쑥하다	① 지저분함이 없이 훤하고 깨끗하다. **예** 멀쑥한 옷차림 ② 멋없이 키가 크고 묽게 생기다. **예** 몸이 형편없이 야위었고 키만 멀쑥했다.
말쑥하다	① 지저분함이 없이 훤하고 깨끗하다. **예** 낙서로 뒤덮여 있던 담벼락을 말쑥하게 새로 페인트칠했다. ② 세련되고 아담하다. **예** 말쑥한 차림새
쌈박하다	① 물건이나 어떤 대상이 시원스럽도록 마음에 들다. **예** 새로 산 옷의 크기나 색상이 쌈박하다. ② 일의 진행이나 처리 따위가 시원하고 말끔하게 이루어지다. **예** 어려운 일을 쌈박하게 처리하고 나니 기분이 상쾌하다.
삼박하다	눈까풀이 움직이며 눈이 한 번 감겼다 떠지다. 또는 그렇게 눈을 감았다 뜨다.
쌉싸래하다 쌉싸름하다 씁쓰레하다	조금 쓴 맛이 있는 듯하다. **예** 쌉싸래한/쌉싸름한/씁쓰레한 인삼주
빠릿빠릿하다	똘똘하고 행동이 날래다. **예** 저렇게 빠릿빠릿하고 야무진 아이는 처음 보네.
절다	① 푸성귀나 생선 따위에 소금기나 식초, 설탕 따위가 배어들다. ② 땀이나 기름 따위의 더러운 물질이 묻거나 끼어 찌들다. ③ 사람이 술이나 독한 기운에 의하여 영향을 받게 되다. **예** 그는 술에 절어(찔어×) 거의 폐인이 되었다.
얻다	'어디에다'가 줄어든 말 **예** 나는 할머니가 돈을 얻다(어따×) 감춰 두는지를 알고 있었다.
엔간하다	대중으로 보아 정도가 표준에 꽤 가까운. **예** 형편이 엔간하면(왠간하면×) 나도 돕고 싶네만 나도 워낙 쪼들려서 그럴 수 없네.
추스르다	① 추어올려 다루다. **예** 바지춤을 추스르다. ② 몸을 가누어 움직이다. **예** 어머니는 며칠째 몸도 못 추스르고(추스리고×) 누워만 계신다. ③ 일이나 생각 따위를 수습하여 처리하다. **예** 이번 사태를 잘 추스르지 못하면 더 큰 문제가 생길 것이다.
서슴지	'서슴다(결단을 내리지 못하고 머뭇거리며 망설이다. 어떤 행동을 선뜻 결정하지 못하고 머뭇거리며 망설이다.)'의 어간 '서슴-' 뒤에 어미 '-지'가 붙은 형태임. **예** 그는 뻔뻔스러운 행동을 서슴지(서슴치×) 않고 한다.
대거리하다¹	일을 시간과 순서에 따라 교대로 바꾸어 하다. **예** 대거리할 겨를이 없어 이틀 동안 꼬박 뜬눈으로 밤을 지새웠다.
대거리하다²	① 상대편에게 맞서서 대들다. **예** 누가 시비를 붙이거든 대거리하지 말고 그냥 지나쳐라. ② 서로 상대의 행동이나 말에 응하여 행동이나 말을 주고받다. **예** 집에 손님이 와서, 어머니는 거기에 대거리하기에 바빴다.

빼꼼	① 작은 구멍이나 틈 따위가 도렷하게 나 있는 모양 ≒ 빼꼼히
	예 빼꼼 뚫린 들창으로 달빛이 들어온다.
	② 살며시 문 따위를 아주 조금 여는 모양 ≒ 빼꼼히
	예 아이가 방문을 빼꼼 열고 엄마 얼굴을 살핀다.
	③ 작은 구멍이나 틈 사이로 아주 조금만 보이는 모양 ≒ 빼꼼히
웬일	어찌 된 일. 의외의 뜻을 나타낸다. 예 웬일로 여기까지 다 왔니?
재까닥	어떤 일을 시원스럽게 빨리 해치우는 모양 예 일을 미루지 말고 재까닥 처리해라.
후딱	① 매우 날쌔게 행동하는 모양
	예 후딱 일을 해치우다.
	② 시간이 매우 빠르게 지나가는 모양
	예 어느새 눈 깜짝할 동안에 일주일이 후딱 지나 있다.

실전능력 기르기

01_ '우유를 담아 두는 갑'을 뜻하는 '우유갑'은 표준어이다. '우유곽'으로 쓰지 않도록 해야 한다.

01_ 밑줄 친 단어의 표기가 적절한 것은?

① 철수는 다 먹은 <u>우유갑</u>을 접어 쓰레기통에 버렸다.
② 그는 무언가가 마음에 안 들었넌지 <u>궁시렁댔다</u>.
③ <u>몇 일</u>동안 그에게 연락이 없었다.
④ 말들이 <u>마굿간</u>에서 먹이를 먹고 있다.
⑤ 돈이 없어서 반지하의 방을 <u>삯월세</u>로 얻었다.

(오답해설) ② '궁시렁대다'는 비표준어이다. '못마땅하여 군소리를 듣기 싫도록 자꾸 하다.'의 뜻을 가진 표준어는 '구시렁대다'로 표기해야 한다.
③ '몇 일'은 잘못된 표기로 비표준어이다. '그달의 몇째 되는 날'의 뜻을 가진 표준어는 '며칠'로 표기해야 한다.
④ '마굿간'은 잘못된 표기로 비표준어이다. '말을 기르는 곳'의 뜻을 가진 표준어는 '마구간'으로 표기해야 한다.
⑤ '삯월세'는 잘못된 표기로 비표준어이다. '집이나 방을 다달이 빌려쓰는 일'을 뜻하는 '월세'와 같은 말은 '사글세'로 표기해야 한다.

02_ '겉으로 드러난 체격. 주로 크거나 보기 좋은 체격을 이른다.'는 뜻을 가진 표준어는 '허우대'이다.

02_ 밑줄 친 말이 표준어가 아닌 것은?

① 내가 무대로 나가자 <u>우레</u> 같은 함성이 쏟아졌다.
② 그는 자꾸 나에게 <u>딴지</u>를 걸었다.
③ 철수는 <u>거슴츠레하게</u> 눈을 뜨고 나를 바라봤다.
④ 그녀는 족발을 보면 <u>사족</u>을 못 쓴다.
⑤ 세훈이는 훤칠한 <u>허위대</u>의 소유자이다.

(오답해설) ② '딴지'는 2014년도에 국립국어원이 표준어로 인정하였기 때문에 표준어이다.

03_ '정신이 맑지 못하고 흐리다.'는 뜻을 가진 표준어는 '흐리멍덩하다'이다. '흐리멍텅하다'는 비표준어이다.

03_ 밑줄 친 말이 표준어가 아닌 것은?

① 그 친구는 내가 경시대회에서 우승한 것을 <u>시새움한다</u>.
② 그는 정장을 <u>말쑥하게</u> 차려입고 내 앞에 섰다.
③ 아이가 사탕을 한 <u>움큼</u> 집었다.
④ 잠을 설쳤더니 정신이 <u>흐리멍텅해서</u> 집중을 할 수 없었다.
⑤ 그 소작인은 지주의 비위를 맞추려고 <u>굽신거렸다</u>.

(오답해설) ⑤ '굽신'은 '굽실'의 비표준어였으나, 2014년도에 국립국어원이 표준어로 인정하여 지금은 표준어이다.

04_ 밑줄 친 말이 표준어가 아닌 것은?

① 영주는 매우 <u>까탈스러운</u> 입맛을 가지고 있다.

② 시선이 나에게 집중되자 나는 마치 <u>발가숭이</u>가 된 기분이었다.

③ 그녀는 <u>천정</u>에 매달린 전등의 전구를 갈아 끼웠다.

④ 그의 아버지는 술만 마시면 <u>괴팍해진다</u>.

⑤ 나는 커피의 <u>쌉싸래한</u> 맛을 좋아한다.

(오답해설) ① '까탈스럽다'는 '까다롭다'의 비표준어였으나, 2016년에 국립국어원이 표준어로 인정하여 지금은 표준어이다.

04_ '반자의 겉면'을 뜻하는 표준어는 '천장'이다. '천정'은 '천장'의 비표준어이다.

05_ 밑줄 친 말이 표준어가 아닌 것은?

① 나는 딸아이에게 <u>꼬까신</u>을 선물했다.

② 그는 <u>엥간한</u> 일로는 놀라지 않는다.

③ 그녀는 일이 잘못되면 동료에게 <u>덤터기</u>를 씌울 계획이었다.

④ <u>쌀뜨물</u>에 된장을 풀어 끓이면 맛있다.

⑤ 정식이는 시합을 하기도 전에 <u>지레</u> 겁을 먹었다.

05_ '대중으로 보아 정도가 표준에 꽤 가깝다.'는 뜻을 가진 표준어는 '엔간하다'이다. '엥간하다'는 비표준어이다.

06_ 밑줄 친 말이 표준어가 아닌 것은?

① 새로 산 모자의 크기와 색상이 <u>쌈박하다</u>.

② 사장님은 손님이 와서 거기에 <u>대거리하느라</u> 바쁘셨다.

③ 그에게 거짓말을 한 것이 아무래도 <u>께름하다</u>.

④ 동생이 <u>웬일로</u> 나에게 선물을 주었다.

⑤ 나는 그의 <u>서슴치</u> 않고 하는 뻔뻔한 행동에 할 말을 잃었다.

06_ '서슴다(결단을 내리지 못하고 머뭇거리며 망설이다.)'의 어간 '서슴-'에 어미 '-지'가 붙은 '서슴지'가 적절하다.

ANSWER

04. ③   05. ②   06. ⑤

표준 발음법

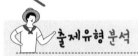

"이렇게 출제된다!"

KBS한국어능력시험에서 표준 발음법에 관한 문제는 매회 1문항이 출제되고 있다. 최근에는 복수 표준 발음을 묻는 문제가 주로 출제되었으며, 그 전에는 표준 발음법의 규정을 제시하고 이에 맞는 단어를 고르는 문제가 주로 출제되었으므로 표준 발음법 규정들을 잘 숙지하고 있어야 한다.

Q • 〈보기〉의 예가 <u>아닌</u> 것은?
• 〈보기〉를 참고할 때, 제시된 단어의 발음이 적절하지 <u>않은</u> 것은?
• 〈보기〉에 따라 발음한 것으로 <u>잘못된</u> 것은?
• 국립국어원은 발음의 복수 표준을 인정했다. 그 예가 <u>아닌</u> 것은?

기출유형 맛보기

"이런 문제가 나온다!"

1. 〈보기〉를 참고할 때, 제시된 단어의 발음이 적절하지 <u>않은</u> 것은?

┌─ 보기 ┐

표준 발음법 제10항 겹받침 'ㄳ', 'ㄵ', 'ㄼ, ㄽ, ㄾ', 'ㅄ'은 어말 또는 자음 앞에서 각각 [ㄱ, ㄴ, ㄹ, ㅂ]으로 발음한다.

① 앉다[안따]　　　　　　　② 외곬[외골]
③ 값[갑]　　　　　　　　　④ 넓다[넙따]
⑤ 넋과[넉꽈]

(해설) 표준 발음법 제10항에 따르면 'ㄼ'은 어말 또는 자음 앞에서 [ㄹ]으로 발음되므로 '넓다'의 발음은 [널따]가 되어야 한다. 다만, '넓–'은 '넓죽하다', '넓둥글다'의 경우에는 [넙]으로 발음되므로 [넙쭈카다], [넙뚱글다]로 발음해야 한다.

2. 2017년 국립국어원은 발음의 복수 표준을 인정하였다. 그 예가 <u>아닌</u> 것은?
① 함수[함:쑤/함:수]
② 괴담이설[괴:담니설/궤:다미설]
③ 순이익[순니익/수니익]
④ 갈등[갈등/갈뜽]
⑤ 불법[불법/불뻡]

(해설) ④ '갈등'은 [갈뜽]으로만 발음된다.
① '함수', ② '괴담이설', ③ '순이익', ④ '불법'은 2017년에 복수 표준 발음을 인정해 둘 다 발음이 가능하다.

ANSWER ▶ 1. ④　2. ④

핵심내용 다지기

01 총칙

제1항	표준 발음법은 표준어의 실제 발음을 따르되, 국어의 전통성과 합리성을 고려하여 정함을 원칙으로 한다.

02 자음과 모음

제2항	표준어의 자음은 다음 19개로 한다. ㄱ ㄲ ㄴ ㄷ ㄸ ㄹ ㅁ ㅂ ㅃ ㅅ ㅆ ㅇ ㅈ ㅉ ㅊ ㅋ ㅌ ㅍ ㅎ
제3항	표준어의 모음은 다음 21개로 한다. ㅏ ㅐ ㅑ ㅒ ㅓ ㅔ ㅕ ㅖ ㅗ ㅘ ㅙ ㅚ ㅛ ㅜ ㅝ ㅞ ㅟ ㅠ ㅡ ㅢ ㅣ
제4항	'ㅏ ㅐ ㅓ ㅔ ㅗ ㅚ ㅜ ㅟ ㅡ ㅣ'는 단모음(單母音)으로 발음한다. [붙임] 'ㅚ, ㅟ'는 이중 모음으로 발음할 수 있다.
제5항	'ㅑ ㅒ ㅕ ㅖ ㅘ ㅙ ㅛ ㅝ ㅞ ㅠ ㅢ'는 이중 모음으로 발음한다. 다만 1. 용언의 활용형에 나타나는 '져, 쪄, 쳐'는 [저, 쩌, 처]로 발음한다. 예 가지어 ⇨ 가져[가저], 찌어 ⇨ 쪄[쩌], 다치어 ⇨ 다쳐[다처] 다만 2. '예, 례' 이외의 'ㅖ'는 [ㅔ]로도 발음한다. 예 계집[계:집/게:집], 계시다[계:시다/게:시다], 시계[시계/시게](時計), 연계[연계/연게](連繫), 메별[메별/메별](袂別), 개폐[개폐/개페](開閉), 혜택[혜:택/헤:택](惠澤), 지혜[지혜/지혜](智慧) 다만 3. 자음을 첫소리로 가지고 있는 음절의 'ㅢ'는 [ㅣ]로 발음한다. 예 늴리리, 닁큼, 무늬, 띄어쓰기, 씌어, 틔어, 희어, 희떱다, 희망, 유희 다만 4. 단어의 첫음절 이외의 '의'는 [ㅣ]로, 조사 '의'는 [ㅔ]로 발음함도 허용한다. 예 주의[주의/주이], 협의[혀븨/혀비], 우리의[우리의/우리에], 강의의[강:의의/강:이에]

03 음의 길이

제6항	모음의 장단을 구별하여 발음하되, 단어의 첫음절에서만 긴소리가 나타나는 것을 원칙으로 한다. 예 눈보라[눈:보라], 말씨[말:씨], 밤나무[밤:나무], 많다[만:타], 멀리[멀:리] 벌리나[빌:리다], 첫눈[천눈], 참말[참말], 쌍동밤[쌍동밤], 수많이[수:마니], 눈멀다[눈멀다], 떠벌리다[떠벌리다] 다만, 합성어의 경우에는 둘째 음절 이하에서도 분명한 긴소리를 인정한다. 예 반신반의[반:신바:늬/반:신바:니], 재삼재사[재:삼재:사] [붙임] 용언의 단음절 어간에 어미 '-아/-어'가 결합되어 한 음절로 축약되는 경우에도 긴소리로 발음한다. 예 보아 ⇨ 봐[봐:], 기어 ⇨ 계[겨:], 되어 ⇨ 돼[돼:], 두어 ⇨ 둬[둬:], 하여 ⇨ 해[해:] 다만, '오아 ⇨ 와, 지어 ⇨ 져, 찌어 ⇨ 쪄, 치어 ⇨ 쳐' 등은 긴소리로 발음하지 않는다.

제7항	긴소리를 가진 음절이라도, 다음과 같은 경우에는 짧게 발음한다. 1. 단음절인 용언 어간에 모음으로 시작된 어미가 결합되는 경우 　예 감다[감:따] — 감으니[가므니], 밟다[밥:따] — 밟으면[발브면], 신다[신:따] — 신어[시너], 알다[알:다] — 알아[아라] 　다만, 다음과 같은 경우에는 예외적이다. 　예 끌다[끌:다] — 끌어[끄:러], 떫다[떫:따] — 떫은[떨:븐], 벌다[벌:다] — 벌어[버:러], 썰다[썰:다] — 썰어[써:러], 없다[업:따] — 없으니[업:쓰니] 2. 용언 어간에 피동, 사동의 접미사가 결합되는 경우 　예 감다[감:따] — 감기다[감기다], 꼬다[꼬:다] — 꼬이다[꼬이다], 밟다[밥:따] — 밟히다[발피다] 　다만, 다음과 같은 경우에는 예외적이다. 　예 끌리다[끌:리다], 벌리다[벌:리다], 없애다[업:쌔다] [붙임] 다음과 같은 복합어(학교 문법 용어로는 합성어)에서는 본디의 길이에 관계 없이 짧게 발음한다. 　예 밀-물, 썰-물, 쏜-살-같이, 작은-아버지

04 받침의 발음

제8항	받침소리로는 'ㄱ, ㄴ, ㄷ, ㄹ, ㅁ, ㅂ, ㅇ'의 7개 자음만 발음한다.
제9항	받침 'ㄲ, ㅋ', 'ㅅ, ㅆ, ㅈ, ㅊ, ㅌ', 'ㅍ'은 어말 또는 자음 앞에서 각각 대표음 [ㄱ, ㄷ, ㅂ]으로 발음한다. 　예 닦다[닥따], 키읔[키윽], 키읔과[키윽꽈], 옷[옫], 웃다[욷:따], 있다[읻따], 젖[젇], 빚다[빋따], 꽃[꼳], 쫓다[쫃따], 솥[솓], 뱉다[밷:따], 앞[압], 덮다[덥따]
제10항	겹받침 'ㄳ', 'ㄵ', 'ㄼ, ㄽ, ㄾ', 'ㅄ'은 어말 또는 자음 앞에서 각각 [ㄱ, ㄴ, ㄹ, ㅂ]으로 발음한다. 　예 넋[넉], 넋과[넉꽈], 앉다[안따], 여덟[여덜], 넓다[널따], 외곬[외골], 핥다[할따], 값[갑], 없다[업:따] 　다만, '밟-'은 자음 앞에서 [밥]으로 발음하고, '넓-'은 다음과 같은 경우에 [넙]으로 발음한다. 　예 밟다[밥:따], 밟소[밥:쏘], 밟지[밥:찌], 밟는[밥:는 ⇨ 밤:는], 밟게[밥:께], 밟고[밥:꼬], 넓-죽하다[넙쭈카다], 넓-둥글다[넙뚱글다]
제11항	겹받침 'ㄺ, ㄻ, ㄿ'은 어말 또는 자음 앞에서 각각 [ㄱ, ㅁ, ㅂ]으로 발음한다. 　예 닭[닥], 흙과[흑꽈], 맑다[막따], 늙지[늑찌], 삶[삼:], 젊다[점:따], 읊고[읍꼬], 읊다[읍따] 　다만, 용언의 어간 말음 'ㄺ'은 'ㄱ' 앞에서 [ㄹ]로 발음한다. 　예 맑게[말께], 묽고[물꼬], 얽거나[얼거나]

第12항	받침 'ㅎ'의 발음은 다음과 같다. 1. 'ㅎ(ㄶ, ㅀ)' 뒤에 'ㄱ, ㄷ, ㅈ'이 결합되는 경우에는, 뒤 음절 첫소리와 합쳐서 [ㅋ, ㅌ, ㅊ]으로 발음한다. 　例 놓고[노코], 좋던[조:턴], 쌓지[싸치], 많고[만:코], 않던[안턴], 닳지[달치] 　[붙임 1] 받침 'ㄱ(ㄺ), ㄷ, ㅂ(ㄼ), ㅈ(ㄵ)'이 뒤 음절 첫소리 'ㅎ'과 결합되는 경우에도, 역시 두 음을 합쳐서 [ㅋ, ㅌ, ㅍ, ㅊ]으로 발음한다. 　　例 각하[가카], 먹히다[머키다], 밝히다[발키다], 맏형[마텽], 좁히다[조피다], 넓히다[널피다], 꽂히다[꼬치다], 앉히다[안치다] 　[붙임 2] 규정에 따라 [ㄷ]으로 발음되는 'ㅅ, ㅈ, ㅊ, ㅌ'의 경우에도 이에 준한다. 　　例 옷 한 벌[오탄벌], 낮 한때[나탄때], 꽃 한 송이[꼬탄송이], 숱하다[수타다] 2. 'ㅎ(ㄶ, ㅀ)' 뒤에 'ㅅ'이 결합되는 경우에는, 'ㅅ'을 [ㅆ]으로 발음한다. 　例 닿소[다쏘], 많소[만:쏘], 싫소[실쏘] 3. 'ㅎ' 뒤에 'ㄴ'이 결합되는 경우에는, [ㄴ]으로 발음한다. 　例 놓는[논는], 쌓네[싼네] 　[붙임] 'ㄶ, ㅀ' 뒤에 'ㄴ'이 결합되는 경우에는, 'ㅎ'을 발음하지 않는다. 　　例 않네[안네], 않는[안는], 뚫네[뚤네 ⇨ 뚤레], 뚫는[뚤는 ⇨ 뚤른] 　　★ '뚫네[뚤네 ⇨ 뚤레], 뚫는[뚤는 ⇨ 뚤른]'에 대해서는 제20항 참조 4. 'ㅎ(ㄶ, ㅀ)' 뒤에 모음으로 시작된 어미나 접미사가 결합되는 경우에는, 'ㅎ'을 발음하지 않는다. 　例 낳은[나은], 놓아[노아], 쌓이다[싸이다], 많아[마:나], 않은[아는], 닳아[다라], 싫어도[시러도]
第13항	홑받침이나 쌍받침이 모음으로 시작된 조사나 어미, 접미사와 결합되는 경우에는, 제 음가대로 뒤 음절 첫소리로 옮겨 발음한다. 　例 깎아[까까], 옷이[오시], 있어[이써], 낮이[나지], 꽂아[꼬자], 꽃을[꼬츨], 쫓아[쪼차], 밭에[바테], 앞으로[아프로], 덮이다[더피다]
第14항	겹받침이 모음으로 시작된 조사나 어미, 접미사와 결합되는 경우에는, 뒤엣것만을 뒤 음절 첫소리로 옮겨 발음한다.(이 경우, 'ㅅ'은 된소리로 발음함.) 　例 넋이[넉씨], 앉아[안자], 닭을[달글], 젊어[절머], 곬이[골씨], 핥아[할타], 읊어[을퍼], 값을[갑쓸], 없어[업:써]
第15항	받침 뒤에 모음 'ㅏ, ㅓ, ㅗ, ㅜ, ㅟ'들로 시작되는 실질 형태소가 연결되는 경우에는, 대표음으로 바꾸어서 뒤 음절 첫소리로 옮겨 발음한다. 　例 밭 아래[바다래], 늪 앞[느밥], 젖어미[저더미], 맛없다[마덥따], 겉옷[거돋], 헛웃음[허두슴], 꽃 위[꼬뒤] 다만, '맛있다, 멋있다'는 [마싣따], [머싣따]로도 발음할 수 있다. [붙임] 겹받침의 경우에는, 그중 하나만을 옮겨 발음한다. 　　例 넋 없다[너겁따], 닭 앞에[다가페], 값어치[가버치], 값있는[가빈는]
第16항	한글 자모의 이름은 그 받침소리를 연음하되, 'ㄷ, ㅈ, ㅊ, ㅋ, ㅌ, ㅍ, ㅎ'의 경우에는 특별히 다음과 같이 발음한다. 　例 디귿이[디그시], 디귿을[디그슬], 디귿에[디그세], 지읒이[지으시], 지읒을[지으슬], 지읒에[지으세], 치읓이[치으시], 치읓을[치으슬], 치읓에[치으세], 키읔이[키으기], 키읔을[키으글], 키읔에[키으게], 티읕이[티으시], 티읕을[티으슬], 티읕에[티으세], 피읖이[피으비], 피읖을[피으블], 피읖에[피으베], 히읗이[히으시], 히읗을[히으슬], 히읗에[히으세]

05 음의 동화

제17항	받침 'ㄷ, ㅌ(ㄾ)'이 'ㅣ'와 결합되는 경우에는, [ㅈ, ㅊ]으로 뒤 음절 첫소리로 옮겨 발음한다. **예** 곧이듣다[고지듣따], 굳이[구지], 미닫이[미다지], 밭이[바치], 벼훑이[벼훌치]
	[붙임] 'ㄷ' 뒤에 접미사 '히'가 결합되어 '티'를 이루는 것은 [치]로 발음한다. **예** 닫히다[다치다], 묻히다[무치다]
제18항	받침 'ㄱ(ㄲ, ㅋ, ㄳ, ㄺ), ㄷ(ㅅ, ㅆ, ㅈ, ㅊ, ㅌ, ㅎ), ㅂ(ㅍ, ㄼ, ㄿ, ㅄ)'은 'ㄴ, ㅁ' 앞에서 [ㅇ, ㄴ, ㅁ]으로 발음한다. **예** 먹는[멍는], 국물[궁물], 깎는[깡는], 키읔만[키응만], 몫몫이[몽목씨], 긁는[긍는], 흙만[흥만], 닫는[단는], 짓는[진ː는], 옷맵시[온맵씨], 있는[인는], 맞는[만는], 젖멍울[전멍울], 쫓는[쫀는], 꽃망울[꼰망울], 붙는[분는], 놓는[논는], 잡는[잠는], 밥물[밤물], 앞마당[암마당], 밟는[밤ː는], 읊는[음는], 없는[엄ː는]
	[붙임] 두 단어를 이어서 한 마디로 발음하는 경우에도 이와 같다. **예** 책 넣는다[챙넌는다], 흙 말리다[흥말리다], 옷 맞추다[온맏추다], 밥 먹는다[밤멍는다], 값 매기다[감매기다]
제19항	받침 'ㅁ, ㅇ' 뒤에 연결되는 'ㄹ'은 [ㄴ]으로 발음한다. **예** 담력[담ː녁], 침략[침냑], 강릉[강능], 항로[항ː노], 대통령[대ː통녕]
	[붙임] 받침 'ㄱ, ㅂ' 뒤에 연결되는 'ㄹ'도 [ㄴ]으로 발음한다. **예** 막론[막논 ⇨ 망논], 석류[석뉴 ⇨ 성뉴], 협력[협녁 ⇨ 혐녁], 법리[법니 ⇨ 범니]
제20항	'ㄴ'은 'ㄹ'의 앞이나 뒤에서 [ㄹ]로 발음한다. **예** 난로[날ː로], 신라[실라], 천리[철리], 광한루[광ː할루], 대관령[대ː괄령], 칼날[칼랄], 물난리[물랄리], 줄넘기[줄럼끼], 할는지[할른지]
	[붙임] 첫소리 'ㄴ'이 'ㄶ', 'ㄹ' 뒤에 연결되는 경우에도 이에 준한다. **예** 닳는[달른], 뚫는[뚤른], 핥네[할레]
	다만, 다음과 같은 단어들은 'ㄹ'을 [ㄴ]으로 발음한다. **예** 의견란[의ː견난], 임진란[임ː진난], 생산량[생산냥], 결단력[결딴녁], 공권력[공꿘녁], 동원령[동ː원녕], 상견례[상견녜], 횡단로[횡단노], 이원론[이ː원논], 입원료[이붠뇨], 구근류[구근뉴]
제21항	위에서 지적한 이외의 자음 동화는 인정하지 않는다. **예** 감기[감ː기](×[강ː기]), 옷감[옫깜](×[옥깜]), 있고[읻꼬](×[익꼬]), 꽃길[꼳낄](×[꼭낄]), 젖먹이[전머기](×[점머기]), 문법[문뻡](×[뭄뻡]), 꽃밭[꼳빧](×[꼽빧])
제22항	다음과 같은 용언의 어미는 [어]로 발음함을 원칙으로 하되, [여]로 발음함도 허용한다. **예** 되어[되어/되여], 피어[피어/피여]
	[붙임] '이오, 아니오'도 [이요, 아니요]로 발음함을 허용한다.

06 경음화

제23항	받침 'ㄱ(ㄲ, ㅋ, ㄳ, ㄺ), ㄷ(ㅅ, ㅆ, ㅈ, ㅊ, ㅌ), ㅂ(ㅍ, ㄼ, ㄿ, ㅄ)' 뒤에 연결되는 'ㄱ, ㄷ, ㅂ, ㅅ, ㅈ'은 된소리로 발음한다. **예** 국밥[국빱], 깎다[깍따], 넋받이[넉빠지], 삯돈[삭똔], 닭장[닥짱], 칡범[칡뻠], 뻗대다[뻗때다], 옷고름[옫꼬름], 있던[읻떤], 꽂고[꼳꼬], 꽃다발[꼳따발], 낯설다[낟썰다], 밭갈이[받까리], 솥전[솓쩐], 곱돌[곱똘], 덮개[덥깨], 옆집[엽찝], 넓죽하다[넙쭈카다], 읊조리다[읍쪼리다], 값지다[갑찌다]
제24항	어간 받침 'ㄴ(ㄵ), ㅁ(ㄻ)' 뒤에 결합되는 어미의 첫소리 'ㄱ, ㄷ, ㅅ, ㅈ'은 된소리로 발음한다. **예** 신고[신ː꼬], 껴안다[껴안따], 앉고[안꼬], 얹다[언따], 삼고[삼ː꼬], 더듬지[더듬찌], 닮고[담ː꼬], 젊지[점ː찌] 다만, 피동, 사동의 접미사 '-기-'는 된소리로 발음하지 않는다. **예** 안기다[안기다], 감기다[감기다], 굶기다[굼기다], 옮기다[옴기다]
제25항	어간 받침 'ㄼ, ㄾ' 뒤에 결합되는 어미의 첫소리 'ㄱ, ㄷ, ㅅ, ㅈ'은 된소리로 발음한다. **예** 넓게[널께], 핥다[할따], 훑소[훌쏘], 떫지[떨ː찌]
제26항	한자어에서, 'ㄹ' 받침 뒤에 연결되는 'ㄷ, ㅅ, ㅈ'은 된소리로 발음한다. **예** 갈등[갈뜽], 발동[발똥], 절도[절또], 말살[말쌀], 불소[불쏘](弗素), 일시[일씨], 갈증[갈쯩], 물질[물찔], 발전[발쩐], 몰상식[몰쌍식], 불세출[불쎄출] 다만, 같은 한자가 겹쳐진 단어의 경우에는 된소리로 발음하지 않는다. **예** 허허실실[허허실실](虛虛實實), 절절-하다[절절하다](切切-)
제27항	관형사형 '-(으)ㄹ' 뒤에 연결되는 'ㄱ, ㄷ, ㅂ, ㅅ, ㅈ'은 된소리로 발음한다. **예** 할 것을[할꺼슬], 갈 데가[갈떼가], 갈 곳[갈꼳], 할 바를[할빠를], 할 수는[할쑤는], 할 적에[할쩌게], 갈 곳[갈꼳], 할 도리[할또리], 만날 사람[만날싸람] 다만, 끊어서 말할 적에는 예사소리로 발음한다. [붙임] '-(으)ㄹ'로 시작되는 어미의 경우에도 이에 준한다. **예** 할걸[할껄], 할밖에[할빠께], 할세라[할쎄라], 할수록[할쑤록], 할지라도[할찌라도], 할지언정[할찌언정], 할진대[할찐대]
제28항	표기상으로는 사이시옷이 없더라도, 관형격 기능을 지니는 사이시옷이 있어야 할(휴지가 성립되는) 합성어의 경우에는, 뒤 단어의 첫소리 'ㄱ, ㄷ, ㅂ, ㅅ, ㅈ'을 된소리로 발음한다. **예** 문-고리[문꼬리], 눈-동자[눈똥자], 신-바람[신빠람], 손-재주[손째주], 길-가[길까], 물-동이[물똥이], 발-바닥[발빠닥], 굴-속[굴ː쏙], 술-잔[술짠], 바람-결[바람껼], 그믐-달[그믐딸], 아침-밥[아침빱], 잠-자리[잠짜리], 강-가[강까], 초승-달[초승딸], 등-불[등뿔], 창-살[창쌀], 강-줄기[강쭐기]

07 음의 첨가

제29항	합성어 및 파생어에서, 앞 단어나 접두사의 끝이 자음이고 뒤 단어나 접미사의 첫음절이 '이, 야, 여, 요, 유'인 경우에는, 'ㄴ' 음을 첨가하여 [니, 냐, 녀, 뇨, 뉴]로 발음한다. 예 솜-이불[솜:니불], 홑-이불[혼니불], 막-일[망닐], 삯-일[상닐], 맨-입[맨닙], 꽃-잎[꼰닙], 내복-약[내봉냑], 한-여름[한녀름], 남존-여비[남존녀비], 신-여성[신녀성], 색-연필[생년필], 직행-열차[지캥녈차], 늑막-염[능망념], 콩-엿[콩녇], 담-요[담:뇨], 눈-요기[눈뇨기], 영업-용[영엄뇽], 식용-유[시굥뉴], 백분-율[백뿐뉼], 밤-윷[밤:뉻] 다만, 다음과 같은 말들은 'ㄴ' 음을 첨가하여 발음하되, 표기대로 발음할 수 있다. 예 이죽-이죽[이중니죽/이주기죽], 야금-야금[야금냐금/야그먀금], 검열[검:녈/거:멸], 욜랑-욜랑[욜랑뇰랑/욜랑욜랑], 금융[금늉/그뮹] [붙임 1] 'ㄹ' 받침 뒤에 첨가되는 'ㄴ' 음은 [ㄹ]로 발음한다. 예 들-일[들:릴], 솔-잎[솔립], 설-익다[설릭따], 물-약[물략], 불-여우[불려우], 서울-역[서울력], 물-엿[물렫], 휘발-유[휘발류], 유들-유들[유들류들] [붙임 2] 두 단어를 이어서 한 마디로 발음하는 경우에도 이에 준한다. 예 한 일[한닐], 옷 입다[온닙따], 서른여섯[서른녀섣], 3 연대[삼년대], 먹은 엿[머근녇], 할 일[할릴], 잘 입다[잘립따], 스물여섯[스물려섣], 1 연대[일련대], 먹을 엿[머글렫] 다만, 다음과 같은 단어에서는 'ㄴ(ㄹ)' 음을 첨가하여 발음하지 않는다. 예 6·25[유기오], 3·1절[사밀쩔], 송별-연[송:벼련], 등-용문[등용문]
제30항	사이시옷이 붙은 단어는 다음과 같이 발음한다. 1. 'ㄱ, ㄷ, ㅂ, ㅅ, ㅈ'으로 시작하는 단어 앞에 사이시옷이 올 때는 이들 자음만을 된소리로 발음하는 것을 원칙으로 하되, 사이시옷을 [ㄷ]으로 발음하는 것도 허용한다. 예 냇가[내:까/낻:까], 샛길[새:낄/샏:낄], 빨랫돌[빨래똘/빨랟똘], 콧등[코뜽/콛뜽], 깃발[기빨/긷빨], 대팻밥[대:패빱/대:팯빱], 햇살[해쌀/핻쌀], 뱃속[배쏙/밷쏙], 뱃전[배쩐/밷쩐], 고갯짓[고개찓/고갣찓] 2. 사이시옷 뒤에 'ㄴ, ㅁ'이 결합되는 경우에는 [ㄴ]으로 발음한다. 예 콧날[콛날 ⇨ 콘날], 아랫니[아랟니 ⇨ 아랜니], 툇마루[퇻:마루 ⇨ 퇸:마루], 뱃머리[밷머리 ⇨ 밴머리] 3. 사이시옷 뒤에 '이' 음이 결합되는 경우에는 [ㄴㄴ]으로 발음한다. 예 베갯잇[베갣닏 ⇨ 베갠닏], 깻잎[깯닙 ⇨ 깬닙], 나뭇잎[나묻닙 ⇨ 나문닙], 도리깻열[도리깯녈 ⇨ 도리깬녈], 뒷윷[뒫:늍 ⇨ 뒨:늍]

실전능력 기르기

01_ 〈보기〉의 예로 적절하지 <u>않은</u> 것은?

> ─ 보기 ─
>
> **표준 발음법 제28항** 표기상으로는 사이시옷이 없더라도, 관형격 기능을 지니는 사이시옷이 있어야 할(휴지가 성립되는) 합성어의 경우에는, 뒤 단어의 첫소리 'ㄱ, ㄷ, ㅂ, ㅅ, ㅈ'을 된소리로 발음한다.

① 갈-등 ② 술-잔
③ 아침-밥 ④ 잠-자리
⑤ 등-불

(오답해설) ② '술-잔[술짠]', ③ '아침-밥[아침빱]', ④ '잠-자리[잠짜리]', ⑤ '등-불[등뿔]'은 모두 표준 발음법 제28항에 적용되는 예이다.

02_ 〈보기〉에 따라 발음한 것으로 <u>잘못된</u> 것은?

> ─ 보기 ─
>
> **표준 발음법 제5항** 'ㅑ ㅒ ㅕ ㅖ ㅘ ㅙ ㅛ ㅝ ㅞ ㅠ ㅢ'는 이중 모음으로 발음한다.
> 다만 1. 용언의 활용형에 나타나는 '져, 쪄, 쳐'는 [저, 쩌, 처]로 발음한다.
> 다만 2. '예, 례' 이외의 'ㅖ'는 [ㅔ]로도 발음한다.

① 겨울[겨울] ② 다쳐[다처]
③ 혼례[혼레] ④ 은혜[은헤]
⑤ 샤워[샤워]

(오답해설) ①과 ⑤도 위 규정에 따라 [겨울], [샤워]로 발음하는 것이 맞고, ②은 제5항 다만1에 따라 [다처]로, ④은 제5항 다만 2에 따라 [은헤]로도 발음하는 것이 맞다.

03_ 2017년 국립국어원은 발음의 복수 표준을 인정했다. 그 예가 <u>아닌</u> 것은?
① 교과[교:과/교:꽈] ② 연이율[연니율/여니율]
③ 관건[관건/관껀] ④ 감언이설[가먼니설/가머니설]
⑤ 늑막염[능망념/능마겸]

(오답해설) ① '교과', ② '연이율', ③ '관건', ④ '감언이설'은 2017년에 복수 표준 발음을 인정해 둘 다 발음이 가능하다.

01_ ① '갈등'은 뒤 단어의 첫소리가 된소리로 발음되어 [갈뜽]으로 발음되지만, 이는 제26항 "한자어에서, 'ㄹ' 받침 뒤에 연결되는 'ㄷ, ㅅ, ㅈ'은 된소리로 발음한다."가 적용된 예이다.

02_ ③ '혼례'는 제5항 다만2에 따라 [혼례]로 발음해야 한다.

03_ 표준 발음법 제29항의 '합성어 및 파생어에서, 앞 단어나 접두사의 끝이 자음이고 뒤 단어나 접미사의 첫음절이 '이, 야, 여, 요, 유'인 경우 'ㄴ' 첨가하여 [니, 냐, 녀, 뇨, 뉴]로 발음한다.'에 따라 ⑤의 '늑막염'은 [능망념]으로만 발음해야 한다.

ANSWER
01. ① 02. ③ 03. ⑤

04. ② '선릉'은 표준 발음법 제20항에 따라 [설릉]으로 발음하여야 한다.

04_ 〈보기〉를 참고할 때, 제시된 단어의 발음이 적절하지 <u>않은</u> 것은?

┌─ 보기 ─────────────────────────────────
표준 발음법 제20항 'ㄴ'은 'ㄹ'의 앞이나 뒤에서 [ㄹ]로 발음한다.
　[붙임] 첫소리 'ㄴ'이 'ㅀ', 'ㄾ' 뒤에 연결되는 경우에도 이에 준한다.
└──────────────────────────────────────

① 핥네[할레]　　　　　　　　② 선릉[선능]

③ 줄넘기[줄럼끼]　　　　　　④ 칼날[칼랄]

⑤ 대관령[대:괄령]

(오답해설) ①, ③, ④, ⑤은 모두 맞게 발음되었다.

★ 표준 발음법 제20항의 다만에 따라 'ㄹ'을 [ㄴ]으로 발음하는 경우는 따로 알아 두어야 한다.
　의견란[의:견난] / 임진난[임:진난] / 생산량[생산냥] / 결단력[결딴녁] / 공권력[공꿘녁] / 동원령[동:원녕] /
　상견례[상견녜] / 횡단로[횡단노] / 이원론[이:원논] / 입원료[이붠뇨] / 구근류[구근뉴]

05. ⑤ '송별연'은 표준 발음법 제29항의 예외인 '다만'에 해당하는 단어로 [송:벼련]으로 발음한다. 따라서 'ㄴ' 음이 첨가 되지 않는다. '송별연' 외에 제29항의 예외인 단어들에는 '6·25[유기오], 3·1절[사밀쩔], 등-용문[등용문]'이 있다.

05_ 〈보기〉의 예로 적절하지 <u>않은</u> 것은?

┌─ 보기 ─────────────────────────────────
표준 발음법 제29항 합성어 및 파생어에서, 앞 단어나 접두사의 끝이 자음이고 뒤 단어나 접미사의 첫음절이 '이, 야, 여, 요, 유'인 경우에는, 'ㄴ' 음을 첨가하여 [니, 냐, 녀, 뇨, 뉴]로 발음한다.
└──────────────────────────────────────

① 솜-이불　　　　　　　　　② 신-여성

③ 색-연필　　　　　　　　　④ 백분-율

⑤ 송별-연

(오답해설) ① '솜이불'은 [솜:니불]로, ② '신여성'은 [신녀성]으로, ③ '색연필'은 [생년필]로, ④ '백분율'은 [백뿐뉼]로 발음되므로 표준 발음법 제29항의 바른 예이다.

06. 표준 발음법 제5항 'ㅑ, ㅒ, ㅕ, ㅖ, ㅘ, ㅙ, ㅛ, ㅝ, ㅞ, ㅠ, ㅢ'는 이중 모음으로 발음한다는 규정에 따라 ⑤ '사례금'은 [사:례금]으로만 발음된다.

06_ 국립국어원이 인정한 복수 표준 발음이 <u>아닌</u> 것은?

① 반값[반:갑/반:깝]

② 강약[강약/강냑]

③ 감언이설[가먼니설/가머니설]

④ 밤이슬[밤니슬/바미슬]

⑤ 사례금[사:레금/사:례금]

(오답해설) ① '반값', ② '강약', ③ '감언이설', ④ '밤이슬'은 2017년 복수 표준 발음이 인정되어 둘 다 발음이 가능하다.

메모

Theme 16

한글 맞춤법

올 킬

한 권으로 끝내는
KBS한국어
능력시험

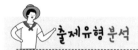

"이렇게 출제된다!"

한글 맞춤법은 KBS한국어능력시험에서 매회 3문제 정도 출제되므로 '어문 규정' 영역에서는 중요한 부분이다. 주로 맞춤법 표기에 관련된 문제와 규정에 관련된 문제가 출제된다. 맞춤법 표기에 관한 문제로는 틀린 단어들을 옳게 고치지 못한 것을 고르거나, 잘못 표기된 단어를 고르는 문제가 주로 나오기 때문에 혼동하기 쉬운 맞춤법들을 따로 암기해 두면 좋다. 또한 규정에 대한 문제로는 규정과 설명을 보고 그 규정에 해당하는 단어들을 고르는 문제가 나오므로 규정과 관련된 단어들을 함께 익혀 두는 것이 좋다.

Q • 밑줄 친 부분을 바르게 수정하지 <u>못한</u> 것은?
  • 〈보기〉를 참고할 때, 밑줄 친 부분의 표기가 적절하지 <u>못한</u> 것은?
  • 밑줄 친 단어의 표기가 적절하지 <u>않은</u> 것은?
  • 제시된 단어의 표기에 적용된 〈보기〉의 규정으로 적절하지 <u>않은</u> 것은?

기출유형 맛보기

"이런 문제가 나온다!"

1. 밑줄 친 부분을 바르게 수정하지 못한 것은?

① 민수가 라면 국물을 <u>들이키다</u>(➡ 들이켜다) 사레들렸다.
② 이 카메라는 망가져서 <u>쓰잘데기</u>(➡ 쓰잘머리)가 없다.
③ 나는 명란젓을 좋아하고, 동생은 <u>창난젓</u>(➡ 창란젓)을 좋아한다.
④ 세찬이는 정현이를 바람을 <u>맞추었다</u>(➡ 맞히었다).
⑤ 어머니는 집 나간 아들을 가슴을 <u>조리며</u>(➡ 졸이며) 기다렸다.

(해설) '명태의 창자에 소금, 고춧가루 따위의 양념을 쳐서 담근 젓'을 뜻하는 단어의 바른 표기는 '창난젓'이다. '명란젓'의 의미와 구별해서 알아 두어야 한다.
★ 명란젓: 명태의 알을 소금에 절여 담근 젓

2. 〈보기〉를 참고할 때, 밑줄 친 부분의 표기가 적절하지 않은 것은?

┌─ 보기 ─
한글 맞춤법 제11항 한자음 '랴, 려, 례, 료, 류, 리'가 단어의 첫머리에 올 적에는, 두음 법칙에 따라 '야, 여, 예, 요, 유, 이'로 적는다.
[붙임 1] 단어의 첫머리 이외의 경우에는 본음대로 적는다. 다만, 모음이나 'ㄴ' 받침 뒤에 이어지는 '렬, 률'은 '열, 율'로 적는다.
└─

① 비율   ② 실패률
③ 선율   ④ 취업률
⑤ 분열

(해설) ② 실패률 ➡ 실패율: 모음 뒤에 바로 '률'이 이어지므로 '률'은 '율'로 적어야 한다.
① '비율', ③ '선율', ⑤ '분열'은 모두 모음이나 'ㄴ' 받침 뒤에 이어지므로 '율', '열'로 적는다.
④ '취업률'은 'ㄴ'이 아닌 받침을 사용한 것이므로 그대로 '률'로 적는다.

ANSWER ▶ 1. ③ 2. ②

핵심내용 다지기

01 총칙

한글 맞춤법은 표준어를 <u>소리대로 적되</u>, <u>어법에 맞도록</u> 함을 원칙으로 한다.
└ 표준 발음과 표기가 일치하는 것   └ 표준 발음과 표기가 일치하지 않는 것
예 수탕나귀[수탕나귀]   **예** 붙이다[부치다], 합격률[합껸뉼]

02 소리에 관한 것

1. 된소리

제5항	한 단어 안에서 뚜렷한 까닭 없이 나는 된소리는 다음 음절의 첫소리를 된소리로 적는다. **예** 소쩍새, 으뜸, 거꾸로, 해쓱하다, 부썩, 산뜻하다, 담뿍, 움찔, 몽땅, 엉뚱하다 다만, 'ㄱ, ㅂ' 받침 뒤에서 나는 된소리는, 같은 음절이나 비슷한 음절이 겹쳐 나는 경우가 아니면 된소리로 적지 아니한다. **예** 국수, 깍두기, 딱지, 색시, 싹둑(~싹둑), 법석, 갑자기, 몹시

2. 구개음화

제6항	'ㄷ, ㅌ' 받침 뒤에 종속적 관계를 가진 '-이(-)'나, '-히-'가 올 적에는 그 'ㄷ, ㅌ'이 'ㅈ, ㅊ'으로 소리 나더라도 'ㄷ, ㅌ'으로 적는다. **예** 맏이, 핥이다, 해돋이, 걷히다, 굳이, 닫히다, 같이, 묻히다, 끝이

3. 모음

제8항	'계, 례, 메, 폐, 혜'의 'ㅖ'는 'ㅔ'로 소리 나는 경우가 있더라도 'ㅖ'로 적는다. **예** 핑계, 폐품(廢品) 다만, 한자 '偈, 揭, 憩'는 본음인 'ㅔ'로 적기로 하였다. **예** 게송(偈頌), 게시판(揭示板), 휴게실(休憩室)
제9항	'의'나, 자음을 첫소리로 가지고 있는 음절의 'ㅢ'는 'ㅣ'로 소리 나는 경우가 있더라도 'ㅢ'로 적는다. **예** 의의(意義), 본의(本義), 무늬[紋], 하늬바람, 늴리리, 닝큼

4. 두음 법칙

제10항	한자음 '녀, 뇨, 뉴, 니'가 단어 첫머리에 올 적에는 두음 법칙에 따라 '여, 요, 유, 이'로 적는다. **예** 여자(女子), 유대(紐帶), 연세(年歲), 이토(泥土), 요소(尿素), 익명(匿名) 다만, 다음과 같은 의존 명사에서는 '냐, 녀' 음을 인정한다. **예** 냥(兩), 년(年)(몇 년) [붙임 1] 단어의 첫머리 이외의 경우에는 본음대로 적는다. 　　　**예** 남녀(男女), 당뇨(糖尿), 결뉴(結紐), 은닉(隱匿) [붙임 2] 접두사처럼 쓰이는 한자가 붙어서 된 말이나 합성어에서, 뒷말의 첫소리가 'ㄴ' 소리로 나더라도 두음 법칙에 따라 적는다. 　　　**예** 신여성(新女性), 공염불(空念佛), 남존여비(男尊女卑)

제11항	한자음 '랴, 려, 례, 료, 류, 리'가 단어의 첫머리에 올 적에는 두음 법칙에 따라 '야, 여, 예, 요, 유, 이'로 적는다. 예 양심(良心), 용궁(龍宮), 역사(歷史), 유행(流行), 예의(禮儀), 이발(理髮) [붙임 1] 단어의 첫머리 이외에는 본음대로 적는다. 　　예 몇 리(里)냐?, 그럴 리(理)가 없다. / 개량(改良), 수력(水力), 사례(謝禮), 와룡(臥龍), 급류(急流), 도리(道理) 다만, 모음이나 'ㄴ' 받침 뒤 '렬, 률'은 '열, 율'로 적는다. 예 나열(羅列), 비열(卑劣), 분열(分裂), 선열(先烈), 진열(陳列), 비율(比率), 실패율(失敗率), 선율(旋律), 백분율(百分率) [붙임 2] 외자로 된 이름을 성에 붙여 쓸 경우에도 본음대로 적을 수 있다. 　　예 신립(申砬), 최린(崔麟) [붙임 3] 준말에서 본음으로 소리 나는 것은 본음대로 적는다. 　　예 국련(국제연합) [붙임 4] 접두사처럼 쓰이는 한자가 붙어서 된 말이나 합성어에서 뒷말의 첫소리가 'ㄴ' 또는 'ㄹ' 소리로 나더라도 두음 법칙에 따라 적는다. 　　예 역이용(逆利用), 연이율(年利率), 해외여행(海外旅行)

03 형태에 관한 것

1. 접미사가 붙어서 된 말

제18항	다음과 같은 용언들은 어미가 바뀔 경우, 그 어간이나 어미가 원칙에 벗어나면 벗어나는 대로 적는다.	
	'ㄹ' 탈락	갈다, 놀다, 불다, 둥글다, 어질다 예 갈다: 가니, 간, 갑니다, 가시다, 가오
	'ㅅ' 불규칙	긋다, 낫다, 잇다, 짓다 예 긋다: 그어, 그으니, 그었다
	'ㅎ' 불규칙	그렇다, 까맣다, 동그랗다, 퍼렇다 예 퍼렇다: 퍼러니, 퍼럴, 퍼러면, 퍼러오
	'ㅜ' 불규칙	푸다 예 푸다: 퍼, 펐다
	'ㅡ' 탈락	끄다, 크다, 담그다, 바쁘다 예 끄다: 꺼, 껐다
	'ㄷ' 불규칙	걷다[步], 듣다[聽], 묻다[問], 싣다[載] 예 걷다: 걸어, 걸으니, 걸었다
	'ㅂ' 불규칙	깁다, 굽다[炙], 가깝다, 괴롭다, 맵다, 무겁다 예 굽다[炙]: 구워, 구우니, 구웠다
	'여' 불규칙	하다 예 하다: 하여(=해), 하여서(=해서), 하여라(=해라), 하였다(=했다)
	'러' 불규칙	이르다[至], 누르다[黃], 푸르다[靑] 예 이르다[至]: 이르러, 이르렀다
	'르' 불규칙	가르다, 거르다, 구르다, 벼르다, 부르다, 오르다, 이르다 예 이르다: 일러, 일렀다
제21항	명사나 혹은 용언의 어간 뒤에 자음으로 시작된 접미사가 붙어서 된 말은 그 명사나 어간의 원형을 밝히어 적는다. 예 값지다, 홑지다, 넋두리, 빛깔, 옆댕이, 잎사귀, 낚시, 갉작거리다, 깊숙하다, 늙정이, 뜯적거리다, 넓적하다, 덮개, 뜯적뜯적하다, 높다랗다, 뜯게질, 굵다랗다, 늙수그레하다, 갉작갉작하다, 굵직하다, 얽죽얽죽하다 다만, 다음과 같은 말은 소리대로 적는다. 예 할짝거리다, 말쑥하다, 얄따랗다, 널따랗다, 말짱하다, 얄팍하다, 널찍하다, 실쭉하다, 짤막하다, 말끔하다, 실큼하다, 실컷, 넙치, 올무, 골막하다, 납작하다	

제23항	'-하다'나 '-거리다'가 붙는 어근에 '-이'가 붙어서 명사가 된 것은 그 원형을 밝히어 적는다. **예** 깔쭉이, 살살이, 꿀꿀이, 쌕쌕이, 눈깜짝이, 오뚝이, 배불뚝이, 푸석이, 삐죽이, 홀쭉이 [붙임] '-하다'나 '-거리다'가 붙을 수 없는 어근에 '-이'나 또는 다른 모음으로 시작되는 접미사가 붙어서 명사가 된 것은 그 원형을 밝히어 적지 아니한다. **예** 개구리, 귀뚜라미, 기러기, 깍두기, 팽과리, 날라리, 누더기, 동그라미, 두드러기, 딱따구리, 매미, 부스러기, 뻐꾸기, 얼루기
제25항	'-하다'가 붙는 어근에 '-히'나 '-이'가 붙어서 부사가 되거나, 부사에 '-이'가 붙어서 뜻을 더하는 경우에는, 그 어근이나 부사의 원형을 밝히어 적는다. **예** 급히, 꾸준히, 도저히, 딱히, 깨끗이 / 곰곰이, 더욱이, 오뚝이, 일찍이, 해죽이 [붙임] '-하다'가 붙지 않는 경우에는 소리대로 적는다. **예** 갑자기, 반드시(꼭), 슬며시

2. 합성어 및 접두사가 붙어서 된 말

제28항	끝소리가 'ㄹ'인 말과 딴 말이 어울릴 적에 'ㄹ' 소리가 나지 아니하는 것은 아니 나는 대로 적는다. **예** 다달이(달-달-이), 따님(딸-님), 마소(말-소), 무자위(물-자위), 바느질(바늘-질), 부나비(불-나비), 부삽(불-삽), 소나무(솔-나무), 싸전(쌀-전), 여닫이(열-닫이)
제29항	끝소리가 'ㄹ'인 말과 딴 말이 어울릴 적에 'ㄹ' 소리가 'ㄷ' 소리로 나는 것은 'ㄷ'으로 적는다. **예** 반짇고리(바느질~), 사흗날(사흘~), 삼짇날(삼질~), 섣달(설~), 숟가락(술~), 이튿날(이틀~), 잗주름(잘~), 푿소(풀~), 섣부르다(설~), 잗다듬다(잘~), 잗다랗다(잘~)

제30항	사이시옷은 다음과 같은 경우에 받치어 적는다. 1. 순우리말로 된 합성어로서 앞말이 모음으로 끝난 경우

뒷말의 첫소리가 된소리로 나는 것	귓밥, 나룻배, 나뭇가지, 냇가, 뒷갈망, 맷돌, 머릿기름, 모깃불, 못자리, 바닷가, 뱃길, 부싯돌, 선짓국, 쇳조각, 아랫집, 잇자국, 킷값
'ㄴ' 소리가 덧나는 것	멧나물, 아랫니, 텃마당, 아랫마을, 뒷머리, 잇몸
'ㄴㄴ' 소리가 덧나는 것	뒷윷, 두렛일, 뒷일, 베갯잇, 옷잇, 깻잎, 나뭇잎, 댓잎

2. 순우리말과 한자어로 된 합성어로서 앞말이 모음으로 끝난 경우

뒷말의 첫소리가 된소리로 나는 것	귓병, 아랫방, 자릿세, 전셋집, 찻잔, 햇수, 횟배
'ㄴ' 소리가 덧나는 것	곗날, 제삿날, 툇마루, 양칫물
'ㄴㄴ' 소리가 덧나는 것	가욋일, 사삿일, 예삿일, 훗일

3. 두 음절로 된 다음 한자어
    예 곳간(庫間), 셋방(貰房), 숫자(數字), 찻간(車間), 툇간(退間), 횟수(回數)

제31항	두 말이 어울릴 적에 'ㅂ' 소리나 'ㅎ' 소리가 덧나는 것은 소리대로 적는다.	
	'ㅂ' 소리가 덧나는 것	볍씨(벼ㅂ씨), 입때(이ㅂ때), 접때(저ㅂ때), 햅쌀(해ㅂ쌀)
	'ㅎ' 소리가 덧나는 것	머리카락(머리ㅎ가락), 살코기(살ㅎ고기), 수캐(수ㅎ개), 수컷(수ㅎ것), 수탉(수ㅎ닭), 안팎(안ㅎ밖), 암캐(암ㅎ개), 암컷(암ㅎ것), 암탉(암ㅎ닭)

3. 준말

제32항	단어의 끝 모음이 줄어지고 자음만 남은 것은 그 앞의 음절에 받침으로 적는다. **예** 기러기야>기럭아 어제그저께>엊그저께 어제저녁>엊저녁 가지고, 가지지>갖고, 갖지 디디고, 디디지>딛고, 딛지
제34항	모음 'ㅏ, ㅓ'로 끝난 어간에 '-아/-어, -았-/-었-'이 어울릴 적에는 준 대로 적는다. **예** 가아>가, 나아>나, 서어>서, 켜어>켜, 펴어>펴, 가았다>갔다, 나았다>났다, 서었다>섰다, 켜었다>켰다, 펴었다>폈다 [붙임 1] 'ㅐ, ㅔ' 뒤에 '-어, -었-'이 어울려 줄 적에는 준 대로 적는다. 　　**예** 개어>개, 내어>내, 베어>베, 개었다>갰다, 내었다>냈다, 베었다>벴다 [붙임 2] '하여'가 한 음절로 줄어서 '해'로 될 적에는 준 대로 적는다. 　　**예** 하여>해, 더하여>더해, 흔하여>흔해, 　　하였다>했다, 더하였다>더했다, 흔하였다>흔했다
제35항	모음 'ㅗ, ㅜ'로 끝난 어간에 '-아/-어, -았-/-었-'이 어울려 'ㅘ/ㅝ, 놨/퉜'으로 될 적에는 준 대로 적는다. **예** 꼬아>꽈, 보아>봐, 쏘아>쏴, 두어>둬, 쑤워>쒀, 주어>줘, 꼬았다>꽜다, 보았다>봤다, 쏘았다>쐈다, 두었다>뒀다, 쑤었다>쒔다, 주었다>줬다
제36항	'ㅣ' 뒤에 '-어'가 와서 'ㅕ'로 줄 적에는 준 대로 적는다. **예** 가지어>가져, 견디어>견뎌, 다니어>다녀, 막히어>막혀, 버티어>버텨, 치이어>치여, 가지었다>가졌다, 견디었다>견뎠다, 다니었다>다녔다, 막히었다>막혔다, 버티었다>버텼다, 치이었다>치였다
제38항	'ㅏ, ㅗ, ㅜ, ㅡ' 뒤에 '-이어'가 어울려 줄어질 적에는 준 대로 적는다. **예** 싸이어>쌔어, 싸여 보이어>뵈어, 보여 쏘이어>쐬어, 쏘여 누이어>뉘어, 누여 뜨이어>띄어 쓰이어>씌어, 쓰여 트이어>틔어, 트여
제39항	어미 '-지' 뒤에 '않-'이 어울려 '-잖-'이 될 적과 '-하지' 뒤에 '않-'이 어울려 '-찮-'이 될 적에는 준 대로 적는다. **예** 그렇지 않은>그렇잖은, 적지 않은>적잖은, 변변하지 않다>변변찮다
제40항	어간의 끝음절 '하'의 'ㅏ'가 줄고 'ㅎ'이 다음 음절의 첫소리와 어울려 거센소리로 될 적에는 거센소리로 적는다. **예** 간편하게>간편케, 연구하도록>연구토록, 흔하다>흔타 [붙임 1] 'ㅎ'이 어간의 끝소리로 굳어진 것은 받침으로 적는다. 　　**예** 않다, 않고, 않지, 않든지, 그렇다, 그렇고, 그렇지, 그렇든지, 아무렇다, 아무렇고, 　　아무렇지, 아무렇든지, 어떻다, 어떻고, 어떻지, 어떻든지, 이렇다, 이렇고, 이렇지, 　　이렇든지, 저렇다, 저렇고, 저렇지, 저렇든지 [붙임 2] 어간의 끝음절 '하'가 아주 줄 적에는 준 대로 적는다. | 본말	준말	본말	준말 | |---|---|---|---| | 거북하지 | 거북지 | 넉넉하지 않다 | 넉넉지 않다 | | 생각하건대 | 생각건대 | 못하지 않다 | 못지않다 | | 생각하다 못해 | 생각다 못해 | 섭섭하지 않다 | 섭섭지 않다 | | 깨끗하지 않다 | 깨끗지 않다 | 익숙하지 않다 | 익숙지 않다 | [붙임 3] 다음과 같은 부사는 소리대로 적는다. 　　**예** 결단코, 결코, 기필코, 무심코, 아무튼, 요컨대, 정녕코, 필연코, 하마터면, 하여튼, 　　한사코

04 그 밖의 것

제51항	부사의 끝음절이 분명히 '이'로만 나는 것은 '-이'로 적고, '히'로만 나거나 '이'나 '히'로 나는 것은 '-히'로 적는다.

'이'로만 나는 것	깨끗이, 나붓이, 느긋이, 반듯이, 산뜻이, 번번이, 일일이, 틈틈이
'히'로만 나는 것	극히, 급히, 딱히, 속히, 작히, 엄격히, 정확히
'이, 히'로 나는 것	솔직히, 가만히, 간편히, 쓸쓸히, 꼼꼼히, 당당히, 고요히

제53항	다음과 같은 어미는 예사소리로 적는다. **예** -(으)ㄹ거나, -(으)ㄹ걸, -(으)ㄹ게, -(으)ㄹ세, -(으)ㄹ세라, -(으)ㄹ수록, -(으)ㄹ시, -(으)ㄹ지, -(으)ㄹ지라도, -(으)ㄹ지어다, -(으)ㄹ지언정, -(으)ㄹ진대, -올시다 다만, 의문을 나타내는 다음 어미들은 된소리로 적는다. **예** -(으)ㄹ까?, -(으)ㄹ꼬?, -(스)ㅂ니까?, -(으)리까?, -(으)ㄹ쏘냐?
제54항	다음과 같은 접미사는 된소리로 적는다. **예** 심부름꾼, 귀때기, 익살꾼, 볼때기, 일꾼, 판자때기, 장꾼, 뒤꿈치, 장난꾼, 팔꿈치, 지게꾼, 이마빼기, 때깔, 코빼기, 빛깔, 객쩍다, 성깔, 겸연쩍다
제55항	두 가지로 구별하여 적던 다음 말들은 한 가지로 적는다. **예** 맞추다(입을 맞춘다. 양복을 맞춘다.) / 뻗치다(다리를 뻗친다. 멀리 뻗친다.)
제56항	'-더라, -던'과 '-든지'는 다음과 같이 적는다. 1. 지난 일을 나타내는 어미 '-더라, -던' 　**예** 지난 겨울은 몹시 춥더라. / 깊던 물이 얕아졌다. / 그렇게 좋던가? / 그 사람 말 잘하던데! / 얼마나 놀랐던지 몰라. 2. 물건이나 일의 내용을 가리지 아니하는 뜻을 나타내는 조사와 어미 '(-)든지' 　**예** 배든지 사과든지 마음대로 먹어라. / 가든지 오든지 마음대로 해라.
제57항	다음 말들은 각각 구별하여 적는다. • 가름: 둘로 <u>가름</u>. • 갈음: 새 책상으로 <u>갈음</u>하였다. • 거름: 풀을 썩힌 <u>거름</u> • 걸음: 빠른 <u>걸음</u> • 거치다: 영월을 <u>거쳐</u> 왔다. • 걷히다: 외상값이 잘 <u>걷힌다</u>. • 걷잡다: <u>걷잡을</u> 수 없는 상태 • 겉잡다: <u>겉잡아서</u> 이틀 걸릴 일 • 그러므로(그러니까): 그는 부지런하다. <u>그러므로</u> 잘 산다. • 그럼으로(써)(그렇게 하는 것으로): 그는 열심히 공부한다. <u>그럼으로(써)</u> 은혜에 보답한다. • 느리다: 진도가 너무 <u>느리다</u>. • 늘이다: 고무줄을 <u>늘인다</u>. • 늘리다: 수출량을 더 <u>늘린다</u>. • 다리다: 옷을 <u>다린다</u>. • 달이다: 약을 <u>달인다</u>. • 다치다: 부주의로 손을 <u>다쳤다</u>. • 닫히다: 문이 저절로 <u>닫혔다</u>. • 닫치다: 문을 힘껏 <u>닫쳤다</u>.

- 마치다 : 벌써 일을 마쳤다.
- 맞히다 : 여러 문제를 더 맞혔다.

- 목거리 : 목거리가 덧났다.
- 목걸이 : 금 목걸이, 은 목걸이

- 바치다 : 나라를 위해 목숨을 바쳤다.
- 받치다 : 우산을 받치고 간다. 책받침을 받친다.
- 받히다 : 쇠뿔에 받혔다.
- 밭치다 : 술을 체에 밭친다.

- 반드시 : 약속은 반드시 지켜라.
- 반듯이 : 고개를 반듯이 들어라.

- 부딪치다 : 차와 차가 마주 부딪쳤다.
- 부딪히다 : 마차가 화물차에 부딪혔다.

- 부치다 : 힘이 부치는 일이다. / 편지를 부친다. / 논밭을 부친다. / 빈대떡을 부친다. / 식목일에 부치는 글 / 회의에 부치는 안건 / 인쇄에 부치는 원고 / 삼촌 집에 숙식을 부친다.
- 붙이다 : 우표를 붙인다. / 책상을 벽에 붙였다. / 흥정을 붙인다. / 불을 붙인다. / 감시원을 붙인다. / 조건을 붙인다. / 취미를 붙인다. / 별명을 붙인다.

- 시키다 : 일을 시킨다.
- 식히다 : 끓인 물을 식힌다.

- 아름 : 세 아름 되는 둘레
- 알음 : 전부터 알음이 있는 사이
- 앎 : 앎이 힘이다.

- 안치다 : 밥을 안친다.
- 앉히다 : 윗자리에 앉힌다.

- 어름 : 두 물건의 어름에서 일어난 현상
- 얼음 : 얼음이 얼었다.

- 이따가 : 이따가 오너라.
- 있다가 : 돈은 있다가도 없다.

- 저리다 : 다친 다리가 저린다.
- 절이다 : 김장 배추를 절인다.

- 조리다 : 생선을 조린다. 통조림, 병조림
- 졸이다 : 마음을 졸인다.

- 주리다 : 여러 날을 주렸다.
- 줄이다 : 비용을 줄인다.

- 하노라고 : 하노라고 한 것이 이 모양이다.
- 하느라고 : 공부하느라고 밤을 새웠다.

- –느니보다(어미): 나를 찾아오느니보다 집에 있거라.
- –는 이보다(의존 명사): 오는 이가 가는 이보다 많다.

- –(으)리만큼(어미): 나를 미워하리만큼 그에게 잘못한 일이 없다.
- –(으)ㄹ 이만큼(의존 명사): 찬성할 이도 반대할 이만큼이나 많을 것이다.

- –(으)러(목적): 공부하러 간다.
- –(으)려(의도): 서울 가려 한다.

- (으)로서(자격): 사람으로서 그럴 수는 없다.
- (으)로써(수단): 닭으로써 꿩을 대신했다.

- –(으)므로(어미): 그가 나를 믿으므로 나도 그를 믿는다.
- (–ㅁ, –음)으로(써)(조사): 그는 믿음으로(써) 산 보람을 느꼈다.

실전능력 기르기

01_ 한글 맞춤법 제30항 사이시옷에 관한 문제이다. ②은 한자어인 '제사'와 순우리말인 '날'의 합성어로, 뒷말의 첫소리 'ㄴ, ㅁ' 앞에서 'ㄴ' 소리가 덧나는 사잇소리의 조건을 충족하므로 '제삿날'이라고 표기해야 옳다.

01_ 밑줄 친 단어의 표기가 적절하지 않은 것은?

① 다람쥐가 <u>쳇바퀴</u>를 열심히 돌고 있다.

② <u>제사날</u>이 되면 가족들은 전을 부치느라 분주해진다.

③ 회사에 입사한 지 벌써 <u>햇수</u>로 5년이 됐다.

④ 갑돌이는 <u>아랫마을</u>의 갑순이를 좋아한다.

⑤ <u>수라간</u>은 임금의 진지를 짓던 주방을 일컫는다.

02_ ⑤ '귀'에 접사 '−때기'가 붙어 '귀를 속되게 이르는 말'로는 한글 맞춤법 제54항의 규정에 따라 '귓대기'가 아닌 '귀때기'로 적어야 한다.

★ 한글 맞춤법 제54항에 따라 다음과 같은 접미사는 된소리로 적는다.

예 심부름꾼, 귀때기, 익살꾼, 볼때기, 일꾼, 판자때기, 장꾼, 뒤꿈치, 장난꾼, 팔꿈치, 지게꾼, 이마빼기, 때깔, 코빼기, 빛깔, 객쩍다, 성깔, 겸연쩍다

02_ 밑줄 친 부분을 바르게 수정하지 못한 것은?

① 부모님께 달달이(➡ 다달이) 용돈을 드리고 있다.

② 이번에 그를 도와줌으로써 그 전에 진 빚을 <u>깨끗히</u>(➡ 깨끗이) 청산했다.

③ <u>숫닭</u>(➡ 수탉)이 밤낮없이 울어대는 통에 잠을 설쳤다.

④ 아기는 태어난 지 6개월 된 즈음에 첫 <u>아래니</u>(➡ 아랫니)가 나기 시작한다.

⑤ 매서운 겨울 바람에 귀때기(➡ 귓대기)가 떨어져 나가는 줄 알았다.

03_ ③ 불나비는 '불'과 '나비'의 합성어이다. 끝소리가 'ㄹ'인 '불'과 '나비'가 어울리면서 '불'의 'ㄹ' 소리가 나지 않기 때문에 '부나비'로 적어야 한다.

03_ 다음 중 〈보기〉에 제시된 규정이 적용되지 않은 것은?

┌ 보기 ┐

한글 맞춤법 제28항 끝소리가 'ㄹ'인 말과 딴 말이 어울릴 적에 'ㄹ' 소리가 나지 아니하는 것은 아니 나는 대로 적는다.

① 바느질　　　　　　　　② 싸전

③ 불나비　　　　　　　　④ 다달이

⑤ 여닫이

ANSWER

01. ②　02. ⑤　03. ③

04_ 밑줄 친 부분을 문맥에 맞게 수정하지 못한 것은?

① 내가 종석이보다 한 문제 더 <u>맞추었다</u>(➡ 맞히었다).

② 속담 중에 "싸움은 말리고, 흥정은 <u>부치라</u>(➡ 붙이라)."라는 말이 있다.

③ 선생님은 학생에게 고개를 <u>반드시</u>(➡ 반듯이) 들라고 말했다.

④ 부모님은 아들 때문에 마음을 계속 <u>조렸다</u>(➡ 졸였다.)

⑤ 그는 퇴근길에 슈퍼마켓에 <u>들른다고</u>(➡ 들린다고) 말했다.

04_ ⑤ '들르다'는 '지나는 길에 잠깐 들어가 머무르다.'라는 뜻의 동사이고, '들리다'는 '듣다'의 피동사나 사동사로 '소리가 들리다.', '이야기를 들려 주다' 등과 같이 사용되는 단어이므로 문맥에 맞는 단어는 '들르다'이다.

05_ 〈보기〉를 참고할 때, 밑줄 친 부분의 표기가 적절하지 않은 것은?

> ┤ 보기 ├
>
> **한글 맞춤법 제51항** 부사의 끝음절이 분명히 '이'로만 나는 것은 '-이'로 적고, '히'로만 나거나 '이'나 '히'로 나는 것은 '-히'로 적는다.

① 번번<u>이</u>　　　　　② 반듯<u>이</u>

③ 솔직<u>히</u>　　　　　④ 꼼꼼<u>히</u>

⑤ 고요<u>이</u>

05_ '-하다'가 붙는 어근 뒤에는 '히'가 쓰이므로 ⑤은 '고요히'로 쓰는 것이 옳다.

06_ 다음 중 밑줄 친 표기가 적절하지 않은 것은?

① 어머니는 내 낡은 옷을 <u>뜯게질</u>하는 중이시다.

② 한참을 더 달리고 나니 <u>넓다란</u> 평야가 눈앞에 펼쳐졌다.

③ 물에 오래 들어가 있었더니 얼굴이 <u>퍼레졌다</u>.

④ 나는 할아버지께 "<u>넝큼</u> 일어나지 못하겠느냐"라고 혼이 났다.

⑤ 그는 <u>공염불</u>에 불과한 선거 공약을 내놓았다.

06_ 한글 맞춤법 제21항의 다만에 해당하는 단어로, 용언의 어간 뒤에 자음으로 시작된 접미사가 붙는 경우, 그 원형을 밝혀 적음을 원칙으로 하나, 겹받침의 끝소리가 드러나지 않는 것은 소리 나는 대로 적는다. 따라서 ② '넓다란'은 '넓-'의 겹받침 끝소리가 드러나지 않은 경우이므로 '넓다란'이 아닌 '널따란'으로 적는 것이 옳다.

ANSWER

04. ⑤　05. ⑤　06. ②

Theme 17

띄어쓰기

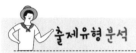

출제유형 분석

"이렇게 출제된다!"

KBS한국어능력시험에서는 띄어쓰기에 관한 문제가 매회 1문제씩 출제되고 있다. 국어 규범에 맞게 띄어쓰기를 바르게 할 수 있는지의 능력을 평가하는 문항으로, 최근에는 복합어의 띄어쓰기 문제가 계속 출제되었다. 실생활에 자주 쓰이는 복합어들을 정리하며, 한 단어로 굳어진 단어인지, 두 개의 단어를 띄어서 만든 복합어인지 구분하는 능력을 키우는 것이 필요하다. 최근에는 복합어들이 주로 나왔지만 이전에는 '의존 명사, 조사, 단위 명사' 등의 규범과 관련된 띄어쓰기도 출제되었으므로 띄어쓰기에 관한 규정을 알아 두어야 한다.

Q 밑줄 친 부분의 띄어쓰기가 잘못된 것은?

기출유형 맛보기

"이런 문제가 나온다!"

▷ **밑줄 친 부분의 띄어쓰기가 잘못된 것은?**

① 민간∨단체를 중심으로 유기견 입양 운동이 벌어졌다.
② 요즘에는 윤리∨의식을 저버린 사람들이 많다.
③ 화산이 폭발할 기미가 보이자 주민들은 안전지대로 대피하였다.
④ 두 나라의 경제 무역 활성화를 위해 정상회담이 개최되었다.
⑤ 김 씨는 속도위반으로 단속 카메라에 적발되어 과태료를 납부하였다.

(해설) '정상 회담'은 '두 나라 이상의 우두머리가 모여 하는 회담'의 의미를 가진 말로, '정상∨회담'으로 띄어 쓰는 것이 옳다.

ANSWER ▶ ④

핵심내용 다지기

01 한글 맞춤법 규정 관련 띄어쓰기

1. 조사의 띄어쓰기

제41항	조사는 그 앞말에 붙여 쓴다. 예 꽃이, 꽃마저, 꽃밖에, 꽃에서부터, 꽃으로만, 꽃이나마, 꽃이다, 꽃입니다, 꽃처럼, 어디까지나, 거기도, 멀리는, 웃고만

2. 의존 명사의 띄어쓰기

제42항	의존 명사는 띄어 쓴다. 예 아는∨것이 힘이다. / 나도 할∨수 있다. / 먹을∨만큼 먹어라. / 아는∨이를 만났다. / 네가 뜻한∨바를 알겠다. / 그가 떠난∨지가 오래다.

3. 단위 명사의 띄어쓰기

제43항	단위를 나타내는 명사는 띄어 쓴다. 예 한∨개, 차 한∨대, 금 서∨돈, 소 한∨마리, 옷 한∨벌, 열∨살, 조기 한∨손, 연필 한∨자루, 버선 한∨죽, 집 한∨채, 신 두∨켤레, 북어 한∨쾌 다만, 순서를 나타내는 경우나 숫자와 어울리어 쓰이는 경우에는 붙여 쓸 수 있다. 예 두시 삼십분, 삼학년, 육층, 2대대, 1446년 10월, 16동 502호, 10개, 7미터

4. 수의 띄어쓰기

제44항	수를 적을 적에는 '만(萬)' 단위로 띄어 쓴다. 예 십이억 삼천사백오십육만 칠천팔백구십팔, 12억 3456만 7898

5. 열거의 띄어쓰기

제45항	두 말을 이어 주거나 열거할 적에 쓰이는 말들은 띄어 쓴다. 예 국장∨겸∨과장 열∨내지∨스물 청군∨대∨백군 책상, 걸상∨등 사과, 배∨등속 부산, 광주∨등지
제46항	단음절로 된 단어가 연이어 나타날 적에는 붙여 쓸 수 있다. 예 그때 그곳, 좀더 큰것, 이말 저말, 한잎 두잎

6. 본용언과 보조 용언의 띄어쓰기

제47항	보조 용언은 띄어 씀을 원칙으로 하되, 경우에 따라 붙여 씀도 허용한다. 예 불이 꺼져∨간다/꺼져간다. 그 일은 할∨만하다/할만하다. 비가 올∨성싶다/올성싶다. 비가 올∨듯하다/올듯하다. 일이 될∨법하다/될법하다. 잘 아는∨척한다/아는척한다. 다만, 앞말에 조사가 붙거나 앞말이 합성 동사인 경우, 그리고 중간에 조사가 들어갈 적에는 그 뒤에 오는 보조 용언은 띄어 쓴다. 예 잘도∨놀아만 나는구나! 네가 덤벼들어∨보아라. 그가 올 듯도∨하다.

7. 성명 등의 띄어쓰기

제48항	성과 이름, 성과 호 등은 붙여 쓰고, 이에 덧붙는 호칭어, 관직명 등은 띄어 쓴다. 예 김양수(金良洙)　서화담(徐花潭)　채영신∨씨　최치원∨선생　박동식∨박사 　충무공∨이순신∨장군 다만, 성과 이름, 성과 호를 분명히 구분할 필요가 있을 경우에는 띄어 쓸 수 있다. 예 남궁억/남궁∨억　독고준/독고∨준　황보지봉(皇甫芝峰)/황보∨지봉

8. 고유 명사의 띄어쓰기

제49항	성명 이외의 고유 명사는 단어별로 띄어 씀을 원칙으로 하되, 단위별로 붙여 쓸 수 있다. 예 대한∨중학교/대한중학교　한국∨대학교∨사범∨대학/한국대학교 사범대학

9. 전문 용어의 띄어쓰기

제50항	전문 용어는 단어별로 띄어 쓰되, 붙여 쓸 수도 있다. 예 만성∨골수성∨백혈병/만성골수성백혈병　중거리∨탄도∨유도탄/중거리탄도유도탄 　무릎∨대어∨돌리기/무릎대어돌리기

02 주의해야 할 띄어쓰기

💬 중(中)을 붙여 쓰는 경우
그중, 무심중, 무언중, 무의식중, 부재중, 부지불식중, 부지중, 은연중, 한밤중, 허공중 등

💬 앞에 꾸미는 말이 올 경우
남의 이야기∨하기는 쉽다.

같이	• 부사는 띄어 쓴다. ① 둘 이상의 사람이나 사물이 함께 예 친구와∨같이 사업을 하다. ② 어떤 상황이나 행동 따위와 다름이 없이 예 예상한 바와∨같이 주가가 떨어졌다. • 조사는 붙여 쓴다. ① '앞말(체언)이 보이는 전형적인 어떤 특징처럼'의 뜻을 나타내는 격 조사 　예 꽃같이 아름다운 얼굴 / 소같이 일만 하다. ② 앞말이 나타내는 때를 강조하는 격 조사 　예 새벽같이 떠나다. / 매일같이 지각하다.
같은	'같다(그것과 다르지 않다.)'의 활용형으로 반드시 앞말과 띄어 써야 함. 예 조각∨같은 얼굴(체언 뒤)
여(餘)	접미사: '그 수를 넘음.'의 뜻을 더하는 말로 붙여 쓴다. 예 천여 가구, 백여 원, 한 시간여를 기다리다.
씨(氏)	• 접미사: 성씨 자체, 가문이나 문중의 뜻을 더하는 말로 붙여 쓴다. 　예 박씨 부인, 최씨 문중, 그의 성은 남씨입니다. • 의존 명사: 그 사람을 높이거나 대접하여 부르거나 이르는 말로 띄어 쓴다. 대체로 동료나 아랫사람에게 쓴다. 　예 박∨씨, 홍길동∨씨, 그 일은 김∨씨가 맡기로 했네.
중(中)	• 의존 명사는 띄어 쓴다. ① 여럿의 가운데 예 영웅∨중의 영웅 ② 무엇을 하는 동안 예 근무∨중, 회의∨중 ③ 어떤 상태에 있는 동안 예 재학∨중, 수감∨중 ④ 어떤 시간의 한계를 넘지 않는 동안 예 오늘내일∨중, 오전∨중 ⑤ 안이나 속 예 해수∨중, 공기∨중

하다	• 한 단어로 굳어진 경우 붙여 쓴다. **예** 사랑<u>하다</u>, 생각<u>하다</u> 등 • 한 단어로 굳어지지 않은 경우 띄어 쓴다. **예** 꽝∨<u>하는</u> 소리, 노래∨<u>하면</u> 너 아니니?
안/못	부정문의 경우만 띄어 쓰고, 그 외는 붙여 쓴다. **예** • 출발 시간이 아직 <u>안</u>∨되었다. / 시험에 실패했다니 <u>안</u>되었다. 　　• 아파서 일을 <u>못</u>∨했다. / 넌 심보가 <u>못</u>됐구나.
한 번/한번	수를 세는 경우에만 띄어 쓰고, 그 외는 붙여 쓴다. **예** • <u>한</u>∨번 두 번 하다 보면 실력이 는다. 　　• 가격이나 <u>한번</u> 물어봐. / <u>한번</u>은 그런 일도 있었지.
녘	• 방향은 붙여 쓴다. **예** 동녘, 남녘 • 시간이나 때는 띄어 쓴다. **예** 아침∨녘, 해 뜰∨녘 ★'새벽녘'은 예외
맨	• **관형사** : '더 할 수 없을 정도나 경지에 있음.'의 뜻을 더하는 말로 띄어 쓴다. 　**예** 산의 맨∨꼭대기, 맨∨먼저 • **접두사** : '다른 것이 없는'의 뜻을 더하는 말로 붙여 쓴다. 　**예** <u>맨</u>땅, <u>맨</u>발, <u>맨</u>주먹
남짓	수량을 나타내는 말 뒤에 쓰여 크기, 수효, 부피 따위가 어느 한도에 차고 조금 남는 정도임을 나타내는 의존 명사로 띄어 쓴다. ≒ 나마(의존 명사) **예** 한 달∨남짓 / 열 명∨남짓
둥	• 의존 명사는 띄어 쓴다. ① 무슨 일을 하는 듯도 하고 하지 않는 듯도 함을 나타내는 말을 나타낼 경우 띄어 쓴다. **예** 밥을 먹는∨둥 마는∨둥 수저를 내려놓는다. ② 이렇다거니 저렇다거니 하며 말이 많음을 나타내는 말을 나타낼 경우 띄어 쓴다. 　　**예** 그는 방이 춥다는∨둥 건조하다는∨둥 불만이 많았다.
라고	직접 인용을 나타낼 때 쓰이는 조사로 붙여 쓴다. **예** 그는 '예'라고 말했다.
하고	'하다'의 활용형으로 띄어 쓴다. **예** 그는 '예'∨하고 말했다.
기타	• 학교, 행정 구역, 산맥 이름 등은 붙여 쓴다. **예** 초등학교, 경상남도, 태백산맥 • 첩어는 붙여 쓴다. **예** 머나먼, 여기저기, 예쁘디예쁜 • 둘 이상의 부사로 된 단어는 붙여 쓴다. 　**예** 곧바로, 더욱더, 제아무리, 또다시, 더한층, 곧잘

03 띄어쓰기와 붙여쓰기를 구별해야 하는 경우

1. '뿐'

★ '뿐만 아니다.'도 '뿐'에 준하여 적는다.

띄어 씀	① 어미 '-을' 뒤에 쓰여 다만 어떠하거나 어찌할 따름이라는 뜻을 나타낼 경우 의존 명사로 보고 띄어 쓴다. 예 공부를 <u>할</u>∨뿐이다. / 그저 <u>황홀할</u>∨뿐이다. / 그녀는 얼굴이 <u>예쁠</u>∨뿐만 아니라, 마음씨도 곱다. ② '-다 뿐이지' 구성으로 쓰여 오직 그렇게 하거나 그러하다는 것을 나타낼 경우 의존 명사로 보고 띄어 쓴다. 예 시간만 보냈<u>다</u>∨뿐이지 한 일은 없다.
붙여 씀	① 체언에 붙을 때는 접미사로 붙여 쓴다. 예 이 일을 해결할 사람은 <u>너</u>뿐이다. ➡ 대명사에 붙음. 그녀를 치유할 약은 <u>사랑</u>뿐이다. ➡ 명사에 붙음. 충남에는 고교 야구부가 <u>하나</u>뿐이다. ➡ 수사에 붙음. ② 어떤 일이 그것만으로 그치지 않고 나아가 다른 일이 더 있음을 나타낼 경우 연결 어미로 보고 붙여 쓴다. 예 라일락은 꽃이 <u>예쁠</u>뿐더러 향기도 좋다.

2. '대로'

띄어 씀	용언 뒤에서는 의존 명사로 보고 띄어 쓴다. ① 어떤 모양이나 상태와 같이 예 들은∨대로 이야기하다. / 당신 좋을∨대로 하십시오. ② 어미 '-는' 뒤에 쓰여 어떤 상태나 행동이 나타나는 그 즉시 예 집에 도착하는∨대로 편지를 쓰다. ③ 어미 '-는' 뒤에 쓰여 어떤 상태나 행동이 나타나는 족족 예 기회 있는∨대로 정리하는 메모 ④ '대로'를 사이에 두고 같은 용언이 반복되어, '-을 대로' 구성으로 쓰여 어떤 상태가 매우 심하다는 뜻을 나타내는 말 예 지칠∨대로 지친 마음 ⑤ '-을 수 있는 대로'의 구성으로 쓰여, 할 수 있는 만큼 최대한 예 될 수 있는∨대로 빨리 오다.
붙여 씀	체언 뒤에서는 조사로 보고 붙여 쓴다. ① 앞에 오는 말에 근거하거나 달라짐이 없음을 나타내는 보조사 예 처벌하려면 <u>법</u>대로 해라. ② 따로따로 구별됨을 나타내는 보조사 예 너는 <u>너</u>대로 나는 <u>나</u>대로 서로 상관 말고 살자.

3. '차(次)'

띄어 씀	① 주로 한자어 수 뒤에 쓰여 '번', '차례'의 뜻을 나타낼 때는 의존 명사로 보고 띄어 쓴다. 예 제일∨차 세계 대전 / 그들은 선생님 댁을 수십∨차 방문했다. ② '-던 차에', '-던 차이다' 구성으로 쓰여 어떠한 일을 하던 기회나 순간을 나타낼 때는 의존 명사로 보고 띄어 쓴다. 예 잠이 막 들려던∨차에 전화가 왔다. / 당신을 만나러 가려던∨차였는데 잘 왔소. ③ 수학에서 방정식 따위의 차수를 이를 때는 의존 명사로 보고 띄어 쓴다. ④ 일정한 기간을 나타내는 명사구 뒤에 쓰여 주기나 경과의 해당 시기를 나타낼 때는 의존 명사로 보고 띄어 쓴다. 예 결혼 10년∨차에 내 집을 장만했다. / 임신 8주∨차 제33회
붙여 씀	① 단위를 나타내는 의존 명사가 아라비아 숫자 뒤에 붙는 경우는 붙여 쓸 수 있다. 예 제1차 세계 대전 ② 목적을 뜻하는 접미사로 쓰일 때는 붙여 쓴다. 예 연구차 / 인사차 / 사업차

4. '만큼'

띄어 씀	용언의 관형사형 어미에 붙어 '그런 정도로' 또는 '실컷'의 뜻을 나타내는 경우는 의존 명사로 보고 띄어 쓴다. 예 노력한∨만큼 대가를 얻다. / 귀를 기울여야 들릴∨만큼 작은 목소리 / 인제 벌∨만큼 벌었다. / 혼인은 인생이 좌우될∨만큼 중대한 일이다.
붙여 씀	① 체언 뒤에 붙어 비교를 나타낼 때에는 조사로 보고 붙여 쓴다. 예 나도 그 사람만큼 할 수 있다. / 어느 구석에 먼지만큼이나 더러운 구석이 있느냐? ② 이유를 나타내는 경우도 조사로 보고 붙여 쓴다. (-니만큼, -느니만큼, -으니만큼) 예 열심히 일하느니만큼 / 문학 형식이니만큼

5. '듯'

띄어 씀	① '어미'에 붙는 '듯'은 의존 명사로 보고 띄어 쓴다. 예 마치 찌를∨듯이 달려든다. / 밥을 먹은∨듯 만∨듯, 그렇게 하는∨듯 ② 어미 다음에 오는 '듯하다'도 의존 명사로 보고 띄어 쓴다. 예 그 여자는 미친∨듯하다.
붙여 씀	'어간'에 붙은 '듯'은 어미로 보고 붙여 쓴다. 예 구름에 달 가듯 가는 나그네 / 비 오듯 쏟아지는 눈물 / 뛰어가듯 걷는 모습

6. '만'

띄어 씀	'시간이 지난 정도'를 나타낼 경우에는 의존 명사로 보고 띄어 쓴다. 예 장사한 지 사흘∨만에 부활하다.
붙여 씀	① '한정'하는 말이나 그 '정도'를 나타낼 때는 조사로 보고 붙여 쓴다. 예 그는 오로지 운동에만 힘을 쏟는다. (한정) / 청군이 백군만 못하다. (정도) ② '가정'을 나타낼 경우에는 조사로 보고 붙여 쓴다. 예 내 욕만 해 봐라. / 어디 울어만 봐라.

7. '결'

띄어 쓰	① 관형사, 어미 '-는' 뒤에서 주로 '-결에' 꼴로 쓰여 '때', '사이', '짬'의 뜻을 나타낼 때는 의존 명사로 보고 띄어 쓴다. **예** 자기도 모르는∨결에 웃음이 터졌다. ② '겨를'의 준말일 때는 의존 명사로 보고 띄어 쓴다. **예** 쉴∨결이 없이 일을 했다.
붙여 쓰	일부 명사 뒤에 붙어 '지나가는 사이', '도중'의 뜻을 더하는 경우 접미사로 보고 붙여 쓴다. **예** 꿈결 / 무심결 / 잠결

8. '하고'

띄어 쓰	동사 '하다'의 활용형일 때는 띄어 쓴다. **예** "어험!"∨하고 헛기침을 하다.
붙여 쓰	① 체언 뒤에 붙어 구어체로 다른 것과 비교하거나 기준으로 삼는 대상임을 나타내는 경우 조사로 보고 붙여 쓴다. **예** 철수는 너하고 닮았다. ② 구어체로 일 따위를 함께 함을 나타내는 경우 조사로 보고 붙여 쓴다. **예** 너는 누구하고 갈 테냐? ③ 구어체로 상대로 하는 대상임을 나타내는 경우 조사로 보고 붙여 쓴다. **예** 사소한 오해로 그는 애인하고 헤어졌다. ④ 체언 뒤에 붙어 구어체로 둘 이상의 사물을 같은 자격으로 이어 주는 경우 조사로 보고 붙여 쓴다. ≒ 하며 **예** 배하고 사과하고 감을 가져오너라. ⑤ 동사나 형용사를 만드는 접미사 '-하다'의 활용형일 때는 붙여 쓴다. **예** 씩씩하고 활기찬 걸음걸이

9. '간'

띄어 쓰	① 한 대상에서 다른 대상까지의 사이를 의미할 때는 의존 명사로 보고 띄어 쓴다. **예** 서울과 부산∨간 야간열차 ② 일부 명사 뒤에 쓰여 '관계'의 뜻을 나타낼 때는 의존 명사로 보고 띄어 쓴다. **예** 부모와 자식∨간에도 예의를 지켜야 한다. ③ '-고 -고 간에', '-거나 -거나 간에', '-든지 -든지 간에' 구성으로 쓰여 앞에 나열된 말 가운데 어느 쪽인지를 가리지 않는다는 뜻을 나타낼 때는 의존 명사로 보고 띄어 쓴다. **예** 공부를 하든지 운동을 하든지∨간에 열심히만 해라.
붙여 쓰	① (기간을 나타내는 일부 명사 뒤에 붙어) '동안'의 뜻을 더하는 경우 접미사로 보고 붙여 쓴다. **예** 이틀간 / 한 달간 / 삼십 일간 ② (몇몇 명사 뒤에 붙어) '장소'의 뜻을 더하는 경우 접미사로 보고 붙여 쓴다. **예** 대장간 / 외양간

10. '만치'

띄어 쓰기	① (주로 어미 '-은, -는, -을' 뒤에 쓰여) 앞의 내용에 상당한 수량이나 정도임을 나타낼 때는 의존 명사로 보고 띄어 쓴다. = 만큼 예 일하는 시간이 많은∨만치 보수가 많다. ② (주로 어미 '-은, -는, -던' 뒤에 쓰여) 뒤에 나오는 내용의 원인이나 근거가 됨을 나타낼 때는 의존 명사로 보고 띄어 쓴다. = 만큼 예 선생님께서 심하게 나그친∨만치, 아이의 행동도 달라져 있었다.
붙여 쓰기	(체언이나 조사의 바로 뒤에 붙어) 앞말과 비슷한 정도나 한도임을 나타내는 경우 조사로 보고 붙여 쓴다. = 만큼 예 나도 너만치 먹었다. / 부모님에게만치 잘해 드리고 싶었다.

11. '데'

띄어 쓰기	① '경우'와 '처지'를 나타낼 때는 의존 명사로 보고 띄어 쓴다. 예 배 아픈∨데 먹는 약 / 말 안 듣는∨데는 매가 최고다. ② '처소(곳)'를 나타낼 때는 의존 명사로 보고 띄어 쓴다. 예 애들이 마음놓고 놀∨데가 없다. / 아버지는 먼∨데로 가신다. ③ '일(것)'을 나타낼 때는 의존 명사로 보고 띄어 쓴다. 예 찬물을 마시는∨데도 위아래가 있다.
붙여 쓰기	'-(이)다. 그런데'의 뜻일 경우 어미로 보고 붙여 쓴다. 예 영철이는 머리는 좋은데, 노력을 하지 않는다. / 지금 배가 아픈데, 약 좀 없니?

더 알아보기 최신 기출 복합어

띄어 쓰기	윤리∨의식, 동기∨부여, 산업∨혁명, 과민∨반응, 환경∨오염, 정상∨회담, 국회∨의원, 평화∨통일, 국가∨대표, 출근∨시간, 공공∨기관, 진학∨지도, 구속∨영장, 국가∨고시, 증강∨현실, 주의∨사항, 취미∨생활, 질병∨관리, 사후∨관리, 반사∨신경, 장마∨전선, 마감∨시간, 협력∨업체, 경쟁∨관계, 상생∨협력, 경기∨부양
붙여 쓰기	안전지대, 정략결혼, 수학여행, 우선순위, 공공질서, 정신세계, 역사의식, 속도위반, 위기관리, 중간고사, 어학연수, 중소기업

01_ '지'는 '시간의 경과'를 나타내는 경우에만 '의존 명사'이다. ④은 어미 '-ㄴ지'의 일부이기 때문에 '옳은지'라고 붙여 써야 한다.

02_ '세계 대전'은 '세계'와 '대전'이 한 단어로 굳어진 말이 아니므로 띄어 써야 한다.

03_ '간'이 '동안'의 뜻을 가진 접미사로 쓰일 때에는 앞 말과 붙여 써야 하므로 '1달간'으로 써야한다. '1'이 숫자가 아닐 경우에는 '한∨달 간'으로 써야 한다.

04_ '만큼'은 '앞의 내용에 상당한 수량이나 정도임을 나타내는 말'의 의존 명사로 쓰였으므로 '먹을∨만 큼'으로 띄어 써야 한다.

01_ 밑줄 친 부분의 띄어쓰기가 잘못된 것은?
① 부모님을 한 달에 두∨번꼴로 찾아뵈려고 노력한다.
② 서류를 정리할 때 이름을 가나다순으로 정리하면 편리하다.
③ 이미 그 일에 대해서는 온∨국민이 다 알고 있다.
④ 어느 말을 믿어야 옳은∨지 모르겠다.
⑤ 열심히 공부를 했는데도 성적이 떨어졌다.

02_ 밑줄 친 부분의 띄어쓰기가 잘못된 것은?
① 민준이는 생일∨선물로 노트북을 받았다.
② 제1차 세계대전은 유럽의 제국주의 국가들 사이에서 일어났다.
③ 나는 엄마가 해주시는 김치찌개를 가장 좋아한다.
④ 민족주의는 민족의 독립과 통일을 가장 중요시하는 사상이다.
⑤ 일본의 진주만 공습은 선전∨포고 없이 이루어졌다.

03_ 밑줄 친 부분의 띄어쓰기가 잘못된 것은?
① 어제 잠을 못∨잤더니 너무 피곤하다.
② 그를 만난∨지도 벌써 3년이 되었다.
③ 1달∨간 열심히 운동을 했더니 살이 빠졌다.
④ 선생님은 호랑이같이 무서웠다.
⑤ 나는 밥을 먹기 위해 1시간여를 기다렸다.

04_ 밑줄 친 부분의 띄어쓰기가 잘못된 것은?
① 잠시 자리를 비운 사이에 부재중 전화가 10통이 와 있었다.
② 접시에 먹을만큼 덜어서 먹어라.
③ 그는 드디어 집 한∨채를 장만하였다.
④ 곧이어 청군∨대∨백군의 줄다리기 대결이 있겠습니다.
⑤ 나는 산 맨∨꼭대기에 깃발을 꽂았다.

ANSWER
01. ④ 02. ② 03. ③ 04. ②

05_ 밑줄 친 부분의 띄어쓰기가 잘못된 것은?

① 영화 '귀향'은 관람객에게 <u>역사의식</u>을 고취시켰다.

② 모르는 영어 단어가 나오면 <u>영어사전</u>을 찾아보는 것이 좋다.

③ 나는 <u>여름∨방학</u> 동안 친구와 여행을 다닐 계획이다.

④ 그의 <u>반사∨신경</u>은 정말 뛰어나다.

⑤ 사람이 많은 곳에서는 <u>공공질서</u>를 잘 지켜야 한다.

06_ 밑줄 친 부분의 띄어쓰기가 잘못된 것은?

① 취미실은 <u>취미생활</u>을 할 수 있도록 조성한 방을 뜻한다.

② 동현이는 탁월한 <u>반사∨신경</u>으로 공을 피했다.

③ 민지는 캐나다로 <u>어학연수</u>를 가고 싶어 한다.

④ 구속 적부 심사는 <u>구속∨영장</u>의 집행이 적법한지의 여부를 법원이 심사하는 일이다.

⑤ 현명한 소비를 하기 위해서는 <u>우선순위</u>에 따라 지출 계획을 세워야 한다.

05_ '영어 사전'은 사전에 한 단어로 등재되어 있지 않기 때문에 '영어∨사전'으로 띄어 써야 한다. 그러나 '국어사전'은 한 단어로 사전에 등재되어 있으므로 붙여 쓴다.

06_ '취미 생활'은 사전에 한 단어로 등재되어 있지 않기 때문에 '취미∨생활'로 띄어 써야 한다.

Theme
18

문장 부호

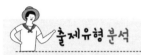

"이렇게 출제된다!"

문장 부호에 관한 문제는 KBS한국어능력시험에서 매회 1문제씩 나오고 있다. 주로 표로 문장 부호와 그 문장 부호 규정에 대한 설명과 예시를 주고, 잘못된 것을 고르는 문제 유형이 출제되고 있다. 2015년 새롭게 개정된 문장 부호 규정을 잘 숙지해 두어야 한다.

Q • 문장 부호 규정에 대한 설명이 잘못된 것은?

기출유형 맛보기

"이런 문제가 나온다!"

▷ **문장 부호 규정에 대한 설명이 잘못된 것은?**

	문장 부호	규정 설명	예시
①	느낌표 (!)	물음의 말로 놀람이나 항의의 뜻을 나타내는 경우에 쓴다.	이게 틀렸다니!
②	물음표 (?)	감정을 넣어 대답하거나 다른 사람을 부를 때 쓴다.	철수야?
③	작은따옴표 (' ')	마음속으로 한 말을 적을 때 쓴다.	나는 '호진이는 오늘도 지각인가 보군.' 하고 생각했다.
④	쉼표 (,)	부르거나 대답하는 말 뒤에 쓴다.	경수야, 이리 좀 와봐.
⑤	빗금 (/)	구를 묶어 나타낼 때 그 사이에 쓴다.	국어/영어/수학

(해설) ②의 규정 설명은 '느낌표(!)'에 관한 것이다.
'물음표(?)'는 의문문이나 의문을 나타내는 어구의 끝에 쓰거나, 특정한 어구의 내용에 대하여 의심, 빈정거림 등을 표시할 때, 또는 적절한 말을 쓰기 어려울 때 소괄호 안에 쓴다. 또한 모르거나 불확실한 내용을 나타낼 때에도 쓴다.

ANSWER ▶ ②

〈문장 부호론 개정안(2015. 01. 01.부터 적용)〉

부호	용법	예시
마침표(.)	(1) 서술, 명령, 청유 등을 나타내는 문장의 끝에 쓴다.	• 젊은이는 나라의 기둥입니다. • 제 손을 꼭 잡으세요. • 집으로 돌아갑시다. • 가는 말이 고와야 오는 말이 곱다.
	[붙임1] 직접 인용한 문장의 끝에는 쓰는 것을 원칙으로 하되, 쓰지 않는 것을 허용한다.	• 그는 "지금 바로 떠나자."라고 말하며 서둘러 짐을 챙겼다. (원칙) • 그는 "지금 바로 떠나자"라고 말하며 서둘러 짐을 챙겼다. (허용)
	[붙임2] 용언의 명사형이나 명사로 끝나는 문장에는 쓰는 것을 원칙으로 하되, 쓰지 않는 것을 허용한다.	• 목적을 이루기 위하여 몸과 마음을 다하여 애를 씀. (원칙) • 목적을 이루기 위하여 몸과 마음을 다하여 애를 씀 (허용) • 결과에 연연하지 않고 끝까지 최선을 다하기. (원칙) • 결과에 연연하지 않고 끝까지 최선을 다하기 (허용) • 신입 사원 모집을 위한 기업 설명회 개최. (원칙) • 신입 사원 모집을 위한 기업 설명회 개최 (허용) • 내일 오전까지 보고서를 제출할 것. (원칙) • 내일 오전까지 보고서를 제출할 것 (허용)
	다만, 제목이나 표어에는 쓰지 않음을 원칙으로 한다.	• 압록강은 흐른다 • 꺼진 불도 다시 보자 • 건강한 몸 만들기
	(2) 아라비아 숫자만으로 연월일을 표시할 때 쓴다.	• 1919. 3. 1. • 10. 1.~10. 12.
	(3) 특정한 의미가 있는 날을 표시할 때 월과 일을 나타내는 아라비아 숫자 사이에 쓴다. 이때는 마침표 대신 가운뎃점을 쓸 수 있다.	• 3.1 운동 / 3·1 운동 • 8.15 광복 / 8·15 광복
	(4) 장, 절, 항 등을 표시하는 문자나 숫자 다음에 쓴다.	• 가. 인명 • ㄱ. 머리말 • Ⅰ. 서론 • 1. 연구 목적

💬 '마침표' 대신 '온점'이라는 용어를 쓸 수 있다.

물음표(?)	(1) 의문문이나 의문을 나타내는 어구의 끝에 쓴다.	• 점심 먹었어? • 제가 부모님 말씀을 따르지 않을 리가 있겠습니까? • 남북이 통일되면 얼마나 좋을까? • 다섯 살짜리 꼬마가 이 멀고 험한 곳까지 혼자 왔다? • 지금? • 네?
	[붙임 1] 한 문장 안에 몇 개의 선택적인 물음이 이어질 때는 맨 끝의 물음에만 쓰고, 각 물음이 독립적일 때는 각 물음의 뒤에 쓴다.	• 너는 중학생이냐, 고등학생이냐? • 너는 여기에 언제 왔니? 어디서 왔니? 무엇하러 왔니?
	[붙임 2] 의문의 정도가 약할 때는 물음표 대신 마침표를 쓸 수 있다.	• 도대체 이 일을 어떤단 말이냐. • 이것이 과연 내가 찾던 행복일까.
	다만, 제목이나 표어에는 쓰지 않음을 원칙으로 한다.	• 역사란 무엇인가 • 아직도 담배를 피우십니까
	(2) 특정한 어구의 내용에 대하여 의심, 빈정거림 등을 표시할 때, 또는 적절한 말을 쓰기 어려울 때 소괄호 안에 쓴다.	• 우리와 의견을 같이할 사람은 최 선생(?) 정도인 것 같다. • 30점이라, 거참 훌륭한(?) 성적이군. • 우리 집 강아지가 가출(?)을 했어요.
	(3) 모르거나 불확실한 내용임을 나타낼 때 쓴다.	• 최치원(857~?)은 통일 신라 말기에 이름을 떨쳤던 학자이자 문장가이다. • 조선 시대의 시인 강백(1690?~1777?)의 자는 자청이고, 호는 우곡이다.
느낌표(!)	(1) 감탄문이나 감탄사의 끝에 쓴다.	• 이거 정말 큰일이 났구나! • 어머!
	감탄의 정도가 약할 때는 느낌표 대신 쉼표나 마침표를 쓸 수 있다.	• 어, 벌써 끝났네. • 날씨가 참 좋군.
	(2) 특별히 강한 느낌을 나타내는 어구, 평서문, 명령문, 청유문에 쓴다.	• 청춘! 이는 듣기만 하여도 가슴이 설레는 말이다. • 이야, 정말 재밌다! • 지금 즉시 대답해! • 앞만 보고 달리자!
	(3) 물음의 말로 놀람이나 항의의 뜻을 나타내는 경우에 쓴다.	• 이게 누구야! • 내가 왜 나빠!
	(4) 감정을 넣어 대답하거나 다른 사람을 부를 때 쓴다.	• 네! • 네, 선생님! • 흥부야! • 언니!

쉼표(,)	(1) 같은 자격의 어구를 열거할 때 그 사이에 쓴다.	• 근면, 검소, 협동은 우리 겨레의 미덕이다. • 충청도의 계룡산, 전라도의 내장산, 강원도의 설악산은 모두 국립 공원이다. • 집을 보러 가면 그 집이 내가 원하는 조건에 맞는지, 살기에 편한지, 망가진 곳은 없는지 확인해야 한다. • 5보다 작은 자연수는 1, 2, 3, 4이다.
	다만, (가) 쉼표 없이도 열거되는 사항임이 쉽게 드러날 때는 쓰지 않을 수 있다.	• 아버지 어머니께서 함께 오셨어요. • 네 돈 내 돈 다 합쳐 보아야 만 원도 안 되겠다.
	(나) 열거할 어구들을 생략할 때 사용하는 줄임표 앞에는 쉼표를 쓰지 않는다.	• 광역시: 광주, 대구, 대전……
	(2) 짝을 지어 구별할 때 쓴다.	• 닭과 지네, 개와 고양이는 상극이다.
	(3) 이웃하는 수를 개략적으로 나타낼 때 쓴다.	• 5, 6세기 • 6, 7, 8개
	(4) 열거의 순서를 나타내는 어구 다음에 쓴다.	• 첫째, 몸이 튼튼해야 한다. • 마지막으로, 무엇보다 마음이 편해야 한다.
	(5) 문장의 연결 관계를 분명히 하고자 할 때 절과 절 사이에 쓴다.	• 콩 심은 데 콩 나고, 팥 심은 데 팥 난다. • 저는 신뢰와 정직을 생명과 같이 여기고 살아온바, 이번 비리 사건과는 무관하다는 점을 분명히 밝힙니다. • 떡국은 설날의 대표적인 음식인데, 이걸 먹어야 비로소 나이도 한 살 더 먹는다고 한다.
	(6) 같은 말이 되풀이되는 것을 피하기 위하여 일정한 부분을 줄여서 열거할 때 쓴다.	• 여름에는 바다에서, 겨울에는 산에서 휴가를 즐겼다.
	(7) 부르거나 대답하는 말 뒤에 쓴다.	• 지은아, 이리 좀 와 봐. • 네, 지금 가겠습니다.
	(8) 한 문장 안에서 앞말을 '곧', '다시 말해' 등과 같은 어구로 다시 설명할 때 앞말 다음에 쓴다.	• 책의 서문, 곧 머리말에는 책을 지은 목적이 드러나 있다. • 원만한 인간관계는 말과 관련한 예의, 즉 언어 예절을 갖추는 것에서 시작된다. • 호준이 어머니, 다시 말해 나의 누님은 올해로 결혼한 지 20년이 된다. • 나에게도 작은 소망, 이를테면 나만의 정원을 가졌으면 하는 소망이 있어.
	(9) 문장 앞부분에서 조사 없이 쓰인 제시어나 주제어의 뒤에 쓴다.	• 돈, 돈이 인생의 전부이더냐? • 열정, 이것이야말로 젊은이의 가장 소중한 자산이다. • 지금 네가 여기 있다는 것, 그것만으로도 나는 충분히 행복해. • 저 친구, 저러다가 큰일 한번 내겠어. • 그 사실, 넌 알고 있었지?
	(10) 한 문장에 같은 의미의 어구가 반복될 때 앞에 오는 어구 다음에 쓴다.	• 그의 애국심, 몸을 사리지 않고 국가를 위해 헌신한 정신을 우리는 본받아야 한다.

😊 '쉼표' 대신 '반점'이라는 용어를 쓸 수 있다.

😊 **접속 부사와 쉼표**
'그리고, 그러나, 그런데, 그러므로……' 등과 같은 접속 부사의 뒤에서는 쉼표를 쓰지 않는 것이 자연스럽다. 접속 부사와 쉼표의 기능이 중복되는 면이 있기 때문이다. 그런데 쉼표는 꼭 접속의 기능만 하는 것이 아니므로, 글쓴이가 필요하다고 판단된다면 접속 부사의 뒤에서도 쉼표를 쓸 수 있다.

	⑾ 도치문에서 도치된 어구들 사이에 쓴다.	• 이리 오세요, 어머님. • 다시 보자, 한강수야.
	⑿ 바로 다음 말과 직접적인 관계에 있지 않음을 나타낼 때 쓴다.	• 갑돌이는, 울면서 떠나는 갑순이를 배웅했다. • 철원과, 대관령을 중심으로 한 강원도 산간 지대에 예년보다 일찍 첫눈이 내렸습니다.
	⒀ 문장 중간에 끼어든 어구의 앞뒤에 쓴다.	• 나는, 솔직히 말하면, 그 말이 별로 탐탁지 않아. • 영호는 미소를 띠고, 속으로는 화가 치밀어 올라 잠시라도 견딜 수 없을 만큼 괴로웠지만, 그들을 맞았다.
	[붙임 1] 이때는 쉼표 대신 줄표를 쓸 수 있다.	• 나는 ─ 솔직히 말하면 ─ 그 말이 별로 탐탁지 않아. • 영호는 미소를 띠고 ─ 속으로는 화가 치밀어 올라 잠시라도 견딜 수 없을 만큼 괴로웠지만 ─ 그들을 맞았다.
	[붙임 2] 끼어든 어구 안에 다른 쉼표가 들어 있을 때는 쉼표 대신 줄표를 쓴다.	• 이건 내 것이니까 ─ 아니, 내가 처음 발견한 것이니까 ─ 절대로 양보할 수가 없다. • 어머님께 말했다가 ─ 아니, 말씀드렸다가 ─ 꾸중만 들었다.
	⒁ 특별한 효과를 위해 끊어 읽는 곳을 나타낼 때 쓴다.	• 내가, 정말 그 일을 오늘 안에 해낼 수 있을까? • 이 전투는 바로 우리가, 우리만이, 승리로 이끌 수 있다.
	⒂ 짧게 더듬는 말을 표시할 때 쓴다.	• 선생님, 부, 부정행위라니요? 그런 건 새, 생각조차 하지 않았습니다.
가운뎃점(·)	⑴ 열거할 어구들을 일정한 기준으로 묶어서 나타낼 때 쓴다.	• 민수·영희, 선미·준호가 서로 짝이 되어 윷놀이를 하였다. • 지금의 경상남도·경상북도, 전라남도·전라북도, 충청남도·충청북도 지역을 예부터 삼남이라 일러 왔다.
	⑵ 짝을 이루는 어구들 사이에 쓴다.	• 한(韓)·이(伊) 양국 간의 무역량이 늘고 있다. • 우리는 그 일의 참·거짓을 따질 겨를도 없었다. • 하천 수질의 조사·분석 • 빨강·초록·파랑이 빛의 삼원색이다.
	다만, 이때는 가운뎃점을 쓰지 않거나 쉼표를 쓸 수도 있다.	• 한(韓) 이(伊) 양국 간의 무역량이 늘고 있다. • 우리는 그 일의 참 거짓을 따질 겨를도 없었다. • 하천 수질의 조사, 분석 • 빨강, 초록, 파랑이 빛의 삼원색이다.
	⑶ 공통 성분을 줄여서 하나의 어구로 묶을 때 쓴다.	• 상·중·하위권 • 금·은·동메달 • 통권 제54·55·56호
	이때는 가운뎃점 대신 쉼표를 쓸 수 있다.	• 상, 중, 하위권 • 금, 은, 동메달 • 통권 제54, 55, 56호

쌍점(:)	(1) 표제 다음에 해당 항목을 들거나 설명을 붙일 때 쓴다.	• 문방사우: 종이, 붓, 먹, 벼루 • 일시: 2014년 10월 9일 10시 • 흔하진 않지만 두 자로 된 성씨도 있다. (예: 남궁, 선우, 황보) • 올림표(#): 음의 높이를 반음 올릴 것을 지시한다.
	(2) 희곡 등에서 대화 내용을 제시할 때 말하는 이와 말한 내용 사이에 쓴다.	• 김 과장: 난 못 참겠다. • 아들: 아버지, 제발 제 말씀 좀 들어 보세요.
	(3) 시와 분, 장과 절 등을 구별할 때 쓴다.	• 오전 10:20(오전 10시 20분) • 두시언해 6:15(두시언해 제6권 제15장)
	(4) 의존 명사 '대'가 쓰일 자리에 쓴다.	• 65:60(65 대 60) • 청군:백군(청군 대 백군)
빗금(/)	(1) 대비되는 두 개 이상의 어구를 묶어 나타낼 때 그 사이에 쓴다.	• 먹이다/먹히다 • 남반구/북반구 • 금메달/은메달/동메달 • ( )이/가 우리나라의 보물 제1호이다.
	(2) 기준 단위당 수량을 표시할 때 해당 수량과 기준 단위 사이에 쓴다.	• 100미터/초 • 1,000원/개
	(3) 시의 행이 바뀌는 부분임을 나타낼 때 쓴다.	• 산에 / 산에 / 피는 꽃은 / 저만치 혼자서 피어 있네
	다만, 연이 바뀜을 나타낼 때는 두 번 겹쳐 쓴다.	• 산에는 꽃 피네 / 꽃이 피네 / 갈 봄 여름 없이 / 꽃이 피네 // 산에 / 산에 / 피는 꽃은 / 저만치 혼자서 피어 있네
큰따옴표(" ")	(1) 글 가운데에서 직접 대화를 표시할 때 쓴다.	• "어머니, 제가 가겠어요." • "아니다. 내가 다녀오마."
	(2) 말이나 글을 직접 인용할 때 쓴다.	• 나는 "어, 광훈이 아니냐?" 하는 소리에 깜짝 놀랐다. • 밤하늘에 반짝이는 별들을 보면서 "나는 아무 걱정도 없이 가을 속의 별들을 다 헬 듯합니다."라는 시구를 떠올렸다. • 편지의 끝머리에는 이렇게 적혀 있었다. "할머니, 편지에 사진을 동봉했다고 하셨지만 봉투 안에는 아무것도 없었어요."
작은따옴표(' ')	(1) 인용한 말 안에 있는 인용한 말을 나타낼 때 쓴다.	• 그는 "여러분! '시작이 반이다.'라는 말 들어 보셨죠?"라고 말하며 강연을 시작했다.
	(2) 마음속으로 한 말을 적을 때 쓴다.	• 나는 '일이 다 틀렸나 보군.' 하고 생각하였다. • '이번에는 꼭 이기고야 말겠어.' 호연이는 마음속으로 몇 번이나 그렇게 다짐하며 주먹을 불끈 쥐었다.

😊 쌍점의 앞은 붙여 쓰고 뒤는 띄어 쓴다. 다만, (3)과 (4)에서는 쌍점의 앞뒤를 붙여 쓴다.

😊 빗금의 앞뒤는 (1)과 (2)에서는 붙여 쓰며, (3)에서는 띄어 쓰는 것을 원칙으로 하되 붙여 쓰는 것을 허용한다. 단, (1)에서 대비되는 어구가 두 어절 이상인 경우에는 빗금의 앞뒤를 띄어 쓸 수 있다.

소괄호(( ))	(1) 주석이나 보충적인 내용을 덧붙일 때 쓴다.	• 니체(독일의 철학자)의 말을 빌리면 다음과 같다. • 2014. 12. 19.(금) • 문인화의 대표적인 소재인 사군자(매화, 난초, 국화, 대나무)는 고결한 선비 정신을 상징한다.
	(2) 우리말 표기와 원어 표기를 아울러 보일 때 쓴다.	• 기호(嗜好), 자세(姿勢) • 커피(coffee), 에티켓(étiquette)
	(3) 생략할 수 있는 요소임을 나타낼 때 쓴다.	• 학교에서 동료 교사를 부를 때는 이름 뒤에 '선생(님)'이라는 말을 덧붙인다. • 광개토(대)왕은 고구려의 전성기를 이끌었던 임금이다.
	(4) 희곡 등 대화를 적은 글에서 동작이나 분위기, 상태를 드러낼 때 쓴다.	• 현우 : (가쁜 숨을 내쉬며) 왜 이렇게 빨리 뛰어? • "관찰한 것을 쓰는 것이 습관이 되었죠. 그러다 보니, 상상력이 생겼나 봐요." (웃음)
	(5) 내용이 들어갈 자리임을 나타낼 때 쓴다.	• 우리나라의 수도는 ( )이다. • 다음 빈칸에 알맞은 조사를 쓰시오. 민수가 할아버지( ) 꽃을 드렸다.
	(6) 항목의 순서나 종류를 나타내는 숫자나 문자 등에 쓴다.	• 사람의 인격은 (1) 용모, (2) 언어, (3) 행동, (4) 덕성 등으로 표현된다. • (가) 동해, (나) 서해, (다) 남해
중괄호({ })	(1) 같은 범주에 속하는 여러 요소를 세로로 묶어서 보일 때 쓴다.	• 주격 조사 {이 / 가} • 국가의 성립요소 {영토 / 국민 / 주권}
	(2) 열거된 항목 중 어느 하나가 자유롭게 선택될 수 있음을 보일 때 쓴다.	아이들이 모두 학교{에, 로, 까지} 갔어요.
대괄호([ ])	(1) 괄호 안에 또 괄호를 쓸 필요가 있을 때 바깥쪽의 괄호로 쓴다.	• 어린이날이 새로 제정되었을 당시에는 어린이들에게 경어를 쓰라고 하였다.[윤석중 전집(1988), 70쪽 참조] • 이번 회의에는 두 명[이혜정(실장), 박철용(과장)]만 빼고 모두 참석했습니다.
	(2) 고유어에 대응하는 한자어를 함께 보일 때 쓴다.	• 나이[年歲] • 낱말[單語] • 손발[手足]
	(3) 원문에 대한 이해를 돕기 위해 설명이나 논평 등을 덧붙일 때 쓴다.	• 그것[한글]은 이처럼 정보화 시대에 알맞은 과학적인 문자이다. • 신경준의 ≪여암전서≫에 "삼각산은 산이 모두 돌 봉우리인데, 그 으뜸 봉우리를 구름 위에 솟아 있다고 백운(白雲)이라 하며 [이하 생략]" • 그런 일은 결코 있을 수 없다.[원문에는 '업다'임.]

겹낫표(『 』)와 겹화살괄호(≪ ≫)	책의 제목이나 신문 이름 등을 나타낼 때 쓴다.	• 우리나라 최초의 민간 신문은 1896년에 창간된 『독립신문』이다. • 『훈민정음』은 1997년에 유네스코 세계 기록 유산으로 지정되었다. • ≪한성순보≫는 우리나라 최초의 근대 신문이다. • 윤동주의 유고 시집인 ≪하늘과 바람과 별과 시≫에는 31편의 시가 실려 있다.
	[붙임] 겹낫표나 겹화살괄호 대신 큰따옴표를 쓸 수 있다.	• 우리나라 최초의 민간 신문은 1896년에 창간된 "독립신문"이다. • 윤동주의 유고 시집인 "하늘과 바람과 별과 시"에는 31편의 시가 실려 있다.
홑낫표(「 」)와 홑화살괄호(〈 〉)	소제목, 그림이나 노래와 같은 예술 작품의 제목, 상호, 법률, 규정 등을 나타낼 때 쓴다.	• 「국어 기본법 시행령」은 「국어 기본법」에서 위임된 사항과 그 시행에 필요한 사항을 규정함을 목적으로 한다. • 이 곡은 베르디가 작곡한 「축배의 노래」이다. • 사무실 밖에 「해와 달」이라고 쓴 간판을 달았다. • 〈한강〉은 사진집 ≪아름다운 땅≫에 실린 작품이다. • 백남준은 2005년에 〈엄마〉라는 작품을 선보였다.
	[붙임] 홑낫표나 홑화살괄호 대신 작은따옴표를 쓸 수 있다.	• 사무실 밖에 '해와 달'이라고 쓴 간판을 달았다. • '한강'은 사진집 "아름다운 땅"에 실린 작품이다.
줄표(―)	제목 다음에 표시하는 부제의 앞뒤에 쓴다.	• 이번 토론회의 제목은 '역사 바로잡기 ― 근대의 설정 ―'이다. • '환경 보호 ― 숲 가꾸기 ―'라는 제목으로 글짓기를 했다.
	다만, 뒤에 오는 줄표는 생략할 수 있다.	• 이번 토론회의 제목은 '역사 바로잡기 ― 근대의 설정'이다. • '환경 보호 ― 숲 가꾸기'라는 제목으로 글짓기를 했다.
붙임표(-)	(1) 차례대로 이어지는 내용을 하나로 묶어 열거할 때 각 어구 사이에 쓴다.	• 멀리뛰기는 도움닫기-도약-공중 자세-착지의 순서로 이루어진다. • 김 과장은 기획-실무-홍보까지 직접 발로 뛰었다.
	(2) 두 개 이상의 어구가 밀접한 관련이 있음을 나타내고자 할 때 쓴다.	• 드디어 서울-북경의 항로가 열렸다. • 원-달러 환율 • 남한-북한-일본 삼자 관계

😀 줄표의 앞뒤는 띄어 쓰는 것을 원칙으로 하되, 붙여 쓰는 것을 허용한다.

물결표(~)	기간이나 거리 또는 범위를 나타낼 때 쓴다.	• 9월 15일~9월 25일 • 김정희(1786~1856) • 서울~천안 정도는 출퇴근이 가능하다. • 이번 시험의 범위는 3~78쪽입니다.
	[붙임] 물결표 대신 붙임표를 쓸 수 있다.	• 9월 15일-9월 25일 • 김정희(1786-1856) • 서울-천안 정도는 출퇴근이 가능하다. • 이번 시험의 범위는 3-78쪽입니다.
드러냄표(˙)와 밑줄(___)	문장 내용 중에서 주의가 미쳐야 할 곳이나 중요한 부분을 특별히 드러내 보일 때 쓴다.	• 한글의 본디 이름은 훈민정음이다. • 중요한 것은 왜 사느냐가 아니라 어떻게 사느냐이다. • 지금 필요한 것은 지식이 아니라 실천입니다. • 다음 보기에서 명사가 아닌 것은?
	[붙임] 드러냄표나 밑줄 대신 작은따옴표를 쓸 수 있다.	• 한글의 본디 이름은 '훈민정음'이다. • 중요한 것은 '왜 사느냐'가 아니라 '어떻게 사느냐'이다. • 지금 필요한 것은 '지식'이 아니라 '실천'입니다. • 다음 보기에서 명사가 '아닌' 것은?
숨김표(○, ×)	(1) 금기어나 공공연히 쓰기 어려운 비속어임을 나타낼 때, 그 글자의 수효만큼 쓴다.	• 배운 사람 입에서 어찌 ○○○란 말이 나올 수 있느냐? • 그 말을 듣는 순간 ×××란 말이 목구멍까지 치밀었다.
	(2) 비밀을 유지해야 하거나 밝힐 수 없는 사항임을 나타낼 때 쓴다.	• 1차 시험 합격자는 김○영, 이○준, 박○순 등 모두 3명이다. • 육군 ○○ 부대 ○○○ 명이 작전에 참가하였다. • 그 모임의 참석자는 김×× 씨, 정×× 씨 등 5명이었다.
빠짐표(□)	(1) 옛 비문이나 문헌 등에서 글자가 분명하지 않을 때 그 글자의 수효만큼 쓴다.	• 大師爲法主□□賴之大□薦
	(2) 글자가 들어가야 할 자리를 나타낼 때 쓴다.	• 훈민정음의 초성 중에서 아음(牙音)은 □□□의 석 자다.

	(1) 할 말을 줄였을 때 쓴다.	• "어디 나하고 한번……" 하고 민수가 나섰다.
	(2) 말이 없음을 나타낼 때 쓴다.	• "빨리 말해!" "……."
줄임표(……)	(3) 문장이나 글의 일부를 생략할 때 쓴다.	• '고유'라는 말은 문자 그대로 본디부터 있었다는 뜻은 아닙니다. …… 같은 역사적 환경에서 공동의 집단생활을 영위해 오는 동안 공동으로 발견된, 사물에 대한 공동의 사고방식을 우리는 한국의 고유 사상이라 부를 수 있다는 것입니다.
	(4) 머뭇거림을 보일 때 쓴다.	• "우리는 모두…… 그러니까…… 예외 없이 눈물만…… 흘렸다."
	[붙임 1] 점은 가운데에 찍는 대신 아래쪽에 찍을 수도 있다.	• "어디 나하고 한번......" 하고 민수가 나섰다. • "실은...... 저 사람...... 우리 아저씨일지 몰라."
	[붙임 2] 점은 여섯 점을 찍는 대신 세 점을 찍을 수도 있다.	• "어디 나하고 한번…" 하고 민수가 나섰다. • "실은… 저 사람… 우리 아저씨일지 몰라."

💬 줄임표는 앞말에 붙여 쓴다. 다만, (3)에서는 줄임표의 앞뒤를 띄어 쓴다.

실전능력 기르기

01_ 문장 부호 규정에 대한 설명으로 잘못된 것은?

	문장 부호	규정 설명	예시
①	쉼표 (,)	같은 자격의 어구를 열거할 때 그 사이에 쓴다.	근면, 검소, 협동은 우리 겨레의 미덕이다.
②	붙임표 (‒)	두 개 이상의 어구가 밀접한 관련이 있음을 나타내고자 할 때 쓴다.	드디어 서울‒북경의 항로가 열렸다.
③	물결표 (~)	차례대로 이어지는 내용을 하나로 묶어 열거할 때 각 어구 사이에 쓴다.	김 과장은 기획~실무~홍보까지 직접 발로 뛰었다.
④	빠짐표 (□)	글자가 들어가야 할 자리를 나타낼 때 쓴다.	훈민정음의 초성 중에서 아음(牙音)은 □□□의 석 자다.
⑤	줄임표 (……)	할 말을 줄였을 때 쓴다.	"어디 나하고 한번……." 하고 민수가 나섰다.

02_ 문장 부호 규정에 대한 설명으로 잘못된 것은?

	문장 부호	규정 설명	예시
①	겹화살괄호 (《 》)	책의 제목이나 신문 이름 등을 나타낼 때 쓴다.	《한성순보》는 우리나라 최초의 근대 신문이다.
②	마침표 (.)	제목이나 표어에는 쓰지 않음을 원칙으로 한다.	꺼진 불도 다시 보자
③	큰따옴표 ("")	말이나 글을 직접 인용할 때 쓴다.	나는 "어, 광훈이 아니냐?" 하는 소리에 깜짝 놀랐다.
④	중괄호 ({ })	생략할 수 있는 요소임을 나타낼 때 쓴다.	광개토{대}왕은 고구려의 전성기를 이끌었던 임금이다.
⑤	빗금 (/)	시의 행이 바뀌는 부분임을 나타낼 때 쓴다.	산에 / 산에 / 피는 꽃은 / 저만치 혼자서 피어 있네

ANSWER

01. ③   02. ④

03_ 문장 부호 규정에 대한 설명으로 잘못된 것은?

	문장 부호	규정 설명	예시
①	줄표 (—)	차례대로 이어지는 내용을 하나로 묶어 열거할 때 각 어구 사이에 쓴다.	김 과장은 기획 — 실무 — 홍보까지 직접 발로 뛰었다.
②	가운뎃점 (·)	짝을 이루는 어구들 사이에 쓴다.	빨강·초록·파랑이 빛의 삼원색이다.
③	쉼표 (,)	바로 다음 말과 직접적인 관계에 있지 않음을 나타낼 때 쓴다.	갑돌이는, 울면서 떠나는 갑순이를 배웅했다.
④	느낌표 (!)	감정을 넣어 대답하거나 다른 사람을 부를 때 쓴다.	네, 과장님!
⑤	쌍점 (:)	희곡 등에서 대화 내용을 제시할 때 말하는 이와 말한 내용 사이에 쓴다.	김 과장: 난 못 참겠다.

04_ 문장 부호 규정에 대한 설명과 예시가 잘못된 것은?

①	직접 인용한 문장의 끝에는 마침표(.)를 쓰지 않아도 된다.	**예** 그는 "지금 바로 떠나자"라고 말했다.
②	줄임표(……)의 점은 가운데에 찍는 대신 아래쪽에 찍을 수도 있다.	**예** "어디 나하고 한번......" 하고 민수가 나섰다.
③	비밀을 유지해야 하거나 밝힐 수 없는 사항임을 나타낼 때 숨김표(○, ×)를 쓴다.	**예** 1차 시험 합격자는 김○영, 이○준, 박○순 등 모두 3명이다.
④	고유어에 대응하는 한자어를 함께 보일 때 소괄호(( ))를 쓴다.	**예** 나이(年歲)
⑤	끼어든 어구 안에 다른 쉼표가 들어 있을 때는 쉼표 대신 줄표(—)를 쓴다.	**예** 어머님께 말했다가 — 아니, 말씀드렸다가 — 꾸중만 들었다.

03_ ①의 규정 설명은 붙임표(–)에 관한 것이다.

줄표(—)는 제목 다음에 표시하는 부제의 앞뒤에 쓴다. 다만, 뒤에 오는 줄표는 생략 할 수 있다.

예 '환경 보호 — 숲 가꾸기 —'라는 제목으로 글짓기를 했다. / '환경 보호 — 숲 가꾸기'라는 제목으로 글짓기를 했다.

04_ 고유어에 대응하는 한자어를 함께 보일 때는 대괄호([])를 써야 한다. 따라서 '나이[年歲]'로 고쳐야 한다.

ANSWER
03. ① 04. ④

www.pmg.co.kr

05. 주석이나 보충적인 내용을 덧붙일 때는 소괄호(( ))를 쓴다. 따라서 '문인화의 대표적인 소재인 사군자(매화, 난초, 국화, 대나무)는 고결한 선비 정신을 상징한다.'로 고쳐야 한다.

06. ⑤의 규정 설명은 숨김표(○, ×)에 관한 것이다. 따라서 '그 말을 듣는 순간 ×××란 말이 목구멍까지 치밀었다.'로 고쳐야 한다.
밑줄(＿)은 문장 내용 중에서 주의가 미쳐야 할 곳이나 중요한 부분을 특별히 드러내 보일 때 쓴다.
예 지금 필요한 것은 지식이 아니라 실천입니다.

05_ 문장 부호 규정에 대한 설명과 예시가 잘못된 것은?

①	기준 단위당 수량을 표시할 때 해당 수량과 기준 단위 사이에 빗금(/)을 쓴다.	예 1,000미터/분
②	홑낫표나 홑화살괄호 대신 작은따옴표를 쓸 수 있다.	예 사무실 밖에 '해와 달'이라고 쓴 간판을 달았다.
③	주석이나 보충적인 내용을 덧붙일 때 붙임표(-)를 쓴다.	예 문인화의 대표적인 소재인 사군자-매화, 난초, 국화, 대나무-는 고결한 선비 정신을 상징한다.
④	한 문장 안에 몇 개의 선택적인 물음이 이어질 때는 맨 끝의 물음에만 물음표(?)를 쓴다.	예 너는 중학생이냐, 고등학생이냐?
⑤	장, 절, 항 등을 표시하는 문자나 숫자 다음에 마침표(.)를 쓴다.	예 가. 인명

06_ 문장 부호 규정에 대한 설명으로 잘못된 것은?

	문장 부호	규정 설명	예시
①	쌍점(：)	시와 분, 장과 절 등을 구별할 때 쓴다.	두시언해 6：15(두시언해 제6권 제15장)
②	쉼표(,)	문장 앞부분에서 조사 없이 쓰인 제시어나 주제어의 뒤에 쓴다.	저 친구, 저러다가 큰일 한번 내겠어.
③	물음표(?)	특정한 어구의 내용에 대하여 의심, 빈정거림 등을 표시할 때, 또는 적절한 말을 쓰기 어려울 때 소괄호 안에 쓴다.	30점이라, 거참 훌륭한(?) 성적이군.
④	빠짐표(□)	옛 비문이나 문헌 등에서 글자가 분명하지 않을 때 그 글자의 수효만큼 쓴다.	大師爲法主□□賴之大□薦
⑤	밑줄(＿)	금기어나 공공연히 쓰기 어려운 비속어임을 나타낼 때, 그 글자의 수효만큼 쓴다.	그 말을 듣는 순간 ＿＿＿란 말이 목구멍까지 치밀었다.

ANSWER
05. ③ 06. ⑤

272 **올킬! KBS한국어능력시험**

메모

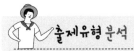

출제유형 분석

"이렇게 출제된다!"

외래어 표기법 관련 문제는 KBS한국어능력시험에서 매회 1문제씩 출제된다. 주로 주어진 외래어 표기가 틀린지 맞는지를 판단하는 문제가 나온다. 외래어 중에는 우리가 평소에 잘못 써 왔던 단어들도 많다. 따라서 외래어 표기법 규정을 숙지하고, 다양한 외래어 표기들을 알아 두어야 한다.

Q • 외래어 표기가 틀린 것은?
　　 • 외래어 표기가 맞는 것은?

기출유형 맛보기

"이런 문제가 나온다!"

▷ **외래어 표기가 틀린 것은?**

① 커피　　　　　　　　　　② 잼
③ 세일　　　　　　　　　　④ 스노우
⑤ 케이크

(해설) 외래어 표기법 제3장 제8항에 따라 [ou]는 '오'로 써야 한다. 그러므로 'snow[snou]'는 '스노'로 고쳐야 한다.

ANSWER ▶ ④

핵심내용 다지기

01 제1장 표기의 기본 원칙

제1항	외래어는 국어의 현용 24 자모만으로 적는다. ➡ 국어에 없는 외국어 음을 적기 위하여 별도의 문자를 만들지 않는다.
제2항	외래어의 1 음운은 원칙적으로 1 기호로 적는다. (예) 패밀리(훼밀리×), 판타지(환타지×), 프라이(후라이×) ➡ [f] 발음은 'ㅎ'과 'ㅍ'으로 쓸 수 있으나 'ㅍ' 한 가지로만 적어서 기억하고 표기하는 데 편리하게 한다.
제3항	받침에는 'ㄱ, ㄴ, ㄹ, ㅁ, ㅂ, ㅅ, ㅇ'만을 쓴다. (예) 커피숍(커피숖×), 로켓(로켙×), 굿모닝(굳모닝×) ➡ 7개의 홑받침만 허용하고, [t] 음을 지닌 'hot'과 'chocolate' 등의 't'는 'ㄷ' 대신 '핫', '초콜릿'처럼 'ㅅ'으로 적어야 한다.

| 제4항 | 파열음 표기에는 된소리를 쓰지 않는 것을 원칙으로 한다.
예 가스(까스×), 버스(뻐스×), 댐(땜×), 카페(까페×), 코냑(꼬냑×), 콩트(꽁트×), 테제베(떼제베×),
파리(빠리×), 피에로(삐에로×)
➡ 파열음은 'ㄱ, ㄲ, ㅋ, ㄷ, ㄸ, ㅌ, ㅂ, ㅃ, ㅍ'을 말하며, 파열음 표기에 된소리를 쓰지
않는 것을 원칙으로 하되, 예외가 존재한다.
예 빵, 껌, 빨치산(= 파르티잔), 조끼, 히로뽕(= 필로폰), 마오쩌둥, 짬뽕, 바께쓰 |

| 제5항 | 이미 굳어진 외래어는 관용을 존중하되, 그 범위와 용례는 따로 정한다.
예 라디오, 카메라, 시네마, 모델, 마라톤, 아나운서, 파라다이스, 스태미나, 카레, 코펠, 가톨릭, 콘
덴서, 테크놀로지, 마니아, cut(컷 : 촬영을 멈추라는 뜻… / 커트 : 머리 모양…), type(타입 : 형
식이나 형태 / 타이프 : 타자기)
➡ 다양한 경로를 통해 들어온 외래어는 어떤 특정한 원칙만으로는 그 표기의 일관성을
기하기 어렵다. 이러한 외래어 중 이미 오랫동안 쓰여 아주 굳어진 관용어는 그 관용
을 인정하여 규정에 구애받지 않고 관용대로 적도록 하자는 것이다. |

💬 **파열음 이외에도 된소리로 쓰지 않는 경우**
예 서비스(써비스×), 세일(쎄일×), 선글라스(썬글라스×), 서핑(써핑×), 재즈(째즈×), 지프(찌프×), 잼(쨈×), 모차르트(모짜르트×), 취리히(쮜리히×)

02 제3장 표기 세칙(영어의 표기)

| 제1항 | **무성 파열음 ([p], [t], [k])**
1. 짧은 모음 다음의 어말 무성 파열음([p], [t], [k])은 받침으로 적는다.
　예 gap[gæp] 갭, cat[kæt] 캣, book[buk] 북

2. 짧은 모음과 유음·비음([l], [r], [m], [n]) 이외의 자음 사이에 오는 무성 파열음([p],
　[t], [k])은 받침으로 적는다.
　예 apt[æpt] 앱트, setback[setbæk] 셋백, act[ækt] 액트

3. 위 경우 이외의 어말과 자음 앞의 [p], [t], [k]는 '으'를 붙여 적는다.
　예 stamp[stæmp] 스탬프, cape[keip] 케이프, nest[nest] 네스트, part[pɑːt] 파트, desk[desk]
　데스크, make[meik] 메이크, apple[æpl] 애플, mattress[mætris] 매트리스, chipmunk[tʃipmʌŋk]
　치프멍크, sickness[siknis] 시크니스, tape[teɪp] 테이프(테입×), cake[keik] 케이크(케익×),
　flute[fluːt] 플루트(플룻×) |

| 제2항 | **유성 파열음([b], [d], [g])**
어말과 모든 자음 앞에 오는 유성 파열음은 '으'를 붙여 적는다.
　예 bulb[bʌlb] 벌브, land[lænd] 랜드, zigzag[zigzæg] 지그재그, lobster[lɔbstə] 로브스터,
　kidnap[kidnæp] 키드냅, signal[signəl] 시그널 |

| 제3항 | **마찰음([s], [z], [f], [v], [θ], [ð], [ʃ], [ʒ])**
1. 어말 또는 자음 앞의 [s], [z], [f], [v], [θ], [ð]는 '으'를 붙여 적는다.
　예 mask[mɑːsk] 마스크, jazz[dʒæz] 재즈, graph[græf] 그래프, olive[ɔliv] 올리브, thrill[θril]
　스릴, bathe[beið] 베이드

2. 어말의 [ʃ]는 '시'로 적고, 자음 앞의 [ʃ]는 '슈'로, 모음 앞의 [ʃ]는 뒤따르는 모음에
　따라 '샤', '섀', '셔', '셰', '쇼', '슈', '시'로 적는다.
　예 flash[flæʃ] 플래시, shrub[ʃrʌb] 슈러브, shark[ʃɑːk] 샤크, shank[ʃæŋk] 섕크, fashion[fæʃən]
　패션, sheriff[ʃerif] 셰리프, shopping[ʃɔpin] 쇼핑, shoe[ʃuː] 슈, shim[ʃim] 심

3. 어말 또는 자음 앞의 [ʒ]는 '지'로 적고, 모음 앞의 [ʒ]는 'ㅈ'으로 적는다.
　예 mirage[mirɑːʒ] 미라지, vision[viʒən] 비전 |

💬 'lobster'는 2015년 12월 2일부터 복수 표준어로 인정되어 '랍스터/로브스터' 둘 다 사용 가능하다.

제4항	**파찰음([ts], [dz], [tʃ], [dʒ])** 1. 어말 또는 자음 앞의 [ts], [dz]는 '츠', '즈'로 적고, [tʃ], [dʒ]는 '치', '지'로 적는다. 　**예** Keats[kiːts] 키츠, odds[ɔdz] 오즈, switch[switʃ] 스위치, bridge[bridʒ] 브리지, Pittsburgh [pitsbəːg] 피츠버그, hitchhike[hitʃhaik] 히치하이크 2. 모음 앞의 [tʃ], [dʒ]는 '치', 'ㅈ'으로 적는다. 　**예** chart[tʃɑːt] 차트, virgin[vəːdʒin] 버진
제5항	**비음([m], [n], [ŋ])** 1. 어말 또는 자음 앞의 비음은 모두 받침으로 적는다. 　**예** steam[stiːm] 스팀, corn[kɔːn] 콘, ring[riŋ] 링, lamp[læmp] 램프, hint[hint] 힌트, ink[iŋk] 잉크 2. 모음과 모음 사이의 [ŋ]은 앞 음절의 받침 'ㅇ'으로 적는다. 　**예** hanging[hæŋiŋ] 행잉, longing[lɔŋiŋ] 롱잉
제6항	**유음([l])** 1. 어말 또는 자음 앞의 [l]은 받침으로 적는다. 　**예** hotel[houtel] 호텔, pulp[pʌlp] 펄프 2. 어중의 [l]이 모음 앞에 오거나, 모음이 따르지 않는 비음([m], [n]) 앞에 올 때에는 'ㄹㄹ'로 적는다. 다만, 비음([m], [n]) 뒤의 [l]은 모음 앞에 오더라도 'ㄹ'로 적는다. 　**예** slide[slaid] 슬라이드, film[film] 필름, helm[helm] 헬름, swoln[swouln] 스월른, Hamlet [hæmlit] 햄릿, Henley[henli] 헨리
제7항	**장모음** 장모음의 장음은 따로 표기하지 않는다. 　**예** team[tiːm] 팀(티임×), route[ruːt] 루트(루우트×)
제8항	**중모음([ai], [au], [ei], [ɔi], [ou], [auə])** 중모음은 이중 모음을 말하며, 각 단모음의 음가를 살려서 적되, [ou]는 '오'로, [auə]는 '아워'로 적는다. 　**예** time[taim] 타임, house[haus] 하우스, skate[skeit] 스케이트, oil[ɔil] 오일, boat[bout] 보트(보우트×), tower[tauə] 타워(타우어×), bowling 볼링(보울링×), window 윈도(윈도우×), snow 스노(스노우×), yellow 옐로(옐로우×)
제9항	**반모음([w], [j])** 1. [w]는 뒤따르는 모음에 따라 [wə], [wɔ], [wou]는 '워', [wɑ]는 '와', [wæ]는 '왜', [we]는 '웨', [wi]는 '위', [wu]는 '우'로 적는다. 　**예** word[wəːd] 워드, want[wɔnt] 원트, woe[wou] 워, wander[wɑndə] 완더, wag[wæg] 왜그, west[west] 웨스트, witch[witʃ] 위치, wool[wul] 울 2. 자음 뒤에 [w]가 올 때에는 두 음절로 갈라 적되, [gw], [hw], [kw]는 한 음절로 붙여 적는다. 　**예** swing[swiŋ] 스윙, twist[twist] 트위스트, penguin[peŋgwin] 펭귄, whistle[hwisl] 휘슬, quarter[kwɔːtə] 쿼터 3. 반모음 [j]는 뒤따르는 모음과 합쳐 '야', '얘', '여', '예', '요', '유', '이'로 적는다. 다만, [d], [l], [n] 다음에 [jə]가 올 때에는 각각 '디어', '리어', '니어'로 적는다. 　**예** yard[jɑːd] 야드, yank[jæŋk] 얭크, yearn[jəːn] 연, yellow[jelou] 옐로, yawn[jɔːn] 욘, you[juː] 유, year[jiə] 이어, Indian[indjən] 인디언, battalion[bətæljən] 버탤리언, union [juːnjən] 유니언

제10항	복합어(학교 문법 용어로는 '합성어') 1. 따로 설 수 있는 말의 합성으로 이루어진 복합어는 그것을 구성하고 있는 말이 단독으로 쓰일 때의 표기대로 적는다. **예** cuplike[kʌplaik] 컵라이크, bookend[bukend] 북엔드, headlight[hedlait] 헤드라이트, touchwood[tʌtʃwud] 터치우드, sit-in[sitin] 싯인, bookmaker[bukmeikə] 북메이커, flashgun[flæʃgʌn] 플래시건, topknot[tɔpnɔt] 톱놋 2. 원어에서 띄어 쓴 말은 띄어 쓴 대로 한글 표기를 하되, 붙여 쓸 수도 있다. **예** Los Alamos[lɔs æləmous] 로스 앨러모스/로스앨러모스, top class[tɔpklæs] 톱 클래스/톱 클래스

03 제4장 인명, 지명 표기의 원칙

제1절. 표기 원칙

제1항	외국의 인명, 지명의 표기는 제1장, 제2장, 제3장의 규정을 따르는 것을 원칙으로 한다.
제2항	제3장에 포함되어 있지 않은 언어권의 인명, 지명은 원지음을 따르는 것을 원칙으로 한다. **예** Ankara 앙카라, Gandhi 간디
제3항	원지음이 아닌 제3국의 발음으로 통용되고 있는 것은 관용을 따른다. **예** Hague 헤이그, Caesar 시저
제4항	고유 명사의 번역명이 통용되는 경우 관용을 따른다. **예** Pacific Ocean 태평양, Black Sea 흑해

제2절. 동양의 인명, 지명 표기

제1항	중국 인명은 과거인과 현대인을 구분하여 과거인은 종전의 한자음대로 표기하고, 현대인은 원칙적으로 중국어 표기법에 따라 표기하되, 필요한 경우 한자를 병기한다.
제2항	중국의 역사 지명으로서 현재 쓰이지 않는 것은 우리 한자음대로 하고, 현재 지명과 동일한 것은 중국어 표기법에 따라 표기하되, 필요한 경우 한자를 병기한다.
제3항	일본의 인명과 지명은 과거와 현대의 구분 없이 일본어 표기법에 따라 표기하는 것을 원칙으로 하되, 필요한 경우 한자를 병기한다.
제4항	중국 및 일본의 지명 가운데 한국 한자음으로 읽는 관용이 있는 것은 이를 허용한다. **예** 東京 도쿄/동경, 京都 교토/경도, 上海 상하이/상해, 臺灣 타이완/대만, 黃河 황허/황하

제3절. 바다, 섬, 강, 산 등의 표기 세칙

제1항	바다는 '해(海)'로 통일한다. **예** 홍해, 발트해, 아라비아해
제2항	우리나라를 제외하고 섬은 모두 '섬'을 통일한다. **예** 타이완섬, 코르시카섬 (우리나라 : 제주도, 울릉도)
제3항	한자 사용 지역(일본, 중국)의 지명이 하나의 한자로 되어 있을 경우, '강', '산', '호', '섬' 등은 겹쳐 적는다. **예** 온타케산(御岳), 주장강(珠江), 도시마섬(利島), 하야카와강(早川), 위산산(玉山)
제4항	지명이 산맥, 산, 강 등의 뜻이 들어 있는 것은 '산맥', '산', '강' 등을 겹쳐 적는다. **예** Rio Grande 리오그란데강, Monte Rosa 몬테로사산, Mont Blanc 몽블랑산, Sierra Madre 시에라마드레산맥

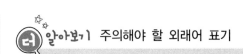 **알아보기** 주의해야 할 외래어 표기

★ 실생활에서 주로 쓰이며 표기가 틀리기 쉬운 외래어를 ㄱㄴㄷ순으로 정리했고, 시험에 출제된 단어는 색 글씨로 표시했습니다.

원어 표기	맞는 표기(○)	틀린 표기(×)
gossip	가십	가쉽(×)
Catholic	가톨릭	카톨릭, 캐톨릭(×)
gauze	거즈 = 가제(Gaze)	거제(×)
九州	규슈/구주	큐슈(×)
glass	글라스	글래스(×)
Gips	깁스	기브스(×)
narcissism	나르시시즘	나르시즘(×)
nylon	나일론	나이롱(×)
nonsense	난센스	넌센스, 논센스(×)
narration	내레이션	나레이션(×)
napkin	냅킨	내프킨(×)
nonfiction	논픽션	난픽션(×)
dynamic	다이내믹	다이나믹(×)
dynamite	다이너마이트	다이나마이트(×)
documentary	다큐멘터리	다큐멘타리(×)
釣魚島	댜오위다오/조어도	다오위다오(×)
début	데뷔	데뷰(×)
dessin	데생	뎃생(×)
data	데이터	데이타(×)
doughnut	도넛	도너스, 도너츠(×)
digital	디지털	디지탈(×)
Las Vegas	라스베이거스	라스베가스(×)
license	라이선스	라이센스(×)
lighter	라이터	라이타(×)
rendez-vous	랑데부	랑데뷰(×)
遼寧	랴오닝	요령, 요녕(×)
running mate	러닝메이트	런닝메이트(×)
rush hour	러시아워	러쉬아워(×)
radar	레이다 = 레이더	래이더(×)
wrecker車	레커차	레카차(×)
recreation	레크리에이션	레크레이션(×)
repertory	레퍼토리	레파토리(×)
rent-a-car	렌터카	렌트카(×)
robot	로봇	로보트(×)
lobster	로브스터/랍스터	랍스타(×)
royal jelly	로열 젤리	로얄 젤리(×)

royalty	로열티	로얄티(×)
rocket	로켓	로케트(×)
rotary	로터리	로타리(×)
rheumatism	류머티즘	류마티즘, 류머티스(×)
leadership	리더십	리더쉽(×)
remote control	리모컨	리모콘(×)
Lyon	리옹	리온(×)
ringer	링거	링겔(×)
mannequin	마네킹	마네킨(×)
mania	마니아	매니아(×)
massage	마사지	맛사지(×)
mask	마스크	매스크(×)
Malaysia	말레이시아	말레이시야(×)
mammoth	매머드	맘모스(×)
muffler	머플러	마후라(×)
message	메시지	메세지(×)
morphine	모르핀	몰핀(×)
mystery	미스터리	미스테리(×)
millimeter	밀리미터	미리미터(×)
milk shake	밀크셰이크	밀크쉐이크, 밀크세이크(×)
barricade	바리케이드	바리케이트(×)
barbecue	바비큐	바베큐(×)
bâton	바통 = 배턴(baton)	배톤(×)
battery	배터리	바테리(×)
bandage	밴디지	밴디쥐(×)
bucket list	버킷 리스트	버켓 리스트(×)
Venezuela	베네수엘라	베네주엘라(×)
vétéran	베테랑	배테랑(×)
boycot	보이콧	보이코트(×)
bourgeois	부르주아	부르조아(×)
bulldog	불도그	불독(×)
buffet	뷔페	부페(×)
brochure	브로슈어	브로셔(×)
brooch	브로치	브로찌(×)
blouse	블라우스	브라우스(×)
blues	블루스	브루스(×)
biscuit	비스킷	비스켓(×)
business	비즈니스	비지니스(×)
Santa Claus	산타클로스	산타크로즈(×)
salon	살롱	싸롱, 쌀롱(×)

さっぽろ	삿포로	삿뽀로(×)
sash	새시	샷시(×)
sexophone	색소폰	색스폰(×)
sandal	샌들	샌달(×)
chandelier	샹들리에	샹드리에(×)
sunglass	선글라스	선그라스, 선글래스(×)
Sevilla	세비야	세빌라(×)
centimeter	센티미터	센치미터(×)
sherbet	셔벗	샤베트(×)
← shirt	셔츠 = 샤쓰	샤스(×)
sausage	소시지	소세지(×)
soup	수프	스프(×)
supermarket	슈퍼마켓 = 슈퍼	수퍼마켓(×)
snow tire	스노타이어	스노우타이어(×)
scout	스카우트	스카웃(×)
Scotch tape	스카치테이프	스카치테입(×)
schedule	스케줄	스케쥴(×)
stadium	스타디움	스테이디엄(×)
stamina	스태미나	스태미너(×)
staff	스태프	스탭(×)
standard	스탠더드	스탠다드(×)
stainless	스테인리스	스테인레스(×)
step	스텝	스탭(×)
straw	스트로	스트로우(×)
Styrofoam	스티로폼	스치로폼, 스티로폴(×)
sponge	스펀지	스폰지(×)
spot news	스폿 뉴스	스팟 뉴스(×)
sprinkler	스프링클러	스프링쿨러(×)
symbol	심벌	심볼(×)
symposium	심포지엄	심포지움(×)
Singapore	싱가포르	싱가폴(×)
Arab Emirates	아랍 에미리트	아랍 에미레이트(×)
eye shadow	아이섀도	아이쉐도우(×)
arcade	아케이드	아르케이드(×)
accent	악센트	액센트(×)
aluminium	알루미늄	알류미늄(×)
alkali	알칼리	알카리(×)
alcohol	알코올	알콜(×)
enquête	앙케트	앙케이트(×)
accessory	액세서리	악세사리(×)

accelerator	액셀러레이터	악셀러레이트(×)
ambulance	앰뷸런스	앰블런스(×)
escalator	에스컬레이터	에스칼레이터(×)
air conditioner	에어컨, 에어컨디셔너	에어콘(×)
Ethiopia	에티오피아	이티오피아(×)
endorphin	엔도르핀	엔돌핀(×)
延邊	옌볜	엔벤(×)
orange	오렌지	오린지(×)
orgasme	오르가슴	오르가즘(×)
organ	오르간	올겐(×)
original	오리지널	오리지날(×)
offset	오프셋	옵셋(×)
homme fatal	옴 파탈	옴므 파탈(×)
ombudsman	옴부즈맨	옴부즈만(×)
observer	옵서버	옵저버(×)
yogurt	요구르트	요거트, 요쿠르트(×)
Innsbruck	인스브루크	인스브룩(×)
jazz	재즈	째즈(×)
jacket	재킷	자켓(×)
jam	잼	쨈(×)
jumper	점퍼 = 잠바	잔바(×)
gesture	제스처	제스춰(×)
jelly	젤리	제리(×)
juice	주스	쥬스(×)
Jura紀	쥐라기	쥬라기(×)
zigzag	지그재그	지그잭(×)
jeep車	지프차 = 지프	짚차(×)
champion	챔피언	챔피온(×)
chocolate	초콜릿	초콜렛(×)
chimpanzee	침팬지	침팬치(×)
cardigan	카디건	가디건(×)
curry	카레	커리(×)
camembert	카망베르	까망베르(×)
cabaret	카바레	캬바레(×)
carburetor	카뷰레터	카뷰레이터(×)
castella	카스텔라	카스테라(×)
counselor	카운슬러	카운셀러(×)
catalog	카탈로그	카달로그(×)
café	카페	까페(×)
carpet	카펫	카페트(×)

Cannes	칸	깐느(×)
collar	칼라	카라(×)
column	칼럼	컬럼(×)
caramel macchiato	캐러멜마키아토	카라멜마끼아또(×)
carol	캐럴	캐롤(×)
cabinet	캐비닛	캐비넷(×)
capital	캐피털	캐피탈(×)
cunning	커닝	컨닝(×)
curtain	커튼	커텐(×)
container	컨테이너	콘테이너(×)
control	컨트롤	콘트롤(×)
color	컬러	칼라(×)
collection	컬렉션	콜렉션(×)
compass	컴퍼스	콤파스(×)
cake	케이크	케잌(×)
ketchup	케첩	케챱(×)
cognac	코냑	꼬냑(×)
corded velveteen	코르덴 = 코듀로이	골덴(×)
comedy	코미디	코메디(×)
cosmopolitan	코즈모폴리턴	코스모폴리턴(×)
Kocher	코펠*	코퍼(×)
condor	콘도르	콘돌(×)
Colombia	콜롬비아	콜럼비아(×)
compact	콤팩트	컴팩트(×)
complex	콤플렉스	컴플렉스(×)
concours	콩쿠르	콩쿨(×)
conte	콩트	꽁트(×)
coup d' Etat	쿠데타	쿠테타(×)
Kuala Lumpur	쿠알라룸푸르	콸라룸푸르(×)
QR code	큐아르 코드	큐알 코드(×)
credit card	크레디트 카드	크레딧 카드(×)
Christian	크리스천	크리스찬(×)
crystal	크리스털	크리스탈(×)
climax	클라이맥스	클라이막스(×)
klaxon	클랙슨	크락션(×)
kilometer	킬로미터	키로미터(×)
target	타깃	타겟(×)
towel	타월	타올(×)
Taipei	타이베이	타이페이(×)
talent	탤런트	탈렌트(×)

*취사도구의 일종

television	텔레비전	텔레비젼(×)
天津	텐진	톈진(×)
teamwork	팀워크	팀웍(×)
fighting	파이팅	화이팅(×)
file	파일	화일(×)
pantalon	판탈롱	판타롱(×)
palette	팔레트	파레트(×)
femme fatale	팜 파탈	팜므 파탈(×)
family	패밀리	훼밀리(×)
pamphlet	팸플릿	팜플렛(×)
festival	페스티벌	페스티발(×)
pincers	펜치	뻰찌(×)
Portugal	포르투갈	포르투칼(×)
Poclain	포클레인	포크레인(×)
fuse	퓨즈	휴즈(×)
fry pan	프라이팬	후라이팬(×)
propose	프러포즈	프로포즈(×)
front	프런트	프론트(×)
proletarier	프롤레타리아	프로레탈리아(×)
plastic	플라스틱	프라스틱(×)
plaza	플라자	프라자(×)
plankton	플랑크톤	프랑크톤(×)
flash	플래시	후레시(×)
placard	플래카드	플랭카드(×)
platform	플랫폼	플래폼(×)
PR	피아르	피알(×)
Philopon	필로폰 = 히로뽕	필로뽄(×)
黑龍江	헤이룽장	헤이롱장(×)
Honolulu	호놀룰루	호노룰루(×)
Hồ Chi Minh	호찌민	호치민(×)
Hotchkiss	호치키스	호지케스(×)
ほっかいどう	홋카이도	호카이도(×)
hula-hoop	훌라후프	후라후프(×)
hip	히프	힙(×)

실전능력 기르기

01_ 외래어 표기가 맞는 것은?

① 화일

② 호찌민

③ 골덴

④ 쿠테타

⑤ 샌달

오답해설 ① '화일'은 '파일'로, ③ '골덴'은 '코르덴/코듀로이'로, ④ '쿠테타'는 '쿠데타'로, ⑤ '샌달'은 '샌들'로 고쳐야 한다.

02_ ④ '쿠알라룸푸르'는 맞는 표기이다.

02_ 나라 이름의 외래어 표기가 맞는 것은?

① 싱가폴

② 타이페이

③ 이디오피아

④ 쿠알라룸푸르

⑤ 포르투칼

오답해설 ① '싱가폴'은 '싱가포르'로, ② '타이페이'는 '타이베이'로, ③ '이디오피아'는 '에티오피아'로, ⑤ '포르투칼'은 '포르투갈'로 고쳐야 한다.

03_ '컷'은 '한 번의 연속 촬영으로 찍은 장면'을 이를 때 '장면'으로 순화할 수 있으므로 ⑤이 바른 설명이다.

03_ 영어 외래어에 대한 설명으로 바른 것은?

① '커트'는 틀린 표기이다.

② '컷'은 틀린 표기이다.

③ '컷'은 '커트'의 줄임말이다.

④ '커트'는 '촬영을 멈추라'는 뜻으로 쓴다.

⑤ '컷'은 '장면'으로 순화할 수 있다.

오답해설 ①② '컷'과 '커트'는 다른 의미를 가진 외래어로 모두 바른 표기이다.
③ '컷'은 '커트'의 줄임말이 아니고, '한 번의 연속 촬영으로 찍은 장면 / 대본이나 촬영한 필름에서 불필요한 부분을 삭제하는 일 / 인쇄물에 넣는 삽화 / 영화 촬영에서 촬영을 멈추거나 멈추라는 뜻'으로 쓰일 때의 표기이다.
④ '커트'는 '전체에서 일부를 잘라내는 일 / 미용을 목적으로 머리를 자르는 일. 또는 그 머리 모양' 등의 의미로 쓰는 말로 '촬영을 멈추라'는 뜻의 '컷'과는 다른 뜻이다.

04_ ③ '카디건'은 올바른 외래어 표기이다. '가디건(×)'으로 쓰지 않도록 주의해야 한다.

04_ 외래어 표기가 맞는 것은?

① 깐느

② 앰블란스

③ 카디건

④ 랑데뷰

⑤ 링겔

오답해설 ① '깐느'는 '칸'으로, ② '앰블란스'는 '앰불런스'로, ④ '랑데뷰'는 '랑데부'로, ⑤ '링겔'은 '링거'로 고쳐야 한다.

ANSWER

01. ② 02. ④ 03. ⑤ 04. ③

05_ 외래어 표기 규정에 대한 설명으로 옳지 <u>않은</u> 것은?

① 외래어는 국어의 현용 24 자모만으로 적는다.

② 받침에는 'ㄱ, ㄴ, ㄷ, ㄹ, ㅁ, ㅂ, ㅇ'만을 쓴다.

③ 외래어의 1 음운은 원칙적으로 1 기호로 적는다.

④ 파열음은 표기에 된소리를 쓰지 않는 것을 원칙으로 한다.

⑤ 이미 굳어진 외래어는 관용을 존중하되, 그 범위와 용례는 따로 정한다.

06_ 외래어 표기가 맞는 것은?

① 카톨릭   ② 심포지움

③ 알콜   ④ 비지니스

⑤ 옌볜

(오답해설) ① '카톨릭'은 '가톨릭'으로, ② '심포지움'은 '심포지엄'으로, ③ '알콜'은 '알코올'로, ④ '비지니스'는 '비즈니스'로 고쳐야 한다.

07_ 외래어 표기가 <u>틀린</u> 것은?

① 프로포즈   ② 규수

③ 쿠알라룸푸르   ④ 라이선스

⑤ 카탈로그

05_ 외래어 표기법 제1장 제3항에 따르면 받침에는 'ㄱ, ㄴ, ㄹ, ㅁ, ㅂ, ㅅ, ㅇ'만을 쓴다고 하였다.

06_ ⑤ '옌볜'은 바른 외래어 표기이다.

07_ ① '프로포즈(×)'는 잘못된 외래어 표기이다. '프러포즈'로 고쳐야 한다.

Theme 20

로마자 표기법

올 킬

한 권으로 끝내는
KBS한국어
능력시험

출제유형 분석

"이렇게 출제된다!"

로마자 표기법은 외래어 표기법과 마찬가지로 KBS한국어능력시험에서 매회 1문제씩 출제된다. 주로 틀린 로마자 표기를 고르는 문제가 나온다. 로마자 표기법은 원칙을 이해하는 것이 중요하다. 로마자 표기법의 원칙을 이해한다면, 어떤 단어든지 쉽게 로마자로 표기할 수 있을 것이다.

Q • 로마자 표기가 <u>틀린</u> 것은?
　• 로마자 표기가 <u>틀린</u> 지명은?
　• 로마자 표기상의 설명으로 <u>틀린</u> 것은?

기출유형 맛보기

"이런 문제가 나온다!"

▷ **로마자 표기가 틀린 것은?**

① 비빔밥 bibimbap
② 낙지덮밥 nakjji-deopbap
③ 떡국 tteokguk
④ 식혜 sikhye
⑤ 불고기 bulgogi

해설 '낙지덮밥'의 올바른 표기는 'nakji-deopbap'이다. 발음상으로 나는 된소리는 표기하지 않는다.

ANSWER ▶ ②

핵심내용 다지기

01 제1장 표기의 기본 원칙

제1항	국어의 로마자 표기는 국어의 표준 발음법에 따라 적는 것을 원칙으로 한다.
제2항	로마자 이외의 부호는 되도록 사용하지 않는다.

02 제2장 표기 일람

모음은 다음 각호와 같이 적는다.

제1항

1. 단모음

ㅏ	ㅓ	ㅗ	ㅜ	ㅡ	ㅣ	ㅐ	ㅔ	ㅚ	ㅟ
a	eo	o	u	eu	i	ae	e	oe	wi

2. 이중 모음

ㅑ	ㅕ	ㅛ	ㅠ	ㅒ	ㅖ	ㅘ	ㅙ	ㅝ	ㅞ	ㅢ
ya	yeo	yo	yu	yae	ye	wa	wae	wo	we	ui

[붙임 1] 'ㅢ'는 'ㅣ'로 소리 나더라도 ui로 적는다. **예** 광희문 Gwanghuimun
[붙임 2] 장모음의 표기는 따로 하지 않는다.

자음은 다음 각호와 같이 적는다.

제2항

1. 파열음

ㄱ	ㄲ	ㅋ	ㄷ	ㄸ	ㅌ	ㅂ	ㅃ	ㅍ
g, k	kk	k	d, t	tt	t	b, p	pp	p

2. 파찰음

ㅈ	ㅉ	ㅊ
j	jj	ch

3. 마찰음

ㅅ	ㅆ	ㅎ
s	ss	h

4. 비음

ㄴ	ㅁ	ㅇ
n	m	ng

5. 유음

ㄹ
r, l

[붙임 1] 'ㄱ, ㄷ, ㅂ'은 모음 앞에서 'g, d, b'로, 자음 앞이나 어말에서는 'k, t, p'로 적는다.
([ ] 안의 발음에 따라 표기함.)

구미	Gumi	영동	Yeondong	백암	Baegam
옥천	Okcheon	합덕	Hapdeok	호법	Hobeop
월곶[월곧]	Wolgot	벚꽃[벋꼳]	beotkkot	한밭[한받]	Hanbat

[붙임 2] 'ㄹ'은 모음 앞에서는 'r'로, 자음 앞이나 어말에서는 'l'로 적는다. 단, 'ㄹㄹ'은 'll'
로 적는다.

구리	Guri	설악	Seorak	칠곡	Chilgok
임실	Imsil	울릉	Ulleung	대관령 [대괄령]	Daegwallyeong

03 제3장 표기상의 유의점

음운 변화가 일어날 때에는 변화의 결과에 따라 다음 각호와 같이 적는다.

제1항

1. 자음 사이에서 동화 작용이 일어나는 경우

백마 [뱅마]	Baengma	신문로 [신문노]	Sinmunno	종로 [종노]	Jongno
왕십리 [왕심니]	Wangsimni	별내 [별래]	Byeollae	신라 [실라]	Silla

2. 'ㄴ, ㄹ'이 덧나는 경우

학여울[항녀울]	Hangnyeoul	알약[알략]	allyak

3. 구개음화가 되는 경우

해돋이 [해도지]	haedoji	같이 [가치]	gachi	굳히다 [구치다]	guchida

4. 'ㄱ, ㄷ, ㅂ, ㅈ'이 'ㅎ'과 합하여 거센소리로 소리 나는 경우

좋고[조코]	joko	놓다[노타]	nota
잡혀[자펴]	japyeo	낳지[나치]	nachi

다만, 체언에서 'ㄱ, ㄷ, ㅂ' 뒤에 'ㅎ'이 따를 때에는 'ㅎ'을 밝혀 적는다.

예 묵호 Mukho / 집현전 Jiphyeonjeon

[붙임] 된소리되기는 표기에 반영하지 않는다.

압구정	Apgujeong	낙동강	Nakdonggang	죽변	Jukbyeon
낙성대	Nakseongdae	합정	Hapjeong	팔당	Paldang
샛별	saetbyeol	울산	Ulsan		

제2항

발음상 혼동의 우려가 있을 때에는 음절 사이에 붙임표(-)를 쓸 수 있다.

중앙	Jung-ang	반구대	Ban-gudae
세운	Se-un	해운대	Hae-undae

제3항

고유 명사는 첫 글자를 대문자로 적는다.

부산	Busan	세종	Sejong

제4항

인명은 성과 이름의 순서로 띄어 쓴다. 이름은 붙여 쓰는 것을 원칙으로 하되 음절 사이에 붙임표(-)를 쓰는 것을 허용한다. (( )안의 표기를 허용함.)

예 민용하 Min Yongha (Min Yong-ha) / 송나리 Song Nari (Song Na-ri)

1. 이름에서 일어나는 음운 변화는 표기에 반영하지 않는다.

한복남	Han Boknam (Han Bok-nam)	홍빛나	Hong Bitna (Hong Bit-na)

2. 성의 표기는 따로 정한다.

'도, 시, 군, 구, 읍, 면, 리, 동'의 행정 구역 단위와 '가'는 각각 'do, si, gun, gu, eup, myeon, ri, dong, ga'로 적고, 그 앞에는 붙임표(-)를 넣는다. 붙임표(-) 앞뒤에서 일어나는 음운 변화는 표기에 반영하지 않는다.

제5항

충청북도	Chungcheongbuk-do	제주도	Jeju-do
의정부시	Uijeongbu-si	양주군	Yangju-gun
도봉구	Dobong-gu	신창읍	Sinchang-eup
삼죽면	Samjuk-myeon	인왕리	Inwang-ri
당산동	Dangsan-dong	봉천 1동	Bongcheon 1(il)-dong
종로 2가	Jongno 2(i)-ga	퇴계로 3가	Toegyero 3(sam)-ga

[붙임] '시, 군, 읍'의 행정 구역 단위는 생략할 수 있다.

청주시	Cheongju	함평군	Hampyeong	순창읍	Sunchang

제6항

자연 지물명, 문화재명, 인공 축조물명은 붙임표(-) 없이 붙여 쓴다.

남산	Namsan	속리산	Songnisan	금강	Geumgang
독도	Dokdo	경복궁	Gyengbokgung	무량수전	Muryangsujeon
연화교	Yeonhwagyo	극락전	Geungnakjeon	안압지	Anapji
남한산성	Namhansanseong	화랑대	Hwarangdae	불국사	Bulguksa
현충사	Hyeonchungsa	독립문	Dongnimmun	오죽헌	Ojukheon
촉석루	Chokseongnu	종묘	Jongmyo	다보탑	Dabotap

제7항

인명, 회사명, 단체명 등은 그동안 써 온 표기를 쓸 수 있다.

제8항

학술 연구 논문 등 특수 분야에서 한글 복원을 전제로 표기할 경우에는 한글 표기를 대상으로 적는다. 이때 글자 대응은 제2장을 따르되 'ㄱ, ㄷ, ㅂ, ㄹ'은 'g, d, b, l'로만 적는다. 음가 없는 'ㅇ'은 붙임표(-)로 표기하되 어두에서는 생략하는 것을 원칙으로 한다. 기타 분절의 필요가 있을 때에도 붙임표(-)를 쓴다.

집	jib	짚	jip	밖	bakk
값	gabs	붓꽃	buskkoch	먹는	meogneun
독립	doglib	문리	munli	물엿	mul-yeos
굳이	gud-i	좋다	johda	가곡	gagog
조랑말	Jolangmal	없었습니다		eobs-eoss-seubnida

알아보기 주의해야 할 로마자 표기

1. 주요 지명

서울 Seoul	백령도 Baengnyeongdo
부산 Busan	완도 Wando
인천 Incheon	울릉도 Ulleungdo
대구 Daegu	진도 Jindo
광주 Gwangju	독도 Dokdo
대전 Daejeon	경기도 Gyeonggi-do
울산 Ulsan	제주 Jeju
전주 Jeonju	김포 Gimpo
김해 Gimhae	여의도 Yeouido
경주 Gyeongju	경상남도 Gyeongsangnam-do
창원 Changwon	경상북도 Gyeongsangbuk-do
청주 Cheongju	전라남도 Jeollanam-do
춘천 Chuncheon	전라북도 Jeollabuk-do
판교 Pangyo	강원도 Gangwon-do
평창 Pyeonchang	충청남도 Chungcheongnam-do
포천 Pocheon	충청북도 Chungcheongbuk-do
거제도 Geojedo	제주도 Jeju-do

2. 산과 강 이름

금강 Geumgang	내장산 Naejangsan
낙동강 Nakdonggang	북악산 Bugaksan
대동강 Daedonggang	북한산 Bukhansan
동강 Donggang	설악산 Seoraksan
압록강 Amnokgang	속리산 Songnisan
영산강 Yeongsangang	지리산 Jirisan
임진강 Imjingang	태백산 Taebaeksan
한강 Hangang	한라산 Hallasan

3. 나라 이름

고구려 Goguryeo	신라 Silla
고려 Goryeo	조선 Joseon
백제 Baekje	대한민국 Daehanminguk

4. 음식

갈비찜 galbijjim	식혜 sikhye
낙지전골 nakji-jeongol	신선로 sinseollo
떡국 tteokguk	잡채덮밥 japchae-deopbap
떡볶이 tteokbokki	철판구이 cheolpan-gui
불고기 bulgogi	청국장 cheong-gukjang
비빔밥 bibimbap	탕수육 tangsuyuk

5. 자연 지물명, 문화재명, 인공 축조물명

거북선 geobukseon

경복궁 Gyeongbokgung

경포대 Gyeongpodae

광안리 Gwangalli

광화문 Gwanghwamun

광희문 Gwanghuimun

낙성대 Nakseongdae

남대문 Namdaemun

다보탑 Dabotap

대한문 Daehanmun

덕수궁 Deoksugung

독립문 Dongnimmun

반구대 Ban-gudae

불국사 Bulguksa

석가탑 Seokgatap

성당못 Seongdangmot

숭례문 Sungnyemun

신륵사 Silleuksa

오륙도 Oryukdo

오죽헌 Ojukheon

원인재 Woninjae

종묘 Jongmyo

집현전 Jiphyeonjeon

창덕궁 Changdeokgung

첨성대 Cheomseongdae

초지진 Chojijin

촉석루 Chokseongnu

태종대 Taejongdae

해운대 Haeun-dae

훈민정음 Hunminjeongeum

흥인지문 Heunginjimun

흥례문 Heungnyemun

6. 기타

벚꽃 beotkkot

무궁화 Mugunghwa

샛별 saetbyeol

알약 allyak

애국가 Aegukga

태극기 Taegeukgi

태권도 Taegwondo

한글 Hangeul

01_ 국어의 로마자 표기가 <u>틀린</u> 것은?

① 속리산 sokrisan

② 동대문 Dongdaemun

③ 낙성대 Nakseongdae

④ 종로2가 Jongno 2(i)-ga

⑤ 경상북도 Gyeongsangbuk-do

02_ 로마자 표기상의 설명으로 <u>틀린</u> 것은?

① 된소리되기는 표기에 반영하지 않는다.

② 장모음의 표기는 따로 하지 않는다.

③ 'ㅢ'가 'ㅣ'로 발음될 때는 'i'로 적는다.

④ 'ㄱ, ㄷ, ㅂ'은 모음 앞에서는 'g, d, b'로 적는다.

⑤ 'ㄹ'은 모음 앞에서는 'r'로, 자음 앞이나 어말에서는 'l'로 적는다.

03_ 로마자 표기가 <u>틀린</u> 지명은?

① 평창군 Pyeonchang-gun

② 인왕리 Inwang-ri

③ 울릉도 Ulreungdo

④ 울산 Ulsan

⑤ 충청남도 Chungcheongnam-do

04_ 로마자 표기가 <u>틀린</u> 것은?

① 태극기 Taegeukgi

② 오죽헌 Ojukeon

③ 반구대 Ban-gudae

④ 촉성루 chokseongnu

⑤ 벚꽃 beotkkot

05_ 로마자 표기법의 설명으로 틀린 것은?

① 발음상 혼동의 우려가 있을 때에는 음절 사이에 붙임표(-)를 쓸 수 있다.

② 고유 명사는 첫 글자를 대문자로 적는다.

③ 인명은 성과 이름의 순서로 띄어 쓴다. 이름은 붙여 쓰는 것을 원칙으로 하되 음절 사이에 붙임표(-)를 쓰는 것을 허용한다.

④ '시, 군, 읍'의 행정 구역 단위는 생략할 수 없다.

⑤ 자연 지물명, 문화재명, 인공 축조물명은 붙임표(-) 없이 붙여 쓴다.

05. 국어의 로마자 표기법 제3장 제5항 붙임에 따르면 '시, 군, 읍'의 행정 구역 단위는 생략할 수 있다. 예를 들어, '청주시'는 'Cheongju-si', 'Cheongju' 둘 다 쓸 수 있다. 따라서 ④이 틀린 설명이다.

06_ 국어의 로마자 표기가 틀린 것은?

① 삼죽면 Samjung-myeon

② 잡채덮밥 japchae-deopbap

③ 압록강 Amnokgang

④ 훈민정음 Hunminjeongeum

⑤ 신선로 sinseollo

06. 국어의 로마자 표기법 제3장 제5항에 따르면 행정 구역 단위 앞에 붙임표를 넣고, 붙임표 앞뒤에서 일어나는 음운 변화는 표기에 반영하지 않는다. 따라서 ①의 삼죽면은 발음상으로는 [삼중면]이지만 규정에 따라 'Samjuk-myeon'으로 적어야 한다.

ANSWER ⫶⫶⫶⫶⫶⫶⫶⫶⫶⫶⫶⫶⫶⫶⫶⫶⫶⫶⫶⫶⫶⫶⫶⫶⫶⫶

05. ④   06. ①

🎲 어떻게 출제되나?

KBS한국어능력시험의 쓰기 영역에서는 총 5문항이 출제된다. 주어진 주제에 대한 글쓰기의 과정을 생각하며 접근해야 하는 문제들로 구성되어 있는데, 주로 '글쓰기 계획하기'와 '자료 수집 및 활용'이 같은 주제로 출제되고, '글쓰기 계획하기'와 '개요 작성 및 수정'과 '고쳐쓰기'가 같은 주제로 출제된다.

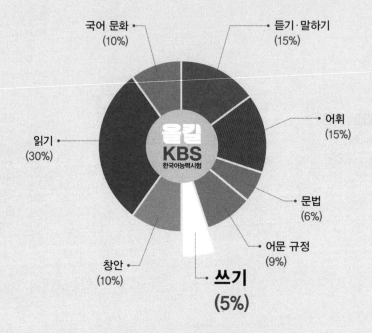

📖 어떻게 공부할까?

쓰기 영역은 글쓰기에 대한 기초 지식을 습득하고, 글쓰기 과정의 각 단계에서 일어날 수 있는 사항들을 실제 글쓰기에 대비해 연습해 보아야 한다. 실제로 글쓰기를 했던 과정을 생각하며 문제에 접근하면 쓰기 영역에 대한 두려움을 떨칠 수 있을 것이다.

📁 **이 단원은?** KBS한국어능력시험에서의 쓰기 영역은 글쓰기의 전 과정인 '글쓰기 계획하기 → 자료 수집 및 활용 → 개요 작성 및 수정 → 표현하기 → 고쳐쓰기'의 각 단계에 대해 바르게 이해하고, 문제에 적용할 수 있는가에 대해 묻는 단원이다.

5

쓰기

KBS한국어능력시험
기출 유형 완벽 분석한
테마형 단기완성 수험서

Theme 21

글쓰기 계획하기

한 권으로 끝내는
KBS한국어
능력시험

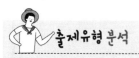

출제유형 분석

"이렇게 출제된다!"

'계획하기'는 글쓰기의 첫 번째 단계로, 한 편의 글을 쓰기 위해 어떤 주제를 설정하거나 독자를 분석하고, 글을 쓰기 위한 전략을 수립한 뒤 수집한 자료를 통해 내용을 선정하고 이를 어떻게 조직할 것인가 등을 종합적으로 구상하는 단계이다. '계획하기'와 관련해서는 주어진 주제와 목적에 맞게 글쓰기 계획을 구체화한 내용의 적절성 여부를 묻는 문제가 출제되고 있다.

Q • ㉠~㉤ 중 글을 작성하기 위하여 계획한 내용으로 적절하지 <u>않은</u> 것은?
• 글을 작성하기 위하여 계획한 내용으로 적절하지 <u>않은</u> 것은?

기출유형 맛보기

"이런 문제가 나온다!"

▷ **㉠~㉤ 중 글을 작성하기 위하여 계획한 내용으로 적절하지 않은 것은?**

> **글쓰기 계획**
>
> • 주제: 공동 주택의 생활 소음 문제와 해결 방안
> • 목적: 공동 주택 안의 생활 소음 줄이기
> • 예상 독자: 공동 주택 주민
> • 글의 내용
>   – '생활 소음으로 인한 주민 간의 소송 사례', '생활 소음에 관한 주민 설문 조사 결과' 등의 다양한 자료를 활용하여 공동 주택 주민 간의 생활 소음 문제를 제기한다. ················· ㉠
>   – '생활 소음의 영향에 관한 연구 결과'를 통해 생활 소음을 최소화해야 공동 주택 주민들의 삶이 쾌적해질 수 있다는 사실을 제시한다. ················· ㉡
>   – 생활 소음을 개선하기 위해 생활 소음을 줄이기 위한 구체적 사례를 활용하고, 공동 주택 주민들의 자발적 참여의 중요성을 환기한다. ················· ㉢
>   – 생활 소음의 구체적인 피해 사례를 조사하고, 이에 대한 국가 차원에서의 보상 대책을 논의한다. ················· ㉣
>   – 공동 주택의 생활 소음으로 인해 피해를 보는 주민이 없도록 이웃을 배려하는 최소한의 생활 규약을 주민 회의에서 정하도록 제안한다. ················· ㉤

① ㉠   ② ㉡
③ ㉢   ④ ㉣
⑤ ㉤

해설 생활 소음에 대한 피해 사례를 조사하는 것은 맞지만, 공동 주택 안에서 발생한 생활 소음의 문제이므로 이에 대한 보상 대책이 국가 차원에서 이루어져야 한다고는 볼 수 없다.

ANSWER ▶ ④

핵심내용 다지기

01 쓰기의 단계

주제 설정 ➡ 자료의 수집 및 활용 ➡ 개요 작성 ➡ 표현하기 ➡ 고쳐쓰기
(계획하기)　　　(내용 생성)　　　(내용 조직)　　(집필)　　(퇴고)

02 주제 설정

주제 설정은 글쓰기 활동을 위해서 가장 먼저 이루어져야 하는 첫 번째 단계이다. 주제는 글쓴이가 글에서 말하고자 하는 중심 생각으로, 글쓴이의 신념, 태도, 의견이 분명히 드러나야 한다.

더 알아보기 최근 출제된 주제

- 일회용품 사용 실태의 심각성과 해결 방안
- 안정적인 혈액 수급을 위한 방안
- 수면 부족 문제의 원인과 해결 방안
- 층간 소음 문제의 원인과 해결 방안
- 보행 중 스마트폰 사용의 위험성과 대처 방안
- 비만의 위험성과 예방 및 치료 방안
- 나트륨 과다 섭취의 문제점과 개선 방안
- 자전거 교통사고의 실태와 안전 운행
- 자연재해 예방 정책에 대한 투자 확대의 필요성
- 생태 발자국의 개념과 환경 보존
- 집중 호우 피해를 줄이기 위한 노력 촉구
- 만성 피로의 극복 방안
- 저출산 문제의 원인과 해결 방안
- 국내의 간판 문화
- 우리나라 국민들의 독서 부족 문제에 대한 독서 활성화 방안

실전능력 기르기

01 ㉠~㉤ 중 글을 작성하기 위하여 계획한 내용으로 적절하지 않은 것은?

글쓰기 계획

• **주제**: 기부 문화에 대한 인식과 기부의 활성화 방안
• **목적**: 기부 문화에 대한 긍정적 인식 확산과 기부의 활성화
• **예상 독자**: 기부에 참여하는 사람들 및 관련 단체
• **글의 내용**
 − 기부 문화에 대한 사람들의 인식 및 현황에 대한 관련 자료를 수집한다. ········· ㉠
 − 기부 문화에 참여하는 사람들의 연령, 성별, 학력 등을 조사한다. ····················· ㉡
 − 기부 문화에 대해 부정적 인식을 가지는 원인을 분석한다. ······························· ㉢
 − 기부 문화에 대한 참여율을 제고하고, 긍정적인 인식을 확산시킬 수 있는 방안을 안내한다. ········· ㉣
 − 기부 문화에 대한 중요성을 강조하고, 기부 문화에의 참여를 촉구한다. ············ ㉤

---

① ㉠   ② ㉡
③ ㉢   ④ ㉣
⑤ ㉤

02_ 다음 중 글을 작성하기 위하여 계획한 내용으로 적절하지 <u>않은</u> 것은?

02. 유기 동물 민간 관리 단체의 설립 절차와 자금 운영 현황에 대한 내용은 '유기 동물 증가의 문제와 대책 마련'이라는 주제와는 관련성이 멀다.

글쓰기 계획

• **주제**: 유기 동물 증가의 문제와 이에 대한 대책 마련의 필요성
• **목적**: 유기 동물 증가에 대한 문제 제기와 대책 마련 촉구
• **예상 독자**: 정부 관련 부처, 지방 자치 단체
• **글의 내용**
 – 생명 경시 풍조로 인해 동물을 유기하는 경우가 증가하고 있음을 언급한다.
 ··· ㉠
 – 유기 동물 관리 시설이 부족하고 관리 단체에 대한 정부의 지원이 미흡함을 지적한다.
 ·· ㉡
 – 유기 동물 민간 관리 단체의 설립 절차와 자금 운영 현황에 대해 조사한다.
 ·· ㉢
 – 생명의 소중함을 인식시키기 위해 정부 차원에서 시행하는 홍보 정책 등의 방안을 제안한다. ·· ㉣
 – 유기 동물 관리 시설 확대와 민간 관리 단체에 대한 정부 지원의 필요성을 강조한다.
 ·· ㉤

---

① ㉠

② ㉡

③ ㉢

④ ㉣

⑤ ㉤

ANSWER |||||||||||||||||||||||||||||||||||||||

02. ③

Theme 22

자료 수집 및 활용

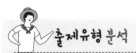

출제유형 분석

"이렇게 출제된다!"

'자료 수집 및 활용'은 주제를 명확하게 드러내기 위해 주제와 관련된 자료를 수집하고, 수집한 자료를 적절하게 배열하여 활용하는 단계이다. 이 단계와 관련하여서는 자료를 적절하게 해석 또는 활용하는 문제가 출제되고 있다. 수집한 자료를 어떻게 글쓰기에 활용할 것인지를 묻는 문제 유형이므로 글의 주제를 염두에 두면서 제시된 자료들을 빠르게 분석해야 한다.

Q • (나)에 제시된 자료의 활용 방안으로 적절하지 않은 것은?
   • 〈보기〉에 제시된 자료의 활용 방안으로 적절하지 않은 것은?
   • 윗글에 반영된 자료 활용 계획으로 가장 적절한 것은?

기출유형 맛보기

"이런 문제가 나온다!"

▷ 다음은 '자전거 이용 활성화'에 대한 글을 쓰기 위해 수집한 자료이다. 자료의 활용 방안으로 적절하지 않은 것은?

(가) 신문 기사

　　우리나라 대기 오염도가 OECD 국가 중에서 가장 심각한 것으로 조사되었다. 이는 15년 전에 비해 순위가 대폭 하락한 것이어서 충격을 주고 있다. 전문가들은 대기 오염의 주요인으로 자동차 배출 가스를 지목하고 있다.　　　　　　　　　　－ ○○ 신문

(나) 통계 자료

1. 자동차 등록 대수(단위 : 만 대)

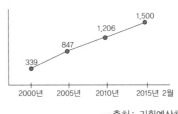

　　　　　　　　　　　　　　　－ 출처 : 기획예산처

2. 국가별 자전거 수송 분담률(단위 : %)

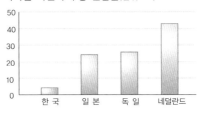

　　　　　　　　　　　　　　　－ 출처 : 환경부

(다) 인터뷰

1. 성인병을 앓고 있는 환자가 꾸준히 늘고 있습니다. 성인병의 가장 큰 원인은 운동 부족입니다. 이는 자동차의 이용과 무관하지 않습니다.　　　　－ 의사 ○○○

2. 자전거를 타고 가다가 자동차에 부딪혀 크게 다친 적이 있습니다. 선진국에서는 자전거 전용 도로 등으로 자전거 이용자의 편의를 도모하고 있지만, 우리는 그렇지 못한 상황이어서 안타깝습니다.　　　　－ 직장인 ○○○

① (가)와 (나)-1을 연계하여, 자동차의 증가가 대기 오염을 높이는 원인이 되고 있으므로 이에 대한 대책이 필요하다는 점을 강조한다.

② (가)와 (나)-2를 연계하여, 자동차 배출 가스로 인한 대기 오염이 심각하므로 우리나라도 선진국처럼 자전거 수송 분담률을 높일 필요가 있다는 점을 강조한다.

③ (나)-1과 (다)-1을 연계하여, 성인병 증가와 자동차의 증가가 관련될 수 있으므로 자동차 이용을 줄이고 자전거 이용을 통해 운동량을 늘릴 필요가 있다는 점을 강조한다.

④ (나)-2와 (다)-1을 연계하여, 선진국은 자전거를 이용하여 성인병을 예방하고 있다는 점을 강조한다.

⑤ (나)-2와 (다)-2를 연계하여 자전거 이용률을 높이기 위해서는 자전거 이용 환경을 개선해야 한다는 점을 강조한다.

해설 (나)-2의 '선진국의 자전거 수송 분담률이 높다.'는 자료와 (다)-1의 '운동 부족이 성인병의 주요 원인'이라는 자료 사이에서는 선진국이 자전거를 이용하여서 성인병을 예방하고 있다는 인과 관계를 찾을 수 없다.

ANSWER ▶ ④

핵심내용 다지기

01 자료의 요건

1. 자료의 내용은 객관적으로 해석하고, 쓰고자 하는 주제와 연관되어야 한다.

2. 합리적이고 근거가 분명하여 주제를 뒷받침할 수 있는 것이어야 한다.

3. 참신하며 독자의 관심과 흥미를 유발할 수 있는 것이어야 한다.

▶ 자료는 주제를 효과적으로 드러내는 데 도움이 되는 방향으로 활용해야 하며, 특히 자료를 주관적으로 해석하지 않도록 주의해야 한다.

02 자료의 활용

글을 전개할 때 자료는 여러 가지 방법으로 활용할 수 있다. 자료를 활용할 때 가장 먼저 고려되어야 할 것이 글의 종류와 그에 따른 목적이다. 즉, 설명이 목적인 글이라면 자료는 이해를 돕기 위한 예시로 주로 사용될 수 있고, 논증이 목적인 글이라면 자료는 주로 주장의 타당성을 뒷받침하기 위한 논거로 사용된다.

더 알아보기 자료 활용 시 유의점

1. 글의 주제를 고려하여 관련이 없는 것들은 제외한다.
2. 내용이나 성격이 비슷한 자료끼리 묶어 본다.
3. 자료들 간의 공통점이나 차이점을 파악한다.
4. 분류한 자료를 상·하위 항목으로 나눈다.
5. 주제와의 관련성을 바탕으로 자료 자체의 의미를 정확하게 해석한다.
6. 해석된 자료 내용을 바탕으로 이끌어 낸 논지가 타당한지의 여부를 파악한다.

실전능력 기르기

01_ (가)는 정보 침해의 유형별 경험으로 전문적 정보 침해 유형의 비율이 높음을 나타내고, (마)는 우리나라의 정보 보호 관련 예산이 선진국에 비해 적음을 나타내고 있다. (가)와 (마)를 활용하여 전문적 정보 침해에 대한 예산 확보가 필요함을 제시할 수 있으므로 '정보 보호에 대한 홍보 강화'의 제시는 적절하지 않다.

01_ '정보 보호 현황과 문제점 개선 방안'에 대한 글을 쓰기 위해 수집한 자료이다. 자료의 활용 방안으로 적절하지 **않은** 것은?

(가) 정보 침해의 유형별 경험(2018년)

구분	해킹	웜 바이러스	스파이웨어
비율(%)	15.4	55.9	56.8

(나) 정보 보호 산업 시장의 성장 추이   [단위: 억 원(국내), 백만 달러(국외)]

구분	2016년	2017년	2018년
세계	32,331	35,686	41,668
국내	6,807	7,052	7,432
세계 시장 점유 비율(%)	2.11	1.98	1.78

(다) 정보 통신 시설과 서비스 보호, 개인 정보 보호에 관한 규정이 여러 법에 산재해 있어 정보 침해 사례에 적절하게 대응하지 못하고 있는 현실이다.

(라) 2018년 현재 국내 정보 보호 인력은 4,874명으로 디도스 공격과 같은 정보 침해에 대비하기 어려운 실정이다.

(마) 우리나라의 정보 보호 관련 예산은 2018년에는 277억 원, 2019년에는 273억 원으로 선진국의 3분의 1 수준이다. 2019년을 기준으로 정보화 예산 대비 정보 보호 예산이 미국의 경우 9.2%인 반면 우리나라는 4.3%로 절반에도 미치지 못한다.

① (가)와 (라)를 활용하여 피해 예방을 위한 전문가 양성의 필요성을 제시한다.

② (가)와 (마)를 활용하여 정보 보호에 대한 홍보를 강화할 것을 제시한다.

③ (나)와 (라)를 활용하여 정보 보호 프로그램을 개발할 수 있는 전문 인력 양성을 제안한다.

④ (나)와 (마)를 활용하여 정보 보호 산업을 육성하기 위해서는 지원 예산의 확보가 필요함을 지적한다.

⑤ (다)와 (마)를 활용하여 정보 보호 산업의 발전을 저해하는 제도적인 차원의 문제점을 지적한다.

02. 다음은 '쌀 소비량 감소로 인한 문제점'에 대한 글을 쓰기 위해 수집한 자료이다. 자료의 활용 방안으로 적절하지 <u>않은</u> 것은?

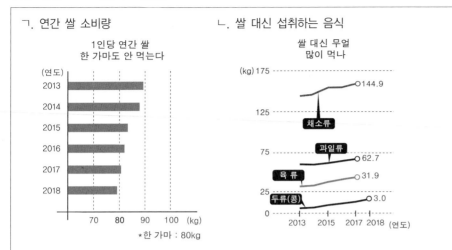

ㄷ. 신문 기사 일부 발췌
    최근 쌀 소비가 급격히 줄고 있다. 맞벌이 부부의 증가로 외식이 잦은 데다 식사량 자체가 줄기 때문이다. 밥 이외의 다양한 식품 등장, 참살이[웰빙] 바람 등도 원인으로 들 수 있다.
    ─ ○○ **신문**

ㄹ. 벼농사를 짓는 농민과의 인터뷰
    "한 해 소득의 대부분을 차지하고 있던 쌀이 식탁에서 점점 밀려나고 공산품에 비해 값이 떨어지고 있으니 앞으로 우리처럼 벼농사 짓는 사람들은 어떻게 살아가야 할지 막막하기만 합니다."
    ─ **농부** ○○○

① 'ㄱ'과 'ㄴ'을 활용해, 쌀 소비 감소는 다른 식품의 소비와 상관관계가 있음을 밝힌다.
② 'ㄱ'을 활용해 쌀 소비 감소 현황을 소개하고, 'ㄷ'을 활용해 식생활 패턴의 변화를 그 원인으로 제시한다.
③ 'ㄱ'과 'ㄹ'을 활용해, 쌀 소비 감소로 어려운 상황에 처한 농민들을 돕기 위해 쌀 소비를 늘려 가야 함을 주장한다.
④ 'ㄴ'을 활용해 쌀 소비 감소로 영양의 균형이 깨질 수 있음을 경고하고, 'ㄹ'을 활용해 쌀 소비를 늘릴 수 있는 대안을 제시한다.
⑤ 'ㄷ'과 'ㄹ'을 활용해, 벼농사를 짓는 농민들의 소득을 높이기 위해 건강에 좋은 다기능 쌀을 개발하자는 대안을 제시한다.

02. 'ㄱ'은 1인당 쌀 소비량의 변화를 드러내며, 'ㄴ'은 쌀 대신 소비하는 식품의 종류와 양의 변화를 보여 준다. 'ㄷ'은 쌀 소비 감소의 사회적 원인을 제시하고 있으며, 'ㄹ'은 쌀 소비 감소로 인한 농민들의 어려움을 보여 주는 인터뷰 자료이다. '쌀 소비량 감소로 인한 문제점'에 대한 글을 쓴다는 조건이 제시되어 있으므로, 이와 관련해 성격에 맞는 자료를 적절히 사용했는지 평가해야 한다. 그런데 ④의 경우, 'ㄴ'을 통해 영양의 균형에 관한 내용을 제시한다고 하였고, 'ㄹ'을 통해 쌀 소비 증가를 위한 대안을 제시한다고 하였으므로, 자료의 성격과 활용 방안을 잘못 파악하고 있다고 볼 수 있다.

Theme 23

개요 작성 및 수정

올킬
한 권으로 끝내는
KBS한국어
능력시험

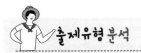

"이렇게 출제된다!"

'개요 작성 및 수정'에서 '개요'란 글을 쓰기 전에 주제와 목적에 맞게 수집한 글감들을 항목별로 체계화한 글의 설계도를 말한다. 따라서 '개요'를 통해 글의 전체적인 구성이 적절하게 이루어졌는지, 중요한 항목이 빠졌거나 불필요한 항목이 들어갔는지 등을 점검할 수 있다. 시험에서도 이와 관련하여 주어진 주제로 작성된 개요의 수정 방안이 적절한지를 묻는 문제가 출제되고 있다.

Q 위의 계획과 자료를 바탕으로 〈개요〉를 작성하였다. 〈개요〉의 수정 및 상세화 방안으로 적절하지 <u>않은</u> 것은?

기출유형 맛보기

"이런 문제가 나온다!"

▷ 다음은 '소비자 권익 증진'이라는 주제로 글을 쓰기 위해 작성한 글의 개요이다. 〈개요〉의 수정 및 상세화 방안으로 적절하지 <u>않은</u> 것은?

〈개요〉

Ⅰ. 문제 제기

Ⅱ. 소비자 권익 침해의 실태와 그 원인
    1. 실태 ·· ㉠
      가. 상품 종류 한정 ·································· ㉡
      나. 부실한 피해 보상
    2. 원인
      가. 사업자 간 경쟁의 부재
      나. 소비자 의식 교육 기회 부족
      다. 불합리한 피해 보상 절차 및 제도

Ⅲ. 소비자 권익 증진을 위한 대책
    1. 사업자 간 경쟁의 규제 ························ ㉢
    2. 소비자 의식 교육 기회 확대
    3. 소비자 구제 제도의 내실화 ·················· ㉣
      가. 소비자 보호 기관의 역할 강화
      나. 사업자 감독 기관과의 정책 연계

Ⅳ. 소비자 의식 함양을 통한 소비자 권익 증진 ········ ㉤

---

① 'Ⅱ-2'와의 호응을 고려하여 ㉠의 하위 항목으로 '소비자 의식 부족'을 추가한다.
② ㉡은 글의 주제와 'Ⅱ-2'의 내용을 고려하여 '소비자의 선택권 제약'으로 수정한다.
③ ㉢은 주제에서 벗어난 내용이므로 '사업자 간 경쟁의 활성화'로 수정한다.
④ 논리적 일관성을 고려해 ㉣을 '소비자 피해 실태 조사를 위한 기구 설치'로 수정한다.
⑤ 주제를 요약하여 강조하기 위해 ㉤을 '소비자 권익 증진을 위한 대책 촉구'로 수정한다.

(해설) 'Ⅱ-1-나'에 나타난 '부실한 피해 보상'의 원인은 'Ⅱ-2-다'에 나타난 '불합리한 피해 보상 절차 및 제도'이고, 이에 대한 대책으로 ㉣의 '소비자 구제 제도의 내실화'가 적절하다. ㉣을 '소비자 피해 실태 조사를 위한 기구 설치'로 바꾸면 이에 대한 하위 항목의 내용을 포괄할 수 없기 때문에 적절하지 않다.

ANSWER ▶ ④

01 개요 작성의 원칙

1. 글의 단계성
한 편의 글은 '처음 - 중간 - 끝' 또는 '서론 - 본론 - 결론'이 분명하도록 구성해야 한다.

2. 글의 통일성
글의 주제와 이를 뒷받침하는 다양한 요소들이 하나의 주제로 통일성을 이루어야 한다.

3. 글의 일관성
글의 각 부분이나 단계들이 밀접한 관계를 맺고 긴밀하게 결합되어야 한다.

02 개요 수정 시 유의점

1. 주제문으로서의 요건을 갖춘 것인지 확인한다.

2. 원인 분석 항목과 대안 제시 항목이 긴밀하게 대응하는지 확인한다.

3. 상위 항목은 반드시 하위 항목을 포괄하는지 확인한다.

4. 배치한 글감이 주제와 부합하는지 확인한다.

5. 글감이 논리적인 순서에 맞게 구성되었는지 확인한다.

6. 결론이 지나치게 추상적인지의 여부를 확인한다.

01_ 개요의 잘못된 부분을 찾아 알맞게 고칠 수 있는지를 묻는 문제이다. 개요는 논리적 흐름을 갖는다. 개요의 논리적 흐름을 고려할 때, 'Ⅱ-가'와 'Ⅲ-가'는 적절하게 연결된 것이다. 따라서 '관광객 유치를 위한 과다 홍보'라는 항목으로 ⓛ을 수정했을 경우에는 개요의 논리적 흐름을 훼손하게 된다.

01_ '지역 축제의 문제점과 발전 방안'에 관한 글을 쓰기 위해 개요를 작성하였다. 개요를 수정한 내용으로 적절하지 않은 것은?

Ⅰ. 지역 축제의 방향 ·· ㉠
    가. 지역 축제에 대한 관광객의 외면
    나. 지역 축제에 대한 지역 주민의 무관심

Ⅱ. 지역 축제의 문제점
    가. 지역마다 유사한 내용의 축제 ·· ㉡
    나. 관광객을 위한 편의 시설 낙후
    다. 행사 전문 인력의 부족
    라. 인근 지자체 협조 유도 ··· ㉢
    마. 지역 축제 시기 집중에 따른 참가 인원의 감소

Ⅲ. 지역 축제 발전을 위한 방안
    가. 지역적 특성을 보여 줄 수 있는 프로그램 개발
    나. 관광객을 위한 제반 편의 시설 개선
    다. 원활한 축제 진행을 위한 자원봉사자 모집 ··················· ㉣
    라. 지자체 간 협의를 통한 축제 시기의 분산

Ⅳ. 지역 축제가 가진 한계 극복 ··· ㉤

① ㉠은 하위 항목을 포괄하지 못하므로 '지역 축제의 실태'로 바꾼다.
② ㉡은 'Ⅲ-가'를 고려하여, '관광객 유치를 위한 과다 홍보'로 바꾼다.
③ ㉢은 상위 항목과 어울리지 않으므로 삭제한다.
④ ㉣은 'Ⅱ-다'와 연계하여 '지역 축제에 필요한 전문 인력 양성'으로 고친다.
⑤ ㉤은 주제와 부합하도록, '내실 있는 지역 축제로 변모하기 위한 노력 촉구'로 고친다.

ANSWER
01. ②

02_ '안전사고의 예방'에 관한 글을 쓰기 위해 개요를 작성하였다. 개요를 수정한 내용으로 적절하지 <u>않은</u> 것은?

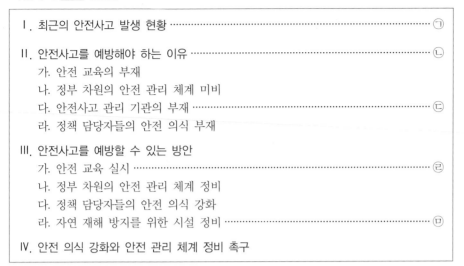

Ⅰ. 최근의 안전사고 발생 현황 ·· ㉠

Ⅱ. 안전사고를 예방해야 하는 이유 ·· ㉡
　가. 안전 교육의 부재
　나. 정부 차원의 안전 관리 체계 미비
　다. 안전사고 관리 기관의 부재 ·· ㉢
　라. 정책 담당자들의 안전 의식 부재

Ⅲ. 안전사고를 예방할 수 있는 방안
　가. 안전 교육 실시 ·· ㉣
　나. 정부 차원의 안전 관리 체계 정비
　다. 정책 담당자들의 안전 의식 강화
　라. 자연 재해 방지를 위한 시설 정비 ····································· ㉤

Ⅳ. 안전 의식 강화와 안전 관리 체계 정비 촉구

① ㉠: 안전사고 발생 통계 자료를 제시한다.
② ㉡: 하위 항목을 포괄하지 못하므로 '안전사고가 자주 발생하는 원인'으로 수정한다.
③ ㉢: 'Ⅱ-나'에 포함되는 내용이므로 통합한다.
④ ㉣: 방안이 구체적이지 않으므로 '안전시설 정비'를 하위 내용으로 추가한다.
⑤ ㉤: 논지와는 관련이 없는 내용이므로 삭제한다.

02_ 어떤 내용을 글 속에 추가할 때는 그 내용이 글의 통일성을 해쳐서는 안 된다. 그런데 ㉣에서 수정하기 위해 제시한 '안전시설 정비'라는 내용은 '안전 교육 실시'와는 관련이 없다. '안전 교육 실시'와 관련 있는 내용으로는 '강사 양성을 통한 안전 교육 내실화, 안전 교육 시간 확보' 등이 적절하다.

ANSWER
02. ④

Theme 24 고쳐쓰기

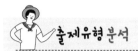

"이렇게 출제된다!"

앞서 제시된 '글쓰기 계획하기'와 '개요 작성 및 수정하기'의 지문과 연계하여 고쳐쓰기 (퇴고)가 적절하게 이루어졌는지, 그 타당성 여부를 파악하는 형태로 출제되고 있다. 고쳐쓰기가 적절하게 이루어졌는지를 판단하기 위해서는 어휘의 쓰임과 어법에 맞는 표현에 대한 기본적인 지식을 갖추어야 한다. 또한 글을 읽을 때 문단의 주제를 파악하여 이를 바탕으로 내용 사이의 연관성을 확인하는 학습이 필요하다.

Q 위의 내용을 토대로 작성한 글의 초고이다. ㉠~㉤의 수정 방안으로 적절하지 <u>않은</u> 것은?

기출유형 맛보기

"이런 문제가 나온다!"

▷ **다음 글은 '공정 무역'을 소개하는 글을 쓰기 위해 작성한 초고이다. ㉠~㉤의 수정 방안으로 적절하지 <u>않은</u> 것은?**

> 가격과 품질뿐 아니라 윤리와 나눔, 환경 보호를 추구하는 '공정 무역'이 새로운 관심을 끌고 있습니다. 공정 무역은 '공정하고 올바른 무역'이라는 뜻으로, 제3 세계의 가난한 생산자들이 만든 물건을 공정한 가격에 거래하는 것입니다. 그럼으로써 제3 세계의 가난한 생산자들에게는 경제적 자립을 할 수 있는 토대를 마련할 수 있게 해 주고, ㉠윤리적·환경적 기준에 부합하는 좋은 제품을 정당한 가격에 구매할 수 있게 해 주는 것입니다.
>
> 국제 빈민 구호 기구의 보고서에 따르면 2001년 한 해 영국 소비자가 우간다산 커피를 구입하기 위해 지불한 돈 가운데 커피 재배 농민에게 돌아간 몫은 ㉡과연 0.5%였다고 합니다. 이는 다국적 기업들이 농민들로부터 터무니없는 헐값에 커피콩을 사들이면서 자신들의 이익만을 추구했기 때문입니다. 이러한 불공정한 무역 구조는 생산 농민들의 열악한 생활 환경을 더욱 피폐하게 만드는 주요 원인이 되었습니다. ㉢<u>공정 무역은 불공정한 무역 구조를 개선해 선진국과 후진국이 함께 혜택을 누리자는 취지에서 출발했던 것입니다.</u> 이와 같이 정당한 노동의 대가를 인정해 주지 않는 기존의 불합리한 무역 구조로는 세계의 가난을 해결하는 데 한계가 있다는 인식이 확산되면서 공정 무역은 시작되었습니다.
>
> 공정 무역은 '착한 무역'이라고도 합니다. 여성과 아동의 ㉣<u>노동력이나 환경 파괴를 초래하는</u> 생산 과정을 통해 만든 제품은 그 대상에서 제외하기 때문입니다. ㉤<u>그리고 공정 무역의 대상이 되는 제품들은 매우 다양하고 사용하기에도 편리합니다.</u> 이는 공정 무역이 인류의 인권 신장과 친환경적인 생산을 적극적으로 표방하고 있다는 것을 보여 주는 것입니다.
>
> 공정 무역은 나눔을 실천할 수 있는 좋은 기회입니다. 공정 무역 제품을 구입해 주세요. 여러분의 착한 소비가 제3 세계 가난한 사람들의 메마른 가슴에 내리는 촉촉한 단비가 될 것입니다.

① ㉠: 문맥상 필요한 문장 성분이 생략되었으므로 '소비자들에게는'을 추가한다.

② ㉡: 문맥의 흐름을 고려하여 '무려'로 고친다.

③ ㉢: 문장의 연결 관계를 고려하여 바로 뒤의 문장과 맞바꾼다.

④ ㉣: 문장 성분 간의 호응을 고려하여 '노동력을 착취하거나 환경 파괴를 초래하는'으로 고친다.

⑤ ㉤: 문단의 통일성을 해치고 있으므로 삭제한다.

해설 문맥상 커피 재배 농민에게 돌아간 몫이 '적었다'는 의미이므로, ⓒ에 '아닌 게 아니라 정말로'의 뜻으로 주로 생각과 실제가 같음을 확인할 때 쓰는 '과연'이 들어가는 것은 적절하지 않다. 또한 '무려'도 그 수가 예상보다 상당히 많음을 나타낼 때 쓰이므로 적절하지 않다. 따라서 '기껏해야 고작'의 뜻인 '겨우, 고작, 불과' 등으로 고치는 것이 적절하다.

ANSWER ▶ ②

핵심내용 다지기

01 고쳐쓰기(퇴고)의 의의

고쳐쓰기는 글쓰기의 마지막 단계로, 실제 쓴 글을 그 목적과 주제가 잘 드러나도록 다듬는 과정을 말한다. 글을 고쳐 쓸 때에는 글 전체의 구성을 다듬는 일에서 시작하여 문단과 문장, 그리고 어휘의 순서대로 고쳐 쓴다. 따라서 글을 쓰는 의도에 따라 글의 내용이 체계적으로 배열되었는지를 검토하는 것(내용 수준의 고쳐쓰기)에서부터 문장 성분 간의 호응 관계 및 표현의 중복 여부, 단어의 쓰임 및 맞춤법 등을 검토하는 것(형식 수준의 고쳐쓰기)으로 나아가야 한다.

02 고쳐쓰기의 원칙

1. 첨가(부가)의 원칙

부족하거나 빠뜨린 내용, 충분한 설명이나 논의가 부족한 부분을 첨가·보충한다.

2. 삭제의 원칙

되풀이되거나 불필요한 부분, 잘못된 부분이나 분명하지 않은 부분을 삭제한다.

3. 재구성의 원칙

문장·문단의 순서를 바꾸거나 구성을 조정하고, 주제의 강조가 자연스러운지를 검토한다.

03 고쳐쓰기의 과정

1. 글 전체 수준의 고쳐쓰기
- 글을 쓰는 의도에 맞게 내용을 생성하고 있는가?
- 글의 주제가 일관성을 가지고 있는가?
- 글의 구성이 체계성을 가지고 있는가?

2. 문단 수준의 고쳐쓰기
- 문단 간의 흐름이 자연스러우며, 내용에 통일성이 있는가?
- 각 문단이 전체 글의 주제에 적절한 소주제를 가지고 있는가?

3. 문장 수준의 고쳐쓰기
- 문장의 흐름이 자연스럽고, 문장 성분 간의 호응이 적절한가?
- 문장의 길이가 적절하며, 문장의 구성에 어색함이 없는가?

4. 단어 수준의 고쳐쓰기
- 상황 및 문맥에 적합한 어휘를 사용하고 있는가?
- 맞춤법 규정을 제대로 지키고 있는가?

실전능력 기르기

01_ '원만하다'는 말은 '성격이 모난 데가 없이 부드럽고 너그럽다.'는 의미를 가진다. 따라서 지붕이 경사진 정도를 나타내는 어휘로 사용할 수 없다. '경사가 급하지 않다.'는 의미를 가진 어휘는 '완만하다'이다. 따라서 ⓛ은 고치지 않고 그대로 사용하는 것이 적절하다.

01_ 다음은 체험 학습을 다녀온 학생이 쓴 글이다. ㉠~㉤의 수정 방안으로 적절하지 **않은** 것은?

> 지난주 토요일에는 △△사의 대웅전과 불상, 석탑을 살펴보고 ○○산을 오르는 체험 학습을 다녀왔다.
>
> 전나무 숲길을 걸어 오르기 시작한 지 40분쯤 지나 당간지주에 이르렀고, 조금 더 올라가 절에 도착했다. ㉠ <u>돌다리 위에서 종루 너머로 보이는 대웅전은 팔작지붕의 전형적인 모습을 보여 준다.</u> 절 입구에는 타원형의 연못이 있고 연못 위에는 대웅전 쪽으로 돌다리가 놓여 있다. 보는 각도에 따라 때로는 ㉡ <u>완만하게</u> 때로는 급하게 보이는 지붕의 경사에서 다양한 변화의 아름다움을 느낄 수 있다. ㉢ <u>기와지붕의 등장으로 인해 지붕의 구조는 더욱 다양해졌고, 장식적인 기법도 함께 발달하게 되었기 때문이다.</u> ㉣ <u>시간이 되어 공양</u> 들러 가는 스님들을 뒤로 하고 등산로를 따라가니, 얼마 가지 않아 언덕 위의 석탑이 나를 반긴다.
>
> 다시 정상을 향해 30분쯤 더 오르자 10m는 훨씬 넘을 듯한 폭포가 나타난다. 기묘한 모양의 암석들과 그 틈에 비스듬히 자란 소나무들 사이로 장쾌하게 쏟아지는 물줄기에 가슴속까지 시원해진다. 폭포를 바라보며 도시락을 먹고 나서 비탈길을 오른다. 오르락내리락 한 시간 남짓 걸어가자, 드디어 정상에 도착했다. ㉤ <u>산 아래의 풍광을 내리 굽어보려니</u> 옛 시인이 시구로 표현한 말처럼 신선이라도 된 듯한 느낌이 든다.

① ㉠: 앞뒤 문장의 자연스러운 연결을 위해 바로 뒤의 문장과 순서를 바꾼다.

② ㉡: '모가 난 데 없이 부드럽다.'는 뜻인 '원만하게'로 고친다.

③ ㉢: 문맥의 흐름상 어색하므로 삭제한다.

④ ㉣: 중의적으로 읽힐 수 있으므로 '절을 떠날 시간이 되어'로 고친다.

⑤ ㉤: 어법에 맞고 간결하게 '풍광을 굽어보니, 옛 시인의 말처럼 신선이라도 된 듯 하다.'로 수정한다.

ANSWER

01. ②

02_ 다음은 올바른 스마트폰 사용 방법에 대한 글이다. ㉠~㉤의 수정 방안으로 적절하지 않은 것은?

> 요즘 우리 학생들에게 가장 친한 친구는 스마트폰이다. 스마트폰의 여러 재미있는 기능들에 푹 빠져 있다 보면 공부를 해야 할 시간에도 스마트폰을 잡고 있는 경우가 많다. 그러다 보니 부모님들은 스마트폰이 성적을 떨어뜨리는 ㉠주역이라고 여기시고 학생들의 지나친 스마트폰 사용 때문에 걱정을 많이 하신다.
>
> ㉡그리고 스마트폰은 우리에게 나쁜 친구일 뿐일까? 사실 ㉢스마트폰을 적당히 사용하고 스마트폰을 목적에 맞게 쓴다면 스마트폰은 유용한 도구임이 분명하다.
>
> 스마트폰의 인터넷 접속 기능을 통해 필요한 정보를 빠르게 검색할 수 있으며, 시간과 장소에 상관없이 동영상 강의를 시청할 수도 있다. 따라서 이러한 기능이 학습하는 데 ㉣씌어진다면 성적 향상에 도움이 될 것이다.
>
> 또한 스마트폰 사용 시간을 제한하거나 일정을 관리하는 애플리케이션을 잘 활용한다면 스마트폰 중독도 막고, 학습 시간도 효율적으로 관리할 수 있다. ㉤그리고 스마트폰을 사용하다가도 하루에 한 시간은 가족과 대화를 하며 가족 간의 유대감을 회복해야 한다.
>
> '좋은 약이라도 잘 쓰면 약이 되고 잘못 쓰면 독이 된다.'라는 말처럼 우리의 편의를 위해 만들어진 스마트폰이 독이 되지 않도록 올바르게 사용해야 할 것이다.

① ㉠: 단어의 사용이 적절하지 않으므로 '주범'으로 바꾼다.

② ㉡: 앞 문단과의 의미 관계를 고려하여 '그렇다면'으로 바꾼다.

③ ㉢: 불필요한 반복을 피하기 위해 '스마트폰을 적당히 사용하고 목적에 맞게 쓴다면'으로 고친다.

④ ㉣: 피동 표현이 잘못 사용되었으므로 '쓰여진다면'으로 고친다.

⑤ ㉤: 글의 흐름과 어긋나는 문장이므로 삭제한다.

02_ '씌어진다면'은 피동사 어간 '쓰이-'에 피동 표현 '-어지다'가 결합한 것으로 피동 표현이 불필요하게 중복되었다. 이를 고친 '쓰여진다면'도 중복된 피동 표현이므로, '쓰인다면'으로 고쳐야 적절하다.

ANSWER

02. ④

PLUS 쓰기 연계 문제

[1~2] '도로 교통 현안과 해결 방안'에 대한 글을 쓰려고 한다. 제시된 물음에 답하시오.

(가) 작문 계획

- 주제: 도로 교통 현안과 해결 방안
- 목적: 도로 교통으로 인한 문제 제기와 이에 대한 해결 방안 제시
- 글의 내용
  - 도로 교통 지표 추이를 통해 도로 교통의 현재 상황을 언급한다. ·············· ㉠
  - 도로 교통량의 증가로 인해 야기되는 여러 환경 문제를 지적한다. ·············· ㉡
  - 도로 교통의 문제에 대한 해결책으로 현재 시행되고 있는 방안에 대한 개선의 필요성을 강
    조한다. ·············· ㉢
  - 도로 교통 문제로 인해 발생한 환경 문제를 해결하기 위한 국가 간의 협약에 대해서 언급한다.
    ·············· ㉣
  - 도로 교통으로 인한 문제를 줄이기 위해 제도적 차원의 방안을 제시한다. ·············· ㉤

(나) 수집한 자료

ㄱ. 도로 교통 지표 추이

구분	2016년	2017년	2018년
도로 연장(km)	2,599	2,659	2,850
차량 대수(천 대)	12,914	14,586	15,396
교통 혼잡 비용*(십억 원)	21,108	22,769	23,698

＊교통 혼잡 비용: 교통 혼잡으로 인하여 추가로 발생하는 사회적 비용

ㄴ. 도로 교통량의 증가와 자동차 과속으로 인해 야생 동물이 교통사고로 죽는 일이 지속적으로
발생하고 있다. 이를 막기 위해 생태 통로를 건설하였으나, 동물의 행동 특성에 대한 고려가
부족해 기대만큼의 성과는 거두지 못하고 있어 이에 대한 개선이 필요해 보인다.

— ○○ 일보

ㄷ. 자동차 배출 가스의 오염 물질 농도

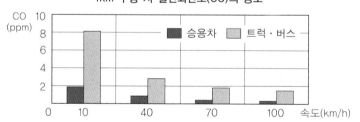

ㄹ. 해외의 도로 교통으로 인한 문제 개선 방안의 시행 사례에 대한 뉴스 보도 자료

"런던 교통국은 2003년부터 도심으로 들어오는 차량에 대해 오전 7시부터 오후 6시까지 1만
1000원~1만 2000원의 혼잡 통행료를 징수하고 있습니다. 자가용 사용을 억제하고 교통 정체
를 줄이자는 취지로 시행된 이 방식은 현재 전 세계 대규모 도시에서 시행 중인 혼잡 통행료
의 모델로 여겨집니다. 또한 대기 오염 물질을 적게 배출하는 차량에는 낮은 통행료를 부과하
고 있는데, 이는 교통 체증과 대기 오염을 동시에 줄이려는 의도에서 시행되고 있습니다."

— ○○○ 기자

01_ ㉠~㉤ 중 글을 작성하기 위하여 계획한 내용으로 적절하지 <u>않은</u> 것은?

① ㉠　　　　　　　　② ㉡

③ ㉢　　　　　　　　④ ㉣

⑤ ㉤

01_ 이 글에서 다루고 있는 도로 교통 문제는 국내의 통계에 한정되어 있으며, 이에 대한 해결 방안 역시 국내에서 해결되어야 하는 문제이다. 따라서 국내의 환경 문제에 대한 해결책으로 다른 국가와의 협약을 언급한다는 것은 적절한 내용으로 보기 힘들다.

02_ (나)에 제시된 자료의 활용 방안으로 적절하지 <u>않은</u> 것은?

① ㄱ + ㄴ : 교통 혼잡을 개선하기 위해 도로를 신설할 때에는 동물의 행동 특성을 고려한 생태 통로를 만들 필요가 있음을 지적한다.

② ㄴ + ㄷ : 자동차 속도를 줄일수록 야생 동물의 교통사고와 배출 가스의 오염 물질 농도가 줄어든다는 점을 이끌어 낸다.

③ ㄱ + ㄷ : 교통 혼잡은 사회적 비용을 증가시킬 뿐 아니라 자동차 배출 가스의 오염 물질 농도를 증가시킨다는 것을 밝힌다.

④ ㄱ + ㄹ : 도로 연장에도 불구하고 차량 대수의 증가로 인해 교통 혼잡 비용은 증가하므로 차량의 사용을 억제하기 위한 정책이 필요하다는 점을 강조한다.

⑤ ㄷ : 자동차의 배출 가스에 함유된 오염 물질의 양은 차량 종류 및 속도와 밀접하게 관련되어 있음을 밝힌다.

02_ ㄴ은 야생 동물의 교통사고에 대한 보도 자료이고, ㄱ은 도로 길이가 연장되고 있음에도 불구하고 차량 대수가 증가하여 교통 혼잡이 악화되고 있음을 보여 주는 통계 자료이다. ㄷ은 승용차든 트럭·버스든 저속 운행을 할 때 오염 물질을 많이 배출한다는 통계 자료이다. ②에서 ㄴ과 ㄷ은 연결 자체가 어색할 뿐만 아니라, 저속 운행을 하면 오염 물질이 줄어든다는 내용의 추론 역시 ㄷ의 자료를 분석한 것으로 적절하지 않다.

ANSWER

01. ④　02. ②

[3~5] '대체 에너지 개발'과 관련한 글을 작성하려고 한다. 제시된 물음에 답하시오.

03_ 글을 작성하기 위하여 계획한 내용으로 적절하지 <u>않은</u> 것은?

03_ 주제에 맞도록 '대체 에너지의 필요성'에 대한 내용이 추가 되어야 하므로 글의 내용으로는 대체 에너지에 대한 긍정적인 태도를 취하는 내용이 적절하다.
② 대체 에너지의 실패 사례를 통해 대체 에너지가 가진 한계성을 지적하는 것은 대체 에너지를 부정적으로 보는 시각이므로 글의 주제에 적합한 내용이라고 볼 수 없다.

> **글쓰기 계획**
>
> • **주제**: 대체 에너지 개발의 필요성과 촉진 방안
> • **목적**: 대체 에너지의 개발 촉구
> • **글의 내용**
> ─ 대체 에너지에 대해 소개하며, 대체 에너지의 개발의 필요성에 대해 언급한다. ·········· ①
> ─ 대체 에너지의 실패 사례를 통해 대체 에너지가 가진 한계성을 지적한다. ········ ②
> ─ 대체 에너지의 국내외의 개발과 활용 현황에 대한 사례를 소개한다. ·············· ③
> ─ 대체 에너지의 개발 촉진 방안을 국가적 차원에서 제시한다. ············· ④
> ─ 대체 에너지의 개발에 대한 적극적 참여를 촉구한다. ················· ⑤

04_ 위의 계획을 바탕으로 〈개요〉를 작성하였다. 〈개요〉의 수정 방안으로 적절하지 <u>않은</u> 것은?

04_ ㄹ은 상위 주제인 'Ⅳ'의 '대체 에너지의 개발 촉진 방안'의 하위 내용으로 적절하고, 'Ⅳ'의 다른 하위 내용과도 내용적 통일성을 이루고 있으므로 고칠 필요가 없다. '대체 에너지 개발과 관련된 법안 통과'는 내용이 구체적이지 않기 때문에 주제와 'Ⅳ'의 내용에 부합하는지의 여부를 판단하기 힘들다.

> 〈개요〉
>
> Ⅰ. 대체 에너지란?
> 가. 대체 에너지의 개념
> 나. 대체 에너지의 한계 ·· ㉠
> Ⅱ. 대체 에너지 개발의 배경과 필요성
> 가. 환경 오염과 에너지 자원의 고갈
> 나. 대체 에너지의 장단점과 응용성 ·· ㉡
> Ⅲ. 대체 에너지의 성공 사례 ·· ㉢
> 가. 국외의 대체 에너지 개발과 활용 현황
> 나. 국내의 대체 에너지 개발과 활용 현황
> Ⅳ. 대체 에너지의 개발 촉진 방안
> 가. 대체 에너지 개발과 관련된 예산 증액 ······························· ㉣
> 나. 대체 에너지 개발을 위한 인프라 구축
> 다. 대체 에너지 개발에 참여하는 기업 지원
> Ⅴ. 대체 에너지의 시장 확대 ·· ㉤

① ㉠은 글의 주제와 어울리지 않는 내용이므로 '대체 에너지의 종류'로 바꾼다.
② ㉡은 글의 주제와 'Ⅱ'의 내용을 고려하여 '대체 에너지의 장점과 실효성'으로 바꾼다.
③ ㉢은 하위 항목의 내용을 고려하여 '대체 에너지의 개발과 활용 현황'으로 수정한다.
④ ㉣은 'Ⅳ'의 다른 하위 내용을 고려하여 '대체 에너지 개발과 관련된 법안 통과'로 고친다.
⑤ ㉤은 글의 주제를 고려하여 '대체 에너지의 개발 촉구'로 바꾼다.

ANSWER ㅣㅣㅣㅣㅣㅣㅣㅣㅣㅣㅣㅣㅣㅣㅣㅣㅣㅣㅣㅣㅣㅣㅣㅣ
03. ② 04. ④

05_ 위의 내용을 토대로 작성한 글의 초고이다. ㉠~㉤의 수정 방안으로 적절하지 <u>않은</u> 것은?

대체 에너지는 화석 연료와 원자력을 대체할 수 있는 에너지 자원으로, 일반적으로 ㉠<u>고갈되어지지</u> 않는 재생 에너지를 말한다. 예를 들면 태양광, 지열, 조력, 풍력 등이 대표적이다. 현재 개발 중인 것으로는 고속 증식로와 핵융합 에너지가 있다.

이들 대체 에너지는 현재 환경 오염의 주범이 되고 있는 석탄과 석유와 같은 화석 원료를 이용한 에너지 자원과 ㉡<u>마찬가지로</u> 깨끗하고 고갈될 염려가 없다는 큰 장점을 가지고 있다.

국가별 대체 에너지 공급 비중을 보면 덴마크, 프랑스, 미국, 독일 등에서 대체 에너지의 공급 비중이 높게 나타난다. 특히 대체 에너지 기술 분야를 선도하고 있는 독일은 에너지의 효율성이 높은 원자력을 포기하고, 자연 친화적인 태양광 에너지로 점차 에너지의 비중을 높이고 있다. ㉢<u>그리고</u> 우리나라에서는 여전히 대체 에너지 중에서 화력 발전 다음으로 핵에너지를 이용하는 원자력을 가장 많이 ㉣<u>애용</u>하고 있다.

대체 에너지의 개발을 촉진하기 위해서는 국가 차원에서 대체 에너지 개발을 위한 ㉤<u>투자와 기반 시설을 구축할 필요가 있다.</u> 또한 개발에 참여하는 기업들을 지원하여 더 많은 기업이 대체 에너지 관련 산업에 뛰어들 수 있도록 하는 것도 좋은 방안이다.

에너지 자원은 한정되어 있고 빠르게 고갈되어 가고 있으나, 생활과 산업에 필요한 에너지의 양은 점차 늘어만 가고 있다. 따라서 대체 에너지의 개발은 분명 긴 시간과 막대한 예산이 드는 쉬운 일이 아니지만, 장기적으로 앞을 내다볼 때 반드시 개발되어야 하는 산업임에는 틀림없다.

① ㉠: 잘못된 피동 표현이므로 '고갈되지'로 수정한다.
② ㉡: 글의 전체적인 내용상 '달리'로 수정한다.
③ ㉢: 앞 문장과의 의미 흐름을 고려하여 '그래서'로 바꾼다.
④ ㉣: 의미상 부적절한 단어이므로 '이용'으로 고친다.
⑤ ㉤: 문장 성분 간의 자연스러운 호응을 위해 '투자를 늘리고, 기반 시설을 구축할 필요가 있다.'로 고친다.

05_ 독일은 원자력의 비중을 낮추고, 자연 친화적인 태양광 에너지의 비중을 높이고 있으나, 우리나라는 여전히 원자력의 비중이 높다고 하였다. 따라서 앞의 문장과 뒤의 문장이 내용상 반대되므로 ㉢에는 역접의 의미로 사용되는 접속 부사인 '그러나'를 쓰는 것이 적절하다. '그리고'는 병렬적으로 나열할 때 쓰는 접속 부사이고, '그래서'는 앞의 내용이 뒤의 내용의 원인이나 근거, 조건 따위가 될 때 쓰는 접속 부사이므로 둘 다 문맥상 적절하지 않다.

1
2
3
4
5
6
7
8

🎓 어떻게 출제되나?

KBS한국어능력시험의 창안 영역에서는 총 10문제가 출제된다. 창의적인 표어나 광고 문구 등을 만들기, 글 또는 그림에 적합한 제목 및 내용을 뽑아내기, 비유법 등 창의적인 표현 기법을 파악하기, 한자 성어와 속담 등을 활용하기, 시각 자료를 통한 정보 추론하기 등 창의적인 언어 표현 능력을 요구하는 문제들이 다양하게 출제되고 있다.

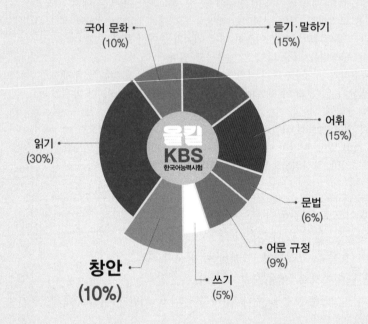

📖 어떻게 공부할까?

창안 영역은 창의적 언어 능력을 평가하는 영역이므로 이해하거나 암기할 수 있는 영역이 아니다. 창안 영역에 대비하기 위해서는 제시된 그림, 자료와 관련된 적절한 제목 또는 내용을 연상하는 연습을 하고, 주어진 글 또는 자료를 창의적으로 활용하여 적절한 답을 유추해 낼 수 있어야 한다.

📂 이 단원은? KBS한국어능력시험에서의 창안 영역은 창의적 언어 능력을 평가하는 영역으로, 쓰기나 말하기를 할 때 창의적·독창적 아이디어를 발휘하는 능력을 요한다. 창안 영역은 크게 제시된 〈조건〉에 따라 새로운 내용을 창안하는 유형, 표현 방식과 관계된 유형, 시각 자료에 부합하는 내용을 생성하는 유형 등으로 나누어 볼 수 있다.

6

창안

KBS한국어능력시험
기출 유형 완벽 분석한
테마형 단기완성 수험서

조건에 따른 내용 생성

올 킬
한 권으로 끝내는
KBS한국어
능력시험

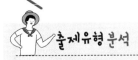

"이렇게 출제된다!"

KBS한국어능력시험 창안 영역에서 가장 눈에 띄는 문제 유형은 제시된 <조건>에 따라 문구 및 제목을 창안해 내는 문제들이다. 특히 공익 광고 등 광고 문구를 생성하는 문제가 자주 출제되는 편이며, 표어나 기사 및 뉴스 등의 제목을 생성해 내는 문제도 곧잘 출제되고 있다. <조건>에 표현 기법이 제시되는 경우가 있으므로 <조건>에 따라 내용을 생성하는 문제를 풀기 위해서는 표현 기법에 대한 기본적인 숙지가 필요하다.

Q • <조건>을 반영하여 <보기>의 [가]에 들어갈 (공익 광고의) 문구를 창작한 것으로 가장 적절한 것은?

• <조건>을 고려하여 <보기>의 ㉠에 들어갈 문구를 작성하려고 할 때, 가장 적절한 것은?

• <조건>을 반영하여 <보기>를 활용한 광고 문구를 창작한 것으로 가장 적절한 것은?

• <조건>을 활용하여 'ㅇㅇ'의 홍보 문구를 제작한다고 할 때 가장 적절한 것은?

• <조건>에 따라 'ㅇㅇ'을 위한 문구를 만든 것으로 가장 적절한 것은?

• <조건>에 따라 공익 광고의 문구를 수정한다고 할 때 가장 적절한 것은?

• <조건>을 반영하여 <보기>의 제목을 창작한 것으로 가장 적절한 것은?

• 기사문의 내용과 관련하여 <조건>에 맞는 제목을 작성한 것으로 가장 적절한 것은?

• <조건>을 반영하여 창작한 기획 의도의 제목으로 가장 적절한 것은?

• 다음 기획 의도를 반영하여 <조건>에 맞는 제목을 지으려고 할 때 가장 적절한 것은?

• <조건>을 반영해 기사문의 빈칸에 들어갈 말을 창작한 것으로 가장 적절한 것은?

기출유형 맛보기

"이런 문제가 나온다!"

1. 공익 광고에 들어갈 문안을 작성하려고 한다. 〈조건〉에 따라 작성한 문구로 가장 적절한 것은?

┌─조건─┐
• 의문문 형식을 사용할 것
• 비유의 방법을 활용할 것
• 자연과 인간의 관계에 대해 언급할 것

① 도시 생활 하수, 이제는 자원이다.
　➡ 폐수 내의 오염 물질을 분해해서 얻은 메탄가스는 소중한 자원입니다.
② 올 여름 휴가, 어디로 가고 싶습니까?
　➡ 함부로 버린 쓰레기는 비가 올 때 강으로 흘러들어 강기슭을 오염시킵니다.
③ 당신은 언제까지 산업 폐기물을 마시겠습니까?
　➡ 지금도 산업 폐기물이 적절한 처리 과정을 거치지 않고 강으로 버려지고 있습니다.
④ 미래에도 화가들은 아름다운 강을 그릴 수 있을 것인가?
　➡ 현재의 오염 속도가 지속된다면, 미래의 화가들이 악취 나는 검은 강물을 화폭에 담고 싶어 할까요?
⑤ 인간은 언제쯤 물의 소중함을 알게 될까?
　➡ 자연이라는 자애로운 어머니 앞에서 과거의 인간은 순종하는 자식이었으나, 현재의 인간은 배은망덕한 자식입니다.

（해설） 주제 및 수사법에 관련된 조건을 제시하고, 이에 맞는 글을 작성하는 능력을 평가하는 문제이다. '비유법을 사용할 것'과 같이 구체적으로 〈조건〉을 제시하기도 하므로, 문학 영역에서 다룬 수사법에 대해서 반드시 숙지하고 있어야 한다.
⑤이 자연을 '어머니'에, 인간을 '자식'에 비유하여 자연과 인간의 관계를 드러내었고, 의문문의 형식 또한 사용하여 〈보기〉의 조건을 모두 충족하였다.

ANSWER ▶ 1. ⑤

2. 〈보기〉의 ㉠에 표어를 넣으려고 할 때, 〈기사〉와 〈조건〉을 가장 잘 충족한 것은?

┌기사┐

　　요즘 어린이는 세상에 태어날 때부터 분만실이나 병실에 설치된 텔레비전을 본다고 한다. 엄마 품에서도 텔레비전을 보게 되니까 엄마 얼굴보다 텔레비전에 더 강한 자극을 받는 셈이다. 텔레비전은 어린이의 왕성한 호기심을 만족시켜 주고 누구보다도 먼저 어린이의 마음을 사로잡게 된다. 오랜 세월 동안 지구를 지배해 왔던 인류가 불과 50년도 안 되어 이 기계의 노예가 되고 있다.

┌조건┐

- 대상 : 청소년
- 내용 : 청소년 텔레비전 중독
- 조건 : 기사문과 연관된 내용일 것, 비유적 표현을 사용할 것

┌보기┐

텔레비전……

㉠

① 현대의 새로운 얼굴입니다.
② 우리 아이들의 양어머니입니다.
③ 우리 아이들의 친구입니다.
④ 당신의 손은 노예입니다.
⑤ 한평생 보실 겁니까?

해설 〈조건〉에 맞는 표현을 창의적으로 생성할 수 있는지를 평가하기 위한 문제이다. 〈기사〉의 주요 내용은 텔레비전의 노예가 되었다는 것이다. 〈조건〉에서는 비유적 표현을 사용하라고 했으므로 이를 모두 충족하는 것은 ④이다.

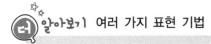 **알아보기 여러 가지 표현 기법**

1. 비유법: 표현하려는 사물의 현상, 상태, 마음의 움직임 등을 다른 사물에 빗대어 구체적인 연상을 일으키게 하는 표현 기법

직유법	'~처럼, ~같이, ~듯이' 등의 연결어로 비슷한 성질이나 모양을 가진 원관념과 보조 관념을 연결하여 표현하는 방법 예 천둥 같은 호령 소리
은유법	두 대상을 동일한 것처럼 간접적으로 연결하여 표현하는 방법 예 쌔근쌔근 잠든 아기는 날개 없는 천사
의인법	사람이 아닌 사물이나 관념에 인간적 요소를 더해서 사람이 행동하는 것처럼 표현하는 방법 예 바다도 슬피 울고 산도 얼굴을 찡그리네.
풍유법	본뜻은 숨기고 비유하는 말만으로 숨겨진 뜻을 암시하는 표현법으로 속담이나 관용어가 이에 속한다. 예 거미도 줄을 쳐야 벌레를 잡는다.

2. 변화법: 독자의 주의를 불러일으키고 지루함을 없애기 위해 문장에 변화를 주는 방법

도치법	정서의 환기와 변화감을 끌어내기 위하여 문장 성분의 배열 순서를 바꾸어 쓰는 표현법 예 그는 지금까지 기다리고 있었다, 나의 찬란한 추락을.
설의법	내용상으로는 의문이 아니지만, 의문의 형식으로 표현하여 상대방을 납득시키는 표현법 예 너에게 복수할 기회가 있었다면 이처럼 손 놓고 앉아 있었으랴.
역설법	표면적으로는 모순을 일으키는 진술이지만 그 속에 중요한 진리가 함축되어 있는 표현법 예 그는 죽었지만 우리 안에 여전히 살아 있습니다.
반어법 (아이러니)	참뜻과는 반대되는 말을 하여 문장의 의미를 강화하는 표현법 예 이런 문제도 틀리다니 정말 넌 천재임이 틀림없구나.

3. 강조법: 어떤 부분을 특별히 강하게 주장하거나 두드러지게 나타내어 읽는 이에게 강렬한 인상을 주는 방법

과장법	사물을 실상보다 지나치게 과도하게 혹은 작게 표현함으로써 의미를 강조하는 방법 예 그는 목이 찢어져라 만세를 불렀다.
영탄법	감탄사나 감탄 조사 따위를 이용하여 기쁨·슬픔·놀라움과 같은 감정을 강하게 나타내는 표현 방법 예 사랑이여, 사랑이여, 어둠 짙은 밤에도 별처럼 빛나는 내 사랑이여.
대조법	대립되는 대상이나 내용을 내세워 주제를 강조하거나 인상을 선명하게 표현하는 방법 예 산천은 변함이 없는데 사람은 간곳이 없다.

실전능력 기르기

01_ 홍보 문안을 〈조건〉에 맞게 창
의적으로 작성할 수 있는가를 묻는
문제이다.
첫 번째 조건은 시각·청각·후각·
미각·촉각 등의 이미지를 구사하
는 것을 요구하고 있는데, 이는 ②,
③, ④, ⑤에 나타나 있다.
가족의 따뜻함을 느끼게 하는 두
번째 조건은 ③, ④에 드러나 있다.
세 번째 조건은, 간접 표현에 의한
설득으로 효심을 자아냄으로써 궁
극적으로 노인 복지 시설의 고객
유치에 도움을 주게끔 문안이 작성
되었는지를 묻는 것이다. 우회적
표현은 ②, ③에, '효심'은 ③, ⑤에
드러나 있다.
따라서 〈조건〉을 모두 충족시킨 것
은 ③뿐이다.

01_ 실버타운(노후 보장 시설)을 홍보하기 위한 문안을 작성하고자 한다. 주어진 〈조건〉을
가장 잘 반영한 것은?

┌─ 조건 ─────────────────────────────────┐
• 감각적 이미지를 활용한다.
• 가족의 따뜻함을 느낄 수 있도록 한다.
• 우회적 표현을 통해 효심을 드러낸다.
└────────────────────────────────────┘

① 저희는 언제나 문을 열어 두고 있습니다.
　국내에서 가장 저렴한 가격으로 모십니다.
　당신을 사랑하는 저희가 있습니다.

② 최고의 설비로써 모시겠습니다.
　당신이 원하시면 바람처럼 달려가겠습니다.
　△△ 실버타운의 황혼은 참으로 아름답습니다.

③ 고왔던 어머님의 미소를 기억합니다.
　부드러운 아버님의 손길을 기억합니다.
　그 미소 그 손길로 당신을 맞이하고 싶습니다.

④ 험한 들길 걷고 가파른 산길 넘으시면서도
　너는 꽃처럼 향기롭다 이르셨던 당신께
　자신 있게 권합니다, ○○ 실버타운!

⑤ 인생의 황혼은 아름다울 수 있습니다.
　꺼질세라 식을세라 품으시던 그 사랑
　오십시오, 첨단 시설과 환상적인 서비스의 세계로!

02_ 공익 광고를 만들기 위해 〈보기〉와 같이 장면을 구상하였다. 〈조건〉에 따라 〈보기〉의 (가)와 (나)에 들어갈 문구를 만들 때 가장 적절한 것은?

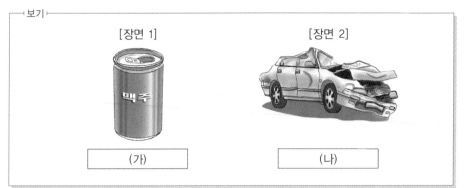

┌ 보기 ┐

[장면 1]

[장면 2]

(가)

(나)

┌ 조건 ┐

• [장면 1]에서 시청자의 호기심을 유발한다.
• [장면 2]에서 시청자가 음주 운전에 대한 경각심을 갖도록 한다.

① (가) : 두 가지를 동시에 할 수 없는 게 뭐가 있을까요?

　 (나) : 음주와 운전, 둘 중의 하나만 선택하세요.

② (가) : 음주 운전은 치명적인 결과를 낳습니다.

　 (나) : 자신은 물론 다른 사람의 생명도 빼앗을 수 있습니다.

③ (가) : 맥주 한 캔이 무엇을 취하게 할까요?

　 (나) : 맥주 한 캔이 우리의 윤리 의식을 취하게 합니다.

④ (가) : 음주 운전, 한 잔의 술로 당신이 끝날 수 있습니다.

　 (나) : 단 한 개의 맥주 캔도 안 됩니다.

⑤ (가) : 당신은 맥주 한 캔으로 얼마나 많은 일이 생길 수 있는지 아십니까?

　 (나) : 당신은 음주 운전의 결과를 보지 못할 수도 있습니다.

오답해설 ① 〈조건〉의 [장면 2]를 충족시키지 못했다.
② 〈조건〉의 [장면 1]을 충족시키지 못했다.
③ 〈조건〉의 [장면 2]를 충족시키지 못했다. '윤리 의식을 취하게 하는 것'은 계도의 의미를 부여할 수는 있지만 경각심을 유발하는 것은 아니다.
④ 〈조건〉의 [장면 1], [장면 2] 어떤 것도 충족시키지 못했다.

02_ 〈조건〉에 맞춰 광고의 문구를 창의적으로 표현할 수 있는가를 묻는 문제이다.
제시된 〈조건〉은 〈보기〉의 [장면 1]에서 '시청자의 호기심을 유발'하는 것이고, [장면 2]에서 '시청자가 음주 운전에 대한 경각심'을 갖도록 하는 것이다. ⑤은 (가)에서 '당신은 맥주 한 캔으로 ~ 있는지 아십니까?'라고 하여 시청자의 호기심을 유발하고 있고, (나)에서 음주 운전을 하면 당신은 죽을 수도 있다는 내용으로, 시청자가 음주 운전에 대한 경각심을 갖도록 하고 있다. 따라서 ⑤은 〈조건〉을 모두 충족시켰다.

ANSWER ⫶⫶⫶⫶⫶⫶⫶⫶⫶⫶⫶⫶⫶⫶⫶⫶⫶⫶⫶⫶⫶⫶⫶⫶⫶⫶

02. ⑤

03. 제시된 첫 번째 조건은 우리나라 사람들이 속마음은 따뜻하지만 잘 웃지 않는다는 상황을 충분히 광고 문안으로 드러내라는 의미이며, 두 번째 조건은 하나의 대상을 다른 대상에 빗대어 표현하는 비유의 방법을 활용하라는 것이다. ①을 보면, '조상의 아름다운 미소를 잊고 살아가는 우리'라는 표현과 '마음을 담은 미소'가 필요하다는 진술이 문제 상황을 반영하고 있으며, 미소를 마음의 문을 여는 '열쇠'에 비유하고 있음을 알 수 있다. ①은 제시된 광고 그림과도 가장 잘 어울리는 문안이다.

03 〈조건〉을 반영하여 [A]에 들어갈 공익 광고 문안을 만들려고 한다. 작성된 문안으로 가장 적절한 것은?

[A]

〈문제 상황〉
오늘날 우리나라 사람들은 속마음은 따뜻하지만 얼굴 표정은 무뚝뚝하다고들 한다.

─조건─
• 〈문제 상황〉을 충분히 반영한다.
• 비유를 통해 표현의 효과를 살린다.

① 조상의 아름다운 미소를 잊고 살아가는 우리
　　이제 가볍게 미소 지어 보세요.
　　마음을 담은 미소
　　닫힌 마음의 문을 여는 열쇠입니다.
② 미소를 잃어 가는 우리 사회
　　거짓된 미소는 사절
　　마음을 담은 미소는 환영
　　마음을 담은 미소로 우리 사회를 바꿔야 합니다.
③ 미소가 미소를 부릅니다.
　　당신이 미소 지으면 당신의 주위도 밝아집니다.
　　따스하게 퍼져 가는 햇살 같은
　　당신의 미소가 필요합니다.
④ 바쁜 일상 속에서 미소를 잃고 사는 우리들
　　언제까지 미소를 잃고 살아가야 합니까?
　　이제는 잃었던 미소를 되찾아야 할 때입니다.
⑤ 어린아이의 환한 미소가 부모의 근심을 씻어 주듯이
　　따뜻한 미소는 힘든 하루의 일상을 견디게 합니다.
　　가까운 사람들에게 당신의 미소를 보여 주세요.

오답해설 ② '미소를 잃어 가는 우리 사회'라는 표현에서 문제 상황이 어느 정도는 반영되어 있으나 비유적 표현이 쓰이지 않았다.
③ '미소'를 퍼져 가는 '햇살'에 비유하고 있으나 문제 상황이 반영되지 않았다.
④ '바쁜 일상 속에서 미소를 잃고 사는 우리들'이라는 표현에 문제 상황이 어느 정도 반영되어 있으나 비유적 표현이 쓰이지 않았다.
⑤ 비유적 표현은 쓰였으나 문제 상황이 제대로 반영되지 않았다.

ANSWER
03. ①

04_ 병원에 입원한 친구에게 시화(詩畵)를 만들어서 선물하려고 한다. (가)에 들어갈 내용을, 〈조건〉에 맞추어 완성한 것은?

해바라기

― 친구에게

싱싱한 푸른 줄기 해처럼 눈부신 꽃

(가)

┌─조건├
• 영탄과 기원의 어조로 표현할 것
• 쾌유(快癒)를 비는 의미를 담을 것
└─────────────────────────

① 바람이 몰아쳐도 꺾지 못할 생명이여.
　　비바람 이겨낸 후에 더 찬란히 피소서.
② 용기로 뿌리 삼고 지조로 줄기 삼아
　　바람의 유혹 떨치고 오직 임만 보소서.
③ 뜨거운 태양 아래 노랗게 병들어도
　　끈질긴 생명력으로 언제나 다시 선다.
④ 하늘로 하늘로만 치솟는 욕망이여.
　　크나큰 몸뚱이 받칠 뿌리 먼저 키우소서.
⑤ 하늘 향해 팔 벌리고 해를 안고 앉아서
　　까맣게 타들어 가는 내 청춘의 꿈이여.

오답해설 ②에는 연탄이 어주가 없으며, 시구의 내용이 쾌유를 비는 것이라기보다는 용기와 지조를 강조하고 있다.
③에는 영탄의 어조가 나타나지 않는다.
④에는 영탄과 기원의 어조는 있으나 쾌유를 비는 내용이 없으며, 욕망을 줄이고 자기 수양을 먼저 하라는 내용이 나타나 있다.
⑤에는 기원의 어조도 없고 쾌유를 비는 의미도 없다.

04_ 〈조건〉에 맞춰 빈칸에 들어갈 문구를 창의적으로 표현할 수 있는 가를 묻는 문제이다.
문제에 주어진 〈조건〉은, 영탄과 기원의 어조로 표현해야 한다는 것, 쾌유(快癒)를 비는 의미를 담아야 한다는 것 등이다. ①에는 영탄과 기원의 어조가 모두 나타나며, 시련을 견뎌내고 더 찬란히 피는 해바라기의 모습이 쾌유를 비는 의미를 담고 있다.

ANSWER ㎜㎜㎜㎜㎜㎜㎜㎜㎜㎜
04. ①

05_ 독거노인에 관한 사진이다. 〈조건〉에 맞게 가장 잘 표현한 것은?

┌─조건─
• 주어진 사진의 정보를 모두 활용할 것
• 독거노인의 실상을 잘 표현할 것
• 독거노인의 심경을 드러낼 것

① 웃고 떠들고 있을 때도
　 술에 빠져 있을 때도
　 노인을 잊지 마세요.

② 그 무엇이 그리울까.
　 그 무엇이 소중할까.
　 따스한 정보다…….

③ 아들딸 걱정에
　 마를 날 없는
　 슬픈 강

④ 외롭다. 외기러기
　 괴롭다. 괴나리봇짐
　 슬프다. 슬하의 자식

⑤ 몇 날인가 굶주리기
　 사람아, 보고잡네.
　 온정이 사무치네.

06 '불우 이웃 돕기'라는 주제로 신문 광고에 사용할 문안을 만들려고 한다. 〈조건〉을 충족시켜 가장 적절하게 완성한 것은?

┌─ 조건 ─────────────────────────────
• 표제의 의미를 반영할 것
• 역설적 표현을 사용할 것
• 그림의 분위기를 살릴 것
└──────────────────────────────────

① 할머니의 얼굴이 늘 환한 것은 무슨 이유일까요?
　그들에겐 나눌수록 넉넉해지는 이웃이 있기 때문입니다.
　온정을 나누는 삶은 언제나 따뜻합니다.

② 할머니는 손자가 대견스럽습니다.
　어려움 속에서도 늘 티없이 맑게 자라주니까요.
　도움은 나눌수록 풍성해지고 베풂은 적을수록 가난해집니다.

③ 할머니에겐 온 세상을 채우고도 남을 사랑이 있습니다.
　외로운 사람이라도 더 외로운 이는 늘 주변에 있기 마련입니다.
　이웃에 대한 사랑은 누구라도 할 수 있습니다.

④ 할머니는 많은 도움을 바라지 않습니다.
　작은 정성이라도 할머니에겐 커다란 축복입니다.
　도움을 주는 이는 도움을 받는 이보다 더 행복합니다.

⑤ 할머니는 행복해질 수 있다는 것을 믿고 있습니다.
　사랑은 나눌수록 더 커지고 아낄수록 작아집니다.
　이웃의 따뜻한 사랑이 있다면 할머니도 행복할 수 있습니다.

(오답해설) ②은 표제의 의미를 반영하지 못했고, ③은 둘째, 셋째 조건을 반영하지 못했으며, ④은 첫째 조건을, ⑤은 첫째 조건과 셋째 조건을 반영하지 못했다.

06 〈조건〉에 맞게 광고 문안을 창의적으로 작성하여 내용을 완성할 수 있는가를 묻는 문제이다. 첫째 조건은 표제의 의미인 '늘 따뜻함'을 반영하라는 것이다. 즉, '365일'은 '늘, 항상'을, '36.5℃'는 사람의 '체온'과 '따뜻함'을 나타낸다. 둘째 조건은 역설적 표현을, 셋째 조건은 아이의 천진함과 할머니의 온화함을 나타내라는 것이다. 따라서 세 조건을 모두 충족시킨 ①이 정답이다.

ANSWER
06. ①

07. 〈공지 사항〉에는 세 가지의 글쓰기 조건이 제시되고 있다. 첫째는 '무엇이 어떻게 처리되었으면 좋겠다.'라는 내용을 첫머리에 넣어 강조하는 것이고, 둘째는 요구 사항에 대한 이유를 다음으로 제시하라는 것이며, 셋째는 제안이 실현되었을 때 예상되는 결과를 쓰라는 것이다. 선택지로 제시된 내용 중 ⑤에서는 가장 먼저 홈페이지에 익명으로 글을 쓰게 해 달라는 의견이 제시되었으며, 그 이유로 불이익이 있을까봐 마음에 있는 말을 하지 못한다는 내용을 제시했다. 마지막으로는 익명의 글을 허용했을 경우 시민들이 더욱 다양한 의견을 내놓을 수 있을 거라는 예상 결과가 제시되었다. 그러므로 ⑤은 〈공지 사항〉을 통해 주어진 조건을 충실히 활용한 글쓰기가 이루어졌다고 볼 수 있다.

07. 다음은 시청 홈페이지 자유 발언대의 공지 사항이다. 공지 사항에 주어진 조건을 모두 충족한 것은?

○○시 자유 발언대

〈공지 사항〉

시정에 도움이 될 만한 건의나 제안 등을 올려 주시기 바랍니다.

단, 다음의 〈조건〉을 지켜 주십시오.

- 무엇이 어떻게 처리되었으면 좋겠다는 내용을 첫머리에 넣어서 강조해 주십시오.
- 다음으로 그 이유를 꼭 밝혀 주시기 바랍니다.
- 제안이 이루어졌을 때 예상되는 결과도 밝혀 주십시오.

---

① 우리 시에도 문화 행사가 필요합니다. △△시는 봄꽃 축제를 열어 많은 관광객을 유치했습니다. 이런 문화 행사를 할 때 지역 특산품도 함께 홍보했으면 좋겠습니다.

② ○○ 초등학교 앞은 불법 주차가 많아 교통사고의 위험성이 매우 높아요. 차들이 없어야 등굣길이 안전해집니다. 그러니까 통학로 옆의 불법 주차를 단속해 주세요.

③ 우리 시에도 체육공원을 마련해 주십시오. 시청 옆의 공터나 강변을 체육공원으로 만들 수도 있는 것 아닙니까? 그렇게 되면 시민들은 질 높은 생활을 할 수 있을 것입니다.

④ 거리에 쓰레기통이 필요합니다. 버스 정류장이 쓰레기로 넘쳐 납니다. 보기에 안 좋다고 쓰레기통은 없애고, 쓰레기를 버리는 시민들에게만 과태료를 물리는 시정은 문제가 있습니다.

⑤ 홈페이지에 익명으로도 글을 쓸 수 있게 해 주십시오. 혹 무슨 불이익이라도 있을까 해서 하고 싶은 말을 제대로 못합니다. 익명의 글도 허용해야 시민들의 다양한 의견을 들을 수 있을 것입니다.

오답해설 ① 문화 행사가 필요하다는 의견을 제시하고 다른 시의 성공 사례를 제안의 이유로 제시하는 과정까지는 조건에 부합된다. 그러나 지역 특산품 홍보에 대한 것은 예상되는 결과라기보다 세부적 방안을 건의하는 것이라고 볼 수 있다.
② 교통사고의 위험성을 지적한 첫 문장과 등굣길의 안전이 중요하다는 둘째 문장이 불법 주차 단속을 강화하는 요구로 제시되고 있다.
③ 체육공원을 마련해 달라는 의견이 먼저 제시되고 있기는 하지만 둘째 문장에서 그 이유를 밝히는 것이 아니라 시청 옆의 공터에 만들어 달라는 구체적 내용으로 넘어가고 있다.
④ 거리에 쓰레기통이 필요하다는 의견 뒤에 문제 상황의 심각성을 이유로 제시했다. 그러나 마지막 문장은 현재의 시정에 대한 불만으로 제시되었다.

ANSWER

07. ⑤

08 다음 그림을 활용하여 '명상의 시간'에 들려줄 짧은 글을 작성하고자 한다. 〈조건〉을 모두 충족하는 것은?

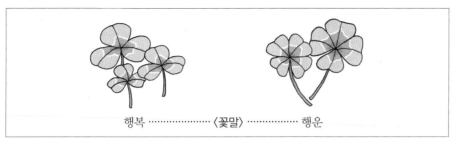

행복 ················ 〈꽃말〉 ················ 행운

┌─조건─────────────────────────────────────┐
• 비유적으로 표현할 것
• 대구적 기법을 사용할 것
└──┘

① 세 잎 클로버 사이에서 네 잎 클로버를 발견하기란 쉽지 않습니다. 하지만 행운에 대한 집착만 버리면 수많은 세 잎 클로버가 전하는 행복을 만날 수 있습니다.

② 어떤 사람은 네 잎 클로버에서 행운을 떠올리고, 어떤 사람은 세 잎 클로버에서 행복을 떠올립니다. 그러나 행운이든 행복이든 내가 만들어 가는 것이 중요합니다.

③ 네 잎 클로버처럼 행운의 주인공으로 살아가는 것도 의미 있는 삶입니다. 하지만 조연의 역할에도 행복해 하는 세 잎 클로버와 같은 삶에도 따뜻한 시선을 주어야 합니다.

④ 행운은 네 잎 클로버처럼 우연히 찾아오고, 행복은 세 잎 클로버처럼 언제나 곁에 있습니다. 어쩌다 마주치는 행운을 기다리기보다 가까이 있는 행복을 찾는 지혜가 필요합니다.

⑤ 네 잎 클로버와 세 잎 클로버는 겨우 이파리 하나가 다를 뿐입니다. 이런 작은 차이만 인정한다면 멀리 있는 행운에 집착하지 않고 행복의 의미를 새롭게 발견할 수 있습니다.

> **오답해설** ②에서는 대구적 기법은 보이나 비유적 표현이 쓰이지 않았다.
> ③에서는 비유적 표현은 있으나 대구적 기법은 찾을 수 없다.

08 그림을 활용하여 〈조건〉에 맞게 내용을 창의적으로 생성해 내는 문제이다.
'명상의 시간'이라는 점을 고려하여 주어진 〈조건〉을 모두 활용한 것은 ④이다. 먼저 ④의 '행운은 네 잎 클로버처럼'과 '행복은 세 잎 클로버처럼'에서는 직유법이, '행운이 찾아오다.'와 '행복이 곁에 있다.'에서는 의인법이 사용되었다. 그리고, '행운은 - 네 잎 클로버처럼 - 우연히 - 찾아오고'와 '행복은 - 세 잎 클로버처럼 - 언제나 - 곁에 있습니다.'에서는 형식상 대구적 기법을 찾을 수 있다.

09. 〈조건〉을 충족하여 광고 문구를 창안하는 능력이 있는지를 평가하기 위한 문제이다.

주어진 문제를 풀기 위해서는 〈조건〉으로 주어진 네 가지 사항을 충족하고 있는지를 확인해야 한다. (가)의 그림은 음주 운전 차량이 행인을 치는 장면이며, (나)의 그림은 부인과 아이들이 눈물을 흘리는 장면이다. 따라서 (가), (나)가 인과 관계로 연결되려면 음주 운전이 남의 가정을 불행하게 만든다는 정도로 진술되어야 한다.

네 가지 사항을 충족하고 있는 것은 ②이다.

09_ ⊙에 들어갈 문구로 〈조건〉을 가장 잘 충족한 것은?

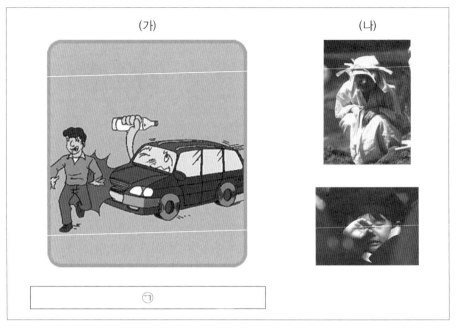

┌─조건┐
- 직설적인 표현을 쓸 것
- 가치 요소를 담을 것
- 광고 문구로 만들 것
- (가), (나)를 인과 관계로 설정할 것

① 교통사고, 당신도 예외는 아닙니다.
② 음주 운전, 남의 가정을 불행하게 만듭니다.
③ 무단 횡단, 사고로 이어집니다.
④ 난폭 운전, 당신의 이웃을 치게 됩니다.
⑤ 과속 차량, 모두에게 불쾌감을 줍니다.

오답해설 ①, ③은 (가), (나)의 인과성이 없고, 가치 요소도 부족하다.
④, ⑤은 다른 조건은 다 충족하고 있으나 (가), (나)의 인과성은 없다.

ANSWER ⫼⫼⫼⫼⫼⫼⫼⫼⫼⫼⫼⫼⫼⫼⫼⫼⫼⫼⫼⫼
09. ②

10_ 다음 사진들을 활용하여 〈조건〉에 맞게 가장 잘 표현한 것은?

┌─조건─────────────────────────────────
│ • 주어진 사진의 정보를 모두 활용할 것
│ • 반복의 표현 기법을 사용할 것
│ • 권유의 내용을 담을 것
└──────────────────────────────────────

① 우리는 할 수 있습니다. 한강의 기적을 이룬 것처럼.
　 우리는 할 수 있습니다. IMF의 위기를 이겨 낸 것처럼.
　 우리는 할 수 있습니다. 새로운 지도자를 우리 손으로 뽑읍시다.

② 우리는 하나입니다. 이데올로기가 달라도
　 우리는 하나입니다. 피부색이 달라도
　 여러분의 작은 도움으로 우리는 하나일 수 있습니다.

③ 한강의 기적을 이룬 우리
　 금 모으기로 IMF 위기를 이긴 우리
　 다시 한 번 힘을 모읍시다.

④ 2002년 시청에서 우리는 하나였습니다.
　 2004년 광화문에서 우리는 하나였습니다.
　 2007년 투표소에서 우리는 하나입니다.

⑤ 차가운 달빛이 질투하도록 강렬한 태양이 무색하도록
　 나도 타오르고 너도 타오르고
　 대한민국이여 불타오르자.

10_ 그림이나 사진을 보고 연상되는 내용을 바탕으로 새로운 구조를 창의적으로 생성해 낼 수 있는지를 평가하기 위한 문제이다. 첫 번째 사진은 한강의 기적을 이룬 서울의 모습을 담고 있으며, 두 번째 사진은 금 모으기 운동 때의 사진이며, 세 번째 사진은 투표에 참여하고 있는 모습을 담은 것이다. 사진의 이미지를 세 가지 조건에 맞추어 적절하게 표현한 것을 찾으면 된다. ① '한강의 기적을 이룬 것처럼', 'IMF의 위기를 이겨 낸 것처럼', '새로운 지도자를 우리 손으로'는 세 장의 사진 이미지를 각각 반영하고 있으며, '우리는 할 수 있습니다.'라는 반복의 표현 기법을 사용하고 있다. 또한 '투표에 참여하자.'라는 권유의 내용을 담고 있다.

ANSWER ⫶⫶⫶⫶⫶⫶⫶⫶⫶⫶⫶⫶⫶⫶⫶⫶⫶⫶⫶⫶⫶⫶
10. ①

Theme 26

창안과 표현

한 권으로 끝내는
KBS한국어
능력시험

"이렇게 출제된다!"

KBS한국어능력시험 창안 영역에서는, 언어유희나 음성 상징, 유추, 자유 연상 등의 표현 방식과 관련된 문제들이 곧잘 출제된다. 시, 한시, 이행시, 삼행시 등의 창안 문제도 이 영역에서 자주 출제되는 형태들이다. <조건>에 맞게 창안하여 표현하는 문제, 시각 자료를 활용하여 표현하는 형태로도 문제가 출제되고 있는데, 이 단원에서는 주로 표현 기교 및 시 창작과 관련된 문제들을 다루기로 한다.

Q • 'OO'에 대한 교훈을 유추하는 과정이 적절하지 <u>않은</u> 것은?
• 'OO'에 대한 교훈(충고)을 제시할 때 유추의 과정이 적절하지 <u>않은</u> 것은?
• <보기>와 같은 방식으로 웃음을 유발하는 것으로 가장 적절한 것은?
• <보기>의 밑줄 친 부분의 사례로 가장 적절한 것은?
• <보기>와 발상 방식이 가장 유사한 것은?
• 언어유희 방식이 <보기>에서 설명한 내용과 부합하지 <u>않는</u> 것은?
• 단어를 활용하는 방식과 발상이 <보기>와 가장 유사한 것은?
• 밑줄 친 광고 문구와 가장 유사한 표현 기법이 사용된 것은?
• <보기>에서 확인할 수 있는 언어 표현 방식으로 가장 적절한 것은?
• <조건>을 반영하여 <보기>의 한시를 현대어로 풀이할 때, ㉠, ㉡에 들어갈 말로 가장 적절한 것은?
• <보기>의 삼행시를 <조건>에 맞게 창작한 것은?
• <보기>의 의미에 맞게 2행시를 창작한 것으로 가장 적절한 것은?
• 'OO'을 주제로 한 삼행시에서 의미를 잘못 표현한 것은?
• 'OO'과 'OO'을 운으로 하여 의미에 맞게 이행시를 창작한 것으로 적절하지 <u>않은</u> 것은?

"이런 문제가 나온다!"

1. 주어진 소재의 한 특성에 착안하여 '학업의 자세'에 관한 교훈을 제시할 때, 유추의 과정이 적절하지 <u>않은</u> 것은?

	소재		착안점		교훈
①	등산	➡	정상을 향해 올라감.	➡	목표를 향해 꾸준히 공부해야 함.
②	항해	➡	풍파를 헤쳐 나감.	➡	학업의 과정에서 만나는 시련을 극복할 수 있어야 함.
③	건축	➡	기초 공사가 중요함.	➡	성적 향상을 위해서는 기본 실력을 잘 다져야 함.
④	여행	➡	설레는 마음으로 길을 떠남.	➡	잘못된 선택이 되지 않게 진로를 신중히 결정해야 함.
⑤	축구	➡	전반전 결과를 분석하여 후반전에 대비함.	➡	한 단계를 끝내고 결과를 점검해 다음 단계에 임해야 함.

해설 제시된 소재의 특성에 착안하여 적절한 내용을 생성해 내는 문제이다.
먼저 제시된 다섯 개의 소재가 지닌 특성이 무엇인지 파악해야 한다. 발문에 '한 특성에 착안하여'라는 조건이
제시되어 있으므로 '착안점'에 소개된 내용이 제시된 소재가 지닌 특성에 해당하는 것인지 확인하는 과정이
필요하다. 그리고 각 착안점을 '학업의 자세'와 관련지어 연상했을 때, '교훈'에서 제시한 내용이 적절한 것인
지를 살펴야 한다. ④은 여행을 떠올릴 때 '설레는 마음으로 길을 떠남.'이라는 착안점이 떠오르는 것은 자연스
럽다. 그러나 그 내용과 '잘못된 선택이 되지 않게 진로를 신중히 결정해야 함.'이라는 구상 내용 사이에는
별다른 관련성이 없으므로 유추의 과정이 적절하지 않다.

2. 〈보기〉의 '이것'에 해당하는 표현 방법이 사용되지 <u>않은</u> 것은?

┌─ 보기 ├─

　<u>이것</u>은 다른 의미를 암시하기 위해 말이나 동음이의어를 해학적으로 사용하는 표현 방법으로,
말이나 문자를 소재로 하는 유희를 의미한다. 이때 이것은 이중의 의미를 나타내는 명칭을 중심으
로 사용되거나 유사한 음운을 반복하기도 한다. 낱말의 소리들에 대한 관심을 토대로 발생한 이것
은 차츰 해학을 목적으로 하게 된다.

① 잔 들고 혼자 먼 산을 바라보니 / 그리던 님이 온다고 반가움이 이러하랴. / 말씀도 웃
음도 아녀도 못내 좋아 하노라.　　　　　　　　　　　　　　　　　　　　　－ 윤선도

② 청산리 벽계수야 수이감을 자랑마라. / 일도 창해하면 돌아오기 어려우니 / 명월이 만
공산하니 쉬어간들 어떠리.　　　　　　　　　　　　　　　　　　　　　　　－ 황진이

③ 매아미 맵다 울고 쓰르라미 쓰다 우네. / 산채를 맵다는가 박주를 쓰다는가. / 우리는
초야에 묻혔으니 맵고 쓴 줄 몰라라.　　　　　　　　　　　　　　　　　　　－ 이정신

④ 듣기 싫다. 아무 말도 말아라. 귀에서는 화살 소리가 횟횟 나고, 눈에서는 칼날이 번뜻
번뜻하여, 내가 눈을 못 뜨것다.　　　　　　　　　　　　　　　　　　　　　－〈적벽가〉

⑤ 왔다. / 누가 왔소? 답답하여 나 죽겠소. 말이나 해주소. 네 서방인지 남방(南方)인지
걸인 하나 내려왔다.　　　　　　　　　　　　　　　　　　　　　　　　　　－〈춘향가〉

해설 제시문은 '언어유희'에 대한 설명이다. ①은 자연에 묻혀 사는 즐거움을 노래한 시조로, 언어유희에 해
당하는 표현이 없다.
② '벽계수(碧溪水)'는 '푸른 물'과 '사람의 이름'을, '명월(明月)'은 '밝은 달'과 '황진이의 기명'을 나타내므로
'이중의 의미'를 지닌 언어유희에 해당한다.
③ '매아미 맵다 울고 쓰르라미 쓰다 우네.'는 음의 유사성을 이용한 언어유희이다.
④ 동일한 음운의 반복에 의한 언어유희이다.
⑤ '서방인지 남방인지'는 발음의 유사성을 이용한 언어유희에 해당한다.

3. 〈보기〉의 삼행시를 〈조건〉에 맞게 창작한 것은?

┌─ 보기 ┐

수 _____

선 _____

화 _____

└──┘

┌─ 조건 ┐

• 운 : 수선화

• 애상(哀傷)과 그리움의 정서가 드러날 것

• 촉각적인 표현이 드러나도록 할 것

└──┘

① 수(繡)틀에 내려앉은 외로운 학(鶴) 한 마리
　　선경(仙境)을 버려 두고 어찌 예서 혼자인지.
　　화려한 모란 꽃잎에 조용히 부리만 비비누나.

② 수년 만에 문득 바라본 아버지의 구부정한 등
　　선선히 무거운 인생의 짐을 지고 걸어 오셨네.
　　화창한 날보다 비 오는 날이 더 많았던 삶임에도.

③ 수심(愁心)이 깊어 가니 가을밤도 따라 깊어
　　선뜻한 차가운 베갯머리 눈물로 다 젖었구나.
　　화용월태(花容月態) 무엇하리 님 계신 곳 예 아닐진댄.

④ 수평선 너머로 서린 무지개를 보고
　　선망하는 애태움으로 가슴을 졸였지, 어린 시절엔.
　　화려해도 덧없이 사라지는 그 무엇을 몰랐던 그땐.

⑤ 수수한 자태, 거친 손을 가진 여인이여.
　　선량한 얼굴 주름에서 그대 인생의 자취를 읽는다.
　　화폭(畫幅)을 빛내는 것은 바로 너의 아름다운 영혼.

해설 주어진 〈조건〉에 맞게 표현하여 삼행시를 완성하는 문제이다.
③의 경우 애상적 정서와 그리움을 전체적으로 느낄 수 있고, '차가운'을 통해 촉각적 표현을 확인할 수 있기 때문에 주어진 〈조건〉에 가장 부합된다고 볼 수 있다.
①, ②, ④은 촉각적인 표현이 없으며, ⑤은 애상과 그리움의 정서가 나타나 있지 않다.

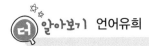 **알아보기 언어유희**

다른 의미를 암시하기 위한 말이나, 동음이의어를 해학적으로 사용하는 것, 즉, 말이나 문자를 소재로 한 말장난을 뜻한다. 언어유희에는 다음과 같은 방법들이 있다.

1. 동음이의어를 활용하는 방법

   예 "개잘량이라는 '양' 자에 개다리소반이라는 '반' 자를 쓰는 양반이 나오신단 말이오." – 〈봉산탈춤〉

2. 비슷한 음운을 활용하는 방법

   예 아, 이 양반이 허리 꺾어 절반인지, 개다리소반인지, 꾸레미전에 백반인지 – 〈봉산탈춤〉

3. 말의 배치를 바꿔서 하는 방법

   예 "어 추워라. 문 들어온다. 바람 닫아라. 물 마른다. 목 들어라." – 〈춘향전〉

4. 발음의 유사 방법

   예 술 먹고 수란(水卵)먹고, 갓 쓰고 갓모(갓 위에 쓰는 덮개) 쓰네. / 네 서방인지 남방(南方)인지 걸인 하나 내려왔다. – 〈춘향전〉

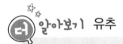 **알아보기 유추**

생소한 개념이나 매우 어렵고 복잡한 어떤 주제를 설명하고자 할 경우, 그 개념이나 주제를 보다 친숙하고 단순한 어떤 개념이나 주제와 하나씩 비교해 나가는 전개 방법이다. 비교는 근본적으로 서로 관련된 것들에 관심을 보이는 것이지만, 유추는 어느 하나와, 그것과는 전혀 다른 범주에 속하는 다른 하나가 대상이 된다. 물론, '다른 것'은 '어느 하나'와 형태나 행위에서 결정적인 유사성을 가지고 있어야 한다. 유추의 목적은 알려진 것을 통하여 알려지지 않은 것을 설명하는 것이다.

실전능력 기르기

01_ 〈보기〉를 활용하여 글을 쓰고자 할 때, 연상한 내용으로 적절하지 않은 것은?

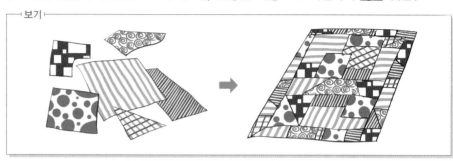

해석		연상 내용
자투리 천이 활용됨.	➡	사소한 것도 소중하게 여기는 삶 ··············· ㉠
버려진 천 조각이 이불보가 됨.	➡	새로운 가치를 창출하는 삶 ······················ ㉡
다양한 크기와 모양이 모임.	➡	각자의 개성이 조화를 이루는 삶 ··············· ㉢
작은 것이 모여 큰 것이 됨.	➡	유연한 태도로 친분 관계를 넓히는 삶 ········ ㉣
여러 천 조각이 실로 엮여 하나가 됨.	➡	협력을 통해 공동의 목표를 성취하는 삶 ····· ㉤

① ㉠   ② ㉡   ③ ㉢

④ ㉣   ⑤ ㉤

(오답해설) ① '자투리 천'을 통해 ㉠의 '사소한 것'을, ② '버려져서 가치가 없던 천 조각'을 통해 ㉡의 '새로운 가치'를, ③ '다양한 크기와 모양'에서 ㉢의 '개성'을, ⑤ '실로 엮여'에서 ㉤의 '협력'을 연상할 수 있다.

02_ 컴퓨터 자판에 있는 부호에서 연상한 의미를 바탕으로 '바람직한 교우 관계'에 관한 글을 쓰고자 한다. 연상한 의미를 구체화한 내용으로 적절하지 않은 것은?

	착상의 대상	연상한 의미		구체화한 내용
①	{ }	하나로 묶임.	➡	같은 반이나 동아리에서 함께하는 것은 교우 관계를 형성하는 데 도움이 된다.
②	?	관심과 호기심	➡	상대방에게 관심을 갖고 그 친구를 알아 가는 과정에서 친구 관계가 발전한다.
③	,	쉬어 가기	➡	오해가 생겼을 때에는 잠시 시간을 갖고 그동안의 관계를 돌아보는 것도 좋다.
④	=	닮아 가기	➡	서로 배려하고 믿는 자세로 친구의 생각과 입장을 인정한다.
⑤	+	힘을 모으기	➡	서로 도움으로써 어려운 일도 헤쳐 나갈 수 있어야 한다.

ANSWER

01. ④   02. ④

03 '바람직한 삶'에 대한 글을 쓰기 위한 자료이다. 그림에 제시된 소재의 속성을 통해
'연상한 내용'으로 적절하지 <u>않은</u> 것은?

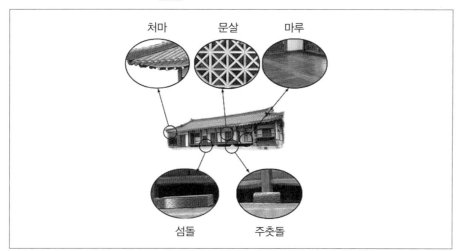

구분	속성	연상한 내용
처마	보호	한 사람의 작은 도움이 공동체를 유지하는 힘이 될 수 있다. ··········· ㉠
문살	조화	개개인의 역할이 잘 어우러져야 아름다운 사회를 조성할 수 있다. ·· ㉡
마루	개방	더불어 살아갈 수 있는 사회를 만들기 위해 열린 마음을 가져야 한다. ··· ㉢
섬돌	보조	다른 사람들의 아픔에 공감하는 삶의 자세가 필요하다. ··················· ㉣
주춧돌	지지	자기 자리에서 책임을 다하는 것이 사회를 지탱하는 기본이 된다. ··· ㉤

① ㉠

② ㉡

③ ㉢

④ ㉣

⑤ ㉤

1
2
3
4
5
6
7
8

03. 그림에 제시된 소재의 속성을 파악하고 그것을 토대로 적절한 내용을 연상(유추)할 수 있는가를 묻는 문제이다.
④의 '섬돌'은 마루에 올라갈 때, 도움을 주는 보조적인 역할을 한다. 그러나 이것을 통해 ㉣ '다른 사람의 아픔에 공감하는 삶의 자세'를 연상하는 것은 적절하지 않다.

ANSWER |||||||||||||||||||||||||||||||||||||||||

03. ④

04. 유추의 과정을 통해 생성된 내용들이 적절한지를 파악하는 문제이다.

문제 해결을 위해서는 조건으로 제시된 '착안점 ➡ 문제 상황 설정 ➡ 주제 구체화'의 과정에 따라 정보들이 잘 연결되고 있는지를 살펴보아야 한다. 착안점으로 주어진 그림들은 우리가 일상생활에서 접할 수 있는 것들이며, 문제 상황으로 제시된 내용은 '현대인의 삶'에 대한 내용이다.

네 번째 그림의 경우 역시 학교의 게시판에 붙은 지시 사항들을 보여주고 이를 통해 '현대인들의 수동적 삶'의 문제를 지적하는 경우로 구성되어 있다. 그런데 ④에서 ②에 들어갈 말로 제시된 것은 "세상의 변화에 늘 관심을 가져야 한다."는 것이다. 그러나 세상 변화에 관심을 갖는 삶의 태도를 수동적 삶의 태도를 극복한 것이라고 보기는 어렵다. ②에는 능동적으로 삶을 개척해 나가는 태도에 관한 내용이 제시되어야 한다.

04. 교실 안 사물에 착안하여 '현대인의 삶'에 대한 글을 쓰고자 할 때, ㉠~㉤에 들어갈 내용으로 적절하지 <u>않은</u> 것은?

착안점		문제 상황 설정	주제 구체화
	쓴 내용이 쉽게 지워짐.	㉠	유익한 정보를 잘 관리할 수 있어야 한다.
	밖은 보이지만 닫혀 있어서 소리는 잘 들리지 않음.	㉡	진정한 인간관계를 위해서로 이해하려는 노력이 필요하다.
시간표	하루에 해야 할 일 정이 빽빽하게 적혀 있음.	㉢	바쁠수록 자신을 되돌아볼 시간을 가져야 한다.
게시판	학교의 지시 사항을 알림.	현대인들은 수동적인 삶을 살고 있다.	㉣
	쓸데없는 물건이 넘쳐나고 있음.	현대인들은 불필요한 것까지도 가지려고 한다.	㉤

① ㉠: 현대인들은 많은 정보를 접하지만 그 대부분을 잊어버린다.
② ㉡: 현대인들은 서로 마주보면서도 소통의 어려움을 겪는다.
③ ㉢: 현대인들은 여유 있는 시간을 갖기 어렵다.
④ ㉣: 세상의 변화에 늘 관심을 가져야 한다.
⑤ ㉤: 소유에 대한 성찰이 필요하다.

(오답해설) ① 칠판을 지우는 그림과 정보를 잊어버리기 쉬운 현대인들의 특성을 연결시킨 것은 타당성이 있다.
② 그림으로 제시된 창문은 안과 밖이 잘 보이면서도 바깥의 소리는 차단하는 작용을 하므로, 서로 마주보면서도 소통하지 못하는 현대인들의 문제를 지적하는 것으로 적절하다.
③ 일정이 빽빽하게 들어차 있는 시간표는 일에 쫓겨 살아가고 있는 현대인들의 삶을 상징적으로 드러내는 것이므로, 여유 있는 시간을 갖기 어렵다는 문제와 적절하게 연결된다.
⑤ 쓸데없는 물건이 넘쳐나는 쓰레기통의 모습으로부터 나중에는 쓸모가 없어져서 버릴 불필요한 것까지 가지려고 하는 현대인들의 문제를 지적하고 마지막으로 소유에 대한 성찰이 필요하다는 주제로 연결시키는 것은 타당성이 있다.

ANSWER
04. ④

05 다음 글을 참고로 할 때 〈보기〉의 (   ) 안에 들어갈 소재로 가장 적절한 것은?

> 고정 관념은 글의 독창성을 떨어뜨릴 뿐만 아니라 일을 그르치는 원인이 되는 경우도 있다. 그런 경우를 가정해 보자.
>
> (얼마 전) 저 사람은 선생이니 믿어도 좋아! 한번 사귀어 보지 뭐……. (얼마 후) 세상에 그자가 글쎄 한 수 더 뜨는 선생이었네. 연애 선생?!!!
>
> 이러한 고정 관념의 폐해에서 벗어나기 위한 방법으로는 질문하기, 관점 바꾸기, 낯설게 보기, 유추하기, 입장 바꿔 생각하기 등이 있다.

┌ 보기 ┐
(   )는 너무 뜨겁다.
(   )도 없느냐며 장모님이 쌈짓돈으로 사 준
(   )는 너무 뜨겁다.
이 겨울
(   )를 보며
내 얼굴이 뜨거워지는 까닭은
(   )가 뜨겁게
내 가슴을 시리게 하기 때문이다.

① 전기밥솥　　　　② 다리미　　　　③ 전기장판
④ 전자레인지　　　⑤ 냉장고

06 〈보기 1〉의 설명을 참고할 때, 〈보기 2〉와 표현상의 특성이 같은 것은?

┌ 보기 1 ┐
우리말에는 언어의 특성을 이용해서 유희적인 기능을 담당하도록 하는 경우가 많이 있다. 이러한 언어유희는 다양한 방법을 통하여 구현되는데, 동일한 소리를 반복하여 사용하는 경우, 동음어나 발음의 유사성을 활용하는 경우, 말꼬리를 이어 연결하는 경우, 말의 순서를 바꾸는 경우, 의성어나 의태어를 활용하는 경우 등을 예로 들 수 있다.

┌ 보기 2 ┐
개잘량이라는 '양' 자에 개다리소반이라는 '반' 자를 쓰는 양반이 나오신단 말이오.

① 어, 추워라. 문 들어온다, 바람 닫아라. 물 마른다, 목 들어라.
② "민(民)의 아비 이름은 옹송이옵고 할아버지는 만송이옵니다." 사또가 이 말을 듣고 하는 말이, "허허, 그 노옴 호적은 옹 송망송하여 전혀 알 수 없으니, 다음 백성 아뢰라."
③ 귀 먹어서 삼 년이요, 눈 어두워서 삼 년이요, 말 못해서 삼 년이요, 석삼년을 살고 나니 배꽃 같던 요 내 얼굴 호박꽃이 다 되었네.
④ 그래서 말뚝을 뺑뺑 돌려서 박고 띠를 두르고 문을 하늘로 냈다. 그것 고래등 같은 기와집이로구나.
⑤ 이 골 물이 주루루룩, 저 골 물이 쏼쏼, 열에 열 골 물이 한데 합수하여 천방져 지방져 소쿠라지고 펑퍼져.

(오답해설) ①은 말의 순서를 바꾸는 경우이고, ③은 말꼬리를 이어 연결하는 경우에 해당하며, ⑤은 의성어나 의태어를 활용하는 경우의 언어유희로 볼 수 있다.

ANSWER ‖‖‖‖‖‖‖‖‖‖‖‖‖‖‖‖‖‖‖‖‖
05. ⑤　06. ②

07. 주어진 제시문의 내용을 반영하여 이와 관련된 내용을 창의적으로 생성하는 문제이다.
제시문에는 오랜만에 동창회를 다녀오신 아버지의 말씀이 나타나 있다. 동창회에 나가 옛날 친구들을 만나서 어린 시절을 떠올리며 그리워하는 아버지의 마음이 가장 잘 나타난 것은 ①이다. 1행과 2행에서는 어린 시절에 동네 친구들과 어울리던 모습이 나타나 있고, 3행에서는 눈을 감았다가 뜨면서 과거에서 현재로 전환하는 모습을 보여줌과 동시에 어린 시절을 그리워하는 아버지의 마음을 표현하고 있다.

07_ 다음과 같은 아버지의 말씀을 듣고, '동 · 창 · 회'를 운(韻)으로 3행시를 지으려고 한다. 제시된 내용이 가장 잘 반영된 것은?

> "오늘 동창회에 가서 오랜만에 옛날 친구들을 만나서 얼마나 유쾌하던지. 두꺼비, 밥보, 맹구라고 불리던 친구들의 별명도 부르고……. 마치 40년 전으로 돌아간 느낌이었지. 수박 서리, 콩 서리 등을 하면서 밤 늦게까지 친구들과 어울려 다니고 반딧불이를 잡으면서 놀던 어린 시절의 모습이 생생히 되살아나더구나."

① 동네방네 옛 친구들 오랜만에 만나 보니,
　창문 너머 불러 내어 어울리던 그날들이
　회상하면 어제 같고 눈을 뜨면 아쉽구나.

② 동네 꼬마 모두 모여 불놀이를 시작하네.
　창문 밖에 시끄러운 아이들의 재잘거림
　회초리 들고 오시던 호랑이 할아버지.

③ 동구 밖에 아이들이 끼리끼리 모여 노네.
　창공을 바라보며 꿈을 키우던 그 날들
　회초리 때려 주시던 어머니의 자식 사랑.

④ 동네마다 시끄러운 아이들의 울음 소리
　창문으로 들려오는 사람들의 불평 소리
　회고하여 생각하니 참을성이 부족터라.

⑤ 동창회가 열리던 날 마음 들떠 참석했네.
　창업한 친구들의 성공 신화 가득하나,
　회사 위해 노력하는 나 자신도 당당하다.

08_ 다음 밑줄 친 부분과 의미를 드러내는 방식이 유사한 광고 문구는?

> 서현: 당신은 왜 바보처럼 나 같은 여잘 사랑하죠?
> 난 나이도 많고 아이도 있는데…….
> 우인: 그런 당신은 왜 절 사랑하죠?
> 난 나이도 어리고 아이도 없는데…….　　　　　　　　　　　　　　 - 영화 〈정사〉

① 우리는 결코 일등 택시도, 일류 택시도 아닙니다.
　 우리는 결코 이등 택시도, 이류 택시도 아닙니다.　　　　　　 - ○○ 택시 광고

② 한마디도 하지 않지만 어느 때보다 많은 이야기를 나누고 있습니다.
　 만나세요, 더 깊게 이어집니다.　　　　　　　　　　　　　　 - ○○ 열차 광고

③ 눈이 부시게 푸르른 날은 넥타이를 가볍게 풀어헤치고
　 바람의 노래를 듣고 싶다.　　　　　　　　　　　　　　　　 - ○○ 맥주 광고

④ 완벽한 자율 학습을 위한 완벽한 자율 학습서
　 혼자서 스스로 신나는 자율 학습 내 옆의 선생님　　　　　　 - ○○ 학습서 광고

⑤ 이 세상 가장 아름다운 이름 아버지
　 아버지, 해도 뜨기 전 어둠 속으로 일하러 가시는 뒷모습
　 가족을 위한 묵묵한 희생이었다는 걸 그때는 몰랐습니다.　　 - ○○ 제약 광고

08_ 구조 및 표현의 방식을 이해하고 있는지를 평가하기 위한 문제이다.
난 나이도 많고 아이도 있는데……. / 난 나이도 어리고 아이도 없는데…….
➡ 대구, 대조가 사용되었고, 둘 다 자신을 낮추어 본 표현이다.
이와 유사한 방식이 쓰인 것은 ① 이다.

ANSWER
08. ①

09_ 삼행시의 구조를 염두에 두고 주어진 형식과 조건에 부합하는 내용을 창안할 수 있는가를 평가하기 위한 문제이다.

②에서는 선배의 입장에서 말이나 생각만 앞세우지 말고 실천에 힘쓸 것을 충고하고 있다. 그리고 신입생 시절을 '신록 같은 그 시절'에, 말이나 생각만을 앞세우는 행태를 '빈 수레'에 비유하고 있다. 또한 시상의 흐름에 있어서도 내용의 통일성을 갖추고 있다.

09_ 〈보기〉의 삼행시를 〈조건〉에 맞게 창작한 것은?

┌─ 보기 ─────────────────────────┐
신 _____
입 _____
생 _____
└──────────────────────────────┘

┌─ 조건 ─────────────────────────┐
• 운 : 신입생
• 선배의 입장에서 충고하는 내용을 담을 것
• 내용의 통일성을 갖출 것
• 비유적 표현을 사용할 것
└──────────────────────────────┘

① 신나는 일을 찾아 구슬땀 아끼지 않고,
　 입은 옷에 신경 쓰며 베짱이로 살아가네.
　 생활은 엉망진창 성적은 곤두박질.

② 신록 같은 그 시절엔 생각도 많겠지만,
　 입으로만 요란한 빈 수레는 되지 말라.
　 생각도 중요하지만 실천이 앞서야 하네.

③ 신선한 그 모습 어디로 가 버리고,
　 입학한 지 한 달 만에 파김치가 되었구나.
　 생각하면 할수록 안타깝기 그지없네.

④ 신기하도다! 내가 벌써 선배가 되었구나.
　 입시에 찌들어 예전 모습 다 잊었네.
　 생동하던 내 모습 신기루처럼 사라졌네.

⑤ 신관에서 만난 후배 인사 없이 지나치네.
　 입 소문대로 선배 무시하는 못된 송아지로세.
　 생면부지 후배지만 따스하게 감싸 보리.

(오답해설) ①은 1행과 2행에서 내용의 통일성이 결여되어 있으며, ③, ④, ⑤은 충고와는 거리가 먼 내용이다.

10_ 다음은 불꽃 축제 사진이다. 〈조건〉에 맞게 가장 잘 표현한 시조는?

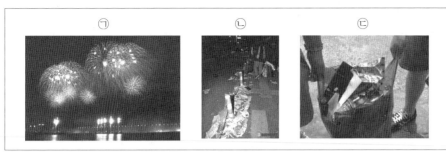

┌─ 조건 ─────────────────────────────────
• 주어진 사진의 정보를 모두 활용할 것
• 대조의 표현 기법을 사용할 것
• 교훈적인 내용을 담을 것
• ㉠, ㉡, ㉢이 순행적인 사건이 되도록 할 것
└──────────────────────────────────────

① 시월 삼일 불꽃 축제 여의도 육삼 빌딩
　모두 함께 구경하고 쓰레기가 웬 말이냐.
　더럽소, 모두들 보시오. 이 추잡한 쓰레기를

② 밤하늘 화려한 불꽃 아름다운 축제 마당
　주위에 질펀한 쓰레기 축제가 웬 말
　쓰레기 줍는 손길이 불꽃보다 고와라.

③ 장관이다 장관이야 밤하늘 저 불꽃들
　바닥의 쓰레기 있은들 대수인가.
　우리의 쓰레기를 저 불꽃이 가리는 걸.

④ 사람들아 내 말 듣소 어찌된 영문이오.
　선진국 됐다 하며 쓰레기가 웬 일이요.
　후진국 따로 없어요. 이러면 안 되오.

⑤ 여기도 쓰레기 저기도 쓰레기
　예쁜 불꽃들이 하늘을 수놓아도
　쓰레기 사방 천지에 무슨 흥이 있으리.

10_ 사진 자료와 주어진 〈조건〉을 활용하여 시조의 양식에 맞춰 효과적으로 표현할 수 있는 창의적인 능력이 있는지를 평가하기 위한 문제이다.
㉠은 축제의 불꽃놀이 장면이며, ㉡은 불꽃놀이가 끝난 후 거리에 쓰레기가 쌓인 장면이고, ㉢은 관람객 스스로가 쓰레기를 치우는 장면이다. 이를 순행적으로 구성하여 시조로 만들어야 하고 대조의 표현 기법을 사용해야 하며, 교훈적인 내용이 담기도록 해야 한다. 이 모든 조건을 충족한 것은 ②이다.

Theme 27

시각 자료를 통한
내용 창안

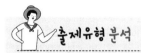 출제유형 분석

"이렇게 출제된다!"

KBS한국어능력시험에서는 그림을 활용하여 문구를 창안해 내거나 내용을 전달하는 문제, 두 그림 사이의 연관성을 파악하는 문제 등 시각적 자료를 활용한 문제 유형도 자주 출제된다. 텍스트로 제시된 <조건>을 활용하는 문제보다는 그림이나 사진 등 시각 자료를 활용한 문제가 대체로 정답률이 높은 편이다.

먼저 제시된 시각 자료를 통해 타당한 내용을 전달할 수 있는지 파악하는 유형의 문제는 그림의 상황을 명확하게 분석하고 이를 통해 전달하고자 하는 중심 내용이 무엇인지를 찾아 문제를 해결해야 한다.

다음으로 두 가지 시각 자료를 함께 제시하고 그 사이의 의미적 연관성을 파악하는 문제도 출제되고 있는데, 주어진 각각의 시각 자료에 담긴 정보를 빠르게 파악하고, 공통 분모를 찾아야 한다.

그림을 보고 적합한 창안 능력을 생성할 수 있는지 평가하는 이러한 유형의 문제를 풀때는 주어진 자료에서 찾을 수 없는 정보를 담고 있는 선택지를 하나씩 빠르게 지워 나가야 하며, 그림에 대해 자칫 편협하게 해석하거나 내용을 지엽적으로 이해하지 않도록 주의해야 한다.

Q • 다음 그림을 활용하여(시각 자료를 통해) 전달할 수 있는 내용으로 가장 적절한 것은?
 • <보기>의 내용을 시각 자료로 나타내고자 할 때, 제시할 필요가 없는 것은?
 • 아래의 시각 자료와 문구를 통해 전달할 수 있는 내용으로 가장 적절한 것은?
 • <보기>의 두 그림을 연결 지어 전달할 수 있는 내용으로 가장 적절한 것은?
 • <보기>의 두 그림을 연결 지어 강연의 내용을 생성한 것으로 가장 적절한 것은?
 • <보기>의 그림(두 시각 자료)을 연결 지어 발표를 할 때 나타내고자 하는 바로 가장 적절한 것은?
 • <보기>를 바탕으로 ㉠~㉤에 대해 설명한 내용으로 적절하지 않은 것은?
 • <보기>의 두 자료를 아우르는 내용으로 가장 적절한 것은?
 • <보기>의 [A]에 들어갈 수 있는 문구로 가장 적절한 것은?

1. 다음 그림을 통해 전달하고자 하는 바가 <u>아닌</u> 것은?

 "조금 다를 뿐, 틀린 것은 아닙니다."

① 타인의 개성을 존중하자.
② 더불어 사는 삶의 태도를 갖자.
③ 자기중심적인 사고에서 벗어나자.
④ 타인을 배려하는 삶의 태도를 갖자.
⑤ 꿈을 이루기 위해 노력하는 태도를 갖자.

해설 주어진 그림을 보고 전달하고자 하는 바가 무엇인지 연상해 보는 문제이다. 주어진 그림은 세 잎 클로버와 네 잎 클로버는 다르지만 공존하고 있다는 것을 보여 주고 있다. 또한 문구에서 '다른 것'이 '틀린 것'이 아니라고 했으므로 자기중심적 사고에서 벗어나는 의미, 개성을 존중하는 의미, 서로 배려하며 더불어 사는 의미를 연상할 수 있다. 그러나 ⑤과 같이 꿈을 이루기 위한 노력의 의미는 찾을 수 없다.

2. 〈보기〉를 이용한 대중교통 정책 관련 제안서로 가장 설득적인 것은?

① 버스 이용객 늘리기 제안서 : 버스를 이용하면 약속 시간에 늦지 않게 됨을 주장한다.
② 버스 전용 도로 확대 제안서 : 버스 전용 도로 실시 구간이 교통 흐름이 좋음을 주장한다.
③ 도시 경관 조성 제안서 : 버스 전용 도로 실시 구간이 보기에 좋음을 주장한다.
④ 과소비 억제 제안서 : 버스 전용 도로를 확충하면 과소비가 줄어들 것임을 주장한다.
⑤ 기름 사용 억제 제안 : 버스 전용 도로를 확충하면 기름 값이 덜 든다고 주장한다.

해설 발상 과정의 창의성을 알아보기 위한 문제이다.
② 두 그림을 모두 반영한 결과를 바탕으로 나온 제안서이므로 적절하다.
① 왼쪽 그림은 반영하지 않은 제안서이다.
③, ④, ⑤ 대중교통 정책 제안서가 아니다.

ANSWER ▶ 1. ⑤ 2. ②

실전능력 기르기

01. 사진을 보고 자유롭게 연상하고, 창의적으로 표현할 수 있는 능력이 있는지를 평가하기 위한 문제이다.

② 우리가 생각하는 집은 뾰족한 지붕이 위에 있는 오각형이다. 그러나 사진은 우리의 고정 관념을 깨뜨리고 있어, 이를 주제로 한 강연에 활용하기에 적절하다.

01_ 다음 사진을 활용하여 청소년들에게 교훈이 되는 강연을 하기에 가장 적절한 것은?

① 안전 의식 고취　　　　② 고정 관념 깨기
③ 건축술의 발달　　　　　④ 인권의 중요성
⑤ 전통문화의 소중함

02. 주어진 시각 자료를 보고 연상되는 홍보 문구의 적절성을 파악하는 문제이다.

이 문제를 풀기 위해서는 물음말에 대한 이해와 그림에 대한 전반적인 분석이 선행되어야 한다. 그림은 여러 장의 신용 카드 위에 덫이 놓인 형상이다. 미끼로 돈이 끼워져 있으며 돈의 바로 앞에 폭탄이 놓여 있는데, 사람은 폭탄을 보지 못한 듯 돈을 집으려 하는 상황이다. 이와 관련하여 신용 카드 사용의 문제에 대한 관심을 촉구하고자 한다면, 그림에 가장 어울리는 말은 ④이다.

02_ 다음 그림을 이용하여 신용 카드 사용 문제에 대한 관심을 촉구하는 홍보물을 제작하려고 한다. 이 그림에 덧붙일 말로 가장 적절한 것은?

① 신용 카드, 그대는 애물 단지!
② 쌓아 올린 카드빚, 무너지는 신용!
③ 무분별한 카드 발급, 범죄의 지름길!
④ 무절제한 카드 사용, 인생의 올가미!
⑤ 카드 사용 이제 그만! 합리적인 소비를!

오답해설 ① 신용 카드 자체를 문제 삼고 있기 때문에 그림의 상황과 거리가 있다.
② 신용의 문제는 그림이 나타내고자 하는 본질이 아니다.
③ 무분별한 카드 발급이 범죄로 직결되는 것은 아니다.
⑤ 카드 사용을 그만하라고 하고 있어 문제의 본질과 거리가 있다.

03_ 다음 그림을 보고 떠올릴 수 있는 글감으로 가장 적절한 것은?

① 인터넷 언어로 인하여 심각하게 훼손되고 있는 우리말의 사용 현실에 대해 경각심을 불러일으키는 내용
② 인터넷상에서 떠도는 건전하지 못한 정보에 대해 무방비 상태에 있는 청소년을 보호하자는 내용
③ 인터넷상에서 시작된 유행어들로 말미암아 갈수록 세대 간의 문화적 격차가 심해지고 있다는 문제의식을 강조하는 내용
④ 인터넷상에서 흔히 사용하고 있는 축약어나 은어가 신속한 정보 교환을 위한, 새로운 언어문화라는 의견을 주장하는 내용
⑤ 인터넷상에서 대화를 나눌 때에는 상대방에게 불쾌감을 주지 않도록 인격을 존중하고 예의를 갖추어야 한다는 점을 홍보하는 내용

03_ 그림을 제시하고 연상하게 한 후 그림의 내용과 가장 일치하는 글감을 찾는 문제이다. 제시된 그림을 보면 인터넷상의 언어 사용 문제점 중에서도 우리말, 우리글의 훼손 현실에 대해 경각심을 주고 있으므로 정답은 ①이다.

04_ 다음 사진 자료를 활용하기에 적절한 것은?

① 기업의 이미지를 개선하기 위한 광고물
② 주머니 사정을 고려해야 하는 서민의 경제 현실을 다룬 잡지 기사
③ 거시 경제를 상징적으로 보여 주기 위한 경제학자의 강의 자료집
④ 사이버 머니 확보를 위해 게임에 몰두하는 청소년들을 계도하는 홍보물
⑤ 명품 구입에 흥청망청 돈을 써대는 일부 부유층의 실상을 보여 주는 신문 기사

04_ 주어진 시각 자료를 활용하여 표현하기에 가장 적절한 내용을 찾아내는 문제이다. 큰돈이 아니라 지폐 몇 장에 동전이 제시되어 있으므로, 어려운 경제 현실로 서민의 주머니 사정이 좋지 않다는 내용의 자료로 어울린다.

ANSWER

03. ①   04. ②

05_ 다음 그림을 통해 전달하고자 하는 내용은?

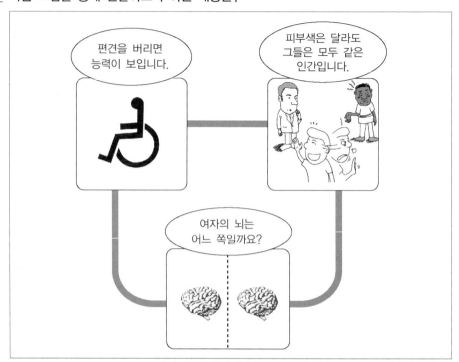

① 깨끗한 사회, 나부터 정직해야 합니다.

② 차별 없는 사회, 서로를 인정할 때 열립니다.

③ 부패한 사회, 후손에게 물려줄 수 없습니다.

④ 경쟁력을 갖춘 사회, 능력부터 길러야 합니다.

⑤ 다 같이 잘 사는 사회, 이룰 수 없는 꿈이 아닙니다.

06_ 다음 두 그림을 통해 전달하고자 하는 내용으로 적절한 것은?

① 예절과 예의는 서로에게 이득이 되는 행동입니다.
② 남을 배려하는 마음이 우리 사회를 건강하게 만듭니다.
③ 기본적인 생활 습관은 곱게 가꿔야 할 당신의 얼굴입니다.
④ 교통 법규 지키기는 당신의 생명을 지켜 주는 안전띠입니다.
⑤ 노인 공경의 자세는 소중히 보존해야 할 우리의 자산입니다.

06_ 그림의 공통점을 통해 전달하고자 하는 바가 무엇인지를 찾아내는 문제이다.
공공장소에서 정숙해야 하는 것과 교통질서를 지키는 태도는 지켜야 할 기본적인 생활 습관이다.

07_ 포스터의 ㉠에 들어갈 문구로 <u>부적절한</u> 것은?

국회의사당

당신은
이 몸싸움에 대해
어떻게 생각하십니까?

㉠

① 몸싸움은 폭력 – 몸싸움은 민주적인 의사 결정 방법에 반합니다.
② 몸싸움은 무시 – 몸싸움은 국민을 무시하는 짓입니다.
③ 몸싸움은 실망 – 몸싸움은 국민이 원하는 바가 아닙니다.
④ 몸싸움은 파탄 – 몸싸움은 국가 경제를 파탄으로 몰고 갑니다.
⑤ 몸싸움은 비행 – 몸싸움은 아이들에게 보여 줄 수 없는 행동입니다.

07_ 현실에서 발생하는 상황을 창의적으로 해석하는 능력이 있는지를 평가하기 위한 문제이다. 국회에서 의원들이 몸싸움을 하는 장면은 민주적인 의사 결정 방법에 반하며, 국민을 무시하는 처사요, 국민이 원하는 바가 아니며, 아이들에게 보여 줄 수 없는 행동이라 할 수 있다. 그러나 국가 경제를 파탄으로 몰고 간다는 것은 지나친 해석이라 할 수 있다.

ANSWER
06. ③   07. ④

08_ 그림을 보고 바로 답을 유추할 수 있는 난도가 낮은 문제이다. 외나무다리에서 맞서고 있는 염소들의 대립적 상황과 강강술래 놀이에 나타난 어울림의 모습을 통해 갈등과 반목에서 벗어나 화합으로 나아가는 모습을 연상할 수 있다.

08_ 다음 두 그림을 이용하여 공익 광고 문안을 작성하려고 한다. 가장 적절한 것은?

① 평소의 운동은 건강의 지름길!
② 갈등과 반목에서 대화합의 자세로!
③ 농촌 경제 회생은 한마음 한뜻으로!
④ 애정과 관심으로 지켜내는 전통문화!
⑤ 자연과의 공존 속에 조화를 이루는 우리 사회!

09_ 그림의 핵심은 고정된 생각에 얽매여 타인의 생각을 부정하거나 이해하지 못하는 상황에 대한 것이다. 즉, 자신의 고정 관념만이 옳다고 주장하는 잘못된 태도를 보여 주고 있다.

09_ 다음 두 그림을 통해 전달하고자 하는 내용은?

① 자신만이 옳다는 고정 관념을 버려야 한다.
② 불합리한 현실에 맞서는 자세가 요구된다.
③ 보잘것없는 존재라도 그 나름의 가치가 있다.
④ 자신의 잘못을 솔직하게 인정할 수 있어야 한다.
⑤ 세상을 비관적으로만 보는 것은 바람직하지 않다.

ANSWER ∥∥∥∥∥∥∥∥∥∥∥∥∥∥∥∥∥∥∥∥∥∥∥∥∥∥∥∥∥
08. ②   09. ①

10 다음의 두 그림에 착안하여 '삶'의 문제를 다룬 주제로 볼 수 <u>없는</u> 것은?

① 어떻게 살 것인가?
② 왜 살 것인가?
③ 어디서 살 것인가?
④ 무엇으로 살 것인가?
⑤ 누가 삶의 문제를 해결하는가?

(오답해설) ① 어떻게 살 것인가? : 은둔이냐, 사회 참여냐?
③ 어디서 살 것인가? : 세상을 떠난 곳이냐, 세상이냐?
④ 무엇으로 살 것인가? : 낚시냐, 자본이냐?
⑤ 누가 삶의 문제를 해결하는가? : 개인이냐, 국가냐?

10. 발상 과정의 창의성을 알아보기 위한 문제이다.
② '왜 살 것인가?'는 확인하기 어렵다.

ANSWER
10. ②

🎓 어떻게 출제되나?

KBS한국어능력시험의 읽기 영역에서는 총 30개의 문항이 출제되는데, 이는 전 영역을 통틀어 가장 높은 비중을 차지하고 있기 때문에 시험에서 읽기 영역의 중요도는 매우 높다고 할 수 있다. 읽기 영역에서 출제되는 지문은 크게 문학, 비문학, 실용문으로 나눌 수 있다. 문학에서 현대 시는 하나의 작품에서 2문항, 현대 소설은 하나의 작품에서 3문항이 출제된다. 비문학은 문제를 푸는 방식에 따라 문제 유형을 크게 '사실적 이해'와 '추론적 이해'로 나눌 수 있는데, 사실적 이해는 읽기 영역에서 가장 많이 출제되는 유형이다. 추론적 이해는 사실적 이해에 비해 난도가 높기 때문에 변별력이 높은 문제로, 높은 점수를 받고 싶다면 반드시 해결하고 넘어가야 할 유형이라고 볼 수 있다. 실용문은 실생활에서 쓰이는 다양한 글에서 주어진 정보를 활용하여 사실적으로 이해하고 추론하는 유형으로, 총 12문항 정도가 출제된다.

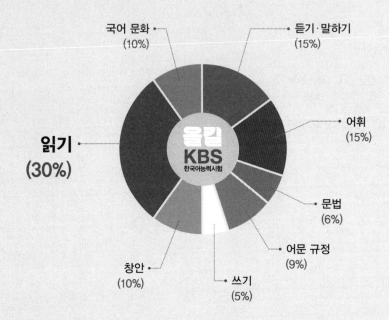

📖 어떻게 공부할까?

읽기 영역은 자신의 지식과 사고를 동원해 읽는 내용을 잘 파악하고, 주어진 내용에서 문제가 요구하는 답을 잘 이끌어 내야 하는 다소 높은 집중력을 요구하는 영역이다. 따라서 평소에 글을 자주 접하여 읽는 습관을 잘 길들인다면 읽기 영역에서 좋은 점수를 받을 수 있을 것이다. 특히 글을 읽을 때 빠른 속도로 읽기보다는 정확하게 읽어 내는 연습을 하는 것이 문제를 해결하는 데 있어 큰 도움이 될 것이다.

> 📂 **이 단원은?** KBS한국어능력시험에서의 읽기 영역은 문학 작품, 비문학 작품, 실용문을 읽고, 사실적·추론적·비판적 이해를 하는 영역으로, 평소 다양한 방면의 글을 꾸준히 읽는 것이 좋다. 비문학은 독해의 원리 유형으로 접근하면 글을 이해하는 데 있어 도움이 될 것이고, 문학의 경우에는 제8편 국어 문화 영역과 연계하여 학습하면 작품의 이해에 도움이 될 것이다.

7

읽기

KBS한국어능력시험
기출 유형 완벽 분석한
테마형 단기완성 수험서

문학 (1) : 현대 시

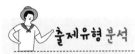

출제유형 분석

"이렇게 출제된다!"

현대 시는 '읽기' 영역에서 가장 먼저 나오는 문학 장르로, KBS한국어능력시험에서는 한 작품을 내재적 관점과 외재적 관점으로 감상하는 문제가 각각 1문제씩 출제된다.

작품을 내재적 관점으로 감상하는 문제는 시의 표현 기법, 시적 화자의 정서, 시어의 의미와 기능 등의 작품 자체의 요소만을 보고 시를 해석하는 유형이다.

작품을 외재적 관점으로 감상하는 문제는 작가의 일생·세계관, 작품이 쓰였을 때의 시대적 상황 등 작품에 대해 제공되는 부가적인 정보를 통하여 주어진 작품을 해석하는 유형으로, 독자의 추론 능력을 통해 작품 어구의 의미를 찾아내도록 하는 유형이다.

시를 감상하고 이해하는 능력을 기르기 위해서는 많은 작품을 접하는 것도 좋은 방법이지만, 하나의 시를 감상할 때도 여러 관점으로 다양한 시각에서 작품을 감상하는 힘을 기르는 것이 중요하다.

Q · 윗글에 대한 설명으로 적절하지 <u>않은</u> 것은?
· 〈보기〉를 바탕으로 ㉠~㉤에 대해 설명한 내용으로 적절하지 <u>않은</u> 것은?
· ㉠~㉤ 중 〈보기〉와 관련이 있는 시구로 가장 적절한 것은?
· 〈보기〉와 관련하여 윗글에 대해 보인 반응으로 적절하지 <u>않은</u> 것은?

기출유형 맛보기

"이런 문제가 나온다!"

[1~2] 다음 글을 읽고 물음에 답하시오.

삽살개 짖는 소리
눈보라에 얼어붙은 섣달 그믐
밤이
얄궂은 손을 하도 곱게 흔들길래
술을 마시어 불타는 소원이 이 부두로 왔다

걸어온 길가에 찔레 한 송이 없었대도
㉠나의 아롱범*은
자옥 자옥을 뉘우칠 줄 모른다
어깨에 쌓여도 하얀 눈이 무겁지 않고나

철없는 누이 고수머릴랑 어루만지며
우라지오의 이야길 캐고 싶던 밤이면
울 어머닌
서투른 마우재말**도 들려 주셨지
졸음졸음 귀밝히는 누이 잠들 때꺼정
등불이 깜빡 저절로 눈감을 때꺼정

다시 내게로 헤여드는
어머니의 입김이 무지개처럼 어질다

나는 그 모두를 살뜰히 담았으니
어린 기억의 새야 귀성스럽다
ⓛ거사리지 말고 마음의 은줄에 작은 날개를 털라

드나드는 배 하나 없는 지금
ⓒ부두에 호젓 선 나는 멧비둘기 아니건만
날고 싶어 날고 싶어
머리에 어슴푸레 그리어진 그곳
ⓔ우라지오의 바다는 얼음이 두껍다

등대와 나와
서로 속삭일 수 없는 생각에 잠기고
ⓜ밤은 얄팍한 꿈을 끝없이 꾀인다
가도오도 못할 우라지오

📖 이용악, 〈우라지오 가까운 항구에서〉

* 아롱범 : 표범
** 마우재말 : 러시아어

---

1. 윗글에 대한 설명으로 적절하지 않은 것은?

① 어린 시절의 회상을 통해 대상에 대한 그리움을 드러내고 있다.
② 향토색이 짙은 시어를 통해 당시의 상황을 더욱 잘 표현하고 있다.
③ 객관적 상관물을 통해 화자의 소망을 드러내고 있다.
④ 화자가 처한 현실의 어려움을 극복하려는 강한 의지를 나타내고 있다.
⑤ 과거와 현재의 상황이 대립적으로 드러나 있다.

해설 이 작품의 화자는 현재의 절망적 상황에서 고향으로 돌아가고 싶은 소망을 간절하게 드러내고 있다. 그러나 현실을 극복하고자 하는 화자의 강한 의지는 나타나 있지 않다.

---

2. 〈보기〉를 바탕으로 ㉠~㉤에 대해 설명한 내용으로 적절하지 않은 것은?

┌ 보기 ┐

　　이 시는 고국을 떠나 시베리아 등지로 떠돌 수밖에 없었던 작가의 체험이 담긴 작품으로 고향에 대한 그리움이 형상화되어 있다. 고향으로 돌아가지 못하고 식민지하의 고통으로부터 벗어나기 위해 찾아온 우라지오 등지를 떠돌게 되어 보니, 절망적 상황 속에서 고향에 대한 그리움이 더욱 간절해짐을 드러내고 있다. 힘겨웠던 지난날의 삶을 견뎌온 자신의 모습을 떳떳하게 여기고, 과거를 회상하며 고향으로 돌아가고자 하는 이루어지기 힘든 꿈을 꾸는 '나'의 모습에는 나라를 잃은 당시 우리 민족의 현실이 반영되어 있다.

① ㉠ : 지나온 삶을 후회하지 않는 화자의 태도가 드러나고 있다.
② ㉡ : 지난날 힘들었던 삶의 기억을 모두 잊고 털어 버리려는 화자의 의지가 드러나 있다.
③ ㉢ : 고향으로 날아가고 싶은 화자의 간절한 소망을 형상화하였다.
④ ㉣ : 고향으로 돌아갈 수 없는 절망적 상황에 놓인 화자의 처지를 드러내고 있다.
⑤ ㉤ : 고향으로 돌아가고자 하는 꿈을 꾸는 화자의 모습을 드러내고 있다.

해설 ㉡ '거사리지 말고 마음의 은줄에 작은 날개를 털라'는 어린 시절의 회상을 새가 날개를 터는 것에 비유한 것으로, 화자 자신의 어린 시절에 대한 그리움을 적극적으로 나타낸 표현이다. 화자는 지난날의 삶을 견뎌온 자신의 모습을 잊어버리려는 것이 아니라 오히려 떳떳하게 여기고 있다.

ANSWER ▶ 1. ④ 2. ②

핵심내용 다지기

01 시의 특징

1. 절제된 언어와 압축된 형태로 표현한다.

2. 내면화된 세계의 주관적이고 은밀한 토로(吐露)이다.

3. 언어가 지니는 '소리(운율)'를 많이 활용한다.

4. '시적 자아(서정적 자아, 시적 화자)'라는 대리인에 의해 전달된다.

알아보기 시적 화자의 태도

시적 화자가 독자와 사회를 향해 내는 개성적 목소리 및 대응 방식으로, 주로 '어조'를 통해 드러난다.

1. **예찬적 태도**: 사람이나 대상이 가진 좋은 점을 찾아서 그것을 칭찬하고 세워 주는 태도
2. **비판적 태도**: 사회나 대상의 잘못된 점을 따지는 태도
3. **구도적 태도**: 진리나 궁극적인 깨달음의 경지를 구하는 태도
4. **긍정적 태도**: 상황이나 대상이 옳다고 인정하거나 바람직하다고 받아들이는 태도
5. **낙관적 태도**: 어렵고 힘들지만 앞으로 일이 잘 풀릴 것이라고 생각하는 태도
6. **달관적 태도**: 세상의 근심 걱정, 사소한 사물이나 일 등에 얽매이지 않고 세속에서 벗어나 초월한 자세를 보이는 태도
7. **반성적 태도**: 자기의 잘못을 되짚고 뉘우치거나, 자신이나 대상을 찬찬히 살펴보는 태도
8. **의지적 태도**: 절망적이거나 어려운 상황을 이겨내려는 굳센 마음을 먹는 태도
9. **수용적 태도**: 어떤 상황을 자신의 운명으로 생각하고 받아들이는 태도
10. **관조적 태도**: 거리를 두고 대상을 바라보면서 그 의미나 본질을 추구하고 자신에게 비추어 보는 태도
11. **도피적 태도**: 어려운 상황이나 문제를 해결하는 대신에 피하고 도망가려는 태도
12. **자연 친화적 태도**: 자연 속의 삶을 지향하고 만족감을 드러내며 그것을 즐기는 태도

02 시의 요소

1. **의미적 요소**: 시에 담긴 시인의 뜻과 생각 ➡ 주제

2. **음악적 요소**: 반복되는 소리의 질서에 의해 창출되는 리듬감 ➡ 운율

3. **회화적 요소**: 대상의 묘사나 비유에 의해 떠오르는 구체적인 모습 ➡ 심상(이미지)

4. **정서적 요소**: 시어에 의해 환기되는 심리 및 감정 반응 ➡ 정서

알아보기 심상(시의 이미지)

시어에 의해 마음속에 떠오르는 구체적이고 선명한 영상이나 감각적인 인상을 말한다. 시의 심상(心象)은 감각적인 언어로 표현되는데, 시각적 심상, 청각적 심상, 촉각적 심상, 미각적 심상, 후각적 심상으로 나눌 수 있으며, 두 가지 심상이 동시에 쓰인 공감각적 심상도 있다.

1. **시각적 이미지**: 색채, 명암, 모양, 움직임 등을 제시한 이미지
2. **청각적 이미지**: 소리, 음성, 음향 등을 제시한 이미지
3. **후각적 이미지**: 냄새, 향기 등을 제시한 이미지
4. **미각적 이미지**: 음식의 맛, 맛을 보는 행위 등을 제시한 이미지
5. **촉각적 이미지**: 만짐에 의한 것으로 차가움과 뜨거움, 피부결 등으로 세분됨.
6. **공감각적 이미지**: 하나의 감각이 다른 감각으로 전이되는 것

03 시상 전개 방식

시상의 전개 방식을 파악하는 것은 시 전체의 흐름을 이해하고, 주제를 찾는 데 도움이 된다.

1. **시간의 흐름에 따른 시상 전개**: 시간의 변화를 축으로 시상을 전개한 방식으로, 추보식 방식이라고도 한다.

2. **공간의 이동에 따른 시상 전개**: 화자가 위치한 장소나 화자가 바라보는 장소의 이동을 축으로 시상을 전개하는 방식으로, 시적 공간 자체가 변하는 경우와 화자의 시선이 이동하는 경우가 있다.

3. **대조적 심상의 제시에 따른 시상 전개**: 작품의 중심 소재(제재)가 지니는 심상이나 의미를 대조적(대립적)으로 설정하여, 강조의 효과는 물론 의미를 더욱 부각시키는 효과를 가져온다.

4. **수미상관(首尾相關)에 의한 시상 전개**: 첫 연을 끝 연에 다시 반복하여 시상의 통일성, 구조의 안정성, 연관성, 리듬감 등을 주는 방식으로, 현대 시에서 자주 나타나는 방식이다.

5. **선경후정(先景後情)의 시상 전개**: 먼저 사물 또는 경치에 관한 묘사가 나타나고, 뒤에 정서적인 부분이 나타나는 방법으로 주로 고전 한시에서 많이 사용하던 방식이다.

시상(詩想)
한 편의 시에 담긴 시인의 생각이나 상념을 말하는 것으로, 시인은 시상을 자신만의 전개 방식으로 이어 나가며 한 편의 시를 구성한다.

04 시의 수사법

1. 비유법

(1) **직유법** : 원관념(나타내려고 하는 생각이나 사물)과 보조 관념을 '~같이, ~처럼, ~듯(이), ~모양으로' 등의 표현을 사용하여 직접적으로 비유하는 방식

> **예** 그는 여우처럼 교활하다. ➡ 원관념은 '그', 보조 관념은 '여우'

(2) **은유법** : 'A(원관념)는 B(보조 관념)이다.'의 형태로 사물의 상태나 움직임을 은근히 비유하는 방식

> **예** 그녀에 대한 내 마음은 바다요. ➡ 원관념은 '그녀에 대한 내 마음', 보조 관념은 '바다'

(3) **대유법** : 원관념과 연관이 있는 보조 관념이 원관념을 대신해서 나타내는 방식. 사물의 한 부분이 전체를 대신 표현하거나, 표현하려는 대상과 연관되는 다른 사물의 속성이나 특징을 들어 그 대상을 대신 나타냄.

> **예** 사람은 빵만으로 살 수 없다. ➡ '빵'은 먹을 것의 일부

2. 강조법

(1) **점층법** : 표현 대상에 대한 어구를 나열해 가면서 글의 뜻을 점점 강하게, 크게, 높게, 깊게 확대하는 방식 ★'점강법'은 이와 반대의 방식임.

> **예** 신록은 먼저 나의 눈을 씻고, 머리를 씻고, 나의 가슴을 씻고, 다음에 나의 마음의 모든 구석구석을 하나나 씻어 낸다.

(2) **영탄법** : '오, 아아, 아이고' 등의 감탄사를 사용하거나 '-(이)여'와 같은 감탄형 어미를 사용하여 벅찬 감정을 그대로 표출하는 방식 **예** 찬란한 봄이여!

(3) **과장법** : 표현 대상을 실제보다 훨씬 크거나 작게 표현하여 의미를 강조하는 방식

> **예** 눈물이 강을 이루었다. / 쥐꼬리만 한 월급

(4) **연쇄법** : 앞 구절의 일정 부분을 뒤에서 이어 나가는 방식으로, 리듬감이 느껴짐.

> **예** 사과는 맛있어 맛있으면 바나나 바나나는 길어 길면 기차 기차는 빨라

3. 변화법

(1) **반어법** : 아이러니(irony). 표현하려는 내용과 반대되는 말을 함으로써 의미를 강조하고, 표현 효과를 높이는 방식 **예** (늦게 오는 사람에게) 빨리도 오는군.

(2) **역설법** : 패러독스(paradox). 서로 반대 개념을 가진, 혹은 적어도 한 문맥 안에서 함께 사용될 수 없는 말들을 결합시키는 모순 어법을 통해 어떤 진실을 나타내는 방식

> **예** 찬란한 슬픔의 봄 ➡ 슬픔은 우울하고 음침한 의미를 지니는데, 이것을 '찬란하다'라고 표현한 것은 모순임. 하지만 이 말을 새겨보면, 슬프기는 하지만 절망적인 슬픔이 아니라 그것을 초월하는 아름다운 슬픔이라는 의미를 지니게 됨.

(3) **대구법** : 비슷한 어절을 하나의 쌍으로 짝지어 형식상 대칭을 이루게 하는 방식

> **예** 범은 죽어서 가죽을 남기고, 사람은 죽어서 이름을 남긴다.

(4) **도치법** : 말의 순서를 바꾸어 변화를 주는 방식 **예** 먹어라, 밥을.

(5) **설의법** : 쉽게 단정을 내릴 수 있는 사실을 일부러 의문 형식으로 제시하여 강조하는 방식 **예** 가난하다고 해서 사랑을 모르겠는가.

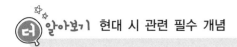

알아보기 현대 시 관련 필수 개념

1. **음성 상징어** : 의성어, 의태어가 이에 속하며, 시의 운율을 형성함. '도란도란', '퐁당퐁당', '쑥덕쑥덕'처럼 음성 상징어는 그 자체에 이미 반복적인 리듬이 존재하기 때문에 시의 리듬을 형성하는 데에 큰 도움을 줌.

2. **감정 이입** : 자신의 감정을 대상 속에 이입시켜 마치 대상이 그렇게 느끼고 생각하는 것처럼 표현하는 방법으로 대상과 자신과의 동일시가 일어남. 감정이 전면에 드러나며, 대상의 의인화가 이루어짐.

3. **감각의 전이** : 공감각적 심상. 하나의 감각적 대상을 다른 종류의 감각으로 전이시켜 표현하는 것이며, 시적 대상이 지닌 다양한 이미지를 나타낼 수 있음.

4. **객관적 상관물** : 자신의 감정을 직접적으로 표현하지 않고, 구체적인 대상을 통해 간접적으로 표현하는 방법

5. **시상의 반전** : '시상'은 시에 나타난 사상이나 감정을 의미하며, '시상의 반전'은 시에 나타난 사상이나 감정이 전환되는 것

6. **시상의 집약** : 시인이 시상을 전개해 나가는 과정에서 시에서 말하고자 하는 주제를 압축하여 표현하는 것

실전능력 기르기

[1~2] 다음 글을 읽고 물음에 답하시오.

> 저 아카시아 나무는
> 쓰러진 채로 십 년을 견뎠다
>
> 몇 번은 쓰러지면서
> 잡목 숲에 돌아온 나는 이제
> 쓰러진 나무의 향기와
> 살아 있는 나무의 향기를 함께 맡는다
>
> 쓰러진 아카시아를
> 제 몸으로 받아 낸 떡갈나무,
> 사람이 사람을
> 그처럼 오래 껴안을 수 있으랴
>
> 잡목 숲이 아름다운 건
> 두 나무가 기대어 선 각도 때문이다
> 아카시아에게로 굽어져 간 곡선 때문이다
>
> 아카시아의 죽음과
> 떡갈나무의 삶이 함께 피워 낸
> 저 연초록빛 소름,
> 십 년 전처럼 내 팔에도 소름이 돋는다
>
> 📖 나희덕, 〈쓰러진 나무〉

01_ '쓰러진 아카시아를 제 몸으로 받아 낸', '두 나무가 기대어', '아카시아의 죽음과 떡갈나무의 삶이 함께 피워 낸'을 통해 서로를 보듬어 주는 자연의 모습을 확인할 수 있고, 이러한 자연의 모습이 화자에게 '소름'이 돋을 정도의 경외심과 감동을 주고 있으므로 혼자의 힘으로 존재하는 자연을 경멸하고 있다는 설명은 적절하지 않다.

01_ 윗글에 대한 설명으로 적절하지 않은 것은?

① 자연과 인간의 모습을 대비하여 주제를 드러내고 있다.

② 여러 가지 심상을 사용하여 화자가 느낀 감동을 선명하게 나타내고 있다.

③ 타인을 향한 고귀한 사랑과 희생을 노래하고 있다.

④ 혼자의 힘으로 의연하게 존재하는 자연에 대한 경멸을 드러내고 있다.

⑤ 오늘날 현대인의 자기중심적인 모습을 되돌아보게 하고 있다.

ANSWER

01. ④

02_ 〈보기〉와 관련하여 윗글에 대해 보인 반응으로 적절하지 않은 것은?

┌─ 보기 ┐

　　나희덕 시인은 대상을 자신과 동일시한다. 대상을 멀리서 관조하는 것이 아니라 근거리에서 존재에 대해 고찰하면서 동시에 내면으로 흡수한다. 내가 막연하게 느끼던 것을 용케 집어내어 시에 담는다. 이 때문에 그에게는 다정다감하고 따뜻한 시인이라는 표현이 주어지는 것이다.

　　그녀의 시에는 길, 별, 구름, 비, 바다, 꽃, 그림자, 햇살, 사랑 등의 서정적인 시어가 빈번하게 다루어진다. 이러한 시어는 시 속에서 눈에 보이는 제재가 되기도 하고 눈에 보이지 않는 표현 대상이 되기도 한다.

📖 우원호(웹진 시인광장 발행인 겸 편집자), 이달의 최고最高의 시詩 푸른밤

① '잡목 숲', '아카시아', '떡갈나무', '연초록빛' 등 자연이 가진 서정적인 시어가 시의 중심을 이루는 제재가 되는군.

② '아카시아의 죽음'과 '떡갈나무의 삶'을 통해 화자가 '삶'과 '죽음'이라는 눈에 보이지 않는 대상에 대해 고찰하고 있음을 알 수 있군.

③ '잡목 숲'을 멀리서 관조하기보다는 그 안에 존재하는 '쓰러진 나무의 향기와 살아 있는 나무의 향기'를 맡으며 대상과 교감하여 화자의 내면으로 흡수하고 있군.

④ 몇 번은 '쓰러지면서' 잡목 숲에 돌아온 화자와 '쓰러진 채로' 십 년을 견뎌온 아카시아 나무를 동일시하여 나타내고 있군.

⑤ '잡목 숲'이 아름다운 이유는 두 나무가 기대어 선 '각도'와 '곡선' 때문이라고 한 부분을 통해 시인이 바라보는 삶의 아름다움에 대한 기준을 알 수 있군.

02_ '아카시아의 죽음'과 '떡갈나무의 삶'은 이 시에서 쓰러진 '아카시아'를 따뜻하게 보듬어 주는 '떡갈나무'의 희생과 사랑을 극대화시키기 위한 소재이지, '삶'과 '죽음'에 초점을 두어 이에 대해 고찰하기 위해 쓰인 시어가 아니다.

ANSWER ⅧⅧⅧⅧⅧⅧⅧⅧⅧⅧⅧⅧⅧⅧⅧⅧⅧⅧⅧⅧ
02. ②

[3~4] 다음 글을 읽고 물음에 답하시오.

이 ⊙비 그치면
내 마음 강나루 긴 언덕에
서러운 풀빛이 짙어 오것다.

푸르른 ⓒ보리밭길
맑은 하늘에
ⓒ종달새만 무어라고 지껄이것다.

이 비 그치면
시새워 벙글어질 고운 ⓔ꽃밭 속
처녀애들 짝하여 새로이 서고,

임 앞에 타오르는
향연(香煙)과 같이
땅에선 또 ⑩아지랑이 타오르것다.

📖 이수복, 〈봄비〉

03_ '서러운 풀빛'에서 감정과 관련된 '서러운'이라는 표현을 통해 대상을 묘사하고 있으므로 ③ '주관을 배제하여 대상을 묘사하고 있다.'는 설명은 적절하지 않다.

03_ 윗글에 대한 설명으로 적절하지 않은 것은?

① 대비를 통해 감정을 극대화시키고 있다.
② 자연물을 통해 화자의 내면을 드러내고 있다.
③ 주관을 배제하여 대상을 묘사하고 있다.
④ 비유적 표현을 통해 애상적 정서를 환기하고 있다.
⑤ 동일한 종결 어미를 반복적으로 사용하고 있다.

오답해설 ① 봄의 생명력을 지닌 자연물과 봄이 와도 오지 않는 임의 대비를 통해 화자의 서글픔을 극대화시키고 있다.
② '비', '강나루 긴 언덕', '풀빛' 등의 자연물을 통해 화자의 내면을 드러내고 있다.
④ 비유적 표현을 사용한 '향연과 같이'에서 애상적 분위기를 느낄 수 있다.
⑤ 종결 어미 '-것다'가 반복적으로 사용되고 있다.

04_ ⑩의 아지랑이는 '봄'을 나타내는 다른 시어와 마찬가지로 봄의 생동감을 나타내는 상승적 이미지를 지닌 시어이지만, 임의 죽음을 암시하는 '향연(香煙)'과 피어오르는 데에서 유사성을 드러냄으로써 화자의 서러운 감정을 극대화시키고 있다.

04_ ⊙~⑩ 중 〈보기〉의 밑줄 친 설명에 부합하는 시어로 적절한 것은?

> ┌ 보기 ┐
> 이수복의 〈봄비〉에서는 상승적 이미지와 하강적 이미지를 나타내는 시어가 동시에 쓰이고 있다. 대부분 상승적 이미지로 쓰이는 시어는 긍정적인 의미를 가지고 있고, 하강적 이미지로 쓰이는 시어는 부정적인 의미를 가지고 있으나, <u>예외적으로 상승적 이미지로 쓰인 시어임에도 불구하고 긍정적인 의미가 아닌 경우가 있다.</u>

① ⊙ ② ⓒ ③ ⓒ
④ ⓔ ⑤ ⑩

오답해설 ⊙ '비'는 하강적 이미지를 가진 시어로, 상승적 이미지인 '아지랑이'와의 대립을 통해 시의 정서를 심화시키는 역할을 한다.

메모

Theme 29

문학 (2) : 현대 소설

한 권으로 끝내는
KBS한국어
능력시험

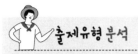

"이렇게 출제된다!"

소설에서는 주어진 한 작품에 대해서 총 3문제가 출제된다. 주로 출제되는 문제는 내재적 관점에서 작품에 접근하는 유형으로, 서술상의 특징 및 효과를 묻는 문제와 주어진 지문을 통해 작품을 이해하여 풀어 나가는 문제이다. 최근에는 작품 속의 인물의 심리를 한자 성어나 속담으로 표현하는 문제가 연속해서 출제되고 있어 어휘 학습과 연계되고 있다.

소설에 관련된 문제를 풀 때의 체감 난이도는 작품에 관한 사전적 학습 여부보다는 제한된 시간 내에 작품을 정확히 읽어내기와 문제의 의도를 제대로 파악하기에 달려 있다. 따라서 소설 장르에 대한 기본적인 지식을 기반으로, 작품에 접근할 때 주어진 배경에서 사건을 이끌어 가는 인물의 행동과 심리에 유의해서 내용을 파악하고, 출제자의 의도에 맞게 바로 적용하여 문제를 풀어 나가는 힘을 길러야 할 것이다.

Q • 윗글의 서술상 특징으로 가장 적절한 것은?
• 윗글에 대한 설명으로 가장 적절한 것은?
• 윗글에 등장하는 '○○'에 대한 설명으로 적절하지 <u>않은</u> 것은?
• 윗글의 중심 내용으로 가장 적절한 것은?
• ㉠~㉤에 대한 반응으로 적절하지 <u>않은</u> 것은?
• ㉠에 대한 설명으로 가장 적절한 것은?
• 윗글에 등장하는 인물에 대한 이해로 적절하지 <u>않은</u> 것은?
• 〈보기〉를 바탕으로 윗글을 감상한 내용으로 적절하지 <u>않은</u> 것은?
• 〈보기〉는 ⓐ에 대한 설명이다. 빈칸에 들어갈 말로 가장 적절한 것은?
• 〈보기〉는 ⓐ에 반영된 '○○'의 심리를 표현한 것이다. 괄호에 들어갈 한자 성어로 가장 적절한 것은?
• 윗글의 맥락을 고려할 때, ㉠의 행위를 평가한 말로 가장 적절한 것은?
• ⓐ의 상황을 나타낼 수 있는 말로 가장 적절한 것은?

[1~3] 다음 글을 읽고 물음에 답하시오.

나는 다음 탄환으로 연호의 가슴을 뚫었다. 사람을 죽인 것이다. 남에게 손가락 하나 가뿐하지 않으려던 내가 사람을 죽인 것이다. 가엾은 연호. 연호와 나와는 아무런 원한도 없었는데. 인간이란 이래서 죄인이라는 것일까. 어쩔 수 없이 살인을 하게 되는 인간의 불여의, 죄악을 내포한 인간의 숙명? 그것은 원죄?

우거진 꽃밭의 울타리 안에서 스스로 죄 없다는 나 자신을 잠재우고 있을 때, 밖에서는 검은 구름과 휘몰아칠 폭풍이, 그리고 사람이 죽어 가는 비명이 준비되고 있었다.

그것은 먼저 네가 질러야 할 비명이었을는지도 모른다. 그 어린 병사 대신 네가 그 길가에 누웠어야 했을는지도 모른다. 나 같은 인간은 아직 살아 있었고 살아야 할 인간은 죽어 갔다. 이런 것이 그대로 용허될 수 있었다고 생각되는가. 동굴에서 죽은 부친. 강렬히 살아서 아낌없이 그 생명을 일순에 불태운 부친. 부친은 살아 남는 인간들을 대신해서 죽었고, 그들의 삶에 어떤 의미를 부여했을는지도 모른다.

저 숲 속에 누운 할아버지. 시체가 아니라 그것은 삶의 증거. 모든 불합리에 알몸으로 항거하고 불합리 속에 역시 불합리한 삶을 주장한 피 어린 한 인간의 역사. 거인의 최후 같은 그 죽음.

어머니. 가냘픈 여인의 몸으로 그토록 견딘 인간의 아픔. 그 아픔을 넘어서 내게 대한 사랑, 죽은 부친에 대한 사랑. 그리고 기어이 모든 것을 의탁하는 신에 대한 사랑으로 높인 어머니.

너는 어느 때 어떠한 아픔을 견디었던가. 껍질 목에서 아픔을 거부한 무엄과 비열, 너는 너절한 녀석이었다. 생생한 여자의 몸을 안기가 두려워 자독 행위로 스스로의 육체를 기만한 너절한 자식, 져야 할 책임이 두려워 되지 못한 자기 변명으로 자위한 비겁.

껍질 속에 몸을 오므리고 두더지처럼 태양의 빛을 꺼린 삶. 산 것이 아니라 다만 있었다. 마치 돌멩이처럼. 결국 너는 살아 본 일이 없었던 것이다. 살아 본 일이 없다면 죽을 수도 없는 일이 아닌가. 살아 본 일이 없이 죽는다는 것, 아니 죽을 수도 없다는 안타까움이 현의 마음에 말할 수 없는 공포의 감정을 휘몰아 왔다. 현은 잃어져 가는 생명의 힘을 돋구어 이 공포의 감정에 반발했다.

'살아야겠다. 그리고 살았다는 증거를 보이고 다시 죽어야 한다.'

현은 기를 쓰는 반발의 감정 속에서 예기치 않은 새로운 힘이 움터 오르는 것을 느꼈다. 그 힘이 조금씩 조금씩 마음에 무게를 가하더니 전신에 어떤 충족감이 느껴지자 현은 가슴속에서 갑자기 우직하고 깨뜨러지는 자기 껍질의 소리를 들었다. 조각을 내고 부서지는 껍질. 그와 함께 거기서 무수한 불꽃이 튀는 듯했다. 그것은 다음 차원(次元)에의 비약을 약속하는 불꽃. 무수한 불꽃, 찬란한 그 섬광. 불타는 생에의 의욕, 전신을 흐르는 생명의 여울. 통절히 느껴지는 해방감.

현은 끝없는 푸른 하늘로 트이는 마음의 상쾌를 느꼈다.

'나머지 한 알의 탄환. 그처럼 내가 살아남는 것이라 하자. 그러면 어떻게 될 것인가. 그것은 누구도 모른다. 먼저 나 자신이 선택할 것이다. 다음은 ― 그것은 더욱 누구도 모른다.'

㉠분명한 한 가지는 외면하거나 도피하지는 않을 것이다. 외면하지 않고 어떻든 정면으로 대하자.

도피할 수가 없도록 절박된 이 처지. 정면으로 대하도록 기어이 상황은 바싹 내 앞으로 다가온 것이다.

이미 꽃밭의 시대는 끝난 것이다.

살아서 먼저 청부업자들을 거부하자. 떠들어 대어야 인생은 더욱 무의미할 뿐이라는 것을 뼈저리도록 알으켜 주자. 꺼리고 비웃는 데 그치지 말고 정면으로 알몸을 던져 거부하자. 나 같은 처지의, 아니 나 이상의 경우의 무수한 인간들.

이웃을 보는 눈귀 하나에도 조심을 담고, 건네는 한마디의 얘기에도 남을 괴롭힐사 애쓰는 인간들. 늙은, 젊은, 어린 남녀의 수많은 얼굴들, 그리운 그 얼굴들이 있지 아니한가. 나는 외로울 수 없다. 이제부터 그들 가운데서 잃어진 나 자신을 찾아야 한다. 그리고 청부업자들을 격리하고 주어진 땅 위에 그들과 함께 새로운 마을을 세우자. 거기에 내 덤의 삶을 바치는 것이다. 청부업자들의 교만과 포악을 곧 같은 인간인 자기 자신의 부끄러움으로 돌리고 한결같이 고통을 참고 견디어 온 '조용한' 인간들, 광기(狂氣)의 청부업자는 사라지고 '조용한' 인간들의 세계가 와야 한다.

조용한 인간들의 세계.

현은 가슴에서 피어오르는 훈훈한 것을 억제치 못했다. 되살아오는 어깨의 아픔.

'땅 위에 가득 찬 이 몇 백 배의 아픔. 이만한 아픔이면 기꺼이 받고 수월히 이겨 내야 한다. 그리고 살아서 먼저 가까운 사람들에게 조용히 내가 지내 온 얘기를 들려 주어야 한다.'

현은 흐려져 가는 의식 속에서 자기를 부르는 하나의 소리를 들었다. 쿵! 하고 들려 오는 폿소리보다 가까운 하나의 부르짖음.

"보라, 저 소리. 벌써 저기 가까워 오는 그리운 저 목소리."

울음에 가까운 그 부르짖음은 차차 이 동굴로 가까워 오면서 산과 산에 부딪치고 골짜구니를 감돌아 메아리에 또 메아리를 일으켜 갔다.

산과 산. 어디까지나 이어 간 산줄기. 굽이치는 골짜구니. 영겁의 정적은 깨뜨려지고 거기 새로운 생명이 날개를 치며 퍼덕이기 시작했다.

📖 선우휘, 〈불꽃〉

1. 윗글에 대한 설명으로 적절하지 않은 것은?

① 짧은 문장을 사용하여 주인공의 절박한 심정을 표현하였다.

② 비유적 표현을 사용하여 주인공의 내면적 감동을 강조하였다.

③ 주인공의 내면 묘사에 초점을 맞춤으로써 주제를 효과적으로 전달하였다.

④ 화자의 시점을 일관성 있게 유지함으로써 작품 전체에 통일된 인상을 준다.

⑤ 유사한 내용을 반복하여 진술함으로써 주인공의 핵심적인 의식을 부각시켰다.

해설 이 소설의 전체 시점은 전지적 작가 시점이다. 그러나 주어진 글만 보면 시점이 일관성 있게 유지되는 것이 아니라 '1인칭 시점 ➡ 전지적 작가 시점 ➡ 1인칭 시점 ➡ 전지적 작가 시점'으로 변하고 있다.

2. 윗글에 등장하는 주인공 '현'에 대한 이해로 적절하지 않은 것은?

① 자신의 흐려지는 의식을 붙들기 위해서 노력한다.

② 자신의 가족에 대하여 애정 어린 마음을 가지고 회상한다.

③ 지금까지 살아온 자신의 삶의 방식에 대하여 회의를 느낀다.

④ 지금까지의 삶의 방식에서 벗어나 새로운 삶을 살려고 다짐한다.

⑤ 자신이 처한 상황에 위기 의식을 느끼지만, 거기에서 벗어나려고 노력하지는 않는다.

해설 주인공은 자신이 처한 현실과 정면으로 대결하려고 결심한다.

3. ㉠의 상황을 나타낼 수 있는 말로 가장 적절한 것은?

① 허장성세(虛張聲勢)　　　　　② 수주대토(守株待兔)

③ 와신상담(臥薪嘗膽)　　　　　④ 불요불굴(不撓不屈)

⑤ 곡학아세(曲學阿世)

해설 '불요불굴(不撓不屈)'은 휘지도 않고 굽히지도 않는다는 뜻으로, 어떤 난관도 꿋꿋이 견디어 나감을 이르는 말이다. 주인공이 현재의 상황을 외면하거나 현실로부터 도피하지 않고 끝까지 맞설 것이라는 강한 의지를 나타내고 있으므로 ㉠의 상황에 적절하다.

① 허장성세(虛張聲勢) : 실속은 없으면서 큰소리치거나 허세를 부림.

② 수주대토(守株待兔) : 한 가지 일에만 얽매여 발전을 모르는 어리석은 사람을 비유적으로 이르는 말

③ 와신상담(臥薪嘗膽) : 불편한 섶에 몸을 눕히고 쓸개를 맛본다는 뜻으로, 원수를 갚거나 마음먹은 일을 이루기 위하여 온갖 어려움과 괴로움을 참고 견딤을 비유적으로 이르는 말

⑤ 곡학아세(曲學阿世) : 바른 길에서 벗어난 학문으로 세상 사람에게 아첨함.

핵심내용 다지기

01 소설 구성의 3요소

1. 인물

(1) • 주동 인물: 작가가 의도하는 주제의 방향에 부합하는 인물이다. 작품에서 중심적 역할을 하는 인물 ➡ 주인공 예 〈춘향전〉의 '춘향', '이도령'

• 반동 인물: 주동 인물과 갈등·대립하는 인물 예 〈춘향전〉의 '변사또'

(2) • 전형적 인물: 한 시대나 계층을 대표하는 인물 예 〈춘향전〉의 '춘향' ➡ 열녀

• 개성적 인물: 한 개인만의 독특한 성격을 지닌 인물

(3) • 평면적 인물: 작품 속에서 성격이 변하지 않는 인물 ➡ 정적 인물 예 〈흥부전〉의 '흥부'

• 입체적 인물: 환경이나 사건의 진행에 따라 성격이 변하는 인물 ➡ 극적·발전적 인물

　　　　예 염상섭, 〈두 파산〉의 '옥임이'

알아보기 인물 간의 갈등 유형

> 1. **내적 갈등**: 한 인물에게 일어나는 둘 이상의 마음이 갈등하는 것 ➡ 심리적 갈등
> 2. **외적 갈등**: 적대자나 반동 세력과의 갈등
>   ① **개인과 개인 사이의 갈등**: 소설 속에서 중심 역할을 하는 긍정적 인물과 그에 반대되는 부정적 인물 사이의 갈등 예 김유정의 〈봄봄〉
>   ② **개인과 사회와의 갈등**: 개인이 살아가면서 겪는 사회 윤리나 제도와의 갈등
>   　　예 채만식의 〈레디 메이드 인생〉
>   ③ **개인과 운명과의 갈등**: 개인의 삶이 어쩔 수 없는 운명에 의해 좌우되는 데에서 오는 갈등
>   　　예 김동리의 〈역마〉

2. 사건

소설 속 등장인물이 벌이는 모든 행동과 이에 따라 인과적으로 발생하는 모든 일들을 일컫는다. 모든 사건은 유기적으로 연계되어 있고, '대화', '서사', '묘사' 등 다양한 표현을 통해 전개된다.

3. 배경

(1) 1인칭 주인공 시점: 서술자인 '나'가 자신의 이야기를 서술하는 주관적인 시점으로, 주인공의 내면 심리 제시에 효과적이며 독자에게 친근감과 신뢰감을 준다. 그러나 주인공을 객관적으로 제시하거나 주인공 이외의 인물과 사건에 대해 서술할 때 제약을 받는다.

(2) 1인칭 관찰자 시점: 서술자인 '나'가 다른 사람의 이야기를 서술하는 비교적 객관적인 시점으로, 행동 묘사는 가능하나 심리 묘사를 하기 어렵다.

인물 제시 방법

1. 직접적 제시: 서술자가 인물의 성격과 특징을 직접 설명해 주는 방법으로 분석적 방법이다.
2. 간접적 제시: 등장인물의 대화나 행동, 외양 등을 통해 간접적으로 성격을 묘사하는 방법으로 극적 제시 방법이다.

(3) **3인칭 관찰자 시점**: 작가가 제3자의 이야기를 서술하는 가장 객관적인 시점으로, 주관을 배제하고 객관적인 사실만 전달하므로 극적인 효과를 줄 수 있으나 인물들의 심리 묘사와 명확한 해석이 불가능할 때가 많다.

(4) **전지적 작가 시점**: 서술자가 신과 같은 전지전능한 위치에서 소설의 모든 요소를 해설하고 논평할 수 있는 시점으로, 주인공이 모르는 것까지 독자에게 제시할 수 있으므로 총체적이고 복잡한 양상을 나타내는 데 효과적이다.

알아보기 소설 구성의 유형

1. **이야기의 수에 따라**
   ① **단일 구성**: 하나의 사건으로 전개되는 구성. 진행이 단순하며, 단편 소설에 주로 사용된다.
   ② **복합 구성**: 둘 이상의 사건이나 플롯이 서로 복잡하게 교차하면서 진행되는 구성. 주로 장편 소설과 현대 소설에 많이 사용된다.
   ③ **피카레스크식(병렬식) 구성**: 서로 다른 각각의 이야기들이 동일한 주제 아래 통일되어 엮어져 전개되는 구성
      예 박태원의 〈천변풍경〉

2. **사건의 진행 방식에 따라**
   ① **평면적 구성**: 사건의 흐름이 시간적 순서에 따라, '과거 − 현재 − 미래' 등으로 전개되는 구성 ➡ 진행적 구성
   ② **입체적 구성**: 사건의 흐름이 시간적으로 역전되어 일어나는 구성. 현대 소설, 심리 소설에 많이 사용됨. ➡ 분석적 구성

3. **기타**
   ① **의식의 흐름에 따른 구성**: 한 개인의 내면의 의식을 그대로 받아 적듯이 서술해 나가는 방식
      예 오상원의 〈유예〉
   ② **여로형 구성**: 여행의 일정, 경로를 따라 진행되는 구성 방식 예 염상섭의 〈만세전〉
   ③ **액자식 구성**: 외부 이야기 속에 내부 이야기가 들어 있는 구성으로, 외부 이야기가 액자 역할을 하고, 내부 이야기가 핵심 내용이 된다.
      예 김동인의 〈배따라기〉, 〈광화사〉, 김동리의 〈무녀도〉, 〈등신불〉 등

실전능력 기르기

[1~2] 다음 글을 읽고 물음에 답하시오.

> (전략) 이인국 박사의 병원은 두 가지의 전통적인 특징을 가지고 있다. 병원 안이 먼지 하나도 없이 정결하다는 것과 치료비가 여느 병원의 갑절이나 비싸다는 점이다.
>
> 그는 새로운 환자의 초진(初診)에서는 병에 앞서 우선 그 부담 능력을 감정하는 데서부터 시작한다. 신통치 않다고 느껴지는 경우에는 무슨 핑계를 대든, 그것도 자기가 직접 나서는 것이 아니라 간호원더러 따돌리게 하는 것이다.
>
> 그렇게 중환자가 아닌 한, 대부분의 경우 예진(豫診)은 젊은 의사들이 했다. 원장은 다만 기록된 진찰 카드에 따라 환자의 증세에 아울러 경제 정도를 판정하는 최종 진단을 내리면 된다.
>
> 상대가 지기(知己)나 거물급이 아닌 한, 외상이라는 명목은 붙을 수 없었다. 설령 있다 해도 이 양면 진단은 한 푼의 미수나 결손도 없게 한 그의 반생을 통한 의술 생활의 신조요 비결이었다.
>
> 그러기에 그의 고객은 왜정 시대는 주로 일본인이었고 현재는 권력층이 아니면 재벌의 셈 속에 드는 측들이어야만 했다.
>
> 그의 일과는 아침에 진찰실에 나오자 손가락 끝으로 창틀이나 탁자 위를 훑어 무테 안경 속 움푹한 눈으로 응시하는 일에서 출발한다. 이때, 손가락 끝에 먼지만 묻으면 불호령이 터지고, 간호원은 하루 종일 원장의 신경질에 부대껴야만 한다.
>
> 아무튼 단골 고객들은 그의 정결한 결백성에 감탄과 경의를 표해 마지 않는다. (중략)
>
> 이인국 박사는 수술 직전에 서랍에 집어넣었던 편지에 생각이 미쳤다.
>
> 미국에 가 있는 딸 나미. 본래의 이름은 일본식의 나미코[奈美子]다. 해방 후 그것이 거슬린다기에 나미로 불렀고, 새로 기류계에 올릴 때에는 코자를 완전히 떼어 버렸다.
>
> 나미짱! 딸의 모습은 단란하던 지난날의 추억과 더불어 떠올랐다.
>
> 온 집안의 재롱둥이였던 나미, 그도 이젠 성숙했다. 그마저 자기 옆에서 떠난 지금 새로운 정에서 산다고 하지만 이인국 박사는 가끔 물밀려오는 허전한 감을 금할 길 없다. (중략)
>
> '결국은 그렇게 되고야 마는 건가……'
>
> 그는 편지를 탁자 위에 밀어 놓았다. 어쩌면 이러한 결말은 딸의 출국 이전에서부터 이미 싹튼 것인지도 모른다는 생각이 들었다.
>
> 대학에서 영문과를 택한 딸, 개인 지도를 하여 준 외인 교수, 스칼라십을 얻어 준 것도 그고, 유학 절차의 재정 보증인을 알선해 준 것도 그가 아닌가. 우연한 일은 아니다.
>
> ㉠그러나 시류에 따라 미국 유학을 해야만 한다고 주장한 것은 오히려 아버지 자기가 아닌가.
>
> 동양학을 연구하고 있는 외인 교수. 이왕이면 한국 여성과 결혼했으면 좋겠다던 솔직한 고백에, 자기의 학문을 위한 탁월한 견해라고 무심코 찬의를 표한 것도 자기가 아니던가. 그것도 지금 생각하면 하나의 암시였음이 분명하지 않은가.
>
> 이인국 박사는 상아로 된 오존 파이프를 앞니에 힘을 주어 지그시 깨물며 눈을 감았다.
>
> 꼭 풀 쑤어 개 좋은 일을 한 것만 같은 분하고도 허황한 심정이다.
>
> '코쟁이 사위.'
>
> 생각만 해도 전신의 피가 역류하는 것 같은 몸서리가 느껴졌다. (중략)
>
> 📖 전광용, 〈꺼삐딴 리〉

01_ 윗글의 서술상 특징으로 적절하지 **않은** 것은?

① 시류에 따르는 기회주의적 처세술을 비판하고 있다.

② 사건보다는 인물의 성격을 드러내는 데 치중하고 있다.

③ 상황이나 인물을 주로 요약적인 방법으로 제시하고 있다.

④ 변화에 재빨리 순응하는 출세 지향적 인물 유형을 제시하고 있다.

⑤ 서술자가 관찰자의 입장에서 주인공의 말과 행동을 드러내고 있다.

01_ ⑤ 서술자는 관찰자가 아닌, 심리와 사건 모두를 꿰뚫고 있는 전지적인 존재이다.

02_ 윗글의 맥락을 고려할 때, ㉠의 행위를 평가한 말로 가장 적절한 것은?

① 사면초가(四面楚歌)

② 새옹지마(塞翁之馬)

③ 자승자박(自繩自縛)

④ 전전긍긍(戰戰兢兢)

⑤ 점입가경(漸入佳境)

02_ 자기가 한 말 때문에 옴짝달싹 못하게 된 상황이므로 자기의 줄로 자기 몸을 옭아 묶는다는 뜻의 ③ '자승자박(自繩自縛)'이 적절하다.

오답해설 ① 사면초가(四面楚歌) : 아무에게도 도움을 받지 못하는, 외롭고 곤란한 지경에 빠진 형편을 이르는 말

② 새옹지마(塞翁之馬) : 인생의 길흉화복은 변화가 많아서 예측하기가 어렵다는 말

④ 전전긍긍(戰戰兢兢) : 몹시 두려워서 벌벌 떨며 조심함.

⑤ 점입가경(漸入佳境) : 시간이 지날수록 하는 짓이나 몰골이 더욱 꼴불견임을 비유적으로 이르는 말

[3~5] 다음 글을 읽고 물음에 답하시오.

[앞부분의 줄거리] 한 마을에서 단짝동무로 지냈던 성삼이와 덕재는 6·25가 나면서 이념을 달리하는 적대 관계로 만나게 된다. 치안 대원이 된 성삼이는 덕재가 체포되어 온 것을 보고는 청단까지의 호송을 자청하여 덕재를 데리고 나선다. 성삼은 농민 동맹 부위원장까지 지낸 덕재에 대한 심한 적대감을 품기도 했으나, 대화를 하는 사이에 점차 적대감이 누그러지면서 덕재가 사실은 땅밖에 모르는 순박한 농민이라는 것을 깨닫게 된다. 성삼은 덕재에 대한 증오심이 점차 우정으로 바뀌는 것을 느끼며, 덕재와 함께 고갯마루를 넘는다.

　고갯마루를 넘었다. 어느새 이번에는 성삼이 편에서 외면을 하고 걷고 있었다. 가을 햇볕이 자꾸 이마에 따가웠다. 참 오늘 같은 날은 타작하기에 꼭 알맞은 날씨라고 생각했다.
　고개를 다 내려온 곳에서 성삼이는 주춤 발걸음을 멈추었다.
　저쪽 벌 한가운데 흰 옷을 입은 사람들이 허리를 굽히고 섰는 것 같은 것은 틀림없는 학 떼였다. 소위 삼팔선 완충지대가 되었던 이곳. 사람이 살고 있지 않은 그동안에도 이들 학들만은 전대로 살고 있는 것이었다.
　지난날 성삼이와 덕재가 아직 열두어 살쯤 났을 때 일이었다. 어른들 몰래 둘이서 올가미를 놓아 여기 학 한 마리를 잡은 일이 있었다. 단정학이었다. 새끼로 날개까지 얽어매 놓고는 매일같이 둘이서 나와 학의 목을 쓸어안는다, 등에 올라탄다, 야단을 했다. 그러한 어느 날이었다. 동네 어른들의 수군거리는 소리를 들었다. 서울서 누가 학을 쏘러 왔다는 것이다. 무슨 표본인가를 만들기 위해서 총독부의 허가까지 맡아 가지고 왔다는 것이다. 그 길로 둘이는 벌로 내달렸다. 이제는 어른들한테 들켜 꾸지람 듣는 것 같은 건 문제가 아니었다. 그저 자기네의 학이 죽어서는 안 된다는 생각뿐이었다. 숨 돌릴 겨를도 없이 잡풀 새를 기어 학 발목의 올가미를 풀고 날개의 새끼를 끌렀다. 그런데 학은 잘 걷지도 못하는 것이다. 그동안 얽매여 시달렸던 탓이리라. 둘이서 학을 마주 안아 공중에 후쳤다. 별안간 총소리가 들렸다. 학이 두서너 번 날갯짓을 하다가 그대로 내려왔다. 맞았구나. 그러나 다음 순간, 바로 옆 풀숲에서 펄럭 단정학 한 마리가 날개를 펴자 땅에 내려앉았던 자기네 학도 긴 목을 뽑아 한번 울음을 울더니 그대로 공중에 날아올라, 두 소년의 머리 위에 동그라미를 그리며 저쪽 멀리로 날아가 버리는 것이었다. 두 소년은 언제까지나 자기네 학이 사라진 푸른 하늘에서 눈을 뗄 줄을 몰랐다……
　"얘, 우리 학 사냥이나 한번 하구 가자."
　성삼이가 불쑥 이런 말을 했다.
　덕재는 무슨 영문인지 몰라 어리둥절해 있는데,
　"내 이걸루 올가밀 만들어 놓께. 너 학을 몰아오너라."
　포승줄을 풀어 쥐더니, 어느새 잡풀 새로 기는 걸음을 쳤다.
　대번 덕재의 얼굴에서 핏기가 걷혔다. 좀 전에, 너는 총살감이라던 말이 퍼뜩 머리를 스치고 지나갔다.
　이제 성삼이가 기어가는 쪽 어디서 총알이 날아오리라.
　저만치서 성삼이가 홱 고개를 돌렸다.
　"어이, 왜 멍추같이 서 있는 게야? 어서 학이나 몰아 오너라."
　그제서야 덕재도 무엇을 깨달은 듯 잡풀 새를 기기 시작했다.
　때마침 단정학 두세 마리가 높푸른 가을 하늘에 곧 날개를 펴고 유유히 날고 있었다.

📖 황순원, 〈학〉

03_ 윗글에 대한 이해로 가장 적절한 것은?

① 시간의 순서에 따라 사건을 전개하였다.

② 수식어를 많이 사용하여 문장의 호흡이 길다.

③ 과거 회상 장면을 통해 주제를 암시하고 있다.

④ 향토색 짙은 언어를 사용하여 친밀감을 주고 있다.

⑤ 서술자가 인물의 성격을 직접적으로 제시하고 있다.

04_ 윗글에 대한 감상으로 적절하지 않은 것은?

① 학을 매개로 과거와 현재가 대비되어 있어서 더욱 흥미롭게 읽었어.

② 총에 맞은 줄 알았던 학이 다시 날아오르는 장면에서 나는 안도감을 느꼈어.

③ 성삼이가 덕재의 포승줄을 풀어줄 때 덕재가 자유의 몸이 될 것임을 알고 무척 기뻤어.

④ 고갯길에서 벌판으로 이어지는 장면에서 두 사람의 갈등이 고조되어 나는 더욱 긴장했어.

⑤ 어린 시절 매일같이 함께 학을 찾아가는 모습에서 둘 사이의 따뜻한 우정을 느낄 수 있었어.

05_ 〈보기〉와 윗글의 공통점으로 적절하지 않은 것은?

┌─ 보기 ─
　　비무장 지대를 순찰 중에 지뢰를 밟아 위기에 처한 남한의 이수혁 병장, 이 병장은 뜻밖에 북한군의 오경필 중사와 정우진 전사에 의해 구조된다. 이를 계기로 세 사람과 이 병장의 동료인 남성식 일병은 절친한 사이로 지낸다. 분계선을 경계로 말을 주고받는 수준이 아니라 남쪽 병사가 수시로 분계선을 넘어 북한군 초소로 가 함께 시간을 보낼 정도이다. 그러나 예기치 않은 사건으로 총격전이 벌어져 이 병장과 남 일병은 북한군 두 명을 본능적으로 살해하고 가까스로 복귀한다. 이후 사건 수사를 맡은 중립국 소속 소피 소령의 활약으로 진실은 밝혀지지만, 수사 과정에서 서로 적군을 만났다는 약점을 숨겨 주려는 남북한 병사들의 노력이 눈물겹다.
　　　　　　　　　　　　　　　　　　　- 영화 '공동경비구역(JSA)'의 줄거리

① 이념 선택의 상황을 제시하고 있다.

② 분단된 조국의 아픔을 나타내고 있다.

③ 갈등을 극복하고 화해를 지향하고 있다.

④ 개인적 체험을 민족적 체험으로 확장하고 있다.

⑤ 이념을 넘어선 따뜻한 인간애를 보여주고 있다.

03_ 이 작품은 수식어의 사용이 적고 묘사가 간결하여 호흡이 빠른 작품으로 작가의 문체적 특성을 잘 드러내고 있다. 사건 진술도 순차적 진행 속에 과거 회상의 장면을 넣은 역전적 구성을 가졌다. 또한 작가 관찰자 시점으로 인물의 성격이 직접 드러나지는 않고 있다. 작중 인물의 과거 회상 장면을 통해 사건 전개를 예시하여 주제를 암시하고 있다.

04_ 6·25라는 전쟁 속에서 어쩔 수 없이 대립하게 된 주인공들이 어린 시절의 회상을 통해 우정을 회복하고 있다. 이 작품에서 공간적 배경으로 제시되고 있는 고개의 오르막길은 갈등의 고조를, 벌판은 두 사람의 갈등이 해소되는 장소로 제시되고 있다.

05_ 황순원의 〈학〉은 전쟁으로 인한 이념의 갈등을 우정으로 극복하고 화합하는 두 친구의 이야기를 그리고 있는 작품이다. 〈보기〉에 주어진 영화 '공동경비구역'도 분단된 조국의 현실 속에서 대치해 있는 병사들이 서로 이해하고 협력하는 모습을 통해 진정한 인간애가 무엇인가를 보여 주고 있다.
그러나 두 작품 모두 이념 선택의 상황을 제시하는 것과는 거리가 멀다.

ANSWER
03. ③　04. ④　05. ①

30

비문학 (1) :
사실적 이해

한 권으로 끝내는
KBS한국어
능력시험

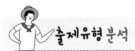

"이렇게 출제된다!"

사실적 이해는 KBS한국어능력시험에서 가장 비중이 있는 영역인 '읽기' 전체 문항에서 50% 정도 출제된다. 사실적 이해는 독서의 가장 기본적인 단계로, 추론적 이해나 비판적 이해를 거쳐 창의적 이해에 도달하기 위해 반드시 필요하다. 문제에 따라 어디까지가 명시된 정보이고 어디부터가 암시된 정보인지 구별하는 것이 모호할 수 있으나, 대체적으로 '지문의 정보 파악과 어휘력 및 일반적인 언어 구사력'만으로 해결 가능한 문제들이 출제된다.

사실적 이해를 묻는 문제는 문제 해결에 필요한 정보가 지문에 명시된 문제이므로, 지문에 나타난 정보를 확인하고, 중심 내용을 요약하며, 글의 연결과 전개 방법 및 구조 등을 파악하는 등 가장 일차적인 이해 능력을 발휘해야 한다.

Q • 윗글의 내용과 일치하지 <u>않는</u> 것은?
• 윗글을 통해 알 수 있는 내용이 <u>아닌</u> 것은?
• 윗글에 나타난 '○○'의 생각과 일치하지 <u>않는</u> 것은?
• 윗글의 서술 방식으로 가장 적절한 것은?
• 윗글의 서술상 특징으로 적절하지 <u>않은</u> 것은?
• 윗글의 중심 내용으로 가장 적절한 것은?
• 윗글에 대한 설명으로 적절한 것은?
• 윗글의 내용을 <u>잘못</u> 이해한 것은?
• 윗글의 제목으로 가장 적절한 것은?
• 윗글의 문단별 소제목으로 적절하지 <u>않은</u> 것은?
• (가)~(마)의 중심 내용으로 적절하지 <u>않은</u> 것은?
• ㉠과 ㉡에 대한 설명으로 가장 적절한 것은?

기출유형 맛보기

"이런 문제가 나온다!"

1. 다음 글의 서술상 특징으로 적절하지 <u>않은</u> 것은?

현대인은 두 가지 시계를 가지고 있다. 하나는 문자판 위를 바늘이 돌아가며 시간을 알리는 아날로그형이며, 또 하나는 직접 숫자가 나타나서 시간을 표시하는 디지털형이다.

아날로그형은 하루의 시간을 문자판에 공간화한 것이고, 그 위를 시침, 분침, 그리고 초침이 돌아가도록 한 것이기 때문에, 시간을 총체적이고 영속적인 것으로 파악할 수가 있다. 우리는 전체를 통해 한 부분의 시간을 본다. 시침이나 분침을 보고 시간을 알아낸다는 것은 마치 하늘에 떠 있는 태양이나 달의 위치를 보고 그 시각을 알아내는 것과 같은 것이다. 그래서 바늘이 숫자로 바뀌어 버린 디지털형의 시계는, 보는 시간이 읽는 시간으로 바뀐 것이기도 하다.

디지털 시계는 오직 지금의 시간만을 알려 줄 뿐, 바늘이 시시각각으로 연출해 내는 기하학적인 구조는 이미 존재하지 않는다. 따라서 그 시간은 단절적이고 점멸적(點滅的)인 것이다.

그렇다. 디지털 시계에서는 시간은 강물처럼 흘러가는 것이 아니다. 단지 깜박이고 있을 뿐이다. 그 대신 디지털 시계는 초까지도 분명하게, 그리고 엄격하게 나타내서 보여 준다.

아날로그형의 시계에서는, 시간은 대충 있는 것이다. 초침은 있어도 그것은 단지 시간이 고여 있지 않고 흘러가고 있음을, 말하자면 지금 시간이 움직이고 있음을 알려 주는 신호일 뿐이다. 그리고 분침 역시 구름 사이를 지나가는 달처럼 어렴풋하게 5분 단위의 숫자를 지나간다.

그러나 디지털은 시간을 보는 그 애매성을 추방한다. 맞든 틀리든 거기에서의 시간은 초 단위로 존재한다. 분명히, 그리고 에누리 없이.

옛날의 전통문화는 아날로그적인 것이요, 현대 문명은 디지털적인 것이다. 시인의 언어는 아날로그적인 것이요, 법률이나 과학의 그것은 디지털적인 것이다. 시골의 자연 풍경이나 꾸불꾸불한 논밭 길은 아날로그적인 것이요, 도시의 네모난 스카이라인과 직선적인 가로는 디지털적인 것이요, 이름으로 사람을 부르는 것은 아날로그적인 것이요, 죄수처럼 번호로 호명되는 것은 디지털적인 것이다. 사랑하는 사람의 얼굴은 아날로그적인 것이요, 창구를 사이에 두고 만나는 관리의 얼굴은 디지털적인 것이다.

아니다. 그런 것만이 아니다. 그것이 아날로그이든 디지털이든 전자 시계는 시계의 주검인 것이다. 작은 심장과도 같은 태엽과 치차(齒車)*를 가진 옛날의 그 시계들은 우리들의 곁에서 살아 있는 것처럼, 정말 살아 있는 벌레들이 숨을 쉬듯이 재깍거리며 시각을 새겨 가고 있다. 그 시계들이 아무 소리도 없이 시간의 변화만을 알려 주는 전자 시계로 바뀌어 가면서, 시간은 생명적인 것으로부터 오로지 정확한 것만으로 그 의미가 바뀌어져 버린 것이다. 생명적인 모든 것을 까뭉개 버리고 그 위에 정확성만이 탑처럼 쌓아 올려진 현대 문명의 그 모습처럼……

아날로그형의 인간들이 죽어 가고 있다. 디지털형의 인간들만이 살아남는 시간들이 오고 있는 것인가.

📖 이어령, 〈아날로그형과 디지털형〉

* 치차(齒車): 톱니바퀴

① 유추적 사고를 통해 결론을 이끌어 내고 있다.
② 특정 대상의 특징을 인간사에 확대 적용하고 있다.
③ 구체적 사례를 제시하여 자신의 논지를 강화하고 있다.
④ 대상에 대한 판단을 유보하고 독자의 판단에 맡기고 있다.
⑤ 두 대상의 상반된 속성을 부각시켜 논지를 분명히 하고 있다.

해설 마지막 문단에서 필자는 생명적인 아날로그 문화가 사라지는 대신 비생명적인 디지털 문화가 정착되어 가는 현실에 대해 비판적 인식을 드러내고 있다. 따라서 ④과 같이 판단을 유보했다는 것은 잘못된 설명이다.
① 디지털형과 아날로그형 시계에서 유추하여 결론을 도출하고 있다.
② 시계의 유형에 따른 특징을 인간의 문명에 유추하여 적용하고 있으므로 옳은 진술이다.
③ 시인의 언어, 법률, 과학, 논밭 길 등의 구체적 사례를 들고 있다.
⑤ 두 대상의 상반된 속성을 각각 현대 문명과 전통문화를 통해 유추했으므로 옳은 진술이다.

2. 다음 글의 내용과 일치하지 않는 것은?

인간의 정신을 장악하고 있는 우상에는 네 가지 종류가 있다. 구별하기 좋게 각각 이름을 붙인다면, 첫째는 종족(種族)의 우상이고, 둘째는 동굴의 우상이고, 셋째는 시장(市場)의 우상이며, 넷째는 극장(劇場)의 우상이다.

참다운 귀납법의 기초 위에 개념과 공리를 세우는 일이 이 우상들을 피하고 물리치는 최상의 방책임이 분명하다. 그러나 이 우상들을 깨닫는 것만으로도 커다란 도움이 된다. 왜냐하면 우상이 과학에 대하여 가지는 관계는 궤변이 일반 논리학에 대하여 가지는 관계와 똑같기 때문이다.

종족의 우상은 인간적 본성에, 인류 종족 또는 인종에 근거하고 있다. 왜냐하면 인간의 감관(感官)이 사물의 척도라는 주장은 거짓이기 때문이다. 그와 반대로 감관과 정신이 느끼는 것은 인간의 주관에 따른 것일 뿐이다. 인간 정신은 고르지 못한 거울과 같아서 사물로부터 나오는 광선을 일그러지게 반사하고, 거울 자신의 본성을 대상의 본성에 삽입시켜서 대상의 본성을 뒤틀리게 하고 왜곡시킨다.

동굴의 우상은 각 개인의 우상이다. 즉, 모든 개별 인간은 인류에게 공통된 잘못 외에도 자기 자신의 굴, 동굴을 가진다. 이 자신의 동굴이 자연의 빛을 굴절시키고 파괴한다. 이 동굴은 한편으로 개인적 성향으로부터, 다른 한편으로 교육과 교제로부터 비롯된다. 또 한편으로 그가 읽는 책들과 그가 존경하고 경애하는 사람들의 견해로부터, 그리고 그의 정신에 자리 잡은 선입견으로부터 비롯된다. 종종 각기 서로 다르게 받아들여지는 다양한 인상(印象)들로부터도 비롯된다.

또한 사람과 사람 사이의 상호 결합에서부터 생기는 우상들이 있다. 나는 이 우상들을 인간들의 교제와 공동생활에 기초한 것이라 보고, 시장의 우상이라고 부른다. 인간은 언어를 통해 결합된다. 그런데 말들은 보통 사람들의 능력에 따라서 선택된다. 따라서 나쁘고 적절하지 못한 말의 선택은 정신을 놀라울 정도로 방해한다. 경우에 따라 학자들이 사용하는 정의(定義)들과 설명들은 전혀 도움이 되지 못한다. 오히려 말은 정신에 강제력을 행사하고 모든 것을 혼란에 빠뜨린다. 말은 인간들을 수많은 무의미한 논쟁과 허구에 빠뜨린다.

마지막으로 다양한 철학 이론들 때문에, 그리고 뒤바뀐 증명 방식들 때문에 인간의 정신 안에 파고든 오류들이 있다. 이 우상들을 나는 극장의 우상이라고 부른다. 왜냐하면, 많은 철학들이 전수되거나 새로이 창안되는 만큼, 그만큼 많은 거짓 이야기들이 제시되고 상연되기 때문이다.

① 인간의 감관(感官)은 사물의 척도이다.
② 종족의 우상은 인간적 본성에 근거하고 있다.
③ 동굴의 우상은 개인의 선입견으로부터 비롯된다.
④ 언어로 인해 발생하는 혼란을 시장의 우상이라 한다.
⑤ 극장의 우상은 거짓된 이론이 미치는 폐해를 가리킨다.

(해설) 3문단에서 "인간의 감관(感官)이 사물의 척도라는 주장은 거짓"이라고 하였다.

핵심내용 다지기

01 **글의 내용 파악하기**

1. 핵심 정보 찾기

글을 읽는 가장 기본적인 목적은 필자가 전달하고자 하는 바, 즉 글의 주제나 핵심 정보가 무엇인지를 정확하게 파악하는 데 있다. 이러한 유형의 문제는 글의 주제나 제목 찾기, 필자의 주장·의도 파악하기, 글 전체나 각 단락의 핵심 정보, 즉 중심 화제가 무엇인지를 파악하는 형태로 출제된다.

(1) 주제 찾기

① 여러 번 반복되는 말은 주제와 밀접한 관계를 갖고 있다.
　★ 가장 많이 언급되는 말이 핵심어이고, 이는 주제와 밀접한 관련이 있다.

② 주제는 원칙적으로 문장의 처음에 들어 있는 경우가 많다.
　★ 두괄식으로 이루어진 글이나 단락은 주제가 처음 문장에 들어 있다.

③ 결론으로 생각되는 중심 단락에 주제가 들어 있는 경우가 많다.
　★ 미괄식의 글은 결론이 제일 뒤에 있고, 여기에 주제가 들어 있다.

④ 주제는 원칙적으로 그 문장의 용어로 나타내는 것이 좋다.
　★ 예술문이 아닌 경우 주제는 그 글 속에 나오는 어휘로 나타내는 것이 원칙이다.

⑤ 구체적인 진술과 일반적 진술 중에서 일반적 진술에 주제가 들어 있다.
　★ 주제는 일반적 진술로 이루어져 있고, 뒷받침 문장은 구체적 진술로 이루어져 있다.

(2) 제목 찾기

① 제목은 핵심어를 중심으로 정리해야 한다.
　★ 하나의 글이 '판소리'에 대해서 언급하고 있는 글이라면, 그 글의 제목도 역시 '판소리'라는 어휘를 바탕으로 정리되어야 한다.

② 제목은 핵심어의 어떤 측면에 관해서 언급하고 있는 글인지를 파악하는 것이다.
　★ 하나의 글이 '판소리'에 대해서 언급한 글이라면, 제목은 '판소리의 무엇'이라는 식으로 정리되어야 한다. 예를 들면 '판소리의 성격'이 제목이 되는 것이다.

③ 제목의 구체적인 내용을 정리한 것이 주제문이라고 할 수 있다.
　★ '판소리의 성격은 서민적이다.'라는 문장이 어떤 글의 주제문이라고 하면, 이것은 '판소리의 성격'이 어떠하다는 것을 구체적으로 정리한 것이라고 할 수 있다.

④ 주제는 주제문을 간략하게 정리한 것이라고 할 수 있다.
　★ 제목이 '판소리의 성격'이고, 주제문이 '판소리의 성격은 서민적이다.'라면, 주제는 '판소리의 서민성'이 되는 것이다.

(3) 핵심어 찾기

① **가장 많이 언급되고 있는 어휘가 무엇인지 확인한다.**

> ★ 핵심어를 파악할 때에는 가장 많이 쓰인 어휘를 확인해야 한다. 많이 쓰였다는 것은 한 문단에 많이 나왔다는 것이 아니라 각 문단에 골고루 사용된 것을 말한다.

② **끝까지 언급되고 있는 어휘가 무엇인지 확인한다.**

> ★ 처음에는 많이 언급되다가 뒷부분에 가면서 언급되지 않는 어휘는 핵심어라고 할 수 없다. 끝까지 언급되고 있는 어휘가 핵심어라고 할 수 있다.

③ **각 단락의 핵심어를 먼저 파악한다.**

> ★ 글 전체의 핵심어를 파악하기 전에 먼저 각 단락에 언급되어 있는 핵심어를 파악해야 한다. 이러한 핵심어 중에서 글 전체를 통해서 가장 많이 언급되어 있는 것이 그 글의 핵심어라고 할 수 있기 때문이다.

④ **핵심어를 중심으로 필자가 초점을 맞추고 있는 부분을 확인한다.**

> ★ 글 전체의 핵심 내용을 파악할 때에는 필자가 초점을 맞추고 있는 내용이 무엇인가를 핵심어를 바탕으로 정리해야 한다. 또 필자가 가장 강조하는 내용이라든지 또는 제목으로 적절한 것도 모두 핵심 내용이라는 것을 알아야 한다.

2. 구체적인 정보 찾기

글의 내용과 관계되는 요소를 사실대로 이해하여 정보를 확인하는 유형의 문제이다. 설문과 선택지의 정보를 먼저 확인하고 지문과 비교·대조하면서 정답에 해당하는 구체적·세부적인 정보를 찾아야 한다.

02 글의 표현 방식 파악하기

1. 진술 방식 및 전개 방식 파악

글의 전개 방식을 묻는 유형의 문제는 구체적인 진술 방식을 파악하거나, 글 전체의 논리적인 전개 방식을 파악하는 형태로 출제된다.

(1) 진술 방식

💬 설명과 논증은 이해력에 호소하고, 묘사와 서사는 상상력에 호소한다. 묘사는 한순간의 모습이나 인상을 보여 주는 데 비해 서사는 움직임을 보여 준다.

논증	명백하지 않은 사실, 문제에 대하여 그 진실 여부를 논리적 추론에 의해 입증하는 이지적·설득적 태도의 진술 방법이다.
설명	필자가 알고 있는 사실을 알기 쉽게 풀어서 객관적으로 전달하는 방법. 묘사, 서사 등의 진술 방법이 원용되어 효과를 높일 수 있다. 설명의 방식에는 정의, 비교와 대조, 유추, 예시, 분석, 분류 등이 있다.
묘사	어떤 대상에서 받은 인상을 구체적이며 개성적으로 그려내어 독자의 감각과 상상력에 호소하는 진술로, 인상 전달 및 정서 환기를 목적으로 한다.
서사	어떤 한 시점에서 다른 한 시점까지 어떤 대상의 움직임과 그 움직임의 의미를 진술하는 방식으로 사건의 경과 전달을 목적으로 한다.

(2) 글의 전개 방식

① 정의: 대상을 뜻풀이하여 규정하는 방법으로, 대상의 핵심적인 속성이 정확하게 드러나야 하며, 'A는 B이다'의 형식을 취한다.

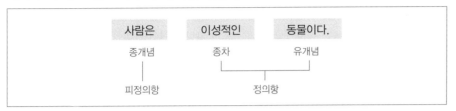

예 문학은 언어를 매개로 하는 예술이다.

② 지정: 대상의 속성에 대하여 진술하는 것으로, '무엇이다', '누구다', '어떠하다'는 내용을 서술하는 형식을 말한다. '정의'와 형식이 비슷하여 혼동할 수 있다.

예 • 저기 노란 옷을 입은 아이가 준혁이다.
　• 사람은 만물의 영장이다.

③ 비교: 둘 이상의 대상 사이의 공통점을 서술하는 방식이다.

예 하등 동물과 고등 동물은 수정 이후 지속적인 세포 분열을 통해 개체로 성장하며, 일정한 크기가 되면 더 이상 자라지 않는다는 점에서는 같다.

④ 대조: 두 대상의 차이점을 중심으로 글을 전개하는 방식이다.

예 인간의 집단을 사회라고 하고, 동물의 집단을 군집이라고 한다.

⑤ 분류: 여러 사물의 부류를 계층화하여 가르거나 모으는 조직의 방식이다.

예 • 문학은 서사 문학, 서정 문학, 교술 문학, 극 문학으로 나뉜다.
　• 한국어, 만주어, 퉁구스어, 몽고어, 터키어 등은 알타이 어족에 속한다.

⑥ 분석: 사물이나 개념을 분해하여 그것을 구성하고 각 요소들로 나누어 설명하는 방식이다.

예 • 곤충은 머리, 가슴, 배로 나뉜다.
　• 컴퓨터는 하드웨어와 소프트웨어로 나눌 수 있다. 하드웨어는 컴퓨터를 이루는 물리적인 기계이고, 소프트웨어는 하드웨어를 작동하는 운영 시스템이다.

⑦ 예시: 예를 들어 대상을 알기 쉽게 설명하는 방식이다.

예 산업계 전반에서 일고 있는 '융합 트렌드'도 문제다. 금융업에서 은행이 보험 상품을 판매하고, 보험사가 펀드 상품을, 홈쇼핑이 보험 상품을, 증권사가 예금 상품을 판매하는 것을 예로 들 수 있다.

⑧ 유추: 일반적으로 어떤 대상을 설명하기 어려울 때 이해하기 쉬운 다른 대상에 빗대어 설명하는 방식이다.

예 인생은 마라톤과 같은 것이다.

⊙‿⊙ '분류'와 '구분'을 구별해서 사용하기도 하는데, 기존에는 큰 것(유개념)으로부터 작은 것(종개념)으로 내려오면서 가르면 '구분'이고, 작은 것(종개념)들을 모아 큰 무리(유개념)로 묶어 가면 '분류'라고 보기도 한다.

2. 서술상의 특징 파악

서술자가 어떤 관점에서 어떠한 방식으로 글을 서술하고 있는지를 파악하는 유형의 문제로, 소설이나 일반적인 글에서는 시점, 구성, 사건 전개 등의 특징을 주로 묻고, 시와 같은 문학 작품에서는 시어, 시적 화자의 정서, 운율, 표현 기법 등을 중심으로 표현상의 특징을 파악하는 문제가 출제된다.

실전능력 기르기

01_ 다음 글의 내용과 일치하지 <u>않는</u> 것은?

> 대부분의 단어는 둘 이상의 의미 요소가 복합된 언어 단위이다. 특히 이러한 의미 요소가 복합된 모습을 잘 보여 주는 것이 합성어나 파생어와 같은 복합어이다. 복합어가 형성될 때는, 어근들끼리 결합하거나(합성어) 어근에 접사가 결합하는(파생어) 등, 형태 요소들의 결합도 함께 이루어진다.
>
> 그러므로 복합어의 경우 단어의 형성과 관련된 연구는 두 가지 방향에서 가능한데, 하나는 형태에서 출발하여 의미를 설명하는 형태 중심의 연구이고, 다른 하나는 의미에서 출발하여 형태를 설명하는 의미 중심의 연구이다. '산사람'을 예로 들어 볼 때, 형태 중심의 연구에서는 '산'과 '사람'이라는 형태가 결합하면서 어떻게 <산에서 사는 사람>이라는 의미를 나타내게 되는가의 과정을 추론해 내는 데 초점을 두는 반면, 의미 중심의 연구에서는 <산에서 사는 사람>이라는 의미를 나타내기 위해 '산'과 '사람'이 선택되어 일정한 순서로 결합하는 과정을 설명하는 데 초점을 둔다.
>
> 그런데 단어의 형태가 그 단어의 의미를 항상 충분히 반영하는 것은 아니다. '총잡이'는 <총을 잡는 사람>을 의미한다기보다는 <총을 잘 쏘는 사람>을 의미하고, '구두닦이'는 단순히 <구두를 닦는 사람>을 의미한다기보다는 <구두를 닦는 일을 직업적으로 하는 사람>을 의미한다. 여기에서 주목해야 하는 것은 <잘 쏘는>, <직업적으로> 등의 의미가 해당 단어를 구성하는 형태 중 그 어느 것에도 반영되어 있지 않다는 점이다.
>
> 그렇다고 하여 <잘 쏘는>, <직업적으로> 등의 의미가 단어 형성 과정에서 특별하게 주어졌다거나, 단어 형성이 이루어진 이후에 주어진 결과라고 보기도 어렵다. 왜냐하면, 단어 형성의 관점에서 볼 때 단어는 새로운 형태를 먼저 만들고 여기에 의미를 부여함으로써 만들어지는 것이 아니라, 새로운 의미가 먼저 만들어지고 이를 표현할 형태가 나중에 선택된다고 보는 것이 자연스럽기 때문이다.
>
> 이는 새로운 개념이나 의미를 언어로 표현할 필요성이 있을 때 특정 형태의 단어가 만들어짐을 의미한다. 예를 들어 '때밀이'라는 말은 <때를 미는 일을 직업적으로 하는 사람>이 존재하기 때문에 이를 지칭하기 위해 '때, 밀-, -이'라는 형태들을 선택하고 결합하여 만들어진 것이다. 결국, <때를 미는 일을 직업적으로 하는 사람>이라는 의미는 '때밀이'라는 단어를 형성하기 이전에 이미 정해져 있던 것이며, 그래서 '때밀이'의 형태만으로는 그 의미를 정확하게 추론할 수 없는 것이다.
>
> 이처럼 단어의 형태가 그 의미를 충분히 반영하지 못한다는 것은 단어의 형태를 토대로 단어의 의미를 설명하는 데에는 한계가 있음을 뜻한다. 즉, 단어의 의미에서 출발하여 형태를 설명하는 연구를 지향할 때 단어의 형태적 속성과 의미적 속성을 적절하게 설명할 수 있다는 것이다.
>
> 📖 황화상, 〈단어 형성과 의미〉

① 어근과 어근, 혹은 어근과 접사가 결합되어 있는 단어는 복합어이다.

② 의미 중심의 연구의 한계를 극복하기 위해 형태 중심의 연구가 필요하다.

③ 형태 중심의 연구는 형태가 결합하면서 의미를 나타내게 되는 과정을 추론하는 데 초점을 둔다.

④ 의미 중심의 연구는 새로운 의미가 만들어진 후에 이를 표현할 형태가 선택된다는 것을 전제로 한다.

⑤ 단어의 형태적 속성과 의미적 속성을 모두 적절하게 설명하기 위해서는 의미 중심의 연구를 지향할 필요가 있다.

[2~3] 다음 글을 읽고 물음에 답하시오.

근대 철학의 포문을 연 데카르트와 그 후예들의 문제 설정의 중심에는 '주체'라는 개념이 자리 잡고 있었다. 그러나 근대 철학은 헤겔 이후 도전에 직면하였으며, 특히 인간을 모든 것의 중심에 놓는 근대 철학의 지배적 이념이 그 비판의 대상이 되었다.

근대 철학에 대한 대표적인 비판으로 환경론자들의 주장을 들 수 있다. 환경론자들에 의하면 근대 철학은 이분법적 사고방식에 근거하여 인간을 주체로, 자연을 인간에 의해 인식되고 지배되는 대상으로 파악하였다. 그 결과 인간이 자연의 지배자라는 부당한 이념을 유포시켰다고 주장한다.

환경론자들은 근대를 주도하고 지배하던, 그리고 오늘날에도 여전히 그 위세를 떨치고 있는 과학기술주의에 주목하였다. 과학기술주의는 근대 철학의 영향으로 자연을 수량화와 계산을 통해 언제나 이용할 수 있는 자원의 창고로 바라보았다. 그 결과 자연 파괴는 물론 그 속에 존재하는 인간의 삶에 전반적인 위기를 초래하였다는 것이 환경론자들의 주장이다.

이러한 환경론자의 비판에 철학적 기초를 제공한 현대 철학자로 하이데거를 들 수 있다. 그에 의하면 근대 철학의 근본적 특징은 인간 중심주의이자 이성 중심주의이다. 이는 존재하는 모든 것을 인간에 의해 인식되고 파악되고 지배될 수 있는 대상으로 만드는 계산적 사유에 근거한다. 즉 ㉠계산적 사유로서의 이성은 모든 ㉡'존재하는 것(존재자)'을 '주체'인 인간의 지배 대상으로 전락시켰으며, 이로 인해 존재자의 본원적인 존재 의미는 사라져 버렸다는 것이다.

하이데거는 존재자 본연의 존재 의미를 성찰하면서 새로운 사유의 지평을 열었다. 그는 존재자들이 전체 속에서 의미 있게 결합되어 있는 관계로 존재한다고 하면서, 존재자는 그러한 관계로부터 분리될 수 없으며 또한 그 전체 연관성 속에서 그 어떤 것으로도 대체될 수 없는 유일성을 갖는다고 주장하였다.

02_ 윗글의 내용과 일치하지 않는 것은?

① 근대 철학의 지배적 이념은 헤겔 이후 비판의 대상이 되었다.

② 환경론자들은 인간과 자연에 대한 근대 철학의 이분법적 사고를 비판하였다.

③ 과학기술주의자들은 자연을 수량화와 계산을 통해 지배할 수 있는 대상으로 보았다.

④ 환경론자들은 자연 파괴로 인한 폐해보다는 인간 삶에 닥친 위기에 더 관심이 많았다.

⑤ 하이데거는 환경론자들의 주장에 철학적 기초를 제공하였다.

03_ ㉠과 ㉡에 대한 설명으로 적절하지 않은 것은?

① 근대 철학의 이성 중심주의는 ㉠에 근거하고 있다.

② 근대 철학에서 ㉠은 인간을 대상화하면서 생성되었다.

③ ㉠으로 인해 ㉡의 본원적 존재 의미가 상실되었다.

④ ㉡의 본원적 의미를 회복하기 위해서는 ㉠을 극복해야 한다.

⑤ ㉡은 전체와의 관계 속에서 연관성과 유일성을 갖는다.

02_ 3문단을 통해서, 환경론자들이 과학기술주의로 인한 자연 파괴와 그로 인한 인간의 삶의 위기 모두에 관심이 있었음을 알 수 있다. 환경론자들이 둘 중 어느 쪽에 더 관심을 가졌는지는 지문에서 파악되지 않는다.

03_ 근대 철학의 ㉠ '계산적 사유'는 '존재하는 모든 것을 인간에 의해 인식되고 파악되고 지배될 수 있는 대상으로 만드는' 사고방식으로, 이는 근대 철학의 근본적 특징인 인간 중심주의이자 이성 중심주의의 근거가 되었다. 따라서 '계산적 사유'가 인간을 대상화하면서 생성된 것이라고 볼 수 없다.

ANSWER ⫶⫶⫶⫶⫶⫶⫶⫶⫶⫶⫶⫶⫶⫶⫶⫶⫶⫶⫶⫶⫶⫶⫶⫶⫶⫶⫶

02. ④   03. ②

04_ ④ 사물에 대한 이미지를 창조하는 것이 매스 미디어의 기능이 기는 하지만, 그것이 매스 미디어의 주된 기능인지는 본문에서 확인할 수 없다.

04_ 다음 글을 통해 알 수 있는 내용이 <u>아닌</u> 것은?

여론은 어떤 쟁점에 대해 국민들이 표출한 의견이라 할 수 있다. 민주주의는 여론의 존중을 기초로 한다. 따라서 민주주의가 제대로 기능하기 위해서는 여론이 형성될 수 있는 기본적 조건이 충족되어야 한다. 민주주의가 잘 발달된 나라에서는 어떤 쟁점이 생기면 그 문제를 둘러싸고 여론이 조성되며, 그것이 국가 정책에 중대한 영향을 미치게 된다. 그런데 현대 사회에서 여론을 형성하는 데에는 매스 미디어의 역할이 매우 중요하다. 사회가 고도로 산업화되면서 점차적으로 개인 간의 직접적인 커뮤니케이션이 줄어들고 대중은 서로 격리된 채 매스 미디어에 의존하는 경향이 있기 때문이다.

우선 매스 미디어는 뉴스를 보도할 때 특정 사안을 선택하여 보도함으로써 무엇이 중요한 화제인지에 대한 사람들의 지각에 영향을 끼친다. 이러한 영향력은 매스 미디어가 대중의 사고나 토론의 의제를 설정하는 데 중요한 역할을 하게 된다는 것을 의미한다. 이러한 기능은 매스 미디어가 여론 형성에 직접적으로 영향을 미칠 수 있는 것으로, 여러 사안들 중 중요하게 보도하거나 강조함으로써 그 사안의 중요성을 알리는 것을 말한다.

아울러 매스 미디어는 지배적인 의견을 대중에게 알려준다. 노이만은 매스 미디어가 여론 형성에 지대한 영향을 미친다는 것을 경험적인 연구를 통해 증명하고, 매스 미디어의 이러한 영향력을 '침묵의 나선형 효과'라고 불렀다. 그는 주위에서 어떤 견해들이 지배적이거나 우세해 있느냐에 대한 사람들의 지각이 여론 형성의 가장 중요한 요소라고 주장했다. 그런데 어떤 것이 지배적인 의견인가를 인지하는 데는 매스 미디어가 가장 큰 영향을 미친다는 것이다. 매스 미디어에 보도된 의견을 지배적인 의견으로 인식하고 있는 사람들은 자신이 사회와 고립되는 것을 두려워하기 때문에 자신의 의견을 매스 미디어에 의해서 가시화된 의견에 동일시하려는 경향이 있다는 것이다. 그 결과 매스 미디어가 표출하는 의견이 사실은 소수의 의견임에도 불구하고 많은 사람들이 매스 미디어의 의견과 다른 자신의 의견을 밝히지 않고 침묵함으로써 그들의 의견을 소수 의견으로 착각하게 되고, 그 결과 매스 미디어에 표출된 의견이 지배적인 여론으로 형성된다는 것이다.

매스 미디어는 또 사물의 이미지를 창조한다. 현대 사회는 너무 크고 복잡하고 미묘하기 때문에 직접적인 관찰을 통한 지각으로 어떠한 대상이나 현상을 이해하는 것은 불가능하다. 따라서 사람들은 매스 미디어가 제공하는 여러 정보에 따라 어떠한 대상이나 현상의 이미지를 형성하게 되며, 이렇게 형성된 이미지는 그 대상이나 현상에 대한 개인의 의견 형성에 큰 영향을 미치게 된다. 텔레비전 등 방송에 출연하는 정치인들이 늘어나는 것도 매스 미디어의 이러한 기능을 활용하여 여론을 유리한 방향으로 이끌려는 의도로 파악할 수 있다.

이처럼 현대 사회에서 매스 미디어는 여론 형성에 매우 중요한 역할을 한다. 그러나 위에서 언급한 매스 미디어의 기능으로 볼 때, 매스 미디어는 여론 형성에 있어 부정적으로 작용할 가능성도 크다. 따라서 매스 미디어에 대한 비판적 시각이 또한 요구된다.

📖 최한수 외, 〈여론과 매스 미디어〉

① 매스 미디어에서 보도되는 사건은 선택적이다.
② 쟁점이 되는 사안이 있을 때 여론이 형성된다.
③ 현대 사회에서는 사람들의 직접적인 소통 기회가 적다.
④ 매스 미디어의 주된 기능은 사물의 이미지를 창조하는 것이다.
⑤ 사람들은 지배적인 의견과 자신의 의견을 일치시키려는 경향이 있다.

오답해설 ① 2문단의 내용에서 알 수 있다.
② 1문단의 내용에서 알 수 있다.
③ 1문단과 4문단의 내용에서 알 수 있다.
⑤ 3문단의 내용에서 알 수 있다.

05_ 다음 글에 대한 설명으로 적절한 것은?

르네상스는 신 중심의 시각에서 벗어나 인간 중심의 문화를 추구하는 분위기를 조성하였다. 미술계에서도 이러한 추세에 영향을 받아 현실을 인간의 눈에 보이는 대로 그리려는 노력이 다양하게 전개되었다. 그래서 미술사에서는 사실적인 미술의 시작을 15세기 르네상스로 본다.

현실을 있는 그대로 화면에 재현하려면 3차원의 현실을 2차원의 캔버스로 변환해야 하는데, 그 변환 기법이 '선 원근법'이다. 15세기 이전의 화가들도 원근법을 사용했지만, 이때의 원근법은 기하학에 바탕을 둔 선 원근법이 아니라 경험적 원근법이었다. 그들은 거리가 멀어지면 크기가 얼마나 작게 보이는지 정확하게 계산하지 않았기 때문에 그림에 어색한 부분이 많았다. 반면 15세기의 선 원근법은 기하학에 바탕을 두고 정확한 비례를 계산해서 그리는 기법이다. 화가들은 선 원근법을 사용하여 비로소 현실의 공간을 정확한 비례에 따라 화폭에 재현할 수 있었다.

그들은 다음과 같은 방법으로 선 원근법을 익혔다. 우선 화가와 대상 사이에 격자무늬가 그어진 투명한 창인 그리드를 세우고, 화가의 눈 앞에는 구멍이 뚫린 기구인 파인더를 놓는다. 화가는 파인더의 구멍을 통해 그리드 너머로 보이는 대상을 책상 위의 모눈종이에 옮겨 그린다. 화가는 그림이 다 끝날 때까지 눈을 떼면 안 된다. 눈을 움직이면 바라보는 위치가 달라져 선 원근법의 적용이 어렵기 때문이다. 그리드는 정확한 상을 얻는 데에는 유용했지만 사용하기에는 불편했다. 화가들은 이런 연습을 장기간 한 후에야 그리드를 세우지 않고 대상을 선 원근법에 따라 그릴 수 있었다.

선 원근법에 따라 그림을 그리던 화가들은 거리가 멀어질수록 사물의 형태나 색채가 흐릿해지는 데에도 주목하였다. 이것은 대기 중의 공기 즉, 수분과 먼지가 빛을 난반사하기 때문에 생기는 현상이다. 화가들은 이러한 특징을 감안하여 세밀한 붓질로 물체의 윤곽을 문질러 흐릿하게 처리하였는데 이것을 '공기 원근법'이라 한다. 이 방법은 가까운 것은 진하고 선명하게, 먼 것은 흐리고 엷게 표현하여 공간의 사실감을 한층 높여 주었다.

당시의 화가들은 현실을 사실적으로 재현하기 위해 선 원근법, 공기 원근법 외에도 해부학, 명암법 등을 전문적인 교육 기관에서 배워야 했다. 그런데 화가들의 이러한 고된 상황은 카메라 옵스큐라의 출현으로 개선될 여지가 있었다. 카메라 옵스큐라는 어두운 방의 한 부분에 구멍을 뚫어 밖의 풍경이 구멍을 통해 들어와 맞은편 막에 상을 맺히게 하는 장치이다. 화가들은 그 막에 종이를 대고 맺힌 상을 베끼기만 하면 밖의 풍경을 그대로 재현할 수 있었다. 이 장치는 초기에는 너무 커서 이용에 불편했지만 나중에는 갖고 다닐 수 있을 정도로 작아져 많은 화가들이 이용했다. 당시의 그림 중에는 놀랄 만큼 정교한 것이 있는데, 그것은 화가의 실력이 늘어서이기도 하겠지만 카메라 옵스큐라의 사용과 무관하지 않다.

① 르네상스 미술을 바라보는 통념을 비판하고 있다.
② 르네상스 미술을 감상하는 방법을 제안하고 있다.
③ 르네상스 미술과 관련된 기법과 장치를 설명하고 있다.
④ 르네상스 미술이 종교에 끼친 파급 효과를 점검하고 있다.
⑤ 르네상스 미술의 기원에 대한 상반된 입장을 소개하고 있다.

05_ ③ 제시문은 르네상스 시기의 화가들이 사실적인 그림을 그리기 위해 따랐던 미술상의 기법과 그들이 활용했던 장치를 중심 화제로 다루고 있다.

ANSWER

05_ ③

[6~7] 다음 글을 읽고 물음에 답하시오.

콘트라디에프 주기*에 따르면, 2020년경에 세계는 컴퓨터, 정보 통신, 생명 과학 등의 산업이 주도하는 새로운 경제 도약기를 맞게 된다고 한다. 이들 산업이 철강 산업처럼 많은 에너지를 필요로 하지는 않겠지만 과학 기술의 혜택으로 풍요롭고 편안한 삶을 영위하기 위해서는 에너지의 사용이 계속 증가할 수밖에 없다. 에너지 사용의 증가에도 불구하고 탄산가스나 핵폐기물이 생기지 않도록 하는 방법은 없을까? 늘어나는 에너지 사용을 충족하면서도 환경을 파괴하지 않는 에너지에는 어떤 것이 있을까? 불행하게도 아직까지 대가를 치르지 않아도 되는 에너지원은 발견되지 않았다. 태양 에너지, 광합성에 의한 생물학적 에너지, 바람과 지열을 이용하는 에너지 등에 대한 연구와 실용화가 이루어지고 있으나, 이들을 에너지원으로 사용함에 따라 생기는 생태계의 변화까지 생각한다면 아직도 많은 연구가 이루어져야 한다.

태양 에너지는 1시간당 1㎡ 위에 200w나 되는 막대한 양의 에너지를 쏟아 붓고 있다. 따라서 한반도에 1년간 쏟아지는 태양 에너지는 전 인류가 4년간 소비하고도 남을 엄청난 양이다. 하지만 아직도 우리는 0.1~1% 정도의 에너지 효율밖에 올리지 못하고 있다. 따라서 효율성을 높이기 위한 연구가 더 많이 이루어져야 할 것이다. 그런데 태양 에너지를 이용하기 위해 필요한 장치를 할 경우, 주위에 쏟아지는 에너지가 줄어드는 결과를 가져와 환경에 막대한 영향을 끼칠 것이므로 이에 대한 연구도 병행되어야 할 것이다. 이런 점에서 태양 에너지는 주 에너지원보다 보조 에너지원으로 사용될 가능성밖에 없다. 그렇다고 해도 우리는 태양 에너지를 활용하는 방안을 적극적으로 검토해야 할 것이다.

광합성에 의한 생물학적 에너지는 세계 에너지 생산량의 14%를 차지한다. 우리가 먹는 식량도 이것을 이용한 것이다. 미래의 생명 공학에 거는 기대 속에는 이런 에너지원의 개발이 차지하는 비중이 크다. 한 가지 걱정은 지역적인 분배가 잘 되어 있지 않다는 것이다. 극지방에 가까워질수록 태양을 이용한 광합성 에너지를 얻기가 쉽지 않다. 이러한 점은 다른 에너지원들도 마찬가지이다. 에너지가 필요한 장소에 없으면 그 가치가 매우 떨어질 수밖에 없다.

가까운 시일 안에 핵에너지를 대체할 수 있을 만큼 효율적인 에너지의 발견을 기대하기는 어려울 것 같다. 그리고 200~300년 내에 닥칠 에너지 위기도 극복해야 한다. 따라서 핵에너지의 부정적인 점으로 꼽히는 핵폐기물 처리에 대한 연구를 장려해서라도 미래를 준비해야 한다. 결국 앞으로 50년 동안에는 석탄과 우라늄이 기초적인 에너지원으로 주요한 위치를 차지할 것이다. 이를 위해서는 핵폐기물 처리에서 중요한 과제인 폐기물의 양을 줄이는 것, 방사성 반감기를 줄이는 것 등의 연구에 물리학과 같은 기초 과학이 주도적인 역할을 수행해야 한다.

아인슈타인은 핵에너지를 찾으려다가 상대성 이론을 이해한 것이 아니라 물질의 기본 원리를 이해하려다가 상대성 이론을 깨닫고, 이를 응용하여 핵에너지를 찾아냈다. 물론 기본 원리를 연구하다가 산업과 실제 생활에 필요한 것을 항상 발견할 수 있는 것은 아니다. 그러나 현대로 오면서 기초적인 자연 과학의 연구가 실제 응용으로 발전하는 경우가 많아지고 있다. 그러나 우연히 무엇을 발견하거나 발명하는 것은 아니다. 연구에는 창의력이 요구된다. 창의력은 모방하려는 정신에서 나오는 것이 아니라 확실한 이해에서 나온다. 촛불을 개량한다고 해서 전등이 만들어지는 것은 아니지 않은가? 아직은 이상적인 에너지원을 발견하지 못했으나 창의적인 생각이 모인다면 가까운 장래에 반드시 발견할 수 있을 것이다.

📖 민동필, 〈핵에너지와 미래의 에너지〉

* 콘트라디에프 주기: 소련의 콘트라디에프가 발견한 경기의 장기 파동으로서 48~60년을 주기로 경기가 순환한다는 이론이다.

06_ 윗글에 대한 설명으로 가장 적절한 것은?

① 에너지 발전의 역사를 고찰하고 있다.

② 에너지 부족 문제의 심각성을 부각하고 있다.

③ 에너지와 생태계의 영향 관계를 해명하고 있다.

④ 새로운 에너지의 발견 가능성을 검토하고 있다.

⑤ 현재 사용되는 에너지의 문제점을 분석하고 있다.

(오답해설) ① 에너지 발전의 역사가 아니라 이상적인 에너지 발견의 가능성을 살피고 있다.

② 에너지 사용이 지속적으로 증가할 것이라고 했지만 이 글이 에너지 부족 문제를 강조하려는 의도를 담고 있는 것은 아니다.

③ 부분적으로 에너지와 생태계의 영향 관계를 거론하고 있지만 본격적인 해명이라고 할 수 없다.

⑤ 현 에너지의 문제점 분석은 새로운 에너지의 발견 가능성을 제시하기 위한 전제일 뿐이다.

06_ ④ 이 글은 앞으로 에너지 사용이 지속적으로 증가할 것으로 예측하고, 환경을 파괴하지 않거나 다른 문제를 일으키지 않는, 미래의 에너지의 발견 가능성을 살펴본 것이다.

07_ 윗글의 내용과 일치하지 않는 것은?

① 태양 에너지는 그 양으로 볼 때 미래의 주된 에너지원이다.

② 현재 사용되는 에너지 중에 가장 효율적인 것은 핵에너지이다.

③ 태양 에너지는 효율성을 높이다 보면 주변 생태계에 나쁜 영향을 끼치게 된다.

④ 광합성에 의한 생물학적 에너지의 양은 지역적으로 큰 차이가 있다.

⑤ 기초 과학의 연구 결과는 인간의 생활 수준을 높이는 데 응용될 수 있다.

(오답해설) ② 가까운 시일 안에 핵에너지를 대체할 수 있을 만큼 효율적인 에너지의 발견을 기대하기는 어려울 것으로 본다(4문단).

③ 태양 에너지를 이용하기 위해 필요한 장치를 할 경우, 주위에 쏟아지는 에너지가 줄어들게 되어 환경에 막대한 영향을 끼친다(2문단).

④ 광합성에 의한 생물학적 에너지의 결점은 지역적인 분배가 잘 되어 있지 않다는 것이다(3문단).

⑤ 기초적인 자연 과학의 연구가 실제 응용으로 발전하는 경우가 많아지고 있다(5문단).

07_ 2문단에 따르면 태양 에너지는 막대한 양이지만, 이것을 이용하기 위해 필요한 장치를 할 경우, 주위에 쏟아지는 에너지가 줄어드는 결과를 가져와 환경에 막대한 영향을 끼치게 된다. 따라서 태양 에너지는 주 에너지원보다 보조 에너지원으로 쓰일 가능성이 높다.

ANSWER

06. ④   07. ①

08_ 다음 글의 서술상 특징으로 가장 적절한 것은?

정보 기술의 비약적인 발전으로 새로운 형태의 개인 정보 침해 사례가 급증하였다. 이에 따라 다수의 특별법이 제정되었는데, 침해 사례에 맞추어 특별법이 제정되다 보니 법률 간의 중첩이나 법의 사각지대가 생기는 문제를 피할 수 없게 되었다. 결국 개인 정보를 보호하기 위한 통합적인 법률의 필요성이 제기되었고, 2011년 '개인 정보 보호법'이 제정되었다.

법에 의해 개인 정보가 제대로 보호받기 위해서는 먼저 법에서 정의하고 있는 개인 정보가 무엇인지부터 정확히 알아야 한다. 흔히, 개인 정보를 '개인을 알아볼 수 있는 정보' 정도로 생각하여, 개인을 정확히 알아볼 수 없으면 개인 정보가 아니라고 판단하는데, 이는 잘못이다. 예를 들어 인사과 1팀에 김영수 씨와 박영수 씨가 있는 경우, '인사과 1팀 영수 씨'라는 정보는 김영수 씨와 박영수 씨 중 누구를 가리키는지 정확히 판단할 수 없으므로 개인 정보가 아니라고 생각할 수 있다. 그러나 '개인 정보 보호법'에 따르면 이와 같이 어떤 사람을 특정하기 어려운 정보 역시 개인 정보에 포함된다.

'개인 정보 보호법'에서는 개인 정보를 "살아 있는 개인에 관한 정보로서 성명, 주민등록번호 및 영상 등을 통하여 개인을 알아볼 수 있는 정보를 말한다."라고 정의하면서, "해당 정보만으로는 특정 개인을 알아볼 수 없더라도 다른 정보와 쉽게 결합하여 알아볼 수 있는 것을 포함한다."라고 부연하고 있다. 즉, '특정성'을 지닌 정보는 물론 '특정 가능성'을 지닌 정보 역시 개인 정보로 보고 있는 것이다. 지문, 홍채, 서명, 주민등록번호, 휴대전화번호 등은 특정성을 지닌 개인 정보이고, 나이, 직업, 거주지 주소 등은 특정 가능성을 지닌 개인 정보이다. 따라서 '인사과 1팀 영수 씨'가 누구를 가리키는 것인지 확실히 알 수 없지만 이를 개인 정보로 보아야 하는 것이다.

이처럼 '개인 정보 보호법'에서는 특정성을 지닌 정보는 물론 특정 가능성을 지닌 정보에 대해서도 법적으로 보호하고 있다. 특정 가능성을 지닌 정보가 다른 정보와 결합하게 되면 언제라도 특정성을 지니게 될 수 있다고 보기 때문이다. 현대 사회에서는 개인 정보의 유출이나 악용에 의해 한 개인이 엄청난 피해를 겪을 수 있다는 전제하에, 실제로는 그러하지 않지만 그렇게 될 가능성이 높은 것에 대해서까지 법적으로 보호하고 있는 것이다.

개인 정보를 유출시키는 행위에 대해서는 당연히 법적인 제재를 받게 된다. 뿐만 아니라 '개인 정보 보호법'에서는 개인 정보 처리 담당자가 개인 정보의 안전성 확보에 필요한 조치를 해야 한다는 안전 조치 의무 규정을 두고 있다. 이에 따라 정보 처리 담당자가 다른 사람의 개인 정보를 입수한 후, 컴퓨터에 아무런 암호 장치 없이 저장하는 경우에는 과태료를 부과 받는다. 실제로 개인 정보가 유출된 것은 아니지만 개인 정보가 유출될 가능성이 있기 때문이다. 개인 정보 보호와 관련된 이러한 법률적 규제는 개인 정보의 중요성에 대한 사회적 인식을 반영하는 것이다.

① 이해를 돕기 위해 구체적인 예를 제시하고 있다.
② 하나의 현상에 대한 상반된 견해를 소개하고 있다.
③ 전문가의 견해를 인용하여 주장의 근거로 삼고 있다.
④ 기존의 관점을 반박하며 새로운 관점을 제시하고 있다.
⑤ 문제 해결을 위한 여러 대안을 비판적으로 검토하고 있다.

09_ 다음 글의 서술 방식으로 가장 적절한 것은?

무속에서 죽음은 단순히 '무(無)'로 끝나는 것이거나 죽음의 연속으로만 있는 것이 아니고, 죽은 다음에 일정한 기간이 지나면 새로운 생명으로 변해 간다고 생각한다. 이는 기독교에서 말하는 '부활'과 비슷한 것으로, 영생이나 재생의 모티프는 고등 종교에서만 보이는 현상이 아니고 무속 신앙에서도 뚜렷하게 보이는 것이다.

무속에서는, 사람의 영혼은 죽음과 별 관계없이 일관된 자기 정체성을 가진다고 믿는다. 즉 인간의 육체는 변하고, 병들고, 상처 나고, 죽는 등 심한 변화를 일으키지만 영혼은 그렇게 변하지 않는다는 것이다. 이런 점에서 영혼은 일관성을 잃지 않는다고 할 수 있다. 하지만 이는 불교에서처럼 전생의 연속이라는 영혼관과 같은 것은 아니다. 태어난 생명은 살아 생전은 말할 것도 없고 죽은 다음에도 영혼의 일관성을 가진다는 것이다. 그러나 이 말은 영혼이 절대로 변하지 않는다는 말은 아니다. 죽음이라는 불행한 사건으로 말미암아 영혼이 부정(不淨)해진다고 생각하고, 또 일정한 기간이 지나면 이 부정을 씻고 새로운 능력을 가진다고 생각한다.

어느 민족의 종교에도 사람이 죽은 다음 일정한 기간 동안 상복(喪服)을 입는 기간이 있다. 그러나 죽은 자의 변화에 대한 영혼관이 모두 일치하는 것은 아니다. 유교에서는 죽은 자는 일정한 과정을 거치면서 자손들로부터 제사를 받는다고 본다. 조상은 죽은 시점에서 멀리 갈수록 친족들로 구성된 제사 집단에서 높은 지위로 상승하는 것이다. 그러나 죽은 자의 본질에는 아무런 변화도 없다. 이에 비해 무속에서는 죽은 사람의 영혼이 산 사람과 밀착된 관계를 유지한다고 생각한다. 죽은 지 얼마 안 된 영혼은 가족이나 이웃 사람에게 붙어 탈이 나게 하는 존재이다. 따라서 산 사람들은 죽은 사람의 영혼을 위하여 굿을 하고, 이러한 굿이라는 의례를 행함으로써 탈 나기 쉬운 부정적인 관계가, 덕을 입고 입히는 관계로 전환이 가능하다고 믿는다.

유교에서의 죽은 사람은 조상이나 살아 생전의 모습 그대로 사후에도 지속되는 것이라면, 무속에서의 죽은 사람은 부정하면 탈이 나기 쉬운 존재이지만 그 부정을 정(淨)하게 하면 덕을 주는 좋은 관계로 되는 것이다.

📖 최길성, 〈한국인의 울음〉

① 보편적 원리를 바탕으로 대상의 특성을 분석하고 있다.
② 다양한 사례를 들어 대상에 대한 인식을 바로잡고 있다.
③ 대상의 특성을 분석한 후, 문제의식을 이끌어 내고 있다.
④ 다른 대상과의 비교를 통해 대상의 특성을 설명하고 있다.
⑤ 대상이 지니고 있는 가치를 중심으로 논의를 전개하고 있다.

09_ ④ 이 글은 '무속에서는 죽음을 어떻게 바라보고 있는가(영혼관).'를 설명하기 위해 무속에서의 영혼관을 기독교, 불교 등의 다른 종교의 영혼관과 비교하고 있으며, 또한 유교와의 비교를 통해 무속에서의 산 자와 죽은 자의 관계를 설명하고 있다.

ANSWER |||||||||||||||||||||||||||

09. ④

10_ 실학사상에 대한 글쓴이의 평가가 집약적으로 드러나 있는 부분은 2문단과 마지막 문단이다. ③ 글쓴이는 실학사상이 이론적으로 한계를 가졌음에도 불구하고(2문단), 역사 발전 과정에 발맞춘 이론이었다(9문단)고 보았다.

10_ 다음 글에 나타난 '실학사상'에 대한 글쓴이의 생각으로 가장 적절한 것은?

> 일반적으로 실학은 근대 지향적이고 민족주의적인 사상이라 말해지고 있다. 그러나 그것을 조금 다른 측면에서 표현해 보면 조선 왕조의 통치 질서의 한계성과 임진왜란, 병자호란과 같은 전대미문(前代未聞)의 전쟁 피해 때문에 거의 파탄에 빠진 국가의 경영 체제를 다시 바로잡되, 조선 왕조 건국 초기와 같이 양반 사대부의 이익 중심으로가 아니라 지배받는 대중에게도 일정한 이익이 돌아가게 하는 방향으로 재편하려 한 이론이요 사상이었다고 말할 수 있다.
>
> 그러나 이 경우 피지배 대중의 이익을 보장하는 방향이 근대적 혹은 민족주의적 방향임을 실학사상가들이 이해하고 있는 것이라고는 말할 수 없다. 왜냐하면, 그들은 아직 역사적 시대로서의 근대를 알지 못하였고, 또 피지배 대중이 민족의 실체라는 생각에도 확실히 도달하였다고 보기는 어렵기 때문이다.
>
> 다만 그들은 그것이 중세적 지배 체제라고는 이해하지 못하였다 하여도 조선 왕조의 지배 체제가 가진 한계성이나 역사적 모순을 알아내고 그것을 시정하려는 데 학문적 정열을 쏟았으며, 또 그들의 현실 생활이 지배 계급보다 피지배 대중에게 더 가까워져서 그들에게 친근감과 애착을 더 느꼈기 때문에 개혁 방향을, 자신을 포함한 피지배 계층의 이익이 보장되는 방향으로 잡은 것이었다.
>
> 조선 왕조는 건국 당초에 농본주의(農本主義)·억상주의(抑商主義)를 표방하고 중세적인 농업 중심 경제 체제를 다시 한번 강화하면서 성립되었다. 이 때문에 건국 초기에는 일정하게 농업 생산력이 향상되고 경제적인 안정도 이룰 수 있었다.
>
> 그러나 16세기에 접어들면서 정치적 혼란과 더불어 왕조 초기에 수립된 과전법(科田法) 중심의 경제 체제가 흔들리기 시작하였고, 이후 임진왜란·병자호란을 겪으면서 농업 중심 경제 체제가 전면적으로 더 이상 돌이킬 수 없는 지경에 이르게 되었다.
>
> 조선 왕조의 재정 수입은 토지세와 인두세 중심으로 이루어졌다. 특히 16세기에 군포제가 실시된 후에는 인두세 수입이 재정의 중요한 몫을 차지하였다. 그러나 전쟁으로 인한 토지의 황폐화, 정치적 기강의 해이로 인한 면세전, 탈세전의 증가, 전쟁 피해와 기근 등으로 인한 농민의 토지 이탈 등이 원인이 되어 토지세와 인두세 수입에 큰 차질을 가져왔고, 이 때문에 조선 왕조는 양전(量田) 노비 추쇄(奴婢推刷) 등을 실시하여 중세적인 농업 중심 경제 체제를 다시 강화하고 농민들을 토지에 긴박(緊縛)시키려 하였으나 모두 실패하였다.
>
> 이와 같은 조건 아래서도 집권 세력은 그 정치적·경제적 위치를 그대로 유지하기 위하여 농본 정책·억상 정책을 유지하려 하였으나, 실학사상가들은 반대로 상공업을 발전시켜 국가의 재정 수입을 토지세·인두세 중심 체제에서 탈피하여 상공업세 수입을 높이는 방향으로 유도하려 하였다.
>
> 따라서 실학자들의 이론은 자연히 상공업을 발전시키려는 방향으로 전개되었지만, 그것은 또 단순한 상공업 발전론에 한정되는 것이 아니라 긴 안목으로 보면 조선 왕조의 지배 체제 자체를 위협하는 이론이었다. 상공업 발전론은 중세적 농업 경제 체제를 뒤흔들고 지주적 경제 기반 위에 서 있는 조선 왕조 지배 계급의 경제 기반을 위협하는 일이었으며, 나아가서 새로운 상공 계급을 성장시켜 정치적 변혁을 초래할 수 있는 이론이었던 것이다. 따라서 실학자들의 상공업 발전론에 대한 집권 세력의 반대도 철저하였다.
>
> 이처럼 상공업 발전론을 비롯한 실학자들의 사상은 집권 세력의 반대 때문에 그대로 모두 실행되지는 못하였지만, 그들의 이론은 전쟁 후의 복구 과정에서 나타난 민중 세계의 사회 경제적 발전 기반을 바탕으로 한 이론이었으며 역사의 발전 과정에 발맞춘 이론이었다.
>
> 📖 강만길, 〈실학파의 상공업 발전론〉

① 외래 사상을 받아들여 우리 것으로 소화시킨 대표적 사상이었다.
② 조선 후기 지배 질서의 모순을 타파하기 위한 혁명적 사상이었다.
③ 본질의 한계에도 불구하고 역사 발전 과정에 부합하는 사상이었다.
④ 피지배 대중의 이익을 중시한 근대적이고 민족주의적인 사상이었다.
⑤ 당대의 현실에서 수용되지 못하였으므로 실천력이 결여된 사상이었다.

11_ 다음 글의 제목으로 가장 적절한 것은?

동양 사상과 비교해 볼 때 서양 사상의 특질은 사고의 틀을 만들어 가는 데 있다고 하겠다. 그리고 그 만들어진 틀 속에서 모든 것을 해결해 나가고 있는 데서 그 특징을 찾을 수 있다. 이 틀 만들기 작업이 멀리는 유클리드 기하학에까지 거슬러 올라가고 있지만 일반적 학문에서 틀 만들기는 아리스토텔레스에서 시작했고, 근세 초기의 철학자인 데카르트와 거의 동시대의 인물인 베이컨에게서 만들어진 틀이 오늘의 합리주의적 사고 내지는 과학주의적 세계관을 가져오게 했다고 할 수 있다.

여기서 틀이란 법칙이요, 원리요, 그것에 적용되어 나가는 일정한 사고의 논리 체계를 의미한다. 이 틀에서 이탈하지 않고 엄격하게 지켜 나가는 사고 진행을 지식 체계 또는 학문 체계라고 한다. 그러면 오늘의 지식 체계 또는 과학주의적 세계관을 가져오게 한 사고의 틀은 무엇인가? 우선 데카르트에서 보는 바와 같이 인간을 자연 세계로부터 분리하여 이원화시키는 일이었다. 사고하는 인간, 사고함으로 자기 존재의 확실성을 증명해 들어간 그는 사고와 존재자를 분리해 놓고 그 사고라는 투망을 던져 본다. 그리고 그 투망 속에 들어오는 것만이 참존재자의 세계라고 선언한다. 그 세계야말로 사고에 의해 존재 증명이 가능한, 사고 앞에 마주 선 참 대상일 수가 있는 것이다. 마치 중세에서 신의 의사에 의해, 신의 피조물로서만 모든 존재자의 존재 의미를 갖는 것과 같이 이제 사고하는 인간이 그 신의 자리를 대신한 셈이었다. 그러므로 신이 세계 밖에서 세계를 보고 있는 것처럼, 자연계 밖에서 자연을 바라보며 세계를 마음대로 통제 · 지배할 수 있는 대상으로, 즉 세계를 파악 대상으로 가지는 특별한 존재로서의 독립된 인간임을 이해함으로써 그 오만은 한껏 키워진 셈이었다.

그리하여 인간과 자연, 말하자면 정신과 물체의 세계를 분리시켜 보는 사고의 틀을 마련한 것이다. 이와 같이 자연과 인간, 물체와 정신, 다시 말해서 객체(object)와 주체(subject)로 나누려는 이원론적 사고의 틀은, '나'의 존재의 확실성을 기반으로 하는 데서 인간의 자기 이해의 길을 마련해 주기도 하였다. 그러나 그 이해라는 것이 결국은 인간이 세계의 지배자요, 경영자라는, 대상에 대한 주체자로서의 오만을 키워 가는 데 있었다. 그리고 인간의 모든 관심의 초점은 그 지배 원리를 찾아 정복의 길을 실제로 터 나가는 지식의 구축에 있었으니, 이것이 곧 주체와 마주 선 대상 세계에 대한 지식 체계의 틀인 과학주의적 세계관이다. 이 두 틀 속에서 이루어지고 있는 것이 오늘의 서양 사상이다.

그러므로 서양 사상은 데카르트나 베이컨 이후 합리적 사고와 과학 지식이라는 두 틀 속에서 세계의 모든 문제를 해결하고자 하였고, 또 실제로 많은 것을 해결해 왔다고 볼 수 있다. 초기에는 거의 모든 문제를 그 틀 속에 집어넣어 해결되지 않는 것이 없는 것 같았다. 현대의 기계 문명과 컴퓨터와 같은 첨단 기술이, 그리고 상품의 대량 생산을 이룩한 물질적 풍요와 편리한 생활이 모두 그 틀 속에서 이루어진 것이다. 실로 그 틀 속에서 인간이 목적하는 바는 거의 이루어지지 않는 것이 없었다. 그리고 그것이 오늘 현대인이 가지는 합리주의나 과학주의 세계관의 일반화를 이루어 모든 생활을 그 틀 속에서 해결해 가도록 하고 있는 것이다.

그러나 인간의 삶은 그렇게 단순한 것이 아니어서 실로 예기치 않았던 일들을 현실 속에서 당하게 되자 점차 그 틀 속에서 해결되지 않는 것이 있음을 알게 되었고, 애당초 그 틀에 갇혀 있지 않는 문제도 있을 뿐 아니라 그 해결 자체가 전에는 없었던 또 다른 새로운 문제들을 동시에 몰고 온다는 사실을 알게 되었다.

📑 송항룡, 〈과학주의적 세계관과 도가 사상(道家思想)〉

① 서양 사상과 동양 사상의 차이점
② 인간의 삶과 다양한 사고 유형 탐구
③ 과학주의적 사고의 형성과 발전 가능성
④ 서양 사상의 특징과 그 한계에 대한 발견
⑤ 합리적 사고의 장점과 활용 가능성의 탐구

11_ 이 글은 사고의 틀을 만들어 간다는 서양 사상의 특징을 구체적으로 서술한 후, 인간의 삶의 의외성으로 인하여 그 한계를 드러내고 있음을 언급하고 있다. 따라서 이 글의 제목으로는 ④ '서양 사상의 특징과 그 한계에 대한 발견'이 적절하다.

ANSWER
11. ④

12_ **라** 는 현실을 보여 주는 두 가지 방법, 즉 '인식한 것'을 그리는 화가와 '지각한 것'을 그리는 화가를 설명하고 있다.

12_ **가 ~ 마** 의 중심 내용으로 적절하지 **않은** 것은?

가 회화(繪畫)의 세계는 정의하기 어려운 세계이다. 회화의 세계를 수정처럼 맑게 할 수 있는 방법은 없다. 사태를 지시하려는 모든 낱말은 힘을 상실한다. 언제나 회의(懷疑)의 여지를 남겨 두지 않을 수 없는 것이다. 어떠한 해설을 들어도 우리는 머뭇거리고 회의하게 될 것이나. 모든 의미를 남의 도움 없이 스스로 찾아내려고 결심하는 것이 좋을 듯하다.

나 회화의 목적은 현실을 드러내는 데 있다. 그러나 현실의 의미는 바라보는 시선(視線)에 따라 다르게 드러난다. 시대에 따라 그리고 문화에 따라 각각 독특한 관점이 서게 된다. 어떤 시대의 회화는 그 시대의 이해력에 의하여 한정되어 있다. 좀 더 나아가서 말하면, 현실을 지각(知覺)하는 방식이 그림 그리는 방법을 결정하므로, 한 사람 한 사람의 화가가 그 나름의 독특한 시선을 지니고 있다고 할 수 있다.

다 화가는 손쉬운 현상을 넘어서 깊은 현실을 볼 수 있는 사람이다. 심신을 피로하게 하고 정력을 고갈(枯渴)시키는 작업에 헌신하는 용기가 화가의 특징이다. 평범한 사람들은 있는지조차도 모르는 것에서 화가는 기쁨을 발견할 수 있다. 그는 대중의 가치 체계와 다른 가치 계열에 반응한다. 레오나르도 다빈치는 '볼 줄 아는 것'이 미술가의 임무라고 하였다. 화가는 보는 사람이다.

라 대부분의 화가들은 두 가지 길 가운데 어느 하나를 따르고 있다. 하나는 '인식(認識)한 것'을 그리는 방법이고, 다른 하나는 '지각(知覺)한 것'을 그리는 방법이다. '인식한 것'을 그리는 화가는 자연이 제시하는 현상보다 더 많은 의미를 표현하려고 노력한다. 옆에서 보면 말의 다리는 둘로 보인다. 어떤 어린이 하나가 자기 눈에 보이는 현상을 잘못된 것으로 생각하고, 온전하게 말을 그리기 위하여 야릇한 위치에 다리를 두 개 더 만들어 붙였다고 하자. 이 어린이는 잘못을 저지른 것일까? 결코 그렇지 않다. 이러한 시도는 어느 모로 보아서 해 봄직한 일이다. 진지하고 분별 있는 목적을 나타내고 있기 때문이다. '지각한 것'을 그리는 화가는 어디까지나 자연이 제시하는 현상에 충실하게 집착한다. 평범한 사람들이 무시하는 현상까지도 세밀하게 관찰함으로써 상식적 판단을 제거한다.

마 회화는 창조적(創造的)이어야 한다. 창조적이지 않은 것은 예술이 아니다. 화가는 자신의 사상과 정서를 대중의 수준으로 억제하려고 하지 않는다. 과거의 모든 경험과 현재 보고 느낀 지각과 미래에 대한 모든 기대를 화가는 폐쇄된 공간에 집약시킨다. 그 공간은 폐쇄되어 있지만, 한없이 두터운 밀도를 지니고 있다. 체험의 전체를 함축하고 있는 공간이기 때문이다. 창조와 억압은 양립할 수 없다. 인간은 자기표현의 욕구를 지니고 있다. 어린이들은 조롱받을 것을 염려하지 않고 자연스럽게 자기를 표현한다. 나이를 먹으면서 인간은 감정을 숨기게 되고 자신의 내면에는 표현의 욕구가 존재하지 않는 체하게 된다. 위장술을 너무나 잘 배웠기 때문에 드디어 모든 창조성이 고갈되어 버린다.

📖 R.C. 니이스, 〈삶을 위한 미술〉

① **가** 회화의 세계가 지닌 주관성
② **나** 회화의 목적으로서의 현실의 의미
③ **다** 보통 사람과 구분되는 화가의 눈
④ **라** 현상에 충실한 그림의 가치
⑤ **마** 회화의 창조적 성격

ANSWER ⁝⁝

12. ④

메모

Theme 31
비문학 (2) : 추론적 이해

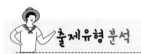

추론적 이해는 지문에 제시된 정보나 특징을 파악하는 사실적 이해에서 한걸음 더 나아가, 주어진 것들을 근거로 하여 지문 속에 명시되지 않은 정보를 이용하여 문제를 해결하는 것이다. 지문에 나타난 정보나 사실의 이해를 바탕으로 이어질 내용을 짐작하거나 그 이상의 정보나 숨은 의도를 파악해야 한다.

Q • 윗글의 내용을 참조하여 〈보기〉에 대해 설명한 내용으로 적절하지 <u>않은</u> 것은?
• 윗글의 관점에서, 〈보기〉의 이유를 파악한 것으로 가장 적절한 것은?
• 윗글을 바탕으로 〈보기〉의 ⓐ의 의미를 추론한 내용으로 가장 적절한 것은?
• 윗글을 참고할 때 〈보기〉와 관련하여 떠올릴 수 있는 질문으로 적절하지 <u>않은</u> 것은?
• 윗글의 관점에서 〈보기〉를 읽고 보일 수 있는 반응으로 가장 적절한 것은?
• 윗글의 내용을 참고하여, 〈보기〉의 사진을 인지하는 과정을 설명한 것으로 적절하지 <u>않은</u> 것은?
• 〈보기〉의 상황에 대해 ⓐ~ⓒ의 입장에서 보인 반응으로 가장 적절한 것은?
• ㉠의 구체적 사례로 보기 <u>어려운</u> 것은?
• ㉠의 사례로 가장 적절한 것은?
• 〈보기〉에서 ㉠이 적용된 예를 모두 골라 바르게 묶은 것은?
• 문맥을 고려할 때, [　㉮　]와 [　㉯　]에 각각 들어갈 말로 적절한 것은?
• 문맥을 고려할 때, [　㉠　]에 들어갈 말로 가장 적절한 것은?
• ㉠과 ㉡에 대한 설명으로 가장 적절한 것은?
• [A]의 내용을 참고하여 〈보기〉에 대해 보인 반응으로 가장 적절한 것은?
• 윗글의 글쓴이가 하였음 직한 말로 가장 적절한 것은?
• 윗글에 제시된 글쓴이의 태도를 고려하여, ㉠의 근거를 추론한 내용으로 가장 적절한 것은?
• 윗글의 ⓐ와 ⓑ의 관계를 나타낼 수 있는 사자성어로 가장 적절한 것은?
• 문맥상 ㉠, ㉡에 대응하는 말을 본문에서 찾아 바르게 연결한 것은?

1. 다음 글을 바탕으로 과학 혁명에 대한 〈보기〉의 내용을 이해한 것으로 적절하지 않은 것은?

> 　연소 현상은 물질이 더 간단한 물질들로 분해됨을 의미한다는 것은 오랫동안 자명한 사실이었다. 1669년 베허는 모든 물체는 공기, 물 그리고 세 가지 흙으로 구성되었고, 연소가 일어나면 흙의 기름기가 빠져 나온다고 생각하였다.
> 　스탈이 그것을 받아들여서 확정시키지 않았더라면 베허의 이론은 그 당시 발표된 많은 유사한 사상들에 큰 영향을 미치지 못했을 것이다. 스탈은 베허가 말한 흙의 기름기를 '플로지스톤'으로 대치(代置)하였다. 이 말은 그리스어에서 불에 탄 것을 의미하는 '프로카스토스'에서 가져온 것이었다. 플로지스톤은 그것을 함유하고 있는 물질에서 빠져나올 때만 검출(檢出)할 수 있는 매우 미묘한 물질로서, 그런 조건에서 플로지스톤은 불, 열 그리고 빛의 형태로 나타난다고 생각되었다. 따라서 연소는 플로지스톤을 잃는 것이며, 남은 찌꺼기나 재는 플로지스톤이 없어진 원래의 물질로 구성되는 것이라고 믿었다. 거의 모든 금속은 강하게 가열하면 재와 같은 물질(금속회)로 전환될 수 있었기 때문에 스탈은 금속의 가열 연소(산화)가 플로지스톤을 잃으면서 일어난다고 주장하였다. 따라서 금속은 금속회와 플로지스톤의 결합으로 구성되어 있다고 믿었다.

플로지스톤설은 수많은 화학적 사실을 설명할 수 있었다. 공기 중에서 타는 숯은 단지 소량의 재만 남으므로 분명히 숯에는 플로지스톤이 풍부하다고 생각했다. 금속회를 숯과 함께 가열하면 금속이 생성되는 것은 숯에서 나온 플로지스톤이 금속회와 결합한다고 설명하였다. 공기의 공급이 제한을 받으면 가연성 물체의 연소가 중단되는 것은 오래 전부터 알려졌으며, 보일은 진공 중에서는 연소가 일어나지 않는다는 것을 증명하였다. 플로지스톤설은 공기가 플로지스톤을 흡수할 수 있는 능력이 있고, 공기에 플로지스톤이 포화(飽和)되면 연소가 멈추는 것으로 가정하였다. 진공 상태는 플로지스톤을 흡수할 수 있는 공기가 없기 때문에 연소가 전혀 불가능한 것이었다.

플로지스톤설은 화학에서 최초로 통일된 이론으로서 그것을 이용하면 많은 새로운 발견들을 합리화할 수 있다는 것이 밝혀졌다. 플로지스톤설로 만족스럽게 설명될 수 없는 한 가지 사실은 잘 알려진 바와 같이 금속이 가열 산화되면 무게가 증가하는 것이었다. 많은 화학자들은 이 문제에 대하여 관심을 가지지 않았다. 18세기 초반에는 정량적인 문제를 생각하는 사람이 거의 없었기 때문이다. 플로지스톤설은 화학 변화를 훌륭하게 설명해 주었고, 많은 화학적 사실들에 대해 전에는 존재하지 않았던 통일된 이론을 제공해 주었기 때문에 그것으로 충분하였다.

그러나 플로지스톤설도 화학 혁명을 이끈 라부아지에에 의해 그 기반이 흔들리게 되었다. 그는 동료인 드모르부와 함께 가열 산화에 의하여 금속의 무게가 증가한다는 것을 다시 한번 확인하였다. 드모르부는 이를 전통적인 플로지스톤설로 설명하였지만, 라부아지에는 플로지스톤 이론에 반대하여 공기가 가열 산화 과정에 관여하지 않았는지 의심하였다. 그는 분말 형태의 가열 산화물이 금속으로 환원(還元)될 때 기포가 발생한다는 것을 알고 있었으며 이것이 공기의 발생 때문일 것으로 생각하고 더욱 연구에 전념하였다.

그 후 라부아지에는 수은의 붉은 산화물을 가열해서 얻은 기체가 산소임을 발견하였고, 연소가 플로지스톤에 의해서가 아니라 산소와 결합하면서 나타나는 현상이라는 사실을 알아 내어 연소의 산소설을 발표함으로써 플로지스톤 이론으로 설명되지 않던 여러 이상 현상들을 한꺼번에 해결할 수 있었다. 화학 최초의 통일된 이론으로 한 시대를 풍미(風靡)했던 플로지스톤설은 이렇게 역사의 뒤안길로 사라지게 되었다.

┌─ 보기 ─
과학의 발전은 과학이 이상 현상의 출현으로 위기에 부딪혀 붕괴될 때 일어나는 현상으로서 그 결과는 새로운 과학의 출현을 가져온다. 예컨대 어떤 과학 이론에 의해 과학적 지식이 발전하다가 그 이론으로는 설명할 수 없는 이상 현상이 나타날 때, 우선은 기존의 패러다임을 옹호하다가 더 이상 그 시대의 과학자들이 공유하는 패러다임으로 그 현상을 설명할 수 없게 됨을 깨닫게 된다. 그리고 이를 해결하기 위해 과학의 혁명, 즉 패러다임의 변화를 받아들이게 되고 그 결과 새로운 과학이 출현하게 된다는 것이다.
📖 토마스 쿤, 〈과학 혁명의 구조〉

① 플로지스톤설도 하나의 패러다임으로 과학의 한 축을 담당한 이론이라 할 수 있겠군.
② 금속이 가열 산화될 때 무게가 증가하는 현상이 플로지스톤설의 이상 현상에 해당되겠군.
③ 라부아지에가 플로지스톤설을 일축하고 새롭게 연소의 산소설을 주장한 것은 과학 혁명의 한 예라 할 수 있겠군.
④ 라부아지에에 의해 기존의 플로지스톤설이 잘못임이 드러나면서 화학 분야는 한동안 침체를 벗어나지 못했겠군.
⑤ 금속이 가열 산화될 때 무게가 증가하는 현상을 플로지스톤설로 설명하려 했던 드모르부는 기존의 패러다임을 옹호했던 과학자군.

해설 과학은 〈보기〉에서와 같이 기존의 패러다임이 붕괴되고 새로운 패러다임이 형성되면서 발전을 거듭하는 것이다. 따라서 라부아지에에 의해 연소에 대한 플로지스톤설이 잘못된 이론이었음이 밝혀지면서 화학은 한 단계 발전을 한 것이지, 이로 인해 화학이 침체에 빠졌다는 진술은 옳지 않다.

ANSWER ▶ 1. ④

2. 다음 글에서 ㉠의 구체적인 예로 가장 적절한 것은?

어떤 기업 광고에서 '콜럼버스의 달걀'을 소재로 하여 생각의 전환을 강조하는 것을 보았다.

아메리카 대륙 상륙이 무어 별거냐고 비아냥거리는 소리를 듣자, 콜럼버스는 그 자리에서 달걀을 세워 보라고 했다. 모두 실패한 후에 콜럼버스가 달걀을 집어 들고 탁하니 그 밑둥을 깨고 세웠다는, 소문으로 전해지는 유명한 이야기이다. 일이라는 것이 해 놓고 보면 별것 아닌 듯싶지만 언제나 '최초의 발상 전환'이 어렵다는 매우 자존심 강한 메시지가 여기에 담겨 있다.

그런데 우리는 이 '콜럼버스의 달걀'에 대하여 문제성을 느껴 본 적은 없는가? 그 기업과 광고 작성자에 대한 비판을 하려는 것이 아니라 우리의 문명사적 의식 전반에 깔린 무의식의 성격에 문제를 제기해 보고자 함이다. 여기서 주목하는 점은, 이 콜럼버스의 달걀이 이제는 상식을 넘는 발상이라기보다는 도리어 상식이 되어 버린 역사적 과정과 현실이라는 점이다.

달걀의 겉모양은 어떻게 생겼는가? 그것은 타원형이다. 따라서, 이는 애초에 세울 이유가 없도록 설계되어 있는 것이다. 둥지에서 구르더라도 그 둥지 반경을 벗어나지 않도록 고안된 생명의 섭리가 여기서 드러난다. 만일 원형이었다면 한번 굴러 버리는 경우 자칫 둥지에서 그대로 멀리 이탈되기 십상이며, 각지게 되어 있다면 어미 새가 품기 곤란했을 것이다. 그래서 그 타원형은 생명을 지키는 원초적 방어선이다.

따라서, 이것을 세워 보겠다는 것은 그런 생명의 원칙과 맞서는 것이 된다. 먹기 위해서도 아니면서 둥지에서 벗어나지 않도록 만들어진 생명체를 자신이 원하는 자리에 고정시켜 장악해야겠다는 생각이 '콜럼버스의 달걀'을 가능하게 만드는 뿌리이다. 그래서 그것은 상식을 깬 발상 전환의 모델이라기보다 생명을 깨서라도 자신의 구상을 달성하겠다는 탐욕적, 반생명적 발상으로 확대된다.

실로 콜럼버스와 그의 일행은 카리브 해안과 아메리카 대륙에 상륙해서 자신들이 원했던 금과 은을 얻기 위해 무수한 생명을 거리낌 없이 살육했다. 결국 콜럼버스의 달걀은 서구의 제국주의적 팽창 정책을 뒷받침하는 사고의 원형이 된다. 그것이 전개되는 과정에서 아시아, 아프리카, 중동 등지에서 얼마나 많은 생명들이 이런 식으로 무지막지하게 '달걀 세우기'를 당했는지 모른다. 우리도 그중 하나이다. 콜럼버스의 손에서 달걀이 지표면에 내려치기까지의 거리는 짧고, 그 힘은 그 개인에게 한정되어 있지만 그 거리와 힘 속에는 제국주의라는 문명사적 탐욕이 압축되어 있었던 것이다.

㉠오늘날, 이 '달걀 세우기'는 콜럼버스 시대 이후 여러 가지 변형된 모습으로 우리의 삶을 지배하고 있다. 때문에 오늘날 정작 필요한 발상의 전환은 달걀을 어떻게 하면 세울 수 있을 것인가라는 질문에 갇혀 그 답을 모색하는 일에서 가능한 것이 아니라, 달걀의 모양새가 왜 타원형인가를 진지하게 묻는 일에서 시작되어야 한다. 원래의 타원형을 지키는 새로운 노력이 '오늘의 상식'을 깨지 못할 때는 생명의 신음 소리가 도처에서 계속 들리게 될 것이다. 그리고 그것은 다름 아닌 우리 자신의 죽음으로 다가오게 될 것이다. 바로 이러한 오늘의 문명사적 위기를 극복하려는 마음이야말로 진정한 발상 전환의 출발점이 아니겠는가?

📖 김민웅, 〈콜럼버스의 달걀에 대한 문명사적 반론〉

① 채식 위주였던 우리의 식생활이 육류와 패스트푸드 중심으로 바뀌었다.
② 할머니께서는 집에 문제가 있을 때마다 늘 점쟁이를 찾아가 물어보신다.
③ 청소년들이 학교 수업보다는 PC방에서의 컴퓨터 게임에 더욱 열광하고 있다.
④ 거리의 간판이나 사람들의 대화 속에서 외래어나 외국어가 아주 많이 쓰인다.
⑤ 어떤 기업은 자신들의 이익만을 위해 강에 공장 폐수를 흘려보내 식수원을 오염시키고 있다.

해설 '콜럼버스의 달걀 세우기'와 같은 발상은 반생명적이고 침략적인 제국주의적 이념을 의미한다. ⑤도 자신의 이익만을 위해 반생명적인 행위를 일삼는 모습에 해당한다.

핵심내용 다지기

01 전제 추론하기

전제의 추론은 다른 전제나 결론을 근거로, 글에 명시적으로 제시되지 않은 전제를 이끌어 내는 것을 말한다. 즉 글에 드러나 있는 전제나 결론을 통해 명시적으로 드러나지 않은 전제를 추론함으로써 추론의 타당성이나 결론이 참이 되는 개연성을 검증하는 것이다. 이것은 추론적 이해에서 중요한 유형에 해당한다.

02 생략된 정보 추론하기

생략된 내용의 추리란 완결된 글의 어느 한 부분을 생략해 놓고, 그 부분에 들어갈 내용을 추리하게 하는 문제 유형이다. 이러한 유형의 문제는 대개 논리 전개상 중요한 어휘, 어구, 문장을 글의 논리적인 흐름을 통해 추리해 내도록 요구하는 것이 보통이다. 이렇게 하는 이유는 읽는 이가 문맥의 흐름을 알고 글에서 중요한 정보나 핵심적인 요소를 논리적으로 추론해 낼 수 있는가를 평가하기 위해서이다.

> 😄 **생략된 내용의 추리 요령**
> • 1단계 : 앞뒤에 제시된 글을 자세히 읽고 분석하여 문맥의 흐름을 파악한다.
> • 2단계 : 논리적인 관점에서 글을 재구성하여 빠진 내용을 추리한다.
> • 3단계 : 추리한 내용이 들어갔을 때 문맥의 흐름이 어색하지 않은지 확인한다.

03 글쓴이의 관점·독자의 반응 추론하기

1. 글쓴이의 관점·태도·의도의 추리

제시된 글에 나타난 글쓴이의 관점, 태도, 의도를 파악하는 유형의 문제로, 글쓴이가 놓여 있는 현실적·심리적인 처지나, 글쓴이가 글의 제재, 현실, 대상에 대해 지닌 관점과 태도, 글을 쓴 목적이나 의도 등을 글의 내용을 통해 추론할 수 있어야 한다.

> ✦ **관점·태도·의도의 추리 요령**
>
> **1. 글쓴이의 관점을 추리하는 요령**
> ① 주제를 확인하고 그 주제에 대해 글쓴이가 보이는 반응을 판단하는 데 도움이 되는 정보를 찾아본다.
> ② 글쓴이의 인생관, 세계관, 가치관 등을 드러내는 정보를 찾는다.
>
> **2. 글쓴이의 태도를 파악하는 요령**
> ① 글쓴이가 주목하고 있는 대상이 무엇이며, 대상에 대해 어떤 입장을 지니고 있는지 파악한다.
> ★ 여기에서 '대상'이란, 주로 설명적인 글에서는 '화제(話題, topic)'가 되고, 논증적인 글에서는 '논점(論點, 논쟁거리)'이 된다.
> ② 대상에 대한 글쓴이의 태도를 이분법적으로 파악해 본다.
> 예 우호적 − 비판적, 긍정적 − 부정적, 객관적 − 주관적, 점진적 − 급진적, 보수적 − 진보적
>
> **3. 글쓴이의 의도를 파악하는 요령**
> ① 글쓴이가 글을 쓴 목적은 무엇이며 글을 통해 기대한 효과는 무엇인지 추리해 본다.
> ② 글쓴이가 궁극적으로 말하고자 하는 바가 무엇인지 파악한다.

2. 독자의 반응 추론

제시된 글을 읽고 독자가 보여 줄 수 있는 반응으로 적절한 것을 선택하는 유형의 문제이다. 글을 보다 능동적으로 읽는 독해 방법으로, 글의 내용·정보에 대한 정확한 이해와 판단력을 필요로 한다.

실전능력 기르기

[1~2] 다음 글을 읽고 물음에 답하시오.

여론은 어떤 쟁점에 대해 국민들이 표출한 의견이라 할 수 있다. 민주주의는 여론의 존중을 기초로 한다. 따라서 민주주의가 제대로 기능하기 위해서는 여론이 형성될 수 있는 기본적 조건이 충족되어야 한다. 민주주의가 잘 발달된 나라에서는 어떤 쟁점이 생기면 그 문제를 둘러싸고 여론이 조성되며, 그것이 국가 정책에 중대한 영향을 미치게 된다. 그런데 현대 사회에서 여론을 형성하는 데에는 매스 미디어의 역할이 매우 중요하다. 사회가 고도로 산업화되면서 점차적으로 개인 간의 직접적인 커뮤니케이션이 줄어들고 대중은 서로 격리된 채 매스 미디어에 의존하는 경향이 있기 때문이다.

우선 매스 미디어는 뉴스를 보도할 때 특정 사안을 선택하여 보도함으로써 무엇이 중요한 화제인지에 대한 사람들의 지각에 영향을 끼친다. 이러한 영향력은 매스 미디어가 대중의 사고나 토론의 의제를 설정하는 데 중요한 역할을 하게 된다는 것을 의미한다. 이러한 기능은 매스 미디어가 여론 형성에 직접적으로 영향을 미칠 수 있는 것으로, 여러 사안들 중 중요하게 보도하거나 강조함으로써 그 사안의 중요성을 알리는 것을 말한다.

아울러 매스 미디어는 지배적인 의견을 대중에게 알려 준다. 노이만은 매스 미디어가 여론 형성에 지대한 영향을 미친다는 것을 경험적인 연구를 통해 증명하고, 매스 미디어의 이러한 영향력을 '침묵의 나선형 효과'라고 불렀다. 그는 주위에서 어떤 견해들이 지배적이거나 우세해 있느냐에 대한 사람들의 지각이 여론 형성의 가장 중요한 요소라고 주장했다. 그런데 어떤 것이 지배적인 의견인가를 인지하는 데는 매스 미디어가 가장 큰 영향을 미친다는 것이다. 매스 미디어에 보도된 의견을 지배적인 의견으로 인식하고 있는 사람들은 자신이 사회와 고립되는 것을 두려워하기 때문에 자신의 의견을 매스 미디어에 의해서 가시화된 의견에 동일시하려는 경향이 있다는 것이다. 그 결과 매스 미디어가 표출하는 의견이 사실은 소수의 의견임에도 불구하고 많은 사람들이 매스 미디어의 의견과 다른 자신의 의견을 밝히지 않고 침묵함으로써 그들의 의견을 소수 의견으로 착각하게 되고, 그 결과 매스 미디어에 표출된 의견이 지배적인 여론으로 형성된다는 것이다.

매스 미디어는 또 사물의 이미지를 창조한다. 현대 사회는 너무 크고 복잡하고 미묘하기 때문에 직접적인 관찰을 통한 지각으로 어떠한 대상이나 현상을 이해하는 것은 불가능하다. 따라서 사람들은 매스 미디어가 제공하는 여러 정보에 따라 어떠한 대상이나 현상의 이미지를 형성하게 되며, 이렇게 형성된 이미지는 그 대상이나 현상에 대한 개인의 의견 형성에 큰 영향을 미치게 된다. 텔레비전 등 방송에 출연하는 정치인들이 늘어나는 것도 매스 미디어의 이러한 기능을 활용하여 여론을 유리한 방향으로 이끌려는 의도로 파악할 수 있다.

이처럼 현대 사회에서 매스 미디어는 여론 형성에 매우 중요한 역할을 한다. 그러나 위에서 언급한 매스 미디어의 기능으로 볼 때, 매스 미디어는 여론 형성에 있어 부정적으로 작용할 가능성도 크다. 따라서 매스 미디어에 대한 비판적 시각이 또한 요구된다.

📖 최한수 외, 〈여론과 매스 미디어〉

01_ 윗글을 참고할 때, 〈보기〉의 기사에 대한 반응으로 적절하지 <u>않은</u> 것은?

┌─보기├─────────────────────────────────────

"오락 프로면 어떠랴" 정치인 TV 출연 바람
– 연예인과 '입심' 겨루며 단골 출연자로 떠올라

　정치인들의 오락 프로그램 출연이 늘어나고 있다. 정치인들의 방송 출연은 이전부터 있어 온 것이 사실이다. 그러나 기존의 방송 출연은 시사 토론 프로그램과 같은 딱딱한 교양 프로그램 위주였다. 그러나 최근 정치인들의 방송 출연은 오락 프로그램에 출연하여 남녀 개그맨들과 '입심'을 겨루며 시청자들의 웃음을 겨냥한다는 점에서 기존의 방송 출연과는 확연히 구별된다. 이러한 정치인들의 오락 프로그램 출연에 대해 '정치인들이 친근하게 느껴진다.'는 긍정적인 반응과 '웃음파는 정치가 우려된다.'는 부정적인 반응이 엇갈리고 있다.

　　　　　　　　　　　　　　　　　　　　　📖 △△일보, ○○○ **기자**

──

① 오락 프로그램에 출연하는 정치인들은 기존 정치인들과는 다른 이미지를 사람들에게 심어 주고 싶은 의도가 있을 것이다.

② 정치인들의 오락 프로그램 출연에 대한 상반된 반응은 여론을 형성하는 데에 갈등을 조정하는 과정이 필요함을 시사해 주는 것이다.

③ 정치인들을 직접 대할 기회가 많지 않은 대부분의 사람들은 정치인들이 출연한 오락 프로그램을 보면서 정치인에 대한 이미지를 형성할 수 있다.

④ 정치인들이 프로그램의 성격을 불문하고 방송 출연을 한다는 것은 여론 형성에 있어 매스 미디어의 영향력이 크다는 것을 간접적으로 말해 주는 것이다.

⑤ 정치인들의 오락 프로그램 출연이 시청자들에게 긍정적으로 비칠 경우, 해당 정치인에 대한 여론이 유리하게 형성될 수 있을 것이다.

02_ 윗글에 나타난 '침묵의 나선형 효과'가 나타나는 과정을 〈보기〉와 같이 도식화했을 때, [A]에 들어갈 내용으로 적절한 것은?

① 지배적 의견으로 인식　　　　② 지배적 의견과 일치 여부 확인
③ 다수 의견과의 조정과 합의　　④ 보도된 의견에 대한 여론 수렴
⑤ 보도된 의견에 대한 적극적 홍보

[3~4] 다음 글을 읽고 물음에 답하시오.

이탈리아의 경제학자 파레토는 한쪽의 이익이 다른 쪽의 피해로 이어지지 않는다는 전제하에, 모두의 상황이 더 이상 나빠지지 않고 적어도 한 사람의 상황이 나아져 만족도가 커진 상황을 자원의 배분이 효율적으로 이루어진 상황이라고 보았다. 이처럼 파레토는 경제적 효용을 따져 최선의 상황을 모색하는 이론을 만들었고, 그 중심에는 '파레토 개선', '파레토 최적'이라는 개념이 있다.

갑은 시간당 500원, 을은 1,000원을 받는 상황 A와, 갑은 시간당 750원, 을은 1,000원을 받는 상황 B가 있다고 가정해 보자. 파레토에 의하면 상황 B가 을에게는 손해가 되지 않으면서 갑이 250원을 더 받을 수 있기에 상황 A보다 우월하다. 즉 상황 A에서 상황 B로 바뀌었을 때 아무도 나빠지지 않고 적어도 한 사람 이상은 좋아지게 되는 것이다. 이때, 상황 A에서 상황 B로의 전환을 파레토 개선이라고 하고, 더 이상 파레토 개선의 여지가 없는 상황을 파레토 최적이라고 한다.

이와 같이 파레토 최적은 서로에게 유리한 결과를 가져오는 선택의 기회를 보장한다는 점에서 의미가 있지만 한계 또한 있다. 예를 들어 갑이 시간당 500원을 받고 을이 시간당 1,000원을 받는 상황에서 갑과 을 모두의 임금이 인상되면 이는 파레토 개선이다. 그러나 만약 갑은 100원이 인상되고 을은 10원이 인상되는 상황과 갑은 10원 인상되고 을이 100원 인상되는 상황 가운데 어느 것을 선택해야 하는지에 대해서 파레토 이론은 답을 제시하지 못한다.

그러나 이러한 한계에도 불구하고 파레토 최적은 자유 시장에서 유용한 경제학 개념으로 평가받고 있는데, 그 이유는 무엇일까? 특정한 한쪽의 이득이 다른 쪽의 손해로 이어지지 않는다는 전제하에, 위와 같이 갑은 시간당 500원, 을은 1,000원을 받는 상황 A에서 갑은 시간당 750원, 을은 1,000원을 받는 상황 B로의 전환에 대해 협의한다고 가정하자. 을은 자신에게는 아무런 이익도 없고 만족도도 별로 나아지지 않는 상황 전환에 대해 별로 마음 내켜 하지 않을 것이나 갑은 250원이나 더 받을 수 있으므로 상황의 전환이 절실하다. 이에 따라 갑이 을에게 자신이 더 받는 250원 중에서 100원을 주기로 제안한다면 을은 이러한 제안을 받아들여 상황 B로 전환하는 데 동의할 것이다. 이와 같이 파레토 최적은 [㉠]을/를 설명했다는 점에서 가치 있게 평가받고 있다.

03_ 윗글을 통해 〈보기〉의 내용을 이해한 것으로 적절하지 <u>않은</u> 것은?

┌ 보기 ┐

　　영희는 사과 6개, 철수는 배 6개를 갖고 있다. 철수는 사과에서 얻는 만족도가 배에서 얻는 만족도의 2배이고, 영희는 사과와 배에서 얻는 만족도가 동일하며 영희와 철수 모두 서로의 만족도를 잘 알고 있다.

　　이 상황에서 ⓐ 철수는 자신의 배 6개를 영희의 사과 6개와 교환하자는 제안을 했다. 그러나 영희는 이에 반대하고, ⓑ 자신의 사과 중 3개를 철수의 배 6개와 교환하자고 제안했다. 그러나 철수가 반대하여, 영희는 마지막으로 ⓒ 자신의 사과 가운데 4개를 철수의 배 6개와 교환하자고 제안했고, 최종적으로 마지막 제안을 철수가 수용했다.

이를 표로 나타내면 다음과 같다.

구분	최초의 상황		ⓐ		ⓑ		ⓒ	
	사과	배	사과	배	사과	배	사과	배
영희	6개	0개	0개	6개	3개	6개	2개	6개
철수	0개	6개	6개	0개	3개	0개	4개	0개

① ⓐ에 대해 영희가 반대한 이유는 철수의 만족도는 최초에 비해 2배로 증가하지만, 영희의 만족도는 최초와 같기 때문이다.

② ⓑ에 대해 철수가 반대한 이유는 영희의 만족도는 최초에 비해 1.5배 증가하지만, 철수의 만족도는 최초와 같기 때문이다.

③ ⓒ에 대해 서로 합의한 이유는 영희와 철수의 만족도 모두 최초에 비해 증가하였고, 결국 모두에게 이익이 되기 때문이다.

④ 최초의 상황이 ⓐ나 ⓑ로 바뀌어도 모두 '파레토 개선'으로 볼 수 있다.

⑤ ⓐ~ⓒ 중 영희가 얻을 수 있는 만족도는 ⓒ에서 가장 크며, 철수 역시 그러하기에 ⓒ를 '파레토 최적'으로 볼 수 있다.

오답해설 ⓐ의 상황에서 철수는 최초와 동일하게 6개의 과일을 갖게 되나, 철수는 배에 비하여 사과에 대해 2배의 만족도를 얻기에 만족도는 2배로 증가하게 된다. 그러나 영희는 두 과일에서 얻는 만족도가 동일하기에 최초와 같은 숫자인 6개를 갖게 되면 그 만족도는 동일한 것이다.
ⓑ의 상황에서 철수는 전과 달리 3개의 과일을 갖게 되나, 2배의 만족도를 갖는 사과를 갖게 되기에 만족도는 결국 동일하다. 그러나 영희는 총 과일의 수가 9개로 늘어나기에 결국 만족도는 1.5배 증가한다.
ⓒ의 상황에서 철수는 최초와 달리 4개의 과일을 갖게 되나, 2배의 만족도를 갖는 사과를 갖게 되기에 만족도는 결국 증가한다. 또한 영희는 과일의 수가 8개로 늘어나기에 만족도는 증가한다.

04_ 문맥을 고려할 때, [㉠]에 들어갈 말로 가장 적절한 것은?

① 선택의 기회가 많을수록 이익은 줄어드는 경우

② 경제 주체 간의 타협보다는 경쟁이 중요한 이유

③ 소비자의 기호에 따라 상품 가격이 결정되는 상황

④ 합리적인 투자를 위해 이기적인 태도가 필요한 이유

⑤ 모두에게 손해가 되지 않으면서 효용을 증가시키는 상황

03_ 영희는 ⓑ에서, 철수는 ⓐ에서 만족도가 가장 크기 때문에 ⑤은 적절하지 않다.

04_ 더 이상은 좋아질 수 없는, 양측에게 가장 이익이 되는 상황이 '파레토 최적'이며, 이해 당사자는 협상을 통해 이러한 파레토 최적의 상황에 도달할 수 있다. 따라서 파레토 최적 이론은 ⑤ '모두에게 손해가 없으면서 효용을 증가시키는 상황'을 설명한 이론이라 할 수 있다.

ANSWER |||||||||||||||||||||||||||||||||||||||
03. ⑤　　04. ⑤

[5~7] 다음 글을 읽고 물음에 답하시오.

중국의 전국 시대는 주 왕실의 봉건제가 무너지고 열국들이 중국 천하를 할거하면서 끝없는 전쟁으로 패권을 다투던 혼란과 분열의 시기였다. 이때 등장한 제자백가 철학은 전국 시대라는 난세를 극복하고 더 나은 세상을 세우기 위한 사회적 필요와 인간에 대한 치열한 사유로부터 비롯되었다. 그렇다면 당대 사상가들은 국가 또는 공동체의 질서 회복과 개인의 삶의 관계를 어떻게 모색하였을까?

전국 시대의 주류 사상가로서 담론을 주도했던 ⓐ양주는 인간은 기본적으로 자신만을 위한다는 위아주의(爲我主義)를 주장했다. 이는 ㉠사회의 모든 제도와 문화를 인위적인 허식으로 보고 자신의 생명을 완전하게 지키며 사는 것이 인생에서 가장 중요하다는 생각이다. 얼핏 보면 양주의 이러한 사상이 극단적인 이기주의로 보일 수도 있으나, 이는 군주를 정점으로 하는 국가 체제를 부정하고 개인의 중요성을 강조하였다는 점에서 의미 있는 관점이다. 일반적으로 무질서한 사회의 원인을 국가나 국가 지향적 이념의 부재로 여기는 데 반해, 양주는 '바람직한 사회를 위해서 삶을 희생하라'는 국가 지향적 이념을 문제 삼은 것이다. 그는 강력한 공권력을 독점한 국가에 의해 개인의 삶이 일종의 수단으로 전락할 수 있다는 점을 통찰하고, 개인은 사회 규범이나 국가 지향적 이념에 사로잡혀 개인을 희생하지 말고 자신들의 삶의 절대적 가치를 자각해야만 한다고 역설했다.

반면, ⓑ한비자는 강력한 법치주의(法治主義)로 무장한 국가의 중요성과 절대군주론을 주장했다. 한비자는 군주가 법의 화신이 되어 엄한 법으로 다스려야 국가의 혼란을 치유할 수 있다고 믿었던 것이다. 또한 법의 실질적인 효과를 위해 법은 반드시 성문법 형식으로 만들어져 백성들 사이에 두루 알려져야 하며, 그렇게 만들어진 법은 상하귀천을 막론하고 공정하게 집행되어야 한다고 보았다. 한비자는 인간을 자신의 이익을 추구하는 이기적 존재로 간주하였기 때문에 강력한 공권력으로 상벌 체계를 확립하면 상을 얻기 위해 법을 지키게 될 것이라고 확신했다.

그렇게 된다면, 법치를 통해서 국가는 강력해지고, 동시에 백성들도 국가로부터 보호를 얻어 자신의 이득을 확보할 수 있다는 것이다. 결국 한비자가 생각하는 법치의 진정한 의의는 백성을 보호하고 이롭게 하는 것이었다.

이렇듯 양주는 국가와 같은 외적 존재가 개인의 삶에 개입하는 것을 부정한 반면, 한비자는 공평무사한 정신으로 질서를 확립하여 백성의 고통을 해결하는 군주 정치를 최선으로 여겼다.

05_ 이 글에서 ⓐ '양주'는 인간이 기본적으로 자신만을 위한다는 위아주의를 강조하였고, ⓑ '한비자'는 인간을 자신의 이익을 추구하는 이기적 존재로 간주하였다. 이를 바탕으로 ① '인간은 자신의 이익을 중시하는 존재'라는 것에 양주와 한비자 모두 동의한다고 추론할 수 있다.

05_ 윗글의 ⓐ와 ⓑ가 모두가 동의할 수 있는 생각으로 가장 적절한 것은?

① 인간은 자신의 이익을 중시하는 존재이다.
② 개인의 삶이 국가의 제약을 받는 것은 정당하다.
③ 개인의 권리를 보장하기 위해 사회 규범이 필요하다.
④ 개인과 국가의 이익이 조화를 이루는 사회가 이상적이다.
⑤ 사회 질서의 안정과 발전보다 개인의 의사가 더 중요하다.

ANSWER
05. ①

06_ 윗글의 ⓐ와 ⓑ가 〈보기〉의 밑줄 친 인물들에 대해 평가한다고 할 때, 가장 적절한 것은?

┌─보기├─────────────────────────────
은나라의 신하였던 <u>백이와 숙제</u>는 유가적 관점에서 나라와 군주에 대한 충성과 절의의 대명사로 추앙받고 있다. 주나라의 무왕이 주종 관계를 무시하고 은나라 주왕을 죽여 천하를 평정하자, 백이와 숙제는 무왕이 군주에 대한 인의(仁義)를 배반한 신하라고 비판하였다. 백이와 숙제는 도리를 저버린 무왕이 지배하는 주나라의 곡식을 먹지 않겠다고 수양산에 은둔해 지내다가 굶어 죽었다.
└──────────────────────────────────

① ⓐ: 사회가 추구하는 가치 규범에 얽매여 개인의 삶을 잃었다는 점에서 부정적으로 볼 것이다.

② ⓐ: 나라와 백성은 안중에도 없이 무책임하게 현실을 도피한 극단적인 개인주의자들로 볼 것이다.

③ ⓑ: 개인적인 판단에 근거하여 군주를 억압하였다는 점에서 긍정적으로 볼 것이다.

④ ⓑ: 개인적 이익을 추구한 것에 대해 강력한 공권력으로 제재할 수 있다고 볼 것이다.

⑤ ⓐ, ⓑ: 부당한 국가 권력과 시류에 휩쓸리지 않은 무욕의 처신을 높이 인정하여 본보기로 삼을 만하다고 볼 것이다.

(오답해설) ③ 3문단에서 ⓑ '한비자'는 법치주의로 무장한 국가와 절대군주론을 주장했기 때문에 ⓑ의 입장에서 평가한 내용으로 보기에는 적절하지 않다.
④ 백이와 숙제가 개인적 이익을 추구한 것이 아니기에 적절하지 않다.

06_ ⓐ '양주'는 국가 체제를 부정하고 개인의 중요성을 강조했다. 백이와 숙제는 인의라는 가치 규범에 얽매여 개인의 삶을 잃었기에 '양주'의 입장에서 ①과 같은 평가를 내린 것은 적절하다.

07_ ㉠의 근거를 추론한 내용으로 가장 적절한 것은?

① 국가 지향적 이념 추구가 개인의 삶을 위협한다.

② 당대 정치가들이 난세를 극복하기에는 능력이 부족하다.

③ 법과 제도만으로는 인간의 다양한 욕구를 충족할 수 없다.

④ 전쟁으로 인한 제도의 혼란이 국가의 권위를 유지하기 어렵다.

⑤ 획일화된 문화와 사회 제도가 국가체제 유지에 효율적이지 않다.

07_ 양주는 강력한 공권력을 독점한 국가에 의해 개인의 삶이 일종의 수단으로 전락할 수 있다고 보기 때문에 사회의 제도와 문화를 인위적인 허식으로 생각한 것이다.

[8~9] 다음 글을 읽고 물음에 답하시오.

사람이 사는 곳에는 불평등이 있게 마련이다. 부르는 사람과 부림을 당하는 사람 사이에 있는 불평등, 돈을 많이 가진 사람과 적게 가진 사람 사이에 있는 불평등, 존경 받는 사람과 멸시 받는 사람 사이에 있는 차이 같은 것은 어디서나 찾아볼 수 있다. 이런 불평등이 단순한 개인의 문제가 아니라 사회 구조와 역사의 문제라는 점을 우리는 놓쳐서는 안 된다. 그런데 사람을 부릴 수 있는 힘과 사람까지도 살 수 있는 힘과 사람들로부터 존경을 받을 수 있는 힘은 곧 권력과 금력과 권위인데, 이것들은 오랜 세월에 걸쳐서 일부의 사람들에게만 쏠려 있었다. 문제는 거의 모든 사람들이 이 힘들을 가지려 하는 데에 있다. 권력과 금력과 권위라는 보상을 놓고 많은 사람들이 아귀다툼을 해 온 것이 인간의 역사이다. 이것이 바로 사회 경쟁이다. 그러니 경쟁의 출발점도 계층이고, 경쟁의 종착점도 계층이다. 계층은 곧 구조화한 불평등이다.

여기에서 우리는 심각한 물음을 던져야 할 것이다. 이 계층이라는 불평등은 정당한 것인가? 만일에 많은 사람들이 불평등을 옳지 않은 것으로 보면 기존 사회 구조와 역사는 심각한 도전을 받게 되어 변동의 물결 속에 휩쓸려 들게 된다. 왜냐하면 기존 구조를 ⓐ 정당하지 않은 불평등의 구조로 믿는 사람들이 이것을 전쟁, 혁명, 혁신, 음모, 억압, 숙청 따위의 비극으로 만들기 때문이다.

유토피아란 무엇일까? 순하디 순한 양이 사나운 늑대와 더불어 평화롭게 살 수 있는 곳이 아닐까? 사슴이 사자와 어깨동무를 하고, 비둘기와 독수리가 손을 맞잡고 사는 세계를 유토피아라고 하면, 유토피아에서는 불평등이 시기와 분쟁의 촉진제가 아니라 대화와 평화의 촉매제임을 뜻하게 된다. 여기에서는 불평등이 부당한 것으로 인정되지 않는다. 차이가 있되 이것이 차별의 구실이 되지 않는다. 여기에서의 불평등은 온당하다.

불평등이 온당한 것이 아니라고 판단될 때에 사회의 부조리와 ⓑ 역사의 비극이 생기게 되어 많은 사람들이 동물처럼 부려지고 물건처럼 천대받게 될 것이다. 피비린내 나는 혁명과 반혁명의 악순환이 나타나게 된다. 그러면 왜 불평등이 옳지 않은 것으로 보이게 될까? 그리고 ㉠ 정당한 불평등이 있다면, 그것은 무엇을 말하는 것일까?

흔히 사회 정의를 정당한 불평등이라고 한다. 이것은 비례적인 불평등을 뜻하기도 한다. 주어진 얼마 안 되는 보상을 무엇무엇에 비례하여 분배받기 때문에 비례의 기준이 올바르다고 판단되면 이 기준에 따른 분배 기준은 보편 타당성을 가져야 한다.

대체로 인류 역사에 나타난 정의로운 분배 기준은 세 가지로 간추릴 수 있겠다. 하나는 능력이요, 또 하나는 노력이요, 또 다른 하나는 필요이다. 능력에 따라 분배가 이루어지는 사회가 정의로운 사회이며, 노력에 따라 분배가 이루어지는 역사가 정의로운 역사라고 할 수 있다. 필요에 따라 분배가 이루어져도 정의로운 사회라 할 수 있다. 그런데 우리는 이 세 가지 기준들 사이에 있는 엄청난 차이에 눈을 주어야 한다. 능력이 있을수록 노력을 적게 해도 되고, 능력과 노력에 관계없이 필요한 양은 높아질 수도 있고 또 낮아질 수도 있기 때문이다.

📃 한완상, 〈사회 정의와 불평등〉

08_ ㉠의 사례로 가장 적절한 것은?

① 어머니는 매달 용돈을 주실 때 단지 딸이라는 이유로 1살 어린 남동생보다 숙희의 용돈을 오천 원 적게 주신다.

② 연공서열을 중시하는 김 사장은 근무 실적이 다소 우위인 박 부장보다는 1년 먼저 입사한 강 부장의 연봉을 더 많이 책정한다.

③ 최 상무는 자기 동문인 송 과장의 인사 고과를 김 과장의 인사 고과보다 높게 책정해 정기 인사에서 부장으로 승진할 수 있게 하였다.

④ 배추 농사가 흉년이 될 것이라고 판단한 민수는 배추 물량을 많이 확보해 두었다가 배추 가격이 폭등하자 이를 판매하여 다른 상인들보다 큰 수익을 올렸다.

⑤ 일용직 노무자인 철수와 영호는 동일한 할당량을 부여받고 각각의 지역에서 열심히 일했는데, 철수는 8시간을 일하고 5만 원을 받고 영호는 6시간을 일하고 5만 원을 받았다.

1
2
3
4
5
6
7
8

09_ 문맥상 '@ − ⓑ'의 관계와 가장 유사한 것은?

① 발전 − 퇴보 ② 병원균 − 질병

③ 가족 − 어머니 ④ 아버지 − 춘부장

⑤ 컴퓨터 − 모니터

오답해설 ①은 반의 관계, ③은 상하 관계, ④은 유의 관계, ⑤은 전체와 구성 요소(부분)의 관계이다.

08_ 5문단과 6문단의 내용을 보면 ㉠은 정의로운 분배가 이루어지는 것을 의미하는데, 정의로운 분배의 기준은 능력, 노력, 필요라고 하였다. ⑤에서 영호는 철수보다 2시간 적게 일했지만 일의 양은 동일하므로 동일한 분배가 이루어진 것이다. 결국 노동 시간은 다르지만 능력에 따라 동일한 분배를 받은 것이므로 ⑤은 정의로운 분배라고 볼 수 있다.

09_ @는 ⓑ의 원인이므로, @와 ⓑ의 관계는 인과 관계이다. ②도 인과 관계이다.

10_ ③에서 전통 사회의 우리 여성들이 한을 품고 살아갈 수밖에 없었던 것은 '맺힘'에 해당한다. 그러나 '맺힘'의 짝으로서의 '풀림'에 해당하는 내용이 제시되어 있지 않다.

10_ 다음 글에서 ㉠의 사례로 제시하기에 적절하지 않은 것은?

> 춤, 그것은 바로 몸으로 말하는 예술이다. 보잘것없는 작은 몸에서 나오는 작은 몸짓 하나가 어떻게 해서 우리들에게 소름 끼치도록 짜릿한 감동을 불러일으키는 것일까? 과연 그 비밀은 무엇일까?
>
> 손마디 하나가 움직여졌을 때 거기서 나온 힘은 모든 공간을 출렁이게 한다. 그것은 살아 움직이는 우주의 율동이며 몰아쳐 오는 파도와 같은 것이다. 물론 움직임이지만 어떤 물리적인 것만을 보는 것은 아니고 눈에 보이는 이상의 어떤 것, 즉 내재적인 리듬에 찬 생명력을 보게 된다. 다시 말해, 보이지 않는 생명력이 움직이는데 우리 눈에 보이는 것은 육체의 움직임이다.
>
> 그러면 그러한 움직임은 어떻게 해서 일어나는 것일까? 무엇이 사람의 팔다리를 움직이게 하는 것일까? 즉, 무엇이 춤을 추게 만드는 것일까? 모든 움직임은 사람의 마음에서부터 생기는 것이라고 본다. 사람의 마음은 외물(外物)에 접촉하여 하나의 몸짓이 되어 가시적인 것으로 나타나는 것이다. 즉, 마음으로 인하여 천지간의 형태를 깨달아 모든 체험과 경험이 합쳐지면 팔다리가 움직여지는 것이다.
>
> 춤을 잘 추고 못 추는 것은 손마디 하나의 차이에 불과하다. 하지만, 팔 하나 들어 올리는 것, 발 하나 들어 올리는 것은 만 가지 형상의 근본이 되는 동시에 그 작은 움직임은 우주 전체를 집약시키는 하나의 표적이 된다. 다시 말해, 하나를 올바로 꿰뚫으면 모든 것을 꿰뚫을 수 있듯이 하나의 움직임은 만 가지의 움직임에 통하고, 또 만 가지의 움직임은 하나의 움직임으로 통하는 것이다. 그것이 바로 움직임의 도(道)이며 춤의 도(道)인 것이다.
>
> 우리가 춤을 볼 때, 그것은 수많은 굴곡으로 매우 복잡하게 얼크러져 있는 것으로 보인다. 그러나 그 내면에는 변하지 않는 간단한 법칙이 있으며, 지극한 조화와 완벽한 질서 속에서 모든 몸짓이 움직여지고 있다. 그것은 한마디로 '맺고 풀고', '맺음(맺힘)과 풂(풀림)'이라는 말로 나타낼 수 있다. 이것은 태어나고, 성장하고, 결실을 맺고, 죽어 가는 천지 자연의 대법(大法)으로서 천지간에 어느 것 하나 이 일정한 법도를 따르지 않는 것은 없다. ㉠이러한 '맺힘과 풀림'은 여러 가지로 풀이될 수 있다. 개개인의 가슴에 억눌러 응어리진 것, 가난과 핍박의 억눌림에서 비롯된 절망, 불만, 복수심, 증오심 등이 '맺음' 즉 '맺힘'인데, 이것은 터뜨려지지 않으면 안 되는 것으로 이러한 것들이 자연스럽게 터뜨려지고 풀리어 우리의 마음이 자유로운 상황으로 전환되는 과정이 바로 '풀림'인 것이다.
>
> 다른 관점에서 본다면 '맺힘'은 어떤 무엇이 이루어지는 것, 만들어지는 것으로 춤가락에서는 절정으로 몰아 간 상태, 이루어진 상태라 할 수 있다. 풀어 버리는 것은 그대로 끝나 버리는 것이 아닌 새로운 성숙을 위한 일대 도약으로, 춤에서는 그 다음 가락을 하기 위한 준비 과정으로 볼 수 있다.
>
> 우리 춤은 기본적인 토대의 움직임을 계속 반복하면서 각양각색의 춤사위를 만들어 내고 무한히 변화시켜 나간다. 기본적인 틀이란 변할 수 없는 것이며 그것은 '전통성'과도 통한다. 우리의 옛 춤, 전통 춤은 민족이 걸어 온 삶과 의식을 한꺼번에 표현할 뿐만 아니라 그것을 확장시킬 수 있는 총체적인 민중, 대중의 춤인 것이다. 춤의 명인들이 다리 하나, 팔 하나 들어 올리는 것에는 그 분명한 이유가 있다. 그렇다고 그 춤들이 전통적 법도의 틀에 속박되어 있는 것은 아니고 그 틀을 초월하여 자신을 자유자재로 변신시키며 넘나들고 있다. 만일 그 춤이 일정한 법도 속에 갇혀 있고 그 자체에 집착해 있다면 그것은 이미 춤의 생명력을 놓쳐 버리게 된다. 그네들 자신이 알든 모르든 간에 그 움직임은 삶으로서의 몸짓이고 그들 나름대로의 몸에 밴 체질적이고 숙명적인 삶의 철학인 것이다.
>
> 📖 이애주, 〈움직이는 도(道)〉

① 굿판에서 무당은 서러운 푸념과 넋두리로 울음바다를 만들다가도 이내 익살과 육담으로 구경꾼들의 허리를 꺾어 놓기도 한다.

② 강릉 안인진 해낭당은 상사병에 걸린 처녀가 한을 품고 죽어 마을에 재앙을 내리자, 그 넋을 위로하기 위해 지었다는 이야기가 전해 내려온다.

③ 전통 사회의 우리 여성들은 자신의 존재를 부정하면서 살도록 길들여져 왔고, 이러한 타의에 의한 자기 부정으로 인해 한을 품고 살아갈 수밖에 없었다.

④ 영화 '서편제'에서 아버지는 수양딸의 눈을 멀게 만드는데, 그 이유는 판소리 자체가 한을 표출하는 것이어서 스스로 한을 겪어 보지 않고서는 제대로 그 정서를 표현할 수 없다는 생각 때문이었다.

⑤ 중국 춘추 시대, 오왕 부차는 아버지의 원수를 갚기 위해 장작더미 위에서 잠을 자며 월왕 구천에 대한 복수의 일념을 불태웠고, 그에게 패배한 월왕 구천은 쓸개를 핥으며 보복을 다짐한 끝에 다시 부차를 패배시켰다.

오답해설 ① 서러운 푸념과 넋두리로 울음바다를 만드는 것은 '맺힘'에, 익살과 육담으로 구경꾼들의 허리를 꺾어 놓는 것은 '풀림'에 해당한다.
② 상사병에 걸린 처녀가 한을 품고 죽은 것은 '맺힘'에, 그 넋을 위로해 주기 위해 해낭당을 지은 것은 '풀림'에 해당한다.
④ 아버지가 수양딸의 눈을 멀게 만든 것은 '맺힘'에, 판소리를 통해 한을 표출하는 것은 '풀림'에 해당한다.
⑤ 부차가 아버지의 원수를 갚기 위해 장작더미 위에서 잠을 자며 복수의 일념을 불태운 것과 구천이 쓸개를 핥으며 보복을 다짐한 것은 '맺힘'에, 부차와 구천이 각각 상대방을 패배시킨 것은 '풀림'에 해당한다.

11_ ㉠은 2문단의 "초기의 독서는 소리 내어 읽는 음독 중심이었다. ~ 간접적으로 책을 읽는 낭독―듣기가 보편적이었다."에서 확인할 수 있다.
㉡은 3문단의 끝부분 "묵독은 꼼꼼히 읽는 분석적 읽기를 가능하게 했다."에서 확인할 수 있다.
㉢은 첫 문단에서 "20세기 후반부터 급격히 보급된 인터넷 기술 덕택에 검색형 독서 방식이 등장하면서 독서가 거대한 정보의 바다에서 길을 잃지 않고 항해하는 것에 비유될 정도로 정보 처리적 읽기나 비판적 읽기가 중요하게 되었다."는 내용을 통해 확인할 수 있다.

11_ 다음 글의 내용을 〈보기〉와 같이 정리할 때, ㉠~㉢에 들어갈 내용으로 적절한 것은?

　20세기 후반부터 급격히 보급된 인터넷 기술 덕택에 가히 혁명이라 할 만한 새로운 독서 방식이 등장했다. 검색형 독서라고 불리는 이 방식은, 하이퍼텍스트 문서나 전자책의 등장으로 책의 개념이 바뀌고 정보의 저장과 검색이 놀라우리만치 쉬워진 환경에서 가능해졌다. 독자는 그야말로 사용자로서, 필요한 부분만 골라 읽을 수 있을 뿐 아니라 읽고 있는 텍스트의 일부를 잘라내거나 읽던 텍스트에 다른 텍스트를 추가할 수도 있다. 독서가 거대한 정보의 바다에서 길을 잃지 않고 항해하는 것에 비유될 정도로 정보 처리적 읽기나 비판적 읽기가 중요하게 되었다.

　그렇다면 과거에는 어떠했을까? 초기의 독서는 소리 내어 읽는 음독 중심이었다. 고대 그리스인들은 쓰인 글이 완전해지려면 소리 내어 읽는 행위가 필요하다고 생각했다. 또한 초기의 두루마리 책은 띄어쓰기나 문장 부호 없이 이어 쓰는 연속 기법으로 표기되어 어쩔 수 없이 독자가 자기 목소리로 문자의 뜻을 더듬어 가며 읽어 봐야 글을 이해할 수 있었다. 흡사 종교 의식을 치르듯 성서나 경전을 진지하게 암송하는 낭독이나, 필자나 전문 낭독가가 낭독하는 것을 들음으로써 간접적으로 책을 읽는 낭독―듣기가 보편적이었다.

　그러던 12세기 무렵 독서 역사에 큰 변화가 일어나는데, 그것은 유럽 수도원의 필경사* 들 사이에서 시작된, 소리를 내지 않고 읽는 묵독의 발명이었다. 공동생활에서 소리를 최대한 낮춰 읽는 것이 불가피했던 것이다. 비슷한 시기에 두루마리 책을 완전히 대체하게 된 책자형 책은 주석을 참조하거나 앞부분을 다시 읽는 것을 가능하게 하여 묵독을 도왔다. 묵독이 시작되자 낱말의 간격이나 문장의 경계 등을 표시할 필요성이 생겨 띄어쓰기와 문장 부호가 발달했다. 이와 함께 반체제, 에로티시즘, 신앙심 등 개인적 체험을 기록한 책도 점차 등장했다. 이러한 묵독은 꼼꼼히 읽는 분석적 읽기를 가능하게 했다.

　음독과 묵독이 공존하던 18세기 중반에 새로운 독서 방식으로 다독이 등장했다. 금속 활자와 인쇄술의 보급으로 책 생산이 이전의 3~4배로 증가하면서 다양한 장르의 책들이 출판되었다. 이전에 책을 접하지 못했던 여성들이 대거 독자로 유입되었고, 독서 조합과 대출 도서관 등 독서 기관이 급격히 증가했다. 이전 시대에는 제한된 목록의 고전을 여러 번 정독하는 집중형 독서가 주로 행해졌던 반면, 이제는 분산형 독서가 행해졌다. 이것은 필독서인 고전의 권위에 대항하여 자신이 읽고 싶은 것을 골라 읽는 자유로운 선택적 읽기를 뜻한다.

　이와 같이 오늘날 행해지는 다양한 독서 방식들은 장구한 시간의 흐름 속에서 하나씩 등장했던 것이다. 그래서 거기에는 당대의 지식사를 이끌었던 흔적들이 남아 있다.

＊ 필경사 : 글씨 쓰는 일을 직업으로 하는 사람

┌ 보기 ┐

[독서 방식]　　　　　　　　　[읽기 방법의 예]
(㉠) ··············· 낭독―듣기식 읽기
↓　　　　　　　　　　　↓
묵독 ··············· (㉡)
↓　　　　　　　　　　　↓
다독 ··············· 선택적 읽기
↓　　　　　　　　　　　↓
(㉢) ··············· 정보 처리적 읽기

	㉠	㉡	㉢
①	음독	비판적 읽기	검색형 독서
②	음독	분석적 읽기	검색형 독서
③	음독	분산형 읽기	집중형 독서
④	정독	분석적 읽기	집중형 독서
⑤	정독	비판적 읽기	분산형 독서

12_ 다음 글의 관점에서 〈보기〉를 읽고 보일 수 있는 반응으로 가장 적절한 것은?

친척 관계를 표현하는 '남자 형제(brother), 아저씨(uncle)' 등의 영어와 한국어 사이에서 조금씩 차이가 있다는 것은 잘 알려진 사실이다. 우리말에서 특히 다양하게 분포된 친척 관계를 호칭하는 말을 듣고 당황해 하지 않는 외국인은 거의 없다. 외국인이 '재당숙'이 나와 7촌 관계에 있음을 이해한다는 것은 거의 불가능한 일인 것이다. 더구나 우리말 부름 말은 호칭어와 지칭어가 구별되어 있는 데다 또 상대방이 누구냐에 따라 달리 쓰이지 않던가. 이렇게 종횡으로 얽혀 쓰이는 우리말 친척어의 부름말은 우리 가족 문화의 특성을 잘 반영하고 있다. 외국인들은 우리들 가족 간의 깊은 친화력과 끈끈한 유대감을 우리의 언어를 보고 어렵지 않게 이해할 수 있는 것이다. 이렇게 대부분의 언어에서 친척 관계를 나타내는 단어가, 어떤 언어는 너무 일반성만을 나타내는 반면에 어떤 언어는 지나치게 정밀하게 표현되어 서로 일치하지 않는 점이 너무 많은 것이다. 우리는 이러한 차이가 언어와 문화와의 관계에서 비롯된다는 사실을 짐작할 수 있을 것이다.

'푸른(blue) 하늘, 푸른(green) 나무'라고 하는 한국인을 보고, 한국인은 'green(녹색)'과 'blue(청색)'를 구별할 줄 모른다고 한다면, 이는 한국인의 정서(가치관)를 잘못 이해했다고 해야 할 것이다. 한국인에게 있어 '푸르다[靑]'의 사용은 어휘의 부족이나 그 구별의 애매성에 기인하는 것이 아니라, '靑'에 대한 한국인의 집단 무의식의 염원(절개, 이상)이 그 어휘의 총화에 반영된 표현이란 점이 인식되어야 한다.

"별로 차린 것은 없지만, 많이 잡수십시오."와 같은 손님 접대 인사를 미국인들처럼 "이 음식 준비하느라 하루 종일 걸렸어요. 부엌에 얼마든지 있으니 갖다 잡수세요."라고 말한다면 우리네는 음식을 먹기 전부터 비위가 상하기 십상일 터이다. 이처럼 음식 접대에 대한 수사적 표현도 그 문화의 속성에 따라 이해되어야 한다.

📖 손주일, 〈언어와 문화〉

> ― 보기 ―
>
> 영어에서는 집, 학교, 어머니 등의 말 앞에 '나(my)'라는 말을 붙여서 '나의 집(my house), 나의 학교(my school), 나의 어머니(my mother)'라고 말하고, '나(I)'는 문장 어디에서나 대문자로 쓰인다. 그러나 우리나라 사람들은 '우리 집, 우리 어머니' 등과 같이 '우리'라는 말을 즐겨 쓴다.

① 우리말에는 공동체 의식이 강한 집단 중심의 문화가 반영되어 있다.
② 우리말은 듣는 이와의 관계에 따라 같은 대상이라도 달리 표현한다.
③ 우리말은 영어와 달리 부드러운 자음을 사용해 미묘한 어감을 표현한다.
④ 우리말에는 봉건적 사고방식을 반영하는 어휘가 아직도 많이 남아 있다.
⑤ 우리말은 물리적인 대상보다는 추상적 대상을 서술하기에 적절한 언어이다.

12_ 언어와 사고, 문화와의 관련성 속에서 이 글을 파악해야 한다. 우리말에서 '우리'라는 표현이 발달하게 된 이유는 ① 공동체 의식이 강한 집단 중심의 문화가 우리말 속에 반영되어 있기 때문이다. 〈보기〉는 이러한 점을 반영하고 있는 진술로 볼 수 있다.

ANSWER ▯▯▯▯▯▯▯▯▯▯▯▯▯▯▯▯▯▯▯

11. ② 12. ①

[13~14] 다음 글을 읽고 물음에 답하시오.

발명의 이론으로 알려진 트리즈(TRIZ)는 창의적 문제 해결을 위한 이론으로서, 구 소련의 겐리히 알츠슐러에 의하여 탄생하였다. 그는 4만 건의 특허를 분석한 결과, 우수한 특허는 모두 모순을 극복했다는 공통점을 발견하였다. 그 후, 알츠슐러는 모순의 극복이라는 관점에서 연구를 계속한 끝에 모순을 기술적 모순과 물리적 모순으로 유형화하여 그 구체적인 해결책을 제시하게 되었다.

기술적 모순이란 두 개의 기술적 변수의 값이 서로 충돌하는 것이다. 가령 비행기의 속도를 높이려면 출력이 높은 엔진을 장착해야 한다. 그런데 출력을 높이려면 엔진이 커져야 하고, 그에 따라 엔진은 무거워진다. 결국 출력이 높은 엔진을 장착하면 비행기의 무게가 증가하여 속도는 떨어지게 된다. 그렇다고 가벼운 엔진을 장착하면 출력의 한계 때문에 속도를 증가시키기 어렵다.

트리즈에는 이와 같은 기술적 모순을 해결하기 위한 40가지 발명의 원리가 있다. 현장에서 부딪히는 기술 문제에 발명의 원리를 하나씩 적용한다면 다양한 해결 방안들이 쏟아져 나올 것이다. 비행기의 속도 문제 해결에 ⊙'복합 재료를 사용하라'는 40번째 발명의 원리가 적용된 예가 있다. 당시, B1 폭격기의 무게를 줄여 달라는 정부의 요청을 받은 항공기 제작 회사는 금속 재료 대신 에폭시 계열의 플라스틱 복합 재료로 비행기의 날개를 만들어 폭격기 전체 무게의 15%를 줄였으며 비용도 절감하였다. 이렇게 무게가 줄면 동일한 엔진으로도 속도를 향상시킬 수 있게 된다.

한편, 물리적 모순이란 하나의 변수가 서로 다른 값을 동시에 가져야 하는 것이다. 예컨대, 비행기는 이착륙 시에 바퀴가 반드시 있어야 하지만, 비행 중에는 공기의 저항을 최소화하기 위하여 바퀴가 없어야 하는 모순을 갖는다. 비행 중에도 바퀴가 동체에 그대로 붙어 있는 초창기 비행기의 모습을 떠올릴 수 있는데, 오늘날 초음속 비행기에서 동체의 바퀴는 엄청난 공기 저항을 유발하여 치명적인 사고를 불러올 수 있으므로 비행 중에는 반드시 없어져야 한다.

이러한 물리적 모순을 해결하기 위하여 알츠슐러는 '시간에 의한 분리' 등 몇 가지의 원리를 제안하였다. ⓒ시간에 의한 분리를 설명하기 위해 앞에서 예로 든 비행기 바퀴의 문제를 생각해 보자. 우선 이륙하기 위하여 비행기는 바퀴로 활주로를 달린다. 비행기가 완전히 이륙하면 바퀴를 동체에 접어 넣어 비행 중에 공기의 저항을 받지 않도록 함으로써 이 문제는 해결된다.

그렇다면 이러한 기술적 모순과 물리적 모순을 누구나 쉽게 알아내고 쉽게 풀어낼 수 있을까? 안타깝지만 그렇게 하려면 상당한 훈련과 경험이 있어야 한다. 현장에서 기술자가 우선적으로 인지할 수 있는 것은 대부분 기술적 모순이다. 그런데 기술적 모순을 면밀히 분석해 보면 물리적 모순이 문제의 핵심에 자리 잡고 있는 경우가 많다. 따라서 기술적 모순의 해결도 의미가 있지만 바탕에 깔린 물리적 모순을 찾아내서 해결하는 것이 문제를 근본적으로 해결하는 길이다.

13_ ㉠과 ㉡을 적용한 결과가 바르게 짝지어진 것은?

	㉠	㉡
①	무게의 감소	바퀴의 제거
②	무게의 감소	공기 저항의 감소
③	무게의 감소	엔진 출력의 향상
④	엔진 출력의 향상	바퀴의 제거
⑤	엔진 출력의 향상	공기 저항의 감소

13_ 비행기의 속도 문제를 해결하기 위해 사용된 ㉠은 결국 금속 재료 대신 에폭시 계열의 플라스틱 복합 재료를 사용하게 했다. 그 결과 폭격기의 무게를 15% 줄였고, 이에 따라 동일한 엔진으로 속력을 향상시킬 수 있었다고 하였다. 또, ㉡은 비행기 바퀴를 동체에 접어 넣는 것을 가리키는데, 그 결과 비행 중에 공기 저항을 받지 않도록 함으로써 문제를 해결하였다고 하였다.

14_ 윗글을 근거로 하여 만든, 발명 동아리 회원 모집의 홍보 문구로 가장 적절한 것은?

① 발명은 모순을 극복하는 것입니다. 트리즈로 발명왕, 특허왕에 도전하세요.

② 발명은 경험을 필요로 합니다. 트리즈 동아리에서 다양한 경험을 해 보세요.

③ 발명은 모순을 찾아내는 것입니다. 과학에 관심 있는 신입생은 특별히 환영합니다.

④ 발명은 반드시 이루어집니다. 기업들의 끝없는 스카웃 행렬, 트리즈 동아리만의 자랑입니다.

⑤ 발명은 성공의 열쇠입니다. 전국 대회에서 3년 연속 수상한 트리즈 동아리가 새내기를 기다립니다.

14_ 첫 문단에서 "우수한 특허는 모두 모순을 극복했다는 공통점"을 가지고 있다고 하였다. 따라서 발명 동아리에서 발명에 대해 설명할 때에는 '모순 극복'이라는 점을 강조하는 것이 적절할 것이다.

ANSWER

13. ② 14. ①

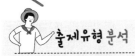

"이렇게 출제된다!"

실용문은 설명서, 안내문, 교술, 평론, 통계 자료, 보도 자료 등 실생활에서 쓰이는 다양한 글들을 모두 통틀어 말한다. 실용문은 주어진 정보를 사실적으로 이해하고 추론하는 문제가 총 12문항 정도 출제된다. 실용문에 접근할 때는 먼저 자료의 특성을 제대로 이해하고, 제시된 지문을 꼼꼼하게 파악하여 자료의 특성에 맞는 적절한 접근법을 통해 문제가 요구하는 답을 찾아내야 한다.

Q • 다음 안내문을 읽고 보인 반응으로 적절하지 않은 것은?
  • 위 안내문의 내용과 일치하지 않는 것은?
  • '○○'가 위 안내문을 읽은 후에 보일 수 있는 반응으로 적절하지 않은 것은?
  • 〈보기〉의 통계에 대해 보인 반응으로 적절하지 않은 것은?
  • 다음 그래프(표)의 내용을 바르게 이해하지 못한 것은?
  • 〈보기〉의 상황에서 A가 보인 반응으로 가장 적절한 것은?
  • 〈보기〉를 바탕으로 할 때, '○○'로 적절하지 않은 것은?
  • 윗글을 읽고 보인 반응으로 적절하지 않은 것은?
  • 윗글을 읽고 제기할 수 있는 질문으로 적절하지 않은 것은?
  • 윗글을 읽고 친구에게 이 공모전에 대해 안내해 준 내용으로 옳지 않은 것은?
  • ○○한 사례로 적절하지 않은 것은?
  • 다음 안내문의 개선 대책에 대한 반응으로 적절하지 않은 것은?
  • 다음 안내문을 참고할 때, 〈보기〉의 ○○에 대한 반응으로 적절하지 않은 것은?
  • 다음은 '○○'에 관한 통계이다. 이에 대한 반응으로 적절하지 않은 것은?
  • 〈보기〉를 바탕으로 할 때, ○○로 적절한 것은?

기출유형 맛보기

"이런 문제가 나온다!"

[1~2] 다음 글을 읽고 물음에 답하시오.

직장 건강검진 안내문

2019. 3. 20. [ ] 건강검진센터

1. 목적
   직장인의 건강 증진을 위해 각종 질병의 예방 및 조기 발견·치료·건강·유지를 도모

2. 검진 방법
   ① 내원 검진: 검진 시행 및 담당의 문진
   ② 검진 시간: (평일) 오전 09:00~12:30 / 오후 14:00~17:30
                (토요일) 오전 09:00~12:30 / 오후 14:00~15:30

3. 검진 일정
   ① 담당자(본원 행정실장)와 협의(수검 인원에 따라 시간 및 검진 인원·검진일 협의)
      ➡ 방문하셔서 기다리는 것을 방지하기 위함이오니 이해하여 주시기 바랍니다.
   ② 신속한 검진 시행을 위해서 본원에 검진을 의뢰해 주시면 사업장에 담당자가 방문하여
      문진표를 제공하고 본인이 직접 작성하셔서 내원하시면 검진 시행을 단축시킬 수 있습니다.

4. 검진 절차

접수 ➡ 문진표 작성 ➡ 체중, 신장 ➡ 혈압 ➡ 청력 ➡ 시력 ➡ 소변 검사 및 혈액 검사
➡ 방사선(X−Ray) 촬영 ➡ 내시경 / 초음파[해당되시는 분] ➡ 담당 의사 문진

5. 검진 시 주의사항

① 건강검진 시간을 엄수하여 주시기 바랍니다.
② 검진을 받으시는 분들께서는 공복으로 내원하시기 바랍니다. [혈액 검사]
③ 아래의 <직장 건강검진 시 주의사항 안내문>을 반드시 숙지하시기 바랍니다.

6. 검진 항목

대상 질환	1차 검진 항목	본원 시행	2차 검진 항목	본원 시행
비만	신장, 체중, 허리둘레, 체질량 지수	●		
고혈압	혈압[최고, 최저]	●	혈압[최고/최저]	●
이상 지질혈증	총 콜레스테롤 HDL 콜레스테롤 LDL 콜레스테롤 트리글리세라이드	●		
간장질환	AST(SGOT) ALT(SGPT) 감마 지피티(r − GPT)	●		
당뇨병	식전 혈당	●	식전 혈당	●
신장 질환	요단백, 혈청크레아티닌 신사구체 여과율(GFR)	●		
빈혈증	혈색소	●		
폐결핵 / 흉부 질환	흉부 방사선 검사	●		
시각 / 청각 이상	시력(좌/우) 청력(좌/우)	●		
치매 선별 검사 [70, 74]	KDSQ − P 선별 검사	●	KDSQ − C [인지 기능 장애 검사]	●
위암	위장 조영 검사			
	위내시경 검사	●		
	조직 검사	●		
대장암	분변 잠혈 반응 검사	●	분변 잠혈 반응 검사에서 양성(+)이 나왔을 때 대장 내시경 검사를 국가에서 지 원받으실 수 있습니다.	●
	대장 이중 조영 검사			
	대장 내시경 검사	●		
	조직 검사	●		
간암	간 초음파 검사	●		
	혈청 알파 태아 단백 검사	●		
유방암	유방 촬영(양측)	●		
자궁 경부암	자궁 경부 세포 검사	●		
우식증, 결손치, 치주 질환	구강 검진	본원 건물 3층 PMG치과 에서 실시		

※ 국민건강보험공단 검진 외 기타 추가하실 수 있는 항목

혈액 종합 [58, 80종]	혈액 정밀 검사	●		
순환기 검진	심장 초음파	●	CT, MRI	방사선과와 연계하여 빠르게 검사 가능
초음파	복부, 유방, 갑상선	●		
부인과 검진	HPV검사, 골다공증	●		

건강보험공단 검진을 받으시면서 본원의 종합 검진 항목에 추가하실 수 있는 항목이오니 참고하시기 바랍니다.

7. 연계된 구강 검진 기관
PMG치과(본원 건물 3층)
➡ 직장 건강검진에 구강 검진이 포함되어 있음에도 불구하고 멀리 떨어져 있는 관계로 구강 검진을 시행 받지 못하시는 분들에게 추천합니다.

〈직장 건강검진 시 주의사항 안내문〉

1. 검진 전 주의사항
① 검사 전날부터 검진 날까지는 8시간 이상 공복 상태를 유지한 상태로 검진을 받습니다. 검사 당일까지 껌, 커피, 기타 음료, 물을 피해야 합니다(검사 당일은 물도 드시면 안 됩니다).
② 검진 전 충분한 수면을 취하고 지나친 체력 소모를 요하는 행동은 삼가 주시기 바랍니다.
③ 몸이 심하게 피로하거나 감기 증상 또는 아플 때는 검진일을 조절해 주시기 바랍니다.
➡ 가벼운 감기 증상은 무관합니다.
④ 복용 중인 약은 주치의와 협의하여 중단 여부를 결정하며, 만일 치료 목적으로 중지할 수 없을 때는 검진 접수 시 알려 주시기 바랍니다.
⑤ 장기 복용하고 있는 약물이 있거나 지병, 수술 경력이 있으시면 문진표에 기재하거나 진찰 시 의사 선생님께 말씀해 주시기 바랍니다.
⑥ 여성의 경우 생리 기간 전후 5일간은 피해서 검진을 실시하시기 바랍니다.
➡ 혈액 검사 및 소변 검사에 영향을 줄 수 있습니다.

2. 검진 당일 주의사항
① 아침 식사는 물론 물, 껌 등도 먹지 마십시오(식사는 채혈이 끝난 후).
② 채혈이 끝난 후 약 5분간 꼭 눌러 지혈해 주시기 바랍니다(문지르지 마세요).
③ 안경 착용자는 반드시 안경을 가지고 오시기 바랍니다.
④ 검사 시 복장은 체육복 혹은 간편한 복장으로 하며, X-Ray 검진을 위하여 구슬 등 장식이 있는 속옷과 목걸이 등의 착용은 피하여 주시기 바랍니다.

※ 보다 정확한 검진을 위하여 위의 주의사항을 꼭 지켜 주시기 바랍니다.

PMG병원 건강검진센터 / (02) 3413 - 2080 / 담당자 : 송중기(010 - 5668 - 9964)

1. 윗글의 검사 항목에 대한 설명으로 옳은 것은?

① 골다공증 검사는 기본 검사 항목이 아니다.

② 치과 검진도 함께 본원에서 실시하고 있다.

③ LDL 콜레스테롤이 높으면 본원에서 2차 검진을 받아야 한다.

④ 복부, 유방, 간, 갑상선 초음파는 종합 검진 외 추가 가능한 항목이다.

⑤ 1차 대장암 검진 항목은 본원에서 모두 시행한다.

〔해설〕 제시된 시각 자료를 통해 정확한 정보를 도출할 수 있는지를 파악하는 문제이다.

① 골다공증 검사는 국민건강보험공단에서 실시하는 직장 건강검진의 기본 검사 항목이 아니므로 1차, 2차 검진 대상에 포함되어 있지 않고 추가 항목에 포함되어 있다.

② 치과 검진은 본원의 건강검진 센터 내에 있지 않고 같은 건물에 있는 PMG치과에서 연계하여 실시하고 있다.

③ LDL 콜레스테롤 등 이상 지질혈증은 2차 검진 실시 대상이 아니다.

④ 복부, 유방, 간, 갑상선 초음파 중 간 초음파는 1차 검진 대상 항목이다.

⑤ 대장암과 관련된 1차 검진 항목 중 대장 이중 조영 검사는 본원에서 시행하지 않고 있다. 대장암과 관련해서는 분변 잠혈 반응 검사, 대장 내시경 검사, 조직 검사 등만 1차 검진 항목에 포함된다.

2. 건강검진 시의 주의사항에 어긋나지 않는 것은?

① 검사 당일에는 공복 상태를 유지하되 수분은 충분히 섭취하는 것이 좋다.

② 채혈 후에는 피가 멎도록 가볍게 문지른다.

③ 검진 전날 등산이나 수영 등은 피하는 것이 좋다.

④ 문진표는 담당 의사 문진 전에 작성하도록 한다.

⑤ 치료 목적의 약이라도 건강검진을 위해서는 일시적으로 복용을 중지한다.

〔해설〕 세부 정보에 어긋나지 않는 것을 찾는 문제로, 선택지 하나하나를 해당 정보에 대입하여 진위를 파악하도록 한다.

〈직장 건강검진 시 주의사항 안내문〉에 따르면 검진 전에는 충분한 수면을 취하고 지나친 체력 소모를 요하는 행동은 삼가라고 하였으므로 '검진 전날 등산이나 수영 등은 피하는 것이 좋다.'는 ③의 주의사항은 옳다.

① 검진 전에는 8시간 이상 공복 상태를 유지해야 하며, 검사 당일에는 물도 먹지 말아야 한다.

② 채혈 후에는 피가 멎도록 5분간 꼭 눌러서 지혈하되 문지르면 안 된다.

④ 담당 의사의 문진은 건강검진 끝에 하는 것이고, 문진표는 접수 후 검사 실시 전에 제출하여야 한다.

⑤ 지료 목적의 약은 주치의와의 협의하에 중단 여부를 결정하며, 중지할 수 없을 때에는 접수 시 반드시 알려주도록 한다.

3. 〈보기〉의 통계에 대해 바르게 이해하지 못한 것은?

┌ 보기 ┐

65세 이상의 남녀 노인 각각 1,000명을 대상으로 유형별 피학대 경험에 대한 조사 결과

구분		방임 피학대	정서적 피학대	언어적 피학대	신체적 피학대	경제적 피학대
성별	남	66.7	90.0	50.0	22.0	33.3
	여	59.8	92.9	68.8	35.7	31.3
나이	65~74세	63.5	95.9	68.9	33.8	29.7
	75~84세	57.3	88.0	52.0	29.3	36.0
	85세 이상	739	91.3	73.9	27.3	26.1
거주지	도시	69.7	95.0	65.5	31.9	31.7
	농촌	60.4	78.8	48.5	27.3	33.3
지병 여부	있다	59.4	94.4	61.1	29.6	33.3
	없다	63.9	87.5	64.1	33.3	29.7
교육 수준	초졸 이하	62.8	92.0	62.8	30.9	29.2
	중졸	66.7	83.3	50.0	25.0	50.0
	고졸	58.7	93.3	60.0	40.0	46.7
	대졸 이상	37.5	99.0	75.0	25.0	25.0
전체		63.3	91.5	59.4	28.8	32.3

＊ 유형별 피학대 경험자 비율(단위 : %)

① 농촌보다 도시에서 노인들의 방임 피학대, 신체적 피학대, 경제적 피학대 경험자의 비율이 높았다.

② 지병이 있는 노인의 경우는 그렇지 않은 경우보다 정서적 피학대 및 경제적 피학대 경험자의 비율이 더 높았다.

③ 다른 연령대와 비교하여 볼 때 정서적 피학대 경험자의 비율은 65~74세의 경우에서, 언어적 피학대 경험자의 비율은 85세 이상의 경우에서 가장 높았다.

④ 남자 노인의 경우는 여자 노인에 비하여 방임 피학대와 경제적 피학대 경험자의 비율이 높았지만 정서적·언어적·신체적 피학대 경험자의 비율은 낮았다.

⑤ 교육 수준이 초졸 이하인 노인과 대졸 이상인 노인을 비교해 볼 때, 정서적 피학대 경험자 비율의 차이보다 언어적 피학대 경험자 비율의 차이가 더 크게 나타났다.

해설 제시된 도표를 분석하여 세부적 정보의 진위를 평가하는 문제이다. 도표와 선택지의 서술이 일치하는지를 하나하나 평가하여야 한다.
① 경제적 피학대의 경우 농촌이 33.3%로 도시의 31.7%보다 높으므로, ①은 명백히 잘못된 진술이다.
② 지병이 있는 경우는 정서적 피학대 94.4%, 경제적 피학대 33.3%로, 지병이 없는 경우의 정서적 피학대 87.5%, 경제적 피학대 29.7%보다 더 높다.
③ 나이로 볼 때 정서적 피학대는 65~74세가 95.9%로 가장 높고, 언어적 피학대는 85세 이상이 73.9%로 가장 높다.
④ 성별로 볼 때 방임 피학대(남 66.7% 〉여 59.8%)와 경제적 피학대(남 33.3% 〉여 31.3%)만 남자의 비율이 높다.
⑤ 교육 수준으로 볼 때 정서적 피학대는 초졸 이하 92.0%, 대졸 이상 99.0%로 7% 차이가 나고, 언어적 피학대는 초졸 이하 62.8%, 대졸 이상 75.0%로 12.2% 차이가 난다.

ANSWER ▶ 3. ①

실전능력 기르기

[1~2] 다음 글을 읽고 물음에 답하시오.

PMG생명 (무) 가족 사랑 보험 II 필수 안내 사항

1. 효력 발생일
제1회 보험료를 납입한 날로부터 효력이 발생하고 암에 대한 보장 개시일은 계약일 또는 부활일로부터 91일째부터이며, 갱신계약의 경우 갱신일부터 효력이 발생합니다.

2. 청약 철회
청약을 한 날로부터 30일 이내에 청약을 철회할 수 있으며, 이 경우 3일 이내에 납입한 보험료를 돌려드립니다.

3. 품질 보증 제도
보험 계약 청약 시 약관과 계약자 보관용 청약서를 전달받지 못하였거나 약관의 중요한 내용을 설명받지 못한 경우 청약일로부터 3개월 이내 계약을 취소할 수 있으며, 이 경우 회사는 이미 납입한 보험료를 돌려드리며 보험료를 받은 기간에 대하여 보험 계약 대출 이율을 연 단위 복리로 계산한 금액을 더하여 지급합니다.

4. 계약 갱신 사항
주보험 및 갱신형 특약은 10년 단위로 80세까지 갱신되며, 갱신 시 보험료는 인상될 수 있습니다.
- 최초 계약 또는 갱신 계약은 보험 기간이 끝나는 날의 15일 전까지 계약을 갱신하지 않는다는 통지가 없거나 갱신 계약의 제1회 보험료를 납입할 때 자동 갱신됩니다.

5. 보험금 미지급 사유
- 고의적 사고 및 2년 이내 자살로 인한 사망 시
- 계약일 또는 부활일로부터 90일 경과 전 암 진단 시

6. 계약 전 알릴 의무
계약자 또는 피보험자(보험 대상자)께서는 보험 계약 청약 시 과거의 건강 상태, 직업 등 청약서의 질문 사항에 대하여 알고 있는 사실을 반드시 사실대로 알려야 하며 그렇지 않은 경우 보험금의 지급이 거절되거나 계약이 해지 처리될 수 있습니다. 계약 전 알릴 의무 위반으로 계약이 해지되었을 때에는 해지 환급금을 드립니다.

7. 가입이 거절되거나 제한될 수 있는 사항
청약 시 직업, 나이, 운전 여부, 취미, 병력이 반영될 위험률에 따라 가입이 거절되실 수 있습니다.

8. 기존에 체결했던 보험 계약을 해지하고 다른 보험 계약을 체결 시 인수가 거절되거나 보험료 인상, 보장 내용이 달라질 수 있습니다.

9. 자세한 사항은 보험 계약 체결 전 반드시 상품 설명서 및 약관을 참조하시기 바랍니다.

10. 이 보험 계약은 예금자 보호법에 따라 해지 환급금(또는 만기 시 보험금이나 사고 보험금)에 기타 지급금을 합한 금액을 예금 보험 공사가 보험 계약자 1인당 "최고 5천만 원까지" 보호합니다. 다만, 보험 계약자 및 보험료 납부자가 법인이면 보호되지 않습니다.

가. 보험료(만기 환급금이 없는 순수 보장형)

주 계약 3억, 교통 재해, 암 진단, 고액암 진단, 뇌출혈, 급성 심근 경색, 특약 각 2천만 원 기준

구분		30세	40세	50세	비고
남	주 계약	48,000	84,000	177,000	
	교통 재해	2,400	3,000	4,200	
	암 진단	4,600	11,000	29,200	
	고액암 진단	400	800	1,400	
	뇌출혈	2,600	5,000	7,400	
	급성 심근 경색	2,000	5,000	11,000	
	계	60,000	108,800	230,200	
여	주 계약	36,000	48,000	72,000	
	교통 재해	800	1,200	1,800	
	암 진단	10,400	18,800	24,600	
	고액암 진단	600	800	1,200	
	뇌출혈	1,800	3,200	5,800	
	급성 심근 경색	1,200	2,000	4,200	
	계	50,800	74,000	109,600	

* 본 상품은 10년 만기 갱신형 상품으로 보험료가 인상될 수 있습니다(갱신 시 최대 80세까지 보장 가능).

나. 해지 환급금 예시표(기준 : 40세 남자)

주 계약 3억, 교통 재해, 암 진단, 고액암 진단, 뇌출혈, 급성 심근 경색, 특약 각 2천만 원

경과 기간	납입 보험료(원)	해지 환급금(원)	환급률(%)
1년	1,305,600	4,600	0.4%
3년	3,916,800	134,171	3.4%
5년	6,526,000	613,200	9.4%
10년	13,056,000	0	0.0%

* 중도 해지 시 해지 환급금은 납입한 보험료보다 적거나 없을 수도 있습니다.

01_ 윗글에 대한 반응으로 적절한 것은?

① 암에 대한 보장은 계약과 함께 효력이 발생하는군.

② 이 보험은 나이에 따라 보험료가 다르며, 나중에 금액이 변경될 수도 있는 상품이네.

③ 자살로 인한 경우는 보험금이 절대 지급되지 않는 상품이군.

④ 3일이 지나기 전 보험 청약을 철회하면 납입한 보험료를 돌려받을 수 있어.

⑤ 만기가 되면 보험료를 돌려받게 되므로 납입 기간이 10년 이상 경과하면 해약 환급금이 없는 거군.

(오답해설) ① '효력 발생일' 항목에서 암에 대한 보장 개시일은 계약일 또는 부활일로부터 91일째부터이며, 갱신 계약의 경우는 갱신일부터 효력이 발생한다고 되어 있다.
③ '보험금 미지급 사유' 항목에서 고의적 사고 및 2년 이내 자살로 인한 사망 시로 되어 있으므로 자살인 경우 무조건 보험금이 지급되지 않는다고 볼 수는 없다.
④ '청약 철회' 항목에서 30일이 지나기 전 보험 청약을 철회하면 3일 이내에 납입한 보험료를 돌려받을 수 있다고 되어 있다.
⑤ 이 상품은 '보험료' 표 상단에 '만기 환급금이 없는 순수 보장형'이라고 제시되어 있다.

02_ 이 계약 안내서에 제시된 표를 통해 미루어 알 수 없는 것은?

① 50세 남성은 여성의 보험료 납부액의 2배가 넘는다.

② 급성 심근 경색은 보험료로 보아 여성보다 남성의 발병률이 높을 것으로 보인다.

③ 나이가 들수록 암 진단비가 높아지는 것으로 보아 암 발생률은 30대＜40대＜50대로 예상된다.

④ 환급률은 가입 기간이 오래 경과될수록 높아진다.

⑤ 나이, 성별을 떠나 보험료가 가장 낮은 것은 고액암 진단비이다.

(오답해설) ① 50세 남성의 보험료 총계는 230,200이고, 50세 여성의 총계는 109,600이므로 50세 남성의 보험료는 50세 여성보다 보험료 납부액이 2배가 넘는다.
② 급성 심근 경색의 보험료는 남성이 여성보다 30세는 800원, 40세는 3000원, 50세는 6800원이 높은 것으로 보아 여성보다 남성의 발병률이 높고, 또 같은 남성이라도 나이가 많을수록 발병률이 높을 것임을 추정할 수 있다.
③ 암 진단비는 나이에 따라 보장액이 크게 차이가 난다. 즉, 암 발생률은 남녀 모두 '30대＜40대＜50대'로 예상된다.
⑤ 고액암 진단비는 남성은 30세 400원, 40세 800원, 50세 1400원이고, 여성은 30세 600원, 40세 800원, 50세 1200원으로 타 항목에 비해 보장액이 가장 낮다.

01_ 보험료는 가입 시의 연령과 성별에 따라 다르게 산정되며 10년 만기 갱신형 상품으로 보험료가 인상될 수 있다고 제시되어 있으므로 ②은 적절하다.

02_ ④ 환급률은 1년 0.4%, 3년 3.4%, 5년 9.4%로 가입 초기에는 조금씩 증가하나 5년 이후로는 보장 기간이 오래 경과될수록 점점 낮아져 10년 경과 시 0.0%로 해지 환급금이 없게 된다.

ANSWER
01. ② 02. ④

[3~5] 다음 글을 읽고 물음에 답하시오.

예술에서 변형적 사고는 종종 새로운 발견을 이끌어 내어 창조적인 작품을 탄생시킨다. 특히 음악과 미술의 상호 변환 가능성에 대해서는 많은 사람들이 언급해 왔는데, 음악을 이미지로 변형시킨 대표적인 화가로 파울 클레를 들 수 있다.

클레는 음악을 듣는 청중처럼 관람객들이 부분과 전체를 동시에 지각할 수 있는 시각적 형태를 만들어 내고자 했다. 클레는 바우하우스에서 강의를 하기 위해 자신의 실험 과정을 공책에 기록했다. 그는 처음에는 음표를 간단한 그래프 모양으로 표시했다. 이는 음의 강도와 지속 시간을 보여 주었다. 그런 다음 한 단계 더 추상화시켜서 음표를 음들의 연속에 따른 선형 이미지로 만들어 냈다. 이 단계까지는 실제로 ㉠표시하지는 않았지만 음자리표가 있는 것으로 상정되어 있는 만큼 연주 악보로서의 기능을 아직 ㉡보유하고 있는 상태였다. 그럼에도 불구하고 음표는 음의 지시 기호가 아닌 이미지의 성격이 더 강해졌다고 볼 수 있다. 마지막 단계에서 클레는 선형 음표를 다시 순수한 선으로 추상화했는데, 이때에 이르면 음악 악보와 관련된 어떤 것도 ㉢발견할 수 없게 된다.

클레는 작곡가들이 다성 음악*을 창작하는 것과 똑같은 방법으로 작품의 시각적 요소들을 '혼합'해서 복잡한 패턴을 만들어 낼 수 있다는 것을 깨달았다. 예를 들면, 작품 <5성부 다성 음악>에서 그는 각기 다른 다섯 종류의 선을 그렸다. 이는 다섯 개의 '성부(聲部)'를 나타낸다. 이 선들은 각자 가진 고유한 특질을 훼손하지 않은 상태로 서로 가로지르며 일정한 패턴을 형성한다. 우리는 패턴 전체를 ㉣조망하면서 동시에 각 부분도 볼 수 있다.

클레의 음악 이미지 변형 기법에서 특히 놀라운 것은 이 이미지가 원래 음악에서 발견할 수 없는 새로운 특성을 획득하게 된 점이다. 음악은 오로지 시간을 따라 한 방향으로 가면서 들을 수 있다. 그러나 시각적인 다성 음악은 어떤 방향에서든, 또는 방향들의 조합을 통해서도 '볼' 수 있다. 그럼으로써 음악에는 존재하지 않는 관계성이 만들어진다. 어떤 정서나 생각, 자료를 변형하는 일은 결코 동일해질 수 없기 때문에 변형 과정은 클레의 경우처럼 ㉤예기치 않은 발견을 낳을 수 있다. 그 결과 변형적 사고는 숱한 창조적 인물들이 의식적으로 채택하는 전략이 되고 있다.

＊ 다성 음악 : 독립된 선율을 가지는 둘 이상의 성부로 이루어진 음악

03_ 글의 논리적 전개에 대한 분석을 통해 서술상의 특징을 파악하는 문제이다.

이 글은 예술에서의 '변형적 사고'에 대한 내용으로, 파울 클레의 작품의 창작 과정과 특징을 사례로 제시하여 독자들의 이해를 돕고, '변형적 사고'가 예술에서 갖는 의의를 보여 주고 있다. 따라서 ④이 가장 적절하다.

03_ 윗글의 서술상 특징으로 가장 적절한 것은?

① 유추를 통해 추상적인 개념을 구체화하고 있다.
② 단계적 순서에 따라 개념의 차이를 부각하고 있다.
③ 대상의 장단점을 분석하여 그 속성을 규명하고 있다.
④ 구체적인 사례를 제시하여 중심 화제의 의의를 밝히고 있다.
⑤ 대상을 여러 관점에서 파악하여 각각의 특징을 밝히고 있다.

오답해설 ① 비슷한 대상을 통해 미루어 추측하는 유추의 방법은 활용되지 않았다.
② 개념의 차이가 아니라 변형 과정에 초점을 두고 있다.
③ 지문에서 대상의 장단점은 확인할 수 없다.
⑤ 클레의 작품을 변형의 관점에서만 분석하고 있다.

ANSWER
03. ④

04_ 다음 〈보기〉의 작품 해설에서 윗글의 밑줄 친 '음악에는 존재하지 않는 관계성'이 구체화되어 있는 것은?

┌─보기─

[작품 해설] 파울 클레, '선택된 장소'

그림에는 하나의 선이 사각형을 무수히 형성하고, ⓐ 오른쪽 위 원형에도 같은 꺾은선이 가득 차 있다. 환상적인 느낌을 자아내면서 ⓑ 마치 하늘과 땅, 그리고 푸른색의 수평선이 대우주의 질서를 상징하는 듯하다. 여기에는 ⓒ 음악에서의 모방 작법과 평행 선율법이 응용되었다. 그런데 이 작품에서는 ⓓ 창작의 모티브가 되는 음악의 기법은 찾아볼 수 없게 된 것이다. 클레는 이런 식으로 다수의 음악적 그림들을 남겼는데, ⓔ 그가 생전에 남긴 작품은 모두 9,146점에 이른다.

① ⓐ　　　　　② ⓑ　　　　　③ ⓒ
④ ⓓ　　　　　⑤ ⓔ

오답해설 ① ⓐ는 작가가 표현한 외적 형상이다.
③ ⓒ의 작법은 음악에서 응용된 것으로 새로이 발견한 특성이 아니다.
④ ⓓ 모티브가 되는 음악의 기법을 찾아볼 수 없다는 것만으로 새롭게 발견한 특성을 구체화한 것이다.
⑤ ⓔ 관계성과 작품 수와는 관련이 없다.

05_ 문맥상 ㉠~㉤을 바꿔 쓴 표현으로 적절하지 않은 것은?
① ㉠ : 나타내지는　　　　② ㉡ : 가지고
③ ㉢ : 찾아낼　　　　　　④ ㉣ : 돌아보면서
⑤ ㉤ : 뜻하지

오답해설 ① '표시'는 '겉으로 드러내 보임.'을 의미하므로 '나타내지는'이 적절하다.
② '보유'는 '가지고 있거나 간직하고 있음.'을 의미하므로 '가지고'가 적절하다.
③ '발견'은 '사물이나 현상, 사실 따위를 찾아냄.'을 의미하므로 '찾아낼'이 적절하다.
⑤ '예기'는 '앞으로 닥칠 일에 대하여 미리 생각하고 기다림.'을 의미하므로, '뜻하지'가 적절하다.

04_ 밑줄 친 부분의 문맥적 의미를 정확히 이해하고 이를 구체적 사례에 적용하는 문제이다.
② '음악에는 존재하지 않는 관계성'은 클레가 〈5성부 다성 음악〉을 창작하는 과정에서 새롭게 발견하게 된, 음악에서는 발견할 수 없는 특성이다. 작품 해설에서 해설자는 각진 모양의 무수한 선들 속에서 ⓑ와 같은 상징성을 설명하고 있는데, 이는 음악을 그림으로 변형한 과정에서 해설자가 새롭게 발견한 '음악에는 존재하지 않는 관계성'인 것이다.

05_ 어휘의 사전적 의미에 대한 이해를 바탕으로 의미가 비슷한 다른 단어로 바꿔 쓸 수 있는가를 묻는 문제이다.
④ '조망하다'의 사전적 의미는 '먼 곳을 바라보다.'로, 이 글에서의 문맥적 의미는 '바라보다'가 적절하다. '돌아보다'는 '고개를 돌려 보다. / 지난 일을 생각하여 보다. / 돌아다니면서 두루 살피다.'의 의미이다.

06_ 다음 표의 내용을 바르게 이해하지 <u>못한</u> 것은?

HDI 순위와 일인당 국민 소득 순위와의 관계

국가	인간 개발 지수(HDI) 순위	일인당 국민 소득 순위−HDI 순위
캐나다	1	7
미국	2	−1
영국	18	5
코스타리카	28	32
한국	31	7
싱가포르	35	−19
브라질	63	1
터키	66	−1
사우디아라비아	76	−43
중국	111	12
콩고	122	−21
파키스탄	128	−28
방글라데시	146	−5
르완다	156	9
모잠비크	167	6
에티오피아	171	3

＊ 인간 개발 지수(HDI)는 국민 소득, 교육 정도, 평균 수명을 종합하여 각 국의 발전 정도를 측정하고자 UNDP에서 개발한 지수이다.

① 일인당 국민 소득이 가장 낮은 국가는 에티오피아다.

② 한국의 일인당 소득 수준은 코스타리카에 비하여 높다.

③ 한국의 평균 수명과 교육 수준 모두 코스타리카에 비하여 낮다.

④ 일인당 국민 소득만 보고 각 국가의 발전 정도를 단언할 수는 없다.

⑤ 일인당 국민 소득 수준과 HDI의 격차가 가장 큰 국가는 사우디아라비아, 코스타리카, 파키스탄, 콩코순이다.

오답해설 ① 에티오피아는 일인당 국민 소득 순위 174위로 최하위이다.
② 한국의 일인당 국민 소득은 38위, 코스타리카는 60위이다.
④ 일인당 국민 소득과 발전 정도를 나타내는 HDI 지수의 순위가 일정한 상관관계가 없으므로 맞는 기술이다.
⑤ 격차는 절댓값 크기로, 절댓값의 크기가 큰 순서로 고르면. 사우디아라비아(−43), 코스타리카(32), 파키스탄(−28), 콩고(−21)순이다.

ANSWER |||||||||||||||||||||||||||||||||||||||||||||
06. ③

07_ 다음 표는 휴일의 여가 활용 방법과 즐겨 보는 TV 프로그램에 관련된 통계 자료이다. 이에 대한 설명으로 옳은 것을 〈보기〉에서 모두 고르면? (단, 남녀 응답자 수는 동일하다.)

〈표 1〉 휴일의 여가 활용 방법

구분	TV 시청	여행	문화 예술 관람	스포츠	컴퓨터 게임·PC 통신	자기 계발	사교 관련	가족과 함께	가사일	휴식·수면	기타
남자 (15세 이상)	26.5	7.0	1.7	7.1	9.9	2.0	11.0	8.7	3.91	8.2	4.0
여자 (15세 이상)	25.7	3.4	3.0	1.7	4.0	1.7	11.9	9.9	19.8	14.2	4.7
15~19세	22.7	0.5	3.6	3.8	29.7	8.2	13.5	1.6	0.9	12.2	3.3
20~29세	21.3	4.0	7.4	3.8	14.2	3.0	19.2	4.9	5.0	13.2	4.0
30~39세	23.1	6.6	1.8	4.4	4.7	1.4	8.7	18.1	13.4	13.6	4.2
40~49세	26.5	7.3	0.8	6.0	2.4	0.9	7.3	11.1	15.8	16.3	5.6
50~59세	30.1	6.9	0.4	4.7	1.0	0.7	9.1	7.0	16.3	18.7	5.1
60세 이상	32.9	2.7	0.1	2.7	0.4	0.2	12.4	5.7	15.8	22.7	4.4

〈표 2〉 즐겨 보는 TV 프로그램

구분	뉴스	드라마	스포츠	연예 오락	영화	교육	교양	홈쇼핑	기타
남자 (15세 이상)	50.7	9.5	15.3	10.5	4.4	6.5	2.8	0.0	0.3
여자 (15세 이상)	29.7	50.9	0.9	11.5	2.9	0.7	2.9	0.2	0.3
15~19세	9.7	22.0	11.4	44.7	5.7	4.4	1.4	0.0	0.7
20~29세	22.3	31.2	12.2	24.5	6.5	0.5	2.4	0.1	0.3
30~39세	44.8	26.6	10.9	7.3	5.3	0.5	4.3	0.2	0.1
40~49세	58.6	24.4	7.1	2.8	2.5	0.3	3.9	0.1	0.2
50~59세	58.9	30.3	4.8	1.7	1.3	0.1	2.4	0.2	0.3
60세 이상	46.9	46.7	2.2	1.7	0.5	0.0	1.0	0.4	0.8

┌ 보기 ┐

ㄱ 15세 이상 인구의 25% 이상이 TV 시청으로 여가를 활용하고, 이 중에서 뉴스를 가장 선호하는 연령은 50~59세이다.

ㄴ 30대 이상 TV 시청자의 70% 이상은 뉴스와 드라마를 즐기는 반면, 30대 미만 TV시청자의 50% 이상은 드라마와 연예 오락을 시청한다.

ㄷ 연령대가 높을수록 뉴스와 드라마를 더 선호하고, 연령대가 낮을수록 여가 시간을 TV 시청과 휴식·수면으로 보내는 비율이 낮아진다.

ㄹ TV 시청 비율은 남자가 여자보다 높고, 여자는 드라마와 뉴스를 가장 선호하는 반면, 남자는 뉴스와 스포츠를 가장 선호한다.

ㅁ 전체 비율보다 2배 이상 높은 수치를 보인 여가 활용 방법은 15~19세와 20~29세의 컴퓨터 게임·PC 통신뿐이다.

① ㄱ, ㄴ, ㄹ
② ㄱ, ㄹ, ㅁ
③ ㄴ, ㄷ, ㅁ
④ ㄱ, ㄴ, ㄷ, ㅁ
⑤ ㄱ, ㄴ, ㄷ, ㄹ, ㅁ

07_ ㄱ 〈표 1〉과 〈표 2〉에서 알 수 있다.

ㄴ 〈표 2〉에서 연령대별 각 항목 비율을 합하면 된다.

ㄷ 뉴스는 60세 이상이 감소하고, 드라마는 20대가 31.2%로 30대의 26.6%보다 높다.

ㄹ 〈표 1〉 남자 26.5%, 여자 25.7%, 〈표 2〉 여자 1, 2위는 드라마와 뉴스, 남자 1, 2위는 뉴스와 스포츠이다.

ㅁ 〈표 1〉에서 컴퓨터 게임과 PC 통신은 10대 29.7%로 TV 시청보다 다소 높은 수준이며, 20대에서는 14.2%로 TV 시청 21.3%보다 낮다.

➡ ㄱ, ㄴ, ㄹ이 자료 분석에 대한 설명으로 적절하다.

ANSWER |||||||||||||||||||||

07. ①

08_ 〈보기〉의 설명을 참고하여 다음 표의 A, B, C, D, E에 해당하는 국가를 바르게 나열한 것은?

6개국 국방비와 연구 개발 투자 현황

구분 국가	국민 1인당 국방비($)		국방비(백만$)		연구 개발비 (백만$)		연구 개발 비율 (%)	
	2015	2016	2015	2016	2015	2016	2015	2016
미국	1,078	1,128	287,000	296,200	38,700	40,800	13.5	13.8
A	357	310	4,560	4,040	108	90	2.4	2.2
B	358	440	140,850	140,850	15,600	21,894	11.1	10.0
C	601	583	33,890	33,890	4,026	3,986	11.9	12.2
D	575	553	26,538	26,538	3,053	3,145	11.5	13.0
E	341	328	22,871	22,871	1,299	1,286	5.7	6.4

┌ 보기 ┐
㉠ 영국과 프랑스는 2015년에 비해 2016년에 국민 1인당 국방비가 감소하였으나, 연구 개발 비율은 증가하였다.
㉡ 러시아와 미국은 2015년에 비해 2016년에 국민 1인당 국방비와 연구 개발비 모두 증가하였다.
㉢ 스위스와 독일은 연구 개발 비율이 다른 네 개 국가들보다 낮다.
㉣ 영국과 독일은 2015년에 비해 2016년에 연구 개발비는 감소했으나, 연구 개발 비율은 증가하였다.

	A	B	C	D	E
①	독일	러시아	프랑스	영국	스위스
②	스위스	러시아	프랑스	영국	독일
③	러시아	독일	프랑스	영국	스위스
④	스위스	러시아	영국	프랑스	독일
⑤	러시아	스위스	영국	프랑스	독일

[9~10] 다음 글을 읽고 물음에 답하시오.

🏛 보건복지부	치매국가책임제 추진 현황 및 향후계획

■ 교육부(사회부총리 겸 장관)·보건복지부는 3.29.(금) 제3차 '포용국가 실현을 위한 사회관계장관회의'를 성남 중원구 치매안심센터에서 개최하였다.
 • 이번 제3차 사회관계장관회의에서는 장관들이 치매국가책임제의 지역 중심축(허브)인 치매안심센터를 이용하는 모습을 직접 살펴보고, 치매국가책임제 추진 성과와 올해 내 모든 치매안심센터 완전 개소, 독거노인 전수 치매검진 실시 등 향후 발전계획을 담고 있는 「치매국가책임제 추진현황 및 향후계획(안)」을 논의하였다.
 • 첫 현장방문 사회관계장관회의 장소로 어르신의 존엄한 노후 보장을 통해 포용국가 실현에 기여 중인 치매안심센터가 결정되었다.
  – 치매안심센터*는 핵심 국정과제인 치매국가책임제가 지역사회에 뿌리내릴 수 있도록 중요한 역할을 하고 있다.
  ＊ 치매 1:1 상담·등록, 조기검진, 치매쉼터, 가족카페, 맞춤형 사례관리, 필요 서비스 연계 등 지역사회에서 원스톱 치매통합 관리서비스 제공
■ 2017년 9월 발표한 치매국가책임제는 지역사회 치매관리, 장기요양서비스 확대 등 치매환자와 가족의 부담을 덜어줄 수 있는 20개 과제로 구성되어 있으며, 지난 1년 6개월간 착실히 추진 중이다.
 • 이날 회의에서 논의한 「치매국가책임제 추진현황 및 향후계획(안)의 주요 내용은 다음과 같다.

① 빈틈없는 지역사회 치매관리

■ 각 시군구 보건소(256개)에 치매안심센터를 설치하여 치매 어르신과 가족들이 1 : 1 상담부터 검진, 치매쉼터, 가족카페, 맞춤형 사례관리까지 통합적인 치매관리 서비스를 받을 수 있도록 하였다.

- 2019년 2월 말 기준으로 치매안심센터 177개소는 공간·인력을 갖추고 모든 서비스를 제공하고 있다.
- 다만, 나머지 센터 79개소는 올해 연말까지 기반시설(인프라)을 모두 갖추는 것을 목표로, 현재 상담·검진·치매쉼터 등 치매 어르신 대상 필수 서비스 중심으로 운영 중이다.
- 2017년 12월부터 운영하기 시작한 치매안심센터에서 2019년 2월 말 기준 197만 명이 상담, 검진, 치매쉼터, 가족교실과 같은 서비스를 이용하였으며, 전체 추정 치매환자(2019년 기준 75.8만 명) 중 절반인 37만 명의 치매환자가 치매안심센터에 등록되어 체계적으로 관리를 받고 있다.
  * 치매환자 등록률(전체 추정 치매환자 중 치매안심센터에 등록된 환자 수) : ['18.2월] 4.6%(2만 5000명) → ['19.2월] 49.3%(37만 명)

[향후 계획]

■ 정부는 올해 안으로 모든 치매안심센터(256개)가 서비스를 완벽히 제공할 수 있도록 기반시설 구축을 완료하고, 교통이 불편하거나 면적이 넓은 기초자치단체에 거주하시는 어르신들이 보다 편리하게 서비스를 받을 수 있도록 분소형 치매안심센터*를 운영할 계획이다.

* 보건지소 등 권역별 시설을 활용해 진단, 쉼터 등 치매안심센터 서비스 제공

- 또한 치매 고위험군에 대한 예방·관리 강화를 위해 독거노인 대상 노인돌봄기본서비스* 등 기존 사업과 협력하여 전수 치매검진을 실시하고, 예방·관리 서비스도 찾아가는 방식으로 제공한다.
- 생활관리사('19년 1만 1800여 명)가 노인복지관, 재가노인복지센터 등 서비스 제공기관(244개소)을 통해 취약 독거노인 대상 정기적 안부확인(주 1회 방문, 주 2회 전화) 및 보건복지 서비스를 연계·제공

② 장기요양 확대를 통한 돌봄 강화

■ 2018년 1월부터 인지지원등급* 제도를 시행하여 경증치매 어르신이 그간 받지 못했던 인지활동형 프로그램 등 장기요양서비스**를 받을 수 있도록 하였다.

* 인지지원등급 판정현황 : ('18.1월) 374명 → ('18.12월) 1만 1271명

** 장기요양서비스 : 65세 이상 노인 또는 치매 등 노인성 질병이 있는 65세 미만이신 분들이 혼자서 일상생활 수행이 어려워 수급자로 판정받으시는 경우 제공되는 신체활동, 가사활동, 인지활동 지원 서비스

- 또한 기존에 건강보험료 순위 25% 이하인 분들께만 적용되었던 장기요양서비스 본인부담금 경감* 제도를 확대하여 형편이 어려운 어르신들의 서비스 이용에 대한 부담도 줄어들었다.
  * 장기요양서비스 본인부담금 경감 : (건강보험료 순위 0~25%) 60% 경감, (25~50%) 40% 경감
- 치매환자의 특성을 고려한 시설·인력 기준을 갖춰 맞춤형 프로그램을 제공하는 치매전담형 장기요양시설 확충(2022년까지 신축 344개 목표) 사업도 착실히 진행 중이다.

[향후 계획]

■ 기존 장기요양 시설을 치매 전담형으로 전환하는 작업을 촉진하기 위해 시설 기준을 개선하고 (노인복지법 시행규칙 개정), 질 높은 치매환자 맞춤형 돌봄 서비스 제공을 위해 치매전문 요양 보호사를 대폭 양성할 계획이다.

③ 치매의료 지원을 통한 부담 완화

■ 중증치매환자 대상으로 건강보험의 산정특례를 적용하여 중증치매어르신이 계신 가정의 의료비 본인부담비율을 최대 60%에서 10%로 대폭 줄였다.
  • 치매검진에 사용되는 신경인지검사*에 건강보험을 적용하여 검사 본인부담금을 크게 낮추었다.**
    * 치매 진단을 위해 대상자의 기억력, 언어능력, 시공간 지각능력 등을 종합적으로 평가하는 전문 검사
    ** (상급종합병원 기준 최대치) 정신과 CERAD-K : 20만 원 → 6만5000원
       신경과 SNSB : 40만 원 → 15만 원
    – 아울러, 치매안심센터에서는 신경인지검사를 무료로 받을 수 있도록 하여 치매검진에 대한 비용 부담을 한층 더 덜게 되었다.
  • 이상행동증상이 심한 치매 어르신을 단기·집중 치료하여 지역사회로 복귀할 수 있도록 의료 서비스를 제공하는 치매안심병원 확충을 위해 공립요양병원 50개소에 치매전문병동도 설치 중이다.

[향후 계획]
■ 치매검진 비용을 더욱 줄이기 위해 병의원에서 신경인지검사를 받을 경우 치매안심센터에서 지원하는 금액을 현행 8만 원에서 15만 원까지 확대(중위소득 120% 이하 대상)할 계획이다.
  • 올해 안으로 치매전문병동 설치 완료 후 시설·인력기준을 갖춘 곳을 치매안심병원으로 지정하여 지역에서 치매환자 맞춤 의료서비스를 제공할 수 있도록 한다.
  • 또한 현재 공립요양병원이 없는 149개 기초자치단체(전체 중 66%)의 치매 어르신·가족들도 치매안심병원의 서비스를 이용하실 수 있도록 민간병원을 치매안심병원으로 지정하는 방안*에 대한 연구를 추진할 계획이다.
    * 민간 치매안심병원 지정 필요 지역, 시설 및 인력기준 확보 지원방안 검토 등

④ 치매 환자·가족 친화적 사회 조성

■ 저소득 중증 독거 치매노인의 자기의사결정권 보호 지원을 위한 치매노인 공공후견제*를 2018년 33개 기초자치단체에서 시범 실시하여, 후견인이 치매 어르신을 대상으로 후견활동을 할 수 있도록 결정하는 후견심판 청구가 17건(심판 결정 4명) 이루어졌다.
    * 치매노인 공공후견제 : 치매로 인하여 의사결정 능력이 저하된 어르신이 자력으로 후견인을 선임하기 어려운 경우에 지방자치단체의 장이 치매 어르신을 위하여 후견심판을 청구하고 후견활동을 지원하도록 하는 제도
  • 치매국가책임제 발표 이후 치매 친화적 사회를 만들기 위한 치매 파트너즈(지역사회 치매 환자·가족 지지 자원봉사자) 양성에도 박차를 가하여 2017년 대비 18만 명이 증가한 68만 명이 교육 이수나 자원봉사 활동을 통해 치매 어르신, 가족을 지지하는 치매 파트너즈가 되었다.
    – 치매 어르신과 가족들이 어엿한 사회 구성원으로 생활을 누릴 수 있도록 지역사회가 지원·배려하는 치매안심마을 조성을 위해, 연구용역 및 시범사업(3개 읍면동)을 추진하였다.
  • 또한 치매노인 실종예방 기반도 확장하여 그간 경찰청에서 실시하던 치매환자 지문사전등록*을 치매안심센터에서도 가능하도록 하였다. 2018년 치매안심센터에서 1만 1994명의 치매 어르신이 지문을 등록하였으며 경찰청과 협조하여 총 6만 5583건('16년 1만 6442건 → '17년 1만 8825건)의 실종예방인식표**도 발급하였다.
    * 치매환자 지문사전등록 : 치매 어르신의 지문을 사전등록하여 실종·배회 시 어르신의 지문확인을 통해 보다 빠르게 가족(보호자)에게 찾아드리는 제도
    ** 실종예방인식표 : 실종 위험이 있는 치매 어르신의 옷 등에 부착하여 지역 관공서 직원, 주민들이 배회하는 치매노인 발견 시 치매안심센터에 알려 치매노인의 실종을 방지

[향후 계획]

■ 치매노인 공공후견제 시범사업을 통해 보다 많은 치매 어르신들이 권익보호 지원을 받을 수 있도록 사업을 확대해야 한다는 현장의견을 반영하여, 올해부터는 경증 치매 어르신도 피후견인으로 선정받을 수 있도록 하고 후견인의 나이 제한기준을 폐지하여(기존 60세 이상) 후견인의 참여 폭도 확대하여 운영한다.

• 또한 치매 파트너즈를 양성하면서 동시에 지역사회에서 이들의 활발한 활동을 장려하는 방안을 교육부, 행정안전부 등 관련 부처와 지속적으로 논의할 예정이다.

• 치매안심센터를 중심으로 인식개선, 치매 친화적 사회 조성에 초점을 맞추어 모든 지역(256개 기초자치단체)에 치매안심마을이 조성되도록 추진할 계획이다.

— 보건복지부 홈페이지, 보도자료

09_ 윗글을 통해 알 수 있는 내용이 아닌 것은?

① 원스톱 치매관리서비스는 치매안심센터를 통해 받을 수 있다.
② 중증치매환자가 있는 가정의 의료비 부담 비율을 대폭 감소하였다.
③ 신경인지검사는 원스톱 치매통합 관리서비스를 받은 환자에 한해서만 무료로 받을 수 있다.
④ 공립요양병원에 치매전문병동을 설치하여 치매안심병원을 확충하려고 한다.
⑤ 공공후견제의 후견인의 나이 제한 기준은 60세 이상이다.

09_ 윗글에서 원스톱 치매통합 관리서비스를 받은 환자에 한해서만 신경인지검사를 받을 수 있다고 언급되어 있지 않다. 신경인지검사는 원스톱 치매관리서비스와 별개로 치매안심센터에서 무료로 받을 수 있다.

10_ 윗글을 읽고 제기할 수 있는 질문으로 가장 적절한 것은?

① 신경인지검사는 주로 어떠한 능력을 검사하는가?
② 공공후견제에서 후견인의 나이 제한 기준을 둔 까닭은 무엇인가?
③ 치매파트너즈는 어떻게 양성되는가?
④ 경찰청과 치매안심센터가 협조하여 무엇을 했는가?
⑤ 장기요양서비스 본인부담금 경감 제도는 일정 연령 이상의 모든 노인에게 적용되었는가?

(오답해설) ① 신경인지검사는 대상자의 기억력, 언어능력, 시공간 지각능력 등을 종합적으로 평가하는 검사이다.
③ 치매 파트너즈는 교육 이수나 자원봉사 활동을 통해 양성한다.
④ 치매안심센터에서 경찰청과 협조하여 실종예방인식표를 발급하였다.
⑤ 장기요양서비스의 본인부담금 경감 제도는 65세 이상의 노인들 중에서 건강보험료 순위에 따라 적용된다.

10_ 공공후견제의 후견인의 나이 제한을 기존에는 60세 이상으로 두고 있는데, 향후에는 이러한 나이 제한을 폐지하려고 한다고 언급되어 있다. 기존에 공공후견제에서 왜 후견인의 나이 제한을 두었는지는 언급되어 있지 않으므로 '후견인의 나이 제한 기준을 둔 까닭'은 이 글을 읽고 나서 제기할 수 있는 질문으로 적절하다.
나머지 보기의 질문은 윗글에 답이 명시되어 있으므로 적절하지 않다.

ANSWER
09. ③ 10. ②

🔷 어떻게 출제되나?

KBS한국어능력시험의 국어 문화 영역에서는 국어학, 문학, 생활 국어의 3가지 영역으로 문제가 출제된다. 국어 문화 영역의 '국어학'은 중세, 근대 국어, 북한어, 외래어에 대해 묻는 문제들이 주로 출제되고 있다. 국어 문화 영역에서의 '문학' 역시 읽기 영역과는 다르게 작품명이나 작가를 찾는 문제가 출제된다. 국어 문화 영역의 '생활 국어'에서는 표준어와 방언이나 높임법, 방송 언어 등 실제로 사용하고 있는 국어 생활에 대한 문제가 출제된다.

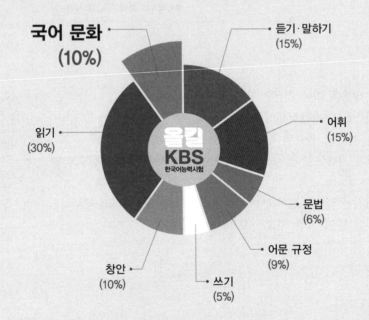

📖 어떻게 공부할까?

'국어학'에서는 중세 국어와 근대 국어의 문법에 대해 출제되기 때문에 고전 문법의 특징에 대해 학습해 두어야 한다. 북한어는 표준어와 비교하는 문제가 주로 출제되므로 특징적 차이점을 학습하는 것이 좋다. 외래어를 순화하는 문제는 현실에서 올바른 순화어들을 사용하는 습관을 기르면 도움이 될 것이다. '문학'에서 고전 문학의 경우에는 작품의 갈래나 성격 등을, 현대 문학의 경우에는 작가의 특징과 대표작들을 학습하는 것이 좋다. '생활 국어' 역시 높임법이나 방송 언어 등의 문제가 출제되므로 평소 일상생활에서 올바른 말을 쓰는 습관을 기르면 이 영역을 푸는 데 도움이 될 것이다.

> 📁 **이 단원은?** KBS한국어능력시험에서의 국어 문화 영역은 기존 국어 시험들에서 배제되어 온 국어 교양 상식에 대한 이해 능력을 평가하기 위한 영역이다. 고전 문법 관련 문제를 비롯한 현대 생활 국어, 단순히 문학 읽기 중심이 아닌 작품·작가에 대한 정보, 평소에 쉽게 접하는 방송 언어와 매체 언어 등 교양인으로서 갖추어야 할 국어 상식들이 골고루 다루어지는 단원으로 볼 수 있다.

8

국어 문화

KBS한국어능력시험
기출 유형 완벽 분석한
테마형 단기완성 수험서

Theme
33 국어학

올 킬
한 권으로 끝내는
KBS한국어
능력시험

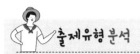
출제유형 분석

"이렇게 출제된다!"

'국어 문화'에서의 '국어학'은 단순한 어법 규범에 대해 묻는 게 아니라 일상생활에서 적용되고 있는 어법을 묻는 문제들로 출제되고 있다는 점에서 '어휘·어법'에서 나오는 어법 문제와 차이가 있다. 실제로 사용했던 중세 국어, 근대 국어, 현대 국어의 예시들을 보여 주고 설명의 옳음과 그름을 판단하는 문제, 북한어에 관한 문제, 외래어·순화어에 대한 문제가 출제되고 있다.

Q • 〈보기〉의 설명에 따를 때, ⓐ와 ⓑ에 들어갈 형태를 바르게 짝지은 것은?
• 〈보기〉의 ㉠~㉢ 중, 부사격 조사가 바르게 실현된 것만을 고른 것은?
• 〈보기〉는 북한 교양서적의 일부이다. 〈보기〉의 ㉠~㉤에 대한 반응으로 적절하지 <u>않은</u> 것은?
• 〈보기〉의 근대 신문 기사에 대한 설명으로 적절하지 <u>않은</u> 것은?
• 〈보기〉의 밑줄에 해당하지 <u>않는</u> 말은?

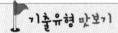
기출유형 맛보기

"이런 문제가 나온다!"

1. 〈보기〉의 ㉠~㉢ 중, 부사격 조사가 바르게 실현된 것만을 고른 것은?

┌─ 보기 ─

　　중세 국어에서 부사격 조사로 '애/에/예, 이/의'를 사용한다. 양성 모음 뒤에서는 '애'를, 음성 모음 뒤에서는 '에'를, 'ㅣ' 모음 뒤에서는 '예'를, 'ㆍ, ㅏ, ㅗ' 뒤에서는 '이'를 사용한다.

　㉠ 굴허에(굴허 + 에)　　　㉡ 아ᄎᆞ미(아ᄎᆞᆷ + 이)　　　㉢ 비예(비 + 예)
└────

① ㉠　　　　　　② ㉡　　　　　　③ ㉠, ㉢
④ ㉡, ㉢　　　　⑤ ㉠, ㉡, ㉢

(해설) ㉠에서 '굴허'의 끝소리가 음성 모음인 'ㅓ'로 끝나므로 '에'로 실현된다.
㉡에서 '아ᄎᆞᆷ'의 'ㅁ'이 뒤에 조사로 가면서 '아ᄎᆞ'가 되고, 'ㆍ' 뒤에서는 '이'가 실현되므로 '아ᄎᆞ미'가 된다.
㉢에서 '비'는 'ㅣ' 모음으로 끝나므로 '예'가 실현되어야 하기 때문에 '비예'가 된다.

2. 〈보기〉의 근대 신문 기사에 대한 설명으로 적절하지 <u>않은</u> 것은?

┌─ 보기 ─

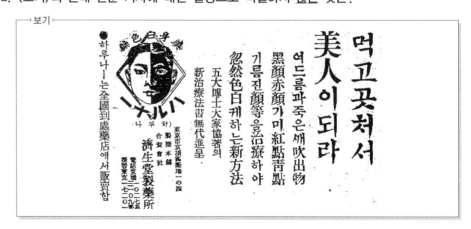
└────

① 끊어적기(분철) 표기가 실현되고 있다.

② 띄어쓰기가 실현되지 않았다.

③ 직접 명령형의 형태가 오늘날과 같다.

④ 국한문 혼용체가 실현되고 있다.

⑤ 어두 자음군의 표기가 오늘날과 다른 점이 있다.

해설 직접 명령형은 나오지 않는다. '美人이 되라'는 간접 명령형이며, 오늘날과 형태가 같다.
⑤ 'ㅅ'과 같은 형태로 보아, 어두 자음군의 표기가 오늘날과 다름을 알 수 있다.

---

3. 다음 자료를 참고하여 표준어와 문화어의 차이를 제대로 밝히지 <u>못한</u> 것은?

표준어	문화어
헤어드라이어	머리건조선풍기
호텔	려관
텔레비전 채널	텔레비죤 통로
상호	호상
트랙터	뜨락토르
컵	고뿌
캠페인	깜바니아
대중가요	군중가요
산책길	유보도
쿠바	꾸바
러시아연방	소련
냇가	내가
바닷가	바다가
샛별	새별
노동자	로동자
연결	련결
열차	렬차
조선민주여성동맹	조선민주녀성동맹
우리는 노동 계급이다.	우리는 로동계급이다.

① 표준어에서는 사이시옷을 표기하나, 문화어에서는 표기하지 않는다.

② 표준어에서는 두음 법칙을 적용하여 표기하나, 문화어에서는 두음 법칙을 적용하지 않고 표기한다.

③ 표순어에서는 사이시옷의 발음을 하나, 뮤화어에서는 사이시옷의 발음을 하지 않는다.

④ 표준어의 들어온 말 표기는 영어 발음과 비슷하게 적으나, 문화어에서는 러시아어 발음과 유사하게 적는다.

⑤ 표준어에서는 외래어를 사용하나, 문화어에서는 가급적이면 외래어를 사용하지 않는다.

해설 ①, ③ 문화어에서는 글자를 표기할 때는 사이시옷을 사용하지 않지만, 발음을 할 때는 사이시옷이 들어간다. 예 냇가 ⇨ 내가[내까/낻까], 바닷가 ⇨ 바다가[바다까/바닫까], 샛별 ⇨ 새별[새별/샏별]
② 문화어에서는 두음 법칙을 적용하지 않는다. 예 노동자 ⇨ 로동자, 연결 ⇨ 련결, 열차 ⇨ 렬차
④ 문화어에서 외국어로는 러시아어, 중국어, 영어, 일본가 쓰이며, 외래어 표기법은 러시아어 발음과 비슷하게 한다. 예 트랙터 ⇨ 뜨락토르, 캠페인 ⇨ 깜바니아, 쿠바 ⇨ 꾸바
⑤ 문화어에서는 외래어를 가급적이면 사용하지 않는다. 예 헤어드라이어 ⇨ 머리건조선풍기, 호텔 ⇨ 려관

ANSWER ▶ 1. ⑤ 2. ③ 3. ③

4. 다음의 용어 순화와 관계가 깊은 국어 순화의 원칙은?

> • 내년부터 대만, 일본 등의 신규 <u>거래선</u> 확보가 가능할 것으로 보인다. ➡ 거래처
> • 귀하는 제18기 <u>견습 기자</u>로 최종 합격하였습니다. ➡ 수습 기자
> • 3차 투표에서 마지막까지 <u>경합</u>을 벌였으나 결국 지고 말았다. ➡ 경쟁
> • 그는 우리 회사의 <u>할당</u>을 33%나 가지고 있다. ➡ 지분(持分)
> • 김 과장은 이번 사건에 대해 책임지고 <u>시말서</u>를 썼다. ➡ 경위서

① 일본어, 일본식 한자어는 쉬운 고유어로 바꾼다.
② 순수한 고유어를 우선 사용해야 하지만, 상황에 따라 쉬운 한자어도 활용한다.
③ 우리말 속의 외국어나 외래어를 제거하려는 과정이다.
④ 우리말의 어법, 문법 등 여러 가지 기준에 어긋나는 요소들을 바로잡는다.
⑤ 상대를 비하하거나 조롱하는 느낌이 드는 말은 피하도록 한다.

해설 국어 순화는 우리말 속의 외국어나 외래어를 제거하려는 일련의 과정으로, 가급적 순수한 고유어를 이용하는 것이 좋으나 한자어도 우리말인 만큼 어느 정도 활용해야 한다.

ANSWER ▶ 4. ②

핵심내용 다지기

01 중세 국어

고려의 건국, 즉 10세기부터 임진왜란 전인 16세기 말까지의 국어를 말한다. 훈민정음 창제를 기점으로, 이전을 전기 중세 국어, 이후를 후기 중세 국어라고 한다.

1. 중세 국어의 특징
(1) 된소리가 등장하기 시작하였다.

(2) 모음 조화 현상이 잘 지켜졌으나, 후기에는 부분적으로 지켜지지 않았다.

(3) 성조가 있었고, 그것은 방점(傍點)으로 표기되었다.

(4) 중세 특유의 주체 높임법, 객체 높임법, 상대 높임법 등이 있었다.

(5) 고유어와 한자어의 경쟁이 계속되었고, 앞 시기에 비해서 한자어의 쓰임이 증가하였다. 말할 때는 우리말을 사용하면서 쓸 때는 한자로 쓰는 언문 불일치(言文不一致)가 계속되었고, 한글 문체는 아직 일반화되지 못하였다.

(6) 이웃 나라와 접촉하는 과정에서 몽골어, 여진어 등의 외래어가 들어오기도 하였다.

(7) 고려어는 고구려어의 흔적이 남아 있기는 하지만 크게 보아 신라어를 계승하여 발전한 것이다.

2. 중세 국어의 조사

구분	위치	형태
주격 조사	자음으로 끝난 체언 뒤	이 예 소미, 六龍이
	'ㅣ'모음으로 끝난 체언 뒤	Ø 예 비(비 + Ø), 비(비 + Ø)
	'ㅣ'이외의 모음으로 끝난 체언 뒤	ㅣ 예 부톄(부텨 + ㅣ), 兵戈ㅣ
서술격 조사	자음으로 끝난 체언 뒤	이라 예 디누니 눈물이라.
	'ㅣ'모음으로 끝난 체언 뒤	Ø라 예 齒는 니(Ø)라.
	'ㅣ'이외의 모음으로 끝난 체언 뒤	ㅣ라 예 여슷찻 히乙酉ㅣ라.
목적격 조사	자음으로 끝난 체언 뒤	양성 모음: 올 예 무수몰(무숨 + 올)
		음성 모음: 을 예 뜨들(뜯 + 을)
	모음으로 끝난 체언 뒤	양성 모음: 룰 예 한쇼룰
		음성 모음: 를 예 너를
관형격 조사	무정 명사, 높임 유정 명사 뒤	ㅅ 예 나랏말씀
	울림소리 사이	△ 예 나랑일훔
	양성 모음, 예사 유정 명사 뒤	이 예 마리(물 + 이)
	음성 모음, 예사 유정 명사 뒤	의 예 崔九의 집
부사격 조사	양성 모음 뒤	애 예 바루래(바다에)
	음성 모음 뒤	에 예 굴허에(구렁에)
	'ㆍ, ㅏ, ㅗ' 뒤	이 예 아추미(아침에)
	'ㅣ'모음 뒤	예 예 비예(배에)
호격 조사	높임 명사 뒤	하 예 님금하
	일반 명사 뒤	아, 야 예 보살아

더 알아보기 부사격 조사의 다양한 용법

종류	형태	보기
비교	도곤/두곤, 라와, 애게/에게, 애/에/예, 애셔/에서, 우론/으론, 와/과, 텨로	호박도곤 더(호박보다 더), 널라와 시름 한(너보다 걱정이 많은), 자식(子息)에게 지나고(자식모나 낫고), 中國에 달아(중국과 달라)
처소	애/에/예, 이/의	江湖애(강호에), 집 알픠(집 앞에)
지향점	우로/으로, 애/에	지부로(집으로), 바루래(바다에)
출발점	로셔, 로브터, 애/에/예, 이/의, 이손디/의손디, 씌	하눌로셔(하늘로부터), 부모씌(부모에게서)
도구	애/에, 우로/으로, 우로뻐/으로뻐	훈소누로(한 손으로)
원인	애/에, 우로/으로	부루매(부룸애)
동반	와/과, 우로/으로, 와로	널로 더불어(너와 더불어), 문자와로(문자와)

3. 중세 국어의 어미

(1) 의문형 어미

인칭	의문사 있음.	의문사 없음.
1·3인칭	의문 보조사 '고', 의문형 종결 어미 '-고/-뇨' 등의 '-오'형 ➡ 의문사가 포함되어 구체적인 설명이 필요한 설명 의문문 **예** • 얻는 약(藥)이 므스것고?(얻는 약이 무엇인가?) • 므슴 글을 강호누뇨(무슨 글을 강하는가?)	의문 보조사 '가', 의문형 종결 어미 '-니여/-녀' 등의 '-아'형 ➡ 예/아니오의 대답을 요구하는 판정 의문문 **예** • 못 한가(못 하는가?) • 뜨디 잇누니여(뜻이 있는가?)
2인칭	-ㄴ다, -ㄴ다 **예** 네 엇데 안다(네가 어찌 아는가?)	-ㄴ다, -ㄴ다 **예** 네 모르던다(너는 몰랐던가?)

(2) 높임 어미

어미	형태	조건
상대 높임 선어말 어미	-이-	평서형 **예** 호나이다(합니다)
	-잇-	의문형 **예** 호누니잇가(합니까?)
주체 높임 선어말 어미	-시-	자음으로 시작되는 어미 앞 **예** 가시고, 가시니
	-샤-	모음으로 시작되는 어미 앞 **예** 정호샨, 그르샤디
객체 높임 선어말 어미	-습-	'ㄱ, ㅂ, ㅅ, ㅎ' 받침 뒤 **예** 먹습고
	-줍-	'ㄷ, ㅌ, ㅈ, ㅊ' 받침 뒤 **예** 듣줍고, 좇줍고져
	-습-	울림소리 뒤 **예** 오습고

02 근대 국어

임진왜란 후인 17세기부터 개화기 전인 19세기에 이르는 시기의 국어를 말한다.

▶ 근대 국어가 임진왜란 직후에 시작된 것은 임진왜란이 원인이 된 것이 아니라 그 이전부터 시작된 국어의 변화가 이 시기에 들어 한꺼번에 모습을 나타내었기 때문이다.

1. 근대 국어의 특징

(1) 음운

① ㅅ계 어두 자음군(ㅅㄱ, ㅅㄷ, ㅅㅂ 등)이 된소리(ㄲ, ㄸ, ㅃ, ㅆ, ㅉ 등)로 변하였다.

② 모음 '·'는 중세 국어에서의 1차 소실(두 번째 음절에서의 소실)에 이어 18세기에는 2차 소실(첫음절에서마저 소실)되었다. **예** 리년>래년(來年), 가래>가래(楸)

③ '·'의 소실과 이중 모음이었던 'ㅐ, ㅔ' 등의 단모음화로 인해 8 단모음 체계를 이루게 되었다.

④ 구개음화, 원순 모음화, 전설 모음화 등의 간이화(簡易化) 현상이 나타났다.

⑤ 된소리되기, 거센소리되기, 이화 현상 등의 강화(強化) 현상이 두드러졌다.

(2) 문법

① 주격 조사 '가'가 나타났으며, 명사형 어미 '-옴/-움'이 '-음'으로 변하였다.

② 중세 국어에 없던 과거 시제 선어말 어미 '-앗/엇-'이 확립되었다. 이것은 동사 어미 '-아/-어'와 '잇-[有]'의 결합이다.

③ 중세 국어의 현재 표현 '호누다'가 '혼다', '-는다'와 같은 현대적 형태로 변화했다.

(3) 문자 체계와 표기법

① 방점이 사라지고, 'ㆁ, ㅿ' 등이 완전히 자취를 감추었다.

② 중세 국어에서와 달리 'ㅺ, ㅴ'이 'ㅄ, ㅆ' 등과 혼동되어 쓰였다. 그러다가 19세기 들어 이와 같은 된소리 표기는 모두 'ㅅ' 계열 된소리 표기로 통일되는 경향을 보인다.

③ 중세 국어에서는 음절 말의 'ㅅ'과 'ㄷ'이 잘 구별되었으나, 이 시기에 들어 혼란을 겪은 후에 'ㅅ'으로 표기가 통일되는 경향을 보였다.

④ 끊어적기가 보편화되고, 거듭적기가 나타났다.

(4) 어휘, 의미

① 근대 국어 시기에도 순수 고유어가 많이 사라져 갔다.

> **예** 뫼[山], ᄀᆞ름[江], 아ᅀᆞᆷ[親戚], 괴다[愛], 괴다[寵] 등

② 한자어는 더욱 증가했는데, 한자어 중에는 오늘날과 의미가 다른 것이 많았다.

> **예** 인정(人情, 뇌물), 방송(放送, 석방), 발명(發明, 변명) 등

③ 중세 국어의 '어엿브다[憐]', '어리다[愚]' 등이 오늘날과 같은 의미로 변한 것도 근대 국어에 들어서의 일이다.

④ 1870년대 개항 이래 서구 문물이 도입되면서 신문물어(新文物語)도 많이 들어왔다.

> **예**
> • 언어학, 농학, 경제학, 격물학(格物學)
> • 화륜거(火輪車), 화륜선(火輪船), 전차(電車)
> • 은힝(銀行), 상공업(商工業), 상호(商號)
> • 호텔, 쏘이, 잉크, 가방, 구두, 가마니, 고무, 남포
> • 양서(洋書), 양철(洋鐵), 양말(洋襪), 박람회(博覽會), 토론회(討論會)

알아보기 중세 국어와 근대 국어의 비교

구분		중세 국어		근대 국어	
		15세기 중엽	16세기 후반	17세기	18세기
자료		세종어제훈민정음	소학, 두시언해	동명일기	독립신문
문자	소실 문자	'ㅸ, ㆆ, ㅿ, ㆁ, ·' 등이 모두 사용됨.	'ㅸ, ㆆ, ㅿ'이 소멸	'ㆁ'이 종성에만 사용 '·' 사용	종성의 'ㆁ'이 'ㅇ'으로 바뀜. '·' 소실
	어두 자음군	사용	간혹 보임.	간혹 보임.	'ㅅ'계로 통일
표기법	이어적기	이어적기, 표음적 표기	끊어적기와 혼용, 표음과 표의적 표기	끊어적기와 거듭적기, 표의적 표기	
	받침 규정	8종성법 중심의 종성부용초성 사용	8종성법	7종성법이 중심	
문법	명사형 어미	'-옴/-움'의 형태	'-오/-우'가 탈락한 '-음'으로 쓰임.	'-기'가 쓰이게 됨.	'-기'의 사용이 일반화됨.
	주격 조사	'이' 모음 계열만 있음.		'가'가 나타남.	
음운	단모음	7 단모음 체계		8 단모음 체계	
	방점	사용		폐지	
	음운 현상	모음 조화가 지켜짐.	모음 조화 문란	간이화 현상과 강화 현상 나타남.	
한자 표기		동국정운식 표기	현실적 발음으로 적음.	한자 없음.	한자만 적고 발음 표기가 없음.

03 국어 순화

국어 순화(醇化)란 국어의 어휘 중 불순한 요소를 없애고, 깨끗하고 바르게 다듬는 것이다. 지나치게 어려운 말이나 비규범적인 말, 외래어 따위를 알기 쉽고 규범적인 상태로 순화하거나 고유어로 순화한 말을 순화어(醇化語)라고 한다.

> ✦ **국어 순화의 원칙**
>
> 1. 고운 말, 바른 말을 쓰도록 한다. 비어, 속어, 은어, 욕설 등을 삼간다.
>   - **예** 말을 안 들으면 당장 모가지야. ➡ 말을 안 들으면 당장 해고야.
> 2. 상대를 비하하거나 조롱하는 느낌이 드는 말은 피한다.
>   - **예** 이것은 살색이야. ➡ 이것은 연살구색이야. ★ '살색'은 인종 차별적 언어이다.
> 3. 어려운 한자어나 일본어, 일본식 한자어는 쉬운 고유어로 바꾼다.
>   - **예** 제 구좌로 송금해 주십시오. ➡ 제 계좌로 돈을 보내 주십시오. ★ '구좌'는 일본식 한자어이다.
> 4. 무분별하게 사용되는 구미 외래어는 우리식의 말로 바꾼다.
>   - **예** 이 기업에서는 인턴 사원을 많이 뽑는다. ➡ 이 기업에서는 실습 사원을 많이 뽑는다.
> 5. 일제에 의해 왜곡된 일제 식민 용어는 바꾸어 쓴다.
>   - **예** 민비 ➡ 명성황후, 당쟁 ➡ 붕당

1. 외래어의 순화

순화 전(×)	순화 후(○)	순화 전(×)	순화 후(○)	순화 전(×)	순화 후(○)
그라운드	경기장, 운동장	네티즌	누리꾼	노블레스 오블리주	지도층의 도덕적 의무
디스카운트	에누리, 할인	딜레마	궁지	라벨	상표, 꼬리표
레임덕	권력 누수 (현상)	마스터플랜	기본 설계, 종합 계획	마일리지	이용 실적 점수
매뉴얼	설명서, 안내서	메리트 시스템	성과급 제도	멤버십 카드	회원증
바겐세일	싸게 팔기, 할인 판매	바로미터	잣대, 척도, 지표	보너스	상여금
센스	눈치	시뮬레이션	모의실험	이니셜	머리글자
이모티콘	그림말	이미테이션	모조, 흉내, 모방	인센티브	성과급, 유인책
징크스	불길한 일, 액(厄), 재수 없는 일	체크 리스트	대조표, 점검표	캠페인	운동, 홍보
파트타임	시간제 근무	포스트잇	붙임 쪽지	프랜차이즈	가맹점, 연쇄점, 지역 할당
프리미엄	웃돈	하모니	조화	헤게모니	주도권

2. 일본어의 순화

순화 전(×)	순화 후(○)	순화 전(×)	순화 후(○)	순화 전(×)	순화 후(○)
고뿌	잔, 컵	쿠사리	면박, 핀잔	기스	흠
나베 우동	냄비 국수	나시	민소매	나와바리	구역, 영역
단도리	채비, 단속	닭도리탕	닭볶음탕	덴푸라	튀김

돈가스	돼지고기 (너비) 튀김	땡깡	생때	땡땡이	물방울 무늬
똔똔	본전치기	몸뻬	일 바지, 왜바지	분빠이	노느매기
빵꾸	구멍	사라	접시	사라다	샐러드
사시미	생선회	스시	초밥	신삥	신출내기, 새내기, 새것, 신품
아나고	붕장어	야끼만두	군만두	오뎅	어묵, 꼬치(안주)
오야붕	우두머리, 두목	와사비	고추냉이	우와기	윗옷, (양복) 저고리
유도리	융통, 여유	잇파이/이빠이	가득, 한껏	지라시	선전지, 낱장 광고

3. 한자어의 순화

순화 전(×)	순화 후(○)	순화 전(×)	순화 후(○)
가건물(假建物)	임시 건물	가일층(加一層)	한층 더, 더
가처분(假處分)	임시 처분	고수부지(高水敷地)	둔치
곤색(紺色)	감색(紺色)	구거(溝渠)	도랑
구좌(口座)	계좌	기일(期日)	정해진 날짜
대절(貸切)	전세	매점(買占)	사재기
몽리자(蒙利者)	수혜자	미망인(未亡人)	고(故) ○○○ 씨의 부인
법면(法面)	둑비탈	생방송(生放送)	현장 방송
송달(送達)	띄움, 보냄	수순(手順)	순서, 차례
시건장치(施鍵裝置)	잠금장치	시방서(示方書)	설명서
양생(養生)하다	굳히다	은닉(隱匿)하다	숨기다
은비(隱祕)	숨겨 비밀로 함.	위기(委棄)하다	버리고 돌보지 않다.
익년(翌年)	이듬해, 다음 해, 내년	저촉(抵觸)하다	걸리다, 어긋나다
처녀작(處女作)	첫 작품	척사(擲柶)	윷놀이
취하(取下)	무름	하자(瑕疵)	잘못, 흠, 결여
학부형(學父兄)	학부모(學父母)	해태(懈怠)하다	게으르다, 세때 하지 않다.

더 알아보기 차별적 언어 표현의 순화

1. **성차별** : 미망인(未亡人) ➡ 고(故) ○○ 씨의 부인(夫人), 학부형(學父兄) ➡ 학부모(學父母), 처녀작(處女作) ➡ 첫 작품
2. **인종 차별** : 살색 ➡ 살구색, 검둥이 ➡ 흑인, 튀기 ➡ 혼혈인
3. **장애인 비하** : 앉은뱅이 ➡ 지체 장애인, 정신병자 ➡ 정신 장애인, 귀머거리 ➡ 청각 장애인
4. **직업 비하** : 딴따라 ➡ 연예인, 군바리 ➡ 군인, 파출부 ➡ 가사 도우미, 수위 ➡ 경비원

01_ 이 글은 1670년 간행된 〈노걸대 언해(老乞大諺解)〉로, 조선 정조(正祖) 때 역관 최세진이 〈노걸대(老乞大)〉를 한글로 번역한 근대 국어 자료이다. "너는 高麗ㅅ사롬이어니 또 엇디 漢語 니롬을 잘ㅎ느뇨"에서 보듯 주어가 2인칭인데도 1·3인칭에 썼던 의문형 어미 '-뇨'가 사용되고 있는 것으로 보아 중세 국어와 다르게 근대 국어는 의문형 어미가 혼용되고 있음을 알 수 있다. ④ 주어가 2인칭일 때 의문형 어미 '-ㄴ다'만을 쓴 것은 중세 국어의 특징이다.

01_ 다음 글에 대한 설명으로 잘못된 것은?

> 너는 高麗ㅅ사롬이어니 또 엇디 漢語 니롬을 잘ㅎ느뇨
> 내 漢ㅅ사롬의손듸 글 비호니 이런 젼ᄎ로 져기 漢ㅅ말을 아노라
> 네 뉘손듸 글 비혼다 / 내 漢 흑당의셔 글 비호라
> 네 므슴 글을 비혼다 / 論語 孟子 小學을 닐그라
> 네 每日 므슴 공부ㅎᄂ다
> 每日 이른 새배 너리 學堂의 가 스승님씌 글 비호고 學堂의셔 노하든 집의 와 밥 먹기 ᄆᆞᆺ고 또 학당의 가 셔품쓰기 ᄆᆞᆺ고 년구ᄒ기 ᄆᆞᆺ고 년구ᄒ기 ᄆᆞᆺ고 글읖기 ᄒ고 글읖기 ᄆᆞᆺ고 스승 앒픠셔 글을 강(講)ㅎ노라
> 므슴 글을 강ㅎᄂ뇨 / 小學 論語 孟子를 강ㅎ노라

① 구어체가 많이 쓰였다.
② 고려 시대 이후 역관들이 주로 쓰던 한어 교습서이다.
③ 원래는 한자 원문과 함께 중국어 발음이 적혀 있었다.
④ 주어가 2인칭일 때의 의문형 어미는 반드시 '-ㄴ다'를 썼다.
⑤ 중세 국어 문헌에 비해 'ㅿ, ㆁ' 등이 쓰이지 않는다.

02_ ① 제시된 자료는 '훈민정음 해례본(또는 원본 훈민정음)'이 아닌, '훈민정음 언해본'이다.
★ '훈민정음 해례본'은 세종 28년 (1446)에 나온 훈민정음의 원본이고, '훈민정음 언해본'은 이를 한글로 풀이한 것이다.

02_ 다음 〈보기〉의 자료에 대한 설명으로 옳지 않은 것은?

—보기—

① '훈민정음 해례본(또는 원본 훈민정음)'이다.
② 방점이 사용되고 있다.
③ '中듕國귁'은 당시에 '강남(江南)'으로도 불리었다.
④ 세종 이후에 지어진 것으로 보인다.
⑤ '달아'의 두 번째 음절 초성 'ㅇ'은 실제로 발음이 된 것으로 보인다.

오답해설 ② 한글 왼쪽 옆에 찍혀 있는 것이 방점이다.
③ "中듕國귁 ~ 常썅談땀애 江강南남이라 ᄒ느니라"라는 표현이 있다.
④ 세종(世宗)은 묘호(廟號)이다. 따라서 세종 사후에 지어진 것임을 알 수 있다.
⑤ '달아'의 'ㅇ'이 실제로 발음되지 않았다면 '다라'로 표기했을 것이다.

ANSWER
01. ④ 02. ①

03_ 다음 〈보기〉의 근대 신문 광고에 나타난 국어의 특성 중 옳지 않은 것은?

┌ 보기 ┐

나희먹도록 미인채 잇는비결 (一)
◇평시에부즈런해야된다

① 'ㅎ' 말음의 흔적이 남아 있다.
② 어두에 합용 병서가 아직 사용되고 있다.
③ 두음 법칙이 적용되고 있다.
④ 거듭적기에 의해 표기한 부분이 있다.
⑤ 구개음화 현상을 보이지 않는 단어도 있다.

04_ 다음 〈보기〉의 남북한의 어문 규정을 참고할 때, 올바른 발음으로만 묶여진 것이 아닌 것은?

┌ 보기 ┐

〈표준 발음법〉 제2장 제5항
'ㅑ, ㅒ, ㅕ, ㅖ, ㅘ, ㅙ, ㅛ, ㅝ, ㅞ, ㅠ, ㅢ'는 이중 모음으로 발음한다.
다만 3. 자음을 첫소리로 가지고 있는 음절의 'ㅢ'는 [ㅣ]로 발음한다. 예 늴리리, 무늬
다만 4. 단어의 첫음절 이외의 '의'는 [ㅣ]로, 조사 '의'는 [ㅔ]로 발음함도 허용한다.
예 주의[주의/주이], 강의의[강:의의/강:이에]

〈문화어발음법〉 제1장 제2항
《ㅢ》는 겹모음으로 발음하는것을 원칙으로 한다. 례: 의리, 의무
[붙임] 1) 자음과 결합할 때와 단어의 가운데나 끝에 있는 《ㅢ》는 [ㅣ]로 발음함을 허용한다.
례: 희망[희망/히망], 띄우다[띠우다], 결의문[겨리문/겨리무], 정의[정이]
　　　　2) 속격토*로 쓰인 경우 일부 [ㅔ]와 비슷하게 발음함을 허용한다.
례: 혁명의 북소리[혁명에 북소리]
＊ 속격토: '관형격 조사'의 북한어

	남한	북한
①	성의(誠意)[성이]	정의[정이]
②	내의(內衣)[내:의]	씌우다[씨우다]
③	띄어쓰기[띄어쓰기]	우리의[우리의]
④	민주주의[민주주이]	회의실[회이실]
⑤	의의(意義)[의:이]	결의문[겨리문]

03. '두음 법칙'은 단어의 첫음절에 'ㄹ'과 'ㄴ'을 사용하는 것을 피하려는 음운 현상이다. 대체로 근대 국어에서는 두음 법칙이 적용되지 않은 형태가 쓰인다. 주어진 신문 광고에서도 '랭수', '녕려' 등으로 쓰인 것으로 보아 두음 법칙이 적용되지 않았음을 알 수 있다.

04. ③ 남북한 모두 'ㅢ'는 이중 모음으로 발음하는 것을 원칙으로 하되, 각각 특정한 경우 [ㅣ]나 [ㅔ]로도 발음할 수 있도록 허용하고 있다. '띄어쓰기'는 자음을 첫소리로 가지고 있는 음절의 'ㅢ'이기 때문에 반드시 [ㅣ]로 발음해야 한다. [띠어쓰기/띠여쓰기] 둘 다 가능하다. '우리의'는 〈문화어발음법〉 제1장 제2항의 [붙임] 2에 따라 '의'가 '관형격 조사(속격토)'로 쓰인 경우에 속하기 때문에 [우리에]로 발음해야 한다.

ANSWER
03. ③　04. ③

05_ 남과 북의 언어 규범 차이를 잘못 나타낸 것은?

구분	남한	북한
① 원순화	정성을 다해	종성을 다해
② 자모의 수	24 자모	40 자모
③ 자모의 순서	'ㄱ, ㄲ, ㄴ, ㄷ, ㄸ, ㄹ……'	'ㄱ, ㄴ, …… ㅎ, ㄲ, ㄸ, ㅃ, ㅆ, ㅉ'
④ 자음 동화	인정하지 않음. 심리[심리], 항로[항로]	인정함. 심리[심니], 항로[항노]
⑤ 억양	대체로 낮은 억양	높은 데서 낮은 데로 떨어지는 억양

오답해설 ① 표기에서는 드러나지 않지만 북한 문화어의 'ㅓ' 모음은 표준어와 비교할 때 원순화(圓盾化 ; 입술이 둥글게 오므라지는 것)되어 있다. 즉, 평순 모음인 표준어의 'ㅓ' 모음과 음색이 많이 다르다.
② 남과 북의 자음과 모음 수를 비교하는 것으로 남한 24 자모, 북한 40 자모이다.
③ 자모의 순서로, 남한은 'ㄱ, ㄲ, ㄴ, ㄷ, ㄸ, ㄹ……'의 순서로 되어 있으며, 북한은 'ㄱ, ㄴ, …… ㅎ, ㄲ, ㄸ, ㅃ, ㅆ, ㅉ'의 순서로 되어 있다.
⑤ 억양에 대한 것으로, 남한은 대체로 낮은 억양으로 말을 하며, 북한은 높은 데서 낮은 데로 떨어지는 억양이다.

06_ 다음 중 ㉠~㉤에 들어갈 예로 적절하지 않은 것은?

┌ 보기 ┐

　Q. 순화어란 무엇인지, 그리고 종류별로 예를 한 개씩만 들어 주세요.
　A. 우선 '순화어'란 불순한 요소를 없애고 깨끗하고 바르게 다듬은 말, 즉 지나치게 어려운 말이나 비규범적인 말과 외래어 따위를 알기 쉽고 규범적인 상태로 또는 고유어로 순화한 말을 이릅니다. (㉠)과 같이 일상생활 속에서 쓰이고 있는 일본어를 순화하거나 (㉡)과 같이 일본식 한자어를 순화합니다. 또 어려운 한자어를 알기 쉽게 순화하기도 하는데요. (㉢)이 그 예입니다. 생활 속에 쓰이는 서구 외래어를 순화한 것으로는 (㉣)이 있고, (㉤)처럼 경제 용어로 쓰이는 외래어를 순화하기도 합니다.

① ㉠: 미싱 ➡ 재봉틀
② ㉡: 구좌 ➡ 계좌
③ ㉢: 사고 다발 지역 ➡ 사고 잦은 곳
④ ㉣: 옵서버 ➡ 참석자
⑤ ㉤: 블루오션 ➡ 대안 시장

07 다음은 국어 순화의 입장에서 고쳐 쓴 것이다. 바르게 고쳤다고 볼 수 <u>없는</u> 것은?

① 김 과장은 은행 구좌를 개설하려고 수순을 밟았다.

➡ 김 과장은 은행 계좌를 개설하려고 절차를 밟았다.

② 영희는 포스트잇에 담긴 내용을 이모티콘으로 다시 정리했다.

➡ 영희는 붙임쪽지에 담긴 내용을 그림말로 다시 정리했다.

③ 김 프로듀서는 생방송을 마치자 가건물을 통해 나가버렸다.

➡ 김 프로듀서는 직접 방송을 마치자 임시 건물을 통해 나가버렸다.

④ 검찰에서는 악덕 상인들의 매점 행위를 집중 단속하고, 미제 사건을 수사하기로
했다.

➡ 검찰에서는 악덕 상인들의 사재기 행위를 집중 단속하고, 해결 안 된 사건을
수사하기로 했다.

⑤ 김 씨는 새로 산 곤색 가방에 기스가 나서 기분이 상했다.

➡ 김 씨는 새로 산 감색 가방에 흠이 나서 기분이 상했다.

07 ③ '생방송(生放送)'은 미리 녹
음하거나 녹화한 것을 재생하지 아
니하고, 프로그램의 제작과 방송이
동시에 이루어지는 방송을 말한다.
'직접 방송'이 아닌 '현장 방송'으로
순화해야 한다.

1

2

3

4

5

6

7

8

ANSWER ⦚⦚⦚⦚⦚⦚⦚⦚⦚⦚⦚⦚⦚⦚⦚⦚⦚⦚⦚⦚⦚⦚⦚⦚⦚⦚

07. ③

문학의 흐름

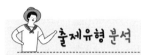

"이렇게 출제된다!"

KBS한국어능력시험에서는 '읽기' 영역 외에도 '국어 문화' 영역에서 문학에 대한 문제가 출제된다. '읽기' 영역에서 작품의 내용이나 특징을 묻는 문제가 나온다면, '국어 문화'에서는 주로 작품명, 작품 갈래, 작가를 묻는 문제가 출제된다. 공부할 때 작품명과 작가 이름을 함께 숙지해 두는 것이 좋다.

Q • 〈보기〉는 작가가 쓴 소설의 일부이다. 작가의 이름은?
 • 〈보기〉의 관계를 고려할 때, 빈칸에 들어갈 작품으로 적절한 것은?
 • 〈보기〉에서 설명하고 있는 시인의 이름으로 적절한 것은?
 • 〈보기〉의 밑줄 친 예에 해당하는 작품으로 적절한 것은?
 • 〈보기〉와 같이 고전 소설 작품의 갈래를 바르게 나타내지 못한 것은?
 • 〈보기〉의 설명 중 민속극에 해당하는 것은?
 • 〈보기〉에서 설명하는 '가전체'의 예로 적절하지 않은 것은?

기출유형 맛보기

"이런 문제가 나온다!"

1. 〈보기〉에서 설명하고 있는 시인의 이름으로 적절한 것은?

> ┤보기├
>
> 　필명은 안서 · 안서생이다. 주로 프랑스의 상징주의 시를 번역해 소개해 왔다. 〈봄〉, 〈봄은 간다〉 등을 발표하며 본격적인 시인 활동을 시작하였고, 《창조》와 《폐허》의 동인으로도 활동하였다.

① 김소월 　　　　　② 김억 　　　　　③ 박목월
④ 주요한 　　　　　⑤ 황석우

해설 시인 '김억'에 대한 설명이다. 1914년 시 〈이별〉을 발표하면서 등단했다. 주요 저서로 《봄의 노래》, 《안서 시집》, 《망우초》, 《금잔듸》, 《옥잠화》 등이 있다.

2. 〈보기〉는 어떤 작가가 쓴 작품의 현대어 역의 일부이다. 작가의 이름으로 적절한 것은?

> ┤보기├
>
> 늙고 병든 몸을 수군으로 보내실 때 / 을사년 여름에 진동영 내려오니
> 국경의 요새지에서 병이 깊다 앉아만 있겠는가?　　　　　　　　　　－〈선상탄〉
>
> 어리석고 세상 물정에 어둡기로는 나보다 더한 사람이 없다. 길흉화복을 하늘에 맡겨 두고 누추한 깊은 곳에 초가를 지어 놓고 고르지 못한 날씨에 썩은 짚이 땔감이 되어 세 홉 밥 다섯 홉 죽을 만드는데 연기가 많기도 많구나.　　　　　　　　　　－〈누항사〉

① 송순 　　　　　② 월명사 　　　　　③ 이황
④ 박인로 　　　　　⑤ 정철

해설 위의 〈선상탄〉과 〈누항사〉의 작가는 '박인로'이다. 박인로는 조선 중기의 사람으로, 은거 생활을 통해 성현의 경전 주석 연구에 몰두하면서 문인으로의 본격적인 삶을 살았다. 주요 작품으로 〈조홍시가〉, 〈선상탄〉, 〈사제곡〉, 〈누항사〉, 〈영남가〉, 〈노계가〉 등 가사 9편과 시조 68수를 지었다.

ANSWER ▶ 1. ② 　2. ④

핵심내용 다지기

01 최신 기출 고전 작품

1. 공방전(孔方傳)

엽전(돈)을 의인화하여 탐재(貪財, 재물을 탐함.)를 경계한 임춘의 가전체 작품이다. 돈이 벼슬하는 이에게 집중되는 세태와, 벼슬해서 나라를 망치는 무리에 대한 비판을 담고 있다.

2. 국선생전(麴先生傳)

술을 의인화하여 군자의 처신을 경계한 이규보의 가전체 작품이다. 술은 사람의 마음을 관대하게 하고 근심을 없애 주는 것이라 하여 이상적 마음가짐을 나타냈다.

3. 저생전(楮生傳)

이첨의 가전체 작품으로, 종이를 의인화하여 종이의 내력과 문인이 취해야 할 태도, 그리고 당시 유생들을 비판하였다.

더 알아보기 가전체

고려 중엽부터 한문으로 창작된 장르로, 술이나 엽전, 지팡이, 거북 등의 사물들을 의인화하고 허구와 창의성을 가미하여 그 가계와 생애 및 공과(功過)를 전기(傳記, 일대기) 형식으로 쓴 작품을 말한다. 패관 문학이 개인의 창작이 아니고 민간에 떠돌아다니던 이야기를 수집하여 약간의 창의성을 덧붙인 것이라면, 가전체 문학은 개인의 창작물로서 소설에 한발 접근하여 설화와 소설을 이어 주는 교량적 구실을 했다. 계세징인(戒世懲人)이라 하여 세상 사람들에게 경계심을 주고 교훈을 주기 위한 목적성이 강한 문학이다. 대표적인 작품으로는 임춘의 〈국순전(麴醇傳)〉, 〈공방전(孔方傳)〉, 이규보의 〈국선생전(麴先生傳)〉, 〈청강사자현부전(淸江使者玄夫傳)〉, 이곡의 〈죽부인전(竹夫人傳)〉, 이첨의 〈저생전(楮生傳)〉, 식영암의 〈정시자전(丁侍子傳)〉 등이 있다.

4. 꼭두각시놀음

우리나라의 민속 인형극. 홍농시, 박첨지 따위의 여러 가지 인형을 무대 위에 번갈아 내세우며 무대 뒤에서 조종하고 그 인형의 동작에 맞추어 조종자가 말을 한다. '괴뢰극, 괴뢰희, 꼭두각시극, 꼭두각시놀이, 꼭두박첨지놀음, 박첨지놀음, 홍동지놀음'으로 불리기도 한다.

5. 사씨남정기

조선 숙종 때 김만중이 지은 한글 소설. 유연수가 첩 교 씨의 모함에 속아 착하고 현명한 본처 사 씨를 내쳤으나, 끝내 교 씨는 그녀의 음모가 발각되어 처형당하고 유연수는 다시 사 씨를 맞이하여 행복하게 살았다는 내용의 가정 소설이다. 인현 왕후를 폐하고 희빈 장씨를 왕비로 맞아들인 숙종의 마음을 바로잡아 보려고 지은 것으로, 후에 종손인 김춘택이 한문으로 번역하였다.

6. 심생전

조선 정조 때 이옥이 지은 전(傳)이다. 신분이 다른 두 남녀의 사랑을 소재로 한 작품으로 이옥은 이 내용이 실재한 것임을 밝히며, 정사(情史)에 추록하기 위해 쓴다고 하였다. 여자와 남자의 신분 갈등으로 혼인이 실패로 돌아감으로써 조선 후기 신분 질서의 혼란을 반영했다는 것을 알 수 있다.

7. 양주 별산대놀이

산대놀이란 중부 지방의 탈춤을 가리키는 말이다. 양주 별산대놀이는 서울·경기 지방에서 즐겼던 산대도감극(山臺都監劇)의 한 갈래로 춤과 무언극, 덕담과 익살이 어우러진 민중 놀이이다. 놀이는 전체 8과장으로 구성되어 있고, 놀이를 시작하기에 앞서 가면과 의상을 갖추고 음악을 울리면서 공연 장소까지 행진하는 길놀이와 관중의 무사를 기원하는 고사를 지낸다. 놀이에는 파계승, 몰락한 양반, 무당, 사당, 하인 및 늙고 젊은 서민들이 등장하여 현실을 풍자하고 민중의 생활상을 보여 준다.

8. 이생규장전

조선 시대 김시습이 쓴 한문 소설로, 원본은 전해지지 않고 김시습의 ≪금오신화≫에 수록되어 있다. 애정 소설로 살아 있는 남녀 간의 사랑을 이야기하다가 여자가 죽으면서 죽은 여자와 살아 있는 남자 사이의 사랑을 이야기한다. 홍건적의 난이 소설의 배경이 되어 사실주의적 경향이 짙은 작품으로 높이 평가되고 있다.

9. 임진록

작자·연대 미상의 역사 소설. 임진왜란의 패배를 겪은 민중들이나 그 의식을 계승한 후손들의 인식이 반영된 소설로, 전란을 계기로 돌아본 분노와 자성(自醒)의 민중사(民衆史)라고 할 수 있다. 현실적으로 패배한 전쟁의 역사를 허구적 승전사로 꾸며 정신적 보상을 얻으려고 한 점이 특징이다.

10. 고성 오광대

오광대놀이는 음력 정월 보름에 경상남도 일대에서 하는 가면극의 하나이다. 고성, 통영, 가산, 진주 등지에서 공연하는데 과장(科場)의 수는 지방에 따라 5~7개로 차이가 있다. '오광대, 오광대 가면극, 오광대놀음'라고도 부른다.

11. 홍길동전

조선 광해군 때에 허균이 지은 우리나라 최초의 한글 소설. 능력이 뛰어나지만 재상가 서얼로 태어난 탓에 천대를 받던 홍길동이, 집을 나와 활빈당이라는 집단을 결성하여 관아와 해인사 따위를 습격하다가 율도국을 건설한다는 내용으로, 당시 사회 제도의 결함, 특히 적서 차별(嫡庶差別)을 타파하고 부패한 정치를 개혁하려는 의도로 지은 사회 소설이다.

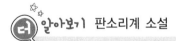 **알아보기** 판소리계 소설

> 배경 설화와 판소리 사설을 바탕으로 형성된 소설로, 운문과 산문이 섞여 있으며, 서민층의 언어와 양반층의 언어가 혼재되고 있다. 작품으로는 〈춘향전〉, 〈흥보전〉, 〈심청전〉, 〈별주부전〉, 〈장끼전〉, 〈배비장전〉, 〈옹고집전〉, 〈숙영낭자전〉 등이 있다.

02 최신 기출 고전 작가

1. 박인로

조선 중기의 문인(1561~1642). 호는 노계·무하옹이다. 은거 생활을 통해 성현의 경전 주석 연구에 몰두하면서 문인으로의 본격적인 삶을 살았다. 주요 작품으로 시조 <조홍시가>, <선상탄>, <사제곡>, <누항사>, 가사 <영남가>, <노계가> 등 가사 9편과 시조 68수를 지었다. 소실되지 않은 작품들은 3권 2책으로 이루어진 ≪노계집≫에 실려 있다.

2. 송순

조선 중기 문신(1493~1582). 호는 기촌·면앙정이다. 성균관학사로 이름을 떨쳤으며, 중종 때 귀향하여 <면앙정>을 짓고 유유자적한 삶을 보냈다. 한시 <안불망위>와 가사 <면앙정가>, 시조 <치사가>, <면앙정단가>, <면앙정잡가> 등을 남겼다.

3. 윤선도

조선 중기의 시조 작가이자 문신(1587~1671). 호는 고산·해옹이다. 유배지인 함경도에서 <견회요>, <우호유> 등의 시조를 지었고, 정계에 있지 않은 기간에는 살고 있던 금쇄동(金鎖洞)을 배경으로 <산중신곡>, <산중속신곡>, <고금영> 등을 지었다. 또 보길도를 배경으로 <어부사시사>를 지었다. 그 후에 효종의 부름으로 관직에 다시 올랐으나 모략으로 사직하고 고산(孤山)에 은거하여 마지막 작품인 <몽천요>를 지었다. 정철, 박인로와 함께 조선 시대 삼대가인(三大歌人)으로 불린다. 하지만 저 둘과 달리 가사는 없고 단가와 시조만 창작하였다.

4. 정철

조선 명종·선조 때의 문신·시인(1536~1593). 자는 계함(季涵)이고, 호는 송강(松江)이다. 가사 문학의 대가로 국문학상 중요한 <관동별곡>, <사미인곡> 등의 가사 작품과 시조 작품을 남겼다. 저서에 ≪송강집≫과 ≪송강가사≫가 있다.

5. 허난설헌

조선 중기의 시인(1563~1589). 본명은 초희(楚姬)이고, 자는 경번(景樊)이다. 난설헌은 호이다. 천재적인 시재(詩才)를 발휘하였으며, 특히 한시에 능하였다. 한시에 <유선시(遊仙詩)>, 가사 작품에 <규원가>, <봉선화가> 등이 있고, 유고집에 ≪난설헌집≫이 있다.

6. 황진이

조선 시대의 명기(名妓)(?~?). 자는 명월(明月)이다. 서경덕, 박연폭포와 더불어 송도 삼절(松都三絶)이라 불리었다. 한시 작품은 4수(<박연(朴淵)>, <영반월(詠半月)>, <등만월대회고(登滿月臺懷古)>, <여소양곡(與蘇陽谷)>)가 전하며, 시조는 6수(<청산리 벽계수야>, <동짓달 기나긴 밤을>, <내언제 신이없어>, <산은 옛산이로되>, <어져 내일이여>, <청산은 내뜻이요>)가 전한다. 이 중 <청산은 내뜻이요>는 황진이의 작품이 아니라는 의견도 존재한다.

1. 김동리

소설가이자 시인(1913~1995). 광복 직후 민족주의 문학에서 우익 민족문학론의 대표적 인물이다. 1934년 신춘문예에 시 <백로>로 등단하였고, 다음 해인 1935년에 단편소설 <화랑의 후예>가 당선되어 소설가로서 활동하게 된다. 본격적인 창작 활동을 하면서 <무녀도>, <바위> 등을 발표해 1930년대 후반 가장 주목받는 작가로 부각된다. 그 밖에 주요 작품으로 <역마>, <등신불>, <까치소리>, <황토기>, <실존무>, <바위>, ≪밀다원시대≫, ≪문학과 인간≫ 등이 있다.

2. 김동인

소설가(1900~1951). 호는 금동, 필명은 춘사 또는 김시이덤이다. 1919년 주요한, 전영택, 최승만, 김환 등과 함께 동인지 ≪창조≫를 발간하면서 첫 작품인 <약한 자의 슬픔>을 발표했다. 계몽주의 문학에 맞서 예술주의 문학을 표방하였다. 이광수의 친일 행위를 비판한 <반역자>, <망국인기> 등의 단편을 발표하였다. 주요 작품으로는 <배따라기>, <목숨>, <감자>, <광화사>, <젊은 그들>, <운현궁의 봄>, <왕부의 낙조>, <대수양> 등이 있다.

3. 김소월

시인(1902~1934). 본명은 정식(廷湜)이다. 김억의 영향으로 문단에 등단하였고, 1922년에 ≪개벽≫에 대표작 <진달래꽃>을 발표하였다. 민요적인 서정시 작품으로는 <산유화(山有花)>와 <접동새>, 시집으로는 ≪진달래꽃≫, ≪소월 시집≫ 등이 있다.

4. 김억

시인(1895~?). 필명은 안서·안서생이다. 1914년 시 <이별>을 발표하였고, 1918년에 주로 프랑스의 상징주의 시를 번역해 소개해 왔다. 그해에 <봄>, <봄은 간다> 등을 발표하며 본격적인 시인 활동을 시작하였고, ≪창조≫와 ≪폐허≫의 동인으로도 활동하였다. 주요 저서로 ≪봄의 노래≫, ≪안서 시집≫, ≪망우초≫, ≪금잔듸≫, ≪옥잠화≫ 등이 있다.

5. 김영랑

시인(1903~1950). 본명은 윤식이고, 아호인 영랑을 필명으로 사용하였다. 1930년 동인지 ≪시문학≫에 <동백잎에 빛나는 마음>, <언덕에 바로 누워>, <쓸쓸한 뫼 앞에>, <제야> 등의 서정시를 발표하며 정식으로 등단하였다. 주요 작품으로 <내 마음 아실 이>, <가늘한 내음>, <모란이 피기까지는> 등이 있고, 시집에는 ≪영랑시집≫이 있다.

6. 김유정

소설가(1908~1937). 1935년 소설 ≪소낙비≫와 ≪노다지≫가 신춘문예에 당선되어 등단하였다. 일찍 요절하여 2년 밖에 소설가 생활을 하지 못했으나, 30편에 이르는 작품을 남길 만큼 열정이 남달랐다. 현실적이고 냉철한 감각의 소설보다는 따뜻하고 인간미 있는 해학적인 소설을 주로 썼다. 주요 작품으로는 <금 따는 콩밭>, <떡>, <산골>, <만무방>, <봄봄>, <산골 나그네>, <봄과 따라지>, <동백꽃> 등이 있다.

7. 박목월

시인(1916~1978). 본명은 영종(泳鍾)이다. 1939년에 ≪문장(文章)≫을 통하여 문단에 데뷔하였으며, 1946년에 조지훈, 박두진과 함께 ≪청록집≫을 발간하여 청록파로 불리었다. 초기에는 자연 친화적인 주제를 다루었으나 점차 사념적인 경향으로 바뀌었다. 주요 작품으로는 <나그네>, <하관(下棺)>, <우회로(迂廻路)>, <지금>, <사력질(砂礫質)> 등이 있다.

8. 박완서

소설가(1931~2011). 1980년대 중반 이후 여성 문학의 대표적 작가로 주목받았다. 한국문학작가상, 이상문학상 등을 수상하였다. 중산층의 생활에 비판하고 풍자하는 작품을 썼고, 일상적인 현실의 삶을 소설에 녹여 냄으로써 무엇이 삶에 있어 문제가 되는지를 파헤쳤다. 또한 중년 여성의 섬세한 감각으로 한국전쟁으로 인한 비극적 내면 의식에 대해서도 심도 있게 다루었다. 주요 작품으로는 <그 가을의 사흘 동안>, <엄마의 말뚝> 등이 있다.

9. 박태원

소설가(1909~1986). 필명은 구보(丘甫, 九甫)이다. 1933년 구인회(九人會)에 가담한 이후 반계몽, 반계급주의 문학의 입장에 서서 세태 풍속을 착실하게 묘사한 <소설가 구보 씨의 일일>, <천변풍경(川邊風景)> 등을 발표함으로써 작가로서의 위치를 굳혔다. 그러나 8·15 해방 후 박태원은 조선문학가동맹에 가담하면서 작가 의식의 전환을 꾀하게 된다. 이후 이태준, 안회남과 함께 6·25 전쟁 중에 월북하였으며, 북한에서 역사 소설 <계명산천은 밝았느냐>, <갑오농민전쟁>을 집필하였다. 이 가운데 <갑오농민전쟁>은 이른바 북한 최고의 역사 소설로 평가받고 있다.

10. 백석

시인(1912~1995). 본명은 기행(夔行)이다. 1936년 시집 ≪사슴≫을 간행하여 문단에 데뷔하였으며, 방언을 즐겨 쓰면서도 모더니즘을 발전적으로 수용한 시들을 발표하였다. 주요 작품으로는 <정주성(定州城)>, <산지(山地)>, <북방에서> 등이 있다.

11. 염상섭

소설가(1897~1963). 호는 횡보(橫步)이다. 1920년 기자로 활동하다 김억, 김찬영, 민태원, 남궁벽, 오상순, 황석우 등과 동인지 ≪폐허≫를 창간하고, 1921년 <표본실의 청개구리>를 발표하며 소설가로 등단하였다. 이후 <묘지(만세전)>, <삼대>, <무화과> 등을 발표했다. 1931년에 연재한 <삼대>는 식민지 시대에 가족 간의 세대 갈등을 그려 낸 작품으로, 1930년대의 유교 사회가 자본주의 사회로 변해 가는 현실을 생동감 있게 묘사함으로써 염상섭의 대표 작품으로 자리 잡았다.

12. 윤동주

시인(1917~1945). 북간도에서 출생하였으며, 연희전문학교를 거쳐 일본에 유학한 후 1943년에 독립운동의 혐의로 일본 경찰에 검거되어 규슈 후쿠오카 형무소에서 옥사하였다. 광복 후 그의 유고를 모은 시집 ≪하늘과 바람과 별과 시≫가 발간되었다. 주요 작품으로는 <서시>, <자화상>, <별 헤는 밤>, <쉽게 쓰여진 시> 등이 있다.

13. 이상

시인·소설가(1910~1937). 본명은 김해경(金海卿)이다. 초현실주의적이고 실험적인 시와 심리주의적 경향이 짙은 독백체의 소설을 써서 문단의 주목을 받았다. 주요 작품으로는 <오감도>, <날개>, <종생기(終生記)>, <권태> 등이 있다.

14. 이육사

시인(1904~1944). 본명은 원록이나 투옥 시절의 수인(囚人) 번호가 264여서 호를 육사(陸史)로 정했다고 한다. 1935년 <황혼>을 첫 작품으로 시작해 <청포도>, <교목>, <파초> 등의 서정시를 썼고, 식민지하의 민족정신이 깃든 <광야>, <절정> 등을 발표함으로써 저항 시인으로 자리 잡았다.

15. 이청준

소설가(1939~2008). 대표작으로 ≪서편제≫, ≪이어도≫ 등을 발표하였으며, 정치·사회적인 메커니즘과 그 횡포에 대한 인간 정신의 대결 관계를 주로 형상화하였다. 동인문학상, 이상문학상 등을 수상하였다.

16. 조세희

소설가(1942~). 1965년 신춘문예에 소설 <돛대없는 장선>으로 당선되어 등단했다. 1970년대에 <난장이가 쏘아올린 작은 공>, <육교 위에서>, <은강 노동가족의 생계비>, <잘못은 신에게도 있다>, <클라인씨의 병>, <내 그물로 오는 가시고기> 등의 난쟁이 연작을 발표하면서 주목받기 시작했다. 1970년대 사회 문제였던 빈부와 노사의 대립을 제시함으로써 현실의 냉혹함을 강조하였다. 그 외의 작품으로 <오늘 쓰러진 네모>, <1979년 저녁밥>, ≪시간여행≫ 등이 있다.

17. 조지훈

시인·국어학자(1920~1968). 1939년 ≪문장≫에 시 <고풍의상(古風衣裳)>이 추천되면서 본격적인 시인 활동을 시작했다. <승무>, <봉황수>를 발표하며 주목을 받았고, 박두진·박목월과 시집 ≪청록집≫을 간행하여 함께 '청록파'로 불리었다. 1959년 ≪역사(歷史) 앞에서≫라는 시집을 내면서 현실에 대한 분노와 저항을 표출하였고, 이 무렵 조지훈의 시들은 민족적인 색채가 강하게 드러난다.

18. 채만식

소설가(1902~1950), 호는 백릉(白菱)이다. 1924년 단편 소설 <새 길로>를 ≪조선 문단(朝鮮文壇)≫에 발표하면서 작품 활동을 시작하였다. 초기에는 카프에 가담하지 않았지만, 1930년대에 들어서 그 이념에 동조하는 동반자 작가로 활동하기도 했다.
1920년대부터 1930년대 초까지는 농촌 현실, 인텔리의 궁핍상, 노동자의 갈등, 유이민 현상 등을 부정하는 단편들을 발표했다. 1934년부터 1938년까지는 현실 인식의 성숙도와 예술적 성취도가 최고 수준에 이른 시기로, <레디 메이드 인생>, <탁류>, <태평천하>, <치숙> 등의 대표작들이 나왔다. 1939년부터 해방까지 한때는 내선일체적 작품도 썼으나, 진보적 중간파의 입장에서 당대의 혼란상과 부정적 현상들을 풍자·비판하였다. 해방 직후에는 <민족의 죄인>과 <역로>를 통해서 일제 말기 지식인의 친일 행위를 자기비판하였고, 새로운 조국의 건설 과정에서 친일파가 다시 득세하는 민족적 현실을 비판적으로 풍자하는 <미스터 방>, <민족의 죄인>, <맹순사>, <논 이야기> 등의 작품을 발표하였다. 1989년 창작과 비평사에서 ≪채만식 전집≫ 10권을 발간하였다.

19. 최인호

소설가 겸 시나리오 작가. 1970, 1980년대 최고의 대중 소설 작가인 동시에 '통속적 소비 문학'이라는 평가를 받기도 했다. ≪바보들의 행진≫, ≪고래 사냥≫ 등을 통해 시대적 아픔을 희극적으로 그려냄으로써 독특한 시나리오 세계를 구축하였다.

20. 최인훈

언론인·소설가(1936~2018). 함북 회령 출신으로 한국 전쟁으로 전 가족이 월남했다. 6년간 군 생활을 하다 제대 후 소설가와 희곡 작가로서 왕성하게 작품 활동을 하였다. <광장>, <회색인>, <서유기>, <소설가 구보 씨의 일일>, <태풍>, <가면고>, <구운몽>, <열하일기>, <우상의 집>, <웃음소리>, <국도의 끝>, <크리스마스 캐럴>, <총독의 소리>, <주석의 소리> 등의 소설을 발표했다. 1960년대부터 1970년대 일부 기간 동안 독보적인 업적을 남겨 김현-김윤식의 ≪한국문학사≫에서 '전후 최대의 작가'라는 평을 받았다.

21. 한용운

독립운동가 겸 승려, 시인(1879~1944). 호는 만해(萬海)이다. 1926년 시집 ≪님의 침묵≫을 발간하여 저항 문학에 앞장섰다. 1935년에 ≪흑풍≫이라는 첫 장편 소설을 연재하였다. 주요 작품으로는 장편 소설인 ≪박명≫, 시집 ≪님의 침묵≫을 비롯한 ≪조선불교유신론≫, ≪십현담주해≫, ≪불교대전≫, ≪불교와 고려제왕≫, ≪한용운전집≫ 등이 있다.

22. 현진건

소설가(1900~1943). 호는 빙허(憑虛)이다. 1915년에 이상화, 백기만, 이상백 등과 함께 동인지 ≪거화(巨火)≫를 발간했고, 1921년 <빈처>를 발표하여 문단의 주목을 받았다. 같은 해에는 ≪백조≫에 동인으로 활동하였다. 그는 자전적 소설 ➡ 민족적 현실에 초점을 맞춘 소설 ➡ 장편 소설과 역사 소설의 순으로 작품 활동을 했다. 주요 작품으로는 <빈처>, <술 권하는 사회>, <타락자>, <할머니의 죽음>, <운수 좋은 날>, <불>, <B 사감과 러브레터>, <사립정신병원장>, <고향>, <적도>, <무영탑> 등이 있다.

23. 황순원

1935년 ≪삼사문학(三四文學)≫의 동인으로 시와 소설을 발표하기 시작했으며, 아세아자유문학상, 예술원상, 3·1문화상, 대한민국문학상 등을 수상하였다. 주요 작품으로 <독 짓는 늙은이>, <목넘이 마을의 개> 등의 단편과 <별과 같이 살다>, <카인의 후예>, <인간 접목>, <나무들 비탈에 서다>, <움직이는 성> 등의 장편 소설이 있다. 간결하고 세련된 문체, 소설 미학의 전범을 보여 주는 다양한 기법적 장치들, 소박하면서도 치열한 휴머니즘의 정신, 한국인의 전통적인 삶에 대한 애정 등을 고루 갖춘 황순원의 작품들은 서정적인 아름다움과 소설 문학이 추구할 수 있는 예술적 성과의 한 극치를 보여 주는 한편 일제 강점기로부터 근대화에 이르기까지의 우리 정신사를 적절히 조명하고 있다.

01_ 〈보기〉의 소설은 '채만식'의 〈치숙〉이다. 채만식은 1924년 단편 소설 〈새 길로〉를 ≪조선 문단(朝鮮文壇)≫에 발표하면서 작품 활동을 시작하였다. 초기에는 카프에 가담하지 않았지만, 1930년대에 들어서 그 이념에 동조하는 동반자 작가로 활동하기도 했다. 주요 작품으로는 〈레디메이드 인생〉, 〈탁류〉, 〈태평천하〉, 〈치숙〉, 〈미스터 방〉, 〈논 이야기〉 등이 있다.

01_ 〈보기〉는 작가가 쓴 소설의 일부이다. 작가의 이름은?

> ─ 보기 ─
>
> "아저씨…… 경제란 것은 돈 모아서 부자 되라는 것 아니오? 그런데, 사회주의란 것은 모아 둔 부자 사람의 돈을 뺏어 쓰는 것 아니오?"
>
> "이애가 시방!"
>
> "아─니, 들어 보세요."
>
> "너, 그런 경제학, 그런 사회주의 어디서 배웠니?"
>
> "배우나마나, 경제란 건 돈 많이 벌어서 애껴 쓰구 나머지 모아 두는 게 경제 아니오?"
>
> "그건 보통, 경제한다는 뜻으루 쓰는 경제고, 경제학이니 경제적이니 하는 건 또 다르다."
>
> "다를 게 무어요? 경제는 돈 모으는 것이고, 그러니까 경제학이면 돈 모으는 학문이지요."
>
> "아니란다. 혹시 이재학(理財學)이라면 돈 모으는 학문이라고 해도 근리할지 모르지만 경제학은 그런 게 아니란다."
>
> "아─니, 그렇다면 아저씨 대학교 잘못 다녔소. 경제 못 하는 경제학 공부를 오 년이나 했으니 그게 무어란 말이오? 아저씨가 대학교까지 다니면서 경제 공부를 하구두 왜 돈을 못 모으나 했더니, 인제 보니깐 공부를 잘못해서 그랬군요!"
>
> "공부를 잘못했다? 허허, 그랬을는지도 모르겠다. 옳다, 네 말이 옳아!"
>
> 이거 봐요 글쎄. 단박 꼼짝 못하잖나. 암만 대학교를 다니고, 속에는 육조를 배포했어도 그렇다니깐 글쎄…….

① 염상섭　　　　　　② 김유정

③ 김동인　　　　　　④ 박태원

⑤ 채만식

02_ 〈보기〉에서 설명하고 있는 시인은 '박목월'이다. 조지훈, 박두진과 함께 청록파로 불리었다. 초기에는 자연 친화적인 주제를 다루었으나 점차 사념적인 경향으로 바뀌었다. 주요 작품으로는 〈나그네〉, 〈하관(下棺)〉, 〈우회로(迂廻路)〉, 〈지금〉, 〈사력질(砂礫質)〉 등이 있다.

02_ 〈보기〉에서 설명하고 있는 시인의 이름으로 적절한 것은?

> ─ 보기 ─
>
> 　본명은 영종(泳鍾)으로, 1939년에 ≪문장(文章)≫을 통하여 문단에 데뷔하였으며, 1946년에 조지훈, 박두진과 함께 ≪청록집≫을 발간하여 청록파로 불리었다. 주요 작품으로는 〈나그네〉, 〈하관〉 등이 있다.

① 김소월　　　　　　② 이청준

③ 이상　　　　　　　④ 박목월

⑤ 김영랑

ANSWER

01. ⑤　02. ④

03_ 〈보기〉의 밑줄 친 예에 해당하는 작품으로 적절한 것은?

> ┤보기├
>
> 배경 설화와 판소리 사설을 바탕으로 형성된 소설로, 운문과 산문이 섞여 있으며, 서민층의 언어와 양반층의 언어가 혼재하고 있다.

① 별주부전 ② 양반전

③ 운영전 ④ 국선생전

⑤ 이생규장전

오답해설 ② 〈양반전〉은 박지원의 한문 소설이고, ③ 〈운영전〉은 작자 미상의 조선 후기 국문 소설이다. ④ 〈국선생전〉은 이규보의 가전체이고, ⑤ 〈이생규장전〉은 김시습의 한문 소설집 ≪금오신화≫에 수록되어 있는 단편 소설이다.

03_ 〈보기〉는 판소리계 소설에 대해 설명하고 있다. 판소리계 소설에는 〈춘향전〉, 〈흥보전〉, 〈심청전〉, 〈별주부전〉, 〈장끼전〉, 〈배비장전〉, 〈옹고집전〉, 〈숙영낭자전〉 등이 있다.

04_ 〈보기〉는 어떤 작가가 쓴 작품의 현대어 역의 일부이다. 작가의 이름으로 적절한 것은?

> ┤보기├
>
> 벌레는 슬피 울고 바람은 돌고 돌아 / 연꽃은 향을 잃고 달빛만 어리는데
> 가는 님 옷 짓는 손길이 불심지만 돋우네　　　　　　　　－〈야야곡〉
>
> 손에 바늘을 잡고 / 밤이 차가워 열 손가락 곧아온다
> 남을 위해 혼수 옷 지을 뿐 / 해마다 독수공방 신세라네　　－〈빈녀음〉

① 신사임당 ② 설씨부인

③ 허난설헌 ④ 황진이

⑤ 이매창

04_ 〈보기〉의 〈야야곡〉과 〈빈녀음〉은 '허난설헌'의 작품이다. 허난설헌은 조선 시대 손꼽히는 여류 작가로, 천재적인 시재(詩才)를 발휘하였으며 특히 한시에 능하였다. 한시에 〈유선시(遊仙詩)〉, 가사 작품에 〈규원가〉, 〈봉선화가〉 등이 있고, 유고집에 ≪난설헌집≫이 있다.

ANSWER

03. ①　04. ③

05_ 〈보기〉는 작가가 쓴 소설의 일부이다. 작가의 이름으로 적절한 것은?

> ┤보기├
>
> 그들은 올 때처럼 곧바로 공터를 가로질러 갔다. 동사무소를 지나 큰길 쪽으로 나가는 것이 보였다. 아버지가 돌아서더니 들고 있던 책을 형에게 주었다. 아버지가 그들을 향해 걸어갔다. 아버지의 작은 그림자가 아버지를 따라갔다. 나는 더 이상 견딜 수가 없었다. 잠이 나를 눌러 왔다. 나는 부서진 대문 한 짝을 끌어내 그 위에 엎드렸다. 햇살을 등에 느끼며 나는 서서히 잠에 빠져들었다. 우리 식구와 지섭을 제외하고 세계는 모두 이상했다. 아니다. 아버지와 지섭이마저 좀 이상했다. 나는 햇살 속에서 꿈을 꾸었다. 영희가 팬지 꽃 두 송이를 공장 폐수 속에 던져 넣고 있었다.

① 최인훈

② 조세희

③ 이범선

④ 박완서

⑤ 현진건

06_ 〈보기〉에서 설명하는 '가전체'의 예로 적절하지 않은 것은?

> ┤보기├
>
> 고려 중엽부터 한문으로 창작된 장르로, 술이나 엽전, 지팡이, 거북 등의 사물들을 의인화하고 허구와 창의성을 가미하여 그 가계와 생애 및 공과(功過)를 전기(傳記, 일대기) 형식으로 쓴 작품을 말한다. 패관 문학이 개인의 창작이 아니고 민간에 떠돌아다니던 이야기를 수집하여 약간의 창의성을 덧붙인 것이라면, 가전체 문학은 개인의 창작물로서 소설에 한발 접근하여 설화와 소설을 이어 주는 교량적 구실을 했다. 계세징인(戒世懲人)이라 하여 세상 사람들에게 경계심을 주고 교훈을 주기 위한 목적성이 강한 문학이다.

① 이규보, 〈국선생전〉

② 임춘, 〈국순전〉

③ 박지원, 〈허생전〉

④ 이첨, 〈저생전〉

⑤ 이곡, 〈죽부인전〉

오답해설 ① 이규보의 〈국선생전〉은 '술'을 의인화하여 군자의 처신을 경계한 가전체이다.
② 임춘의 〈국순전〉은 '술'을 의인화하여 지은 최초의 가전체 작품이다.
④ 이첨의 〈저생전〉은 '종이'를 의인화하여 문인들에게 올바른 태도를 권유하는 가전체이다.
⑤ 이곡의 〈죽부인전〉은 '대나무'를 의인화하여 유교 사회의 이상적인 여성상을 그린 가전체이다.

메모

생활 국어

올 킬
한 권으로 끝내는
KBS한국어
능력시험

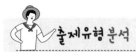

출제유형 분석

"이렇게 출제된다!"

KBS한국어능력시험에서는 평소에 많이 사용하고 있는 국어 생활에 대한 문제들이 출제되고 있다. 실제로 잘못 사용하고 있는 높임법 문제, 우리가 쉽게 접하는 방송 언어나 매체 언어가 바르게 쓰였는지를 묻는 문제, 일상생활에서 표준어로 착각하여 쓰기 쉬운 방언을 구별할 수 있는지를 묻는 문제가 출제된다. 더불어 국어사전에 관한 문제 역시 생활 국어에서 출제되고 있다. 따라서 평소 일상생활에서 올바른 말을 쓰는 습관을 기른다면 이 파트의 문제를 푸는 데 도움이 될 것이다.

Q • 다음 밑줄 친 말을 방송 언어의 특성에 맞게 고친 것 중 옳지 <u>않은</u> 것은?
• 〈보기〉는 광고 언어이다. 이에 대한 설명으로 적절하지 <u>않은</u> 것은?
• 〈보기〉의 ㉠~㉤에 대한 설명으로 적절하지 <u>않은</u> 것은?
• 다음 단어에 대한 설명 중 옳지 <u>않은</u> 것은?
• 〈보기〉에 제시된 국어사전의 정보를 탐구한 내용으로 적절하지 <u>않은</u> 것은?

기출유형 맛보기

"이런 문제가 나온다!"

1. 다음 밑줄 친 말을 방송 언어의 특성에 맞게 고친 것 중 옳지 않은 것은?

① 선거 관리 위원회는 <u>장애우</u>들의 참정권 보장에 최선을 기울이기로 했습니다.

➡ 장애인에 대해 특정한 감정이나 태도를 전제로 한 표현이므로 중립적이고 공적인 표현인 '장애인'이라고 쓰는 것이 바람직하다.

② (운동을 독려하면서 자신을 따라하는 사람들에게) 자, 무릎을 높게 <u>끌어 올릴게요</u>.

➡ 무릎을 끌어 올리라는 명령의 뜻으로 쓰였으므로 '끌어 올리세요.'라고 고쳐야 한다.

③ 수천 석의 <u>어선도 여객선도 모두 끊겼습니다</u>.

➡ 어선이 항구에 정박해 있는 것은 조업을 중단하는 것이므로 바닷길이 끊기는 것은 아니다. 따라서 '어선은 조업이 중단되고, 여객선은 끊겼습니다.'라고 고치는 것이 바람직하다.

④ 이런 상까지 받게 돼서 <u>너무</u> 행복하고 기쁘고요.

➡ '너무'는 긍정적인 표현을 강조할 수 없기 때문에 '매우'라고 고쳐야 한다.

⑤ 엄마 입장에서는 때리고 오는 게 낫지 맞고 오니까 <u>돌아버릴 것 같아요</u>.

➡ 비속어는 방송의 품위를 저하하는 표현으로, 사용해서는 안 되며 '속상해요'라고 고치는 것이 바람직하다.

해설 2015년 6월에 국립국어원은 '너무'에 대한 표준국어대사전의 뜻풀이를 수정하였다. 즉, '일정한 정도나 한계에 지나치게'에서 '일정한 정도나 한계를 훨씬 넘어선 상태로'라고 뜻을 수정하였기 때문에 '너무'는 긍정적 표현도 강조할 수 있게 되었다.

2. 〈보기〉에 제시된 국어사전의 정보를 탐구한 내용으로 적절하지 않은 것은?

┌─보기─────────────────────────────────────┐

줍다동【…을】[주워, 주우니, 줍는]
「1」바닥에 떨어지거나 흩어져 있는 것을 집다. ¶쓰레기를 <u>줍다</u>.
「2」남이 분실한 물건을 집어 지니다. ¶길에서 돈을 <u>줍다</u>.
「3」버려진 아이를 키우기 위하여 데려오다. ¶다리 밑에서 <u>주워</u> 온 아이
「4」((주로 '주워'의 꼴로 다른 동사 앞에 쓰여)) 이것저것 되는대로 취하거나 가져오다.
　　¶이것저것 <u>주워</u> 먹었더니 밥맛이 없다.
【〈15세기〉 ← 줏다】

└──┘

① '줍다'는 활용할 때 어간의 형태가 바뀌지 않는 용언이라고 볼 수 있겠군.
② '줍다'는 사전적 의미를 두 가지 이상 가지고 있는 다의어로 볼 수 있겠군.
③ 15세기에서는 '줍다'라고 쓰지 않고 '줏다'라고 쓰였겠군.
④ '그 아이는 아무 책이나 닥치는 대로 주워 읽는다.'는 '줍다「4」'의 용례에 포함되겠군.
⑤ '줍다'는 목적어를 요구하는 두 자리 서술어겠군.

(해설) '줍다'는 'ㅂ' 불규칙 용언에 해당하는 용언이다. 모음 어미 앞에서 'ㅂ'이 'ㅜ'로 변하여 '주워, 주우니'가 된다. 즉, '줍다'는 활용할 때 어간의 형태가 바뀌는 용언이므로 ①의 설명은 적절하지 않다.

3. 〈보기〉의 ㉠~㉤에 대한 설명으로 적절하지 않은 것은?

┌─보기─────────────────────────────────────┐

• 그는 사업으로 성공할 ㉠<u>싹수</u>가 보인다.
• 잘못한 사람이 ㉡<u>되려</u> 큰소리를 친다.
• 너는 시험이 코앞인데 ㉢<u>만날</u> 놀기만 하니?
• 철수는 영희에 부름에 ㉣<u>부러</u> 없는 체했다.
• 우리 집은 학교에서 ㉤<u>가찹다</u>.

└──┘

① ㉠: '어떤 일이나 사람이 앞으로 잘될 것 같은 낌새나 징조'를 이르는 말로 표준어이다.
② ㉡: '예상이나 기대 또는 일반적인 생각과는 반대되거나 다르게'를 이르는 말로 방언이다.
③ ㉢: '매일같이 계속하여서'를 이르는 말로 방언이다.
④ ㉣: '실없이 거짓으로'를 이르는 말로 표준어이다.
⑤ ㉤: '어느 한 곳에서 다른 곳까지의 거리가 짧다.'를 이르는 말로 방언이다.

(해설) ㉢ '만날'은 방언이 아니라 '맨날'과 같은 의미를 지닌 표준어이다.
㉠, ㉡, ㉣, ㉤은 뜻과 표준어, 방언의 구분이 적절하다.

4. 다음은 표준국어대사전의 수정 내용이다. ㉠~㉤ 중, '수정 범주'를 바르게 제시하지 못한 것은?

구분	표제 항	수정 전	수정 후
㉠	꺼림직하다	「1」 → 꺼림칙하다. 「2」『북한어』'꺼림칙하다'의 북한어	= 꺼림칙하다.
㉡	만약	「명사」= 만일01(萬一)「1」	[Ⅰ]「명사」= 만일01(萬一)[Ⅰ]「1」 [Ⅱ]「부사」= 만일01[Ⅱ] ¶{만약} 내일 비가 온다면 집에 있어야지.
㉢	-ㄹ걸	「1」¶그는 내일 미국으로 {떠날걸}. / 너보다 키가 더 {클걸}.	「1」¶우리 동네에서 가장 오래된 건물은 {기차역일걸}. / 그는 내일 미국으로 {떠날걸}. / 누나는 너보다 키가 {클걸}. / 날이 풀려서 곧 밭을 {갈걸}. / 선생님은 편찮으셔서 댁에 {계실걸}.
㉣	양반다리	%	양반-다리(兩班--)[양: ---] 「명사」= 책상다리「1」¶{양반다리를} 틀고 앉다. / {양반다리로} 너무 오래 앉아 있었더니 다리가 저리다.
㉤	반값	[반: 갑]	[반: 갑/반: 깝]

① ㉠: 뜻풀이 수정, 북한어 정보 삭제
② ㉡: 품사 추가
③ ㉢: 용례 수정(추가)
④ ㉣: 뜻풀이 추가
⑤ ㉤: 발음 수정

해설 ④ ㉣의 경우 '양반다리'는 뜻풀이가 아예 없던 것에 뜻풀이가 생긴 것이므로 단어 자체가 새로 추가된 것이다. 이는 원래 있던 뜻에 풀이가 추가된 것이 아니기 때문에 '뜻풀이 추가'가 아닌 '표제어 추가'가 되어야 한다.
① '꺼림직하다'는 '꺼림칙하다'의 북한어로 비표준어였던 것이 표준어로 수정되면서 '꺼림칙하다'와 뜻풀이가 같아졌고, 북한어 정보가 삭제되었으므로 ㉠의 '뜻풀이 수정'과 '북한어 정보 삭제'라는 수정 범주는 옳다.
② 명사의 뜻만 가지고 있던 '만약'이 부사의 뜻이 추가되었다. 따라서 ㉡의 '품사 추가'라는 수정 범주는 옳다.
③ '-ㄹ걸'의 용례가 아예 수정되었으며, 용례의 수도 늘었다. 따라서 ㉢의 '용례 수정(추가)'라는 수정 범주는 옳다.
⑤ '반값'의 발음이 추가되었다. [반: 갑]만을 허용하던 것이 [반: 깝]도 허용하게 되었으므로 ㉤의 '발음 수정' 역시 수정 범주로 옳다.

핵심내용 다지기

01 방송 언어의 특성

1. 일상생활에서 별로 쓰지 않는 한자어나 외래어를 사용하거나, 한자어나 외래어를 지나치게 많이 사용하는 것은 시청자들이 방송 내용을 이해하는 데 부담을 줄 수 있으므로 지양해야 한다.

> **예** • 안개로 인해 항공기 7대가 착륙하지 못하고 김포 공항으로 <u>회항했습니다.</u> ➡ 되돌아왔습니다.
> • 영화 ××가 전 세계 흥행 수입 <u>200억 불</u>을 돌파하며 흥행 돌풍을 이어가고 있습니다. ➡ 200억 달러를

2. 방송 뉴스에서는 어림수 사용을 지향한다.

> **예** <u>○○ 주식회사는 9.21 대 1, ×× 주식회사는 4.88 대 1</u>로 조사되었습니다. ➡ ○○ 주식회사는 9.2 대 1, ×× 주식회사는 4.9 대 1로

3. 어휘의 전달력과 발음의 편의성 측면을 고려해야 한다.

> **예** 불과 <u>10일</u> 전 전기 안전 검사를 하고 이상이 없는 걸로 나왔는데, 실상은 영 딴판이었습니다. ➡ 열흘

4. 관계 기간이나 관청의 시각에서 표현하는 것이 아니라 시청자 중심으로 표현하는 것이 적합하다.

5. 기사의 초반에 관련 뉴스 내용의 다양한 정보를 한꺼번에 제시하면 뉴스의 전달력이 떨어지므로, 결과를 간략하게 제시한 후 자세한 내용은 이후에 제시해야 한다.

6. 방송 언어 중 특히 뉴스 보도에서는 정확하고 명확한 보도가 중요하므로 함축적인 표현을 사용하는 것은 적절하지 않다.

> **예** 현장은 말 그대로 아비규환입니다. ➡ 최소 100명 이상이 목숨을 잃었으며 대부분의 건물이 파괴됐습니다.

7. 방송 뉴스에서는 간접 화법을 기본으로 쓰고, 직접 화법은 예외적일 때만 사용한다.

> **예** 북한 관영 조선 중앙 TV는 특별 중대 보도를 통해 <u>"오전 10시 30분에 첫 수소 폭탄 실험을 성공했다."</u>라고 <u>밝혔습니다.</u> ➡ 오전 10시 30분에 첫 수소 폭탄 실험을 성공했다고 밝혔습니다.

8. 뉴스는 글이 아닌 말로 전달되는 것이기 때문에 구어로서의 자연스러움이 어느 정도 요구된다.

> **예** 이번 사태막이 공사로 홍수 대비가 <u>완료되어</u> 주민들의 걱정이 줄어들 것으로 보입니다. ➡ 완료돼

02 틀리기 쉬운 방송 언어 표현

1. 합성 명사를 구성하는 단어는 따로 적을 때의 표기를 기준으로 적는다.
   예 건강 보험료율 ➡ 건강 보험 요율*

   *요율 : 요금의 정도나 비율

2. 뉴스에서 국가명만 밝히는 것은 다소 막연하므로 지명을 함께 제시하는 것이 바람직하다.
   예 우리나라는 <u>브라질에서 열린</u> ➡ 브라질 상파울루

3. • **차선** : 자동차 도로에 주행 방향을 따라 일정한 간격으로 그어 놓은 선. 수량을 나타내는 말 뒤에 쓰여 도로에 그어 놓은 선을 세는 단위
   • **차로** : 기차나 전철 따위가 다니는 길. 사람이 다니는 길 따위와 구분하여 자동차만 다니게 한 길

   예 A시에서 B시 간 고속도로가 개통됐습니다. 앞으로 늘어날 교통량에 대비해 <u>10차선으로</u> 완성한 점이 눈에 띕니다. ➡ 10차로로

4. '전기세'는 조세를 의미하여 지칭하는 바가 너무 넓다. 따라서 '전기 요금'으로 바꿔야 보다 정확한 표현이다.
   예 정부 당국은 <u>전기세</u> 인상을 고려하고 있습니다. ➡ 전기 요금

5. '장애우'는 장애인에 대해 특정한 감정이나 태도를 전제로 한 표현이므로 중립적이고 공적인 표현인 '장애인'을 쓰는 것이 옳다.

6. 장애인과 비교할 때에는 '정상인'이 아니라 '비장애인'이라고 써야 한다.
   예 장애인은 운동 능력이 <u>정상인</u>에 비해 떨어진다는 이유로 ➡ 비장애인

7. '재래시장'은 사전에 등재되어 있는 단어이지만 '전통 시장'이 공식 용어이다. 관계 법령에 '전통 시장'이라고 지칭하고 있으며, 방송 언어 심의 자료에서도 '전통 시장'이라고 사용할 것을 명시하고 있기 때문이다.
   예 작황이 좋은 식재료는 <u>재래시장에서</u>, 물량이 달리는 재료는 대형 마트에서 사는 게 유리하다고 합니다.
   ➡ 전통 시장

8. '수입산'은 비표준어이므로, '다른 나라에서 생산함. 또는 그런 물건'이란 뜻을 가진 '외국산'을 쓰는 것이 옳다.
   예 <u>수입산</u> 닭고기 ➡ 외국산

9. '피랍되다'는 이중 피동의 형태이지만 '납치를 당하다.'란 의미의 표제어이다. 따라서 '납치된, 피랍된'이 모두 가능하다.

10. '접수하다'는 '신청이나 신고 따위를 구두(口頭)나 문서로 받다.'라는 뜻이다. 접수하는 주체는 주민자치센터의 직원이지 국민이 아니므로, '신청하다'로 고쳐야 한다.
    예 국민연금 수급 대상자에 해당하는 국민들은 해당 서류를 갖추어 각 구청에 <u>접수하면</u> 됩니다. ➡ 신청하면

11. '유아'는 생후 1년부터 만 6세까지의 어린아이이고, '영아'는 젖먹이를 뜻한다. 따라서 4살 아이는 '유아'라고 해야 한다.

　　예 네 살배기 <u>영아</u> 시신이 발견돼 경찰이 수사에 나섰습니다. ➡ 유아

12. '반면교사'는 부정적인 면에서 가르침을 얻는 것을 뜻한다.

　　예 정부가 일본을 <u>반면교사</u> 삼아, 소모적인 경기 부양책 대신 재정 건전성을 높이는 방향으로 국가 재정 전략의 큰 틀을 다시 짰습니다.

13. '사열하다'는 '조사하거나 검열하기 위하여 하나씩 쭉 살펴보다.'라는 의미이다.

　　예 대통령은 <u>프랑스 육군의 사열을 받았습니다.</u> ➡ 프랑스 육군을 사열했습니다.

14. '회자(膾炙)'는 '회와 구운 고기라는 뜻으로, 칭찬을 받으며 사람의 입에 자주 오르내림을 이르는 말'이다. 따라서 좋은 의미일 때만 쓸 수 있다.

　　예 그 노래는 오늘날까지 많은 사람 사이에 널리 <u>회자되고</u> 있다.

15. '유명세(有名稅)'는 세상에 이름이 널리 알려져 있는 탓으로 당하는 불편이나 곤욕을 속되게 이르는 말이며, '유명세가 따르다. 유명세를 치르다.'의 형태로 쓰인다.

　　예 이 음식점은 방송에 소개돼 <u>유명세를 타기도</u> 했습니다. ➡ 유명세를 치르기도

16. '관심이 모아지고 있다.'는 불필요한 피동형 문장이다. '관심을 모으고 있다.'가 적절하다.

　　예 국내외 문단을 대표하는 시인들의 시집이 잇따라 출간돼 <u>관심이 모아지고 있습니다.</u>
　　➡ 관심을 모으고 있습니다.

17. '종신형이 언도되다.'는 일본식 용어이기에 '종신형이 선고되다.'라고 써야 한다.

18. '난이도(難易度)'는 대상의 쉽고 어려움을 포괄하는 말이므로 '난이도가 높았다.'가 아니라 '난도가 높았다.'라고 쓰는 것이 옳다.

　　예 수험생들은 특히 ○○ 과목의 <u>난이도가</u> 높았다고 입을 모았습니다. ➡ 난도가

19. '서울로 올라와'는 서울 편향적인 표현으로 '서울로 돌아와'가 더 적절한 표현이다. 실세 지리적 위치와 관계없이 지방에서 서울로의 이동은 '올라오다(상경하다)'로, 서울에서 지방으로의 이동은 '내려가다'로 표현하는 깃은 지양해야 한다.

20. '역임'은 '여러 직위를 두루 거쳐 지냄.'이라는 의미를 지닌 말로, '~을 역임하다'라고 표현할 때 경력 중 가장 중요한 것만을 써야 하는 것은 아니다.

21. '와중에'는 '일이나 사건 따위가 시끄럽고 복잡하게 벌어지는 가운데'라는 뜻으로 부정적 진술에 어울리는 말이다.

　　예 많은 사람들이 전란의 <u>도중에</u> 목숨을 잃었다. ➡ 와중에

22. '여부'는 '그러함과 그러하지 아니함', '틀리거나 의심할 여지'를 의미하는 단어로 '사실 여부를 확인하다. 생사 여부를 묻다. 그야 여부가 있겠습니까?' 형식으로 쓰인다. 따라서 있음과 없음을 의미하는 '유무'를 사용하여 '중독성 유무'라고 쓰는 것이 적절하다.

> 예 중독성 여부 ➡ 유무

23. '추위가 풀리다.'라는 말은 없다. '날씨가 풀리다.' 또는 '추위가 덜하다.'라고 표현해야 한다.

> 예 기상청은 금요일 오후부터 기온이 오르기 시작해 주말부터는 추위가 점차 풀리겠다고 내다봤습니다.
> ➡ 날씨가 점차 풀리겠다고 / 추위가 덜 하겠다고

24. 정보 전달 측면에서 주어가 서술어에 가까이 있는 것이 바람직하다.

> 예 스가 관방장관은 오늘 아베 총리의 고노 담화 수정은 불가피한 것이라고 밝혔습니다.
> ➡ 아베 총리의 고노 담화 수정은 불가피한 것이라고 스가 관방장관이 오늘 밝혔습니다.

25. 행동의 주체가 불분명하면 뉴스의 사실성이 떨어진다.

> 예 우리나라가 아시아 배구 선수권 대회에서 ~ ➡ 여자 배구 대표팀이

26. 똑같은 표현이 중복해서 사용되지 않도록 해야 의미가 더욱 분명하게 전달되고 자연스럽다.

> 예 가수 A 씨가 데뷔 30주년을 앞두고(삭제) 올해 말 특별 공연을 엽니다. A 씨는 기자 회견을 열고, 데뷔 30주년을 앞두고 열리는 올해 연말 공연은 ~

27. 불필요하게 복문으로 쓰인 것은 단문으로 고쳐야 한다.

> 예 • 특히 을지로3가는 답답함이 더합니다. ➡ 더 답답합니다.
> • 주말에는 전국이 점차 흐려져 오전부터 한두 차례 눈이 오는 곳이 있겠습니다. ➡ 눈이 오겠습니다.

03 표준어와 방언

가르마	이마에서 정수리까지의 머리카락을 양쪽으로 갈랐을 때 생기는 금
가름하다	쪼개거나 나누어 따로따로 되게 하다. 승부나 등수 따위를 정하다.
가찹다	'가깝다'의 방언
갈무리하다	물건 따위를 잘 정리하거나 간수하다. 일을 처리하여 마무리하다.
거시기	이름이 얼른 생각나지 않거나 바로 말하기 곤란한 사람 또는 사물을 가리키는 대명사, 하려는 말이 얼른 생각나지 않거나 바로 말하기가 거북할 때 쓰는 군소리
구린내	똥이나 방귀 냄새와 같이 고약한 냄새 ≒ 쿠린내, 고린내
깜냥	스스로 일을 헤아림. 또는 헤아릴 수 있는 능력
나래	흔히 문학 작품 따위에서, '날개'를 이르는 말. '날개'보다 부드러운 어감을 준다.
남우세스럽다	남에게 놀림과 비웃음을 받을 듯하다. ≒ 남사스럽다, 남세스럽다, 우세스럽다
니글거리다	먹은 것이 내려가지 아니하여 곧 게울 듯이 속이 자꾸 울렁거리다. ≒ 니글대다.

도제	'도저히'의 방언
되다	반죽이나 밥 따위가 물기가 적어 빡빡하다. 줄 따위가 단단하고 팽팽하다. 몹시 심하거나 모질다.
되려	'도리어'의 방언
등어리	'등'의 방언
땡벌	'땅벌'의 방언
만날	매일같이 계속하여서 늑 맨날
몽창	'모두(일정한 수효나 양을 빠짐없이 다)'라는 의미의 방언이며, '몽땅'이 표준어 이다.
무지	보통보다 훨씬 정도에 지나치게
발치	누울 때 발이 가는 쪽, 발이 있는 쪽, 사물의 꼬리나 아래쪽이 되는 끝부분
볼따구니	'볼'을 속되게 이르는 말 늑 볼때기, 볼퉁이
봉다리	'봉지(封紙)'의 방언
부러	실없이 거짓으로
비렁뱅이	'거지'를 낮잡아 이르는 말
빡빡	야무지게 자꾸 긁거나 문대는 소리. 또는 그 모양. '박박'보다 센 느낌을 준다.
뻘쭘하다	(속되게) 어색하고 민망하다.
숙맥	콩과 보리를 아울러 이르는 말, 사리 분별을 못하고 세상 물정을 잘 모르는 사 람. '숙맥불변'에서 나온 말이다.
시방	말하는 바로 이때, 말하는 바로 이때에 늑 지금
식겁	뜻밖에 놀라 겁을 먹음.
아귀다툼	각자 자기의 욕심을 채우고자 서로 헐뜯고 기를 쓰며 다투는 일
아따	무엇이 몹시 심하거나 하여 못마땅해서 빈정거릴 때 가볍게 내는 소리, 어떤 것 을 어렵지 아니하게 여기거나 하찮게 여길 때 내는 소리
아쭈	남의 잘난 체하는 말이나 행동을 비웃는 뜻으로 하는 말. '아주'보다 센 느낌을 준다.
우수리	물건값을 제하고 거슬러 받는 잔돈, 일정한 수나 수량에 차고 남는 수나 수량
이부자리	이불과 요를 통틀어 이르는 말
재리다	'저리다(뼈마디나 몸의 일부가 오래 눌려서 피가 잘 통하지 못하여 감각이 둔하 고 아리다.)'의 방언
종내	끝내(끝까지 내내, 끝에 가서 드디어)
틈새기	틈의 아주 좁은 부분

01 국립국어원은 간접 높임의 대상을 '높여야 할 대상의 신체 부분, 성품, 심리, 소유물 등과 같이 밀접한 관계를 맺고 있는 대상'으로 한정하여 적용하도록 권하고 있다. 따라서 상품은 높여야 할 대상이 아니므로 높일 필요가 없다. '죄송하지만 지금 치즈 케이크는 품절입니다.'로 고쳐야 한다.

01 〈보기〉의 대화에 대한 설명으로 옳지 않은 것은?

┌ 보기 ┐
직원 : 어서오세요. 주문하시겠어요?
손님 : 네, 아메리카노 1잔과 치즈 케이크 1개 주세요.
직원 : ㉠죄송하지만 지금 치즈 케이크는 품절이세요.
손님 : 그럼 어떤 케이크가 있나요?
직원 : ㉡지금은 초코 케이크와 당근 케이크를 드실 수 있으십니다.
손님 : 초코 케이크로 주세요.
직원 : ㉢매장에서 먹고 가죠?
손님 : ㉣(고개를 젓는다) 아뇨.
직원 : 주문하신 음료와 케이크 나왔습니다. ㉤좋은 시간 되세요.
└─────────────────────────────────────┘

① ㉠ : '-시-'를 사용해 간접 높임으로 적절한 존재 표현이 이루어지고 있다.
② ㉡ : 서술어의 '-시-'는 손님을 존대하는 요소로 쓰이고 있다.
③ ㉢ : 높여야 할 대상을 높이지 않아 어색한 느낌을 주는 문장이다.
④ ㉣ : 비언어적 표현을 사용하여 자신의 의사를 더 확실히 전달하고 있다.
⑤ ㉤ : '좋은 시간 보내시기 바랍니다.' 정도로 고치는 것이 바람직하다.

02 ㉢은 반어적인 표현이 아니고 역설적인 표현이다. 즉, 카드 사용을 많이 할수록 포인트와 혜택이 많아진다는 것을 말하기 위해 '쓸수록 남는 카드'라는 역설적인 표현을 사용하고 있다.

02 〈보기〉는 광고 언어이다. 이에 대한 설명으로 적절하지 않은 것은?

┌ 보기 ┐
㉠ 비타민 C는 휴대폰이다.   ― 비타민 C 광고
㉡ 함께 가요, 희망으로!   ― 기업 광고
㉢ 쓸수록 남는 카드   ― 카드 광고
㉣ 과音하세요.   ― 음악 사이트 광고
㉤ 감자의 황제   ― 과자 광고
└─────────────────────────────────────┘

① ㉠은 현대인의 필수품인 휴대폰을 비유의 대상으로 사용하여 '늘 갖고 다니면서 먹는 비타민 C'라는 것을 강조하고 있다.
② ㉡은 사회에 대한 희망적인 메시지를 전달하고, 그 안에서 기업의 역할을 부각시키고 있다.
③ ㉢은 반어적인 표현을 사용하여 카드 사용을 많이 할수록 포인트와 혜택이 많아진다는 것을 말하고 있다.
④ ㉣은 많이 마신다는 의미인 '과음(過飮)'의 '음'을 음악을 뜻하는 '음(音)'으로 표현하여 많은 음악과 만날 수 있다는 의미를 전달하고 있다.
⑤ ㉤은 '황제'라는 과장된 표현을 사용하여 감자로 만든 과자 중에 가장 맛있다는 것을 말하고 있다.

ANSWER
01. ①   02. ③

03_ 다음 밑줄 친 방송 언어에 대한 지적으로 적절하지 <u>않은</u> 것은?

① 고양시가 <u>전통 시장</u> 및 상점가의 불법 주정차 문제 해결을 위해 발 벗고 나섰습니다.
➡ 방송 언어 심의 자료에 따라 '재래시장'으로 고쳐야 한다.

② 국산 분유가 <u>수입산</u>보다 영양분 함량이 높은 것으로 드러났습니다.
➡ '수입산'은 비표준어이므로 '외국산'으로 고쳐야 한다.

③ 한국교육과정평가원장은 "지난해 국어 31번과 같은 <u>초고난이도</u> 문항은 지양하겠다."고 말했습니다. ➡ '난이도'는 쉽고 어려움을 포괄하는 말이므로 매우 어려움을 뜻하는 '초고난도'로 고쳐야 한다.

④ 배우 A 씨가 <u>처녀작</u>부터 주인공을 연기하게 된 이야기가 전해지면서 그녀의 배경에 이목이 집중되고 있습니다. ➡ '처녀작'은 여성 차별적인 언어 표현이므로 '첫 작품'으로 고쳐야 한다.

⑤ 밤사이 찬바람은 더 강해지겠고 내일 아침은 영하권 추위가 찾아옵니다. 월요일 낮이나 돼서야 <u>추위가 서서히 풀리겠습니다.</u> ➡ '풀리다'는 말에는 '추위가 누그러지다.'라는 뜻으로 '추위'가 들어 있기 때문에 중복 표현이다. 따라서 '날씨가 서서히 풀리겠습니다.'로 고쳐야 한다.

04_ 〈보기〉에 제시된 국어사전의 정보를 탐구한 내용으로 적절하지 <u>않은</u> 것은?

┌─ 보기 ─
빌리다 통 [빌리어(빌려), 빌리니]
❶【…에서/에게서 …을】(('…에게서' 대신에 '…에게'가 쓰이기도 한다))
남의 물건이나 돈 따위를 나중에 도로 돌려주거나 대가를 갚기로 하고 얼마 동안 쓰다.
¶은행에서 돈을 <u>빌리다</u>.
❷【…을】
「1」남의 도움을 받거나 사람이나 물건 따위를 믿고 기대다.
¶남의 손을 <u>빌려</u> 일을 처리할 생각은 하지 말아야 한다.
「2」일정한 형식이나 이론, 또는 남의 말이나 글 따위를 취하여 따르다.
¶성인의 말씀을 <u>빌려</u> 설교하다.
「3」어떤 일을 하기 위해 기회를 이용하다.
¶이 자리를 <u>빌려</u> 감사의 말씀을 드립니다.
【〈15세기〉 ← 빌- + -이-】
└─────

① '머리는 빌릴 수 있으나 건강은 빌릴 수 없다.'는 '빌리다❷-「1」'의 용례에 포함되겠군.
② '빌리다'는 표제어에 두 가지 의미가 제시되어 있는 동음이의어에 해당하는군.
③ '빌리다❶'와 '빌리다❷'는 모두 필수적 부사어와 목적어를 요구하는 동사이군.
④ '빌리다'는 활용할 때 어간의 형태가 바뀌지 않는 용언이라고 볼 수 있겠군.
⑤ '빌리다'는 현대에 사용되는 표기와 15세기에 사용되었던 표기 형태가 다르군.

03_ '재래시장'은 사전에 등재되어 있는 단어이지만 공식 용어는 '전통 시장'이다. 방송 언어 심의 자료에서도 '전통 시장'이라고 사용할 것을 명시하고 있으므로 '전통 시장'으로 사용해야 한다.

04_ '빌리다❶'는 필수 부사어【…에서/에게서 …을】을 요구하는 동사이고, '빌리다❷'는 목적어【…을】을 요구하는 동사이므로, '빌리다❶'만 필수적 부사어를 요구하고 있다.

ANSWER
03. ① 04. ③

05. ㄹ의 뜻을 가진 표준어는 '덤'이고, '개평'은 '덤'의 방언이다.
★ '개평'이 '노름이나 내기 따위에서 남이 가지게 된 몫에서 조금 얻어 가지는 공것'을 의미할 때는 방언의 '개평'과 다른 단어이므로 표준어이다.

05_ 〈보기〉의 ㉠~㉤에 대한 설명으로 적절하지 <u>않은</u> 것은?

┌─ 보기 ─────────────────────────────────┐
• 자네도 기억하지? 우리 동창, ㉠ <u>거시기</u> 말이야, 키가 제일 크고 늘 웃던 친구.
• 물건 좀 담게 ㉡ <u>봉다리</u> 하나만 주세요.
• 하얀 쌀밥 위에 ㉢ <u>정구지</u> 무침을 얹어 먹으면 맛있다.
• 귤을 열 개 샀더니 가게 주인이 ㉣ <u>개평</u>으로 두 개를 더 주었다.
• 남편이 ㉤ <u>정지</u>에 식사를 준비하러 들어갔다.
└──┘

① ㉠: '이름이 얼른 생각나지 않거나 바로 말하기 곤란한 사람 또는 사물을 가리키는 대명사'를 이르는 말로 표준어이다.

② ㉡: '종이나 비닐 따위로 물건을 넣을 수 있게 만든 주머니'를 이르는 말로 방언이다.

③ ㉢: '백합과의 여러해살이풀'인 부추를 이르는 말로 방언이다.

④ ㉣: '제 값어치 외에 거저로 조금 더 얹어 주는 일. 또는 그런 물건'을 이르는 말로 표준어이다.

⑤ ㉤: '일정한 시설을 갖추어 놓고 음식을 만들고 설거지를 하는 등 식사에 관련된 일을 하는 곳'을 이르는 말로 '부엌'의 방언이다.

06. '시방'은 방언이 아니라 '말하는 바로 이때'를 뜻하는 표준어이다.

06_ 〈보기〉의 ㉠~㉤에 대한 설명으로 적절하지 <u>않은</u> 것은?

┌─ 보기 ─────────────────────────────────┐
• 자네가 우리를 위해 ㉠ <u>욕보는</u> 걸 늘 고맙게 생각하네.
• 그럼 ㉡ <u>시방</u> 살고 있는 곳이 어디니?
• 오후 한 시가 넘도록 ㉢ <u>마수걸이</u>도 못 했다.
• 아이가 똥을 쌌는지 방 안에 ㉣ <u>구린내</u>가 진동했다.
• 어머니는 칭얼대는 아이의 ㉤ <u>등어리</u>을 다독거리며 달래 주셨다.
└──┘

① ㉠: '일을 하느라고 힘을 들이고 애를 쓰다.'를 이르는 말로 '수고하다'의 방언이다.

② ㉡: '말하는 바로 이때'를 이르는 말로 '지금'의 방언이다.

③ ㉢: '맨 처음으로 물건을 파는 일. 또는 거기서 얻은 소득'을 이르는 말로 표준어이다.

④ ㉣: '똥이나 방귀 냄새와 같이 고약한 냄새'를 이르는 말로 표준어이다.

⑤ ㉤: '사람이나 동물의 몸통에서 가슴과 배의 반대쪽 부분'을 이르는 말로 '등'의 방언이다.

07_ 다음은 표준국어대사전의 수정 내용이다. ㉠~㉤ 중, '수정 범주'를 바르게 제시하지 못한 것은?

구분	표제 항	수정 전	수정 후
㉠	화학제품	화학－제품	화학^제품
㉡	외화벌이	외화벌이(外貨--) 「명사」『북한어』 외화를 벌어들이는 일 ¶원천이 풍부한 {외화벌이}	외화 － 벌이(外貨--) [외:---/웨:---] 「명사」 외화를 벌어들이는 일 ¶{외화벌이에} 나서다. / {외화벌이를} 위한 외국인 전용 매장이 늘고 있다.
㉢	감히	「2」((주로 '못', '못 하다'와 함께 쓰여))	「2」((주로 '못', '못하다'와 함께 쓰여))
㉣	있다01	[I][3]¶배가 아팠는데 조금 {있으니} 곧 괜찮아지더라. / 앞으로 사흘만 {있으면} 추석이다	[I][3]¶앞으로 사흘만 {있으면} 추석이다.
㉤	만일01	「명사」 「1」혹시 있을지도 모르는 뜻밖의 경우 ≒ 만약·약혹[I]·여혹 「2」만 가운데 하나 정도로 아주 적은 양	[I]「명사」 「1」혹시 있을지도 모르는 뜻밖의 경우 ≒ 만약[I]·약혹[I]·여혹 「2」만 가운데 하나 정도로 아주 적은 양 [Ⅱ]「부사」 혹시 있을지도 모르는 뜻밖의 경우에 ≒ 만약[Ⅱ] ¶{만일} 밝은 데서 본다고 하면 그의 입술은 파랗게 질렸을 것이다. ≪이광수, 흙≫

① ㉠: 표제어 수정　　　　　② ㉡: 북한어 정보 삭제
③ ㉢: 문법 정보 수정　　　　④ ㉣: 용례 수정
⑤ ㉤: 뜻풀이 추가

오답해설 ① 원래 붙여서 쓰인 합성 명사 '화학제품'이 '화학 제품'으로 띄어 쓰도록 수정되었으므로 ㉠의 '표제어 수정'은 옳다.
② 북한어라서 비표준어였던 '외화벌이'가 표준어로 수정됨에 따라 '북한어'가 삭제되었으므로 ㉡의 '북한어 정보 삭제'는 옳다.
③ '못 하다'와 쓰였던 '감히'가 '못하다'와 쓰이게 되면서 문법 정보가 바뀌었으므로 ㉢의 '문법 정보 수정'은 옳다.
④ '있다01'의 용례로 '배가 아팠는데 조금 있으니 곧 괜찮아지더라.'가 있었으나, 삭제되면서 용례가 수정되었으므로 ㉣의 '용례 수정'은 옳다.

08_ 〈보기〉의 ㉠~㉣을 국어사전의 표제어 등재 순서에 따라 바르게 배열한 것은?

┌─ 보기 ┐
㉠ 궤양　　　　㉡ 구름　　　　㉢ 귀인　　　　㉣ 괘념
└─────┘

① ㉠ ➡ ㉡ ➡ ㉢ ➡ ㉣　　　② ㉡ ➡ ㉣ ➡ ㉢ ➡ ㉠
③ ㉡ ➡ ㉠ ➡ ㉢ ➡ ㉣　　　④ ㉣ ➡ ㉠ ➡ ㉢ ➡ ㉡
⑤ ㉣ ➡ ㉡ ➡ ㉠ ➡ ㉢

07_ ⑤ ㉤에서는 기존에 '명사'로만 쓰였던 '만일01'이 '부사'로서도 쓰이게 되었다. 이는 품사가 추가된 것이므로 수정 범주는 '뜻풀이 추가'가 아닌 '품사 추가'로 제시하여야 한다.

08_ ㉠~㉣까지 모두 'ㄱ'으로 시작하는 단어이므로 모음에 따라 순서가 결정된다. 모음의 순서는 'ㅏ, ㅐ, ㅑ, ㅒ, ㅓ, ㅔ, ㅕ, ㅖ, ㅗ, ㅘ, ㅙ, ㅚ, ㅛ, ㅜ, ㅝ, ㅞ, ㅟ, ㅠ, ㅡ, ㅢ, ㅣ'이다. ㉠은 '궤', ㉡은 'ㅜ', ㉢은 'ㅟ', ㉣은 'ㅙ'이므로 사전에는 ㉣ ➡ ㉡ ➡ ㉠ ➡ ㉢ 순으로 등재되어 있다.

ANSWER
07. ⑤　08. ⑤

🔊부록

듣기 대본

KBS
한국어능력시험

≋ 이 책에서는 듣기 대본을 부록으로 별도
수록하고 있으며, MP3 파일을 에듀스파
박문각 홈페이지(www.pmg.co.kr)에서 다운
로드 받을 수 있습니다.

Theme 01 사실적 이해와 듣기

🎧 1. 먼저 그림에 대한 설명을 들려 드립니다.

> 오늘 소개해 드릴 작품은 존 에버렛 밀레이의 ≪오필리아≫입니다. 이 작품은 셰익스피어의 희곡 ≪햄릿≫의 한 장면을 묘사한 것으로, 밀레이는 비련의 여주인공 오필리아의 모습을 청초하고 아름답게, 또 극적이고 관능적으로 묘사하였습니다. 때문에 이 작품은 라파엘 전파의 정신을 가장 잘 드러낸 수작으로 손꼽히고 있답니다. 라파엘 전파의 화가들은 셰익스피어의 문학에서 많은 영감을 얻었는데 특히 오필리아의 비극적이고 낭만적인 내용은 자주 애용되었지요. 밀레이는 이 작품을 위해 잉글랜드 서리(Surrey) 근교의 호그스밀(Hogsmill) 강가에서 넉 달 동안 머무르며 그림의 배경을 그렸다고 합니다. 여기에는 수십 종의 다양한 식물과 꽃들이 세심하게 묘사되어 있는데 각자 상징적인 의미를 함축하고 있습니다. 버드나무는 셰익스피어의 원작에서 강을 묘사한 부분에 등장하기도 하지만 '버림받은 사랑'이라는 상징을 가지고 있기도 합니다. 그리고 그 사이에 자라난 쐐기풀들은 고통을 의미하며, 데이지는 순수, 팬지는 허무한 사랑, 제비꽃은 충절을 암시합니다. 죽음을 상징하는 붉은 색의 양귀비는 유난히 강조되어 있고, 또 그림 오른편 나뭇가지는 해골의 모습으로 표현되어 있습니다. ≪오필리아≫는 비극적이고 섬뜩한 죽음을 주제로 그린 그림임에도 더할 나위 없이 아름답고 숭고하게 느껴집니다. 또한 바로 우리의 눈앞에서 오필리아가 죽어가고 있는 것처럼 그 극적인 상황이 생생하게 전해져 옵니다. 이는 치밀하게 묘사된 사실적인 풍경 위에 화가의 시적 상상력이 겹쳐져 있기 때문이라고 생각합니다. 또한 셰익스피어가 ≪햄릿≫을 통해 그리고 있는 비극적 아름다움을 충실하게 재창조하려고 했던 밀레이의 강한 의지 때문이겠지요.

🎧 2. 이번에는 인터넷 통신 언어에 관한 좌담을 들려 드립니다.

사회자	:	안녕하세요. 오늘은 '인터넷에서 사용하는 통신 언어의 문제를 어떻게 볼 것인가'를 주제로 세 분의 전문가를 모시고 의견을 들어 보도록 하겠습니다. 먼저 김윤태 선생님께서 말씀해 주시기 바랍니다.
김 선생님	:	요즘 인터넷을 사용하는 젊은 세대들에 의해 우리의 언어가 심각할 정도로 오염되고 있습니다. 신속을 요하는 인터넷의 특성 때문에 어법에 어긋나는 준말을 사용하거나 띄어쓰기를 무시하는 표기를 지나치게 많이 사용하고 있죠. 심지어 소리 나는 대로 표기하는 경우도 많습니다. 그래서 우리말의 문법이 심각할 정도로 파괴되고 있는 현실이고요. 이런 현상이 실생활에까지 파급된다면 세대 간의 의사소통에도 어려움이 발생할 수도 있다는 생각이 듭니다.
사회자	:	통신 언어의 문제점을 지적해 주셨군요. 하지만 통신 언어가 지니는 장점 내지는 긍정적인 측면도 생각해 볼 수 있지 않을까요? 이 점에 대해서 이미영 선생님은 어떻게 보시는지요?
이 선생님	:	통신 언어가 우리 언어를 오염시킨다는 부정적인 측면만 있는 것은 아닙니다. 신속한 정보 전달이 필요한 정보화 시대에 통신 언어를 사용하면 보다 빠르고 간결한 의사 교환을 할 수 있죠. 또한 그런 표현을 통해 통신을 주고받는 사람들 사이에 친근함을 느낄 수 있고 새로운 말을 만들어 우리말의 어휘를 풍부하게 하는 등의 긍정적인 측면도 있습니다.

사회자 : 그렇다면 통신 언어를 일상 언어로 받아들이는 문제도 검토할 수 있겠군요. 모든 통신 언어를 수용할 수는 없지만 말입니다. 이 점에 대해서는 박현수 선생님께서 말씀해 주십시오.

박 선생님 : 통신 언어의 수용에 대한 문제는 사적으로 사용하는 경우와 공적으로 사용하는 경우로 구분해 보아야 할 것 같습니다. 통신 언어를 사적으로 사용하는 것은 고향 친구끼리 사투리를 사용하는 것처럼 별 문제가 없다고 봅니다. 그렇지만 공식적인 경우에 어법에 어긋난 통신 언어를 사용하는 것은 원활한 의사소통을 방해할 수 있기 때문에 수용될 수 없다고 봅니다.

사회자 : 예, 잘 들었습니다. 어차피 통신 언어가 우리 생활에 어느 정도 사용되는 것이 현실이라면 예상되는 문제점을 최소화하는 방향으로 권장하는 것도 필요할 것 같은 생각이 드는군요.

01_ 먼저 전통 건축물의 지붕에 대한 설명을 들려 드립니다.

여러분, 고궁이나 사찰에 많이 가보셨지요? 오늘은 전통 건축물의 지붕에 대해 이야기를 해 보겠습니다. 전통 건축물의 지붕은 그 형태에 따라 몇 가지로 나눌 수 있습니다. 지붕의 측면을 어떻게 처리했는가에 따라서 맞배지붕과 우진각지붕, 팔작지붕으로 나누고, 위에서 내려다본 형태에 따라 사각지붕이라든지 육각 지붕, 팔각지붕으로 나눕니다.

맞배지붕은 가장 간단한 지붕 형태로, 지붕이 앞뒤 양면으로 경사를 이루는 형태입니다. 책을 반쯤 펴서 덮은 모양이라고 생각하면 되겠죠. 수덕사 대웅전이니 무위사 극락전 등 사찰의 주요 건물에서 찾아볼 수 있습니다.

다음은 우진각지붕입니다. 이 형태는 지붕의 전후 좌우를 모두 기와로 덮은 것입니다. 그러니까 정면에서는 사다리꼴로 보이고, 측면에서는 삼각형으로 보이지요. 숭례문과 덕수궁의 대한문이 이 우진각지붕을 사용한 건축물입니다.

그 다음은 팔작지붕입니다. 이것은 맞배지붕과 우진각지붕을 혼합한 형태인데, 지붕의 측면이 삼각형 모양으로 노출되다가 중간 부분에서 처마까지 지붕을 달아 측면이

여덟 팔 자로 보이지요. 이 지붕은 화려하고 위용이 있어, 경복궁 근정전과 덕수궁 중화전 등 조선 시대 궁궐의 정전이나, 불국사나 조계사의 대웅전 등 사찰의 중요 법당에서 많이 사용하고 있습니다.

02_ 뉴스를 들려 드립니다. 잘 듣고 물음에 답하세요.

리포터 : 안녕하십니까? 여기는 대학생이 즐겨 찾는 홍대 거리입니다. 오늘날 대학생들이 어떤 것을 가장 시급하게 해결해야 할 문제라고 생각하는지에 관련하여 대학생 의식 조사를 위해 이 자리에 나왔습니다.

학생 : 가장 시급히 해결해야 할 문제요? 아무래도 빈부 격차 해소가 아닐까요?

아나운서 : 화면을 통해 보니 굉장히 고생을 많이 하신 것 같습니다. 지난해에 이어서 이번 해에도 대학생들의 의식 조사를 위해 전국 대학 스무 곳 정도를 다니신 것으로 알고 있습니다만.

리포터 : 네, 그렇습니다. 지난해에 이어서 이번 해에도 같은 조사를 해 보았는데요, 대학생들의 의식에 변화가 있게 된 것을 발견할 수 있었습니다.

아나운서 : 그렇습니까? 어떤 변화가 있었지요?

리포터 : 지난해에는 대학생들이 가장 시급하게 해결할 문제에서 '느린 경제 성장'이 29.1%로 1위를 했고, 그 다음으로는 '심각한 빈부 격차'가 26.1%, '부정부패'가 12.2%순이었습니다. 그러나 이번 해에는 대학생 열 명 가운데 세 명이 우리 사회의 가장 시급한 과제로 '심각한 빈부 격차'를 들었습니다. '느린 경제 성장'을 꼽은 학생은 20.6%, '부정부패'는 15.9%였습니다. 우리 사회의 가장 심각한 갈등 구조로는 45.2%가 '부유층과 빈곤층 사이의 갈등'을 꼽았고, 이어 16.8%가 '보수 세력과 개혁 세력 사이의 갈등'을 들었습니다. '빈부 간 갈등'은 지난해에도 1위였지만, 비율은 10% 가까이 줄어들었습니다.

03_ 이번에는 감전에 관한 강연의 일부를 들려 드립니다.

오늘은 감전에 대해 알아보겠습니다.

이것은 9볼트의 건전지입니다. 혀끝에 대면 찌릿함을 느끼죠? 그 까닭은 건전지의 전류가 혀로 흐르면서 혀의 신경을 자극하기 때문입니다. 감전이 일어난 것입니다. 이렇게 우리 몸의 외부에서 전압이 걸려, 근육이나 내장으로 전류가 흘러 몸에 충격을 주는 것이 감전입니다. 일상생활에서 자주 정전기를 느끼는데, 이것도 감전의 일종이라고 할 수 있습니다. 하지만 정전기의 경우는 전압이 높아도 흐르는 전류가 그다지 세지 않기 때문에 정전기 감전으로 인해 심각한 부상이 발생하지는 않습니다.

그러면, 얼마만큼의 전류가 우리 몸에 흘러야 위험할까요? 개인에 따라 차이는 있겠지만, 보통 50밀리암페어 이상의 전류가 흐르면 위험하다고 합니다. 여기서 중요한 것은 전압의 크기가 아니라 전류의 세기입니다. 또한 시간도 중요한데요, 센 전류라도 흐르는 시간이 매우 짧으면 생명에 지장이 없지만, 약한 전류라도 흐르는 시간이 길면 생명의 위협을 받게 됩니다.

물 묻은 손으로 전기 제품을 만지면 위험하다는 이야기를 자주 들었을 겁니다. 그것은 마른 손에 비해 젖은 손에서 전기 저항이 더 작기 때문입니다. 저항이 작으면 전류가 세지게 되고, 따라서 감전의 위험성이 커지게 됩니다. 또 전류가 우리 몸의 어느 부분으로 흐르느냐에 따라 감전됐을 때 부상을 입는 정도가 달라지기도 합니다. 특히 뇌와 심장에 전류가 흐르게 되면 매우 위험합니다.

04_ 우리나라의 민요인 '새타령'을 들려 드립니다.

동그랑땡 동그랑땡
얼씨구 절씨구 잘 돌아간다.
동그랑땡 동그랑땡
제비란 놈은 맵씨가 좋으니
기생아씨로 돌리고
앵무새란 놈은 말을 잘하니
재판관으로 돌려라.
황새란 놈은 다리가 기니
우편배달로 돌리고
꿩 새끼란 놈은 도망을 잘하니
도둑놈으로 돌려라.

동그랑땡 동그랑땡
얼씨구 절씨구 잘 돌아간다.
동그랑땡 동그랑땡
까치란 놈은 집을 잘 지으니
대목쟁으로 돌려라.

📖 김동언, 담양읍 담양문화원(2007년 채록)

05_ 다음은 기내 상영 영화에 대한 이야기를 들려 드립니다.

지난주에 미국에 출장을 다녀왔습니다. 뉴욕까지는 비행기로 열세 시간이나 걸리는데 무척 지루하더군요. 기내에서 영화를 상영하는데, 영화가 제가 보기에는 별 재미가 없었습니다. 저는 폭력물을 좋아하는데 그런 영화는 하나도 없더라고요. 그래서 승무원에게 물어봤지요. 그랬더니, 기내에서 상영할 수 있는 영화가 갖춰야 할 조건이라는 것이 있다지 뭡니까? 그래서 그 조건을 물어봤지요. 크게 다섯 가지가 있다더군요.

우선 상영 등급입니다. 탑승객의 연령이 다양하므로 폭력, 욕설이 나오는 영화는 안 된다는군요. 그러니 '친구', '조폭 마누라', '두사부일체' 같은 영화는 기내 상영이 안 되는 거죠.

두 번째 조건은 국적이나 종교가 서로 다른 다양한 승객들을 고려해야 한다는 것이고, 세 번째는 다소 지루하게 느낄 수 있는 예술 영화보다 시간을 훌쩍 보낼 수 있는 오락물을 상영해야 한다는 것입니다.

네 번째는 상영 시간인데요, 식사와 면세품 판매, 취침 시간 등을 고려하다 보니 80분에서 110분 정도 걸리는 영화를 많이 상영한다고 합니다.

마지막 조건은 항공사나 승객, 모두가 꺼리는 영화를 절대로 상영하지 않는다는 것이죠. 그게 뭘까요? 바로 비행기 폭발이나 추락 장면이 있는 불길한 영화랍니다.

06_ 다음은 민화 전시회에서 나눈 두 사람의 대화를 들려 드립니다.

여학생: '조선 시대 민화전!'…… 민화에 대해 배우긴 했지만 이렇게 전시회에 와 보기는 처음이야.
남학생: 그래? 공부도 중요하지만 이런 문화생활에도 관심을 가져야지.
여학생: 어! 이 그림 좀 봐. 정면에서 보고 그린 것 같기도 하고 옆에서 보고 그린 것 같기도 해. 어디에다 시선을 고정시키고 봐야 할지 혼란스러운데?
남학생: 피카소 같은 입체파 화가들의 그림도 시선을 한 곳에 고정시키지 않았어. 물론 민화와는 생각의 뿌리가 다르지만.
여학생: 맞아! '아비뇽의 처녀들'이란 그림에서도 정면과 측면의 모습이 동시에 나타났던 거 같아.
남학생: 정면과 측면, 오른쪽 측면과 왼쪽 측면, 이렇게 다양한 시점이 혼재하는 것이 바로 민화의 양식적 특징 중 하나인 '다시점' 기법이라는 거야. 그리는 사람을 중심으로 특정한 시점이 나타나는 것을 일시점이라 한다면, 이렇게 시점을 자유롭게 이동해 가는 것을 다시점이라고 하지.
여학생: 그런데 오빠, 저기 두 번째 그림 좀 봐. 그림 속 어떤 대상은 지나치게 과장되어 실제보다 훨씬 크게 그려져 있어. 전문 화가의 그림이 아니어서 그런가?
남학생: 좋은 지적이야. 민화는 네가 말한 것처럼 한 화면 속에서 사물들의 실제적인 크기와 비례 관계가 종종 무시되었는데, 그건 꼭 그림을 못 그려서가 아니야.
여학생: 그럼 왜 그런 건데?
남학생: 민화는 원근법에 의해서가 아니라 그리는 사람의 의도에 따라 사물의 크기가 정해지곤 했거든. 그림을 통해 강조하려는 것이 무엇이냐에 따라 대상을 유달리 크게 그리거나 작게 그렸던 거지. 그래서 그림을 잘 들여다보면 당시 민중들이 무엇을 중요하게 생각했는지 알 수 있어.
여학생: 야! 미대생이라 다르네! 역시 아는 만큼 보이나 봐.

07_ 다음은 건강 강좌 프로그램을 들려 드립니다.

안녕하십니까? 수험생을 위한 요가 교실, 그 두 번째 시간입니다. 오늘은 지난 시간에 이어 수험생 건강 증진에 도움이 되는 동작을 배워 보겠습니다.
먼저 배울 동작은 '나비 자세'입니다. 허리를 곧게 펴고 앉은 상태에서 양 발바닥이 마주보도록 두 다리를 몸 쪽으로 바짝 당겨 보세요. 그리고 양손은 양쪽 엄지발가락을 감싸 쥐고, 몸을 최대한 앞쪽으로 숙여 줍니다. 이 동작은 무릎 관절염이나 소화불량에 좋습니다.
다음 배울 동작은 '영웅 자세'입니다. 무릎을 꿇고 앉아 봅시다. 이때 엉덩이는 뒤로 빼고 허리를 곧게 펴야 합니다. 이제 천천히 두 발을 바깥쪽으로 빼서 엉덩이 옆에 밀착시킵니다. 그리고 두 손을 서로 깍지 끼고, 손바닥이 하늘을 향하게 한 상태에서 양팔을 머리 위로 쭉 펴 볼까요? 이 동작은 산소 유입량을 증가시키기 때문에 호흡기 질환에 효과가 있습니다.
이번에는 '박쥐 자세'를 배워 볼까요? 허리를 곧게 편 상태에서 두 다리를 충분히 벌리고 앉아 봅시다. 숨을 천천히 들이쉬며 두 팔을 앞으로 밀면서 상체를 숙여 보세요. 양손은 양쪽 엄지발가락을 움켜잡아도 됩니다. 이 동작은 스트레스를 해소하고 흥분을 가라앉히는 효과가 있습니다.
마지막으로 '쟁기 자세'를 배워 봅시다. 어깨에 매트를 깔고 바르게 누워 보세요. 허리에 양손을 받치고, 두 다리를 접어서 머리 위로 완전히 넘겨 봅시다. 그리고 두 손을 등 뒤에서 마주 잡고 균형을 유지합니다. 이때 두 무릎은 반듯하게 유지하면서 발가락으로 몸을 지탱해야 합니다. 이 동작은 막혀 있던 어혈을 풀어 주어서 만성피로 증후군에 좋습니다.
자, 그럼 오늘 배운 동작들을 다시 한번 연습해 볼까요?

08_ 다음은 교양 강좌를 들려 드립니다.

안녕하십니까? '조상의 지혜를 찾아서' 두 번째 시간입니다. 오늘은 우리 선조들이 일상생활 속에서 다양하게 사용해 온 숯에 대해서 말씀 드리겠습니다.

우리 조상들은 아이가 태어나면 대문에 숯을 꽂은 금줄을 칩니다. 장을 담글 때에는 반드시 장독 속에 숯을 띄웠고, 집을 지을 때에는 땅 속에 숯을 묻었습니다. 이처럼 우리 조상들은 늘 숯을 가까이했던 것이죠. 이것은 막연한 미신이나 그저 전해 내려오는 풍습 때문만은 아닙니다. 여기에는 우리 조상들의 지혜와 슬기가 담겨 있습니다.

금줄에 숯을 꽂아 두면 주위에 음이온이 증가하게 되죠. 이 음이온은 병균의 활동을 억제하여 병에 감염되기 쉬운 산모를 보호하는 역할을 했던 것이죠. 또 된장은 누구나 알고 있듯이 발효 식품입니다. 발효를 시키려면 미생물이 있어야 합니다. 그런데 숯에는 미세한 구멍이 아주 많은데, 이 구멍에서 우리에게 유익한 미생물은 살 수 있지만, 덩치가 큰 해로운 미생물은 살 수가 없죠. 발효를 돕는 유익한 미생물의 서식지를 숯이 제공하는 셈이죠.

숯의 효능은 이것만이 아닙니다. 얼마 전 세계 문화유산으로 지정된 팔만대장경은 만들어진 지 칠백 년이 넘었습니다. 그런데도 신비에 가깝다고 할 만큼 원형을 그대로 유지하고 있습니다. 그 비결도 바로 숯에 있었던 것입니다. 팔만대장경이 보관된 장경각 밑에는 많은 양의 숯을 묻어 두었습니다. 숯은 습도가 높으면 수분을 흡수하고, 너무 건조하면 수분을 방출하여 적절한 습도를 유지하게 해 줍니다. 경판이 원형대로 보존될 수 있었던 까닭이 여기에 있었습니다.

또, 우리 조상들은 우물을 만들 때도 우물 바닥에 숯을 깔았습니다. 우물에 숯을 깔면 숯에 많이 포함되어 있는 미네랄 덕분에 물맛이 좋아지는 것은 물론이고, 숯에 있는 무수한 구멍이 이물질을 흡착하여 물을 맑고 깨끗하게 만들어 주었던 것이죠.

이렇게 우리 조상들은 숯을 매우 유용하게 활용하는 지혜를 가졌던 것입니다.

다음 시간에는 한복에 담긴 우리 조상들의 지혜에 대해 말씀드리겠습니다. 안녕히 계십시오.

Theme 02 **추론적 이해와 듣기**

1. 뉴스를 들려 드립니다. 잘 듣고 물음에 답하세요.

지난 1월, 교육부는 인터넷 안팎에서 확산되고 있는 언어 파괴를 방지하고, 일상에서의 언어 예절을 지도할 수 있도록 《교사용 지도 자료집》을 일선 학교에 배포했습니다. 이 책자는 교육부와 국립 국어원, 정보 통신 윤리 위원회 등이 함께 제작한 것으로, 교과 수업과 재량 활동 시간 등에 활용하도록 했습니다. 이 자료집에서는 축약형과 줄임말, 소리 나는 대로 적거나 된소리를 지나치게 사용하는 것, '요'가 '여'로 바뀌는 것, 은어 등을 언어 파괴 유형으로 지적하고 있습니다. 특히 알파벳과 일본 문자, 특수 문자, 한글 자모 등 컴퓨터 자판에서 표현 가능한 모든 문자와 숫자를 임의로 섞어서 만들어 내는 이른바 '외계어'에 대해서도 문제를 삼고 있습니다. 이런 외계어는 따로 번역이 필요할 만큼 해석이 어렵기 때문입니다. 교육부 관계자는 인터넷 언어가 다양한 감정과 개성을 표현하고, 정보화 시대에 적응할 수 있는 능력을 키워 주는 긍정적 기능이 있는 반면에 국어 파괴, 청소년들의 문법 실력 저하, 세대 간의 단절 등 심각한 부작용을 초래하고 있다고 지적했습니다. ○○○ 뉴스 ○○○입니다.

2. 청소년들의 진로 문제를 다룬 대담 방송을 들려 드립니다.

사회자(여) : 과학 기술자들의 인기가 요즘 하한가를 면치 못하고 있습니다. IMF 실직 사태 이후 의사, 변호사 등 자유업을 선호하는 분위기가 강해지면서, 학생들이 이공계 대학 진학을 기피하는 경향을 보이고 있습니다. 이번 시간에는 전문가 두 분을 모시고, 말씀을 나누어 보겠습니다. 이문성 교수님께서 먼저 말씀해 주시죠. 이공계 대학은 정말 비전이 없는 곳일까요?

이 교수(남1) : 결코 그렇지 않습니다. 이공계 대학 출신들은 좋은 대우를 받고 있습니다. 이공계 대학 기피 현상은 국가 경쟁력의 면에서나 청소년 개인의 면에서나 커다란 손실이 아닐 수 없습니다. 청소년들은 이런 현상에 휩쓸리지 않고 자신의 진로를 선택하면 됩니다. 본인의 적성이 이공 계열에 적합하면 이공계 대학에 진학하면 되고, 인문 계열에 적합하면 인문 계열 학과에 진학하면 되는 것입니다. 우리나라 우량 기업의 최고 경영자들을 보면 이공계 대학 출신들이 많이 있습니다. 국내 10대 그룹 임원 중 이공계 출신의 비율은 절반을 넘어 53%에 이르고 있습니다. 사실이 이런데도 이공계 대학을 기피한다는 건 한 치 앞도 내다보지 못하는 짧은 생각입니다.

사회자(여) : 우리나라에서는 이공계 대학 출신들이 좋은 대우를 받고 있다는 말씀이셨습니다. 정승찬 교수님, 외국의 경우는 어떻습니까?

정 교수(남2) : 세계 최고 수준의 우량 기업일수록 최고 경영자가 대부분 공대 출신입니다. 미국 제너럴모터스의 최고 경영자였던 슬로언이나 잭 웰치도 공학박사였고, 지난해 미국의 CNN과 타임지가 '가장 영향력 있는 최고 경영인'으로 꼽은 일본 닛산 자동차의 카를로스 곤 사장도 프랑스 최고의 이공계 대학인 에콜드 폴리테크닉 출신의 엔지니어입니다. 미국 기업은 공대를 졸업한 뒤 경영학을 전공한 MBA를 가장 우대하고 있죠. 지금 미국에서는 '바이오 혁명' 때문에 이른바 '골든 직종'이 새롭게 떠오르고 있습니다. '더 사이언티스트'지가 조사한 바에 따르면 바이오엔지니어링, 바이오인포매틱스, 임상 연구 등 3개 분야의 평균 연봉은 7만 5,000에서 7만 7,000달러로 의사와 맞먹는 수준이죠.

01_ 다음은 컴퓨터 게임과 관련된 강연을 들려 드립니다.

요즘 우리 청소년들의 최대 화제는 '게임'입니다. 이처럼 게임 문화가 확산되게 된 배경에는 문화 산업의 발전과 청소년들의 성장을 위한 동력이라는 논리가 자리잡고 있습니다.

컴퓨터 게임에는 넘치는 마력이 있습니다. 사회적 제약이 많은 청소년들에게 사이버 공간은 억압이 최대한 배제된 자유의 세계이기 때문이죠. 사이버 세계로 들어오는 순간, 현실 세계에서는 꿈도 꾸지 못했던 '페르소나', 즉 자신이 바라던 가상의 인물이 되어 '자신이 원했던' 색다른 역할을 창조적으로 수행할 수 있습니다. 이들에게 현실 세계의 성, 직업, 나이 등은 더 이상 '넘을 수 없는 경계'가 아닙니다. 거기에는 '불가능'이 없어 보입니다.

그러나 이 경이로운 세계는 바로 이 장점들 때문에 무서운 덫이 될 수 있습니다. 불가능한 것이 거의 없는 상상적 경험이 청소년들에게 필요하다면, 동시에 '불가능'과 '장애'와 '제약'의 경험도 필수적입니다. 그것이 바로 현실적인 의미에서의 '성장'입니다. 생텍쥐페리의 말처럼 인간은 장애물을 통해서만 자기를 발견할 수 있습니다. '놀이'는 가상 세계와 현실 세계 사이를 넘나들 수 있는 능력을 전제로 해야 합니다. 저쪽 세계로 넘어갔다가 이쪽으로 다시 넘어오지 못하면 놀이는 이미 놀이가 아니라 '중독'입니다. 그런 능력이 부족한 우리 청소년들을 이대로 방치해서는 안 됩니다.

지금 우리 청소년 세대에서 발생하고 있는 게임 중독 현상이 걱정스러운 것은, 그로 인해 청소년들이 현실 감각을 잃고, 좌절과 우울의 덫에 갇혀 버릴 수 있기 때문입니다. 중독자는 가상 세계와 현실 세계 사이의 괴리를 수습하지 못해 혼란에 빠지고 정체성의 파탄을 경험하게 됩니다. 무엇보다 가장 우려할 만한 최악의 상황은 모든 것을 포기하는 것, 즉 '그만두기'입니다. 이처럼 게임 중독의 폐해는 매우 클 수 있습니다. 그런데도 돈이 된다는 사실에만 기분 좋아할 수 있겠습니까? 너무 늦기 전에 이 폐해의 사회적 위험과 비용을 생각해 봐야 합니다.

02_ 시 한 편을 낭송해 드립니다. 잘 듣고 물음에 답하세요.

군 제대 후 보은에 있는
인삼밭에서 일을 한 적이 있었습니다.
씻지도 못하는 때 절은 객지 생활
남의 빈집을 수리해 먹고 자는 일이
더 이상 부끄러운지도 모른 채
부모님은 그렇게 살고 계셨습니다.
한 주간의 일을 마치고 집으로 오는 길
옥천에 들러 찬거리를 좀 사고
버스 시간이 남아 목욕탕에 가게 되었습니다.
아버지는 싫다며 막무가내였지만
마지못해 탕 안으로 들어갔습니다.
희미한 수증기 사이로
둥글게 말린 영롱한 위태로움들,
땀을 씻고 탕으로 들어와
그동안 밀린 때를 불리고 있는데
한쪽 구석에서 때를 밀고 있는 아버지가 보였습니다.
등을 밀러 다가갔는데
배꼽 위로 커다란 수술 자국이 보였습니다.
검게 굽은 등이
너무나도 작았지만 자꾸만 밀고
또 밀었습니다.
아버지는 아프다며 그만해라 했지만
거품이 없어질 때까지 계속 밀었습니다.
아버지는 남들이 볼까 부끄러웠던지
먼저 나가 서둘러 옷을 입으셨습니다.
샤워기 앞에 섰는데
순간, 천장에 맺힌 물방울 하나가 떨어졌습니다.
그날
눈에 들어간 비눗물이 씻기지 않아
한참이나 샤워기 앞에 서 있었습니다.

03_ 다음은 방송 대담을 들려 드립니다.

진행자(여) : 여러분, 안녕하세요? 몇 년 전부터 한 지방자치단체가 의료 취약 계층을 위해 의약품 공급 정보망 사업으로 일정 성과를 올리고 있는데요, 오늘은 그 관계자 한 분을 모시고 말씀을 들어 보기로 하겠습니다.
(사이) 김웅진 과장님, 안녕하세요?

김 과장(남) : 네, 안녕하세요.

진행자 : 과장님, 의약품 공급 정보망이라는 말이 다소 생소한데, 이게 무슨 말인가요?

김 과장 : 네, 저희 자치 단체에서 2004년부터 실시하고 있는 건데요, 약국이나 제약 회사가 판매하고 남은 의약품을 저희 정보망에 기탁하면, 의약품이 필요한 사회 복지 시설이나 국내외 의료 봉사 단체에 무상으로 연결시켜 주는 사이버상의 네트워크입니다.

진행자 : 그렇군요. 그동안 이 사업에 성과가 있었다면, 그 이유는 의약품을 기탁하는 곳이나 받는 곳 모두 이점이 있었기 때문일 것 같습니다. 구체적으로 어떤 이점들이 있나요?

김 과장 : 네. 약국이나 제약 회사에서는 처방전 변경 등으로 판매되지 않은 의약품들을 기탁하기 때문에 부담스럽지 않죠. 또 유통 기한이 6개월 이상 남은 의약품들만을 기탁하면서 자신들의 이미지를 높일 수 있고, 동시에 기부금 관련 세금 혜택도 받을 수 있습니다. 그리고 한정된 예산으로 운영되는 복지 시설이나 봉사 단체에서는 의료 보험이 적용되지 않는 영양제나 아토피 치료제 같은 의약품을 무상으로 지원받을 수 있습니다. 올 초를 기준으로 40여 곳에서 기탁하고 있고, 지금까지 약 25억 원어치의 의약품이 전달되었습니다.

진행자 : 네. 그렇군요. 음, 그런데 2004년부터 시작했다면 아직은 널리 확산되었다고는 볼 수 없을 것 같은데, 혹시 이 사업에 걸림돌이라도 있나요?

김 과장 : 아, 네. 좀 있습니다. 재고 의약품을 무상으로 공급하다 보면 판매량 감소 등의 이유로 다시 재고가 쌓이는 문제가 생길 수 있고, 또 전문 의약품을 의사의 처방 없이 제공하는 데도 문제가 있을 수 있습니다.

진행자	: 그러니까 앞으로 이런 문제를 해결하기 위한 제도 정비나 의료 전문 인력이 좀 더 필요하다는 말씀이신 것 같군요. 끝으로 이 사업에 참여하려면 어떻게 해야 할까요?
김 과장	: 아, 그건 아주 쉬워요. 기부하고 싶은 사업체나 받고 싶은 시설 및 단체는 저희 홈페이지에 접속하셔서 회원으로 가입하시면 쉽게 참여하실 수 있습니다.
진행자	: 네. 간편해서 좋군요. 모쪼록 이 의약품 공급 정보망 사업이 확대되어 국내외 의료 취약 계층에 많은 도움이 되기를 바랍니다. 감사합니다.

04_ 다음은 영화에 대한 두 사람의 대담을 들려 드립니다.

사회자	: 오늘의 주제는 '영화와 과학'입니다. 두 분 교수님을 모시고 말씀을 나누어 보겠습니다. 먼저 김용찬 교수님부터 말씀해 주실까요?
김 교수(남)	: 네, 우리는 영화를 볼 때 너무 몰입해서 보는 경우가 있습니다. 그러나 우리가 재미있게 봤던 영화의 명장면 중에는 과학적 오류가 많습니다. 예를 들어 <다이하드2>의 마지막 장면을 보면 주인공 브루스 윌리스는 악당이 탄 비행기가 연료를 흘리며 이륙하자 기름에 불을 붙입니다. 불길은 흐르는 기름 줄기를 타고 순식간에 올라가 비행기를 공중 폭발시킵니다. 그런데 이것이 과학적으로 가능할까요? 여객기 연료는 쉽게 불이 붙지 않을뿐더러 화염의 전파 속도는 초당 10m를 넘지 못하기 때문에 그렇게 빨리 불길이 퍼질 수는 없습니다. 그리고 <스파이더맨>의 주인공이 내뿜는 두꺼운 거미줄이 굳으려면 과학적으로는 일곱 시간은 걸려야 하는데도 곧바로 밧줄처럼 사용합니다. 영화를 볼 때, 재미로만 보지 말고 이런 과학적 사실들에 주목해야 합니다.

사회자	: 아, 그런 비밀이 숨겨져 있었군요. 이지은 교수님은 어떻게 생각하시나요?
이 교수(여)	: 저도 평소에 비현실적이고 비과학적인 것을 좋아하지는 않아요. 하지만 '영화'는 어디까지나 영화일 뿐이죠. 대부분의 영화는 허구적인 이야기를 바탕으로 하고 있어요. 그래서 영화에는 상상력에 의한 비현실적인 설정들이 가능한 겁니다. 예를 들면, 슈퍼맨은 초능력이 있는 사람, 용가리는 입으로 불을 뿜는 동물이라는 것들 말입니다. 이러한 설정들이 반드시 과학적 진실을 요구하는 것은 아닙니다. 그런데 이것을 비과학적이라고 비판한다면, 영화를 하나의 예술로 보는 자세와는 거리가 있다고 봐요. 예로 들었던 <스파이더맨>의 경우를 봅시다. 스파이더맨의 거미줄과 현실의 거미줄을 일대일로 비교하는데, 그건 어린애들이 스파이더맨을 따라할까 염려하는 경우가 아니라면 별 의미가 없는 것 같아요. 사람들이 슈퍼맨에게 왜 중력을 무시하느냐고 비판하지 않는 이유는 그 '슈퍼맨'이 원래 그런 거라는 설정에 수긍했기 때문입니다.

05_ 이번에는 텔레비전 뉴스를 들려 드립니다.

앵커(남): 못 쓰는 거실 커튼, 해진 청바지, 또 장롱 깊숙이 넣어둔 한복 등도 얼마든지 멋진 옷, 소품으로 깜짝 변신이 가능합니다. 재활용품을 활용한 의상 패션쇼 현장으로 이소영 기자가 안내합니다.

기자(여): 이 옷들은 모두 못 쓰는 천들을 재활용해 만든 것들입니다. 못 쓰는 거실 커튼이 아이의 예쁜 드레스로 탈바꿈했고, 입지 않는 청바지는 가방으로 새롭게 태어났습니다. 묵혀 둔 한복 치마가 남성들의 윗도리와 바지로 변신했습니다. 행사에 오신 한 분의 반응을 직접 들어 보겠습니다.

시민(남): 보기에는 다소 어색했지만 직접 입어 보니 느낌이 다릅니다. 부담감이 없고 편해서 평소에도 입을 만한 옷이라 생각해요.

앵커(남): 이소영 기자! 옷을 만드는 데 비용이 많이 들지는 않나요?

기자(여): 못 쓰는 옷을 수선해 새로운 옷으로 재활용을 하는 데에 드는 비용은 새 옷의 십분의 일 정도입니다. 특히 한복과 청바지, 커튼은 재활용하기 쉬워 비용도 많이 들지 않습니다. 이번 행사에는 재활용 의상 100여 벌이 소개되었습니다.

앵커(남): 옷 말고도 일상생활에서 재활용할 수 있는 자원들이 많이 있지 않습니까?

기자(여): 그렇습니다. 생활 속에서 자원 재활용을 실천하는 방법은 무궁무진합니다. 생각을 바꾸거나 실천하기에 따라 우리 주변에 있는, 안 쓰는 물건들이 훌륭한 자원으로 바뀔 수 있습니다. GBS 뉴스 이소영입니다.

06_ 이번에는 방송 프로그램의 대담 장면을 들려 드립니다.

사회자: 오늘은 최근 화제가 되고 있는 '고기를 꼭 먹어야 하나?'의 저자이신 나채식 선생님을 모시고 말씀을 듣겠습니다. 안녕하십니까? 선생님.

나채식: 안녕하십니까?

사회자: 선생님 책을 재미있게 읽었습니다. 건강을 위해 채식을 하는 사람은 봤는데, 선생님은 다른 이유 때문에 육식을 반대하시던데요. 설명 좀 해 주시겠습니까?

나채식: 네, 저는 먹기 위해 동물들을 사육하고 죽이는 것은 도덕적으로 옳지 않다고 생각합니다. 닭은 우리에게 고기를 제공해 주기 위해 좁은 양계장에서 다른 닭들만 보다가 죽습니다. 돼지나 소도 마찬가지입니다. 단지 먹는 즐거움을 위해서 다른 생명체를 학대하고 목숨을 빼앗는 것은 옳지 않습니다.

사회자: 네, 그렇군요. 그런데 고기를 먹는 것이 먹는 즐거움 때문만이 아니라 건강과 생존을 위해 먹는다는 지적도 있는데요. 그 점에 대해서는 어떻게 생각하십니까?

07_ 이번에는 좌담회의 일부를 들려 드립니다.

사회자(여): 안녕하세요. 오늘은 두 분의 선생님을 모시고 예술을 감상하는 방법에 대해 말씀을 들어 보도록 하겠습니다. 먼저 김영호 선생님께서 말씀해 주시지요.

김 선생님(남): 네, 같은 성악의 영역이지만 한국의 판소리를 이탈리아 벨칸토 창법의 입장에서는 성악이라는 예술로 이해할 수 없는 일이 생기기도 합니다. 실제로 있었던 경험담을 예로 들어 보겠습니다. 어느 대학의 모 교수가 이탈리아 성악가에게 마침 국립 극장에서 있었던 판소리를 들려주었더니, 한참 듣던 이탈리아 성악가가, "저 사람 화났습니까?" 라고 하더랍니다. 두성 발성으로 다듬어서 고운 소리를 내는 것이 성악이라고 알고 있는 이 이탈리아 성악가는 목놓아 고함지르는 우리나라의 판소리를 예술로 인정할 수 없었던 것입니다. 즉, 이탈리아 성악가는 한국의 성악에 대하여 전혀 공감하거나 이해할 수 없었던 것입니다.

사회자 : 이번에는 정태영 선생님께서 말씀해 주세요.

정 선생님(남) : 미술 감상도 마찬가지입니다. 그래서 서양 화법의 입장에서 동양의 산수화를 예술로 이해할 수 없는 경우가 있습니다. 전통적으로 서양화에서는 대상을 있는 그대로 그리는 것을 중시합니다. 그래서 대상을 그릴 때에는 특정한 시간과 장소, 일정한 거리와 각도에서 그 시야 안의 사물을 관찰하고 묘사하지요. 상상이나 허구에 의한 작품일지라도 작가는 대상을 고정된 시점에서 보는 것처럼 묘사하여, 대상의 선, 형태, 빛, 색 등 객관적 요소를 사실적으로 그려 내려고 합니다. 그런데 동양의 화가들은 산을 거닐고 경치를 즐길 때 여러 모로 자세히 그 풍경을 살펴봅니다. 그러면 산의 경치는 걸음에 따라 변하고, 봉우리도 걸음에 따라서 다른 모습을 드러내게 되지요. 이때 화가는 이러한 관찰에서 얻은 풍부한 감동과 인식을 더욱 진실하게 표현하기 위하여 자연스럽게 시점을 이동시키는 산점투시(散點透視)를 채택함으로써 고정 시점의 제약을 벗어난 풍경을 그리게 됩니다.

사회자 : 네, 예술 작품을 올바르게 감상하기 위해서는 (   )

08_ 이번에는 '다문화주의'에 관한 인터뷰를 들려 드립니다.

사회자(여) : 안녕하세요. 오늘은 '다문화주의의 전망과 미래 사회'를 저술하신 김지철 교수님을 모시고 이야기를 나눠 보도록 하겠습니다. 교수님, 다문화주의가 뭐죠?

교수(남) : 네. 오늘날엔 한 사회 내부에 여러 문화가 공존하는 현상이 일반적이죠. 여러 문화의 공존을 인정하고 그것의 긍정적인 측면을 적극적으로 평가하려는 이론을 말합니다.

사회자 : 그러면 다문화주의가 지향하는 바는 무엇입니까?

교수 : 한마디로 말씀드리기가 어렵지만 대체로 문화 차이에 따른 사회적·정치적·경제적 갈등을 해소하는 데 목적이 있습니다.

사회자 : 말씀을 들으니까 다문화주의는 이론에 그치지 않고 국가가 정책을 수립하는 데 적극적으로 영향을 끼치기도 하겠네요.

교수 : 네. 많은 국가들이 다문화주의를 수용하여 국가 정책을 강구합니다. 하지만 그 실현이 쉬운 것은 아닙니다. 사회 구성원들이 자신의 국가를 단일 민족 국가나 단일 이념 국가라고 여기는 경우에는 다문화주의가 단일성을 훼손한다고 여기는 경향이 있죠. 이러한 반감은 사회적 갈등으로 표출되기도 합니다. 사실 소수 문화가 나름대로 가치와 의의를 가진다는 것을 부정하는 사람은 없습니다. 그러나 소수 문화를 정책적으로 배려하자는 데에는 사회 구성원 간에 의견이 저마다 다릅니다.

사회자 : 그런 가운데에도 우리 시대에 다문화주의가 필요하다면 그 이유는 뭘까요?

교수 : 소수 문화를 존중하는 정책은 이주민이나 이주 노동자 등 소수자들의 문화를 발전시켜서 다양한 문화가 공존하는 사회를 만들 수 있도록 도와줄 겁니다. 그렇게 돼야 사회 구성원 간의 갈등이나 분열도 완화될 수 있고 사회도 발전하겠죠.

사회자 : 그러면 이 시점에서 다문화주의를 정책으로 마련해 나가는 데에 무엇이 가장 중요하다고 생각하십니까?

교수 : 제가 생각하기에는 무엇보다도 (   )

Theme 03 말하기

🎧 1. 다음은 라디오 방송 대담을 들려 드립니다.

사회자 : 안녕하세요? '건강한 생활' 시간입니다. 오늘은 잠에 대한 궁금증을 풀기 위해 전문가 한 분을 모셨습니다. 안녕하세요, 김영한 박사님?

김 박사 : 안녕하십니까?

사회자 : 박사님, 오늘은 청취자들의 질문이 많습니다. 사람은 왜 잠을 잘까? 몇 시간이나 자는 것이 적당할까? 낮잠을 자는 것이 좋은가? 불면증일 경우 어떻게 할까? 이런 내용들입니다. 먼저 사람은 왜 잠을 잘까요?

김 박사 : 잠을 자는 원인에 대해서는 다양한 의견이 있습니다. 그중에 가장 설득력 있는 건 우리 몸에 잠이 필요하기 때문이라는 설명입니다. 즉, 다양한 활동으로 몸에 피로가 쌓이면 이 피로를 풀기 위해 잠을 자야 한다는 거지요.

사회자 : 예. 그럼, 몇 시간 자는 것이 적당할까요?

김 박사 : 사람에게 필요한 수면 시간을 일률적으로 정할 수는 없습니다. 하지만 정상인의 수면 주기를 고려할 때, 여덟에서 아홉 시간은 자야 최고의 컨디션을 유지할 수 있습니다. 그렇다고 너무 많이 자면 수면 리듬이 깨져 피곤해집니다. 또한 잠을 적게 자는 것도 해롭지만, 불규칙하게 자는 것이 더 해롭습니다.

사회자 : 예, 그리고 낮잠을 많이 자서 걱정이라는 질문도 있었는데요, 낮잠을 자는 것이 좋은가요?

김 박사 : 어―, 좋을 수도 있고 나쁠 수도 있습니다. 우선 밤잠이 부족한 사람은 낮잠을 자는 것이 좋습니다. 가령 입시 준비로 잠이 부족한 수험생은 부족한 수면량을 낮에 조금씩 보충하는 것이 좋습니다. 하지만 휴일에 몰아 잔다고 해서 피로가 풀리는 것은 아닙니다. 휴일에도 평소처럼 자는 것이 좋습니다.

사회자 : 예, 그렇군요. 다음 질문인데요, 불면증이 있는 경우에는 어떻게 해야 할까요?

김 박사 : 불면증이란 잠이 아예 잘 안 오거나 잠자리가 불편해 자주 깨는 증상입니다. 불면증이 있는 사람은 자기가 늘 잠이 부족하다고 생각합니다. 그래서 틈만 나면 이를 보충하려고 하죠. 하지만 낮잠을 많이 자게 되면, 밤에 잠이 오지 않기 때문에 악순환이 반복됩니다.

사회자 : 밤에 잠을 못 자면 어떤 일이 생기게 됩니까?

김 박사 : 어―, 포만감을 느끼는 호로몬의 분비가 적어집니다. 그럴 경우 허기를 잘 느끼고 많이 먹게 돼서 비만이 될 가능성이 높아집니다. 또한 스트레스와 관련한 호르몬의 영향으로 멍한 상태가 지속되거나 지나치게 예민해지기도 합니다.

사회자 : 잘 알았습니다. 감사합니다.

🎧 2. 이번에는 토론의 일부를 들려 드립니다.

사회자 : 안녕하십니까? 시사 토론 시간입니다. 오늘은, 경찰을 학교에 상주시켜 학교 폭력을 줄이려는, 이른바 '학교 경찰 제도'에 대해 토론하고자 합니다. 오늘 이 자리에 청소년 문제 전문가 두 분을 모셨습니다. 안녕하십니까? 이 제도의 시행과 관련하여 의견이 분분한데요, 먼저 김건우 선생님께서 말씀해 주시겠습니까?

김 선생님 : 예, 최근 학교 폭력과 관련하여 실시한 여론 조사 결과를 먼저 말씀드리겠습니다. 중·고등학생과 학부모들을 대상으로 학교 폭력의 심각성에 대해 설문 조사를 한 결과, 학생의 58.9%, 학부모의 85.1%가 학교 폭력이 심각하다고 응답했습니다. 이 설문 통계는 학교 폭력이 더 이상 방치되어서는 안 될 만큼 심각하다는 것을 보여 줍니다. 장기 대책을 운운하는데 그러기에는 상황이 너무나 절박합니다.

사회자 : 황혜민 선생님께서는 어떻게 생각하십니까?

황 선생님 : 물론 저도 학교 폭력 문제가 심각하다는 것에 동의합니다. 하지만 '학교 경찰 제도'가 최선의 해결 방법인지는 의문입니다.

김 선생님 : 오늘날 학교 폭력은 조직화되어 학교 자체에서 해결하기 어렵습니다. 학교 경찰 제도 도입과 관련하여 실시한 설문 조사 결과가 있는데요, 학생의 72.5%, 학부모의 82.2%가 이에 찬성을 하고 있습니다. 이것은 학교 폭력을 해결하기 위해서는 학교 경찰 제도와 같은 특단의 조치가 필요하다는 것을 의미하는 것 아니겠습니까?

황 선생님 : 김건우 선생님께서 말씀하신 극단적인 학교 폭력도 있지만 그 외에 일상생활 속에서 발생하는 다양한 형태의 학교 폭력도 있습니다. 이처럼 복합적인 양상을 띠는 학교 폭력을 극단적인 대책만으로는 해결할 수 없습니다. 제가 소위 비행 청소년들을 상담하는 과정에서 살펴본 바로는요, 교칙이나 법에 의한 제재로 청소년 문제가 해결되는 경우는 거의 없었습니다. 오히려 학교나 가정에서 그 학생들의 생활이나 생각의 이면을 이해하고 그들과 깊은 유대를 형성하면서 그들을 선도하였을 때, 바람직한 방향으로 문제가 해결되는 것을 여러 차례 보았습니다. 저는 학교 폭력도 가능한 한 이런 방향으로 해결되어야 한다고 생각합니다.

01_ 이제 여러분은 인터넷 저작권 분쟁에 대한 토론을 듣게 됩니다.

사회자 : 요즘 온라인을 통한 디지털 콘텐츠의 불법적 유통이 날로 확산되고 있는 실정에 대해 우려하는 분들이 많습니다. 최근에는 mp3 파일 전송 프로그램 서비스를 놓고 저작권 침해 여부에 대한 논쟁이 치열합니다. 그 판정을 위해 법적 분쟁이 일어나기도 했죠. 오늘은 이에 대해 찬반 양론을 대표하는 두 분을 모시고 이야기를 들어 보도록 하겠습니다. 음반 협회 측에서 먼저 말씀해 주시죠.

여자 : 네. 저희 협회에서는 이번 사태를 매우 심각하게 받아들이고 있는데, mp3 파일 전송 프로그램 서비스는 저작권을 침해하는 것입니다.

사회자 : 이에 대해, mp3 파일 전송 프로그램 서비스를 실시하는 사이트 운영자 측은 어떻게 생각하십니까?

남자 : 제 생각은 다릅니다. mp3 파일 전송 프로그램 서비스는 저작권에 위배되지 않습니다.

사회자 : 이 문제에 대해 각각 나름대로 생각하셨던 바가 있으셨을 줄 압니다. 기탄 없이 말씀해 주시죠.

여자 : 제가 먼저 말씀드릴게요. mp3 파일의 모체가 되는 것은 음악 CD입니다. 그런데 음악 CD에 담겨 있는 음반은 분명히 음악 저작물에 속하기 때문에 법으로 보호받는 사적 재산이죠. mp3 파일을 무료로 공유하고 다운로드할 수 있게 하는 것은 저작권을 침해하는 행위라고 생각합니다. 음악 파일을 불특정 다수인에게 전송이 가능하도록 하드디스크에 공유시키는 것은 이미 사적 복제의 허용 범위를 넘어선 것입니다. 온라인이든 오프라인이든 매체에 상관없이 모든 저작물은 저작권법의 보호를 받아야 합니다.

남자 : 그럴까요? 저는 다르게 생각합니다. mp3 파일 전송 프로그램 서비스에서는 음악을 복제하는 기능이 없습니다. 우리 사이트에서는 음악 파일 리스트를 갖고 있지 않고, 다만 접속한 사용자들 중에서 파일 보유자의 위치만 알려주는 정보 교환의 매개체로서의 기능을 했을 뿐이죠. 게다가 인터넷의 기본 정신 중 하나가 바로 '공유'라는 점을 고려하면, 온라인상에서 디지털 콘텐츠는 자유롭게 유통될 수 있어야 하지 않을까요? 요즘과 같은 디지털 시대에 온라인상의 파일에 대해서도 저작권법을 적용하자는 것은 시대착오적인 발상이라고 생각해요.

사회자 : 결국 자유로운 정보의 공유라는 관점에서 보면 현재의 mp3 파일 전송 프로그램 서비스는 큰 문제가 없지만, 저작권 보호의 관점에서 보면 문제가 있군요. 그렇다면 이런 방법은 어떨까요? 온라인 사이트에서 mp3 파일을 실시간으로 감상하는 것은 무료로 하고 다운로드는 유료화한다면 음악 파일을 공유하면서도 저작권을 보호할 수 있지 않을까요?

02_ 다음은 방송 인터뷰의 일부를 들려 드립니다.

진행자 : 이 시간에는 다문화 정책 전문가 김 교수님을 모시고 이야기를 나누어 보겠습니다. 안녕하십니까? 교수님.

김 교수 : 네. 안녕하십니까?

진행자 : 교수님, 먼저 국내에 체류하고 있는 외국인 현황에 대해 간략하게 알려 주시죠.

김 교수 : 네. 국내 체류 외국인이, 2007년에는 100만 명, 2009년에는 120만 명에 이르고 있습니다. 이렇게 체류 외국인이 빠르게 늘어남에 따라 외국인 밀집 지역도 늘어나고 있습니다.

진행자 : 그렇군요. 교수님께서는 도시 지역에 위치한 대표적인 외국인 밀집 지역에 대해서 연구를 해 오셨는데요. 외국인들이 도시에만 거주하는 것은 아닐 텐데 왜 굳이 도시 지역만을 연구 대상으로 삼으셨나요?

김 교수 : 그건 전체 외국인의 2/3가 도시에 거주할 뿐 아니라 국적, 직업 등에 따라 다양한 부류의 외국인들이 도시에 모여 살고 있기 때문입니다.

진행자 : 네, 그렇군요. 청취자들은 이제 좀 더 구체적인 내용에 대해 듣고 싶어 하실 것 같습니다. 조사하신 사례를 소개해 주시겠습니까?

김 교수 : 네, 첫 번째로 목련 산업 단지 주변의 목련동인데요. 이 지역은 산업 단지의 공장에서 일하고 있는 외국인들이, 일터 가까운 지역에 모여 살면서 형성된 곳입니다. 이 지역에서는 외국인 관련 행정 업무를 원활히 하기 위한 조직을 만드는 등 혁신적인 정책을 시행했습니다. 또한 목련동 지역은 주요 정책인 다문화 마을에 대한 지원 사업을 통해 주거 환경을 어느 정도 개선하였습니다. 그런데 이 사업이 도시 정비에 치우쳐 시행되었기 때문에 거주 외국인과 지역 사회의 소통을 위한 정책에는 소홀한 면이 있었습니다. 따라서 이를 해결하기 위한 정책이 시급하다고 생각합니다.

진행자 : 그럼, 목련동 지역의 다문화 정책은 실패했다는 말씀이신가요?

김 교수 : 아, 그건 아닙니다. 시행된 정책의 내용에 다소 아쉬움이 있었다는 말씀입니다. 두 번째 지역은 장미동의 저렴한 주택 지역입니다. 이 지역은 대중교통이 편리하고 주변 지역에 비해 물가가 싸다는 장점 때문에 특정 국적의 외국인들이 집단적으로 거주하게 된 곳입니다. 장미동 지역은 최근 다문화 센터가 문을 열어 거주 외국인과 지역 사회의 소통 문제는 어느 정도 해결되었는데요, 그렇지만 주거 환경이 좋지 않아서 이를 해결하기 위한 정책이 시급한 상황입니다.

진행자 : 그렇군요. 외국인 밀집 지역을 위한 구체적인 정책에는 어떤 것들이 있을까요?

김 교수 : 네, 삶의 질 개선을 위한 정책으로는 외국인 취업 알선 센터 운영, 주거 환경 개선 사업, 다문화 관광 특구 지정 등을 들 수 있겠고, 지역 사회와의 원활한 소통을 위한 정책으로는 다문화 센터 운영, 다문화 축제 지원 사업 정도를 들 수 있겠습니다.

03_ 이번에는 '사이버 교육'에 대한 대담을 들려 드립니다.

남자 : 최근 몇 년간 인터넷이 사회의 전 분야에 파고들면서 사이버 교육이 상당한 속도로 확산되고 있습니다. 그리고 많은 기관들이 다양한 분야에 사이버 교육을 활용하고 있습니다. 사이버 교육은 유치원 교육, 직업 교육 등 다양한 분야에 걸쳐 활용되고 있으며, 학교는 물론 기업, 연구소, 정부 기관까지 가상 대학, 가상 연수원 등을 운영하고 있습니다.

이처럼 많은 기관들이 사이버 교육에 매달리는 이유는 사이버 교육이 가지는 매력적 요소들 때문입니다. 우선 경제성을 들 수 있습니다. 많은 투자가 필요한 기존 교육과는 달리 초기에 어느 정도의 비용을 투자하면 적은 비용으로 많은 사람들에게 양질의 교육 혜택을 줄 수 있다는 것입니다.

또한 사이버 교육은 학습자들이 주어진 교육 과정을 그대로 따라야 하는 기존의 수동적 교육과는 달리 컴퓨터와 네트워크의 장점을 통해 자발적이고 능동적인 교육이 가능하다는 점에서 학습자에게 바람직한 교육 환경을 제공해 줄 수 있습니다. 이처럼 교육 내용과 교육 방법을 학습자들이 스스로 선택할 수 있다는 것이 사이버 교육의 가장 큰 장점이라 할 수 있습니다.

여자 : 말씀 잘 들었습니다. 하지만 지금처럼 사이버 교육이 급속도로 확산되는 시점에서, 몇 가지 문제점 또한 간과할 수는 없을 것입니다. 현재의 사이버 교육과 기존의 강의실 수업을 비교해 보십시오. 어떤 차이가 있습니까? 현재의 사이버 교육은 사이버 공간에 적합한 설계라기보다는 기존의 강의실 수업의 내용과 방법을 거의 그대로 옮겨 놓은 것에 불과합니다. 그 결과가 어떻습니까? 기존의 교육과 별다른 차이가 없다 보니 시간이 흐를수록 학습 효과가 현저하게 떨어지게 됩니다. 사이버 교육의 주 대상자는 아무래도 학생일 것입니다. 그런데 대학생을 포함한 학생들의 인터넷 이용률은 거의 100%에 육박하지만, 학습을 목적으로 하는 경우는 겨우 2.4%에 지나지 않는다고 합니다. 이 통계가 이런 결과와 무관하다고 할 수 있을까요? 또한 같은 분야를 다루는 사이버 교육 기관들이 난립하여 서로 비슷한 주제들만을 다루다 보니, 교육 내용에 특성이 없다는 문제도 있습니다. 교육이 지향하고 있는 '다양성'을 고려할 때 매우 염려가 되는 상황이 아닌가요?

04_ 다음은 역사 드라마 제작에 대한 토론의 일부를 들려 드립니다.

선생님 : 오늘은 지난 시간에 배운 토론 전략을 활용해 '역사 드라마, 사실에 근거해 제작되어야 한다.'라는 주제로 토론을 해 봅시다. 먼저, 찬성 측부터 입론하세요.

찬성 측 : 한 시민 단체에서 설문 조사 결과를 발표했는데 응답자의 60%가 역사 드라마의 내용을 사실로 인식하고 있었어요. 왜 역사 드라마가 사실을 바탕으로 해야 하는지 이것만 봐도 분명히 알 수 있다고 생각합니다.

반대 측 : 얼마 전 조선 시대 음악가를 소재로 한 드라마가 전통 음악에 대한 관심을 크게 불러일으켰던 적이 있었죠? 이 드라마는 해외에도 수출되어 좋은 반응을 얻었는데, 그 이유가 무엇일까요? 그건 작가가 상상력을 발휘하여 음악가의 일생을 흥미롭게 재구성했기 때문이죠. 그러니 역사적 사실보다는 작가의 상상력이 중시되어야 합니다.

선생님 : 다음은, 상대방 입론에 대해 반론하십시오.

찬성 측 : 요새 그런 드라마의 시청률이 높은 건 저도 인정합니다. 하지만 지나치게 흥미를 추구하다 보면 역사를 왜곡할 수 있다는 게 문제죠. 방금 말씀하신 드라마도 멜로드라마처럼 각색하다 보니, 역사적 인물들의 삶이 사실과는 다르게 그려지기도 했구요.

반대 측 : 앞에서 제시하신 설문 조사 결과는 저도 보았는데요. '드라마 작가가 흥미를 위해 역사를 재구성해도 되는가?'라는 설문에는 긍정적인 의견이 더 많았습니다. 설문 내용 중 본인에게 유리한 항목만 제시하신 건 아닙니까? 역사 드라마도 드라마일 뿐입니다. 시청자들이 역사를 배우려고 역사 드라마를 보는 건 아닙니다.

선생님 : 자, 이제 최종 발언을 하십시오.

찬성 측 : 한 미디어 비평가는 한 편의 드라마가 열 권의 역사책보다 더 큰 영향을 미친다고 했습니다. 그러니 역사 드라마도 흥미보다는 역사적 사실을 바탕으로 해야 합니다. 작가의 상상력을 남용하다 보면 결국 역사 왜곡으로까지 이어질 수밖에 없습니다.

반대 측 : 시청자들이 역사 드라마를 보는 이유는 즐거움을 얻기 위해서입니다. 그 즐거움은 작가의 상상력에서 나옵니다. 그래서 저는 역사적 사실보다는 작가의 상상력이 더 중시되어야 한다고 생각합니다.

05_ 이번에는 라디오 프로그램에서 '기상 예보관'과 나눈 대담을 들려 드립니다.

진행자 : 지난 여름엔 장마가 끝난 뒤에 국지성 호우라고 불리는 집중 호우가 내려 전국적으로 피해가 막심했었습니다. 그래서 오늘은 기상청의 예보관 한 분을 모시고 국지성 호우에 대해 자세히 알아보겠습니다. 안녕하세요?

예보관 : 예, 안녕하십니까?

진행자 : 그런데 이렇게 뵈니까 정말 미남이시네요. 키도 크시고 젊으신데 결혼은 하셨나요?

예보관 : (당황한 듯) 아, 네…….

진행자 : 죄송합니다. 그럼 질문을 해 볼까요? 먼저 국지성 호우란 무엇을 말하는 건가요?

예보관 : 한마디로 특정 지역에만 많은 비가 내리는 현상을 말합니다. 장마는 지역적으로 넓게 나타나는 데 비해 국지성 호우는 특정한 좁은 지역에 비가 내린다는 점에서 차이가 있죠.

진행자 : 아, 특정한 지역이라서 '국지성[국찌썽]'이라는 말을 쓰는군요. 저는 '국지성[국지성]'이라고 해서 누구 이름인지 알았어요. 제 초등학교 때 남자 친구가 '김지성'이거든요. 그리고 축구 선수 '박지성'도 있잖아요. (웃음) 죄송합니다. 계속할까요? 그럼, 국지성 호우가 일어나는 원인은 무엇이죠?

예보관 : 예, 남쪽으로부터 유입되는 열대 기단과 북쪽으로부터 유입되는 한대 기단이 접촉하여 비를 머금은 구름대가 형성되는데, 이 구름이 바람을 타고 이동하다가 산악 지대를 만나서 그 지역에만 집중적으로 비를 뿌리게 됩니다.

진행자 : 어머, 그럼 산이 가까운 지역은 매우 위험하겠군요. 역시 사람은 평평한 땅을 찾기 마련인가 봐요. 산 쪽에 사는 여러분[여~러분] 평야로 내려오세요. (웃음)

예보관 : 그건 그렇지가 않습니다. 우리나라는 산이 매우 많은 지형이라서 호남 평야 등 극히 일부 지역을 제외하곤 사실상 이 국지성 호우의 공격으로부터 벗어나기가 힘들죠. 그런데 이 비가 특히 문제가 되는 것은 현재의 우리 기상청 장비로는 예보가 어렵고, 그래서 종종 큰 피해를 입게 되어 심지어는 사회 문제를 일으키기까지 한다는 점입니다.

진행자 : 그렇군요. 잘 알겠습니다. 그럼 우리는 평소에 각자 잘 대비를 해야겠군요.

예보관 : 글쎄요……. 제가 사회 문제를 야기한다고 한 것은 국지성 호우는 그만큼 개인적인 대처가 어렵다는 뜻입니다. 국지성 호우에 대비하자면 하천의 준설과 개보수, 양수 체제의 정비, 효율적인 예보 체제 등이 이루어져야 하는데, 이런 것들을 개인적으로 준비하거나 대비할 수는 없겠죠. 결국 국지성 호우에 제대로 대비하기 위해서는 정부나, 적어도 지방 자치 단체 차원에서 대비책을 마련해야 한다는 겁니다.

06_ 이번에는 '윈도 효과'에 대한 대담을 들려 드립니다.

진행자 : 오늘날 영화로 대표되는 영상 산업은 엄청난 부가 가치를 창출하는 새로운 가능성의 영역으로 부각되고 있습니다. 오늘은 한국예술대학 윤주원 교수님을 모시고 영상 산업에 대한 이야기를 나눠 보겠습니다. 안녕하세요, 교수님?

교수 : 네. 안녕하세요?

진행자 : 요즘 영상 산업의 경제적 효과를 이야기할 때 '윈도 효과'라는 말을 종종 쓰는데, 간단히 설명해 주시겠습니까?

교수 : 예, 윈도 효과는 일반적으로 하나의 문화 상품이 창조된 후, 부분적인 기술 변화를 거쳐 문화 산업 내부에서뿐만 아니라 다른 산업의 상품으로까지 지속적으로 활용되면서 그 가치가 눈덩이 불어나듯 증대되는 효과라 할 수 있습니다.

진행자 : 다시 말해 일석이조의 효과를 거둔다는 것이죠? 그럼 구체적으로 어떻게 이익을 창출하는지 말씀해 주시겠습니까?

교수 : 예, 영화는 먼저 극장에서 상영되면서 최초의 이익을 내는데, 그 영화가 비디오나 방송 같은 분야에서 다시 상품으로 활용되면서 지속적인 가치를 창출하게 됩니다. 예를 들어, 2003년 미국의 영화 산업은 극장 입장 수입만으로 95억 달러를 벌어들였는데, 여기에 해외 배급 수입과 기타 윈도 효과에 의한 가치 창출액까지 더해져서 총 475억 달러 가량의 수입을 올렸습니다. 극장 상영 이후 무려 네 배나 되는 수입을 윈도 효과에 의해 벌어들인 셈이죠.

진행자 : 아! 대단하군요. 그럼 요즘 각광받고 있는 캐릭터 산업도 마찬가지 경우로 볼 수 있을까요?

교수 : 예, 그렇지요. 기존의 비디오 제작이나 TV 방영 외에 영화 주인공을 이용한 캐릭터 사업 또한 엄청난 수익을 안겨 주고 있습니다. '해리 포터'도 제작비는 1억 6천만 달러가 들었는데, 영화 수입 외에 세계적인 음료 회사로부터 이 영화 캐릭터를 단독 사용하는 대가로 1억 5천만 달러를 받았고, 관련 상품 개발 업체도 90곳이나 된다고 하지요.

진행자 : 선생님 말씀을 들으니 잘 만든 한 편의 영화가 국가 경제에 얼마나 크게 이바지하는지 다시 한 번 실감하게 됩니다. 마지막으로 앞으로 우리 영상 산업이 나아갈 방향에 대해 말씀해 주십시오.

교수 : 우리의 영상 산업은 경제적 가치에 이제 막 눈을 뜬 상태라 할 수 있습니다. 따라서 걸음마 단계인 여기에서 멈춰서는 안 되겠죠. 최근의 성과를 바탕으로 기획 단계에서부터 윈도 효과를 극대화하려는 전략을 세우고 해외 시장을 개척하기 위해 노력해야 할 것입니다.

07_ 다음은 라디오 방송 대담을 들려 드립니다.

아나운서 : 안녕하십니까? 오늘은 코리아컵 축구 결승에서 맞붙게 될 독수리 팀과 호랑이 팀의 두 감독님을 모시고 이야기를 나누어 보도록 하겠습니다. 이 자리에는 독수리 팀의 김윤수 감독님과 호랑이 팀의 박주영 감독님이 나와 계십니다. 먼저 두 분 감독님과 인사 나누도록 하겠습니다. 안녕하십니까?

김·박 감독 : 아, 네. 안녕하세요.

아나운서 : 네, 독수리 팀은 작년 코리아컵에서 우승을 했는데요. 이번 리그에서도 우승을 예상하시는지요?

김 감독 : (웃으며) 그렇습니다. 저희 팀은 작년 우승 팀의 명예를 걸고 반드시 우승하겠다는 각오를 다지고 있습니다.

아나운서 : 호랑이 팀 박 감독님은 젊은 신인 감독으로서 결승까지 올라오셨지요?

박 감독 : 네, 그렇습니다.

아나운서 : 어떤 각오를 갖고 계신지요?

박 감독 : 저희 팀은 최근 경기에서 승승장구한 기세를 몰아 최선을 다할 각오입니다.

아나운서 : 네, 그렇군요. 그러면 독수리 팀 김 감독님.

김 감독 : 네.

아나운서 : 이건 청취자들이 가장 궁금해 하는 내용일 텐데요. 어떻습니까? 일부 주전 선수들의 해외 진출로 인한 전력의 공백이 있지 않습니까?

김 감독 : 음, 그것은 그리 걱정할 일이 아니라고 봅니다. 저희 선수들은 대부분 결승전을 뛰어 본 경험이 있거든요. 큰 경기일수록 경험 많은 선수들이 유리하지요. 작년 우승 경험을 살려서 압박 축구를 적극 활용할 계획입니다.

아나운서 : 네. 김 감독님, 청취자들을 위해서 압박 축구에 대해 좀 더 자세히 설명해 주시겠습니까?

김 감독 : 간단히 말하자면 압박 축구는 기본적으로 수비수도 공격에 가담하구요, 공격수도 수비에 가담해서 상대 팀 선수들을 강하게 압박하는 전략을 뜻합니다. 상대 공격수를 이중 삼중으로 차단함으로써 매우 강력한 축구를 구사하는 것이지요. 팀이 지닌 역량을 극대화한다는 점에서 저희 팀에 적합한 전략이라고 할 수 있지요.

아나운서 : 네, 그렇군요. 지난번 월드컵 경기에서도 확인한 것이긴 하지만, 이 압박 축구는 세계적 추세로 굳어지고 있는 것 같은데, 어떻습니까, 김 감독님?

김 감독 : 하하. 네, 맞습니다. 축구 스타일이 매우 역동적이고 적극적이기 때문입니다. 경기장을 찾는 관중들도 아주 좋아하는 경기 스타일이지요.

08_ 다음은 방송 뉴스를 들려 드립니다.

아나운서 :	북한과 중국에 있는 고구려 유산이 세계 문화유산으로 등재되었습니다. 취재 기자 나왔습니다. 강 기자, 북한과 중국에 있는 고구려 유적이 세계 문화유산에 동시에 등재되었는데, 그것이 갖는 의미는 무엇입니까?
기자 :	네, 중국 장쓰성 쑤저우에서 제28차 유네스코 세계 유산 위원회의 총회가 열리고 있는데요, 오늘 회의에서 중국이 신청한 고구려 왕성, 왕릉, 귀족묘 등 고구려 유적 43곳과 북한이 신청한 고구려 고분 63기의 세계 문화유산 등재를 최종 결정했습니다. 이번 결정으로 북한의 고분은 역사적·문화적 가치를 세계적으로 인정받게 되었습니다. 유네스코의 공식적인 지원을 받을 수 있기 때문에 보존 문제도 어느 정도 해결될 수 있을 것으로 기대됩니다. 그러나 북한과 중국이 신청한 유적이 함께 등재된 것은 고구려사 왜곡의 도구로 사용될 수 있다는 점에서 매우 우려됩니다. 한국 대학교 소수림 교수의 말씀을 들어 보도록 하겠습니다.
소수림 :	중국은 이걸 가지고 고구려 역사를 중국의 지방 역사로 편입하려는 시도를 한층 더 확고하게 하는 명분으로 이용할 것입니다. 특히 중국은 고구려의 초기 도읍지였던 오녀 산성과 국내성, 그리고 광개토대왕비와 장군총 등 굵직굵직한 유적이 포함된 반면 북한은 고분군만 선정되었습니다. 이 점은 자칫하면 고구려 역사가 우리나라의 역사가 아니라 중국의 지방 역사라는 오해를 부를 수 있습니다.
아나운서 :	이러한 오해가 생길 수 있다는 것이 참 안타깝습니다. 고구려사는 우리의 역사인데요.
기자 :	네, 중국 언론들이 세계 문화유산 등재 사실을 보도하면서 고구려인은 중국의 고대 소수 민족의 하나이며, 고구려는 지방 정권일 뿐이라고 일제히 목청을 높였다고 합니다. 앞으로의 과제에 대해서도 계속 들어 보겠습니다.
소수림 :	앞으로 중국 및 북한에 있는 고구려 유적이 우리나라의 역사였다는 사실을 세계에 알려야 하고, 평양에 있는 대성 산성, 안악봉, 평양성 등도 빠른 시일 안에 등재되도록 노력해야 합니다.
	또 등재된 후에는 보존이 부실할 경우 언제든지 위험 유산 리스트에 오를 수 있기 때문에 지속적으로 관리해야 합니다.
기자 :	이제부터라도 남과 북의 전문가들이 석극 협력해 고구려 유적의 공동 발굴과 보존에 힘써야 할 것입니다.
아나운서 :	강 기자, 수고하셨습니다.

메모

한 권으로 끝내는
KBS한국어능력시험

초판발행 2019. 5. 28. | **4쇄발행** 2021. 10. 5. | **편저자** 김현실·장지민·이승하 공편저

발행인 박 용 | **발행처** (주)박문각출판 | **등록** 2015년 4월 29일 제2015-000104호

주소 06654 서울시 서초구 효령로 283 서경 B/D 4층 | **팩스** (02)584-2927

전화 교재 주문·내용 문의 (02)6466-7202

판 권
본 사
소 유

정가 23,000원

ISBN 979-11-6444-102-0